新时代大学生使命教育研究

王文山 著

WUHAN UNIVERSITY PRESS
武汉大学出版社

图书在版编目(CIP)数据

新时代大学生使命教育研究/王文山著.—武汉：武汉大学出版社，2024.11
ISBN 978-7-307-24313-2

Ⅰ.新…　Ⅱ.王…　Ⅲ.大学生—思想政治教育—教学研究—中国
Ⅳ.G641

中国国家版本馆 CIP 数据核字(2024)第 053214 号

责任编辑:褚德勇　　责任校对:李孟潇　　版式设计:马　佳

出版发行: **武汉大学出版社**　(430072　武昌　珞珈山)
(电子邮箱:cbs22@ whu.edu.cn　网址: www.wdp. com.cn)
印刷:武汉中远印务有限公司
开本:720×1000　1/16　印张:18　字数:290 千字　插页:1
版次:2024 年 11 月第 1 版　2024 年 11 月第 1 次印刷
ISBN 978-7-307-24313-2　定价:89.00 元

摘　要

使命教育是任何政党和国家在影响青年、争夺未来的过程中都无法回避的课题。一个组织、一个政党、一个国家的使命如何转化为青年大学生的使命，既是一个理论问题，更是一个实践课题。实现中华民族伟大复兴的战略全局和世界百年未有之大变局在新时代相互重叠交织，成为大学生使命教育的客观环境：一方面，西方敌对势力利用一切机会对我国青年实行西化、分化，对青年设置使命陷阱，进行使命虚化引导，消解思想政治教育成效；另一方面，中华民族的伟大复兴需要新时代的大学生担当使命、砥砺奋斗——两者在新时代形成巨大的张力，增加了新时代大学生使命教育的难度，影响使命教育的效果，给新时代大学生使命教育提供广阔的研究视阈与实践空间。

习近平总书记指出："中国共产党人的初心和使命，就是为中国人民谋幸福，为中华民族谋复兴。""新时代中国青年运动的主题，新时代中国青年运动的方向，新时代中国青年的使命，就是坚持中国共产党的领导，同人民一道，为实现'两个一百年'奋斗目标、实现中华民族伟大复兴的中国梦而奋斗。"新时代大学生作为"两个一百年"奋斗目标的见证者和参与者，其使命担当决定了中国梦能否如期实现。在形势波诡云谲、瞬息万变的当今世界，加强新时代大学生使命教育研究、提升新时代大学生使命教育实效极具理论与现实意义。

本书以新时代大学生使命这一思想政治教育的崭新视角作为研究基点，首先进行基础研究，对新时代大学生使命教育的内涵本质、学理支撑、现实境遇进行充分分析论证；其次开展实证分析，在 911 人参与预调研的基础上对问卷进行修改完善后，正式问卷调查和访谈交流有 16000 余人参与；最后进行理论建构，将调研结果贯穿于新时代大学生使命教育的目标内容、原则方法、实施策略等系统构建中，力图形成具有中国特色和国际视野的相对完善的使命教育体系。

新时代大学生使命教育就是要将中国共产党的使命转化为大学生的责任担当，引导大学生正确认识时代责任和历史使命，激励大学生自觉把个人理想追求融入国家富强、民族振兴、人民幸福的伟大事业中，成为中华民族伟大复兴中国梦的生力军和主力军。因此，新时代大学生使命教育的目标定位就是培育家国情怀、涵养浩然正气、追求全面发展三个方面，这三个方面分别对应政治情感、个人修养、能力素质。新时代大学生使命教育的内容应集中围绕坚定共产主义信念、铭记服务人民初心、传承弘扬中国精神、科学设定人生规划、担当使命砥砺奋斗五个方面。其中，共产主义信念是使命教育的核心和灵魂，解决大学生的理想信念问题；服务人民初心使命是使命教育的宗旨和出发点，解决大学生的立场情感问题；中国精神是使命教育的文化内核，解决大学生的文化认同问题；科学设定人生规划是使命教育实现的具体路径，解决的是大学生发展目标与路径的问题；担当使命砥砺奋斗是使命教育的落脚点，解决的是大学生知行合一问题。

新时代大学生使命教育要遵循政治性与生活性相衔接、理论性与实践性相结合、主导性与主体性相统一的原则，针对新时代大学生的特点采取科学有效的方法，即“循序渐进，因材施教”法、“舆论引导，环境熏陶”法、“理论灌输，榜样激励”法、“自省克己，身体力行”法。“循序渐进，因材施教”法就是在教育内容上要遵循由简单到复杂的人类认识规律，在教育形式上要充分考虑到新时代大学生的成长特点，针对不同成长背景的学生采用差异化的教育教学形式。“舆论引导，环境熏陶”法就是既要牢牢把握正确的舆论导向，建设良好的使命教育“大环境”；也要注重氛围营造，构建良好的使命教育“小环境”。“理论灌输，榜样激励”法就是既要以大学生喜闻乐见的方式实现理论的精准传输和正确送达，又要以事实为依据选树、宣传榜样，还要实现铸魂与塑形有机结合。“自省克己，身体力行”法要求必须正确理解自省的内涵，以社会主义核心价值观作为思想认识与行为实践的准则，注意方法使用范围的拓展。

新时代大学生使命教育的策略构建主要从四个方面入手，一是树立科学的使命教育理念，即坚持人的自由全面发展理念、坚持以人为本培根铸魂理念、坚持内外联动协同创新理念；二是整合系统的使命教育资源，主要包括贯通传统与现代使命教育资源、连通校内与校外使命教育资源、融通线上与线下使命教育资源三个方面；三是建立使命教育的长效机制，重点要完善使命教育制度机制、提供使命教育资源保障、营造使命教育环境氛围；四是构建使命教育评估体系，主要从构建使命教育评估的指标体系和方法体系两个方面做好工作。

使命教育既是古老的教育内容，也是时代提出的崭新课题。2020 年后，面对疫情，中国携手各国砥砺前行，美国脱钩世界背道而驰——新时代大学生在这个复杂的世界中亲身感受着不同国家表现出的不同使命，他们自身也在实践大课堂中学习获得正确的使命。但我国新时代青年大学生的使命意识淡漠、使命意志薄弱、使命认知偏离、使命担当缺位的情况仍然存在。在两个一百年的历史交汇点上，既要在变局中开先局，又要于危机中育先机，使命教育的形势与环境更加复杂，无论在学理层面还是在实践层面都需要开展更加深入的研究。

目　　录

第1章　绪　　论

1.1　选题背景

使命教育是人类社会一项源远流长的社会实践活动，在长期的教育实践中，使命教育从属于思想政治教育，没有形成独立的学科专业体系，也没有形成专门关于使命教育的世界观与方法论。为什么要开展使命教育是课题研究首先必须回答的问题。在国际形势深刻演化、国内发展进入中国特色社会主义新时代的背景下，新时代大学生肩负的特殊使命、新时代大学生使命担当的客观现实、价值多元化的社会环境决定了新时代大学生使命教育的研究与实践是一项紧迫而重要的任务，而马克思主义理论中蕴含使命教育的思想内容为使命教育的研究与实践提供了依据与指引。

1.1.1　新时代大学生肩负实现中国梦的历史使命

2012年11月29日，习近平总书记在参观《复兴之路》展览时的讲话中指出："实现中华民族伟大复兴，就是中华民族近代以来最伟大的梦想。"①党的十九大报告指出，经过长期努力，中国特色社会主义进入了新时代，这是我国发展新的历史方位。今天，我们比历史上任何时期都更接近、更有信心和能力实现中华民族伟大复兴的目标，并提出在新的时代条件下进行伟大斗争、建设伟大工程、推进伟大事业、实现伟大梦想的责任与使命。新时代所处的历史阶段具有不同于以

① 习近平．习近平谈治国理政[M]．北京：外文出版社，2014：36.

往的时代特征，具有不同于以往的时代目标与时代任务。新时代大学生必须准确把握时代脉搏才能形成正确的使命观，并在完成使命中实现人生价值的升华。

实现中华民族伟大复兴的中国梦是浩浩荡荡的历史进程，必须赋予大学生新时代的历史使命，同时为新时代大学生的自身发展提供外部条件和环境。加强新时代大学生使命教育，引导大学生主动担当使命，是成功实现“两个一百年”奋斗目标的前提和基础，需要久久为功、持续激发、涵养固化。新时代大学生使命教育必须引导青年大学生以人类和谐、国家富强、民族振兴、人民幸福为己任，以社会主义核心价值观为指引，扣好人生的第一粒扣子，树立梦想从学习开始、事业靠本领成就的观念，胸怀理想、志存高远、脚踏实地、勤奋学习、增长本领、努力工作，以舍我其谁的勇气主动担当，在关键时刻和危急关头豁得出去、顶得上去，自觉融入于国家社会需要，自觉承担时代使命，扎根中国大地，弘扬中华优秀传统文化，传播中国声音，讲好中国故事，体现中国自信，展示中国力量。

1.1.2　新时代大学生成长于多元复杂的现实环境

新时代大学生以“00后”为主体，他们成长在较富裕的物质生活中，受教育于中国高等教育大众化向普及化转化的阶段，其责任感、使命观与传统精英阶段的大学生具有很大区别，他们享受政策的红利，也可能会不自觉地降低对自身的要求，自私、娇气、心理承受力差、动不动就辞职、结婚率低、不愿意养育下一代、逃避社会责任等“佛系文化”“丧文化”在大学生中蔓延。加强大学生的使命教育，引领大学生树立崇高的理想信念，激发大学生担当时代使命的热忱，是新时代大学生使命教育必须首要解决的问题。从历史的发展来看，一个国家、一个民族的发展总是需要层出不穷的青年“后浪”奔涌向前，主动承担发展使命，勇于引领社会风尚。新时代大学生具有什么样的思想认识，具有什么样的使命观决定了他们是“垮掉的一代”还是“担当的一代”，实际上也决定了我们党、国家和民族的未来。任何一个有使命感的政党，都会将时代的使命赋予青年，并激励青年担当使命。

作为一项具有重要意义的特定社会实践活动，使命教育在多元复杂、干扰重重的社会环境中进行。适应并创造有利于使命教育的环境，是使命教育的应有之义。换言之，使命教育必须适应并引领当前价值多元化的社会环境。移动互联网技术造就移动互联网时代、塑造移动互联网时代的全体公民尤其是青年一代。新时代大学生出生于互联网技术高速发展的时代，其成长时间段与互联网技术发展阶段高度重合，毫无疑问地成为互联网时代的原住民。开放的时代必然呈现出多元的社会价值取向，互联网给信息快速传播提供了技术与平台支撑，促进形成社会高度开放、价值体系多元的舆论生态环境。大学生熟悉网络、依赖网络，耳濡目染中受到多元文化的熏陶，在这个开放的网络平台和多元的社会环境中，如何与其他观点竞争受众，得到大学生的认同，需要付出极大的努力。新时代大学生使命教育必须在多元的文化环境中进行一元主导价值引领，才能实现使命教育之目的，达到使命教育之目标。

1.1.3　马克思主义理论蕴含丰富的使命教育思想

马克思、恩格斯、列宁、毛泽东、邓小平、江泽民、胡锦涛、习近平都对青年和青年工作高度关注，对大学生发展提出殷切期望，形成了丰富的马克思主义青年工作理论。这些马克思主义理论中蕴含着丰富的使命教育思想，成为新时代大学生使命教育的源头活水。

马克思、恩格斯指出："个人怎样表现自己的生命，他们自己就是怎样。"①他们密切关注着人的全面发展，关注着无产阶级的自觉发展，关注着人类的未来发展。"工人的行动不自由。他们在很多场合甚至十分无知，不能理解自己孩子的真正利益或人类发展的正常条件。但不管怎样，最先进的工人完全了解，他们阶级的未来，从而也是人类的未来，完全取决于正在成长的工人一代的教育。"②列宁在《青年团的任务》一文中对青年和青年团的作用高度重视："从某种意义上可以说，真正建立共产主义社会的任务正是要由青年来担负。"③毛泽东在莫斯科接见中国留学生时发表了著名的讲话："你们青年人朝气蓬勃，正在兴旺时期，好像早晨八、九点钟的太阳。希望寄托在你们身上。"④邓小平明确指出："青年

① 中央编译局．马克思恩格斯选集(第1卷)[M]．北京：人民出版社，2012：11.

② 马克思恩格斯全集(第16卷)[M]．北京：人民出版社，1964：217.

③ 列宁全集(第39卷)[M]．北京：人民出版社，2017：328.

④ 本书编委会．毛主席在苏联的言论[M]．北京：人民日报出版社，1957：14-15.

是我们的未来，我们一切事业的继承者。”①江泽民指出：“青年是社会中最富有活力的部分，是我们事业的希望”②，只有“赢得青年，才能赢得未来”③。胡锦涛热情赞扬青年，指出：“一个有远见的民族，总是把关注的目光投向青年；一个有远见的政党，总是把青年看作推动历史发展和社会前进的重要力量。”④党的十八大以来，以习近平同志为核心的党中央基于中国特色社会主义进入新时代的历史方位，制定发布《中长期青年发展规划(2016—2025 年)》，发行了《习近平关于青少年和共青团工作论述摘编》，对大学生提出全面发展、担当实现中国梦的历史重任。从以上论述可以看出，将政党的使命赋予青年是无产阶级政党始终如一的目标，是共产主义事业不断发展的不竭动力，即只有通过有针对性地开展使命教育才能真正提高青年的无产阶级意识，提升青年的使命感与责任感，从而使广大青年以党的使命作为自身的使命，这为使命教育提供了理论基础与方向指引。

1.2　研究目的与研究意义

“习近平新时代中国特色社会主义思想是当代中国马克思主义、二十一世纪马克思主义”⑤，是开展新时代大学生使命教育的重要指南。新时代大学生使命教育必须适应时代发展，将马克思主义中国化的最新成果融入其中，将中国共产党的思想资源汇聚形成使命教育新的知识点和创新点。

1.2.1　研究目的

党的十八大以来，我国步入中国特色社会主义新时代，习近平总书记围绕

① 邓小平文选：第 1 卷[M]. 北京：人民出版社，1994：243.

② 江泽民文选(第 1 卷)[M]. 北京：人民出版社，2006：132.

③ 江泽民文选(第 3 卷)[M]. 北京：人民出版社，2006：487.

④ 胡锦涛 . 迈向新世纪　创造新业绩——在共青团第十四次全国代表大会上的祝词[N]. 人民日报，1998-06-20.

⑤ 习近平新时代中国特色社会主义思想学习纲要[M]. 北京：学习出版社、人民出版社，2019：1.

“培养社会主义建设者和接班人”作出一系列重要论述，深刻回答了“培养什么人、怎样培养人、为谁培养人”这一根本性问题。新时代大学生使命教育研究目的主要体现在：

一是与时俱进，丰富思想政治教育内容。使命教育是思想政治教育的核心内容、依托载体和实现途径，对思想政治教育具有方向引领性、内容统率性、实践指导性的作用。越是在历史转折点上，越是需要青年发挥作用时，越需要加强青年的使命教育，提升青年使命意识。大学生作为青年群体的优秀分子，更加需要关心关注，更加需要加强教育，从而有效促进其主动担当使命。开展使命教育研究，是马克思主义理论与时俱进的品格体现，客观上丰富了思想政治教育内容，形成思想政治教育新的知识点。

二是注重创新，改进思想政治教育形式。新时代大学生使命教育，必须充分考虑新时代中国所处的历史方位、互联网的时代特征、意识形态领域斗争的残酷现实，将教育学、传播学、管理学、心理学、政治学等理论融会贯通，党政军民学齐抓共管，政府、学校、社会综合施策。因循守旧、故步自封是马克思主义者力求摒弃的思维方式与工作陋习，也难以达成思想政治教育工作尤其是使命教育的目标。因此，必须结合时代背景、中国特色、社会特点因事而化、因时而进、因势而新，以使命教育的研究推进思想政治教育形式的创新。

三是拓展深化，提升思想政治教育实效。2014 年 5 月 4 日习近平总书记在北京大学师生座谈会上强调“时间之河川流不息，每一代青年都有自己的际遇和机缘，都要在自己所处的时代条件下谋划人生、创造历史。青年是标志时代的最灵敏的晴雨表，时代的责任赋予青年，时代的光荣属于青年”①。2016 年 4 月 26 日，他在考察中国科技大学时指出，大学生要肩负时代责任，高扬理想风帆，做有理想、有追求的大学生，做有担当、有作为的大学生，做有品质、有修养的大学生。新时代大学生的使命教育具有复杂的国际背景、鲜明的时代特征、深刻的社会现实，以使命教育拓展思想政治教育内容、深化思想政治教育理论，进而提升对新时代大学生的思想政治教育实效，必将有力助推中华民族的伟大复兴。

① 习近平．习近平谈治国理政[M]．北京：外文出版社，2014：167.

1.2.2　研究意义

使命教育是思想政治教育的重要内容，对于思想政治教育的其他内容具有一定程度上的整合作用。新时代大学生使命教育，是立德树人的根本要求，是实现中华民族伟大复兴的时代呼唤，是维护国家总体安全的现实考量，是青年大学生自身成长成才的内生动力，是对青年大学生成长内外部环境的柔性权变，是思想政治教育深化发展的自然规律。加强新时代大学生使命教育研究刻不容缓、正当其时，具有重大理论与现实意义。

(一)理论意义

第一，有助于系统揭示使命教育的规律，深化思想政治教育的认知。新时代大学生的使命担当需要以卓有成效的使命教育作前提和基础，而卓有成效的使命教育需要以把握使命教育规律为前提和基础。新时代大学生使命教育的理论研究就是要系统揭示使命教育的规律，深化思想政治教育的认知，为使命教育实践打下坚实基础。

第二，有助于拓展思想政治教育的内容，完善思想政治教育的体系。当前，学界对思想政治教育、青年工作、青年教育、大学生教育等内容研究比较多，但是对使命和使命教育的研究相对较少，本选题将弥补学界这一不足，进一步完善思想政治教育体系，不断拓展形成思想政治教育新的知识增长点，丰富和拓展思想政治教育内容。

第三，有助于丰富思政教育的理论成果，扩展思想政治教育的框架。使命教育是思想政治教育的重要内容，对使命教育的概念内涵的梳理，对使命教育历史的挖掘，对使命教育目标内容、原则方法、实施策略的研究构建，既是对使命教育理论的拓展，也是对思想政治教育理论成果的丰富、对思想政治教育框架的扩展。

(二)现实意义

第一，有利于引导大学生认清和担当自身的使命。一代人有一代人的使命担当，不同时代的大学生具有不同的历史使命。认清使命是担当使命的前提，使命意识是使命担当的基础。习近平总书记在纪念五四运动100周年大会重要讲话中指出："新时代中国青年要继续发扬五四精神，以实现中华民族伟大复兴为己任，不辜负党的期望、人民期待、民族重托，不辜负我们这个伟大时代。”使命教育将有利于新时代大学生认清和担当自身的使命，增长能力素质，做好本职工作，履行社会责任，从而实现自身的价值，为国家、民族和社会作出自己应有的贡献。

第二，有利于推动高校思想政治工作和思想政治理论课教学。使命教育本身就是思想政治教育的重要内容，使命教育的研究成果尤其是较大范围的调研数据将为各级教育管理部门制定政策提供参考，为教育管理部门深入推进使命观教育提供第一手资料；关于使命教育的理论建构，将为提升高校思想政治工作实效提供方案，为思想政治理论课教学提供参考。

第三，有利于引领社会风尚和助力实现中华民族伟大复兴的中国梦。世界百年未有之大变局在新时代加速演化，世界范围内各种思潮交流交融交锋在新时代日趋激烈，科技发展对人类文明秩序提出巨大挑战，新时代大学生在“两个一百年”的奋斗目标中是名副其实的强国一代。新时代的中国大学生使命担当精神将引领社会风尚，引领全社会积极践行社会主义核心价值观，助力实现中华民族伟大复兴的中国梦。

1.3 研究现状

大学生是青年群体的精英分子，是一个民族生存延续发展的基础；使命教育是思想政治教育的重要内容，是塑造教育客体灵魂的事业。国外关于使命教育的研究大多与公民教育的研究融为一体。在中文语境中，责任与使命是近义词，大学生是青年的重要组成部分，关于青年和大学生责任担当的内容一直是思想政治教育的重要命题，也是学界长期关注的热点。关于青年社会责任的教育内容、培育途径等也为使命教育提供了理论支撑和方法借鉴。

1.3.1 国内研究综述

从宏观角度来看，使命教育是将组织或教育主体的使命转化为个人或教育客体的使命，实现组织使命的具体化；从思想政治工作的角度来看，使命教育是将政党的使命传承给新时代大学生，实现立德树人培根铸魂的根本目标；从大学生个体来看，使命教育是将个人的不同使命承担起来，实现自身的全面发展。国内关于使命教育的研究主要围绕思想政治教育中的责任担当内容、青年及大学生的使命教育、中国共产党的初心使命以及国外与使命教育相关的研究等四个方面展开。

1.3.1.1　围绕思想政治教育中的责任担当内容开展研究

1. 关于青年大学生社会责任内容的研究

青年大学生社会责任的内容决定了培养的方式方法和具体路径。抗战时期，长沙临时大学迁址昆明的决定过程中，梅贻琦就强调："一个民族，它生存的最根本价值是什么？我们都是教书的，我们的责任，是要去塑造一个民族的灵魂，难道这不比打仗更艰巨吗？"①梅贻琦这段话实际上从一个侧面论述了大学生和老师责任内容的区别。马建青、陈曾燕(2016)认为，习近平关于青年社会责任论述的内容可概括为以下四个方面：以促进德智体美全面发展为核心的对自己的责任，以友爱亲朋、心系他人为核心的对他人的责任，以促进民族团结、传承优秀传统文化、展示国家形象为核心的对国家的责任，以促进人文交流、维护世界和平、传承人类文明为核心的对世界的责任。② 张铭凯、靳玉乐(2019)认为习近平总书记关于教育的系列重要论述具有深刻的实践意涵，表征为实践关切、实践研判和实践方略的"三位一体"逻辑，从教育的战略意义与发展方向、根本任务与改革创新和依靠力量与尊师重道三个维度对实践关切进行论述，从教育强国、教育立德、教育公平、教师使命和学生发展五大方面对实践研判进行说明，从明确在党的领导下立德树人、坚持扎根中国大地深化改革和确立战略定位锻造高素质教师队伍三大行动对实践方略进行探讨。③ 高翔莲、罗浩(2019)认为党的十八大以来形成了习近平新时代青年幸福观。习近平新时代青年幸福观，是青年社会责任内容的重要体现。④

---

① 李洪涛．精神的雕像：西南联大纪实[M]．昆明：云南人民出版社，2009：20.

② 马建青，陈曾燕．习近平关于青年社会责任的重要论述解析[J]．毛泽东邓小平理论研究，2016(10)：18-22，91.

③ 张铭凯，靳玉乐．新时代中国特色社会主义教育思想的实践意蕴[J]．现代教育管理，2019(11)：1-6.

④ 高翔莲，罗浩．习近平新时代青年幸福观的内在辩证关系[J]．思想理论教育导刊，2019(7)：4-7.

2. 关于青年大学生责任担当培育途径的研究

青年大学生社会责任感的培育需要依赖相应的载体和路径，关于青年大学生社会责任感培育途径的研究既是理论界关注的话题，也是思想政治教育工作者的实践探索的目标。如杨业华、符俊（2015）立足习近平关于青年学生思想道德教育论述的基础上，强调在教育目标上注重青少年社会责任感的培育，注重以个人对社会、对国家的责任和担当作为主导价值观，坚持以培养有社会责任感和担当意识的公民为目标；在教育内容上，顺应青少年思想道德教育的时代要求，加强以"中国梦"为核心的理想信念教育、中华民族优秀传统文化教育、社会主义核心价值观教育和生态文明教育；在教育的实现路径上，强调实践育人的形式和榜样模范人物的示范作用。① 伍安春、王让新（2019）面对大学生社会责任感培养重个人价值轻社会价值、重单个主体轻多方协同、重理论认知轻实际践行等新情况新问题，提出要用习近平青年观引领新时代大学生社会责任感培养，构建家庭、学校、政府、社会联动的合力育人机制，指导新时代大学生在知行合一中强化社会责任。② 张青、郭凯（2019）强调通过加强乡贤文化的传承与创新、加大乡贤文化的宣传教育力度、开展形式多样的乡贤文化实践活动等方式，实现乡贤文化与农村青年社会责任感教育的有机融合，提升农村青年社会责任感。③ 陈秋华（2020）认为加强大学生责任意识培养既是对当前疫情防控重大考验的现实回应，也是教育、培养新时代中国特色社会主义人才的迫切需要，是高校思想政治教育的时代课题。思想政治教育工作者要通过对新冠疫情的体察，培养大学生顾全大局、敢于斗争、奉献社会、敬畏生命等多维度的责任意识，创新社会责任担当意识的培养策略，全面提升大学生承担社会责任能力。④ 杜坤芳（2020）通过对比部分大学生在疫情期间责任与担当缺失的行为，分析培育大学生责任与担当意识的重要

① 杨业华，符俊．十八大以来习近平的青少年思想道德教育思想探析[J]．中南民族大学学报（人文社会科学版），2015，35（2）：161-164.

② 伍安春，王让新．习近平青年观视域下当代大学生社会责任感培养路径研究[J]．社科纵横，2019，34（6）：133-137.

③ 张青，郭凯．以乡贤文化提升农村青年社会责任感[J]．人民论坛，2019（24）：170-171.

④ 陈秋华．重大疫情应对中大学生责任意识培养探究[J]．思想理论教育导刊，2020（12）：129-132.

性，并从疫情防控视角提出大学生责任与担当意识培育的有效路径。①

1.3.1.2　围绕青年及大学生的使命教育开展研究

这部分内容学界作了一些探讨，主要涉及使命观、使命教育的重要意义、具体内容、方法路径等。

(一)关于使命观的研究

使命观是使命教育的重要内容，不同的使命观对于使命教育会产生不同的影响。关于使命观的研究主要体现在以下三个方面：

一是研究部分国家和人民的使命观。以美国的使命观研究为代表，如王晓德(1997)指出美国使命观发轫于清教徒的宗教信仰。这种观念把美国视为上帝选择的一个特殊国度，对人类历史发展和命运承担一种特殊的责任，深深地影响了美国人对自己或对外部世界的看法与态度。② 吴昊(1998)指出美国“使命观”以不同面目在美国历史上出现，但其核心内容始终未变，就是向外推行它的社会模式，有所变化的仅仅是美国扩张的具体策略而已。③ 吕宽庆、郑明月(2006)考察了美国重要的外交活动及其外交政策，认为美国的“天赋使命观”思想直接影响着其外交行为的选择，它是美国对外扩张的理论基础，在很大程度上决定着以扩张主义为基调的美国现实主义外交行为；同时，它还为美国争夺世界霸权的行为提供理论依据，为美国的新干涉主义提供现实借口。④ 何顺果(2009)通过研究，指出美国人使命观的真正源头就在约翰·温斯罗普 1630 年发布的《基督教仁爱的典范》布道词中，最初本是相当正面的，不能将美国人的“使命观”等同于“扩张主义”。⑤

二是研究著名人物的青年使命观。李大钊号召青年们“为世界进文明，为人

---

① 杜坤芳．疫情防控视角下大学生的责任与担当研究[J]．高校共青团研究，2020(Z1)：65-70.

② 王晓德．关于美国使命观的历史思考[J]．南开学报，1997(1)：47-52.

③ 吴昊．美国战略思维中的“使命观”[J]．国际政治研究，1998(2)：84-90.

④ 吕宽庆，郑明月．使命观思想与美国外交关系之考察[J]．郑州航空工业管理学院学报(社会科学版)，2006(3)：5-9.

⑤ 何顺果．美国人“使命观”的最初表达——约翰·温斯罗普《基督教仁爱的典范》新解[J]．美国研究，2009，23(2)：151-154.

类造幸福，以青春之我，创建青春之家庭，青春之国家，青春之民族，青春之人类，青春之地球，青春之宇宙，资以乐其无涯之生”①。孙梦琳、黄志高(2019)研究了五四时期李大钊的青年观，指出在中华民族危机不断加深以及土耳其复兴的双重刺激下，李大钊对民族的发展前途进行审视和思考，发出“复活”中国的呼唤；提出了青年以创造生气活泼的“青春中华”为唯一使命，阐释了将创造“青春中华”的使命赋予青年的原因，指出了青年实现民族复兴的方向为勇于追求马克思主义真理、努力于当下、主动同人民群众相结合及凝聚团结在无产阶级政党周围。在中国特色社会主义新时代，新时代青年依然要努力学习李大钊的“青春中华”思想，勉励自己担负起中华民族伟大复兴的历史使命。② 许佳君(2000)研究了张闻天的青年使命观，认为张闻天之所以成长为一名优秀的共产党人，与他青年时期就已确立的使命感有着密切的联系。青年，应选择正确的人生之路，树立同时代要求相一致的高尚理想，献身社会、献身时代，走在时代前列，担负起时代的使命，培养崇高的社会责任感。同时在实现理想的征途中，应立足实际，讲求科学方法，随时代的不同，担负起自己的社会责任。③

三是研究习近平的青年使命观。如王斐(2019)在分析习近平青年观形成与发展的基础上，从青年使命、青年成才、青年教育和青年工作四个方面归纳了习近平青年观的基本内容，认为习近平青年观对于青年一代健康成长成才和“中国梦”的实现具有重要指导意义和推进作用。④ 袁尔纯(2018)从新时代青年应有何使命、如何培育青年的使命意识、青年应该如何践行使命三个方面展开论述习近平青年使命观的内容。⑤ 刘沙沙(2019)从思想渊源、时代背景、实践基础三个维度论述习近平青年使命观形成的条件，梳理出习近平青年使命观的内容和重大意义，提炼出习近平青年使命观的鲜明特征：崇高的价值引领、浓郁的民族特色、

---

① 李大钊文集(第1卷)[M]. 北京：人民出版社，1999：194.

② 孙梦琳，黄志高. 创造“青春中华”：五四时期李大钊的青年使命观[J]. 重庆理工大学学报(社会科学)，2019，33(5)：159-164.

③ 许佳君. 张闻天的青年使命观[J]. 南京化工大学学报(哲学社会科学版)，2000(4)：55-58.

④ 王斐. 习近平青年观研究[J]. 哈尔滨学院学报，2019，40(8)：5-10.

⑤ 袁尔纯. 习近平新时代青年使命观研究[J]. 佳木斯大学社会科学学报，2018，36(3)：12-15.

鲜明的时代气息、务实的实践品格、系统的内容体系。①

（二）关于使命教育的重要意义研究

伍安春（2019）认为认清青年一代所处的历史方位，并据此阐明其所应该承担的历史使命，是又一项需要投入精力深入开展的工作。离开青年，社会的发展将举步维艰，国家的兴旺发达将难乎为继。② 何会宁（2010）论证了当代大学生历史使命的认识、确立依据和实践要求，指出大学生的历史使命是由国家的发展战略决定的，国家发展战略是指引国家发展道路的动态指针，也是大学生的历史责任和任务。同一时代，不同的历史阶段的大学生所承担的历史使命具有不同的侧重点。③ 初建松（2007）系统研究毛泽东、邓小平、江泽民同志关于青年和青年工作的论述，将之划分为青年希望论、青年使命论、青年成长论和全面发展论，指出青年的历史使命是社会需求和教育性质的集中体现，要坚持用科学理论教育引导青年，用宏伟目标凝聚激励青年，把青年的积极性、主动性和创造性充分调动起来，为全面建设小康社会、实现中华民族的伟大复兴贡献青春和力量。④ 万美容（2017）认为高校教师要强化思想政治工作的自觉性，肩负起教育引导青年学生的重要使命，同时要引导学生学会承担时代责任和历史使命。⑤ 许红菊（2019）认为高等院校要通过行之有效的教育路径，启迪青年学生对使命担当的价值认同，唤醒潜在的使命情感，强化使命意识，点燃使命担当的自觉性，培育担当民族复兴大任的时代新人。⑥

（三）关于使命教育的具体内容研究

世纪之交是一个特殊的时间节点，在五四运动八十周年前后，关于青年使命的讨论成为学界关注的重点和焦点。如杨岳、刘涛雄（1999）从多个方面论述了五

① 刘沙沙．习近平青年使命观研究[D]．东北师范大学，2019.

② 伍安春．当代中国马克思主义青年观研究[J]．电子科技大学，2019.

③ 何会宁．青年大学生历史使命探析[J]．思想教育研究，2010（9）：106-109.

④ 初建松．从三代领导核心寄语看当代青年历史使命[J]．中国青年研究，2007（9）：47-49.

⑤ 万美容．论高校思想政治工作的科学发展[J]．中国青年社会科学，2017，36（4）：17-24.

⑥ 许红菊．新时代青年学生使命教育的新思考[J]．淮南职业技术学院学报，2019，19（3）：4-6.

四运动折射出科学精神的光辉，指出在世纪之交“科教兴国”已成为我国一项基本战略决策的今天，青年学生应以科学报国为自己的历史使命，弘扬爱国之精神，坚定求真的信念，树立学习的观念，培养创新的理念，在新的历史时期把“五四”的“科学”旗帜发扬光大。① 张作兴(2001)论证了21世纪的发展与青年使命之间的关系。② 公方彬(1999)将五四精神作为切入点，以自己从一名军人到军队政治工作理论研究者的成长历程，深刻论证了从我做起，热爱祖国，奉献社会，尽职尽责，勇担责任，把国家和民族利益作为自己的最高利益，把人民的事业当作自己的事业，让青春在为理想的奋斗中闪光。只有这样，才能不辱时代赋予青年一代的伟大使命。③ 袁才保(2000)认为新世纪的青年应该认识和适应知识经济，迎接知识经济的挑战，肩负起实现知识经济的使命，培养合格的知识型劳动者的能力素质、艰苦拼搏和创新精神、坚持真理的人格素质、正确的思想素质和高尚的道德素质。④ 郭加书、孙金香(2015)认为“中国梦”的提出对青少年的使命教育提出了新要求、新思考，要以爱国主义为核心加强青少年思想政治教育，以敬业教育为核心加强青少年专业教育，以诚信教育为核心加强青少年人生观教育，以友善教育为核心加强青少年团结互助教育，增强青少年使命感和责任感。⑤ 冯培(2018)从“不忘初心、牢记使命”和“佛系青年”两个词汇于2017年年底同时成为网络热词这个角度探讨了当代青年的典型特征，提出在“不忘初心、牢记使命”的使命教育中，针对青年突出强化两个方面内容的思想引领：刚毅有为的人生观和家国一体的价值观。⑥ 袁友军、李晗、盛佳铭(2019)认为信仰关乎青年的个人幸福、关乎青年的家庭幸福、是青年的历史使命，提出以理性信念为重点引导新时代青年人生使命教育，以社会主义价值观教育、传统道德文化教

① 杨岳，刘涛雄．科学精神与当代青年学生的历史使命[J]．清华大学学报(哲学社会科学版)，1999(2)：14-19.

② 张作兴．21世纪的发展与当代青年的使命[J]．内部文稿，2001(18)：25-26.

③ 公方彬．不辱时代赋予青年的使命[J]．求是，1999(10)：10-11.

④ 袁才保．知识经济与新世纪青年的使命[J]．科学社会主义，2000(1)：36-39.

⑤ 郭加书，孙金香．“中国梦”视域下青少年使命教育研究[J]．北京工业职业技术学院学报，2015，14(1)：62-65.

⑥ 本刊编辑部．答好新征程使命教育的新时代命题——访党的十九大代表、首都经济贸易大学党委书记冯培[J]．高校辅导员，2018(1)：3-5.

育、家庭常态化教育、学校道德人格教育为着力点，加强青年信仰的培育。建构良好的国民精神信仰。①

(四)关于使命教育的方法路径研究

王尘(2019)认为弘扬延安精神有利于大学生树立正确的政治方向，树立远大理想，练就真实本领，发扬艰苦奋斗作风，能够帮助大学生完成自身肩负的使命。② 李文俊、王树欣(2018)分析使命教育存在的问题与原因，建议采取激发大学生主人翁意识，显性课程与隐性课程结合，营造先进的校园文化氛围，发挥高校教育的枢纽作用等对策提升效果。③ 李华强(2017)认为使命教育是思想政治教育的归宿，必须树立战线意识、防线意识、红线意识和底线思维，把使命教育包含在理想追求中、政治态度中、工作职业选择中、能力才能强化中、人生性格塑造中，从而将思想政治教育在社会现实中展开、在具体事件中进行，贯穿于教育教学全过程。④ 张淼(2019)指出新时代赋予了青年致力于自身的成长成才，人民的幸福生活，民族的伟大复兴及世界的和谐发展的新使命。新时代青年完成历史使命的过程往往会面临主观认知与客观行为相脱节、个人愿望与实际能力相脱离及美好理想与残酷现实相碰撞的困境。针对青年特点，要加强理想信念教育，增强其本领才干，营造风清气正的社会环境，建立齐抓共管的保障体制，从而为新时代青年的使命担当保驾护航。⑤ 秦关、高哲(2019)探讨了“佛系”思想滋生的原因，并从青年自身充分发挥主观能动性有效抵制负面意识的传播和以思想政治教育为载体对青年群体进行理想信念教育及社会主义核心价值观的培育两个方面积极努力，使青年群体由“佛系”思想转化为对人民的责任感、对社会的认同感、

---

① 袁友军，李晗，盛佳铭．以理性信念为重点引导新时代青年人生使命教育[J]．改革与开放，2019(15)：119-122.

② 王尘．论延安精神对大学生使命教育的意义[J]．商丘师范学院学报，2019，35(7)：53-55.

③ 李文俊，王树欣．新时代高校提升大学生使命教育效果研究[J]．知识经济，2018(20)：150+152.

④ 李华强．以使命教育引领学生思想政治工作[J]．天津中德应用技术大学学报，2017(3)：107-110.

⑤ 张淼．新时代青年使命担当的现实困境及应对策略[J]．青少年学刊，2019(3)：55-59.

对国家的使命感，成为勇担使命的一代。① 宋健林(2018)指出，对于青年马克思主义者而言，既要履行当代青年的普遍使命，还要履行特殊的使命担当。即既要立足本职担当使命，还要研究传播好马克思主义思想与理论。② 石国亮(2018)认为青年的历史使命同党的历史使命相一致，青年担当历史使命离不开外部环境的支持，同样必须依靠青年自身的努力。③ 赵天安(1995)认为在进行爱国主义教育的时候应该充分重视教育对象的满足，从身边开始，由小及大、由近及远，逐步上升到更高、更大的境界，引导人们把个人利益融到社会利益、国家利益中去。④ 黄娟、王国良(2021)认为高校作为培养造就"时代新人"的重要阵地，要将大学生使命教育融入思想政治教育，着力探索大学生使命教育的实践路径，依照知识传授和价值引导的逻辑理路，系统设计大学生使命教育的内容体系，合理构建大学生使命教育的关系模式，在此基础上从理论引领、课堂明道、文化浸润、实践砺行等方面着力提升新时代大学生使命教育的针对性和实效性。⑤ 伊飞、张索坤、张学超(2018)认为在高校大学生中开展使命教育，应该着重在"不为物惑的民族气节""家国一体的民族情怀""创新创造的民族精神"三方面对大学生进行思想引领。在大学生使命教育的路径选择上，做到用使命教育浸润课堂、主动抢占新媒体阵地、突出实践育人的效果。⑥

1.3.1.3 围绕中国共产党的初心使命开展研究

恩格斯说："一个知道自己的目的，也知道怎样达到这个目的的政党，一个真正想达到这个目的并且具有达到这个目的所必不可缺的顽强精神的政党，——

① 秦关，高哲."佛系"思想在青年群体中的滋生及其引导路径[J].青海师范大学学报(哲学社会科学版)，2019，41(5)：133-139.

② 宋健林.论青年马克思主义者的使命担当[J].思想教育研究，2018(1)：67-70.

③ 石国亮."新时代"青年的使命与担当[J].中国青年社会科学，2018，37(1)：19-25.

④ 赵天安.外国爱国主义教育点滴[J].思想政治课教学，1995(7)：14.

⑤ 黄娟，王国良.大学生使命教育的理论逻辑与实践进路[J].学校党建与思想教育，2021(2)：84-86.

⑥ 伊飞，张索坤，张学超.新时代大学生的使命教育[J].高校辅导员学刊，2018，10(6)：62-66.

这样的政党将是不可战胜的……”①中国共产党坚持开展主题教育活动，以制度的形式推动党员牢记初心使命，成为学界研究的热点。

一是探讨中国共产党的初心和使命。汪青松、鲁明川(2018)认为《共产党宣言》所宣示的是无产阶级和劳动人民立场、人类解放理想、共产主义信仰初心。习近平关于“为人民谋幸福，为民族谋复兴，为世界谋大同”的“三为”初心使命观，是对《共产党宣言》初心使命思想的传承与发展。② 唐景成(2018)认为党的初心与使命诞生于中国革命、建设和改革的伟大实践，既是对马克思主义唯物史观和无产阶级使命观的继承与发展，又是对中国传统民本和家国情怀等思想文化的传承与创新，同时也是中国特色社会主义新时代党执政理念的新诉求。它的形成是实践之基、理论之源、文化之根和时代之需四者的辩证统一。③ 赵晨(2020)认为实现全国人民的幸福生活，实现民族伟大复兴，一直以来都是中国共产党人的初心和使命，沂蒙精神是对这一初心和使命的集中体现和传承。④ 王玉鹏(2019)提出新时代必须从理论维度、情感维度和文化维度三个方面增强对初心和使命的认识，从而为人民幸福、民族复兴的初心和使命注入强大动力。⑤ 王传发(2019)认为中国共产党人的初心和使命是中国共产党人一脉相承的红色遗传基因，是标注中国共产党人所处方位的时代坐标，是激励中国共产党人不断前进的根本动力，彰显着中国共产党人不懈奋斗的价值取向⑥。杨方圆(2019)从民族的觉醒、马克思主义的传播、中国的实际条件论证了孕育中国共产党人初心与使命的历史土壤，找寻初心与使命的来源，从对近百年党的奋斗历程中获取共产党人坚守初心与使命的精神因子，即坚定的信仰、自我革新的意识、勇于开拓的精神、踏实

① 马克思恩格斯全集(第三十九卷)[M]. 北京：人民出版社，1974：139.

② 汪青松，鲁明川.《共产党宣言》与中国共产党使命接力[J]. 江淮论坛，2018(6)：5-10+2.

③ 唐景成. 中国共产党的初心与使命渊源探析[J]. 理论月刊，2018(9)：110-116.

④ 赵晨. 从革命战争时期的沂蒙精神看党的初心和使命[J]. 中国校外教育，2020(3)：3-5.

⑤ 王玉鹏. 论认识党的初心和使命的三个维度[J]. 探索，2019(5)：34-41.

⑥ 王传发. 时代在变党的初心使命不变[J]. 社会主义论坛，2019(9)：41-42.

担当的作为。[1]。曾峻(2019)考证了初心、使命话语的缘起与发展，指出初心和使命是中国共产党人接续奋斗的力量源泉。在新时代践行初心和使命，必须坚持以习近平新时代中国特色社会主义思想为统领，体现时代性，突出实践性，增强实效性，把党中央重大决策部署转化为广大党员与干部的政治责任、精神力量和干事创业的本领，让党的初心和使命在攻坚克难、书写新传奇的实践中得到生动诠释和精彩展现。[2] 徐奉臻(2017)认为“三个不能忘”是中国共产党人的初心。不忘初心，方知使命，方能担当，方得始终。因此，要全面而深入地学习和理解十九大精神，就必须以不忘初心为切入点。[3] 宋进(2017)认为“不忘初心、牢记使命”体现了中国共产党始终如一的政治本色和政治品格。党的十九大报告在正面阐述“不忘初心、牢记使命”的同时，先后出现一系列“不”，这也是进一步理解“不忘初心、牢记使命”的又一认识维度。[4]

二是研究“不忘初心、牢记使命”主题教育的重大意义。如靳诺(2020)认为十九届四中全会强调建立不忘初心、牢记使命的制度，对于不断推进和深化“不忘初心、牢记使命”主题教育具有重大意义，要牢固坚定制度自信，将初心使命转化为坚持和完善中国特色社会主义制度、推进国家治理体系和治理能力现代化的生动实践。[5] 欧阳淞(2019)指出要牢牢把握建立不忘初心、牢记使命的制度的重大意义、主要内容、原则要求，依靠制度使我们党始终坚守为中国人民谋幸福、为中华民族谋复兴的初心和使命。[6] 赵士红(2018)认为中国共产党人的初心和使命既有马克思主义理论的规定性，又有中国近代历史发展规律的规定性，同时它还具有重大意义，能够凝聚实现中华民族伟大复兴的磅礴力量，能够为我们指引前进的方向，能够强化中国共产党人对国家、民族和人民的责任意识。我们

---

① 杨方圆．中共党史视角下中国共产党人初心和使命的溯源[J]．党政干部学刊，2019(12)：41-46.

② 曾峻．中国共产党初心使命的实践价值与时代意蕴[J]．思想理论教育，2019(12)：36-40.

③ 徐奉臻．不忘初心：理解十九大精神的钥匙[N]．光明日报，2017-11-08.

④ 宋进．“不忘初心、牢记使命”的认识逻辑[J]．高校马克思主义理论研究，2017，3(4)：19-23.

⑤ 靳诺．坚守初心使命必须坚定制度自信[N]．人民日报，2020-01-08.

⑥ 欧阳淞．建立不忘初心、牢记使命的制度[N]．人民日报，2019-12-18.

要在统揽“四个伟大”的伟大实践中更好地坚守党的初心和使命。① 岳奎(2018)认为习近平总书记关于“不忘初心”的重要论述，不仅为我们观察和识别西方非意识形态化思潮提供方法论，为我们批判和揭露各种非意识形态化思潮提供了有力武器，也为我们进行伟大斗争、建设伟大工程、推进伟大事业、实现伟大梦想提供了内在依据。我们一定要坚定共产主义理想信念，使党的红色基因血脉相承，自觉抵制各种非意识形态化思潮的侵袭，始终成为时代先锋、民族脊梁，永远保持马克思主义执政党本色。②

三是研究如何建立“不忘初心，牢记使命”制度。刘同舫(2020)指出建立“不忘初心、牢记使命”长效机制，必须充分发挥制度对党员、干部践行初心使命的规范、约束和引领作用，做到坚持自律与他律相统一、坚持顶层设计与基层创新相统一、坚持理论指导与实践探索相统一。③ 赵玉洁、李海青(2020)指出与马克思主义使命型政党的理论自觉与民众自发对立统一：政党自觉需要对民众自发予以引导、提升，但两者同时也具有张力，一旦理论自觉出现失误就会导致自觉背离自发，损害民众利益。要有效解决自发与自觉的张力，一方面需要坚持和发展群众路线，另一方面要不断健全民主的制度机制。④ 黄浩涛、洪向华(2020)指出要在深入总结“不忘初心、牢记使命”主题教育成功经验基础上加强建章立制，坚持系统思维、辩证思维、底线思维，体现指导性、针对性、操作性，既坚持解决问题又坚持简便易行，既坚持目标导向又坚持立足实际，既坚持创新发展又坚持有机衔接。⑤ 张明(2020)认为需要从“永恒课题”的高度来把握不忘初心、牢记使命，需要用党的最新理论成果来推动不忘初心、牢记使命，需要用不断自我革命的精神来推进不忘初心、牢记使命，需要用伟大的斗争精神来固守不忘初心、牢记使命，需要用扎实的制度建构来夯实不忘初心、牢记使命，需要用机关、干

---

① 赵士红．始终坚守中国共产党人的初心和使命[J]．学习论坛，2018(9)：20-25.

② 岳奎．“不忘初心”与自觉抵制西方非意识形态化错误思潮[J]．马克思主义研究，2018(9)：132-140.

③ 刘同舫．建立践行初心使命的长效机制[N]．人民日报，2020-01-23.

④ 赵玉洁，李海青．使命型政党与人民群众：在自觉与自发之间——对马克思主义一个重大问题的思考[J]．南京师大学报(社会科学版)，2020(1)：78-85.

⑤ 黄浩涛，洪向华．持续推动全党不忘初心牢记使命[N]．人民日报，2020-01-23.

部的率先垂范来引领不忘初心、牢记使命。①

1.3.1.4 围绕国外与使命教育相关的内容开展研究

国内学者高度关注国外学者的研究，从与使命教育相关的内容来看，国内学者关于国外使命教育的相关研究也呈现出百花齐放的景象。国内学者研究国外开展爱国主义教育内容的较多，如陈嫵如(2005)认为美国的民族传统教育是和美国的民族精神教育结合在一起的。② 唐克军(2019)研究了团结视域下的英国公民教育，指出为了增进英国社会的团结，英国学校公民教育强化英国的基本价值观、国家忠诚或爱国主义、社会信任等因素。③ 2005年发生的伦敦恐怖袭击有力地激发起英国政治家关于爱国主义相关议题的探讨，要求采用国庆日活动等形式来促进爱国主义和民族认同，并强调参与源自爱国主义。④ 英国教育当局也注重塑造英国人共同的价值观，要求通过课程进行学习考查学生多样化的观念，并且能够正确理解全球背景中的英国价值观。⑤ 朱桂莲(2008)认为美国高度重视宣扬"美国精神"，宣传形式灵活多样，其目的就是要培养忠诚于美国制度的公民，这是使命教育的重要形式与载体。⑥ 陈立思(2002)指出在现代利益关系错综复杂的社会条件下，唯有爱国才能最大限度地在一个国家中团结一切可以团结的力量，找到利益冲突各方都可以接受的某种共同点、结合点。正是基于这样的认识，许多国家才不约而同地把对"国家意识"的宣扬和灌输放在爱国教育的首位，并以此为指导来处理爱国与民族、宗教的关系，个人与社会的关系。在爱国教育中要大张旗鼓地进行主导价值观的宣传和灌输。通过公民在基本价值观上达成的一致来

---

① 张明．主题教育开启持续推动全党不忘初心牢记使命的新起点[EB/OL]．人民网-理论频道 http://theory.people.com.cn/n1/2020/0110/c40531-31542933.html(2021-01-10).

② 陈嫵如．让高尚成为自然：爱国主义教育效果研究[M]．厦门：厦门大学出版社，2005：75.

③ 唐克军．团结视域下的英国公民教育[J]．外国教育研究，2019，46(7)：97-107.

④ Audrey Osler. Patriotism, multiculturalism and belonging: political discourse and the teaching of history[J]. Educational Review, 2009, 61(1): 85-100.

⑤ Uvanney Maylor. Nations of diversity, British identities and citizenship belonging[J]. Race Ethnicity and Education, 2010, 13(2): 233-248.

⑥ 朱桂莲．爱国主义教育研究[M]．北京：中国社会科学出版社，2008：101-103.

实现政治上的一致，是世界上许多国家爱国教育获得成功的一条重要经验。①

国内学者研究国外公民教育的主题也形成了一系列研究成果，如朱凌云(2011)研究了美国公民教育中心推出的“公民养成”项目，建议我国加强对公民教育共性和特性的研究，采取多种举措为学生创设了解、参与管理公共事务的平台。② 孔锴(2011)指出20世纪80年代以来，公民教育在美国受到高度重视和加强，其使命就是培养具有全球意识的、负责任的积极参与型的公民。③ 聂迎娉、傅安洲、束永睿(2013)指出美国1994年颁布了历史上第一个公民学课程指导文件——《公民学与政府国家标准》，其阐释的教育目标是使公民认同美国宪政民主的基本价值观和原则，知性和负责任地参与政治生活。④ 卢珊珊(2019)提出法国公民教育课程的开设自小学四年级开始，贯穿整个基础教育阶段全过程。法国学校公民教育的主要内容包括：人权教育、民主生活教育、政治合法性教育、爱国主义教育及伦理道德教育，“以宣传启蒙思想为理论根据，以弘扬法兰西民族精神为基本准则”⑤，侧重对法国历史文化的学习、继承与发扬，数量众多的博物馆教育成为其显著特点，“法国青少年公民教育的核心内容是要把年轻人整合进一个建立在启蒙运动精神和现代普遍价值基础之上的共同的民族文化当中”。⑥ 张建强(2020)比较加拿大与我国高校道德教育的情况，认为对主体意识的强调、对民主观念的认同及其价值观的形成是加拿大等西方国家的侧重点，对学生社会责任意识的培育和人文精神的关注是我国高校的重点。但是加拿大通过改革，原来注重宗教意识和精英意识的培育逐渐向关注公民的道德诉求和承担一定的社会

---

① 陈立思．爱国教育在国外[J]．求是，2002(17)：49-52.

② 朱凌云．美国公民教育的实践模式及其对我国公民教育的启示——以美国公民教育中心“公民养成”项目为例[J]．教育科学研究，2011(11)：71-75.

③ 孔锴．美国当代公民教育的基本理念：责任、参与、全球意识[J]．外国教育研究，2011，38(7)：72-77.

④ 聂迎娉，傅安洲，束永睿．美国《公民学与政府国家标准》评析[J]．学校党建与思想教育，2013(22)：88-91.

⑤ 潘晨康．法国爱国主义教育特点及其启示[J]．课程教育研究，2017(21)：255-256.

⑥ 卢珊珊．中法学校公民教育之比较及其对中国的启示[J]．华北水利水电大学学报(社会科学版)，2019，35(5)：66-70.

责任转变，改革后的加拿大高校道德教育工作充满活力。① 李庆杨、刘晓鸥(2012)以美国、日本、韩国为研究对象，认为国外非常重视民族精神的培育和弘扬，非常重视公民的责任感的教育，非常重视忧患意识的教育，特别重视民族传统的继承和发展。② 中国地质大学(武汉)注重对德国公民教育、政治教育的研究，形成一批有影响力、有代表性的研究成果。如傅安洲(2012)认为当代德国政治教育在西方发达国家中具有典型性和代表性。它在政治教育价值取向上发生了三次重大转换与变革。德国政府和学术界对政治教育理论建构高度重视，并把“政治教育”作为相对独立的学术研究领域。③ 傅安洲、阮一帆(2018)认为当代德国政治教育理论是德国学者对第二次世界大战后德国政治教育、政治文化相互关系及其发展规律的理性认识所形成的知识体系，从政治属性、时代属性、本土属性、学科属性四个方面，阐述了当代德国政治教育理论的基本属性。④ 孙文沛(2013)认为由于德国与众不同的历史，联邦德国的第二次世界大战历史教育从一开始就注定是非常艰巨的任务，经历了一个曲折发展的过程。成功的第二次世界大战历史教育帮助德国社会树立了正确的第二次世界大战史观。德国第二次世界大战历史教育向我们展示了在新时代开展全民化、多样化历史教育的必要性，其功效已远远超越了课堂教学所能达到的境界。⑤

与此同时，国内学者关于使命管理的研究更加深入，如王亚勇(2012)梳理企业使命研究情况，认为付立红、钱廷仙、徐耀强、郑宝云等学者形成了相对一致的观点，使命管理应该进行量化，持续改善企业的组织结构，建立完善的使命管理制度，加强使命的再评估与重审视，将个人愿望和企业使命有机结合起来等

---

① 张建强．我国高校公民道德意识培育效度分析——以加拿大公民教育为参考[J]．牡丹江大学学报，2020，29(1)：107-110.

② 李庆杨，刘晓鸥．国外爱国主义教育及其对我国的启示[J]．沈阳大学学报(社会科学版)，2012，14(3)：67-69.

③ 傅安洲．战后德国政治教育的变革[J]．高校理论战线，2012(9)：73-77.

④ 傅安洲，阮一帆．论当代德国政治教育理论的基本属性[J]．清华大学教育研究，2018，39(5)：21-28.

⑤ 孙文沛．联邦德国“二战”历史教育的发展历程及其启示[J]．比较教育研究，2013，35(7)：8-13.

等。① 钱海锋(2009)将使命管理理念引入高校学生自治组织，提出从构筑共同使命、加强团队管理与自我管理、构建与提升组织的“关系领导力”三个方面在学生自治组织管理中有效实施“使命管理”。② 汪琪(2005)指出“使命管理”理念的提出使管理理论的发展又进入了一个新的发展阶段，使命管理理念对学校教育管理的启示体现在建立以使命为中心的组织文化和价值观念、倡导终身学习、创建学习型组织并且要激励创新。③ 张萍(2009)以自己基础教育班级管理者的身份探讨了班级的“使命管理”。④ 陈辉(2007)探讨公务员群体的使命管理，通过思想制度化、实践化来保障公务员使命管理的实现。⑤ 王伟、庄浩(2005)认为以“价值观”为基础的“使命管理”可以称为管理理论的本质或纲，倡导采用具有共同价值观基础的使命管理。⑥

1.3.2　国外研究综述

教育具有世界性，是全球范围的中心话题，大学生使命教育也不例外。中世纪以后，特别是近代以来，国外产生了一批著名的思想家，形成了系列教育思想，为当代的教育工作奠定了坚实基础。如教育家夸美纽斯认为：“有效性教育要寻求并找出一种教学方法，使教员可以少教，但是学生可以多学，使学校因此可以少喧嚣、厌恶和无益的劳苦，多具闲暇、快乐和坚实的进步，并使社会可以减少黑暗、烦恼、倾轧，增加光明、整饬、和平与宁静。”⑦“就我们对国家贡献而言，还有什么比教导青年和教育青年更好、更伟大呢?”⑧埃德加·富尔在《学

① 王亚勇. 我国企业使命研究述评[J]. 对外经贸，2012(8)：101-103.

② 钱海锋. 在高校学生自治组织中实施“使命管理”的探索[J]. 理工高教研究，2009，28(4)：64-66.

③ 汪琪. 基于“使命管理”理念的学校教育管理[J]. 基础教育参考，2005(5)：35-36.

④ 张萍. 浅谈班级的“使命管理”[J]. 基础教育参考，2009(4)：74-75.

⑤ 陈辉. 论公务员使命管理[J]. 理论探讨，2007(3)：167-169.

⑥ 王伟，庄浩. 管理的软化——从人本管理到使命管理[J]. 天中学刊，2005(3)：53-56.

⑦ [捷]夸美纽斯. 大教学论[M]. 傅任敢，译. 北京：教育科学出版社，1999：2(推荐说明).

⑧ [捷]夸美纽斯. 大教学论[M]. 傅任敢，译. 北京：教育科学出版社，1999：2(致意读者).

会生存》中发出呼吁："未来的学校必须把教育的对象变成自己教育自己的主体，受教育的人必须成为教育他自己的人，别人的教育必须成为这个人自己的教育。"雅斯贝尔斯在《什么是教育》中用饱含诗意的语言论述了教育的本质："教育的本质意味着：一棵树摇动另一棵树，一朵云推动另一朵云，一个灵魂唤醒另一个灵魂。"George(1993)认为"着重从群体层面和个体层面研究青年，群体层面的研究主要关注转折的发生时间、序列及其人生过程标志的作用；而个体层面的研究则重在探讨某一时刻的转折对后继人生过程的影响。"①马赫列尔(1986)提出："青春的意义……在于人通过寻求理想而内心更加丰富，终于回到他们少年时代抛弃的群体之中，投身于并非理想而是现实的、并非永恒而是富有创造性的、虽然有限却是真正的生活中去。"②这些思想家关于教育的论述为青年教育、大学生使命教育提供了理论基础。

由于中外语言的差异，国外关于使命教育的内容非常罕见，但并不代表国外不开展使命教育，与使命教育意义和内容较为相近的有使命管理、爱国主义教育、公民教育、政治教育等。

1.3.2.1 围绕使命管理开展研究

"使命管理"的新理念由美国管理学专家弗朗西斯·赫塞尔本21世纪初提出，他认为只有拥有使命的组织才能更好地发展，使命具有凝聚人心、明确方向、协同前进的重要作用，能够让组织成员既知道自己在做什么、为什么要去做，从而激发员工无穷的工作动力。正如彼得·德鲁克所阐述的那样——"一切工作源于使命，并与使命密切相关"。这与我国儒家学说创始人孔子"知命不辱""不知命，无以为君子"(《论语·尧曰》)的论述具有思想的内在一致性，都是强调使命在组织建设发展中的重要作用。关于使命陈述的意义，国外有研究者认为：成功组织花费90%的时间使员工专注于使命，而无效组织则相反，花费90%的时间制定规

① George, L. K. Sociological Perspectives on Life Transitions[J]. Annual Review of Sociology, 1993, 19: 353-373.

② [罗]F. 马赫列尔，青年问题与青年学[M]. 陆象淦，译. 北京：社会科学文献出版社，1986：17.

则、规章、规程。① 约翰·穆莱恩(2002)指出，有用或无用的判断，源于管理者态度。当管理者认为其有用，将之视为战略管理工具时，就能有效地利用它带来的好处。② 凯勒(2006)指出，使命陈述是组织进行战略计划过程中不可缺少的部分。用组织理论来解释组织行为的一些社会学家认为，可以把使命陈述描述为一种仪式或者神话。③ 使命管理的运用范围经历了从企业到其他组织、从美国到其他国家不断扩大的过程，其研究也呈现出不断深入、逐渐精细、系统发展的过程。教育与管理在推动组织发展的过程中，具有相同的目标而只是方法手段略有区别，因此使命教育与使命管理高度关联，借鉴使命管理的研究成果推动使命教育更加科学、更显成效，意义极其重大，实际上也为使命教育的研究实践提供更加坚实的基础。

1.3.2.2 围绕爱国主义教育开展研究

从思想政治教育角度来看，爱国、报国是使命教育的最终目标，爱国主义教育自然是使命教育的重要内容，关于爱国主义的研究自然是使命教育研究的重要内容。综合来看，国外关于爱国主义的研究重点体现在两个方面：一是研究爱国主义的重要作用，将爱国主义视为凝聚力量、调节矛盾、增强竞争力的重要手段，如 L. Hoyt Crystal 等(2016)从爱国主义视角研究了政治意识形态与美国群体间歧视。研究通过关注爱国主义的作用，以新颖的视角来理解政治意识形态与美国少数民族歧视之间的关系，发现政治意识形态是资源分配偏见的一个强有力的预测因子，而这种影响是由美国人的爱国主义而不是偏见或民族主义所调节的。保守派的爱国主义水平高于自由派，而爱国主义与向美国人捐赠更多有关，而非少数族裔组织。④ Daria Omelchenko 等(2015)从社会学视角研究了俄罗斯青年爱

① Denton D K. Mission Statements Miss the Point[J]. Leadership&Organization Development Journal, 2001, 22(7): 309-314.

② Mullane J V. The Mission Statement is a Strategic Tool: When Used Properly [J]. Management Decision, 2002, 40(5): 448-455.

③ Morphew C C, Hartley M. Mission Statements: A Thematic Analysis of Rhetoric Across Institutional Type[J]. The Journal of Higher Education, 2006, 77(3): 456-471.

④ L. Hoyt Crystal, Goldin Aleah. Political ideology and American intergroup discrimination: A patriotism perspective[J]. The Journal of social psychology, 2016, 156(4).

国主义教育与公民文化，指出高度的爱国意识被认为是俄罗斯在地缘政治版图中巩固公民地位、增强竞争力的重要因素。作者对俄罗斯四个边境地区的爱国主义教育体系进行了评价，并形成具有参照意义的研究成果。① 二是研究爱国主义教育的内容与方法，如 S. Uzakbayeva 等(2014)研究了现阶段爱国主义教育的内容，认为爱国主义问题从一开始就对公民的人格发展有着巨大的价值。潜在的爱国主义情感会随着社会的发展而延伸和深入。同时，一定的社会发展有赖于人们的爱国主义精神。这种相互作用的一个突出的例子可以是多民族国家的例子。这些国家的数量随着社会的发展而增加。因此，对多民族国家关系问题的研究一直是热点问题，爱国主义教育问题研究也在不断增长。爱国主义精神团结人民，精神化促进更大的产出和参与国家和社会事务。在新的市场条件下，哈萨克斯坦年轻一代的爱国主义债务和责任感的形成也不得不考虑到哈萨克斯坦共和国日益增强的文化和经济实力。哈萨克文学的教育潜力，尤其是哈萨克英雄主义的爱国主义教育，作为对年轻一代爱国主义教育的手段，还没有被我们的时代要求所利用和更新。② Zhengisbek Tolen 等(2014)研究了哈萨克斯坦青年公民爱国教育的形成。向青年灌输爱国主义是多民族、多宗教的哈萨克斯坦面临的现实问题之一，文章据此论述了哈萨克斯坦青年的公民义务与爱国主义教育。③

1.3.2.3 围绕公民教育开展研究

美国公民教育的研究非常深入系统。关于公民教育的著作如《公民教育——北美大学生的日常道德及公民责任》(A. Colby)和《公民的职责及其高等教育》

---

① Daria Omelchenko, Svetlana Maximova, Galina Avdeeva, Natalia Goncharova, Oksana Noyanzina, Olga Surtaeva. Patriotic Education and Civic Culture of Youth in Russia: Sociological Perspective[J]. Procedia — Social and ehavioral Sciences, 2015, 190.

② S. Uzakbayeva, Sh. Zhalgasova, A. Beisembayeva, G. Kosherbayeva, sciences. The Patriotism Education Content at the Present Stage[J]. Procedia — Social and ehavioral Sciences, 2014, 141.

③ Zhengisbek Tolen, Slushash Tulenova, Elnura Assyltaeva, Nurken Aitymbetov. Formation of Civil and Patriotic Education of Youth in Kazakhstan[J]. Procedia — Social and Behavioral Sciences, 2014, 116.

(T. Ehrlich)等都对高等教育中的道德教育进行系统的论述，并将之与公民职能相互关联。[①] Will Kymlicka 和 Wayne Norman(1994)认为“公共政策在很多方面都依赖于个人生活方式中负责任的决定”“恰当的公民概念似乎要求权利和责任的平衡”。[②] 原美国卡耐基教学促进基金会主席波伊尔(Ernest Beyer，又译为博耶)1987 年在其著作《学院：美国本科生教育的经验》中强调：“如果学生们的视野不扩大，不更好地理解他们在这个复杂的世界上的地位，他们所应承担的生活能力将会被令人可悲地削弱。”[③]正如约翰·奈斯比特所言：“我们(美国)现在必须适应在一个各国相互依存的世界中生活。”[④]综合最近的外文文献，可以看出国外公民教育的研究有几种动向，一种是将宗教教育与公民教育高度融合，将公民的使命教育与宗教教育、学生的道德品质培育等结合在一起，体现出浓厚的宗教氛围，如 Sokol Bryan W 等人的文章《道德品质与美国大学的公民使命：天主教、耶稣会的正义教育观》。[⑤] 第二种是将教师的使命与国家的使命紧密相连，并将这种使命向学生进行延伸，体现出使命教育由国家、教师到学生的逻辑顺序，如 David Egan Emeritus Grigg Russell 论述了初级教师教育和威尔士的国家教育使命。[⑥] 第三种是探讨生活世界与意义世界的贯通连接，与中国思想政治教育具有某种程度的相通性，如 Suraj Kalia 等人探讨了从生活世界到理想社会：大学生信

---

① Ehrlich T E. Civic Responsibility and Higher Education. American Council on ducation Oryx Press Series on Higher Education[M]. Civic Responsibility and Higher Education. American Council on Education OryxPress Series on Higher Education，1999：448.

② Will Kymlicka，Wayne Norman. The Return of the Citizen：A Survey of Recent Work on Citizenship Theory[J]. Ethics，1994，104(2)：352-381.

③ [美]波伊尔．学院——美国本科生教育的经验[A]．吕达，周满生，译．当代外国教育改革著名文献(美国卷·第一册)[C]．北京：人民教育出版社，2004：238.

④ [美]约翰·奈斯比特．大趋势——改变我们生活的十个新趋向[M]．孙道章，等，译．北京：新华出版社，1984：98.

⑤ Sokol Bryan W. Moral character and the civic mission of American universities：The Catholic，Jesuit vision of justice education[J]. International Journal of Christianity & Education，2021，25(1).

⑥ David Egan Emeritus Grigg Russell. Editorial：Initial Teacher Education and Wales's National Mission for Education[J]. Cylchgrawn Addysg Cymru / Wales Journal of Education，2020，22(1).

仰教育中的情感与思考。① Kulvinder Singh 和 Kapil Sachdeva(2016)探讨了微媒体在高校理想信念教育中的创新应用。②

1.3.2.4 围绕政治教育开展研究

对于一个国家和执政党来讲，政治教育与使命教育在许多目标上具有一致性。国外关于政治教育的研究非常广泛，如当代德国学者韦德迈尔指出：“德国是欧洲少有的政治家、学者和其他专家都普遍关注政治教育的国家。”③综合来看，国外政治教育的研究具有以下几个特点：一是政治教育与公民教育、文化教育相互结合，政治教育广泛融入公民教育和文化教育之中，成为公民教育和文化教育的重要内容，无论政治教育、公民教育还是文化教育，都不可避免地涉及对青年一代的使命教育，如 Hans Schattle(2005)认为美国已经将公民教育与政治教育紧密结合，对全球公民教育进行多学科的研究已经出现。④ Fred Dervin(2021)研究了跨文化与政治教育之间的关系⑤。二是将政治教育的范围和高度进行拓展，体现出更多终极意义的关怀，体现出对人类社会的终极使命，如 Saito Naoko 等(2021)将政治教育的范围进行了更深的拓展，探讨为人类转变而进行的政治教育。⑥ Morgan Demetri L.(2021)研究了高等教育中的政治认同形成：大学前社会

---

① Suraj Kalia, Virender Singh Gurau, Anand Kumar. From Life World to Ideal Society: Emotion and Thinking in College Students' Belief Education[J]. Indian Journal of Public Health Research & Development, 2018, 1(1).

② Kulvinder Singh, Kapil Sachdeva. Innovative Application of Micro-media in Ideal and Belief Education in Colleges and Universities[J]. Indian Journal of Public Health Research & Development, 2016, 1(3).

③ Geoffrey K. Roberts. Political Education in Germany[J]. Parliamentary Affairs, 2002: 556.

④ Hans Schattle. Global Education and Global Citizenship: Widening the Scope of Civic Education[Z]. The Paper Presented at the 2005 annual meeting of the American Political Science Association, 2005: 44-45.

⑤ Fred Dervin, Ashley Simpson. Interculturality and the Political within Education[M]. Taylor and Francis, 2020.

⑥ Saito Naoko, Laugier Sandra. Introduction to the Suite: Political Education for Human Transformation[J]. Journal of Philosophy of Education, 2021, 55(1).

化、认同与语境的现象学考察。① 三是将思想政治教育上升到教育哲学的高度，可以将之视为新时代国际社会对中国学术话语权力的认同，如 Prakash Iyer 和 Indrani Bhattacharjee(2021)认真考察了思想政治教育的内涵与实践，将思想政治教育上升到教育哲学的高度，体现出国外对思想政治教育的一种全新认识。② Sebell Dustin(2021)研究色诺芬的苏格拉底教育：理性、宗教与政治的局限。③ Držaić Karlo(2020)研究克罗地亚的政治教育：南斯拉夫共产主义青年团成员读了什么?④ 抛开意识形态来重新审视国外关于政治教育的研究，可以对我国的思想政治教育工作和使命教育工作提供更加广阔的视野和更加开阔的思路，为我们开展大学生使命教育提供了一个崭新的视角。

1.3.3 国内外研究述评

有目的、有计划、有组织地开展思想政治教育，让青年主动担当自身的历史使命，是世界上任何一个执政党和政府都认同并努力做好的工作。中国作为世界上最大的社会主义国家，一直把马克思主义作为自己的精神武器和立党立国的根本指导思想，不断推进马克思主义中国化。中国共产党高度重视大学生使命教育，根据不同历史阶段的任务赋予大学生不同的历史使命，对大学生开展有针对性的、富有成效的使命教育。从马克思主义学科视域来看，学界对青年的研究关注一直是热点，而且已经形成了一批重要的研究成果。从宏观的青年教育的视角来看，研究青年责任感教育、人生观教育、价值观教育等内容成果较多，如研究不同时代国家领导人的青年观、研究不同群体如高校领导者的使命与责任、研究青年思想政治教育、研究青年社会责任的内容、研究青年社会责任感的培育途径

---

① Morgan Demetri L.. Nuancing political identity formation in higher education: A phenomenological examination of precollege socialization, identity, and context [J]. Journal of Diversity in Higher Education, 2021, 14(1).

② Prakash Iyer, Indrani Bhattacharjee. Philosophy of Education: Reflections on Moral and Political Education[M]. Taylor and Francis, 2021.

③ Sebell Dustin. Xenophon's Socratic Education: Reason, Religion, and the Limits of Politics [M]. University of Pennsylvania Press, 2021.

④ Držaić Karlo. Political education in People's Republic of Croatia: What did the members of the Young Communist League of Yugoslavia read[J]. Povijest u nastavi, 2020, 31(1).

等。从中观的使命教育的视角来看，国内相关研究成果不多，没有形成体系，与之相关的主要体现在：研究某一群体、某一组织的使命担当，研究部分国家和著名人物的使命观，研究并提倡“使命管理”，明确研究青年和大学生使命教育的内容散见于文章的内容之中，而且更多的是论述青年和大学生担负的历史使命，这一特点在21世纪初的特殊时间阶段体现得尤其明显。不同的时代具有相异于其他时代的时代特征，不同时代的青年同样具有相异于其他时代青年的特点，大学生使命教育必须做到因事而化、因时而进、因势而新。

大学生社会责任与其应当承担的历史使命具有内涵的辩证统一性，大学生的社会责任随着时代的发展呈现出不同的内容，那么大学生的使命也同样会随着时代主题的变换而发生转移。关于大学生社会责任内容的研究为使命教育的内容提供了基础，同时为使命教育的拓展提供相对成熟的视角，以此可以管窥使命教育内容的变迁，为使命教育提供颇有意义的借鉴。从中国历史的纵深脉络来看，责任担当培育的途径实际上与中国士大夫成长路径、人格构建方法具有某种程度的一致性，已经凝练成为中国优秀传统文化的重要组成部分，呈现为关于责任担当的实践探索与理论构想的系统化总结。近代以来，中华民族陷于水深火热之中，在亡国灭种的巨大危机中，无数志士仁人自发探索救亡图存的路径，不惜抛头颅、洒热血，以血肉之躯铸起御敌的铜墙铁壁，用生命诠释着使命担当，均以失败而告终。十月革命一声炮响，为中国送来马克思主义，中国共产党主动接过历史的接力棒，将历史的重任担在肩上，“唤起工农千百万”，以自身的先进性、示范性带动全国人民主动融入国家民族的发展需要，通过科学严密的制度设计开展使命教育，将青年大学生作为使命教育的重要群体，在革命、建设、改革的不同阶段都凝聚起中华民族伟大复兴的磅礴伟力。中国共产党用科学的理论指导实践，善于根据国际国内形势变化和科学技术发展的不同阶段动态调整自己的奋斗目标，并将之转化为全党全国各民族人民的责任担当，画出最大的同心圆。

党的十八大以来，站在“两个一百年”奋斗目标的历史交汇点上，在中华民族伟大复兴的战略全局和世界近百年来未有之大变局的时代背景下，国际格局和国际体系正在发生深刻调整，全球治理体系正在发生深刻变革，国际力量对比正在发生近代以来最具革命性的变化。与此同时，中国正前所未有地靠近世界舞台中心并快速接近实现中华民族伟大复兴的目标，给其他国家造成极大的发展压力。中国的高等教育经过数十年的高速发展，正处在由大众化走向普及化的关键节点上，青年大学生的使命担当决定了我们能否很好地应对两个大变局带来的巨大挑战，并顺利实现中华民族的伟大复兴，使命教育的重要性、紧迫性日益显现。2014年5月4日，习近平总书记在北京大学师生座谈会上的讲话上指出："广大青年对五四运动的最好纪念，就是在党的领导下，勇做走在时代前列的奋进者、开拓者、奉献者，以执着的信念、优良的品德、丰富的知识、过硬的本领，同全国各族人民一道，担负起历史重任，让五四精神放射出更加夺目的时代光芒。"横跨两个世纪，百年沧桑巨变，青年大学生的使命发生了翻天覆地的变化，而使命教育的内涵与本质却历久弥新、愈发清晰可辨。新时代大学生使命教育的议题必须旗帜鲜明地提出，而使命教育的核心就是要大张旗鼓地教育大学生将党的使命转化为自身的使命，使命教育不是要淡化意识形态的内容——恰恰相反，使命教育必须紧紧围绕党和国家的发展目标而不能有丝毫方向上的偏离，这不仅是学界的理论探讨，更是实践的现实需要。

国外使命教育的研究实践与其开展思想政治教育的方式密切相关。国外的使命教育似乎不太强调意识形态的内容，表面上体现的好像是公民教育、素质教育等与意识形态无关的内容，这恰恰是国外使命教育值得我们引起警惕和借鉴的地方。国外关于使命教育的研究具有两个明显的特征：一个是从使命教育向使命管理延伸，提倡使命管理，一个是使命教育的研究与实践往往寓于公民教育、爱国主义教育、政治教育之中，但在研究与实践的重点上不同国家往往具有本国的特色。如美国的公民教育无论在理论研究还是实践中都具有完善的体系和内容，英国学界强调对青年的民族认同教育，加拿大更为关注公民社会责任和民主观念，法国学界呼吁将公民教育贯穿学校教育全过程，德国注重对青年的政治教育，俄罗斯等国强调爱国主义的教育等。

新时代大学生使命教育必须随时随地以新时代所处的历史方位和历史条件作为大学生使命教育的条件与环境，这是马克思主义的本质要求。因此，大学生使命教育的内容必须与时俱进，体现政治性、思想性、引领性。从大学生使命教育的研究趋势上来看，以下三个方面将是未来的重点和难点：一是把青年大学生作为使命教育的主体和重点，对不同群体的青年大学生开展分层次、分类型的使命教育，从而不断提升使命教育的科学性、针对性和有效性；二是将使命教育提升为使命观教育，深入挖掘不同时期、不同阶段党和国家领导人及其他重要人物的使命观，尤其是习近平青年使命观，从而为大学生使命教育提供丰富的研究和教学资源；三是将使命教育与使命管理相结合，实现管理与教育的有效融合，从而拓宽使命教育的理论视野、创新使命教育的实践路径。

1.4 研究思路、方法与创新

1.4.1 研究基本思路

课题首先对新时代、使命、使命观、使命教育等基本概念进行系统梳理与界定，厘清课题理论基础、研究对象及拟解决的关键问题；然后从历史回溯、发展现状、演化趋势等方面探讨新时代青年使命观的演化机理，深入分析不同时代马克思主义经典作家、党和国家领导人对青年使命担当的要求，梳理出青年使命担当演化发展的研究理论框架；随后以习近平新时代中国特色社会主义思想为指导，以习近平青年使命观为重点，研究新时代大学生使命教育的主要内容；通过网络对新时代大学生使命观进行抽样调研，针对专科、本科、硕士、博士以及公办、民办等不同层次、不同类型的大学生群体展开调研访谈，比较研究不同大学生群体使命观的异同；以调研结果为基础，综合运用教育学、传播学、管理学、心理学、政治学等理论提取新时代大学生使命教育的重要影响因素和关键影响因子，系统构建新时代大学生使命教育的目标内容、原则方法与实施策略。

1.4.2 具体研究方法

每一种理论、方法都有其适用性与局限性，多学科与多方法的交叉运用有助于拓宽视野，更好揭示事物的本来面目。本课题将综合运用教育学、政治学、历史学、社会学、传播学、管理学、文化学等相关理论与方法，综合运用实证分析和规范分析、定性研究和定量研究、概念研究和机理研究等多种研究方法。具体研究方法如下：

①文献研究法。搜集、鉴别和整理与新时代大学生使命教育相关的国内外研究文献，认真研读马克思、恩格斯、列宁等国外马克思主义经典作家和毛泽东、

邓小平、江泽民、胡锦涛、习近平等党和国家领导人对青年使命的表述及其时代内涵。采用历史研究和横断研究方法，从历史的大视角分析、比较不同国家、不同时代大学生使命观的时代特征，剖析新时代大学生使命观形成发展的历史逻辑，解读不同时代青年使命教育尤其是大学生使命教育的异同点。通过梳理、分析、归纳和总结，形成文献综述报告。

②问卷调查法。选取有代表性的大学生群体展开问卷调查。结合专家建议，设定半结构化访谈问卷，选取少量样本进行探测性检验，并最终确定有效的调查问卷，形成调研报告，从宏观上把握大学生使命教育的发展现状、形成机理、培育途径等。

③访谈研究法。选取一定数量的大学生、辅导员、思想政治教育工作专家学者等开展深入访谈，深刻剖析新时代大学生使命教育的形成机理；根据访谈结论，采取行动研究法，设计大学生使命教育的实施策略。

1.4.3　研究创新之处

第一，研究视角具有一定的新颖性。使命教育是思想政治教育的重要内容，长期以来探讨大学生社会责任感的意义、问题与培育路径的相对较多，从大学生使命教育的视角开展研究的成果相对较少，未见有专著和系统性的成果。本书选题聚焦于新时代大学生使命教育，对大学生使命教育的概念与内涵进行溯源、概括、提炼，重点关注如何将中国共产党的使命转化为新时代大学生的担当，力求在该领域作出应有的贡献。

第二，研究内容具有整体系统性。长期以来，大学生使命教育作为思想政治教育的重要内容，并未体现出使命教育的独立性和重要性。本书在借鉴思想政治教育相关理论与方法的基础上，综合运用教育学、传播学、管理学、心理学、政治学等理论知识，对新时代大学生使命教育的目标内容、原则方法、实施策略等进行全面梳理、系统构建，在研究内容上体现出整体系统的创新性。

第三，贯穿全文的实证主义写作风格。本书通篇贯穿实证研究的方法：在编制问卷的过程中，广泛听取大学生、辅导员、思政课老师、学生工作干部及专家学者的意见，形成预调查问卷，动员 911 人参与预调查；在对预调查结果分析的基础上，对问卷进行调整修改，16315 名大学生参与问卷调查，同时选取部分大学生、辅导员、思政课老师、学生工作干部及专家学者进行深入访谈。调研访谈结果体现在新时代大学生使命教育的目标内容、原则方法、实施策略等各个方面。该问卷及调研成果为他人的研究提供丰富的资料，贯穿全书的实证主义写作风格将为其他研究者提供有益的启示。

第 2 章　新时代大学生使命教育的内涵本质

问题是时代的呼声，人类社会总是在发现问题、解决问题中不断发展进步。问题能否称其为一个问题，能否寻找到解决的答案，取决于对问题内涵本质的把握。树立牢固的问题意识是科学研究者需要具备的基本素养，对问题内涵本质的把握、对核心概念的界定既是研究的逻辑起点，也是研究能否取得实效的关键。新时代大学生使命教育研究，必须首先科学界定研究对象的内涵、特点、功能与本质。

2.1　使命与使命教育：两个大局下的追问与反思

任何科学研究都是围绕一定主题、在一定的时代发展背景下展开的。使命与使命教育属于意义世界、精神世界层面的内容，是世界观、人生观、价值观的重要组成部分。新时代是世界百年未有之大变局和中华民族伟大复兴战略全局的重叠交叉期，新时代大学生使命教育是两个大局条件下对新时代大学生使命与使命教育的深刻反思，也是大学生使命与使命教育的时代之问。

2.1.1　新时代大学生使命的时代之问

“时代”一词是汉语的常用词汇，意义丰富而复杂。马克思恩格斯在其著作中对“时代”一词颇有偏爱，在中文版《马克思恩格斯全集》中“时代”一词出现 3000 多次，加上与“时代”意义相近或者相通的词语，其数量会更为庞大。新时代作为一个概念具有特定的内涵，是中华民族伟大复兴的关键时期，是科学社会主义焕发新的生机和活力的关键时期，是我国为全人类作出更大贡献的关键时期，是我国由迈向社会主义更高发展阶段转换的关键时期。我国发展在新时代面临新机遇，同时又要应对新挑战、新风险，如修昔底德陷阱、中等收入陷阱、分化西化陷阱、塔西佗陷阱等。我国进入新时代历史方位的重要意义，吹响了实现中华民族伟大复兴的号角。① 新时代具有鲜明的时代特征。从理论与实践、历史与现实、国内与国际的结合上看，中国特色社会主义进入新时代的标志，就是习近平新时代中国特色社会主义思想被确立为党的指导思想，我国社会矛盾发生重大变化，日益增长的美好生活需要成为人民的新期待，中国积极倡导构建人类命运共同体、在世界舞台上发挥更大作用、更有能力为人类作出更大贡献。②

对于一个国家、一个政党、一个组织的青年来讲，其使命具有一定的传承性特征，马克思主义政党更是如此。马克思主义政党对于青年和大学生的感情和期望是一样的，在实现共产主义的终极使命追求上是一贯的，在构建人类命运共同体的目标上是一致的，在维护国家、民族和人民利益上是相通的，在实现自身全面发展是完成使命的基础的认识上是相同的。但是，在不同的历史背景下，大学生的历史使命呈现出历史、动态、具体的特征，不同时代的大学生具有不同的历史使命。正如1916年8月15日李大钊在《晨钟报》创刊号上发表《“晨钟”之使命》一文的表述一样：“青年之文明，奋斗之文明也，与境遇奋斗，与时代奋斗，与经验奋斗。故青年者，人生之王，人生之春，人生之华也。青年之字典，无‘困难’之字，青年之口头，无‘障碍’之语；惟知跃进，惟知雄飞，惟知本其自由之精神，奇僻之思想，锐敏之直觉，活泼之生命，以创造环境，征服历史。”党的十八大以来，党和国家的事业发生了历史性的变革，从中华民族发展史、社会主义发展史、世界发展史三个维度来看，中国特色社会主义进入了新时代。2019年在纪念五四运动100周年大会上，习近平总书记指出：“新时代中国青年运动的主题，新时代中国青年运动的方向，新时代中国青年的使命，就是坚持中国共产党领导，同人民一道，为实现‘两个一百年’奋斗目标、实现中华民族伟大复兴的中国梦而奋斗。”和平与发展、竞争与合作、冲突与融合成为当今世界的主要

① 袁初明．新时代的历史方位、阶段特征与价值诉求[J]．桂海论丛，2019，35(5)：72-77.

② 覃喆，李国泉．中国特色社会主义进入新时代的主要特征[J]．中共山西省委党校学报，2019，42(2)：17-22.

特征，影响着中国国内政治、经济、社会和文化的发展，共同构成了新时代大学生使命教育的新时空境遇。

新时代大学生成长于中国经济建设发展最快、中国社会结构转型最为激烈、科学技术发展最为迅速、人们思想观念最为解放、价值观也最为多元化的时期。在这样的环境中成长起来的一代人肯定会打上这个时代的烙印。新冠疫情使百年未有之大变局加速演变，中华民族伟大复兴既面临重大机遇，也会遭遇巨大挑战。在世界百年未有之大变局和中华民族伟大复兴战略全局中，脱贫攻坚成果与乡村振兴规划正实现无缝衔接，“十三五”全面收官、“十四五”全面开启，有着百年历史的中国共产党正在积极为人民谋幸福、为民族谋复兴、为世界谋大同。新时代大学生必须对“国之大者”心中有数，在“国之大者”中设定学业发展目标、做好人生精准定位，实现将中国共产党的使命转化为自身的使命，将党的使命融入自己的学业规划和实际行动中，做到既仰望星空又脚踏实地，以昂扬的精神状态和务实的行动举措切实肩负起自身的使命。

2.1.2　新时代大学生使命教育的概念界定

“使命”一词在汉语中最初意思是指使者所奉之命令，后逐渐引申为奉命出使之人和重要而非同寻常的任务之意。使命在近代以来更多地体现出抽象意义。李大钊、毛泽东和 1920 年在上海创刊《共产党》月刊中均大量使用使命一词。在中国共产党的文件和新闻报刊中，使命一词被赋予较为明确的意识形态色彩。随着时代的发展，如今的使命多指个人或组织承担的具有神圣性的未完成的重大责任，由人的社会属性所决定，可以将自身的理想信念、价值观念、行为选择和个人认知整合成为一个相互支撑的有机整体，是个人和组织存在的理由和依据。

从哲学意义来看，使命是对人类生命本质与生命意义的不懈追求，使命的追求与实现历程就是对生命意义的升华过程。人追寻使命的过程，就是主观意志和内在精神充分施展的过程，是人用能动的意识和思维去摆脱动物性的标志。使命是人仅仅具有性命的生物意义的“自然人”向具有人文精神的“社会人”跃迁的桥梁和中介，使命更多地体现为他人、为集体、为社会所带来的有价值的实践活动，人类生命的高贵正体现于使命的崇高。

使命教育与责任教育、思想政治教育等概念内涵具有一定的相似性和重合度。一般来讲，思想政治教育是指思想政治教育者依据一定的规范对思想政治教育的对象施加有目的、有计划、有组织的影响，使他们形成符合一定社会标准和要求的思想政治素质和思想政治行为的教育活动。程雄飞在其博士论文中对新时代大学生社会责任教育定义为"是新时代思想政治教育的重要内容，是高校有目的、有计划地通过提高社会责任认知、深化社会责任认同、强化社会责任行动，从而培养新时代大学生服务国家服务人民社会责任感的教育活动"①。张新桥在其博士论文将青年责任教育界定为"指一定的社会或社会组织对其青年成员施加有目的、有计划、有组织的影响，进而使其提高责任认知、涵育责任情感、锤炼责任意志、践履责任行为，最终形成责任人格的教育实践活动"②。使命教育是以使命为目标指向的教育实践活动，从思想政治教育的角度来看，使命教育体现出的是国家意志，具有鲜明的意识形态属性。结合以上定义，可以将使命教育定义为：一定阶级、政党、社团团体，遵循人们思想接受规律和教育教学规律，运用科学的方法对其成员开展有目的、有计划、有组织的教育活动，使他们掌握一定的使命知识、形成符合一定要求的使命观念、从心理上高度认同使命并在行为上体现主动担当使命的社会实践活动。进而言之，新时代大学生使命教育就是在世界百年未有之大变局和中华民族伟大复兴战略全局的时代背景下，以传承中国共产党的红色基因、巩固中国共产党的执政基础为目的，以党的使命对象化为大学生的使命为手段，以大学生正确认识时代责任和历史使命为基础，以大学生自觉将个人的理想追求融入国家富强、民族振兴和人民幸福的责任担当为落脚点而采取的使命教育实践活动。

2.2　新时代大学生的使命担当：面向未来的基本向度

习近平同志在十九大报告中指出，"为中国人民谋幸福，为中华民族谋复兴"就是中国共产党人的初心和使命，是激励中国共产党人不断前进的根本动力。面向未来，新时代大学生是中国特色社会主义的建设者和接班人，在中国特色社

① 程雄飞．新时代大学生社会责任教育研究[D]．南昌大学，2019.
② 张新桥．青年责任教育研究[D]．清华大学，2016.

会主义进入新时代的关键时刻，必须深刻理解、清醒认识自身的使命担当，树立正确的价值追求、担当充分的使命责任，与中国共产党同心同德、同向同行，与中国特色社会主义新时代保持步伐一致、同频共振，不断挖掘和激发自身学习工作的动力源泉，不断提升自身的能力素质，不断作出新的更大的贡献。①

2.2.1　不忘初心、扎根基层、服务人民的价值追求

初心决定使命，使命必须担当。中国共产党的初心和使命，植根于马克思主义的思想沃土上，发展于中国革命、建设、发展的全程中，镌刻于中国共产党的宗旨里，贯穿于中国特色社会主义建设的各个环节。习近平指出，中国梦是全国各族人民的共同理想，也是青年一代应该牢固树立的远大理想。中国特色社会主义是我们党带领人民历经千辛万苦找到的实现中国梦的正确道路，也是广大青年应该牢固确立的人生信念。实现“两个一百年”奋斗目标的历史进程，将贯穿新时代大学生成长发展的全过程。大学生作为中国共产党倾力培养的后备骨干力量，必须牢记党的初心使命，将党的初心使命作为自己的初心使命，始终与党同心同向、戮力同行，通过一代代接续奋斗将中国梦变为真正的现实。

成长来自历练，历练必自基层。基层是实践的前方战场，是人才成长的肥沃土壤，更是青年干事创业的广阔舞台。“英雄起于阡陌，壮士拔于行伍”是基层经历对人才培养锻炼的生动诠释。广西驻村第一书记黄文秀用自己短暂而美好的青春诠释了共产党人的初心使命，成为广大党员干部和青年的榜样。习近平总书记对黄文秀同志先进事迹作出重要指示，要求全体党员干部和广大青年要不忘初心、牢记使命，勇于担当、甘于奉献，在新时代的长征路上作出新的更大贡献。我们党来自人民、植根人民、服务人民，一旦脱离群众，就会失去生命。基层工作细小烦琐，但却直接关乎中央政策落地，直接关乎群众对党和政府的感受，是党和政府联系群众的“最后一公里”。因此，习近平非常重视青年的基层经历，号召青年在基层历练中健康成长、快速成长、茁壮成长。新时代大学生长期深居象牙塔内，必须深入基层历练，方能知民意察民情，也才能更好地将专业知识运用到火热的社会实践之中。

① 王文山，黄德林．新时代青年的使命担当[N]．中国社会科学报，2019-08-13(001)．

人民创造历史，历史印证宗旨。全心全意为人民服务既是马克思主义政党的鲜明底色，也是中国共产党的宗旨，更是每个共产党员应尽的责任和义务。青年是国家的希望和未来，大学生是国家发展的骨干力量，必须树立全心全意为人民服务的人生观和价值观，不断提高全心全意为人民服务的自觉性。习近平在“不忘初心、牢记使命”主题教育工作会议上强调，守初心，就是要牢记全心全意为人民服务的根本宗旨，以坚定的理想信念坚守初心，牢记人民对美好生活的向往就是我们的奋斗目标，时刻不忘我们党来自人民、根植人民，永远不能脱离群众、轻视群众、漠视群众疾苦。广大青年尤其大学生必须认识到：人民群众是历史的创造者，始终同人民群众保持血肉联系，是我党夺取新时代伟大胜利的根基。因此，青年尤其是大学生必须把为人民服务作为自己的终生信仰，扎根基层、服务基层、在基层接受锤炼，必须深入人民、融入人民、服务人民，必须把握机遇、增长才干、不懈奋斗，在为中华民族伟大复兴的征程中，书写属于自己的人生华章。

不忘初心、扎根基层、服务人民作为一种价值追求，是习近平青年使命观的当代内涵底色，是新时代大学生使命教育的指导遵循，彰显出马克思主义执政党对青年的殷切期望，是马克思主义理论中国化的重要成果。

2.2.2 立志成才、勇于担当、甘于奉献的行为选择

志向指引方向，方向决定愿景。当代青年的志向，决定了国家民族未来发展的高度。2017 年 5 月 3 日习近平在中国政法大学民商经济法学院本科二年级 2 班团支部主题团日活动上寄语广大青年：立志是一切开始的前提，青年要立志做大事，不要立志做大官。《习近平的七年知青岁月》一书真实再现了习近平当年下乡插队与农民同吃同住同劳动的知青岁月，生动刻画了一名青年立志成才、全心全意为人民服务的心路历程。每个时代的青年有每个时代的担当和使命，当今中国最鲜明的时代主题，就是实现“两个一百年”奋斗目标、实现中华民族伟大复兴的中国梦。实现中国梦的征途一定不会平坦，当前的中美贸易摩擦让中国青年清醒地意识到，中国还有一些关键装备、核心技术、高端产品还存在受制于人的问题，中国还需要不断增强自主创新能力。新时代大学生必须主动增强忧患意识，学习科学界前辈勇于创新、爱国奉献的精神，立志成长成才、勇于勤奋学

习、矢志创新创业，就应当成为当代青年的志向选择和行为方式。随着中国高等教育由大众化转向普及化，越来越多的适龄青年考上大学，成为家庭第一代大学生，实现阶层身份的转换，成为青年大学生的重要群体。习近平总书记提出当代青年“要励志，立鸿鹄志，做奋斗者”具有特别重要的现实意义，这是习近平青年使命观的时代背景与时代课题。

使命召唤青年，青年必须担当。习近平指出，当前中国处于近代以来最好的发展时期，世界处于百年未有之大变局，两者同步交织、相互激荡。每一代青年都有自己的际遇和机缘，都要在自己所处的时代条件下谋划人生、创造历史。当前经济全球化、政治多极化、社会信息化、文化多样化深入发展，构建人类命运共同体刻不容缓、正当其时。青年大学生要以人类和谐、国家富强、民族振兴、人民幸福为己任，胸怀理想、志存高远，以马克思主义为信仰，以社会主义核心价值观为指引，扣好人生的第一粒扣子，树立梦想从学习开始、事业靠本领成就的观念，脚踏实地、勤奋学习、增长本领、努力工作，以舍我其谁的勇气主动担当，在关键时刻和危急关头豁得出去、顶得上去，自觉融入于国家社会需要，自觉承担时代使命，扎根中国大地，弘扬中华优秀传统文化，传播中国声音，讲好中国故事，体现中国自信，展示中国力量。

梦想需要奋斗，奋斗必须奉献。习近平指出，中华民族伟大复兴，绝不是轻轻松松、敲锣打鼓就能实现的。实现伟大梦想，必须进行伟大斗争、建设伟大工程、推进伟大事业；实现伟大梦想，更需要一代代人心系国家、接续奋斗、甘于奉献。青少年是人生的黄金时期，是人生的“拔节孕穗期”，必须自觉坚定中国特色社会主义道路自信、理论自信、制度自信、文化自信，把爱国情、强国志、报国行自觉融入坚持和发展中国特色社会主义事业、建设社会主义现代化强国、实现中华民族伟大复兴的奋斗之中。甘于奉献是志愿者精神的重要内容，是社会主义核心价值观的重要体现，更是一名有为青年不可缺少的精神品质。当代青年大学生的甘于奉献不仅体现在撸起袖子加油干的豪情朝气，还体现在以国家和社会利益为重的价值判断，更彰显在为人民服务、舍小家为大家的行为选择。

学习的青春最向上，奋斗的青春最美丽，奉献的青春最幸福。习近平从黄土地走到中南海，从一名基层普通知识青年成长为党和国家的最高领导人，他的经历本身就是青年结合时代发展、完成时代使命、实现人生升华的典范。党的十九大报告指出，中国特色社会主义进入新时代，我国社会主要矛盾已经转化为人民日益增长的美好生活需要和不平衡不充分的发展之间的矛盾。新时代大学生必须立足这个重大政治判断，把自己的理想同祖国的前途、把自己的人生同民族的命运紧密联系在一起，坚定理想信念、树立服务人民宗旨，结合时代主题、勇于担当时代重任，加强学习创新、甘于奉献青春热血，不忘初心、投身人民的伟大奋斗历程，扎根基层、服务人民的美好生活需要，在实现中华民族伟大复兴的中国梦的生动实践中放飞青春梦想、完成时代使命、实现人生价值。

2.3 新时代大学生使命教育的基本特征

任何一个国家都不会放弃对青年的教育引导，中国共产党具有正确认识青年、高度重视青年、充分相信青年的思想认识，具有全面关心青年、认真培养青年、严格要求青年的实践传统，具有主动赢得青年、积极引导青年、充分发挥青年作用的政治优势。习近平总书记高度重视青年工作，亲切关怀青年成长，多次参与青年活动，与青年谈心交心，着眼于中国特色社会主义进入新时代的客观现实，发表一系列立意高远、内涵丰富、思想深刻、语重心长、满怀期望的重要论述，形成具有特色的新时代青年使命观，指导大学生使命教育的开展。使命教育属于思想政治教育的范畴，其内容与思想政治教育的其他内容相互之间具有许多交叉重合之处。新时代大学生使命教育具有鲜明的无产阶级政党属性，是马克思主义经典作家、中国共产党历代领导集体青年使命观的历史性继承和新时代发展，是历史性与时代性的辩证统一、理论性与实践性的辩证统一。

2.3.1 坚定的政治传承

实现共产主义是马克思主义政党的政治使命，全心全意为人民服务、实现人的自由而全面的发展是马克思主义的价值指向。在历史的现实的实践过程中，可以看到无论是马克思、恩格斯、列宁等马克思主义经典作家，还是中国党和国家历代领导人如毛泽东、邓小平、江泽民、胡锦涛、习近平都对青年寄予殷切期望，对青年工作提供指导，形成独具历史特色却又一脉相承的马克思主义青年使命观，为新时代大学生使命教育奠定良好的理论基础。

按照恩格斯的评价，马克思"首先是一个革命家。以某种方式参加推翻资本主义社会及其所建立的国家制度的事业，参加赖有他才第一次意识到本身地位和要求，意识到本身解放条件的现代无产阶级的解放事业，——这实际上就是他毕生的使命"①。从青年时代起，马克思就体现出非凡的使命追求，正如他在中学毕业论文《青年在选择职业时的考虑》中指出的那样："使命决不是求得一个最足以炫耀的职业"，希望能从事"最能为人类福利而劳动的职业"，他真正做到了言行一致、终身践行、矢志不渝。恩格斯将目光投向青年，指出"我们的未来比任何时期都更多地取决于正在成长的一代"。马克思、恩格斯作为科学共产主义的创始人，一直将青年视为推动人类社会进步的主要动力、作为共产主义事业重要的依靠力量，将对青年一代的教育作用上升到无产阶级发展和人类未来的高度。列宁在《青年团的任务》一文中对资产阶级旧学校作了深刻的阶级分析，认为青年担负着建设共产主义的任务，号召青年学习马克思主义，使他们具有充分的阶级自觉，同时指出为了把青年培养成为共产主义者，必须把学校加以根本改造，善于从旧学校中挑选出共产主义所必需的东西。

毛泽东结合中国革命建设的不同阶段和时代背景，教育引导青年承担不同的使命，支持鼓励青年承担时代的重任，指出"要改变社会就要革命，革命就要靠革命青年。"邓小平对青年满怀深情，说"我要握握年轻人的手，科学的希望在年轻人身上！"江泽民指出"青年要承担起建设现代化的历史使命，为人类社会进步作出贡献，必须了解世界发展变化的大势……全面了解中国和世界发展的历史、现状和趋势，用人类创造的一切文明成果努力充实自己。"胡锦涛认为"中国当代青年可堪大用"，要求"全党都要关注青年、关心青年、关爱青年，倾听青年心声，鼓励青年成长，支持青年创业"，希望青年人要"勤于学习、善于创造、甘于奉献"。

党的十八大以来，习近平总书记带领中国人民走进中国社会主义新时代，要求青年担当起新时代的历史使命，形成了习近平新时代青年使命观。习近平新时代青年使命观继承了马克思主义青年使命观的基因品质，为新时代青年承担历史使命指明了前进的方向，提供了正确的成长路径，是新时代青年工作和青年成长

① 马克思恩格斯全集(第19卷)[M]. 北京：人民出版社，1963：375.

的基本遵循。

2.3.2　鲜明的时代特色

新时代大学生使命教育立足于中国特色主义新时代的历史方位，充分把握新时代青年的成长特点，自然会具有鲜明的新时代特色。首先，新时代大学生使命教育环境更加复杂。面对中国日益强大、逐渐走近世界舞台中心的客观现实，各种敌对势力暗流涌动，借机制造事端，以图在意识形态领域搞乱中国，在经济上搞垮中国，影响中国崛起进程。在青年中一度流行的“丧文化”“躺平文化”冲击青年正确价值观的形成，消解青年的使命意识与使命担当意志，新时代青年使命教育面临异常复杂的环境和挑战。

其次，新时代大学生使命更加崇高。新时代大学生成长周期与国家发展黄金周期完全契合，将全程参与“两个一百年”奋斗目标的实现历程，既为大学生承担使命提供宏大的重要机遇，为他们施展才能提供舞台，也决定了新时代大学生必将承担时代赋予的崇高使命。进入新时代这一特定历史时期，国际国内形势发生重大变化，习近平总书记结合中国历史与现实的实际提出“中国梦”的概念。“中国梦”一经提出就成为社会最流行的词汇之一，将中国改革开放后形成的多元价值凝聚成一元主导、多元协同的价值共识图景，在此基础上形成的习近平青年使命观引领中国青年走出“颓废的一代”，成长为“担当民族复兴大任的时代新人”。用使命教育统领思想政治教育、提升青年使命担当意识和使命担当能力，是新时代大学生使命教育的核心内容。

最后，新时代要求大学生更具创新精神。人类社会正处于后工业时代，新知识、新技术层出不穷，社会信息化、网络化、智能化不断加速，开放式创新、众创式创业正引领创新创业的新模式。在这个大众创业万众创新的时代，改革开放使世界紧密相连，青年以敢于创新的勇气和善于创新的特质，必将成为世界范围包括中国在内各个主体发展的新引擎。新时代经济社会发展需要创新创业，青年最富创新思维、创业活力，是创新创业的有生力量，承担着创新创业、实现国家富强的时代使命。这是新时代大学生的时代使命，是新时代大学生的道义担当，也是中华民族未来发展的希望。

2.3.3　系统的理论特性

使命观是人们关于使命的基本看法和根本观点。习近平新时代青年使命观是以习近平为核心的新一届中央领导集体对于青年使命的总体看法、成长期望和担当期许，是指导新时代青年个人成长成才、使命担当、使命教育的根本遵循，具有系统的理论特性。新时代大学生使命教育必须以习近平新时代青年使命观为指导开展青年使命教育工作，与习近平新时代青年使命观保持相同的理论特性。

习近平新时代青年使命观具有清晰的生成发展过程，植根于马克思主义的思想沃土，来源于中国共产党始终坚如磐石的初心使命，承继发展于中国革命、建设、发展的全部历程，镌刻于中国共产党的根本宗旨，贯穿于中国特色社会主义建设的各个环节。习近平新时代青年使命观是政治性与人民性的辩证统一，“我们党取得的所有成就都凝聚着青年的热情和奉献”。中国梦既是中华民族和全体中国人民的共同理想，理应涵盖并成为年轻一代的人生理想。广大青年的使命与党的使命统一于中国梦的生动实践、始终追求、不懈奋斗中。

习近平新时代青年使命观具有特定的价值内涵、丰富的内容体系和严密的逻辑体系。“每一代青年都有自己的际遇和机缘，都要在自己所处的时代条件下谋划人生、创造历史”指明了新时代青年探寻使命的现实境遇；“中国梦是国家的梦、民族的梦，也是包括广大青年在内的每个中国人的梦”科学标定了青年的使命与其他人的使命在本质上的相通性；“我们青年大学生应该把个人的理想信念同国家的前途、民族的命运相结合才有价值，个人的信念追求与社会需要和人民利益相一致才有意义”科学回答了青年使命的价值遵循；“国家的前途，民族的命运，人民的幸福，是当代中国青年必须和必将承担的重任”科学回答了青年的使命内涵；“广大青年要勇敢肩负起时代赋予的重任，志存高远，脚踏实地，努力在实现中华民族伟大复兴的中国梦的生动实践中放飞青春梦想”“珍惜韶华、奋发有为，勇做走在时代前面的奋进者、开拓者、奉献者，努力使自己成为祖国建设的有用之材、栋梁之材，为实现中国梦奉献智慧和力量”“充分展现自己的抱负和激情，胸怀理想、锤炼品格，脚踏实地、艰苦奋斗，不断书写奉献青春的时代篇章”指明了青年履行使命的具体路径。

2.3.4 务实的践履导向

使命教育具有一定的阶段性特征，难免打上指导思想的烙印。习近平新时代青年使命观融合了习近平本人的成长经历和实践经验，具有鲜明的个人特征，具有强大的实践导向和激励功能。习近平生活在红色的革命家庭，母亲齐心讲述的岳母刺字故事给他幼小的心灵打下深刻的烙印，岳飞“精忠报国”的精神奠定他一生的使命追求。家庭是人生的第一所学校，正是因为习近平深刻体会到家庭教育对自身的熏陶影响，才使他更加注重家庭、家风、家教在青年成长中的地位和作用。

习近平光荣的革命家庭出身、上山下乡的知青岁月、清华大学的求学经历和部队的锤炼磨砺，既是他独具特色的成长经历，也使他形成了坚定的人生使命追求，还为他后期形成青年使命观打下坚实基础。《习近平的七年知青岁月》中披露了习近平当知青的种种细节表现，认识他的人都认为他是一个爱学习、爱思考的人，是一个能吃苦、敢想敢干的人。七年的知青岁月，他与农民同吃同住同劳动，一心想为群众办实事又善于为群众办实事，形成了深厚的“农民情结”和坚定的人民立场。清华大学的求学经历，提升了习近平的理论素养，坚定了马克思主义理想信念，使他大学毕业到部队作短暂过渡后，又到河北正定开启从政之路。在河北正定，他就把青年看作振兴正定的主力军、突击队，并一直将发展的目光投向青年，对青年寄予厚望。

可以看出，习近平本人既有城市生活经历也经受过农村生活的磨砺，既有地方主政的经验也经受过部队的考验，既在梁家河插队当过村支书又走上全国总书记岗位成为党中央领导集体的核心和全党的核心。习近平总书记个人的成长就是一个青年牢记初心使命、不断奋斗进步的故事，他热爱国家、为民奋斗、坚忍不拔，在困境中实现精神的升华，将所有的苦难最终都汇聚成个人成长、为民服务的向上力量。多岗位锻炼的不平凡经历使习近平新时代青年使命观具有鲜明的切身体验性特点，习近平新时代青年使命观对不同青年群体而言，就不再是空洞的道德说教，而是具有公信力、影响力和吸引力的强大磁场，具有指导青年担负使命的实践导向，让新时代青年可感可知可信可学。

历史发展浩浩荡荡，青年就是万千浪花中最耀眼的那一朵。马克思说：“哲学把无产阶级当作自己的物质武器，同样，无产阶级也把哲学当作自己的精神武器；思想的闪电一旦彻底击中这块朴素的人民园地，德国人就会解放成为人。”①习近平新时代青年使命观是指导新时代青年牢记使命、担当使命的“思想的闪电”，是各级政府、教育机构开展使命教育的指南和遵循。无论外在环境如何变化，只要我们牢牢把握习近平新时代青年使命观的核心本质，使青年树立正确的使命观念、自觉担当新时代的使命责任，青年必将在使命追求中实现自我的充分发展，在服务人民中实现国家的繁荣富强。

2.4　新时代大学生使命教育的主要功能

从客体角度来讲，功能是某一事物本质的外在体现和集中显示；从主体来讲，功能是客体对主体需要满足的属性，是人们对某一事物功效或效能的认识，体现出人们对事物规律性和本质性的把握程度。历史的发展具有阶段性，作为特定历史时空的人，必然受到一定社会条件和发展时代的限制，也会面临不同的发展际遇和机缘，并在此环境和条件下谋划人生、担当使命、创造历史。习近平总书记提出要帮助广大青年树立远大理想、坚定人生信念，并通过教育、引导、宣传等多种方式使广大青年从内心深处真正领会、认同和践行，培养正确的使命观，主动担当使命。新时代是我国发展新的历史方位，中华民族的伟大复兴终将在一代代中华儿女的矢志奋斗中得以实现。使命教育的基本功能是提升教育客体的使命意识和使命自觉；新时代大学生使命教育的功能，体现在使命教育对于新时代大学生的塑造、培养、教育等方面的积极作用，是人们对于大学生使命教育在思想政治教育领域实效性的规律性把握，就是让新时代的中国大学生深刻认识到：作为中国特色社会主义的建设者和接班人，自身必须主动深刻理解习近平总书记关于青年工作的重要论述，明确自身在新时代肩负的重要使命，与党同向同行，与时代同频同步，不断激发学习工作的内在动力，为中华民族伟大复兴作出应有的贡献。②

---

① 马克思恩格斯选集：第 1 卷[M]. 北京：人民出版社，2012：16.

② 王文山，黄德林. 新时代青年的使命担当[N]. 中国社会科学报，2019-08-13(001).

2.4.1　导向功能

导向功能就是通过使命教育帮助新时代大学生形成正确的思想政治认识，坚信马克思主义理论的科学性，坚定树立共产主义信仰和中国特色社会主义信念，坚持在中国共产党的领导下发奋成才、奋发有为。换句话讲，使命教育是思想政治教育的重要内容，使命教育的首要功能就是实现思想政治教育的核心功能，确保思想政治教育沿着正确的方向发展。

从思想政治教育的本质来看，导向功能为思想政治教育的根本功能或核心功能，这一功能任何教育内容都无法替代。思想政治教育的"导向功能主要有理想信念导向、奋斗目标导向、行为方式导向"①。新时代大学生使命教育属于思想政治教育的重要内容，既具有明确的教育目的性，也具有鲜明的意识形态性。

使命教育的思想政治导向功能，首先体现为理想信念导向。理想信念对于人们的思想认识与行为实践具有先导性、指向性、约束性作用，使命教育必须促使大学生信仰马克思主义理论、坚定共产主义信仰、树立为人民服务的工作理念、践行社会主义核心价值观，在理想信念、奋斗目标、思想认识、行为方式上与中国共产党保持高度一致，以党的使命为大学生自身的使命，将党的事业作为自身奋斗的终身事业。

理想信念是使命教育的先导与核心。理想信念属于精神层面的内容，指一个人对于某种理论、思想、事业经过慎重甄别、多方比较、最终选择后内化为坚定不移的心理态度和精神状态，外化为顽强拼搏、矢志追求的坚定行动。理想信念对于一个人奋斗目标的选择具有重要影响，一经确定便具有相对稳定性。一个人的理想信念决定了其使命追求和精神状态，充分发挥使命教育的思想政治导向功能对于使命教育具有先导性作用。人的思想复杂多元，具有不同经历的人对于同一件问题可能存在不同的理解，具有相对经历和地位的两个人在同一个问题上的看法也可能会大相径庭。在阶级社会，统治阶级总是期望人们信仰统治阶级的意识，以维护统治阶级的地位，使命教育的核心内容就是使受教育者树立统治阶级期望的理想信念和使命追求。

① 张耀灿，等．现代思想政治教育学[M]．北京：人民出版社，2006：131.

导向功能具有鲜明的阶级属性。使命教育的核心是为谁承担使命，必须认清“谁是我们的敌人？谁是我们的朋友？”①这一首要问题。使命教育中的导向功能必须深刻辨析敌我双方的情况，以“团结真正的朋友，以攻击真正的敌人”②。

从人类历史上看，导向功能是阶级社会教化普通大众的普遍手段，具有历史的传承性。无论是奴隶社会还是封建社会，由于奴隶和农民自身社会地位和文化水平的局限性、狭隘性，不可能产生明确的本阶级意识，他们总是从心理上将自身的生活窘迫和社会枷锁理解为统治阶级灌输给他们的观点——他们悲惨的命运本该如此，唯有服从才能获得解脱。这种导向使奴隶和农民不能正确区分本阶级的意识与统治阶级的意识，成为其自身解放的桎梏和牢笼。在资产阶级社会，资产阶级国家对普通群众的政治导向具有极大的隐蔽性和迷惑性，由于科学技术的发展与使用，大大提高了生产力水平，使人从繁重的体力劳动中获得解放，资产阶级国家通过资本的全球化牟取本国利益的最大化，并有针对性地采取一系列改革举措，转移和缓和了一部分国内矛盾。但只要是资产阶级掌握国家政权，它都不会改变其剥削人民的本质属性，变化的只是剥削的形式。

树立共产主义远大理想是导向功能的目标。《共产党宣言》是共产党人的共同思想基础。中国共产党领导的中国特色社会主义社会环境中，思想政治教育导向功能的发挥，同样需要在无产阶级政党的领导下，经过对无产阶级群众的教育引导，使其真正意识到在阶级社会中，每个人都受到自身阶级的局限，存在并代表自身阶级的利益，无产阶级惟有认识到自己的社会地位和利益，意识到自己崇高的历史使命才有可能获得自身的解放。《共产党宣言》的发表成为马克思主义诞生以及无产阶级理论成熟的标志。“共产党人不是同其他工人政党相对立的特殊政党。他们没有任何同整个无产阶级的利益不同的利益”③是无产阶级对自己的定位，这也决定了“在实践方面，共产党人是各国工人政党中最坚决的、始终起推动作用的部分”④。世界各国的共产党人将《共产党宣言》作为指导自身革命的理论武器，开展一系列理论宣传教育，使无产阶级成为一支耀眼的政治力量登

① 毛泽东选集(第 2 版第 1 卷)[M]. 北京：人民出版社，1991：3.
② 毛泽东选集(第 2 版第 1 卷)[M]. 北京：人民出版社，1991：3.
③ 马克思恩格斯选集：第 1 卷[M]. 北京：人民出版社，2012：413.
④ 马克思恩格斯选集：第 1 卷[M]. 北京：人民出版社，2012：413.

上历史舞台。崇高的共产主义理想、先进的政治品格、高度的组织性、严密的纪律性、以人民为中心的政治立场和国际主义的精神，使共产党人迅速团结起一切可以团结的力量。

人民立场是导向功能实现的基点。从中国共产党的历史发展来看，马克思主义在中国的最初传入和发展，是中国有识之士上下求索、不断探索的结果，是时代发展的必然，是历史和人民的选择。马克思主义理论一经传入中国便产生巨大影响，一大批进步人士聚集在马克思主义的旗帜下，“携来百侣曾游”的共产党人“唤起工农千百万”，形成改变历史的磅礴伟力。“马克思的学说直接为教育和组织现代社会的先进阶级服务，指出这一阶级的任务，并且证明现代制度由于经济的发展必然要被新的制度所代替，因此这一学说在其生命的征途中每走一步都得经过战斗”①。五四运动前后，各类学说在中国竞相传播，关于社会思潮的论争为马克思主义崭露锋芒提供平台，并为五四运动的爆发聚合了思想认知，并为中国共产党的成立奠定了理论基础。激发工人阶级的使命担当、提高工人阶级的思想觉悟成为中国共产党在那个时代的主要任务，中国共产党特有的使命自觉、使命担当使工人运动风起云涌，并将工人运动由单纯的经济斗争转变为政治斗争。作为中国共产党人的使命基因，服务人民是初心使命，必须代代相传方可永葆本色，方为坚守根本宗旨。2017 年 10 月 25 日，习近平在党的十九届一中全会上的讲话中指出：“领导干部一旦丧失了理想信念，就会把握不住自己，就会迷失方向，不仅会越过做党员的底线，而且会越过做人的底线。”坚守崇高的理想信念，做好人民公仆是中国共产党人始终不渝的追求。

导向功能的实现面临前所未有的挑战。当今世界发展日新月异，政治环境和经济社会发展环境都发生重大变化，身处其中的人类个体获取信息渠道多样便捷，人们的价值观念多元复杂，思想引领面临前所未有、难以想象的困难。学校是塑造灵魂、培养人才的地方，逐渐成为敌对势力想方设法渗透其意识形态的前沿阵地，学校师生成为敌对阵营争夺的重要目标人群。移动互联网的发展使学校有形的围墙彻底失去屏障意义，敌对势力不失时机地参与学校的各类活动，以“润物无声”的方式宣传其意识形态，同时借助网络设置议程、制造舆论热点，

① 列宁专题文集：论马克思主义[M]. 北京：人民出版社，2009：148.

利用错误思想、错误信息误导师生，不失时机对我国实施“松土工程”，妄图消解青年大学生的理想信念，虚化青年大学生的使命担当。新时代大学生使命教育必须始终把握理想信念导向这一最为核心的内容，维护中国共产党的执政根基，激发青年为共产主义奋斗的使命追求与责任担当。

2.4.2　整合功能

我国自 20 世纪 80 年代开始建立思想政治教育学科，经过近 40 年的发展，已经取得丰硕的成果。作为一个实践性很强、极具开放性的学科体系，思想政治教育的内涵伴随日新月异的社会发展不断丰富。但与此同时，其教育内容显得过于庞杂，从当前来看，思想政治教育的主要内容就包括思想、政治、道德、心理、生态文明等方面。每一个方面的内容相对应的学科背景尽管有其共同性，但也会体现出一定的差异性。当前，思想政治教育以马克思主义理论为基础，还需要不断吸收借鉴政治学、教育学、心理学、伦理学、传播学、社会学等学科的理论与方法。在诸多内容中，如果没有一个具有灵魂与核心的内容作为统率，就会显得重点不够突出，让受教育者抓不住学习的精髓而影响其教育实效。

整合功能是使命教育的一种特殊功能，是其对思想政治教育诸多其他教育内容表现出来的资源整合、目标统率作用。使命教育以使命担当作为教育的最终落脚点，是一种实践特色非常鲜明的教育形式。从使命教育的内容来看，它将理想信念作为教育的核心、将爱国主义作为教育的旨归、同时容纳道德规范教育和全面发展教育等内容，超越了传统的思想政治教育内容划分，可以很好地对思想政治教育现有的教育内容进行整合，并对其他教育内容形成辐射、支配、统摄作用，决定着思想政治教育的性质和方向，可以提高受教育者的学习效率，提升思想政治教育的效果。

整合功能是思想政治教育发展到一定程度的客观需要。现实生活中的思想政治教育内容是一个由少到多、由虚到实、由小到大、由浅入深不断拓展的过程，这种发展历程体现出事物发展的一般规律性。如早期的思想政治教育内容主要是相对单一的政治教育，后来逐渐延伸到思想教育，再到道德教育、心理教育、法制教育等内容，体现出从单一到多元再到系统的发展历程。现阶段的思想政治教育内容还融入生态文明教育的内容，体现出马克思主义与时俱进的理论品格。当思想政治教育的内容发展到一定阶段，为调整或协调思想政治教育各部分内容之间的矛盾和冲突，使思想政治教育的内容成为一个良性运转的系统，必须对思想政治教育的内容进行分类整合，相对成熟的部分从思想政治教育内容中剥离开来，形成新的发展分支。使命教育对于思想政治教育内容的整合，是对现阶段思想政治教育众多现有的既相互独立又相互联系而还没有发展到单独剥离的具体内容之间的归类、统率，从而更好实现思想政治教育目标。

思想政治教育的内容既具有相对稳定性，也具有一定的阶段性，使命从价值上来讲具有稳定性，但从使命实现过程来看，使命本身就是阶段性的产物。在与日俱增的内容中，必须寻找到一个能够整合统率其他内容，以更好实现思想政治教育目标的教育内容。使命教育以马克思主义理论为指导，将现实人的精神追求作为根本，将人民中心、群众观点作为一切教育的起点和最终落脚点，始终贯穿于思想政治教育的全过程，体现出高度凝炼的特点，对其他教育内容具有一定的超越和引领作用，在一定程度上可以实现对其他思想政治教育内容的整合统率。这种整合功能可以帮助思想政治教育实现从应然到实然的价值指引、从将然到必然的规律把握，可以更好地提升思想政治教育的效率和效果。

2.4.3 规范功能

规范功能是指使命教育对于大学生的行为实践具有规范性、约束性作用，使大学生按照使命教育所要求的目标匡正行为、按照新时代所赋予大学生的使命而努力奋斗的价值取向与实际作用。思想与行为是思想政治教育的一对基本范畴。思想是行为的先导，行为是思想的转化。从思想到行为的过程，存在诸多的干扰因素。

在开放的社会环境中，大学生行为实践失范的风险正在加大。作为国家社会发展的未来，不仅执政的中国共产党关心大学生，各种敌对势力也在极力争夺大学生——这种对大学生的争夺正变得越来越隐蔽和激烈。一方面，当代科学技术迅猛发展，对大学生争夺的博弈场域不断扩展，由技术催生形成的各类自媒体、新媒体、多媒体、融媒体等网络媒体，全面打碎了传统有形的疆域藩篱，取而代之的是全天候隐蔽无形的搏斗厮杀——在流量为王的媒体平台上充斥着无聊庸俗甚至“黄”“赌”“毒”等违法犯罪的内容，严重污染大学生的精神生活，各种“被制造”的看似“真实”的“社会热点”层出不穷，一些被国外培植的所谓“公知”极尽造谣之能事，借助个别极端社会现象制造舆情来唱衰党和政府，不失时机对我国开展“松土工程”、实施“颜色革命——缺乏自制力和辨别力的大学生如果不加以教育引导，其承担的使命将自我松动弱化，在敌对势力的作用下极可能走向相反的方向。另一方面，中国共产党带领中国人民走向伟大复兴的征程中，必须会产生各种各样的社会矛盾和发展困境，如在社会阶层固化趋势的拉动下，社会身份的鸿沟越来越难以跨越，社会阶层之间的撕裂正在形成，如果引导教育失当，开放便捷的环境将虚化、弱化大学生的使命担当，一旦社会失去应有的张力，不同社会阶层博弈平衡状态被打破，大学生行为实践失范的情形将大量发生，从而引发社会的危机，甚至是社会的动荡。

使命教育是触动灵魂的教育，激发大学生自身对于使命的认知，在此基础上形成对使命担当的崇高向往与主动选择。激发大学生的内生动力，促使大学生形成由内而外主动探寻自身的正确使命、主动担当自身的使命，往往会使大学生的行动更加坚决、行动更有力量。思想政治教育的内容往往由外向内地向大学生灌输，这种空洞的理论说教对于大学生的思想认知体系构建具有重要的意义，但知易行难，大学生自身行为的不稳定性往往使思想政治教育的效果不够明显。使命的践行是对其自身精神需要的满足，具有无与伦比的精神力量，对于大学生的行动实践规范具有强大的驱动作用。使命如同一团熊熊燃烧的火炬，照亮大学生人生探索的整个航程；使命教育就是促使大学生点燃并高举起这个火炬，从而看清自身行为实践中的不足，并主动规范自身的行为实践。

2.4.4　激励功能

激励功能是指使命教育对于大学生自身成长成才、全面发展所展示的激励作用。共产主义是共产党人追求的社会理想，《共产党宣言》是共产党人的行动纲领。“代替那存在着阶级和阶级对立的资产阶级旧社会的，将是这样一个联合体，在那里，每个人的自由发展是一切人的自由发展的条件。”①作为人类的一种社会理想，马克思描述的是理想社会图景，是社会发展到一定形态的组织形式和发展

① 马克思恩格斯选集(第 1 卷)[M]. 北京：人民出版社，2012：422.

氛围，是马克思主义者所追求未来理想社会的根本特征。但作为社会中的特殊个体，我们每一个都自发地按照本能追求自身的全面发展，即无论在物质生活还是精神生活中，个体都希望自身的生理、心理、思想、文化、政治等方面的认识得到自由地发展和完善，能够自由地选择自己的爱好和发展方向。实现从自发到自由地全面发展，既需要外在方法论的指导，更需要内生动力的激发。

新时代大学生使命教育之所以具备人的全面发展激励功能，就在于使命教育是一种眼睛向内的教育方式，教育客体持续探寻、关注自身的使命追求，并以这种使命教育激发教育客体自身的成长与工作动力，形成强大的精神力量和行为取向。从管理心理学角度来看，需要产生欲望，进而产生动力和实现的行为——只有个体清晰地认知自身的使命，并从内心认同自身的使命，才能持之以恒地在行动中向着使命目标迈进。

新时代已经完全实现义务教育，高等教育的普及化正悄然到来，新时代人民日益追求更优质的教育服务。新时代的大学生已经告别科学文化水平极为低下的时代，他们的认知能力已经具备相当水平，他们不仅重视物质财富的追逐，更看重精神层面的富足。在新时代大学生的头脑中注入马克思主义的正确使命，将使其更好地自由地掌控自身，成为自身的主人。在使命的召唤下，大学生个体的发展就不会是片面的发展、不自由的发展、不平衡的发展、不充分的发展，而是全面、自由、和谐、充分的发展。即，立足新时代的社会环境，大学生使命教育将给予个体持续正向的激励，帮助大学生个体实现“全面发展”“自由发展”和“自由全面发展”。

新时代大学生使命教育对大学生个体的全面发展激励，不是无限制的个人主义至上，不是只考虑个人全面发展而不顾及他人、自然与社会，而是基于马克思主义理论指导下实现人与人之间、人与社会之间、人与自然之间的科学发展。新时代大学生使命教育的激励功能，是一个历史性的范畴。这种全面发展激励功能，既注重青年个体主观能动性的发挥，使大学生能够依据自身意愿、自身条件实现自身能够达到的全面发展；又统筹考虑自然与社会的承载能力，充分考虑新时代现有的社会制度和物质准备条件，在客观现实中实现自身全面发展。这种激励功能的发挥来源于现实，但是又超越现实；指向未来，又挣脱束缚带领大学生走向未来，从而不仅使个人实现全面发展，也促进人类社会实现科学发展，最终实现人类社会的自由全面发展。

2.5　新时代大学生使命教育的本质要求

任何事物都有现象与本质两个方面，现象与本质是哲学的基本命题。本质与现象相对应，反映的是某一事物的内部联系或内部矛盾，这一内部联系具有一定的稳定性，决定事物的性质与发展趋势。只有对复杂的表面现象进行认真分析，才能科学把握事物的本质属性和发展规律，从而实现对客观现实的认识由自然王国向必然王国的飞跃。教育作为上层建筑的一部分，具有鲜明的价值导向，无疑会受限于特定阶段经济社会的发展水平、必然会打上时代的烙印，并受到统治阶级的影响和约束。新时代大学生使命教育的本质体现为新时代大学生使命教育的内部诸要素之间的根本联系，以及其区别于其他教育活动的根本特征。大学生使命教育是提升大学生使命意识、使命情感、使命意志、使命行为的重要方式，只有深刻把握新时代大学生使命教育特有的本质要求，才能科学把握新时代大学生使命教育的规律，提升新时代大学生使命教育的实效。

2.5.1　体现思政教育时代价值

教育既是指向此时此地的具体工作，更是指向未来指向发展的伟大事业。思想政治教育实践活动自人类社会产生以来就一直存在，但思想政治教育学作为一个单独的学科专业却是 20 世纪 80 年代的事情，至今不过四十年左右的历史。思想政治教育成为一个独立的学科专业是其发展到一定阶段的必然要求，是中国共产党治党治国的经验总结和现实需要。高等教育肩负立德树人的重大使命，在国家发展中占有重要地位，必须不断提升内涵，教育师生增强为人民服务的意识，提高服务中华民族伟大复兴的能力，助力中国特色社会主义事业，巩固社会主义制度和人民民主专政，反对敌对势力隐性渗透和西方和平演变。①《马克思关于现代社会中的普及教育的发言记录》一文中指出“公民马克思说，这个问题有一种特殊的困难之处。一方面，为了建立正确的教育制度，需要改变社会条件，另

① 孙树彪．高等教育内涵式发展的“立德树人”研究[D]．吉林大学，2019.

一方面，为了改变社会条件，又需要相应的教育制度；因此我们应该从现实情况出发”①。所谓“从现实情况出发”就是考虑到时代的特殊性，考虑到当时当地的生产力发展水平，考虑到时代的经济、科技发展水平，使教育制度与社会条件相匹配，共同保障教育事业健康发展。使命教育的作用与定位，决定了使命教育理应根据时代环境的变化而变化，体现其时代性与时代价值。

新时代大学生使命教育必须体现思想政治教育时代价值，既是两者内在逻辑关系的客观规律，也是现实发展的必然要求。从思想政治教育和使命教育这两个不同概念的相互关系而言，思想政治教育的外延要大，思想政治教育的概念包含使命教育的概念，思想政治教育称为属概念(或上位概念)，使命教育称种概念(或下位概念)。从内容上来讲，思想政治教育必然包含使命教育的内容，使命教育自然必须体现思想政治教育的内容；从思想政治教育的现实发展来看，其内涵总会随着时代的发展而不断演进深化，使命教育内容的提出是新时代客观现实环境对大学生教育的发展要求，按照使命教育的性质应该归属于思想政治教育的内容，从而在实质上表现为对其思想政治教育内容的拓展。

在不同的时期、不同的地区甚至不同对象的不同阶段，思想政治教育的要求都各不相同。党的十九大宣告中国特色社会主义进入新时代，这对新时代的大学生和新时代的思想政治教育都提出新的要求——新时代的大学生具有不同于以往大学生的使命担当，传统思想政治教育的内容亦已经不能完全适应新时代对大学生开展思想政治教育的要求。使命教育应运而生，体现出思政教育与时俱进的马克思主义理论特性，彰显了思政教育适应新时代的时代价值。换一个角度讲，体现思想政治教育的时代价值自然成为新时代大学生使命教育的本质要求。

2.5.2 遵循思想政治教育规律

思想政治教育活动作为一种社会存在，尽管在教育目标、教育内容、教育方法等方面具有一定的主观性，甚至教育者和受教育者都有自己固有的知识体系、认知观念，但作为客观存在的社会实践活动，必然会受到一定规律的制约。使命教育作为思想政治教育的重要内容，必然也必须遵循思想政治教育规律。思想政

① 马克思恩格斯全集(第16卷)[M]. 北京：人民出版社，1960：654.

治教育规律与使命教育规律是基本规律与具体规律的关系，是辩证统一的关系。思想政治教育基本规律必然适用于使命教育活动，指导、制约着使命教育活动的运行；使命教育的具体规律适用于使命教育的具体实践活动，使命教育的话语体系符合思想政治教育话语体系的要求，受到思想政治教育规律的约束和指导。① 这是不同内涵事物的属性及其发展规律决定的。

“思想政治教育的规律是思想政治教育活动在其运动发展过程中内在的、本质的、必须的联系。”②思想政治教育是一个复杂的社会实践过程，涉及众多的因素，这些因素相互影响，体现出思想政治教育全过程或局部环节的矛盾运动状态，既体现为基本规律，也表现为具体规律。新时代大学生使命教育既必然遵循思想政治教育的基本规律，也必然遵循自身运动的具体规律。从基本规律来看，新时代大学生使命教育首先必须遵循人的思想品德形成发展的规律，必须服从和服务于社会发展的规律；与此同时，还必须遵循新时代大学生使命认知规律，必须服从和服务于国家社会对于新时代大学生的使命担当要求。

2.5.3　坚持立德树人根本任务

新时代人才培养的重大课题就是要回答中国高等教育的时代之问，就是要解决“培养什么人、怎样培养人、为谁培养人”这一根本问题。习近平总书记高度关注、多次强调做好立德树人工作，2018 年 9 月 10 日在全国教育大会上再次强调立德树人是中国特色社会主义教育事业的根本任务。把握立德树人的根本要求，实现高等教育的育人目标，体现出新时代大学生使命教育的本质要求。

使命教育与立德树人根本任务具有育人目标的一致性。使命教育是思想政治教育的重要内容，是高等教育内容体系的重要组成部分。作为中国共产党领导下的社会主义高校，使命教育必须坚持立德树人根本任务，必须“全面贯彻党的教育方针”，“培养一代又一代拥护中国共产党领导和我国社会主义制度、立志为中国特色社会主义事业奋斗终身的有用人才”，“把立德树人融入思想道德教育、

① 刘旭．社会主义核心价值观话语体系建设研究[D]．山东师范大学，2019.

② 张耀灿，等．现代思想政治教育学[M]．北京：人民出版社，2006：119.

文化知识教育、社会实践教育各环节，贯穿基础教育、职业教育、高等教育各领域"①。使命教育的目标是让受教育者按照教育者指引的使命要求担当使命，其基础是不断增强受教育者的"四个自信"，培养受教育者的爱国主义情怀，引导受教育者把爱国情、强国志、报国行融入自身的使命追求中，实现个体奋斗的目标追求与国家民族的发展要求相适应、相一致。因此，使命教育与立德树人的目标是一致的，如果使命教育不能帮助高等教育实现立德树人这一根本任务，不仅使命教育的目标难以达成，立德树人的目标一样难以实现。

使命教育与立德树人根本任务具有育人方法的相通性。使命教育的目的是将党和国家的使命融入个体的思想认识与行为实践之中，必然需要遵循思想政治工作规律、遵循教书育人规律、遵循学生成长规律，同时还必须实现使命教育的目标，即将党和国家的要求贯穿于教育的全过程，在实践中必须贯彻党的教育方针，始终坚持马克思主义指导地位，坚持社会主义办学方向，实现"四为服务"②。立德树人的目标是要培养德智体美劳全面发展的社会主义建设者和接班人，培养担当民族复兴大任的时代新人，在方法上必须做到立足中国、扎根中国大地办教育，吸收外来、借鉴国外成功的方式方法，理实交替、实现教育同生产劳动和社会实践相结合。综合来看，使命教育与立德树人具有方法的相通性和相融性，坚持立德树人体现使命教育的本质要求。

2.5.4 促进人的自由全面发展

使命教育的最终目标是使受教育者主动担当自己的历史使命，并在现实中完成自己的历史使命。任何使命的完成都需要使命主体具备一定的能力素质，需要具备一定的客观条件，一个毫无能力的人不能完成自身的使命，一个能力不足的人也不可能完成自身的使命，一个拥有一定能力素质的人也不可能完成超越自身

---

① 吴晶，胡浩．习近平：用新时代中国特色社会主义思想铸魂育人 贯彻党的教育方针落实立德树人根本任务[EB/OL]. 新华社，2019-03-18/http：//www. xinhuanet. com/politics/2019-03/18/c_1124250386. html.

② "四为服务"是指：为人民服务、为中国共产党治国理政服务、为巩固和发展中国特色社会主义制度服务、为改革开放和现代化建设服务，是习近平总书记于 2016 年 12 月 7 日至 8 日在全国高校思想政治工作会议的讲话中提出的。

能力的使命。新时代赋予大学生更高的历史使命，同时对承担这一使命的大学生提出更高的要求。新时代大学生唯有不断提高自身能力素质、实现自身全面发展，才能承担新时代赋予的历史使命。

工业社会日趋细化的社会分工，阻碍人的全面发展，给新时代大学生使命教育提出新的挑战。“无产阶级的决议起草人所主张的综合技术教育，旨在弥补分工所造成的缺陷，因为分工妨碍学徒获得本身业务的牢固知识。人们抓住这一点，并且按照资产阶级对综合技术教育的理解对它做了不正确的解释。”①工业社会是对传统农业社会的超越，机械化大生产成为社会经济发展的主要方式，发达的科学技术使社会生产效率得到全面提高，也带来社会的剧烈分化和日益精细化的社会分工。这种社会需求带来高校专业教育的细化，从而使高校培养出来的大学生只具备某一方面的专业能力素质。日益狭窄的教育方式带来人的片面发展，日益成为新时代大学生完成自身使命的障碍和桎梏。

新时代大学生承担使命的多维性、多样性、艰巨性，使全面发展成为大学生的必然追求。“人以一种全面的方式，也就是说，作为一个完整的人，占有自己的全面的本质。”②作为承担使命的新时代大学生，必须实现个体身体的、智力的、精神的全面发展，这种发展是在新时代这一特定社会条件下普遍的、自由的和充分的发展。如果不能全面发展，大学生将不能适应新使命的要求，就不能完成新时代赋予的历史使命。

大学生接受教育的狭隘性和局限性与新时代赋予大学生使命的复杂性和艰巨性形成巨大反差，这种反差形成的矛盾，以及由这种矛盾带来的巨大张力要求使命教育助力人的全面发展，实现人的能力素质的全面提升。“人的全面发展既是社会全面发展的前提，也是社会全面发展的最高目标”③。《共产党宣言》是人的全面发展思想的科学来源，使命教育中必须促进人的全面发展，不仅是对使命教育矛盾的回应，也是对《共产党宣言》相关思想的继承和发展，更体现出马克思主义理论与时俱进的理论品格，彰显出马克思主义理论永恒而旺盛的生命活力。

---

① 马克思恩格斯全集(第 16 卷)[M]. 北京：人民出版社，1964：654.

② 马克思恩格斯全集(第 42 卷)[M]. 北京：人民出版社，1979：123.

③ 韩庆祥，亢安毅. 马克思开辟的道路——人的全面发展研究[M]. 北京：人民出版社，2005：3.

在这种现实条件下，要使大学生完成自身使命就必须促进人的自由全面发展；由此，促进人的自由全面发展就成为新时代大学生使命教育的内生需求和本质要求。

第 3 章　新时代大学生使命教育的理论支撑

现实是理论之土壤，理论是现实之精华。任何理论的产生和发展都来源于复杂的客观现实，是对千变万化社会现象的抽象提升。每一个理论都反映着那个时代人们对客观现实的深刻认识和理性把握，凝结着那个时代人们对美好生活的向往和实际诉求，以及那个时代哲人们的理论高度和思维深度。新时代大学生使命教育这一命题的提出，既来自于人类自身解放与全面发展的内生需求，也来自于中华民族伟大复兴赋予大学生的历史责任，更是中国共产党使命型政党与生俱来的基因推动。有效开展新时代大学生使命教育，需要追根溯源、正本清源，确保使命教育理论源远流长、与时俱进。

3.1　理论渊源：马克思主义哲学思想

使命教育是阶段性目标与终极性信仰的辩证统一。新时代大学生使命教育必须立足于中国特色社会主义的现实发展阶段，立足于中国改革开放取得的巨大成就，立足于中国共产党对教育事业的全面领导，立足于马克思主义思想的科学指导。因此，新时代大学生使命教育必须从马克思主义的哲学思想基础中去寻找根源。

3.1.1　唯物辩证法基本原理

唯物辩证法亦称为“马克思主义辩证法”，是由马克思首先发现，并经其他马克思主义经典作家发展而形成的一套世界观、认识论和方法论的思想体系。它科学地反映了关于宇宙自然、人类社会和人类思维的基础规律，是全人类认识世界与改造世界的科学武器和思想财富。

唯物辩证法认为物质世界是普遍联系和不断运动变化的统一整体，提出用普遍联系的观点看待世界和历史，反对以片面或孤立的观点看待问题。矛盾(即对立统一)是事物普遍联系的根本内容，矛盾(即对立统一)的观点是唯物辩证法的核心。世界上的所有事物不是孤立存在的，而是相互联系、相互影响的有机体，矛盾既是事物存在的深刻基础，也是事物发展的内在根据。但是引起事物发展变化有内因和外因两个方面的因素，二者缺一不可，但是发挥的作用并不完全相同。事物发展的内因体现为事物的内部矛盾，是事物发展的根本性原因；事物发展的外因体现为事物的外部矛盾，是事物变化的外部条件。外因只能通过内因起作用，内因和外因相互结合、共同作用才能促使事物不断发展。

使命教育是教育者作用于受教育者思想进而改变其行为的教育方式，是一种主观见之于客观的社会实践活动。“人是唯一能够挣脱纯粹动物状态的动物——他的正常状态是一种同他的意识相适应的状态，是需要他自己来创造的状态。”①人是社会化的产物，人的使命不是天生就有的，必须经由外部的教育输入后内化为自己的理想信念与精神追求，这种内化必须符合内外因辩证关系原理。内外因辩证关系原理对于开展使命教育的意义体现在：对于教育者来说，教育者在接受使命教育任务和要求时，其自身从心理上接受、认同是内因，只有其愿意将使命教育的具体要求内化为自身的知识体系和思想体系并愿意传授给受教育者，才有可能实现使命教育的目标。教育者如果对使命教育的内容理解不深、了解不多甚至在心理上排斥使命教育这一实践活动，就很难实现使命教育的目标；对于受教育者而言，教育者的传授、示范是外因，只能起辅助作用，真正能够将使命教育要求内外于心、外化于行的只有受教育者本人。这就需要我们在使命教育过程中，既关注作为教育主体的施教者，又关注作为教育客体的受教者，还要关注教育的外在环境因素，充分发挥内外因的作用共同做好使命教育工作。

3.1.2 历史唯物主义群众史观

“群众史观是马克思主义唯物史观理论中的两大基本支柱之一。”②历史唯物

① 马克思恩格斯文集(第9卷)[M]. 北京：人民出版社，2009：408.

② 郝贵生. 马克思群众史观思想的形成轨迹初探[J]. 天津师范大学学报(社会科学版)，2001(6)：1-6.

主义群众史观与唯心主义英雄史观具有本质上的区别，它是马克思和恩格斯在创立唯物史观的过程中逐渐形成并经过其他马克思主义经典作家不断发展起来的。群众史观认为人民群众是历史过程中起主要决定作用的积极主体，是历史的创造者，也是英雄人物的创造者。英雄史观与群众史观截然相反，它认为人类的历史不是人民群众创造的，而是少数“英雄人物”创造的，英雄史观夸大了“英雄”个体的主观能动性和在历史发展进程中的作用。

长期以来，英雄史观在社会上占据统治地位。英雄史观的产生与盛行，有多种原因。从人们的直观认识看，活跃在历史舞台前面的少数英雄人物拥有较高的曝光度，往往成为人们评价历史的重要参照，而在历史舞台背后的广大人民群众由于在视野之外且人数众多，往往成为被忽略的主体；从社会历史看，人类社会长期徘徊在社会生产力水平较低的水平，只有“少数上层人士”能够从事精神生产、管理社会事务，他们汇集并享受着包括教育资源在内的各类社会资源，将自身培养成为社会的“稀缺资源”，从而自觉或不自觉地将自身塑造成为社会的焦点，让广大普通人民群众“心甘情愿”地将之视为崇拜的“英雄”，而他们也“心安理得”地享受“英雄”的待遇；从阶级根源看，“宗教是人民的鸦片。废除作为人民的虚幻幸福的宗教，就是要求人民的现实幸福。”①统治阶级总是本能地维护本阶级的既得利益，不敢更不愿意承认广大人民群众对于历史发展的能动作用，转而用英雄史观来包装统治阶段，以实现维护阶段统治的目的。

人民群众与“英雄人物”具有辩证统一性。“英雄人物”来源于广大人民群众，是人民群众中的一分子，也是人民群众中的杰出分子。从单个历史事件来讲，“英雄人物”可能作用巨大，“英雄人物”的重大作用对历史事件的发展进程和结局甚至产生重大影响，这是事物的一个方面；但是从人数占比来看，广大人民群众具有无比庞大的基础，历史的发展如果离开了人民群众的广泛参与，不可能单纯依靠少数“英雄人物”实现推动历史发展的重任。因此，从总体来看，人民群众才是历史趋势的最大影响者和决定者，单个“英雄人物”不可能决定历史发展的基本趋势。即，人民群众是创造历史的决定力量和主导力量，因而才是历史的创造者，而“英雄人物”是创造历史的非决定性力量和非主导力量，因而不是历

① 马克思恩格斯选集(第1卷)[M]. 北京：人民出版社，2012：2.

史的创造者。

人民群众的概念具有历史性和阶段性。“除了永恒变化着的、永恒运动着的物质及其运动和变化的规律以外，再没有什么永恒的东西了。”①尽管人民群众是一个历史的范畴——随着时代、社会性质的变化而不断变化，在不同的历史时代具有不同的内涵，包含不同的群体，代表不同的阶级。但从对社会历史发展的推动作用和在社会人口中的绝对占比来看具有一定的稳定性和不变性——无论哪个时代，从事体力劳动的物质资料生产者和从事脑力劳动的精神资料生产者始终是人民群众的主体和大多数。在人类社会发展历史进程中的每一个阶段，人民群众以不离不弃的朴素情感和“在场”精神，决定历史的具体走向——人民群众既是物质文明的创造者，也是精神文明的创造者，还是社会变革的决定性力量。

新时代大学生是人民群众的重要组成部分和新生力量。新时代大学生是“两个一百年”奋斗目标的见证者，也是参与者，“新时代的大学生应当把个人的命运与国家和人民的命运联系在一起，立为国奉献之志，立为民服务之志，自觉把个人的理想追求融入为实现中华民族伟大复兴中国梦的奋斗当中”②。人民群众是历史创造者的思想为无产阶级历史使命的论题提供了理论前提，而对无产阶级历史使命的证明也就是对人民群众是历史创造者思想的具体说明。③ 新时代大学生在中华民族伟大复兴的征程中，既要创造丰富的物质财富，也要创造灿烂的精神财富，理所当然地成为人民群众的重要组成部分，也将成为历史的创造者。使命教育正是立足于历史唯物主义群众史观，将大学生作为人民群众的重要组成部分，对其进行正向引导，使其勇担新时代赋予的历史使命。

3.1.3　人的自由全面发展学说

在马克思主义哲学、政治经济学和科学社会主义理论中，都贯穿着人类解放和全面发展的价值理念。对单独的人类个体来讲，崇尚自由、谋求发展是其自然本能；对于人类社会这一群体来讲，追求自由全面发展也是亘古不变、历久弥新

---

① 马克思恩格斯文集(第9卷)[M]. 北京：人民出版社，2009：426.

② 本书编写组. 思想道德修养与法律基础：2018版[M]. 北京：高等教育出版社，2018：44.

③ 王继全. 马克思主义利益观视阈中的思想政治教育[D]. 苏州大学，2012.

的话题，但其内涵、功能却是随着人类社会不同发展阶段而不断发生变化。人的自由全面发展这一概念并非由马克思最早创造，西方哲学中早已有之，如文艺复兴时期就提出解放人与开发人的口号，以黑格尔为代表的德国古典哲学家也把人的全面发展作为一种理想进行深入探究、不懈追求。但是，马克思之前的研究主要从人性角度予以论证其合理性与可能性，而没有从社会角度进行路径的探究。只有马克思以历史唯物主义视角，对在此之前“人的自由全面发展”思想进行了批判吸收和拓展深化——一方面合理吸收黑格尔的“异化”理论，另一方面对费尔巴哈的人本主义思想进行扬弃。正因如此，一般意义上讲，人的自由全面发展学说特指马克思主义关于人的自由全面发展学说，这已经形成具有特定内涵的约定俗成的一般概念。

西方关于人的自由全面发展思想分为几个阶段：第一个阶段是解放人与开发人的文艺复兴时期。“文艺复兴于发现外部世界之外，由于它首先认识和揭示了丰满的完整的人性而取得了一项尤为伟大的成就。”①文艺复兴使人摆脱中世纪宗教神学的束缚，发现人的自然本质，肯定人对物质欲求的合理性，倡导人对知识的渴求和追求身心的和谐，开展全面的综合教育，追求个性的解放等；第二个阶段是张扬人性的 18 世纪启蒙运动时期。这一时期的思想家们在文艺复兴成果的基础上，不断启蒙人们的理性精神，将理性作为人的主要特征，宣扬人应该追求心灵的健康和完善，成为“新型的人”，并提出在自然权利面前人人平等，他们“关于人性本善和人们智力平等，关于经验、习惯、教育的万能，关于外部环境对人的影响，关于工业的重大意义，关于享乐的合理性等等的唯物主义学说，同共产主义和社会主义之间有着必然的联系……”②的思想彻底将人从动物界和神的束缚中摆脱出来，体现了一种个人独立与个性解放，同时为科学社会主义的创立提供了重要思想资源；第三阶段是追求全面发展的人的 19 世纪空想社会主义时期。圣西门对资本主义社会进行了无情的揭露和批判，认为人类社会的发展是一个有规律的前进的过程，把自己所追求的理想社会制度叫实业制度或科学和实

① ［瑞士］雅各布．布克哈特．意大利文艺复兴时期的文化［M］．何新，译．北京：商务印书馆，1979：302.

② 马克思恩格斯全集(第 2 卷)［M］．北京：人民出版社，1957：166-167.

业制度。作为空想社会主义者的典型代表，圣西门高度重视发挥人的潜能，并指出“每个人在社会上所占的地位不决定于偶然的家庭出身，而决定于他的才能”,① 在人的全面发展的实现条件方面，他着重关注社会组织的建立、教育和人的生产劳动；第四个阶段是充分发挥人类潜能的19世纪德国哲学家黑格尔时期。黑格尔将人的全面发展这一历史任务完全推向了社会和国家。“在柏拉图的理想国中，主观自由还没有被承认，因为个人的职务是由官府来分配的。在许多东方的国家，这种分配决定于出生。但是必须得到重视的主观自由要求个人进行自由选择。”②黑格尔尽管很少直接提及人的自由全面发展，但他的思想观点为马克思关于人的自由全面发展学说提供重要思想来源。

马克思关于人的全面发展的思想在《1844年经济学哲学手稿》中作了集中阐述，并在《德意志意识形态》中正式提出“人的全面发展”这一科学概念。《1844年经济学哲学手稿》一文对人的现实存在状态进行深刻的分析和无情的批判，并以共产主义理论为基础，阐述了人的全面发展思想。按照马克思的观点，在资本主义社会中，自然人的社会实践受到他人的制约，毫无自由可言，没有体现出自然人的自由意志，劳动仅仅异化成为维持自己生存的手段，而非人真实意愿、真实意志的体现。而要克服这种异化和外化，必须克服私有制社会制度的固有矛盾——而私有制永远也无法超越其自身的局限性，这是私有制自身的宿命。《共产党宣言》中指出：“代替那存在着阶级和阶级对立的资产阶级旧社会的，将是这样一个联合体，在那里，每个人的自由发展是一切人的自由发展的条件。”资产阶级的个人自由只属于资产阶级，广大无产阶级和普罗大众是不被包含其中的，也无法享有自由的权利。马克思提出“每个人的自由全面发展”这一观点，建立在对资本主义社会的深刻揭露和无情批判上，并构建起“一切人的自由发展“自由人联合体”的伟大构想。“自由人联合体”中的全体成员不属于任何特定的阶级，自然不会受限于特定阶级以及特定阶级以外的任何阶级，所享受到的就是能够充分施展才华、发挥潜能、展现个性的自由，这种自由是个体自由与社会自由

① ［法］圣西门．圣西门选集(第3卷)［M］．陆楼法，译．北京：商务印书馆，1982：226.

② ［德］黑格尔．法哲学原理［M］．范扬，张企泰，译．北京：商务印书馆，1961：264.

的高度统一，个体的全部潜能得以释放、创造性得到发挥，人与人之间不会发生干涉，也不会影响社会的正常秩序，这是马克思的基本思想。在这个“自由人联合体”中，人的发展是“人以一种全面的方式，也就是说，作为一个完整的人，占有自己的全面的本质”。根据马克思的观点，人的自由全面发展内涵包括“每个个人”的平等发展、人的类特性的应有发展、人的社会特性的和谐发展、人的人性的自身发展，这一学说在马克思主义思想体系中占有极其重要的地位。人的自由全面发展首先要求每个人都能按照其本性和需要平等地获得机会、施展才华、发挥能力，同时将每个人的发展作为发展目的本身，能够自由选择自我的发展道路、发展方式、发展途径、发展方向，在改造客观世界的过程中不断完善个体自身，通过每个人的自由全面发展进而实现整个人类社会的发展。

中国特色社会主义的奋斗目标推进过程中，中国共产党的不懈使命追求中，都始终蕴含着每个人的自由全面发展目标，而且这一目标始终如一、坚定不移、毫不动摇。经过改革开放 40 余年的高速发展，我国广大人民群众的物质生活得到较大的提高，但发展不协调不充分的问题仍然存在，人民的精神世界更加需要得到关注。党的十八大对《中国共产党章程》进行了修订，在总纲中的内容“在生产发展和社会财富增长的基础上不断满足人民日益增长的物质文化需要”之后，增加了“促进人的全面发展”。习近平总书记在十九大报告中指出：“保证全体人民在共建共享发展中有更多获得感，不断促进人的全面发展、全体人民共同富裕。”十九大报告将“促进人的全面发展”、“不断促进全体人民共同富裕”同建设“社会主义生态文明”一起纳入了对中国特色社会主义道路内涵的概括表述。① 对于任何一个社会来说，人是最活跃最根本的发展要素，身处其中社会成员的自由全面发展水平总体上决定了这个社会生产力和社会本身的发展程度。“人民对美好生活的向往，就是我们的奋斗目标。”②人民的美好生活向往不仅是物质上的，还体现在精神上，体现在自由全面发展的追求上。党的奋斗目标与人民群众的追求相互呼应。信息技术、人工智能技术的发展已经超越传统的工业社会，“工人

① 徐先艳，王义军．马克思主义人的自由全面发展理论与新时代青年发展[J]．中国青年研究，2018(8)：38-44.

② 习近平关于“不忘初心、牢记使命”重要论述选编[M]．北京：中共中央党史和文献研究院，中央“不忘初心、牢记使命”主题教育领导小组办公室，2019：57.

终生固定从事某种局部职能的技术基础被消除了"①，人的全面发展作为历史的必然被提上日程，科学技术的发展为人的自由全面发展提供了外在环境。

人的自由全面发展是马克思主义经典作家研究的重点，也是中国共产党和国家领导人关注的重点。列宁结合苏维埃国家的实际情况，提出培育一代社会主义新人的目标，要实现"消灭人与人之间的分工，教育、训练和培养出全面发展的和受到全面训练的人，即会做一切工作的人"。② 列宁指出，必须认识到"在无产阶级专政时期，即为使共产主义的完全实现成为可能而准备条件的时期，学校不仅应当传播一般共产主义原则，而且应当对劳动群众中的半无产者和非无产者阶层传播无产阶级在思想、组织、教育等方面的影响，以培养能够最终实现共产主义的一代人"。③ 还指出，人的全面发展是一个长期的过程，无产阶级专政为人的全面发展提供了各种必要条件，人的培养必须与国内政治需要结合起来，要大力提倡综合技术教育等。毛泽东将马克思人的全面发展思想与中国传统文化、中国国情相结合，着重从政治、教育角度来谈论人的全面发展，提出德育、智育、体育"三育并重"，并强调"我们所主张的全面发展，是要使学生得到比较完全的和比较广博的知识，发展健全的身体，发展共产主义的道德"④。邓小平着眼于从改革开放和现代化建设角度来谈人的全面发展，提出培养有理想、有道德、有文化、有纪律的"四有"新人。江泽民指出为了挑起振兴中华的重担，青年人应该有崇高的理想，有正确的世界观和人生观，有献身精神，有丰富的知识和真才实学，有脚踏实地的工作作风，有高度的纪律修养和高尚的道德风尚，有坚强的意志和健康的体魄，提出要"形成全民学习、终身学习的学习型社会，促进人的全面发展"⑤。胡锦涛希望青年学生要把全面发展和个性发展紧密结合起来，实现思想成长、学业进步、身心健康有机结合，努力成为可堪大用、能负重任的栋

① 马克思恩格斯全集(第25卷)[M]. 北京：人民出版社，1972：927.

② 列宁全集(第43卷)[M]. 北京：人民出版社，1987：380.

③ 列宁全集(第36卷)[M]. 北京：人民出版社，1985：87.

④ 毛泽东邓小平江泽民论青少年和青少年工作[M]. 北京：中央文献出版社，中国青年出版社，2000：121.

⑤ 毛泽东邓小平江泽民论科学发展[M]. 北京：中央文献出版社，党建读物出版社，2008：127.

梁之材。习近平高扬人民的主体属性，始终坚持以人民为中心，始终坚持中国特色社会主义教育发展道路，努力造就德智体美劳全面发展的社会主义的合格建设者和可靠接班人，不断促进人的全面发展、提升人的综合素质。

新时代大学生使命教育以现实的个体的大学生为对象，必须贯彻党的教育方针，确保大学生的生理、心理、思想、道德、科学文化、创新创造等各方面的素质都得到充分发展，帮助每一名大学生都能按自己的爱好、特长、天赋自由选择学习的内容和方式，自由选择生活空间和职业发展方向，促进每一个大学生的主体活动都成为自己本身的主人。在实际教育活动中，还必须教育大学生解决好自身个体的发展和社会发展的关系——单个大学生个体必须置身于社会关系之中，必须注重人的能动选择和主体作用的充分发挥，从而不断超越特定历史条件的限制，全面推动个人的自由全面发展，并在此基础上促进整个人类的自由全面发展。习近平总书记说："青年一代的理想信念、精神状态、综合素质，是一个国家发展活力的重要体现，也是一个国家核心竞争力的重要因素。"①大学生是青年中的优秀分子，必须树立创新意识，突破环境束缚，实现自由全面发展，助力国家、民族和整个人类的自由全面发展。

3.2　理论指导：马克思主义青年教育思想

使命教育深深扎根于马克思主义理论的肥沃土壤之中，遵循思想政治教育的一般规律，接受马克思主义青年教育思想的理论指导。马克思主义的青年教育思想是马克思主义理论不断丰富深化、不断拓展完善的结晶，认真研究、全面深刻地理解马克思主义的青年教育思想内涵，是准确把握新时代大学生使命教育内容与方法的基本前提。

3.2.1　马克思恩格斯列宁的青年教育思想

19 世纪三四十年代，资本主义经过了资产阶级革命和产业革命，社会生产关系发生巨大变化，引起了工人运动的兴起。欧洲三大工人运动标志无产阶级以

① 新华社．习近平在中国政法大学考察．人民日报，2017-05-04.

一种独立政治力量开始出现在历史舞台。马克思和恩格斯在工人运动中，发现了无产阶级的历史伟力，开始研究和探索无产阶级的使命。

马克思在《〈黑格尔法哲学批判〉导言》中指出："理论在一个国家实现的程度，总是决定于理论满足这个国家的需要的程度。"①马克思理论经典作家的青年教育思想对于当时当地的使命教育具有指导意义，因其理论彻底、站位高远，必将穿透历史的迷雾，以其理论的普遍性指导如今的使命教育。

马克思在《青年在选择职业时的考虑》一文中写道："我们的使命决不是求得一个最足以炫耀的职业，因为它不是那种可能由我们长期从事，但始终不会使我们感到厌倦、始终不会使我们劲头低落、始终不会使我们的热情冷却的职业，相反，我们很快就会觉得，我们的愿望没有得到满足，我们理想没有实现，我们就将怨天尤人。"②恩格斯在《伊默曼的〈回忆录〉》一文中指出："我们的未来比任何时期都更多地取决于正在成长的一代，相信现代的命运不取决于畏惧斗争的瞻前顾后，不取决于老年人习以为常的平庸迟钝，而是取决于青年人崇高奔放的激情。"③德国"将发生光荣的革命"，而"实现这一变革的将是德国的青年"④。恩格斯希望从大学生行列中产生脑力劳动无产阶级，同体力劳动的工人共同迎接革命的到来。马克思、恩格斯指出"个人怎样表现自己的生命，他们自己就是怎样"⑤，他们还将工人阶级后代的成长及人的全面发展放置于同"阶级的未来"乃至"人类的未来"相一致的重要地位。"工人的行动不自由。他们在很多场合甚至十分无知，不能理解自己孩子的真正利益或人类发展的正常条件。但不管怎样，最先进的工人阶级完全了解，他们阶级的未来，从而也是人类的未来，完全取决于正在成长的工人一代的教育。"⑥

列宁将青年人看作构建"人类社会"抑或"人的自由联合体"最终实现共产主义的中流砥柱，他在《青年团的任务》中指出："从某种意义上可以说，真正建立

① 马克思恩格斯选集(第3版第1卷)[M]. 北京：人民出版社，2012：11.
② 马克思恩格斯全集(第1卷)(第二版)[M]. 北京：人民出版社，1995：455-460.
③ 马克思恩格斯全集(第41卷)[M]. 北京：人民出版社，1982：175-176.
④ 马克思恩格斯全集(第2卷)[M]. 北京：人民出版社，1995：629.
⑤ 中央编译局. 马克思恩格斯选集(第1卷)[M]. 北京：人民出版社，2012：11.
⑥ 马克思恩格斯全集(第16卷)[M]. 北京：人民出版社，1964：217.

共产主义社会的任务正是要由青年来担负。”①列宁还曾在 1906 年 12 月《孟什维主义的危机》借用恩格斯的话精辟地概括了马克思主义政党与青年的深刻渊源：“恩格斯在反驳一位庸俗的资产阶级教授、德国的立宪民主党人时写道：在我们革命政党中青年占优势，这难道不自然吗？我们是未来的党，而未来是属于青年的。我们是革新者的党，而总是青年更乐于跟着革新者走。我们是跟腐朽的旧事物进行忘我斗争的党，而总是青年首先投身到忘我斗争中去。”②列宁指出，只有通过教育提高工人青年的意识，在将来资产阶级和工人阶级进行较量时，军队才能毅然地站在人民身边，所以应“促使工人青年接受各族人民兄弟团结和社会主义精神的教育，使他们具有充分的阶级自觉”③。在教育青年的过程中，注重引导青年参与工作和斗争，否则共产主义无从谈起“真正建立共产主义社会的任务正是要由青年来担负”，“尤其是共产主义青年团及其他一切组织的任务”④。

3.2.2　中国共产党人的青年教育思想

“问题是时代的格言，是表现时代自己内心状态的最实际的呼声。”⑤中国共产党自诞生以来，在为实现中华民族伟大复兴的艰苦卓绝奋斗中，以马克思主义为指导思想，结合中国革命、建设和改革的实践，不断创新理论，实现了马克思主义中国化。马克思主义中国化的过程中形成了中国化马克思主义理论，使中国特色社会主义焕发出勃勃生机。新时代大学生使命教育是中国大地上的使命教育，也必须结合中国经济社会发展实际才能达到目标。中国历代党和国家领导人关心青年工作、关注青年成长，发表一系列讲话，鼓励青年主动承担使命，形成中国化马克思主义青年教育思想。

毛泽东对青年和青年工作都高度重视。1951 年 7 月毛泽东会见周世钊、蒋竹如时说：“我总觉得我们青年的责任极其重大，青年的前途极其广阔，因为要改

① 列宁全集(第 39 卷)[M]. 北京：人民出版社，2017：328.
② 列宁全集：第 14 卷[M]. 北京：人民出版社，1990：161.
③ 列宁文稿(2)[M]. 北京：人民出版社，1978：17-20.
④ 列宁选集(第 4 卷)[M]. 北京：人民出版社，1976：344.
⑤ 马克思恩格斯选集(第 1 卷)[M]. 北京：人民出版社，1995：203.

变社会就要革命，革命就要靠革命青年。”①1952 年 8 月 23 日晚上，毛泽东对团中央负责同志说：“你们管的是一代人的问题。青年的特点是：英勇积极，知识不足，前途远大。面对着一个新的时期，学习是更加特别突出的任务。青年共同的普遍的经常的任务是学习，学习马列主义基本理论、文化、科学、技术。还要注意体育，一定要把青年一代的身体搞好。”②在莫斯科接见中国留学生时发表了著名的讲话：“你们青年人朝气蓬勃，正在兴旺时期，好像早晨八、九点钟的太阳。希望寄托在你们身上。”③还指出：“劳苦青年群众占人口百分之三十以上，在斗争中他们又是最勇敢最坚决的。”④他倡导将广大青年与工农群众相结合，“中国的知识青年们和学生青年们，一定要到工农群众中去。”⑤“所以我们看人的时候，看他是一个假三民主义者还是一个真三民主义者，是一个假马克思主义者还是一个真马克思主义者，只要看他和广大的工农群众的关系如何，就完全清楚了。只有这一个辨别的标准，没有第二个标准。”⑥可以看出，毛泽东认为对青年教育要以培养全面发展的党的事业接班人为宗旨，要重视用马克思主义教育，引导青年注重调查研究，将学习和生产劳动相结合，树立群众史观和人民立场，坚定共产主义理想信念。

邓小平 1978 年春在全国教育工作会议上讲话指出：“毫无疑问，学校应该永远把坚定正确的政治方向放在第一位，但这并不是说要把大量的课时用于思想政治教育。学生把坚定正确的政治方向放在第一位，这不仅不排斥学习科学文化，相反，政治觉悟越是高，为革命学习科学文化就应该越加自觉，越加刻苦。”在全国科学大会上讲话时，他指出：“致力于社会主义的科学事业，作出贡献，这固然是专的表现，在一定意义上也可以说是红的表现。”1980 年“六一”前夕，他为

---

① 中共中央文献研究室．毛泽东年谱(1949—1976)》(第 1 卷)[M]．北京：中央文献出版社，2013：382.

② 中共中央文献研究室．毛泽东年谱(1949—1976)》(第 1 卷)[M]．北京：中央文献出版社，2013：588-589.

③ 本书编委会．毛主席在苏联的言论[M]．北京：人民日报出版社，1957：14-15.

④ 中共中央文献研究室．建党以来重要文献选编(1921～1949)(第八册)[M]．北京：中央文献出版社，2011：745-746.

⑤ 毛泽东选集(第 2 版第 2 卷)[M]．北京：人民出版社，1991：529.

⑥ 毛泽东选集(第 2 版第 2 卷)[M]．北京：人民出版社，1991：567.

团中央主办的《中国少年报》和《辅导员》杂志题词："希望全国的小朋友，立志做有理想、有道德、有知识、有体力的人，立志为人民作贡献，为祖国作贡献，为人类作贡献。"在当年底召开的中央工作会议上讲话时，他又完整地重述以上这段话。1983 年"五四"青年节，邓小平为优秀共青团员张海迪题词："学习张海迪，做有理想、有道德、有文化、守纪律的共产主义新人。"1985 年 3 月，在全国科学工作会议上，邓小平完整地提出了要"教育全国人民做到有理想、有道德、有文化、有纪律"的思想。1989 年 6 月 9 日，邓小平在接见首都戒严部队军以上干部时的讲话中指出："四个坚持本身没有错，如果说有错误的话，就是坚持四项基本原则还不够一贯，没有把它作为基本思想来教育人民，教育学生，教育全体干部和共产党员。这次事件的性质，就是资产阶级自由化和四个坚持的对立。"①邓小平还明确指出"青年是我们的未来，我们一切事业的继承者。"②可见，邓小平青年教育中的重要内容，是以培养"四有"新人为目标，以青年的思想政治教育为重点，对新时代青年教育具有重要的现实指导意义。

江泽民指出："青年是社会中最富有活力的部分，是我们事业的希望。"③只有"赢得青年才能赢得未来"，并提出了对待青年"一要爱二要严"的工作思想。④1989 年，江泽民在全国组织部长会议上告诫全党"从现在开始，要牢记我们肩膀上有这样一个责任，就是用无产阶级思想教育青年。这些青年人是我们的希望和未来，将来要接班的。"⑤他在纪念中国共产主义青年团成立八十周年大会上指出"学习应该是全面的广泛的，既要认真学习掌握与做好本职工作紧密相关的知识，又要努力学习理论知识、文化知识、科学知识、社会知识、历史知识等，特别要善于学习各种新知识，以求知识的常新。"在他看来，青年是引领社会风气的力量，是体现时代要求的实践者，是中华传统美德的传承者，要树立正确的世界观、人生观、价值观，做有益于祖国和人民的人。"青年要承担起建设现代化的

---

① 邓小平文选(第 3 卷)[M]. 北京：人民出版社，1993：305.

② 邓小平文选(第 1 卷)[M]. 北京：人民出版社，1994：243.

③ 江泽民文选(第 1 卷)[M]. 北京：人民出版社，2006：132.

④ 江泽民文选(第 2 卷)[M]. 北京：人民出版社，2006：124-125.

⑤ 共青团中央，中共中央文献研究室．毛泽东邓小平江泽民论青少年和青少年工作[M]. 中国青年出版社，中央文献出版社，2000：218.

历史使命，为人类社会进步作出贡献，必须了解世界发展变化的大势。要把目光投向世界、投向未来，而不能闭目塞听、坐井观天。"①"真正的马克思主义者应该在马克思主义基本原理指导下，结合当今世界发展的新情况新特点，在为实现社会主义理想的奋斗中不断创新和发展。"②可见，江泽民认为社会主义事业在中国的前景，很大程度上取决于青年一代的状。因此要以对中国社会主义事业的命运高度负责的精神，着眼于教育和培养广大青年，大力培养和造就社会主义事业的接班人和建设者。

胡锦涛热情赞扬青年，指出"一个有远见的民族，总是把关注的目光投向青年；一个有远见的政党，总是把青年看作推动历史发展和社会前进的重要力量"③。"中国当代青年可堪大用"，要求"全党都要关注青年、关心青年、关爱青年，倾听青年心声，鼓励青年成长，支持青年创业"，希望青年人要"勤于学习、善于创造、甘于奉献"。④ 2007 年 5 月 4 日，胡锦涛在《致中国青年群英会的信》中提出：希望全国广大团员和各族青年牢记党和人民的重托，自觉担负起时代的重任，以英雄模范为榜样，努力成为理想远大、信念坚定的新一代，品德高尚、意志顽强的新一代，视野开阔、知识丰富的新一代，开拓进取、艰苦创业的新一代。⑤ 胡锦涛认为，"要注重贴近时代，贴近生活，贴近青年，运用青年易于接受的方式方法，采取青年喜闻乐见的形式和载体，把正确思想的灌输与积极的启发引导结合起来，把解决青年的思想问题和解决他们的实际问题结合起来，不断增强思想政治工作的针对性和实效性做好青年教育工作"⑥。可见，胡锦涛提出的青年教育工作"三贴近"原则，为我们了解青年的思想，帮助青年切实解决实际困难，做好青年教育工作提供了指导意见。

---

① 江泽民．在纪念中国共产主义青年团成立八十周年大会上的讲话[N]．人民日报，2002-4-30.

② 江泽民文选(第 2 卷)[M]．北京：人民出版社，2006：194.

③ 胡锦涛．迈向新世纪　创造新业绩——在共青团第十四次全国代表大会上的祝词[N]．人民日报，1998-06-20.

④ 中共中央文献研究室．十六大以来重要文献选编(上)[M]．北京：中央文献出版社，2005：366.

⑤ 胡锦涛．致中国青年群英会的信[N]．人民日报，2007-05-05.

⑥ 中共中央文献研究室，共青团中央．青年工作文献选编·下卷[M]．北京：中央文献出版社，中国青年出版社，2012.

党的十八大以来，结合新时代建设事业和革命斗争的时代要求，党中央制定发布《中长期青年发展规划(2016—2025 年)》，发行《习近平关于青少年和共青团工作论述摘编》①等关于青年培养的重要文献，把党对青年工作的规律性认识提升到了新高度。习近平总书记在党的十九大、庆祝中国共产党成立 95 周年大会等党的重要会议和在参加青年活动、回复青年来信、研究部署青年工作中多次肯定青年的重要作用，指出："在革命战争年代，广大青年满怀革命理想，为争取民族独立、人民解放冲锋陷阵、抛洒热血。在社会主义革命和建设时期，广大青年响应党的号召，向困难进军，向荒原进军，保卫祖国，建设祖国，在新中国的广阔天地忘我劳动、艰苦创业。在改革开放历史新时期，广大青年发出团结起来、振兴中华的时代强音，为祖国繁荣富强开拓奋进、锐意进取。"②"把理想信念建立在对科学理论的理性认同上，建立在对历史规律的正确认识上，建立在对基本国情的准确把握上"③，"要以培养担当民族复兴大任的时代新人为着眼点，强化教育引导、实践养成、制度保障，发挥社会主义核心价值观对国民教育、精神文明创建、精神文化产品创作生产传播的引领作用，把社会主义核心价值观融入社会发展各方面，转化为人们的情感认同和行为习惯"④。"实现中华民族伟大复兴的中国梦，需要一代又一代有志青年接续奋斗。青年人朝气蓬勃，是全社会最富有活力、最具有创造性的群体。党和人民对广大青年寄予厚望。"⑤"要充分展现自己的抱负和激情，胸怀理想、锤炼品格，脚踏实地、艰苦奋斗"⑥，"担当起党和人民赋予的历史重任，在激扬青春、开拓人生、奉献社会的进程中书写无

① 中共中央文献研究室．习近平关于青少年和共青团工作论述摘编[M]．北京：中央文献出版社，2017.

② 中共中央文献研究室．十八大以来重要文献选编(上)[M]．北京：中央文献出版社，2014：44.

③ 中共中央文献研究室．十八大以来重要文献选编(上)[M]．北京：中央文献出版社，2014：277.

④ 习近平．决胜全面建成小康社会　夺取新时代中国特色社会主义伟大胜利———在中国共产党第十九次全国代表大会上的报告[M]．北京：人民出版社，2017：42.

⑤ 习近平．在知识分子、劳动模范、青年代表座谈会上的讲话[M]．北京：人民出版社，2016：11.

⑥ 习近平．在知识分子、劳动模范、青年代表座谈会上的讲话[M]．北京：人民出版社，2016：10.

愧于时代的壮丽篇章”。[①] “青年是整个社会力量中最积极、最有生气的力量，国家的希望在青年，民族的未来在青年。”[②]对于青年的学习、奋斗、创造、奉献，习近平总书记先后提出了“坚定理想信念、练就过硬本领、勇于创新创造、矢志艰苦奋斗、锤炼高尚品格”的“五点希望”，“勤学、修德、明辨、笃实”的“八字真经”，“志存高远、德才并重、情理兼修、勇于开拓”的“十六字诀”，“爱国、励志、求真、力行”的“四点要求”。可见，习近平的青年教育思想突出教育的政治属性，强调坚持立德树人、为党育人、为国育才，帮助广大青年树立远大理想，坚定走中国特色社会主义道路的人生信念。

恩格斯说：“一个知道自己的目的，也知道怎样达到这个目的的政党，一个真正想达到这个目的并且具有达到这个目的所必不可缺的顽强精神的政党，——这样的政党将是不可战胜的。”[③]2017 年 3 月，中共中央办公厅印发《关于推进“两学一做”学习教育常态化制度化的意见》，2017 年 10 月 18 日召开的中国共产党第十九次全国代表大会上“不忘初心、牢记使命”成为主题词汇，习近平总书记在大会上公开宣告，将“在全党开展‘不忘初心、牢记使命’主题教育”，并指明了开展主题教育的总体要求，为开展主题教育提供了根本遵循。“不忘初心、牢记使命”主题教育要把“两学一做”学习教育常态化制度化作为重要载体，在有力、有序推动主题教育的同时，不断推进学习教育常态化制度化。“不忘初心、牢记使命”主题教育活动成为中国使命教育思想的重要组成部分。

3.3　理论继承：中华优秀传统文化教育思想

习近平总书记在党的十九大报告中指出：“文化是一个国家、一个民族的灵魂。文化兴国运兴，文化强民族强。”中华民族上下五千年的发展历史，创造出源远流长、雄浑厚重、博大精深的中华优秀传统文化。中华优秀传统文化是中华民族的根与魂，是中国特色社会主义根植的肥沃土壤，是引领中华民族走向伟大复

---

① 中共中央文献研究室．十八大以来重要文献选编(中)[M]．北京：中央文献出版社，2016：10.

② 习近平．在纪念五四运动 100 周年大会上的讲话[N]．人民日报，2019-5-1(002).

③ 马克思恩格斯全集(第 39 卷)[M]．北京：人民出版社，1974：139.

兴的精神依托。中华民族历来重视教育，重视优秀文化对教育的滋养，孕育了极具中国特色的教育思想。

3.3.1　天下兴亡、匹夫有责的道义担当

“天下兴亡，匹夫有责”指国家兴亡大事，每个普通人都有责任。这句话最早出自顾炎武《日知录·正始》：“是故知保天下，然后知保其国，保国者，其君其臣，肉食者谋之。保天下者，匹夫之贱，与有责焉耳矣。”梁启超转述并简化为：“顾亭林说，‘天下兴亡，匹夫有责’。”①道义，出自《易·系辞上》：“成性存存，道义之门。”《史记·太史公自序》：“《书》以道事，《诗》以达意，《易》以道化，《春秋》以道义。”《汉纪·高祖纪一》：“夫立典有五志焉：一曰达道义，二曰彰法式，三曰通古今，四曰著功勋，五曰表贤能。”从总体上来看，道义主要是指道德义理；道德和正义等，代表社会道德、正义、光明的一面。道义担当，就是要从人类社会健康发展、国家民族大义、个人生存尊严的高度处理好义与利、得与失的关系，主动承担相应的责任与义务。

中国自古就重视人文教化，培育出灿若星河的文化名人，孕育出内涵丰富的文化思想。“天下兴亡，匹夫有责”观念的形成可以追溯于《周易》《大学》《中庸》等典籍，尤其以孟子之学最为集中。上下五千年留下数不胜数的名言警句，表达着中华民族对精神的追求和道义的担当，如“穷则独善其身，达则兼济天下”(《孟子》)“为天地立心，为生民立命，为往圣继绝学，为万世开太平”(张载《张子语录·语录中》)“天下兴亡，匹夫有责”(顾炎武《日知录·正始》)“先天下之忧而忧，后天下之乐而乐”(范仲淹《岳阳楼记》)“生，亦我所欲也，义，亦我所欲也。二者不可得兼，舍生而取义者也。”(《孟子·告子上》)“富贵不能淫，贫贱不能移，威武不能屈”(《孟子·滕文公下》)“天行健，君子以自强不息。地势坤，君子以厚德载物。”(《周易·乾》)“穷且益坚，不坠青云之志。”(王勃《滕王阁序》)“位卑未敢忘忧国”(陆游《病起书怀》)“人生自古谁无死，留取丹心照汗青”(宋代·文天祥《过零丁洋》)“苟利国家生死以，岂因祸福趋避之”(林则徐《赴戍

① 湖北大学语言研究室．汉语成语大词典[S]．郑州：河南人民出版社，1985：1134-1135.

登程口占示家人二首》）等等。这些意义深刻的诗句对中国古代治国理政产生重要启迪，深刻影响着全体中国人的人格言行，激励一代又一代中国人“铁肩担道义”，将个人的命运和国家的前途始终紧密地联系在一起。随着时间的流逝，这些饱含哲理、激人奋进的诗句汇聚成中华民族的精神血脉，构成中华优秀传统文化的鲜明底色，也映射到教育思想的代际传递，体现了中华民族对中华优秀传统文化的传承发展，体现了对完全道德人格的尊崇追求，反映出中国人自古以来就有的天下情怀和道义担当精神。

中华优秀传统文化孕育了独一无二的民族精神，使五千年中华文明久经磨难而不中断，滋养着中华民族以昂扬向上的状态自立于世界民族之林。中国共产党以对党、对国家、对民族、对人民的道义担当，继承和发扬中华优秀传统文化，把马克思列宁主义同中国实际相结合，坚持执政为民、为民服务，相继创立毛泽东思想、邓小平理论、“三个代表”重要思想、科学发展观、习近平新时代中国特色社会主义思想，真正做到对历史和人民负责，带领中国人民奋力实现“中国梦”。习近平总书记多次引用“天下兴亡，匹夫有责”这句古语。在纪念中国人民抗日战争暨世界反法西斯战争胜利69周年座谈会上，他强调：“在中国人民抗日战争的壮阔进程中，形成了伟大的抗战精神，中国人民向世界展示了天下兴亡、匹夫有责的爱国情怀，视死如归、宁死不屈的民族气节，不畏强暴、血战到底的英雄气概，百折不挠、坚忍不拔的必胜信念。”

“天下兴亡，匹夫有责”的道义担当不仅体现在个人理想信念和精神追求上，还体现在为国家、为社会、为他人的关切关注和奉献付出上，更体现在构建人类命运共同体的路径创新和实践推动上。今天的世界已经形成一个地球村落，“我们有理由以‘天下’指称人类生存的世界；‘兴亡’兼涉从个体道德修养到社会政治经济文化诸方面的兴衰；‘匹夫’当指生活于其间的每一个人，无论其地位的高低；‘有责’即要求每一个人秉持主人公态度，从我做起，推进人类社会的发展进步”①。

江山代有人才出，历史发展的规律要求新时代的大学生必须担当应有的使命，承担起国家和民族未来发展的重任。我国现代文学研究会副会长、北京大学

① 胡家祥．天下兴亡，匹夫有责[N]．光明日报，2016-08-24.

教授钱理群曾经在武汉大学关于理想大学的专题研讨会上说：我们很多大学，包括北大在内，正在培养着一些精致的利己主义者。而这种人一旦掌握权力，比一般的贪官污吏危害更大。无独有偶，著名学者葛兆光也在访谈中感慨：现在的大学制度正在催生一批趋向于专业而不关怀社会的人，而“既是专业知识分子，又是公共知识分子”才是他心中理想的状态。新时代的大学生不仅要能够做到“风声雨声读书声声声入耳”，还要肩负身上的道义担当，做到“家事国事天下事事事关心”。而要做到这些，必须处理好集体和个体的关系、处理好个体内在的道德修养和外在的社会作为的关系、处理好社会的救亡与振兴的兼顾、处理好“有责”中的自律与他律。不仅做好份内应做的事，自觉履行对他人、对家庭、对社会应尽的义务，还勇于为自己的行为负责，承担未履行义务的不利后果或强制性义务，建立起良好的人际关系和稳定、和谐的社会秩序，促进社会的文明、进步与发展。

3.3.2　自强不息、厚德载物的德行修为

“自强不息、厚德载物”出自《周易》之《大象传》：“天行健，君子以自强不息；地势坤，君子以厚德载物”。天(即自然)的运动刚强劲健，相应于此，君子应刚毅坚卓，奋发图强；大地的气势厚实和顺，君子应增厚美德，容载万物。1914 年 11 月，梁启超到清华演讲，以《周易》的两个象辞“天行健，君子以自强不息”(乾卦)、“地势坤，君子以厚德载物”(坤卦)激励学子，指出：君子自励犹如天体之运行刚健不息，不得一曝十寒，不应见利而进，知难而退，而应重自胜摈私欲尚果毅，不屈不挠，见义勇为，不避艰险，自强不息；同时，君子应如大地的气势厚实和顺，容载万物，责己严，责人轻，以博大之襟怀，吸收新文明，改良我社会，促进我政治，以宽厚的道德，担负起历史重任。梁启超慷慨激昂的演讲深深激励了清华学子，后来，“自强不息、厚德载物”被概括成清华大学的校训。①

著名哲学家、哲学史家、国学大师，北京大学哲学系教授张岱年先生在其著作《中国文化精神》中提出，中国文化的基本思想是一个包含诸多要素的统一体

① 胡显章.“自强不息，厚德载物”凝聚清华精神[N]. 人民日报，2014-08-14(18).

系，主要包括“刚健有为”“和与中”“崇德利用”“天人协调”四点，并把中华民族精神概括为“自强不息”“厚德载物”。张岱年指出：“厚德载物是一种宽容的思想，对不同意见持一种宽容的态度，对思想、学术的发展起了很大的作用。自强不息是对生命的体会，人的生命就是努力前进、奋发向上。”“我认为这两种思想：坚强的意志、宽容的态度在中国文化里面起了主导作用，是一种健康的正确的思想。在历史上，当中华民族受到外来侵略时，一定是反抗而绝不是屈服，它有一种坚定的自强不息的精神；同时中国文化的又一特点是比较宽容、博大，像基督教、伊斯兰教进入中国都被中国文化所接纳。”张岱年自身便是践行这一精神的典范。他刚正不阿、直道而行、追求真理，做到中西融会、古今贯通，提出了文化综合创新论和“兼和”哲学观——“最高的价值准则曰兼赅众异而得其平衡。简云兼和，古代谓之曰和，亦曰富有日新而一以贯之。”这里“兼和”“日新”与“自强不息，厚德载物”的精神是一脉相承的。张岱年的哲学观影响了清华文科恢复发展理念“中西融会，古今贯通，文理渗透，综合创新”的形成。

“自强”且能“不息”，必需具有忍耐、忧患、自悔三种意识。忍、忧、悔便是“自强不息”的全部内涵。① “厚德”与“自强”一样，首要表现为一种自觉性的道德约束，厚德是自厚其德，在自身厚实品德的观照之下，方可获得“载物”之机，方可有“厚他人之德”的可能。当然，“厚德”也并非完全同于“自强”，以“载物”为诉求的“厚德”，其客观条件不同于“自强不息”。“自强不息”的发起者为修德者自身，尽管在“自强”的过程中也会受制于各种条件，但其核心依然是人的主观能动性。而“厚德载物”的出发点则是客观事物，“厚德”与“载物”并非充要条件。

自强不息、厚德载物分别作为一个单独语汇各自具有不同的意义内涵，自强不息、厚德载物的结合在内容和语义上又有了新的深化拓展，直接反映了中国传统文化在天地之道基础上构建自身人伦之道的特质，并演变成为中国传统文化的精神标识。“在这种天人合一的境界视域中，人伦之道不过是天地宏大宇宙的部分投射。当人们仰望星空时，既要感慨于自然之伟大而孜孜以学，又要回首自己

① 周山．自强不息、厚德载物的文化内涵[N]．解放日报，2011-07-17.

的品德修养以期可以承担‘参赞天地之化育’的职责。”①

3.3.3　知行合一、因材施教的科学方法

《尚书》与《左传》是最早论述知行关系的中国传统典籍，《尚书》有“非知之艰，行之惟艰”(《尚书·说命中》)之说，《左传》有“非知之实难，将在行之”(《左传·昭公十年》)之说。孔子也有“三思而后行”(《论语·公冶长》)“君子欲讷于言而敏于行”《论语·里仁》“君子耻其言而过其行”(《论语·宪问》)等关于言行的论述。上述关于“行”的论述基本都是一种道德教化，是道德之行，即对道德的践履。荀子从做学问的角度对知行作过“不闻不若闻之，闻之不若见之，见之不若知之，知之不若行之”(《荀子·儒效》)的论述。荀子认为，一个人在学习中听说比不听好，见到比听说好，知晓比见到好，实践比知晓好，学习的最终就是实践，实践了，就明白了。荀子对于知行的认知视野更为开放和开阔，提出要多种学习方法并用，各类知识都要善于吸收，实际上是从理论与实践相结合的科学实践来论证知行关系，提出学习的目的是为实践服务，否则就不能称之为科学理论。

“知行合一”作为一个词语最早出自宋元之际儒学家金履祥所著《论语集注考证》：“圣贤先觉之人，知而能之，知行合一，后觉所以效之。”意思是先知先觉的圣贤，知而能行，思想与行为一致，是后知后觉之人效法的榜样。知行关系在中国哲学史上主要指道德认识与道德践履，知是指良知，行是指人的实践，知与行的合一，既不是以知来吞并行，认为知便是行，也不是以行来吞并知，认为行便是知。

王阳明是知行学说的集大成者，他认为知行不分先后，“知之真切笃实处即是行，行之明觉精察处即是知”(《传习录·答顾东桥书》)，明确提出“知行合一”“心即理”“致良知”的思想。王阳明以龙场悟道的形式完成知与行的思考，强调将良知贯彻到日常生活的各种实践之中，实现知行合一，也就是他提出的“真知即所以为行，不行不足谓之知。”“行之明觉精察处，便是知。”“知之真切笃实处，

---

① 韩慧英.“自强不息”与“厚德载物”：天人合一境界[N]. 中国社会科学报，2015-04-13.

便是行。”真正的“知”必须付诸实行，没有“行”的“知”就不是“真知”。这种“知行合一”与现代马克思主义哲学中所强调的理论和实践相结合的观点是一致的。

因材施教的教育原则一般认为出自《论语·先进》。子路问：“闻斯行诸？”子曰：“有父兄在，如之何其闻斯行之？”冉有问：“闻斯行诸？”子曰：“闻斯行之。”公西华曰：“由也问，闻斯行诸？子曰，‘有父兄在’；求也问闻斯行诸，子曰‘闻斯行之’。赤也惑，敢问。”子曰：“求也退，故进之；由也兼人，故退之。”子路、冉有问孔子同样一个问题，孔子给出了两个完全不同的答案，并解释了两个人因为性格不同，所以他给予的答案也不同，从而体现出因材施教的教育思想和教育方法。

宋人对孔子的这种教学方法进行概括。程颐总结为“孔子教人，各因其材。”①朱熹认为“圣贤施教，各因其材。小以小成，大以大成，无弃人也。”②清人郑观应在《盛世危言·女教》中写道：“将中国诸经列传训诫女子之书，别类分门，因材施教。”因材施教的核心是要从学生的志趣、能力等实际情况以及每个学生个体的个别差异出发，尊重受教育者自我选择的自由，进行有的放矢地有针对性有差别化的教学，使每一个学生个体都能扬长避短，从教师的教学中获得最佳发展。《论语》中集中体现了孔子以培养“贤人”“君子”为目标的有教无类教育主张，体现了孔子“学而知之”“知行合一”的教学原则，即在教学过程中真正做到因材施教、学思并重、启发诱导、学以致用、博约结合的“学”“思”“行”统一的教育教学过程。国内外的优秀教育家也都有过类似的观点，采取过类似的实践。“因材施教”由于具有普适性，能够提升教育实效，一直闪耀着理想主义的光芒。但是因材施教的前提是教育者能够精准识材，同时要有足够的资源支撑。

中国共产党历史重视教育在人的全面发展中的重要作用，历来注重知行合一、因材施教科学方法在教育中作用的发挥。毛泽东、邓小平、江泽民、胡锦涛等党和国家领导人在多次重要讲话中倡导尊重学生主体地位，做到知行合一、因材施教。2016年习近平在北京市八一学校考察时强调：“教育要注重以人为本、因材施教，注重学用相长、知行合一，着力培养学生的创新精神和实践能力，促

① 程颐．二程集(第一册)[M]．北京：中华书局，1981：252.

② 朱熹．四书章句集注·孟子集注[M]．北京：中华书局，1983：362.

进学生德智体美全面发展。”“基因科学、心理学、教育学的上述进展，从科学角度佐证教育的真谛是必须顺应学生的先天(天然)优势，针对学生的先天优势进行因材施教，充分发挥学生的天赋与特长，这正是因材施教的最大价值所在。”① 受教育者作为一个独立的个体和一个完整的人，教育者传授的不应该仅仅是知识，还包括价值观的注入和精神的熏陶。知行合一、因材施教既应该是受教育者自身的修行，也应该是教育者关注的内容。作为教育者，向受教育者传授的不能仅仅停留在知识技能的层面，还应该包括爱好追求、情绪管理、思想观念和道德品格等精神层面的涵养。如此，知行合一、因材施教不仅仅是科学的教育思想和观念，而且是科学的教育方法和路径。

人类自从与动物相分离就孕育出相对单纯的使命意识，在人类社会的繁衍过程中又通过使命教育凝聚力量促进自身克服一个又一个困难，实现人自身的全面发展和人类社会的繁荣进步。“动物和自己的生命活动是直接同一的。动物不把自己同自己的生命活动区别开来。它就是自己的生命活动。人则使自己的生命活动本身变成自己意志的和自己意识的对象。他具有有意识的生命活动。这不是人与之直接融为一体的那种规定性。有意识的生命活动把人同动物的生命活动直接区别开来。”②进入阶级社会以来，使命教育就成为统治阶段维护其统治地位的重要形式。中国共产党是一个善于学习的政党，“在每一个重大转折时期，面对新形势新任务，我们党总是号召全党同志加强学习；而每次这样的学习热潮，都能推动党和人民的事业实现大发展大进步。”③中华优秀传统文化博大精深、意蕴深刻，成为新时代大学生使命教育的重要思想资源。对于中华优秀传统文化的学习，对于优秀教育思想的继承给使命教育以丰富的理论滋养和智慧启示，从而营造出良好的使命教育氛围。

① 刘云．创新人才培养必须遵循因材施教[N]．光明日报，2015-07-28(13)．

② 马克思恩格斯文集(第 1 卷)[M]．北京：人民出版社，2009：162.

③ 习近平总书记重要讲话文章选编[M]．北京：中共中央文献研究室，2016：30.

第4章　新时代大学生使命教育的现实境遇

使命是人类特有的精神追求，与人的社会化相伴而生、协同演进。在阶级社会产生之前，人类的生产力发展水平极其低下，种的繁衍与人类自身的延续是人类的本能和最重要的使命；阶级社会诞生以后，人类的生产力水平得到极大提高，维护阶级利益、促进阶级发展成为使命教育的重要内容。人类的任何社会实践活动都需要在一定的时空中进行，从而形成一定的现实境遇，使命教育亦是如此。新时代大学生使命教育一方面遵循自身的规律不断发展，另一方面教育主体、教育客体、教育环境、教育载体等诸多因素在这个特定的时空中相互激荡、相互影响、相互制约、相互促进，从而形成具有鲜明的新时代特征和中国地域特征的现实境遇与生态环境，给新时代大学生使命教育提供全新的机遇与挑战。

4.1　新时代大学生使命教育的调研设计与样本特征

教育是架设在理想目标与现实境遇之间的桥梁，是通往未来路径的必然选择。新时代大学生使命教育的现实境遇，是使命教育的土壤，是必须正视的客观环境。本研究试图以大学生群体性别、是否独生子、出生地域、父母政治面貌、职业、受教育水平、家庭经济地位等为区分指标，从使命认知、使命态度倾向、使命情感倾向、使命行为倾向、使命培养途径五个方面，通过问卷调查和个别访谈的方式，了解新时代大学生群体使命观现状，为新时代大学生使命教育机遇挑战、目标内容、原则方法、实施策略的构建等提供依据和参考。

4.1.1　研究变量与问卷设计

本研究主要考察各种因素对大学生使命观与使命行为的影响。所考察的自变量涉及两个方面：一是个体特征，包括性别、年龄、是否独生子女、政治面貌、是否有出国(出境)留学、旅游等经历、是否主动参加过公益活动等。二是成长环境，包括父母政治面貌、父母职业、本人职业、父母文化程度、家庭经济地位等。问卷编制经过多次研讨形成预调查问卷，预调查问卷包括 63 道题，其中封闭式问题 59 个，开放式问题 4 个。预调查问卷调查于 2020 年 2 月 27 日—3 月 11 日实施，利用问卷星生成问卷链接后发给作者认识的部分辅导员，由辅导员转发给大学生，收集问卷 911 份并作了初步分析。在预调研完成后，又广泛听取了学生、辅导员、思政课老师、学生工作部门负责人以及相关专家的意见建议，对问卷进行了调整。调整后的正式问卷共计 48 个题目，其中封闭式问题 46 个，开放式问卷 2 个。分析工具采用统计软件 SPSS。

4.1.2　数据来源与样本特征

调查采用滚雪球抽样法，具体方式为利用网络问卷调查工具问卷星生成问卷链接后，发放给学生工作部门的教师和辅导员，由他们转发给大学生，并请参与者相互转发，形成链式传播，力图扩大参与面，减少调查误差。正式问卷于 2020 年 11 月 17 日发布，2020 年 12 月 23 日结束，最终共收集有效问卷 16315 份①，其中手机提交占比 81. 92%，微信答题占比 16. 68%，链接占比答题 1. 4%。本部分主要介绍样本的基本情况，调查与访谈的结果将在新时代大学生的时代特征、新时代大学生使命教育的机遇挑战中呈现出来，并将运用交叉分析等方式将调研结果贯穿于新时代大学生使命教育的目标内容、原则方法、实施策略构建等各个方面。

问卷调查到的样本个体特征和成长环境内容非常丰富，从实际结果来看，总

① 说明：由于年龄采用被调查者自己填写的形式，有 28 份填写年龄低于 15 岁，12 份年龄填写高于 50 岁，从常识推断中，大学生年龄一般不会低于 15 岁，50 岁以上的学生也仅是个例，可以将之视为填写错误，算作无效问卷。但这 30 份问卷在 16315 的样本中占比仅为 0. 18%，对分析结果几乎没有任何影响。结合问卷填写内容来看，这 30 份问卷基本符合要求，为便于统计分析，在数据处理中视同为有效问卷。

体上反映了大学生的实际情况，比如性别、民族等，与官方统计数据差别不大，数据真实可信，具体如表4-1所示。

表4-1 **样本个体特征分布情况**

特征类型	变量	选项	人数（人）	百分比（%）
个体属性	性别	男	8313	50.95
		女	8002	49.05
	民族	汉族	15212	93.24
		少数民族	1103	6.76
	年龄	17~35	16217	99.3
	是否独生子女	是	6233	38.2
		否	10082	61.8
	政治面貌	中共党员	540	3.31
		共青团员	14275	87.49
		群众	1480	9.07
		民主党派成员	21	0.13
	本人来自区域	东北地区（黑龙江、吉林、辽宁）	312	1.91
		华北地区（北京、天津、河北、山西、内蒙古）	634	3.89
		华中地区（湖北、湖南、河南、江西）	11709	71.77
		华南地区（广东、广西、海南）	924	5.66
		西南地区（四川、云南、贵州、西藏、重庆）	1220	7.48
		西北地区（青海、宁夏、甘肃、、新疆、陕西）	729	4.47
		华东地区（江苏、浙江、上海、山东、安徽、福建）	787	4.82

调研中还对样本的个人学习阶段、学习的学科类型、是否有出国（境）经历、是否主动参与过公益活动等情况进行调研，从统计情况来看，样本中最多的大学生是本科生占比达93.73%，其中医学、工学、理学、管理学大学生占绝大多数，76.9%的大学生参与过公益活动，仅有3.8%的大学生有过出国（境）经历。

表 4-2 **样本学习经历情况**

特征类型	变量	选　　项	人数(人)	百分比(%)
个体学习经历情况	个人学习阶段	博士	86	0. 53
		硕士	209	1. 28
		本科(原“985”“211”)	174	1. 07
		本科(其他公办高校)	8578	52. 58
		本科(独立学院等民办高校)	6713	41. 15
		高职高专(公办)	526	3. 22
		高职高专(民办)	29	0. 18
	学科类型	哲学	60	0. 37
		经济学	1100	6. 74
		法学	474	2. 91
		教育学	112	0. 69
		文学	386	2. 37
		历史学	8	0. 05
		理学	1867	11. 44
		工学	4502	27. 59
		农学	7	0. 04
		军事学	12	0. 07
		医学	5586	34. 24
		管理学	1823	11. 17
		艺术学	378	2. 32
	本人出国(境)经历	有	626	3. 8
		无	15689	96. 2
	主动参与公益活动	是	12552	76. 9
		否	3763	23. 1

从调研对象的成长环境来看，样本中父母都不是中共党员的占比为 83. 29%，父亲务农、务工者占比 43. 85%，母亲务农、务工者占比 43. 6%，父母最高文化程度为高中及以下者占比 82. 91%，认为自身家庭经济地位为中下层以及下层者达 71. 20%，充分体现出样本的草根性和代表性。这些大学生在新时代占比最大，也是大学生使命教育最应该关注的群体。

表 4-3　　　　**样本成长环境情况**

特征类型	变量	选　　项	人数(人)	百分比(%)
成长环境	父母政治身份	双方都是中共党员	559	3. 43
		父亲是中共党员	1797	11. 01
		母亲是中共党员	371	2. 27
		双方都不是中共党员	13588	83. 29
	父亲职业	党、国家机关工作人员	621	3. 81
		国企、事业单位工作人员	1638	10. 04
		非国有企业、公司工作人员	1555	9. 53
		个体经营	2450	15. 02
		自由职业者	2564	15. 72
		务农、务工	7154	43. 85
		其他	333	2. 04
	母亲职业	党、国家机关工作人员	331	2. 03
		国企、事业单位工作人员	1319	8. 08
		非国有企业、公司工作人员	1444	8. 85
		个体经营	2187	13. 40
		自由职业者	3264	20. 01
		务农、务工	7114	43. 6
		其他	656	4. 02
	父母最高文化程度	初中及以下	7687	47. 12
		高中或中专	5839	35. 79
		大学专科	1290	7. 91
		大学本科	1352	8. 29
		硕士及以上	147	0. 9
	家庭经济地位	上层	60	0. 37
		中上层	200	1. 23
		中层	3367	20. 64
		中下层	6783	41. 58
		卜层	4832	29. 62
		不清楚	1073	6. 58

4.2　新时代大学生的群体特征与问题表现

时代是人类依据一定的标准对自身生存和生活的历史阶段进行划分而形成的特定认识，不同的时代具有不同的时代特征。新时代是一个处于剧烈变动的时代，移动互联网技术、人工智能理论、虚拟现实技术、大数据和区块链技术等给教育带来日新月异的变化，各类基于互联网的教育方式创新方兴未艾。结合问卷调查和访谈结果，可以从“知”“情”“意”“行”等方面把握新时代大学生的具体特征，呈现使命教育的具体问题，进而构建使命教育的目标内容、原则方法和实施策略，从而实现新时代大学生使命教育的目标。

4.2.1　理性的使命认知与欠缺的担当意愿

在“知、情、意、行”的系统中，认知是基础和先导。要使新时代大学生有深厚的使命情感、坚定的使命意志和积极的使命行为，正确认知使命是必备前提。在对新时代大学生使命意识现状的问题调查中，有 26.37%和 52.83 的被调查者认为新时代大学生的使命感很强和较强；在对自身使命感的评价中，认为自身使命感很强的占比 28%，有一定的使命感占比 41.9%，没有放弃使命的占比 25.3%，随遇而安的占比 4.1%，世界与我无关的占比 0.53%；对两个一百年奋斗目标清楚和听说过的分别占比 64.46%和 34.61%；对中国梦具体内涵非常清楚和听说过的分别占比 81.13%和 18.06%(具体见表 4-4)。这些说明新时代大学生对国家发展非常关注，对自身的使命有相对清晰的认知，但对自身使命感的评价

表 4-4　　新时代大学生使命教育的认知情况

题目	选　　项	小计	比例
作为新时代的大学生，您了解自己的使命吗?	A. 非常了解	3381	20.72%
	B. 比较了解	10681	65.47%
	C. 不太了解	2125	13.02%
	D. 完全不了解	128	0.78%

续表

题目	选　　项	小计	比例
您认为新时代大学生使命意识的现状是什么？	A. 使命感很强，能主动承担责任	4302	26.37%
	B. 使命感较强，会承担自己应该承担的责任	8619	52.83%
	C. 使命意识不太强，有时会逃避自己的责任	3095	18.97%
	D. 不太关心自己的使命，不愿意承担责任	299	1.83%
您对两个一百年的奋斗目标是否清楚？	A. 清楚，对奋斗目标的时间点和主要内容非常清楚	10517	64.46%
	B. 听说过，但没有记住	5647	34.61%
	C. 不清楚，没有听说过	151	0.93%
习近平总书记号召青年为实现中国梦而奋斗，您对中国梦的具体内涵	A. 非常清楚，是国家富强、民族振兴、人民幸福	13237	81.13%
	B. 听说过，但没记住	2946	18.06%
	C. 不清楚，没听说过	132	0.81%

低于对朋辈群体的评价，与一般意义上自我认知评价较高的社会现实存在一定反差，说明新时代大学生对自身使命感评价较低且对自身有较高的使命承担愿望和要求，为使命教育正常开展打下良好的认知与心理基础。

当今科学技术的高速发展为大学生获取各类资讯、吸取国内外的文明成果提供广阔的空间，日益开放的外部环境和不同主体之间日益紧密的相互联系为大学生学习不同文明主体的文明成果提供无穷的知识宝库。在日益开放的成长环境中，新时代大学生恣意享受并充分利用世界的优秀文明成果，在开放包容的成长氛围中不断开阔眼界，与其他时代的大学生相比知识更加丰富、视野更加宽广，可以从不同的维度观察中国、认识世界，从纷繁复杂的社会现实中把握中国的基本国情、分析世界发展的大势，对自身的使命具有相对清晰的认识。新时代大学生对自身使命的认知是建立在理性思考的基础之上的，而非盲目地按照组织或者长辈的要求去获得自身的使命，这种使命的形成一旦确定便具有一定的持久性。

在对判断一个人社会价值的首要标准调查中，排序分别是：社会贡献占比84.04%，经济实力占比6.28%，社会地位占比4.63%，无概念占比5.05%；在人生价值目标中最重要的调查中，排序分别是：奉献社会24.17%，建设国家20.11%，实现自我17.25%，家庭幸福15.68%，学有所成8.12%，身心健康

7.61%，创造财富 4.57%，享受自由 2.49%；在“您认为下列选项中哪个能够最能体现新时代大学生的使命?”选项中，“坚定理念信念，彰显青年担当，为实现中国梦和共产主义而奋斗”占比 52.6%，远高于其他选项(具体见表 4-5 所示)。这是一种“应然”的状态，是对大学生群体的总体要求，而非自我的行为约束。这些说明新时代大学生具有正确的人生观、价值观和使命观，认为新时代大学生这一群体应该优先考虑社会和国家的需要。

表 4-5　　**新时代大学生使命的“应然”判断**

题目	选　项	小计	比例
您判断一个人价值的首要标准是什么?	A. 社会贡献	13711	84.04%
	B. 社会地位	755	4.63%
	C. 经济实力	1025	6.28%
	D. 无概念	824	5.05%
您认为人生价值目标中最重要的是什么?	A. 建设国家	3281	20.11%
	B. 奉献社会	3944	24.17%
	C. 学有所成	1324	8.12%
	D. 家庭幸福	2558	15.68%
	E. 创造财富	745	4.57%
	F. 享受自由	407	2.49%
	G. 身心健康	1241	7.61%
	H. 实现自我	2815	17.25%
您认为下列选项中哪个能够最能体现新时代大学生的使命?	A. 坚定理想信念，彰显青年担当，为实现中国梦和共产主义而奋斗	8583	52.61%
	B. 涵养家国情怀，弘扬中国精神，培育和践行社会主义核心价值观	2449	15.01%
	C. 站稳人民立场，树立远大志向，为中华崛起而读书	838	5.14%
	D. 矢志艰苦奋斗，锤炼高尚品格，积极承担社会责任	1209	7.41%
	E. 练就过硬本领，提高个人素质，追求自身全面发展	1990	12.2%
	F. 遵守职业道德，爱岗敬业奉献，善于创新创业创造	708	4.34%
	G. 提升道德品质，弘扬家庭美德，勇于引领社会风尚	538	3.3%

在“应然”与“实然”之间，新时代大学生体现出存在较大的差距，新时代大学生在使命担当愿意方面存在明显不足。在“您的人生奋斗动力最主要是什么?”的回答中，选择“为了自己想过的生活”占比 40.97%，“如果祖国需要您去服务大西北或者省内不发达基层地区，您会怎么做?”的回答中，选择“有顾虑，受家庭等各方面因素的影响”占比 43.3%，“当有一个非常重要的、关乎集体荣誉的集体活动和你个人活动有冲突时，您如何选择?”的回答中，选择“参加集体活动”的占比仅有 65.93%(具体见表 4-6)。对比“应然”判断与“实然”选择，可以看出新时代大学生在对待他人要求或者社会要求，与对自身要求之间存在巨大反差，即要求他人更加无私、更加利他、更加优先考虑集体利益，而在对自身的考量中却体现为由自我、家庭、社会、国家这样一个更加利我的选择，反映出自身思想认识与现实利益选择的矛盾。实际上，这两者之间的巨大张力也是使命教育的根本意义所在，反映出使命教育仍然任重道远。

表 4-6　　新时代大学生使命的“实然”选择

	选　　项	小计	比例
您的人生奋斗动力最主要是什么?	A. 为了自己想过的生活	6685	40.97%
	B. 不辜负父母亲人辛苦付出	4301	26.36%
	C. 做一个对社会有用的人	3344	20.5%
	D. 为国家富强贡献自己的力量	1581	9.69%
	E. 没动力随大流	174	1.07%
	F. 其他	230	1.41%
如果祖国需要您去服务大西北或者省内不发达基层地区，您会怎么做?	A. 会去，因为那里需要人才	7193	44.09%
	B. 会去，因为有利于今后就业工作	1909	11.7%
	C. 有顾虑，受家庭等各方面因素的影响	7065	43.3%
	D. 那边环境恶劣，说什么也不去	148	0.91%
当有一个非常重要的、关乎集体荣誉的集体活动和你个人活动有冲突时，您如何选择?	A. 参加集体活动	10756	65.93%
	B. 参加个人活动	884	5.42%
	C. 都不参加	238	1.46%
	D. 看情况	4365	26.75%
	E. 其他	72	0.44%

调查中还发现学历层次与对自身使命的了解程度呈现出明显的正相关性，即学历越高对自身使命表现得更加了解，如对自己的使命非常了解的回答中，博士59. 3%，硕士 22. 49%，本科 20. 34%（其中重点本科 25. 86%，公办本科 19. 64%，民办本科 21. 08%），高职 24. 86%（其中公办高职 25. 29%，民办高职 17. 24%）。从这一比例可以看出，博士明显高于硕士，硕士明显高于本科；但本科与高职高专相比，却并未如前一样呈现出本科高于高职高专的规律性，究其原因可能与本科和高职高专教育教学内容的差异性相关，可以从合理性来分析探讨：本科阶段主要是专业和通识性教育为主，本科生对自己将来能从事的职业和发展方向不太明确；而高职高专以技能学习为主，对将来的工作岗位有较为清晰的认识，对自己的职业发展看得较为清楚，因此体现在对这一问题的回答上就较本科生更为了解一些。具体趋势如图 4-1 所示。

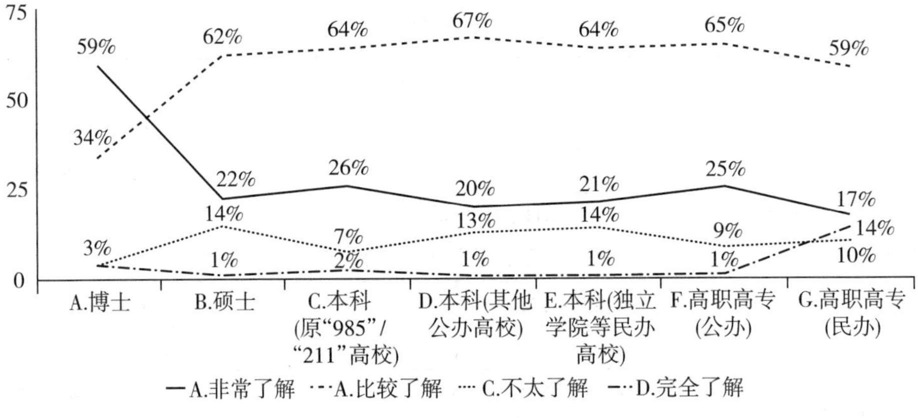

图 4-1　不同学历的大学生对自身使命的认知交叉图

4. 2. 2　浓烈的使命情感与脆弱的使命意志

情感是一种具有客观和主观双重属性的特殊心理体验。从客观属性上来说，情感是人们对客观事物的主观态度体验，是人脑对客观事物的一种特殊表现形式。使命情感过程伴随着使命的认知与实践过程，在这个过程中可能产生积极的情感体验，也可能产生消极的情感体验。积极的情感体验有利于强化使命认知、坚定使命意志、塑造使命行为，对大学生使命教育有促进作用。消极的情感体验对使命教育有阻碍作用。积极的情感体验和消极的情感体验既相互对立，又统一于情感体验过程之中，占主导地位的情感体验对情感过程起决定性作用。新时代大学生成长于社会主义市场经济蓬勃发展、中国日益走近世界中心的时期，这个时代是个人施展才干的理想舞台，耳濡目染中形成强烈的个人意识。这种个人意识具有双重作用——既能够使新时代的大学生认识到个体在推动经济社会中的重要作用，也能够使新时代大学生意识到社会竞争的残酷无情，唯有努力奋斗方可功成名就。在巨大的压力和环境熏陶下，新时代大学生将目光定格在“小我”的奋斗中，崇尚“自我”价值的实现，过于看重个人的价值尊严，急于追求个人的利益实现，其基于自我的进取精神和责任感具有极强的功利色彩，对于自身应当承担的社会责任和历史使命在行动上表现为忽视或者无视的消极方式。当集体利益与个人利益发生冲突时，只强调个体利益，缺乏为集体牺牲的精神；在职业选择时，主要考虑经济收入和自我价值的实现；在选择学习内容时，往往聚焦于自己将来发展具有直接助力作用的知识和能力，对不能立竿见影取得即时利益的内容则采取敷衍、对付或推迟拖延的态度。

据调查，当被问及“您如何看待道德模范、科学家群体等先进典型人物的奉献精神及其作用?”时，绝大多数大学生愿意向道德模范、科学家群体等先进典型人物学习，但表示他们的行为每个人都可以做到、不值得学习的大学生分别还有4.76%、0.29%，可见还有5.05%的大学生对“榜样教育”兴趣不浓；在如何看待“天下兴亡，匹夫有责”这句名言这个问题的回答中，13.93%的大学生仅看重个人的生活；在您是否有过为他人服务、为社会做贡献的想法这个问题的回答中，仅有46.18%的大学生回答“非常强烈，时刻准备着，并一直为此行动”(具体数据见表4-7)。因此，从主流上来看，多数大学生对自身的使命有着积极的情感体验，但不可忽视的是，还有少部分大学生缺乏对使命的情感认同，增强使命情感体验还是需要继续努力的一项工作。

表 4-7　　　　　　　　**新时代大学生使命情感情况**

<table>
<tr><th></th><th>选项</th><th>小计</th><th>比例</th></tr>
<tr><td rowspan="4">您如何看待道德模范、科学家群体等先进典型人物的奉献精神及其作用？</td><td>A. 他们是民族的脊梁，是社会的楷模，应该向他们学习</td><td>13604</td><td>83.38%</td></tr>
<tr><td>B. 他们的行为让人敬佩，应该向他们学习，但代价太大，常人无法做到</td><td>1887</td><td>11.57%</td></tr>
<tr><td>C. 应该向他们学习，他们都是平凡人，他们的行为每个人都可以做到</td><td>777</td><td>4.76%</td></tr>
<tr><td>D. 他们纯粹是为了个人名利，不值得学习</td><td>47</td><td>0.29%</td></tr>
<tr><td rowspan="3">如何看待“天下兴亡，匹夫有责”这句名言？</td><td>A. 过好个人生活才是最重要的，不必刻意强调国家观念</td><td>2021</td><td>12.39%</td></tr>
<tr><td>B. 保家卫国人人有责，每个人都需要承担相应的责任和担当</td><td>14042</td><td>86.07%</td></tr>
<tr><td>C. 每个人都有自己的职责，国家发展与个人无关也无需强求</td><td>252</td><td>1.54%</td></tr>
<tr><td rowspan="5">您是否有过为他人服务、为社会做贡献的想法？</td><td>A. 非常强烈，时刻准备着，并一直为此行动</td><td>7535</td><td>46.18%</td></tr>
<tr><td>B. 比较强烈，但一直没有行动</td><td>6434</td><td>39.44%</td></tr>
<tr><td>C. 不太强烈，需要我做的时候再说吧</td><td>2167</td><td>13.28%</td></tr>
<tr><td>D. 基本没有这个想法</td><td>125</td><td>0.77%</td></tr>
<tr><td>E. 完全无此想法</td><td>54</td><td>0.33%</td></tr>
</table>

使命意志是指人们在正确的使命认知和深厚的使命情感基础上形成的、为实现使命而表现出来的坚定信念，坚定的使命意志促使人们完成使命从认知层面和情感层面向实际行动转变，做到知行合一。调研中设计了与使命意志相关的几个问题，可以看到：愿意做些工作改变社会弊端的大学生比例高达 95.41%，但正在做的只有 30.11%；当在为国家社会承担使命却遭遇身边人的非议甚至冷嘲热讽时，仅有 39.02%选择“不会受到任何影响，更加坚定理想信念、主动承担使命”；在公交车上看到扒手在行窃，而你确定自己有能力控制小偷的情况下，仅有 26.14%选择“直接制止该行为”（具体数据见表 4-8）。这些数据说明，新时代

大学生的使命意志相对脆弱、尚需锤炼，对于自身认为应该承担的社会责任和历史使命还存在退缩心理，这是使命教育应该持续努力并且可以发挥作用的地方。

表 4-8　　　　新时代大学生使命意志情况

	选　　项	小计	比例
您是否愿意做些工作，改变您认为社会上存在的某些弊端？	A. 愿意，而且正在做	4913	30. 11%
	B. 愿意，但不知道如何做	8638	52. 95%
	C. 愿意，但怕没有效果	2015	12. 35%
	D. 不知道	537	3. 29%
	E. 不愿意，因为自己无法改变	153	0. 94%
	F. 不愿意，这与我无关	59	0. 36%
当您在为国家社会承担使命，却遭遇身边人的非议甚至冷嘲热讽，你会如何做？	A. 不会受到任何影响，更加坚定理想信念、主动承担使命	6366	39. 02%
	B. 对这些人的非议不予理会，做好自己的事情最重要	6218	38. 11%
	C. 内心有些难受，但还会默默坚持承担自身的使命	3563	21. 84%
	D. 内心非常难受，慢慢会放松对自己的要求	168	1. 03%
在公交车上看到扒手在行窃，而你确定自己有能力控制小偷的情况下，您会怎么做？	A. 事不关己，装作没看到	915	5. 61%
	B. 在内心鄙视小偷，但不会揭露	594	3. 64%
	C. 悄悄提醒受害者	4166	25. 53%
	D. 直接制止该行为	4265	26. 14%
	E. 会与其他人一道制止	6375	39. 07%

调研中设计了几个反映大学生日常生活细节的题目，用于测量大学生处理个人与他人、与社会的关系，以此来判断大学生的使命情感与使命意志。“若您朋友要做的事是您认为不对的，有违社会公德的，您是否会阻止？”这一问题中，有16. 71%的大学生不会坚持提醒自己的朋友；在“当有一个非常重要的、关乎集体荣誉的集体活动和你个人活动有冲突时，您如何选择？”的回答中，坚定选择“参

加集体活动”的仅有 65.93%；在“如果为了帮助他人会损害到自己的个人利益，您会做吗?”的回答中，选择“一定会做”的仅有 15.63%(具体数据见表 4-9)。这充分反映出新时代大学生在处理社会关系时表现与其年龄不相符合的“世故圆滑”，或者说是其“精致利己”的一面，这种特征映射到使命情感与使命意志上就显得使命意志不够坚定。

表 4-9　**新时代大学生处理个人与社会的关系情况**

	选项	小计	比例
若您朋友要做的事是您认为不对的，有违社会公德的，您是否会阻止?	A. 会，多次提醒三思而行	13588	83.29%
	B. 会，只是说说而已	2068	12.68%
	C. 认为他有自己的看法，没有必要瞎掺和	546	3.35%
	D. 无所谓，只要自己不做就行	113	0.69%
当有一个非常重要的、关乎集体荣誉的集体活动和你个人活动有冲突时，您如何选择?	A. 参加集体活动	10756	65.93%
	B. 参加个人活动	884	5.42%
	C. 都不参加	238	1.46%
	D. 看情况	4365	26.75%
	E. 其他	72	0.44%
如果为了帮助他人会损害到自己的个人利益，您会做吗?	A. 一定会做	2550	15.63%
	B. 可能会做，视情况而定	13289	81.45%
	C. 一定不会	476	2.92%

调查中还发现对自己使命越了解的大学生，其使命行为选择越倾向于国家和社会的集体主义倾向，同时说明对自己使命越了解的大学生越具有更加浓烈的使命情感和更加坚定的使命意志。如将“您了解自己的使命吗?”与“如果祖国需要您去服务大西北或者省内不发达基层地区，您会怎么做?”两个问题回答作交叉分析可以发现，回答非常了解自己使命的大学生，其选择“会去，因为那里需要人才”的占比高达 67.73%。(见图 4-2)从数据综合分析来看，绝大多数新时代大学生愿意为国家、为民族、为社会、为他人承担自身的使命，并愿意为改变社会做出自己的贡献，甚至做出一定的牺牲。在使命承担的行为选择中，他们有正确的

价值标准和较强的行为意愿，但对于少部分不良的行为倾向需要引起极大的关注，如此方可将大学生的使命与国家民族的使命融为一体、同频共振。

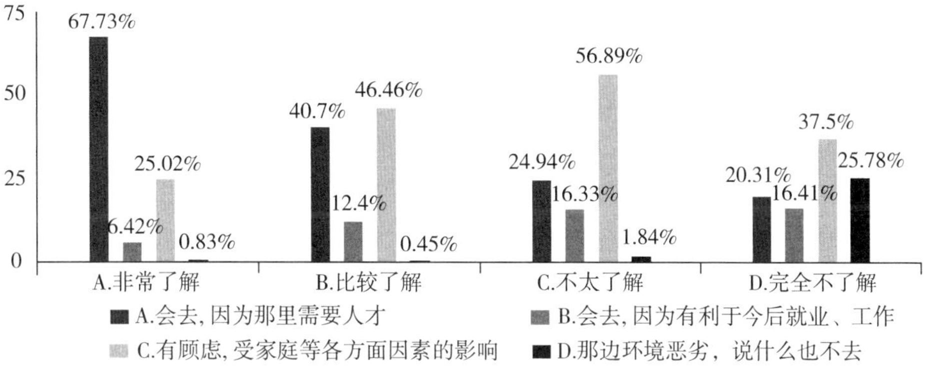

图 4-2 新时代大学生使命了解情况与到基层意愿交叉分析

4.2.3 坚定的主流观念与多元的价值取向

自社会主义新中国成立起，企图颠覆中国共产党、搞乱中国的斗争一天都未停止。世界多极化和经济全球化已经成为世界发展的现实图景。正如马克思、恩格斯在《共产党宣言》中描述的那样："过去那种环境的和民族的自给自足和闭关自守状态，被各民族的各方面的互相往来和各方面的互相依赖所取代了。"网络和信息技术的发展使如今的地球变成了"地球村"，社会信息化、信息网络化、世界多极化和经济全球化使当今世界范围内不同思想、不同文化之间的交流交融交锋更加频繁、更加直接，西方敌对势力对我国开展意识形态渗透更具隐蔽性和多变性，新时代大学生再也不是"两耳不闻天下事，一心只读圣贤书"的莘莘学子，他们成长的环境是复杂多变的，开放的社会环境必然带来社会上日益多元的价值取向。通过分析新时代大学生对各类新闻的兴趣水平可以看出，其兴趣由高到低依次为科技新闻、社会新闻、政治新闻、军事新闻、体育新闻、娱乐新闻。从性别、本人政治面貌、父母政治面貌等变量来看，男生、本人是党员或者团员，父/母为党员的大学生，对科技、政治、军事的兴趣水平更高；女生、本人是党员或者团员，父/母为党员，对体育、科技、军事新闻的兴趣更低（具体见表 4-

10)，充分体现出新时代大学生兴趣各异，也反映出社会价值的多元化与包容性。

表 4-10　　**不同大学生对新闻类别的兴趣差异**

身份分类	样本规模	政治新闻	娱乐新闻	社会新闻	军事新闻	科技新闻	体育新闻
本人为中共党员/共青团员	14814	20.79	13.29	20.01	19.87	23.91	16.34
父母为中共党员	2727	11.2	7.2	10.8	10.7	12.9	8.8
男生	8313	25.43	12.41	21.92	26.41	32.41	22.73
女生	8002	12.08	11.72	14.27	9.36	10.59	6.64
样本总体	16315	18.88	12.07	18.17	18.05	21.71	14.84

不容否认的是，钱理群先生所讲的"精致的利己主义者"在大学校园中不同程度地存在着，传统的"舍小家顾大家""集体先于个人"等集体主义思想确实有所淡化，对自身利益的追求和自我价值的实现等意识更加突出，追求享受、相互攀比等不良行为仍时有发生，如从"您如何看待医护人员因参与新冠肺炎救治工作而被感染甚至因此牺牲的行为"这一问题的回答中可以看出仍有 4.2%的大学生表现出极度的冷漠(见表 4-11)，与主流价值观背道而驰。从高等教育立德树人的根本要求来看，进一步增强大学生的政治认同，在多元价值中做好一元主导是高校义不容辞的责任。

表 4-11　**您如何看待医护人员因参与新冠疫情救治工作而被感染甚至因此牺牲的行为？**

选　　项	小计	比例
A. 他们是在践行自己的使命，值得我们致敬	15466	94.8%
B. 这是他们的本职工作，牺牲了也很正常	614	3.76%
C. 与我无关，我不关心	129	0.79%
D. 其他	106	0.65%

问卷中设计了相关题目测试新时代大学生的价值取向。如在关于"中国科学院大学学生季某某在国外社交网站发表不当言论，校方给予季某某开除学籍处

分。对于他的这一行为，下面哪种评价你比较认同”时，仍有 2.15%的学生认为“可以理解”或“是他的个人自由”。通过交叉分析发现博士在读(8.1%)，父母具有硕士及以上学历(7.5%)，本科就读“985”/“211”高校(6.9%)，有出国(境)经历(4.4%)且父母均为中共党员(3.8%)的参与调查者持此观点的比例甚至更高。再次交叉分析发现，出国(境)经历对调查者的使命情感认同影响较大：有出国经历的被调查者中，认为季某某的行为可以理解或是他的个人自由，远高于没有出国经历的被调查者；有出国经历的被调查者中，16.7%的父母为硕士及以上学历，14.3%的为“985”/“211”本科生，11.3%的为博士，10.8%自认为家庭经济水平处于社会上层或中上层，6.5%的父母均为中共党员。具体数据见表 4-12。出国经历为什么会引起大学生价值观念的变化需要进一步研究，应当把有出国

表 4-12 **对“季某某”言论及对学校处理结果的看法**

答题者身份特征		样本规模	选A人数	不同群体对以下观点赞同比例(%)			
				A. 其言行背离伤害了国民的民族感情，对其行为表示愤怒，学校应对其严肃处理	B. 每个中国人都应努力维护国家和民族尊严，对其行为表示惊讶，学校对其加强教育即可	C. 他是一时发泄情绪，我虽不认同，但可以理解	D. 这是他的个人自由，不应干涉他的言论自由
是否有出国(境)经历	是	626	503	80.4	15.2	**3**	**1.4**
	否	15689	12702	81	17	1.6	0.5
父母是否为共产党员	双方都是	559	436	78	18.2	2.7	1.1
	父亲是	1797	1490	82.9	15.3	1.3	0.5
	母亲是	371	305	82.2	14.6	**2.7**	0.5
	双方都不是	13588	10974	80.8	17.1	1.6	0.5
父母文化程度	初中及以下	7687	6145	79.9	18	1.6	0.4
	高中或中专	5839	4757	81.5	16.4	1.5	0.6
	大学专科	1290	1079	83.6	14.8	1.2	0.3
	大学本科	1352	1112	82.2	15.2	2.1	0.4
	硕士及以上	147	112	76.2	16.3	4.1	**3.4**

续表

答题者身份特征		样本规模	选A人数	不同群体对以下观点赞同比例(%)			
				A. 其言行背离伤害了国民的民族感情，对其行为表示愤怒，学校应对其严肃处理	B. 每个中国人都应努力维护国家和民族尊严，对其行为表示惊讶，学校对其加强教育即可	C. 他是一时发泄情绪，我虽不认同，但可以理解	D. 这是他的个人自由，不应干涉他的言论自由
答题者现在所处学习阶段	博士	86	66	76.7	15.1	**5.8**	**2.3**
	硕士	209	174	83.3	15.3	0.5	1.0
	本科“985”/“211”高校	174	135	77.6	15.5	**4.0**	**2.9**
	本科其他公办高校	8578	7066	82.4	15.8	1.4	0.5
	本科(民办高校)	6713	5354	79.8	18.1	1.8	0.4
	高职高专(公办)	526	394	**74.9**	21.3	**2.5**	**1.3**
	高职高专(民办)	29	16	55.2	24.1	3.4	17.2

(境)经历、博士生、父母高学历、“985”/“211”高校本科生、社会经济地位较高、父母均为中共党员等多重特征叠加的大学生作为使命教育的重点关注对象。对于这一结果的理解有两个维度：一个维度是从这部分群体的知识文化水平和经济社会地位来看，他们往往处于社会的中上层，对社会上不同观点具有更大的包容性，同时具有一定的辨别力，因而不必过于在意；另一个维度是从使命教育自身的角度来看，这部分群体是社会的精英，他们的价值观念对于社会的影响较大，需要给予更多的关注，从而为使命教育营造更好的氛围。在一个运转良好的社会体系中，人们具有相对认同的、坚定的主流价值观念是社会稳定的基础，而不同个体、不同群体在认同主流价值观念基础上又体现出不同的社会价值取向是社会进步、包容的体现。

在多元的社会价值中如何让新时代大学生能够坚信社会主流价值、了解自身使命并主动承担社会责任和历史使命，成为时代的呼唤。据交叉分析，主动参加过社会公益活动的大学生“为他人服务、为社会做贡献的想法非常强烈，时刻准备着，并一直为此行动”占比 52.67%，而没有参与社会公益活动选择此项的比例仅为 24.55%(具体见图 4-13)，由此可以看出：主动参与过社会公益活动的大学生有更强烈的使命感，或者说主动参与公益活动更能促进大学生了解并践行自身的使命。新时代大学生在开放的环境中长大，具有远大的个人理想，但是他们的理想一般仅仅是成名成家，出人头地的个人愿望、个人命运，是对自身以及小家庭现时利益的算计，没有将个人理想融入到国家社会发展的时代需求中去考量。让大学生亲身参与公益活动、更好地了解社会实际，可以使他们更好地理解自身的使命，按照社会主流价值塑造自身的价值观，主动将个人理想融入国家和民族的前途命运，承担起时代赋予的历史使命。

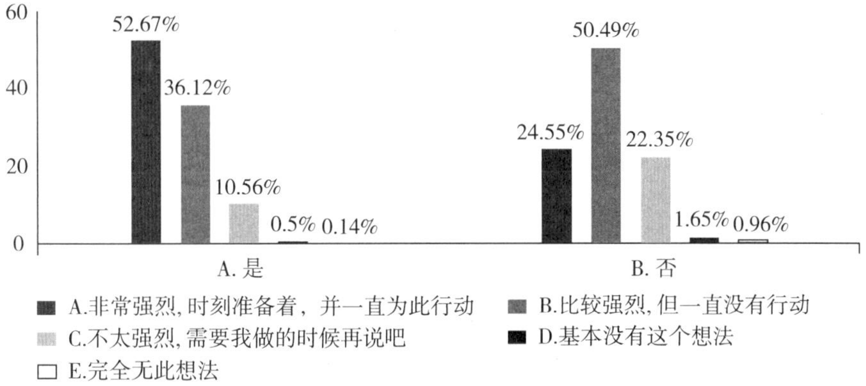

图 4-3　新时代大学生是否参与公益活动与其是否有为他人服务、为社会做贡献的想法交叉分析

4.3　新时代大学生使命教育的严峻挑战与重大机遇

任何时代都有特定时代的特征，必然为那个时代的人类社会实践活动提供机遇，自然而然地带来新的发展；同时不可避免地对旧有的社会秩序带来挑战，不可避免带来新的冲击。“教育的使命是多么崇高啊！它需根据每个人的传统和信仰，在充分尊重多元化的情况下，促使每个人将其思想和精神境界提高到普遍行为模式和在某种程度上超越自我的高度。”①以新兴信息技术为基础构建起来的现

① 联合国教科文组织．教育——财富蕴藏其中（序言）[M]．北京：教育科学出版社，1996：4-5.

代社会，人类知识获取渠道由单向传递变为多向互动，传统社会中教师优先掌握知识和信息的局面正在改变，教师的知识和学术权威受到威胁，师生关系正在重构；与此同时，慕课、翻转课程、对分课堂、远程教育和在线课程等崭新的教育教学形式，突破了学习时间受限、学习空间固定的时空限制，大学教育的形态正在经历前所未有的蜕变。教师知识传授的角色成分正在淡化，而对于学生心理、思想、发展的关注和关照显得更为重要，如学习兴趣的激发者、学习态度的培养者、学生思想的引领者、学生人格的塑造者等作用更加凸显。新时代大学生使命教育必须积极应对挑战，化危险为机遇，突破已有思维方式的束缚，实现使命教育的目标。

4. 3. 1　新时代大学生使命教育的严峻挑战

新时代是一个众多挑战汇聚的时期，经济全球化进程、国家的现代化转型、我国社会主义改革整体推进、后疫情时代世界秩序的重构调整在新时代相遇激荡，给价值多元、文化多元的社会带来极大不确定性；新时代是一个技术发展突飞猛进的时期，移动互联网技术、虚拟现实技术、大数据技术越来越多地在社会各个方面得以运用，传统教育受到冲击自然在所难免。STEM 教育、项目式学习、慕课、翻转课堂、对分课堂等创新的教育理念和教育技术在高校风起云涌，传统的教育教学模式已经无法满足新时代大学生的成长需求。新时代大学生具有与以往大学生不同的时代特点，新时代大学生使命教育身处教育改革的大潮中，遇到不可避免的挑战。

4. 3. 1. 1　开放的环境增大了敌对势力开展渗透的风险

阶级社会产生以来，不同阶级之间关于意识形态的斗争就一直持续存在，有时甚至到了不可调和的程度。社会主义制度产生以来，资本主义颠覆社会主义制度的企图一刻也未曾放松过。毛泽东对此一直保持高度警惕，他指出：“凡是要推翻一个政权，总要先造成舆论，总要先做意识形态方面的工作。革命的阶级是这样，反革命的阶级也是这样。”①中国共产党是一个以马克思主义为指导思想的

① 中央文献研究室．建国以来毛泽东文稿：第十册[M]．北京：中央文献出版社，1996：194.

执政党，坚持以人民为中心，将社会主义和共产主义作为自己的奋斗目标，与资本主义制度具有本质区别。中国共产党带领中华人民推翻了压在中国人民头上的三座大山，建立了中华人民共和国，探索出中国特色社会主义制度。在改革开放探索社会主义市场经济发展过程中，中国人民的生活发生了翻天覆地的变化，中国的国际地位获得空前提高。但是改革开放中“由于意识形态的设防不到位，在西方思潮的影响下，我国主流意识形态正面临巨大挑战，党风和社会风气受到严重污染”①。随着中国改革开放的不断深入，一定时期内不可避免地产生社会阶层分化、固化的不良倾向，不同利益群体呈现出不同的利益诉求，意识形态领域和思想文化呈现多元多样多变的发展态势。在开放的环境中，不同国家、不同民族、不同群体的不同思想观点相互交织碰撞，资产阶级的腐朽思想和反动观点混杂其中、乘虚而入，对新时代大学生使命教育造成严峻挑战。

敌对势力“和平演变”搞垮中国的战略图谋一刻未曾放松。西方国家一直敌视社会主义制度，把社会主义国家的发展壮大看作是对其价值观和制度模式的威胁和挑战。自中国开启改革开放以来，经济实力和国际地位大幅提高；尤其是苏东剧变后，中国不仅自然成为现存最大的社会主义国家，而且呈现出不可阻遏的发展势头，不可避免地被美国作为最大的潜在敌人，采用各种手段遏制中国发展，妄想颠覆中国。以美国为首的西方国家在战略上西化中国、在战术上分化中国，妄图兵不血刃地置社会主义中国于死地。在中国特色社会主义进入新时代、全体中华儿女奋力实现中国梦的助跑期、冲刺期、关键期，青年对于自身使命的认知与担当，以及青年身上应当展现出的爱国热情、青春朝气，都警醒我们一刻也不能放松警惕，不能忽视对大学生的使命教育。

对高校和大学生的拉拢渗透是西方社会对我国西化、分化的重点。1945 年，时任美国中央情报局局长艾伦·杜勒斯指出“人的脑子，人的意识，是会变的。只要把脑子弄乱，我们就能不知不觉改变人们的价值观念，并迫使他们相信一种经过偷换的价值观念。”“我们要从青少年抓起，要把主要的赌注押在青年身上，要让它变质、发霉、腐烂。我们要把他们变成无耻之徒、庸人和世界主义者。我

① 刘昀献．当前我国主流意识形态面临的风险和对策研究[J]．中国浦东干部学院学报，2015，9(1)：5-23.

们一定要做到”。大学生是社会未来发展的精英人群，高校对于社会风气具有巨大的引领作用，对于社会群体的价值观塑造具有重大的示范效应。从某种程度上讲，攻陷高校和大学生群体，基本上就能够实现其“和平演变”的图谋。基于此，西方国家对我国高校的渗透和对大学生的争取成为其对华政策的重点得到持续加强，这给我国新时代大学生的使命教育造成重大风险。事实上，通过各种非政府组织开展学术会议、举行理论研讨、组织社团活动等形式在高校中推销包含资本主义意识形态的各学科理论成为西方敌对势力的惯常手法。在前期的工作中，我们存在应对策略上的疏忽，其结果就是西方各种理论在高校大行其道，马克思主义理论反而受到冷落甚至是冷嘲热讽。更有甚者，在高校课堂上公开散布反对社会主义制度、反对中国共产党领导的言论，造成极其恶劣的社会影响。

后疫情世界格局中的大学生使命教育面临众多不确定因素。新时代遭遇新冠疫情，疫情防控常态化成为经济社会发展的宏观环境。疫情对教育带来巨大挑战，同时直接推动网络教育更加快速发展。当今世界各国的经济增长都面临动能不足，贸易保护主义在国际上形成一种新的动向，区域冲突、恐怖主义、网络安全等问题不时爆发。随着新冠疫情在全球的蔓延，逆全球化的思潮不断加剧，世界的不确定性、不稳定性进一步增强，使命教育的方向需要根据时代变化进行调整，使命教育的方式更要能够经受时代的考验。习近平在全国抗击新冠疫情表彰大会上指出“抗疫斗争伟大实践再次证明，中国特色社会主义制度所具有的显著优势，是抵御风险挑战、提高国家治理效能的根本保证”。当今世界正经历百年未有之大变局、跨入深刻的动荡变革期，新冠疫情全球大流行加速大变局的演化发展，世界格局的发展具有更大的不确定性。新时代大学生使命教育必须化疫情的挑战为使命教育的机遇，以中国抗疫斗争实践经验为案例，宣扬“生命至上、举国同心、舍生忘死、尊重科学、命运与共的伟大抗疫精神”，坚持和完善中国特色社会主义制度、推进国家治理体系和治理能力现代化，提升使命教育的现场感、感染性和说服力。在问卷调研中，被问到“经过这次新冠疫情，您对我们国家的信心，对自身肩负历史使命的愿望有了什么样的变化”时，有 64. 2%选择“极大增强”，31. 37%选择“较大增强”（具体数据见表 4-11），显示出中国党和政府的疫情表现获得大学生的高度肯定，成为使命教育的生动案例。

4.3.1.2 使命教育的现实需要给高校教师的综合素养提出新挑战

强化提升新时代大学生的社会责任感、历史使命感是高校教师的重要职责，教师自身的使命素养决定了其能否履职到位。“不登高山，不知天之高也；不临深溪，不知地之厚也；不闻先王之遗言，不知学问之大也。”(《荀子·劝学》)，大学生使命意识的有无及其强弱既是自身修炼的结果，也与高校教师具有鲜明的正向关系。学为人师、行为世范是对教师的要求，也体现出教师在使命教育中的重要作用。如果教师具有崇高的历史使命，在潜移默化中就会对学生的使命培养产生率先垂范的作用；如果教师是一个“精致的利己主义者”，其培养的学生也难以想象能够主动承担社会重任。

教师的使命素养与使命教育要求的矛盾促使高校加强教师使命素养的培育。矛盾是推动事物发展的主要动力，内外因共同促进事物向前发展。新时代我国教育的主要矛盾集中在无法完全满足人民日益增长的优质教育需要，体现在国家和社会的教育供给在不同地区、不同层次的不平衡不充分上。德智体美劳全面发展是新时代人才培养的目标，培养能够承担建设中国特色社会主义历史使命的大学生是新时代教育的要求。从现实情况来看，我国高校教师的使命素养显然难以完全适应使命教育的要求，如部分教师片面强调知识能力对于大学生的功利性作用而忽视对社会进步的能动作用，部分教师公开宣扬大学生只要脚踏实地管好自己不要妄想改造社会，部分教师教育大学生成功的标准仅以物质作为衡量的标准等等。教育家涂尔干对教师有过这样一段论述：“教师是社会的代理人，是文化传递的关键环节。而且，创造一种社会的、道德的存在，也是他的使命。通过教师，社会创造出想象中的人。”只有具有高度社会责任感的教师才可能培养出具有高度社会责任感和历史使命感的学生来。1931 年 12 月 3 日，清华大学迎来了执掌清华 17 年的第 10 任校长梅贻琦，这位校长在就职典礼上，留下了中国大学史上最著名的一句话：“所谓大学之大，非有大楼之谓也，乃有大师之谓也。”大师之大的核心体现是家国情怀的大爱和民族国家发展的道义担当。随着高等教育开放化、国际化的不断推进，国内外师生的交流互动异常便捷、非常频繁，丰富的教育教学资源、先进的教育教学理念、现代的教学与学习方式、科学的教学管理和学生事务管理模式在世界范围内传播和融合，为高校培养具有使命感的教师提供良好条件。

高校教师的使命素养是一个持续培育、动态提升的过程。作为社会主义高校的教师，必须对社会主义的基本理论、奋斗目标有非常清晰的认识，如此才能明晰自身的使命，才能有针对性地对大学生开展使命教育。提高高校教师的使命素养，必须尊重高校教师的主体地位和人格特征，不断提升高校教师的使命认知、使命情感，同时根据科学技术的发展提高高校教师运用新技术、新方式、新手段开展使命教育教学的能力。使命教育的基本原理异动性相对较小，而使命教育的方式方法必须与时俱进。正如马克思、恩格斯在《共产党宣言》1872 年德文版序言中指出的："不管最近 25 年来的情况发生了多大的变化，这个《宣言》中所阐述的一般原理整个说来直到现在还是完全正确的。"但是"这些原理的实际运用，正如《宣言》中所说的，随时随地都要以当时的历史条件为转移。"①高校教师的使命和大学生的使命并不是一成不变的，而会随着经济社会发展水平和国际国内的形势而不断发生变化，使命教育的方式方法也会不断演进发展，这需要加强对高校教师进行持续培育，以不断适应现实的客观需要。互联网趋势研究者谢尔·以色列在其名为《微博力》的书中写道："我们正处在一个转换的时代——一个全新的交流时代正在代替老朽的、运转不灵的传播时代。在这个由微博推动的、正在到来的交流时代，如果我们还没能跟上它的脚步，那么就可能会被这个时代所抛弃。"高校的使命教育工作者，必须紧跟时代发展步伐，提高自身运用新技术手段开展使命教育的能力，不断增强使命教育的针对性和实效性。

4.3.1.3　新时代大学生强烈的自我意识增加了使命教育的难度

新时代大学生大多出生于 2000 年前后，与 20 世纪出生的"80 后""90 后"相比，新时代大学生出生于改革开放取得丰富成果、科学技术迅猛发展的世纪之交，可以称之为"世纪宝宝""千禧宝宝""421 家庭宝宝"。新时代大学生大多为独生子女，"6+1"的家庭结构使他们享受着更加富足的物质保障，生活非常富足，足以称为衣食无忧的"小皇帝"；与此同时，由于缺乏兄弟姐妹的竞争和陪

① 马克思恩格斯选集(第 1 卷)[M]. 北京：人民出版社，2012：376.

伴，他们的童年及其以后的成长也相对容易产生精神孤寂，抗压能力相对较弱，心理问题相对较多，而成长过程中受到周围人群的过分关注、缺乏应有的生活磨炼导致他们克服困难的能力较差，形成强烈的自我意识和依赖心理。在这种环境中成长起来的大学生与以往的大学生相比意志相对脆弱，对父母、他人和社会的要求较高而对自我的要求较低。他们以自我为中心去考虑事情，更多地关注别人对自己的责任和义务，而很少考虑自身作为社会的一分子应该为他人、为社会做些什么，权利意识较强而责任意识、使命意识相对较弱。这种自我意识从本质上呈现出对中国传统教育中社会价值取向的反叛。中国传统教育理念要求培养人格完善完美之人，如教育学生要爱祖国、爱人民、爱集体，为祖国、为社会而读书。这种过于理想化、成人化、社会化的要求往往脱离学生的生活实际，难以在现实中完全实现；“假、大、空”的使命要求往往导致学生本应承担、也完全可能承担的基础性责任被忽视，造成“大事做不了，小事不想做”的社会责任、使命担当真空状态。

4.3.2 新时代大学生使命教育的重大机遇

新时代处于实现第一个百年奋斗目标的关键阶段，是我国全面建成小康社会的关键节点，新时代教育发展的价值取向已由生存性教育向发展性教育转变，给新时代大学生使命教育带来新的机遇。

4.3.2.1 改革开放的巨大成就为新时代大学生使命教育提供生动教材

外部因素为事物的发展提供外部环境和外部条件。改革开放所取得的巨大成就是改革开放 40 多年来，党带领人民取得的伟大成就，这一巨大成就铸就时代华章，为进入新时代创造丰富的物质条件和外部环境，使中国人民坚定“四个自信”，为新时代大学生使命教育提供丰富素材和生动教材。

改革开放以来，我国经济实力、综合国力和国际地位实现前所未有的提升。1978 年至 2017 年，我国 GDP 从 1495 亿美元增加到 12.3 万亿美元，按不变价计算，增长 33.5 倍，年均增长 9.5%，我国经济总量从占全球 1.8% 提高到占 15.3%，稳居世界第二位。我国人均 GDP 从 156 美元增加到 8827 美元，按不变价计算，增长 22.8 倍，年均增长 8.5%。这么长时间这样高增长率，是中国历史的奇迹，也是世界历史的奇迹。① 中国特色社会主义道路使我国发生历史性变化，社会生产力得到极大解放和发展，推动中国全方位开放，社会主义市场经济焕发出强大活力，在世界上高高擎起社会主义的旗帜。改革开放的巨大成就，成为新时代大学生使命教育的基础和底色，增强大学生承担中华民族伟大复兴的自豪感和自信心。

改革开放以来，我国教育事业取得巨大进步。2017 年，16~59 岁劳动年龄人口平均受教育年限达到 10.5 年，九年义务教育巩固率达 93.8%，高等教育毛入学率达到 45.7%。大学本科生在校生人数达到 1648.6 万人，研究生在校生人数达到 263.96 万人。② 1977 年中国高考制度的恢复，开启了选拔、培养人才的良性机制，揭开中国社会现代化进程的序幕，教育水平和个人能力成为各类机会和社会资源分配的核心机制。中国教育事业的蓬勃发展，为经济社会的全面发展注入强劲动力；高等教育的大众化与普及化，大幅提升中华民族的整体文明水平，为新时代大学生的全面发展提供条件，为个人成长提供无限可能，同时为新时代大学生使命教育提供良好环境。

改革开放以来，尤其是党的十八大以来，我国党风政风焕然一新，人民群众意气风发，经济社会保持高速发展，成功迈入新时代。这个新时代是我国“两个一百年”奋斗目标的历史交汇期，是全面建成小康社会的收官阶段，也是开启建设社会主义现代化强国、实现中华民族伟大复兴中国梦的关键时期。这是一个机遇与挑战并存的时期和阶段，党的十九大报告鲜明提出“八个明确”和“十四个坚持”，党中央积极推进“四个全面”战略布局和“五位一体”总体布局，这些成为新时代大学生使命教育的方向和依托，成为新时代大学生使命教育的重要机遇期。用中国梦激励大学生的奋斗意志，用社会主义核心价值观规划大学生思想行为，使大学生深刻铭记自身在实现伟大中国梦的进程中担负的历史使命，促进他们主动进行自我反思、自我觉醒、自我修炼、自我提升，进一步坚定四个自信，投身时代洪流，勇担时代赋予的重大使命。

---

① 白天亮．林兆木：穿越风雨，中国信心更足[N]．人民日报海外版，2019-01-24(03)．

② 曲青山，林兆木，杨凤城，李忠杰，王一鸣，颜晓峰，李慎明．高举新时代改革开放旗帜　把改革开放事业继续推向前进——庆祝改革开放 40 周年笔谈[J]．党建，2018(12)：7-13.

新冠疫情防控的伟大胜利成为使命教育的最新教材案例。全国抗击新冠疫情表彰大会对我国疫情防控工作作出科学总结：我们“用 1 个多月的时间初步遏制疫情蔓延势头，用 2 个月左右的时间将本土每日新增病例控制在个位数以内，用 3 个月左右的时间取得武汉保卫战、湖北保卫战的决定性成果，进而又接连打了几场局部地区聚集性疫情歼灭战，夺取了全国抗疫斗争重大战略成果。在此基础上，我们统筹推进疫情防控和经济社会发展工作，抓紧恢复生产生活秩序，取得显著成效。中国的抗疫斗争，充分展现了中国精神、中国力量、中国担当。”在疫情防控应对中，社会主义中国“风景这边独好”，而与此形成鲜明对比的是世界其他国家和地区尤其是以美国为代表的西方国家交出的答卷让人不忍直视。调查中设置了“经过这次新冠疫情，您对我们国家的信心，对自身肩负历史使命的愿望有了什么样的变化”的问题，显示极大增强的占比 64.2%，较大增强的占比 31.37%(具体数据见表 4-13)，说明疫情防控工作成为使命教育的生动教材，为使命教育开展提供了思路。

表 4-13 **新冠疫情对国家的信心和自身肩负历史使命的愿望有了什么样的变化**

选　　项	小计	比例
A. 极大增强	10475	64.2%
B. 较大增强	5118	31.37%
C. 没什么变化	627	3.84%
D. 较大降低	59	0.36%
E. 极大降低	36	0.22%

4.3.2.2 新科学技术的广泛运用为新时代大学生使命教育提供广阔空间

新时代大学生生活在高度信息化的时代，移动网络已深入社会的“毛细血管”。在互联网构建的“自由平等”的世界中，“互联网+”成为塑造使命教育的重要影响因素。这种影响既体现在对使命教育主体与教育客体特征的精准把握，也体现在对互动式、沉浸式、娱乐式使命教育形态的积极探索，还体现在对使命教育微观环境的形塑与宏大教育格局的构建，从而成为提升使命教育亲和力和有效性的基础。

不断加速的知识更新进程给青年大学生提供承担使命的机遇。人类对知识的追求、提炼、掌握是一个不断加速的发展过程。工业革命以前，人类知识增长较为缓慢。工业革命以后，人类的认知与技术水平进入爆炸增长的时代，知识总量亦以指数级增长。据资料测算，人类知识总量在 19 世纪是 50 年翻一番；进入 20 世纪初是 30 年翻一番；到 20 世纪末大约 5 年翻一番。近 50 年以来，知识陈旧周期已由 30 年缩短为 15 年，在某些领域中不过 5~10 年。与此同时，科学技术转化为生产力的周期也在不断缩短，而技术的寿命周期平均只有 5 年。知识快速更新给思维相对僵化、接受能力相对较弱的中老年群体带来了一定的困扰，但对创新思维活跃、接受能力较强的青年大学生群体来说却提供一个施展才华、承担使命的广阔舞台。青年大学生“喜新厌旧”的性格特点，决定了他们善于学习新知识、善于使用新新技术，也决定了大学生必将在社会发展中处于引领风尚的地位，时代的使命与责任必将传递到他们手中。

新媒体技术为新时代大学生使命教育提供手段。新媒体与传统媒体相对应，是伴随虚拟数字技术、网络技术、人工智能技术、大数据技术等科学技术的发展而产生的新兴传播手段。新媒体通过声音、图像、视频等形式直接作用于人的感觉器官，以便携式屏幕终端向用户提供信息、娱乐和相关服务。新媒体大容量、实时性、兼容性和交互性的特点，可以跨越传统地理界线、物理空间，打破媒介之间的壁垒，最终得以实现跨界传播、跨身份传播和全球化传播。大学生对于新技术具有天然的敏感性，对于新媒体技术与内容同样没有任何抵抗力。使命教育必须善于借用新媒体这一重要教育渠道，将使命教育内容创造性转化为新媒体技术，从而实现使命教育实效的提升。

移动互联网和大数据技术为个性化、精准化开展新时代大学生使命教育提供支撑。新时代大学生被称“数媒土著”“移动互联网一代”，从出生开始就开始接触网络，使用“网语网言”，形成互联网思维。无论是学习还是生活，网络与新时代大学生都始终相伴。移动互联网成为新时代大学生的必备工具，他们会利用网络查询收集资料，利用网络学习专业知识，也会在网络上与同学朋友相互交流，在网络中追星、交友、恋爱、游戏，从而在网络上留下丰富的学习、生活海量数据。通过对大学生网络信息数据的收集整理，可以勾勒出每一个大学生的画像，掌握每一个大学生的思想倾向、学习进度、兴趣爱好、生活习惯，从而针对不同大学生的个性特点开展个性化教育，精准疏导学生思想疑惑、心理困惑、学习难点、生活困难，有的放矢地开展使命教育，提高使命教育的效率和效果。

4.3.2.3 新时代大学生的优秀特质为使命教育提供良好基础

青年是推动历史发展的巨大力量，大学生是青年的先进分子，社会的进步发展既离不开一代又一代大学生的拼搏奋斗，也同时在塑造不同时代的青年和大学生具有不同时代的优秀特质，这些优秀特质推动社会不断发展进步。

新时代大学生丰富的知识学养和开阔的视野为使命教育的开展提供良好条件。大学生处于一个人学习最为宝贵的学习阶段，理解能力强，创新思维好，记忆速度快，学习效率高。在这个知识爆炸的年代，新时代大学生通过移动互联网平台能够接触到最新的科技知识，能够享受到先进技术产业化的产品带来的福利。开放的社会环境给大学生参与社会实践提供良好平台，大学生对中国社会和国际社会的了解比以往任何时代的大学生都要全面深刻，也能够更加科学理性地做好中外对比，区分社会主义与资本主义的制度优劣，深刻认识自身的使命担当，从而坚定共产主义的理想信念，自觉锤炼自我、提升自我，主动承担责任、担当使命。

新时代大学生理性客观的人格特质为使命教育的开展奠定坚实基础。新时代大学生在各类网络媒体信息中浸润成长，互联网上既有丰富的各类学科专业知识，也充斥着不同的思想、不同的文化、不同的观点甚至是各种傲慢与偏见。这样的环境，既成为青年大学生获取知识的伊甸园，也成为思想观点的展示台，大学生只能擦亮双眼、甄别比较、理性思考才能不被眼花缭乱的各种信息干扰，不被各种负面的情绪影响。与此同时，网络交流还能使大学生个体与群体之间相互交流新知、明辨是非、碰撞思想、激发灵感、提升素质，这种成长环境既为大学生吸取知识、增长才干、完善人格提供了开放便捷的条件，也促使新时代大学生形成理性客观的人格特质。客观理性是一个人成熟睿智的表现，也是大学生社会化能力的体现。网络上曾经用“佛系青年”来指代新时代青年的特征，其实“佛系”的正向解读就是不悲观厌世、不暴力争抢、不好高骛远，而是务实进取、自我减压、积极向上、和气和平、与人为善，活好内心的平静和真我的风采。从积极意义来看，这种人格特质是成熟的表现，能够客观冷静地看清自身应当承担的使命，为使命教育的开展打下坚实的基础。

教育本身应该承担一定的社会责任和历史使命，使命教育更是强调大学生对自身和社会使命的担当。教育学家弗洛姆认为：“教育的社会功能是使个人具备在以后的社会生活中起到应起的作用的资格，也就是说，把他的个人个性塑造得极为接近社会个性，使他的欲望符合他所扮演的社会角色的需要。”使命教育必须帮助大学生正确地认识个人与社会之间的关系，坚持正确的道德价值导向。“每个社会都设法建立一个意义系统，人们通过它们来显示自己与世界的联系。”在价值观念多元化的新时代，精神家园的寻找成为社会人群的普遍追求，使命教育必须遵从社会主流价值观的要求，反对社会的消极现象，澄清大学生自身应当承担的社会责任和历史使命。

新时代大学生强烈的自我意识尽管增加了使命教育的难度，但从现代社会生活总体系统来看，这是使命教育必须逾越的障碍。在这个充分竞争又充分合作的新时代，大学生人格心智的完善、群体意识的觉醒、历史使命的担当都需要其突破自我意识的局限，从家庭、社会、国家和民族的角度思考问题。超越自我意识，将自身还原到社会之中，主动承担时代赋予的使命，不仅是大学生成长的必由之路，也是社会对新时代大学生提出的时代课题和时代要求。

第5章　新时代大学生使命教育的目标内容

目标对于任何工作来讲都具有方向性、引领性作用，往往决定了资源投入的程度；内容是工作目标的承担载体，往往决定了目标能否达成或者能够多大程度达成。新时代大学生使命教育作为在新时代这一特定历史时期、面向大学生这一特定教育群体、开展使命教育这一特殊教育内容的社会实践活动，有着特定的目标与特定的内容。这一目标与内容和其他历史时期、其他群体、其他教育内容具有一定的相异性，这种相异性体现了新时代大学生使命教育的本质属性。新时代大学生使命教育的目标内容是否科学，决定了新时代大学生担当什么样的使命、能否担当正确的使命，也决定了中国特色社会主义事业和中华民族的长远发展，在一定程度上还决定着中国共产党的执政基础和国家政权的长期稳定。

5.1　新时代大学生使命教育的目标

目标是个人和组织对一项工作或一个活动的主观预期结果。一般来讲，目标的设定是主体根据自身实际条件和客观环境综合评估后的结果，确定后对主体的工作态度与努力程度有直接影响，科学的目标为个人和组织成员提供发展方向和力量源泉。习近平总书记2018年5月2日在北京大学师生座谈会上指出："培养社会主义建设者和接班人，是我们党的教育方针，是我国各级各类学校的共同使命。"①同年9月10日在全国教育大会上又进一步强调，教育要"以凝聚人心、完

① 习近平在北京大学师生座谈会上的讲话[N]. 人民日报，2018-05-03.

善人格、开发人力、培育人才、造福人民为工作目标，培养德智体美劳全面发展的社会主义建设者和接班人"①。新时代大学生使命教育的目标是根据大学生使命教育的目的、要求、愿景而提出的在一定时期内所要达到的预期成果，它是工作目的、工作要求、工作愿景的具体化，在使命教育中发挥着明确方向、激励士气、凝聚力量、决策参考、考评依据的重要作用，其核心内容体现为：培育家国情怀、涵养浩然正气、追求全面发展三个方面，这三个方面分别对应政治情感、个人修养、能力素质。

5.1.1　培育家国情怀

"家国情怀"从本质上来讲是一种意识、情感，是个体对家庭、对国家及至对世界、对宇宙所产生的一种心理认同、情感归依，体现为对自己、对家人、对社会、对国家的深情大爱，进而迸发出强大使命感、责任感，体现在行为选择上就是：在社会和平时期能够勤奋学习、踏实工作、律己生活，在国家危难、社会危急时刻能够挺身而出、舍己为人、舍家为国。从"家国情怀"的内涵本质来看，它是家庭外延扩大化而形成的传统朴素乡土观念理性超越基础上形成的家国同构理念，是由单独个体、众多家庭相互联结、守望相助凝结形成的利益共同体，是长期协作、风雨与共中构筑的精神高地、仁爱家园，随着时代的发展与时俱进地体现出鲜明的社会价值和时代价值。在"您的人生奋斗动力最主要是什么?"的调研中，选择"为国家富强贡献自己的力量"的仅为 9.69%(具体见 4-6)，进一步对个人政治面貌与人生奋斗动力作交叉分析可以看出，虽然新时代大学生的人生奋斗动力具有自我性、直接性的特点，但是中共党员在国家与社会责任承担上明显高于其他群体，但是共青团员在家国大爱的情怀上与其他群体相比几乎没有区别(具体见表 5-1)，说明团员青年是使命教育需要密切关注的群体。使命教育具有培养社会主义建设者和接班人的普适性教育目标，培育大学生的家国情怀是新时代大学生使命教育的基础和前提。

① 张烁．坚持中国特色社会主义教育发展道路　培养德智体美劳全面发展的社会主义建设者和接班人[N]．人民日报，2018-09-11.

表 5-1　　个人政治面貌与人生奋斗动力交叉分析结果

	A. 为了自己想过的生活	B. 不辜负父母亲人辛苦付出	C. 做一个对社会有用的人	D. 为国家富强贡献自己的力量	E. 没动力随大流	F. 其他	小计
A：中共党员（含预备党员）	195（36.11%）	108（20%）	140（25.93%）	88（16.30%）	3（0.56%）	6（1.11%）	540
B：民主党派	8（38.10%）	5（23.81%）	3（14.29%）	3（14.29%）	2（9.52%）	0（0.00%）	21
C：共青团员	5881（41.20%）	3796（26.59%）	2923（20.48%）	1354（9.49%）	132（0.92%）	188（1.32%）	14274
D. 群众	601（40.61%）	392（26.49%）	278（18.78%）	136（9.19%）	37（2.5%）	36（2.43%）	1480

5.1.1.1　家国情怀为新时代大学生使命教育提供精神滋养

“天下之本在国，国之本在家，家之本在身。”（《孟子》），这是儒家经典作家孟子对于国家、家庭、个人三者关系的明确论述，深刻说明国家、家庭和个人三者密不可分并存在清晰的逻辑关系，即家庭是国家的基础，国家是家庭的延伸，个人是家庭的单元，家庭是个人的依托。儒家思想是中华传统文化的主体，其精华已经沉淀为中华优秀传统文化，家国情怀已经成为儒家文化的重要表征，不可避免地渗透到每一个中国人的精神血脉，演变为中华民族的精神谱系，激励着中华儿女将自身融入自己的“小家”，将自己的“小家”融入“大国”，形成以家庭为本位、家国同构的治理模式，从而将个人、家庭、国家结成一个牢不可破、牢不可分的命运共同体，始终同命相依、同声相应、同气相求、同舟共济。家国情怀的发展经历了不同的阶段：“家国情怀”由儒家倡导并形成体系，其实质是少数士大夫知识阶层狭隘性的、带有明显功利色彩和自我优越感的“修身”法则，后来经过三纲五常、宗族伦理等儒家思想的浸润，加上中华民族历经战火纷争、饱尝骨肉分离、屡次国破家亡形成的集体伤痛记忆，最终实现家国情怀由少数精英向全体民众的下移扩散、重构固化，从而跨越时空成为整个中华民族的集体记忆、种族基因、精神谱系。

为考察不同价值目标对使命现状认知的影响，我们将对诸多价值的重要性理解与对新时代大学生使命现状的认知进行交叉分析，发现对不同的价值的认同与使命认知现状存在明显差异，对“建设国家”“奉献社会”最认同的群体中认为新时代大学生使命感很强且能主动承担责任的频次最大(见图 5-1)，表明家国情怀认同度与正确使命认知呈现明显正相关性。

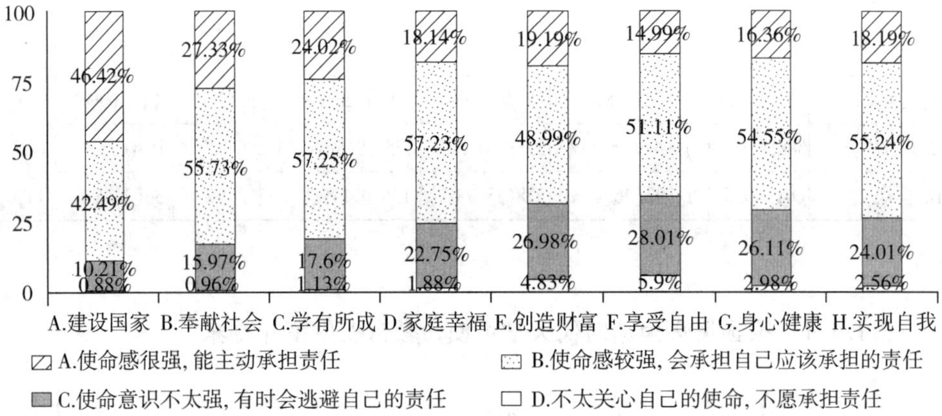

图 5-1　不同价值目标与不同使命现状认知的交叉分析结果

文化是最好的教育形式，中华优秀传统文化中的家国情怀，滋养着无数中华儿女在家庭的鼓励支持下昂扬向上、励精图治、奋发图强，在为国家、民族、人民的奉献中实现自身的人格独立、使命担当、人生升华，成为家庭延续的荣光、国家发展的脊梁、民族精神的图腾。危难时刻显担当，与新冠疫情的决战成为家国情怀培育的大课堂，“保持家国情怀，意味着胸怀忧国忧民之心、爱国爱民之情。疫情之下，无论是按着鲜红手印的请战书，火线入党的申请书，还是‘我是党员我先行’的承诺书，字里行间流露的都是勠力同心。从医护人员到基层干部再到普通群众，人民携手筑起防疫大堤，众志成城的互助精神给学生的心灵埋下了真善美的种子。”①新时代大学生牢固树立自身作为中华民族的一员，成长于中华大地，受到家国情怀文化氛围的熏陶，必须牢记中华民族共同体的共同价值追求和使命担当，在个人成长、社会建设、国家统一、展现民族凝聚力方面做出自己的贡献。

① 张家玮．把思政小课堂与社会大课堂充分结合[N]．光明日报，2020-03-03.

5.1.1.2 家国情怀为新时代大学生提供众多学习榜样

“人无精神不立，国无精神则不强。精神是一个民族赖以长久生存的灵魂，唯有精神上达到一定的高度，这个民族才能在历史的洪流中屹立不倒、奋勇向前。”①家国情怀是中华优秀传统文化中最可珍贵的精神资源，一旦形成就具有强大的凝聚力，始终激励着无数仁人志士舍家为国、上下求索、矢志奋斗，形成一大批可供青年学习的榜样楷模。回望历史，无数年轻人为人类的进步呕心沥血、为中华民族的生存奔走呼号、为祖国的发展殚精竭虑、为家庭的幸福努力拼搏，将生命定格在永远的青春年代，化作一座又一座后人前进征途上中极其醒目的路标和必须仰望的丰碑。

在被问及如何看待2020年新冠疫情期间医护人员积极参与救护而牺牲的行为时，94.8%的同学选择“他们是在践行自己的使命，值得我们致敬”，显然绝大部分同学对这种奋力家国大义不惧个人牺牲的行为肃然起敬，而且有很多同学主动留言“终有一天，我会走上他们的路”（ID：1220）“如果是我，我也会这样”（ID：4539）“他们是中华民族的骄傲，是我辈青年值得学习的模范和楷模”（ID：2353），这些饱含深情而又无比坚定的言语深刻证明家国情怀是令人动容的真挚情感，具有家国情怀的人物成为新时代大学生自发学习的榜样。

“为什么我的眼里常含泪水，因为我对这土地爱得深沉。”诗人艾青道出家国情怀的巨大情感和感召力量。近代以来，中华民族面临生存发展的巨大危机，在救国救民的方案探寻和历史进程中，涌现出不胜枚举的青年榜样：18岁的邹容用如椽大笔写出《革命军》这部皇皇巨著，23岁的聂耳创作出中华人民共和国国歌《义勇军进行曲》，26岁的闻一多提笔写下《七子之歌》；28岁的毛泽东参加了中共一大，23岁的周恩来已参加中国共产党，18岁的邓小平参加旅欧中国少年共产党……。“为有牺牲多壮志，敢教日月换新天”，中国共产党的发展历程中，中国特色社会主义的发展道路上，倾注无数仁人志士的心血汗水，成千上万的优秀青年抛头颅、洒热血：35岁的杨靖宇、31岁的赵一曼，29岁的江姐、29岁的陈树湘、26岁的邱少云、22岁的雷锋、21岁的黄继光、15岁的刘胡兰……他们

① 习近平．习近平谈治国理政(第2卷)[M]．北京：外文出版社，2017：47-48.

的生命年轮永远定格在青年时代。这些人名我们都耳熟能详，习近平总书记在《在纪念五四运动 100 周年大会上的讲话》中亦有提及，并概括为："自古英雄出少年。在漫漫历史长河中，人类社会青年英雄辈出，中华民族青年英雄辈出。"① 家国情怀激励一代又一代青年为国为家、舍家报国，成为新时代大学生培育家国情怀的典型素材；青年榜样来自人民群众、来自青年身边，具有鲜明的时代性，反映社会发展的趋势，看得见、摸得着、学得到，形成无穷的示范力量，具有强大的吸引力、凝聚力、感召力，是新时代大学生使命教育的宝贵资源。

5.1.1.3　家国情怀为新时代大学生使命教育指明实践路径

《礼记·大学》阐明"三纲八目"，把教育和政治活动视为个人品质的扩大，即个人由内而外、由己及人、由个体到社会到国家到世界（天下）的外化、扩大化的过程。"三纲"是《礼记·大学》的开篇之语："大学之道，在明明德，在亲民，在止于至善"，认为人自从出生就具有高尚的品德，"大学之道"教育的目的就是重新发现明德，革新民心，达到道德完善的境地。"古之欲明明德于天下者，先治其国；欲治其国者，先齐其家；欲齐其家者，先修其身；欲修其身者，先正其心；欲正其心者，先诚其意；欲诚其意者，先致其知，致知在格物。物格而后知至，知至而后意诚，意诚而后心正，心正而后身修，身修而后家齐，家齐而后国治，国治而后天下平。"（《礼记·大学》）这段经典论述实际上是对"八目"的阐述，"八目"以"修身"为根本，"格物""致知""诚意""正心"是"修身"的方法，"齐家""治国""平天下"是"修身"的目的。② 同时将个人、家庭、社会、国家、世界（天下）连接为一个你中有我、我中有你的密不可分的整体，从而形成个人——家庭——社会——国家的内在逻辑，构建起"家国一体"的社会组织形态，塑造为"家国同构"的思维方式，沉淀升华为深厚浓烈的家国情怀。经过岁月积淀和不断发展，儒家思想的地位日益巩固、影响逐步扩大，"为天地立心，为生民立命，为往圣继绝学，为万世开太平"（张载《横渠语录》）成为中华民族每一个

① 习近平．在纪念五四运动 100 周年大会上的讲话（单行本）[M]．北京：人民出版社，2019.

② 马平安．传统士人的家国天下[M]．北京：团结出版社，2018：83-84.

个体的无意识的崇高使命，“家国天下是中华民族传统的精神信仰，家国一体、家国同构则是传统伦理的典型特色。”①

家国情怀作为一种来自历史的集体情感记忆、源自个体内心的质朴情感，其内涵必将随着时代的发展而不断发展，从而具有无比强大、源源不断的激励作用。在调研经过新冠疫情后对国家信心和自身使命的愿望的变化时，有95.57%的同学选择“极大增强”或“较大增强”（详见表4-13），这次成功应对新冠疫情中涌现出众多逆行者，他们的牺牲奉献精神为使命教育提供了最为有力、最为有效的实践路径。

“历史告诉我们，每个人的前途命运都与国家和民族的前途命运紧密相连。国家好，民族好，大家才会好”。② “家国情怀的核心内涵是在家尽孝，为国尽忠；实践途径是修己安人，经邦济世；价值理想是以身报国，建功立业。家国情怀作为个人对家庭和国家共同体的认同与热爱，是爱国主义精神产生的伦理基础和情感状态，在中华文明数千年演进历程中有着深厚的滋生土壤和历史渊源。”③新时代大学生使命教育的目标要从历史中寻找来路，在面向未来中寻找出路。中国特色社会主义进入新时代，在中华民族走向复兴的伟大征程中，要求全体中华儿女尤其是新时代大学生始终做到四个“正确认识”④，在实际行动中付出更为艰苦卓绝的努力。新时代大学生必须常怀感恩之心、持续砥砺家国情怀，自觉把个人的前途命运与国家、民族、社会的前途命运紧密融为一体，自觉把个人情感与家庭情感、爱国情感融为一体，实现个人前途与国家命运同频共振、同向同行，既孝亲敬老、兴家乐业又济世救民、匡扶天下，为使命教育目标达成打下坚实根基，以自身所学实现“四为服务”⑤。

---

① 林志鹏．弘扬家国情怀　践行核心价值观[N]．光明日报，2019-05-22.

② 习近平．习近平谈治国理政[M]．北京：外文出版社，2014：36.

③ 钱念孙．家国情怀溯源[N]．光明日报，2019-10-07(07).

④ 四个“正确认识”是指：正确认识世界和中国发展大势、正确认识中国特色和国际比较、正确认识时代责任和历史使命、正确认识远大抱负和脚踏实地。该提法是习近平总书记于2016年12月7日至8日在全国高校思想政治工作会议的讲话中提出的。

⑤ “四为服务”是指：为人民服务、为中国共产党治国理政服务、为巩固和发展中国特色社会主义制度服务、为改革开放和现代化建设服务。该提法是习近平总书记于2016年12月7日至8日在全国高校思想政治工作会议的讲话中提出的。

5.1.2　涵养浩然正气

“浩然正气”语出《孟子·公孙丑上》：“我善养吾浩然之气。”“气”在中国古代属于一个哲学名词。在古代，生产低下、科技不发达，人们对客观世界的认知能力远没有达到现在的水平——可以从微观角度把物质无限细分，用分子、原子、质子、中子、电子、量子等等词汇表示人们对物质的认知能力。但是对未知世界的探索是人类发展的动力源泉，为了表达宇宙万物的最基本构成，中国传统哲学以“气”这个名词来概括。在宋代理学中，新儒家哲学家张载在《易传》的基础上提出宇宙发生论，以“气”作为宇宙的本体，“气聚，则离明得施而有形；不聚，则离明不得施而无形。”(《张子全书》卷二《正蒙·太和篇》)“气聚，就形成具体的万物；气散，就造成万物的消亡”①。由程颐开创、朱熹完成的“程朱学派”(亦称为“理学”)，以“理”为世界本原，但又强调“气”化育万物的作用，在他看来，气是理与万物的媒介。“程朱认为，我们所见的宇宙，不仅是气的产物，也是理的产物。事物有不同的类，是因为气聚时遵循不同的理。”②孟子提出的浩然之气，“难言也。其为气也，至大至刚，以直养而无害，则塞于天地之间。其为气也，配义与道；无是，馁也。”(《孟子·公孙丑上》)孟子自己都承认，气这个概念很难用一两句话就说清楚。这种气，极端浩大而有力量，用正直去培养它而不加以伤害，就会充满天地之间。不过，这种气必须与仁义道德相配，否则就会缺乏力量。可以看出，孟子所论之“气”不是属于医学和生理范畴的“精气”“血气”，而是充满正义和仁义道德的正气、骨气、士气，即孟子所论之“气”属于人文精神范畴，乃是一种积极向上的精神力量，后来演化为成语“浩然正气”。

问卷中设计了“在公交车上看到扒手在行窃，而你确定自己有能力控制小偷的情况下，您会怎么做?”一题，选择“直接制止该行为”的大学生仅为 26.14%(具体数据见表 4-8)，可见新时代大学生缺乏应有的正气担当，必须予以高度重视。涵养浩然正气是新时代大学生使命教育的重要目标，体现出新时代大学生作为一个公民必须具备的道德水准、心理素质和人格力量，是孟子倡导的“富贵不

① 冯友兰. 中国哲学简史[M]. 涂又光，泽. 北京：北京大学出版社，2013：264.
② 冯友兰. 中国哲学简史[M]. 涂又光，泽. 北京：北京大学出版社，2013：269-270.

能淫、贫贱不能移、威武不能屈”(《孟子·滕文公下》)的高尚情操和崇高境界。

5.1.2.1 从书籍中吸取浩然正气

浩然正气并非天生就有，是从正义和道德中散发、表现出来的，不读书、不学习、不领悟、不实践就不可能养成。“书中自有颜如玉，书中自有黄金屋”(宋真宗赵恒《励学篇》)是宋真宗为巩固政权、建立士大夫政治制度而广告天下、宣传读书的诗句。该诗本身具有功利性的目的，其劝人读书的前提也是基于人们追逐名利的功利性而阐述了读书的重要性，但其表达了书籍客观上对人具有的滋养作用，成为中国士大夫培养浩然正气的重要途径，客观上推动形成中华民族崇尚道德、崇尚精神的优良传统。近代以来，中华民族饱受列强欺凌，无数仁人志士上下求索探寻救国良方均告失败，直到马克思主义传入中国，给中国带来希望。诚如《共产党宣言》所讲的那样：“过去的一切运动都是少数人的或者为少数人谋利益的运动。无产阶级的运动是绝大多数人的、为绝大多数人谋利益的独立的运动”①，从而使无产阶级在价值观上占据了人类道义和社会科学的制高点。对共产党人来说，《共产党宣言》就是真正的“养气”宝典。毛泽东1920年在北京大学图书馆工作时首次读到《共产党宣言》，到1939年底，就读了不下100遍，即使在后来的几十年里，他每年都把《共产党宣言》读几遍。朱德在临终前不到两个月，看到《共产党宣言》新译本后，不顾年高体弱，驱车到中央党校，看望参与翻译的同志，一起交流对这部马克思主义经典著作的学习心得。② 习近平总书记在纪念马克思诞辰200周年大会上指出：“共产党人要把读马克思主义经典、悟马克思主义原理当作一种生活习惯、当作一种精神追求，用经典涵养正气、淬炼思想、升华境界、指导实践。”③新时代大学生使命教育目标的重要内容就是涵养大学生的浩然正气，人类的优秀书籍中，尤其是马克思主义经典著作包括中国化马克思主义经典著作中，蕴藏着马克思主义的真理力量、道义力量以及共产党人

① 马克思恩格斯选集(第1卷)[M]. 北京：人民出版社，2012：411.

② 李后强. 从《共产党宣言》中汲取正气[N]. 学习时报，2016-6-19.

③ 徐隽. 纪念马克思诞辰200周年大会在京举行 习近平发表重要讲话[N]. 人民日报，2018-5-5.

的人格力量。[①] 新时代大学生必须注重从中吸取浩然正气，从而清除思想污垢，持续激发使命意识。

5.1.2.2　从修行中培养浩然正气

孟子不仅首创“浩然之气”这一名词，还从尽心、知性、知天、立命的途径阐述了培养浩然正气的方法，“尽其心者，知其性也。知其性，则知天矣。存其心，养其性，所以事天也”(《孟子·尽心上》)，认为一个人只要从自身出发“反求诸己”，尽自己的善心就可以觉悟到自己的本性，就能达到知天立命、天人合一的最高境界。这与佛教修行中的“明心见性”具有一定的相似性，叫“直指人心，见性成佛”，其实质就是告诉我们要修身养性，保持一颗善良的心，不忘自己的本性。“君子养心莫善于诚。致诚则无它事矣，唯仁之为守，唯义之为行。”(《荀子·不苟》)习近平总书记多次强调：“做到不忘初心、牢记使命，并不是一件容易的事情，必须有强烈的自我革命精神。”作为新时代大学生，具有一定的理论知识和思辨能力，必须时刻牢记“大道之行也，天下为公”(《礼记·礼运》)，时刻坚守人民立场，向先进人物学习，以人民利益、集体利益、社会利益、国家利益和民族利益为重，做到明大德、守公德、严私德，使浩然正气充塞于身。这种修行是情感与理性的高度融合，是对自身确认之后真理的持续坚守，是对世俗诱惑的理性规避，是自我革命反求诸己的德行力量。

5.1.2.3　从实践中弘扬浩然正气

孟子关于“浩然之气”的论述对南宋诗人文天祥产生重要启示，1281 年的夏季，文天祥在狭小幽暗、湿热腐臭的囚牢之中写下五言古诗《正气歌》这一千古名篇。《正气歌》的序言中就直接表明自己受到孟子的启发：“孟子曰：吾善养吾浩然之气。彼气有七，吾气有一，以一敌七，吾何患焉！况浩然者，乃天地之正气也，作正气歌一首。”开头即点出浩然正气存乎天地之间，至时穷之际，必然会显示出来。“天地有正气，杂然赋流形。下则为河岳，上则为日星。于人曰浩然，沛乎塞苍冥。”这首诗直陈文天祥心迹，表明自己虽然兵败被俘、牢狱环境极其恶

① 魏强．用经典涵养正气[N]．光明日报，2019-5-10.

劣，但是自己一身正气，各种邪气、疾病都不能侵犯自己，自己能够心态坦然面对自己的境遇，充分体现了作者崇高的民族气节和强烈的爱国情感。这种浩然正气通过每一个时代先进人物不断实现代际传承，并结合不同时代特点创新发展，鼓舞历史进程中的每一个个体见贤思齐、身体力行。习近平总书记强调："以百姓心为心，与人民同呼吸、共命运、心连心，是党的初心，也是党的恒心。"①新时代大学生的使命教育不是空洞的道德说教，必须树立鲜明的实践导向，以大学生的思想为媒介转化为大学生的行为实践，因此必须教育大学生始终把人民放在最高位置，时刻把人民群众的冷暖放在心上，深入人民、扎根群众，体察人民疾苦、解决人民关切，在服务人民的伟大实践中实现自己的最大价值。

5.1.3 追求全面发展

一切研究工作皆从概念与内涵开始，同样一个概念在不同的语境、不同的学科中可能具有不同的意义。"追求全面发展"在不同领域、不同时期、不同对象具有不同的内涵。新时代大学生使命教育目标中界定的"追求全面发展"，特指在中国特色社会主义进入新时代这一特定背景下的大学生群体在德、智、体、美、劳等方面的科学发展、全方位发展以及和谐发展。恩格斯在《致国际社会主义者大学生代表大会的信》中指出："过去的资产阶级革命向大学要求的仅仅是律师，作为培养政治家的最好的原料；而工人阶级的解放，除此之外还需要医生、工程师、化学家、农艺师及其他专门人才，因为问题在于不仅要掌管政治机器，而且要掌管全部社会生产，而在这里需要的决不是响亮的词句，而是扎实的知识。"②社会发展是一个持续向前的过程，对青年的要求就是全面的、不断提高的。与此相适应，青年学习的知识也应该是全面的，既要具备政治的基本素养，也要具备改造社会的实践能力。这种全面发展不是一种功利主义的目的，不是技能的培训，不是对应单一的职业，而是着眼于真善美相统一的和谐发展的教育目标。

---

① 新华社．习近平：贯彻新发展理念推动高质量发展　奋力开创中部地区崛起新局面[EB/OL](2019-05-22)[2020-7-18]．http://www.xinhuanet.com/politics/leaders/2019-05/22/c_1124529225.html.

② 中央编译局．马克思恩格斯选集(第4卷)[M]．北京：人民出版社，2012：301.

5.1.3.1　科学发展是新时代大学生使命教育的重要原则

科学发展建立在对学生个体的科学认知基础之上采取的科学的教育方法。苏霍姆林斯基认为："学生的精神生活应该是丰富多彩的，能使每一个人都找到发挥、表现和确信自己的力量和创造才能的场所。学校的精神生活就在于，要在每个学生身上唤起他个人的人格特性。在一种创造性的劳动(这是个人精神生活的实质本身)的领域里形成一个人的独一无二的个性。"①使命教育不是简单的知识教育，不是单纯知识的传授，而是帮助学生构建丰盈的精神世界和意义世界，从而激发学生的创造能力和工作热情，给大学生践行崇高使命提供源源不断的内生动力。科学发展是科学发展观视角下的大学生全面发展教育，就是说新时代大学生使命教育的目标中要"坚持以人为本，全面、协调、可持续的发展观"。教育强调"以人为本"，就是要承认教育主体与客观固有的差异性，承认个人的发展需要与社会的发展要求本不完全匹配，因此要求教育既要服务于社会需要又要服务于大学生个体的发展，具体到操作层面就是不能用工业化、流水线式的模式进行人才培养，不能简单采取模式化、标准化、单一化的教育模式，而应坚持在尊重学生基础、个性、兴趣、爱好的前提下有针对性地开展使命教育。

当代科学技术的发展为大学生的科学发展提供了实现条件。"互联网+教育"扩大了教育的内容资源供给、丰富了教育的形式方法载体，使不同性格禀赋、不同基础条件、不同兴趣爱好、不同素质潜力的学生都有可能接受特色化的教育。未来的"人工智能+教育"将是一种全新教育模式，大学生留存于网络的关于其生理状况、心理状态、学习过程、学习能力等大数据，能够提供精准智能的教育方案，促进大学生个性化学习和科学发展。②

5.1.3.2　全方位发展是新时代大学生使命教育的重要向度

在收集"对加强新时代大学生使命教育的建议"时，可以看到每个大学生都

① [苏]瓦·亚·苏霍姆林斯基．苏霍姆林斯基选集(第 1 卷)[M]．北京：教育科学出版社，2001：101.

② 祝新宇．以教育"智变"赋能人的全面发展[N]．中国教育报，2019-7-20(03).

有自己对使命教育的需求和看法，显示出新时代大学生在发展向度上的“百家争鸣”，如“德智体美劳全面发展”（ID：14764）“弄点表演，弄点艺术，看场电影，看些红色书籍，这些更有意义”（ID：10018）“提高体育教育意识”（ID：13168）“增加社会实践”（ID：13733）“少打游戏多看书”（ID：13242）等等。这些建议除了可以归纳为理论教育、实践锻炼、榜样激励、氛围营造外，仍然还有海量的具体建议，反映出全面发展是新时代大学生发展的内在需求。

大学生全面发展是一个动态的实践过程，是一个只有在共产主义社会才能实现的理想目标。人是社会关系的总和，大学生的发展必然受到人类社会现有发展阶段的限制和束缚。新中国成立后，我国的教育方针就曾多次发生变化，以适应经济社会发展的需要。新中国成立后到改革开放前的一段时间，国家百废待兴，人民文化层次普遍不高，教育的方针体现为 1957 年 2 月毛泽东在《关于正确处理人民内部矛盾的问题》的表述：“我们的教育方针应该使受教育者在德育、智育、体育几方面得到发展，成为有社会主义觉悟的有文化的劳动者。”①改革开放后的教育方针经过多次修改，1981 年 6 月《中共中央关于建国以来党的若干历史问题的决议》中指出要“用马克思主义世界观和共产主义道德教育人民和青年，坚持德、智、体全面发展，又红又专，知识分子与工人农民相结合，脑力劳动与体力劳动相结合的教育方针。”1999 年 6 月江泽民在第三次全国教育工作会议上的讲话进一步修改为：“我们必须全面贯彻党的教育方针，坚持教育为社会主义现代化建设服务、为人民服务，坚持教育与社会实践相结合，以提高国民素质为根本宗旨，以培养学生的创新精神和实践能力为重点，努力造就有理想、有道德、有文化、有纪律的，德育、智育、体育、美育等全面发展的社会主义事业建设者和接班人。”首次提出了教育“为人民服务”和“坚持教育与社会实践相结合”的指导方针。2007 年 10 月胡锦涛在党的十七大上提出：“要全面贯彻党的教育方针，坚持育人为本、德育为先，实施素质教育，提高教育现代化水平，培养德智体美全面发展的社会主义建设者和接班人，办好人民满意的教育。”②2018 年 9 月习近

① 石连海，齐春梅．新中国成立 70 年来教育方针价值取向变迁研究［J］．清华大学教育研究，2019，40（06）：47-54.

② 翟博．60 年教育关键词：新中国教育方针的形成与演变［N］．中国教育报，2009-09-22.

平在全国教育大会上强调："在党的坚强领导下，全面贯彻党的教育方针，坚持马克思主义指导地位，坚持中国特色社会主义教育发展道路，坚持社会主义办学方向，立足基本国情，遵循教育规律，坚持改革创新，以凝聚人心、完善人格、开发人力、培育人才、造福人民为工作目标，培养德智体美劳全面发展的社会主义建设者和接班人，加快推进教育现代化、建设教育强国、办好人民满意的教育。"①

通过分析以上几次有代表性的教育方针的变化可以看出教育对学生全方位发展的要求，由"在德育、智育、体育几方面得到发展"到"德、智、体全面发展，又红又专"，再到"努力造就有理想、有道德、有文化、有纪律的，德育、智育、体育、美育等全面发展的社会主义事业建设者和接班人"，直到 2018 年 9 月 10 日全国教育大会上提出"培养德智体美劳全面发展的社会主义建设者和接班人"，教育的要求在提高，教育的内涵在深化，对学生发展的维度要求在增加。社会的进步给人的解放与全面发展提出明确的外部要求，人的发展潜力为大学生全方位发展、全面发展提供了内在条件，从而使新时代大学生使命教育目标具有实现的外部环境与内在张力。

5.1.3.3　和谐发展是新时代大学生使命教育的重要目标

马克思指出："人是最名副其实的政治动物，不仅是一种合群的动物，而且是只有在社会中才能独立的动物。"②人的社会性决定了和谐发展是使命教育的本质规定，人的发展不是个体某一方面的畸形发展，也不是单独个体"独善其身"式的封闭发展，更不是人类自身"与世隔绝式"的独立发展。因此，新时代大学生不仅需要追求自身知情意行等各方面能力素质的和谐发展，还需要做到自身身心和谐、生活幸福，做到个人与他人相处融洽、主动融入社会，做到人类整体与自然和谐相处、实现天人合一之境界，即"把人的发展需求与社会发展需求统一

---

① 王学俭，施泽东．新中国 70 年党的育人目标的演进与发展[J]．马克思主义理论学科研究，2019，5(06)：140-151.

② 马克思恩格斯全集(第 2 卷)[M]．北京：人民出版社，1995：2.

起来，把社会功能与本体功能结合起来”①，否则就可能难以实现自身的和谐发展，或者变成一个“精致的利己主义者”，难以实现对社会的最大贡献，也难以体现自身的实际价值。“人的全面发展理论具有崇高的道德旨趣。”②这种“道德旨趣”就是对使命的探寻、追求、践行，就是自觉地把自己的能力素质予以外化，从而实现自身全面发展后对更广范围、更多人群的服务，唯其无私方显崇高，因其内外兼顾方显和谐。

全面发展的教育目标实际上是一个由虚向实、由少到多不断丰富不断调整的动态过程。追求全面发展之所以成为新时代大学生使命教育的目标，是因为“大学生的全面发展是量与质的统一。大学生全面发展的量包括：在高度上，理想与现实的统一；在广度上，能力素质高、人与社会和谐；在深度上，人格完整，个性得到充分张扬。大学生全面发展的质是责任伦理。”③新时代知识迭代日趋加剧、社会竞争更加激烈、人才要求越来越高，全面发展既是作为普适的教育形式对社会的普遍的“量”的要求，更是使命教育作为特殊教育形式对大学生的特定的“质”的要求。

习近平总书记在《之江新语》中指出：“以人的全面发展为中心的社会发展、社会进步是经济发展的最终目的。”经济社会的发展给大学生的全面发展创造良好条件，人人可学、随处可学、随时可学、个性学习、终身学习已成现实，智能化的教育将使人的个性得以充分释放、全面发展得以实现。使命教育的目标是否达成，要由科学的评价机制来评判，要由受教育者的表现来评判，“评价看似针对孩子，但实则更是我们教育教学改革的起点和终点。”④学生是否全面发展、使命是否履行等多元评价，推动新时代大学生使命教育的科学发展。

---

① 朱清．以人为本加强和改进大学生思想政治工作[J]．江苏高教，2008，(3)：132-133.

② 杨竞业，姜晓丽．人的全面发展问题的当代论域[M]．武汉：武汉大学出版社，2009：98.

③ 徐星美．大学生全面发展的内涵及其诠释[J]．江苏高教，2014(06)：125-127.

④ 徐翠刚，李红梅．以多元评价撬动学生全面发展[N]．中国教育报，2019-9-11(07).

5.2　新时代大学生使命教育的内容

马克思在《政治经济学批判》中指出："必须时刻把下面两者区别开来，一种是生产的经济条件方面所发生的物质的、可以用自然科学的精确性指明的变革，一种是人们借以意识到这个冲突并力求把它克服的那些法律的、政治的、宗教的、艺术的或哲学的，简言之，意识形态的形式。"[①]新时代大学生使命的内容是根据新时代经济社会发展需要，针对大学生的思想认识实际状况，经过教育者主体选择设计后有目的、有计划、有组织地向大学生传授的具有知识性、理论性、思想性的信息。使命教育内容与自然科学的教育具有一定的相异性，体现出鲜明的意识形态性，这是新时代大学生使命教育各环节中最为重要、最为基础的环节之一，决定了教育形式、教育方法和教育路径的选择，实际上也从某种程度上决定了教育目的能否顺利实现。

教育内容为教育目标服务，受经济社会发展水平的制约。儒家经典《论语》涉及政治、教育、文学、哲学以及立身处世的道理等多方面内容，蕴含了丰富的教育思想。梳理两千多年前的《论语》，我们可以将孔子的教学内容概括为三个方面，教学内容包括"子以四教：文、行、忠、信"即文学、品行、忠诚和信实四个基本方面；教学的主要科目包括"礼、乐、射、御、书、数""六艺"；教学所使用的基本教材为《诗》《书》《礼》《乐》《易》《春秋》"六书"。现代教育的教育形式更加多元丰富、教育内容更加科学完善，既包括相对基础的学前教育、基础教育和中等教育，也包括高等教育和职业教育等，已经构建形成一个相对完整的涵盖终身教育的教育体系。进入 21 世纪，思想政治教育作为教育的重要内容得到党和国家高度重视，"大学生思想政治教育的内容主要包括理想信念教育、爱国主义教育、道德规范教育和全面发展教育等。"[②]2004 年中共中央、国务院发布《关于进一步加强和改进大学生思想政治教育的意见》，明确提出要提高大学生的思想政治素质，促进大学生的全面发展。新时代大学生使命教育作为思想政治

① 马克思恩格斯全集(第 13 卷)[M]. 北京：人民出版社，2006：9.
② 骆郁廷. 当代大学生思想政治教育[M]. 北京：中国人民大学出版社，2010：109.

教育的重要内容，主要体现为坚定共产主义信念、铭记服务人民初心使命、传承弘扬中国精神、科学设定人生规划、担当使命砥砺奋斗等方面的内容。其中，共产主义信念是使命教育的核心和灵魂，解决大学生的理想信念问题；服务人民初心使命是使命教育的宗旨和出发点，解决大学生的立场情感问题；中国精神是使命教育的文化内核，解决大学生的文化认同问题；科学设定人生规划是使命教育实现的具体路径，解决的是大学生发展目标与路径的问题；担当使命砥砺奋斗是使命教育的落脚点，解决的是大学生知行合一的问题。

5.2.1　坚定共产主义信念

共产主义是一种思想学说、一种社会形态、一种理想信念和信仰追求。坚定共产主义理想信念，伴随共产主义概念的提出，而成为理论的热点和实践的难点；有没有坚定的共产主义理想信念，自然也成为鉴别真假共产党人的核心标准。人本身的复杂性与共产主义理想的美好性、难以达成性交织在一起，成为人类永恒的向往。

“人不仅有生物生命，而且有精神生命和社会生命，人是三重生命的矛盾统一体；人不仅生活于自然世界，而且生活于自己创造的文化世界和意义世界，人的世界是三重世界的矛盾统一体。因此，人的生命之根是人的三重生命的和谐，人的立命之本是人的三重世界的统一。”①人生命的三重性具有无限魔力，揭示着人为何而生、为谁而活，遂成为个人安身立命的意义源头。共产主义理想信念激励无数先人抛弃固有的信仰，到共产主义理论中寻找到心灵的皈依，并据此创建出社会主义的社会制度，并为实现共产主义奋斗终身；但是，共产主义是那么美好、离现实又那么遥远，是否像尘世的宗教一样只能在另外一个世界看到？这使许多人心生失望而有所懈怠，这种境况在社会主义发展遇到困境时表现尤为显著。

在“您认为下列选项中哪个能够最能体现新时代大学生的使命”中，选择“坚定理想信念，彰显青年担当，为实现中国梦和共产主义而奋斗”的占比52.61%(具体数据见表4-5)，远超其他选项，说明理想信念在使命教育中的重要位置。

---

① 孙正聿．人的精神家园[M]．南京：江苏人民出版社，2014：97.

“当代中国社会处于转型期，信仰问题是人们颇为关注的理论问题，尤其是苏东社会剧变、冷战结束和中国自觉地确立了社会主义市场经济以后，在一些人的精神世界中不同程度地存在着马克思主义和共产主义信仰危机。反思过去，我们的确在马克思主义和共产主义信仰的问题上出现过失误，但却不能据此而否定或放弃马克思主义和共产主义信仰。”①在改革开放带来的多元化思潮中，在国内改革进入深水区的探索实践中，在由新型冠状病毒带来的世界格局的快速演化中，在“和平演变”与反“和平演变”的激烈斗争中，共产主义的理想信念愈发受到巨大挑战，同时也愈发显示出其巨大的科学力量、理论之光和勃勃生机。

5.2.1.1　在全面理论武装中坚定共产主义信念

首先要全面了解马克思主义的整个理论体系、系统掌握马克思主义的基本原理、准确把握马克思主义的精神实质、深刻洞悉社会发展的客观规律。《共产党宣言》是共产主义作为一种科学理论体系诞生的重要标志，世界各国进行的社会主义实践是共产主义作为一种社会制度具有极大的生命力和优越性的体现彰显。“马克思、恩格斯从生产力和生产关系、经济基础和上层建筑的矛盾运动规律，来说明资本主义产生、发展、灭亡的历史必然性；从社会化大生产同生产资料私人占有之间的矛盾斗争和发展总趋势，来阐释共产主义取代资本主义是自然历史过程。”②马克思关于“两个必然”③与“两个决不会”④的科学论证深刻说明共产主义具有无与伦比的优越性，是人类社会发展的趋势，尽管实现的过程可能还比较漫长，但其代替资本主义是客观规律，具有必然性和不可抗拒性。

其次，要深刻理解共产主义理想信念的本质。学者刘建军持续研究共产主义

① 荆学民. 关于马克思主义和共产主义信仰的理论思考[J]. 马克思主义研究，1999(05)：3-5.

② 中共中央宣传部理论局. 世界社会主义一百年：党员干部读本[M]. 北京：党建读物出版社；学习出版社，2014：54.

③ “两个必然”即“资产阶级的灭亡和无产阶级的胜利是同样不可避免的”，见马克思恩格斯选集(第 1 卷)[M]. 北京：人民出版社，2012：413.

④ “两个决不会”即“无论哪一个社会形态，在它所能容纳的全部生产力发挥出来以前，是决不会灭亡的；而新的更高的生产关系，在它的物质存在条件在旧社会的胎胞里成熟以前，是决不会出现的。”见马克思恩格斯选集(第 2 卷)[M]. 北京：人民出版社，2012：3.

的内涵与认识问题，他认为“共产主义信仰具有崇高的境界。它大体上体现在人类解放的情怀、人生进取的境界、道德奉献的情操和社会历史的视野等几个方面。”①“应该着重从理想与信念的统一、社会政治理想与个人道德理想的统一、目标与过程的统一，以及终极性与非终极性的统一中，来重新理解对于共产主义的理想追求。”②换而言之，尽管共产主义的社会制度作为一个个体在有限的生命历程中不能见到其真正在现实中实现之图景，但是人类社会作为一个整体必定在接力奋斗中最终成功到达。共产主义理想信念作为一种在向共产主义社会努力奋斗中显现出来的精神状态、使命情怀是可以让其他人类个体感知出来的，作为一种精神境界、道德情操是完全可以通过自我约束、自我修炼做到的。无数革命先烈，因为接受了共产主义理论而把共产主义作为自己的终身信仰。这种信仰不仅是对共产主义社会制度的无比坚信，而且从实际行动中无比坚定，散发着信仰的力量。因此，从人类社会的发展来看，共产主义的理想信念不仅高尚而且是社会所需，作为新时代大学生使命教育的内容是为必然。

再次，要从百年党史中汲取共产主义的信仰伟力。历史是最好的教科书，百年党史中蕴藏着无穷的精神力量，昭示着中国共产党的初心使命和人民立场，散发着共产主义的信仰之光。2021 年是中国共产党成立 100 周年，站在两个一百年奋斗目标历史交汇的关键节点上，党中央印发《关于在全党开展党史学习教育的通知》，习近平总书记于 2 月 20 日出席党史学习教育动员大会并发表重要讲话，要求全党同志要做到学史明理、学史增信、学史崇德、学史力行，学党史、悟思想、办实事、开新局，以昂扬姿态奋力开启全面建设社会主义现代化国家新征程，以优异成绩迎接建党一百周年。③ 在使命教育中融入百年党史的内容，以百年党史引领大学生使命教育，是开展使命教育的重要方式。在考察政治面貌和使命感强弱之间的关联时，我们发现共产党员身份的大学生认为自己使命感很强的比例远远高于共青团员和群众，在大学期间，由于学生的本职是学习，学生党员和普通学生的区别主要体现在其经受更多的共产主义知识教育，因而对共产主义

① 刘建军．论共产主义信仰的崇高境界[J]．思想理论教育导刊，2013(03)：50-54.

② 刘建军．共产主义理想追求的新阐释[J]．教学与研究，2002(04)：18-22.

③ 新华社．认真学习贯彻习近平总书记在党史学习教育动员大会上的重要讲话[N]．中国青年报，2021-02-25(01).

和社会主义理相对深入。从结果可以看出：加深大学生对共产主义理论的学习了解，显然能够极大帮助大学生建立正确的使命观。通过学习理论知识坚定共产主义信念，是新时代大学生使命教育的重要目标内容(见表 5-2)。

表 5-2　　**政治面貌和使命感强弱的关联性分析**

政治面貌	您认为自己是什么类型的青年？					小计
	我积极上进，使命感很强	我总体积极上进，有一定的使命感	我偶尔有点无所谓，但并未放弃自己的使命，还在继续努力	凡事佛系，随遇而安	世界与我无关	
中共党员（含预备党员）	248(45.93%)	229(42.41%)	51(9.44%)	7(1.30%)	5(0.93%)	540
民主党派	9(42.86%)	6(28.57%)	3(14.29%)	2(9.52%)	1(4.76%)	21
共青团员	3965(27.78%)	6047(42.36%)	3622(25.37%)	583(4.08%)	57(0.40%)	14274
群众	360(24.32%)	561(37.91%)	459(31.01%)	77(5.20%)	23(1.55%)	1480

5.2.1.2　在经受重大考验中坚定共产主义信念

苏联作家尼古拉·奥斯特洛夫斯基在《钢铁是怎样炼成的》一书中借保尔·柯察金表达了一个人的使命追求：“人的一生应当这样度过：当回忆往事的时候，他不致于因为虚度年华而痛悔，也不致于因为过去的碌碌无为而羞愧；在临死的时候，他能够说：我的整个生命和全部精力，都已经献给世界上最壮丽的事业——为人类的解放而斗争。”这段话是保尔·柯察金历经各种考验后换得的人生感悟，表明保尔·柯察金已经由一名普通的青年成长为具有共产主义觉悟的先锋战士。保尔·柯察金的故事告诉人揭示了这样一个道理：一个人只有在把自己的追求和祖国、人民的利益联系在一起的时候，才会创造出奇迹，才会成长为钢铁战士。革命者在斗争中百炼成钢，是这部小说的重要主题。保尔·柯察金成为广大青年的学习偶像，激励着他们坚定共产主义信仰、追求共产主义远大理想。

为了建立新中国，涌现出一批批久经考验的中国共产党人，他们经历了生与死的重大考验。中国共产主义的先驱、伟大的马克思主义者、杰出的无产阶级革命家、中国共产党的主要创始人之一、我党早期卓越的领导人、著名学者李大钊因参加反日斗争而被当时就读的学校除名，但他毫不后悔。他认为，同国家和民族的前途相比，自己的学业微不足道。在北洋军阀统治下的中国，他以开拓者的姿态艰难却积极地传播马克思主义。1926 年三一八惨案后，他在极端危险和困难的情况下，继续领导党的北方组织坚持革命斗争。1927 年 4 月 6 日，他被捕后受尽酷刑，敌人甚至把竹签扎进他的指甲缝、剥掉他双手的指甲，他始终大义凛然、坚贞不屈。“他用血迹斑斑的双手在《狱中自述》里自豪地写道：钊自束发受书，即矢志努力于民族解放之事业，实践其所信，厉行其所知，为功为罪，所不暇计。”①李大钊在传播马克思主义上真正做到了自己所说的“勇往奋进以赴之”“瘅精瘁力以成之”“断头流血以从之”。据新中国成立之初的普查，从中国共产党成立的时候算起，全国为革命牺牲的共产党员和革命仁人志士共有 2100 万人。这就是中国共产党人和仁人志士为夺取红色政权所付出的巨大牺牲。据不完全统计，从 1921 年至 1949 年，牺牲的全国有名可查的革命烈士达 370 多万人。他们真正用行动诠释了“为有牺牲多壮志，敢教日月换新天”的豪情与壮志。②

在和平年代，虽然没有战争年代白色恐怖的考验，但是也有意外突发状况的生命危险。在洪水地震等重大自然灾害面前，在新型冠状病毒等重大传染疾病的应对中，在人民群众遭遇火灾及其他重大危险时，因为面临很多不确定性因素，也就都可能有死亡的危险，这种危急时刻就是在考验着一个人的使命担当、思想觉悟和道德水准。经受这些重大考验，客观上也在锤炼共产主义理想信念。一线火线入党的人员就是考验通过者，他们的人生因为经受住这些重大考验而具有神圣的意义。

“在新冠肺炎疫情防控斗争中，你们青年人同在一线英勇奋战的广大疫情防控人员一道，不畏艰险、冲锋在前、舍生忘死，彰显了青春的蓬勃力量，交出了合格答卷。广大青年用行动证明，新时代的中国青年是好样的，是堪当大任

① 郭德宏，张明林．李大钊传[M]．北京：红旗出版社，2014：292.

② 曲青山．中国共产党百年辉煌[N]．光明日报，2021-02-03(11).

的！”——习近平总书记给北京大学援鄂医疗队全体“90 后”党员的回信，对新时代的中国青年深情点赞，同时提出殷切期望。习近平总书记的回信极大激励了北京大学援鄂医疗队全体“90 后”党员和青年，他们一致表示，决不辜负习近平总书记的希望和重托，进一步坚定信心，坚守岗位，坚持到底，“努力在为人民服务中茁壮成长”，“让青春在党和人民最需要的地方绽放绚丽之花”。① 调研中，被问到“经过这次新冠疫情，您对我们国家的信心，对自身肩负历史使命的愿望有了什么样的变化”时，62.4%的同学对国家的信心得到“极大增强”，还有同学明确表示“我觉得大部分医护工作者还是因为党的领导，这是党凝聚力的表现。其次才是医护个人的素养与奉献精神，但是这种性格或者奉献精神仍然是我们的党培养的。”(ID：2463)。经历重大磨难和重大考验后，共产主义的正确性得到实践的检验，因而更具说服力。换言之，通过重大考验，也更加坚定相关人员的共产主义信念，经受重大考验自然成为坚定共产主义信念的重要途径。

5.2.1.3　在日常生活工作中坚定共产主义信念

每个人在其漫长的人生历程中，不可避免地会遭遇各种各样的困难、诱惑。每个人的成长，其实都需要在克服困难挫折、拒绝利益诱惑、经历斗争磨砺中增强个人修炼，这个过程其实也是在提升人生境界、坚定共产主义理想信念。习近平总书记是第一位出生和成长在新中国的中国共产党总书记。《习近平的七年知青岁月》一书讲述了习近平总书记青少年时代上山下乡，在黄土高原的小山村梁家河“苦其心志、劳其筋骨、饿其体肤、空乏其身”的历练故事。② 在陕北插队时他的头顶上还戴着“黑帮子弟”的帽子，但他追求进步的信念始终坚定，先后写了 8 份入团申请书、10 份入党申请书，最终实现自己入团、入党的愿望。七年的陕北生活，青年习近平与村民同吃同住同劳动，闯过“四大关”(跳蚤关、饮食关、劳动关、思想关)，经受了各种考验，成功适应当地的生活环境。担任党支部书记后，他克服各种困难办沼气、打水井、办铁业社、打坝地、种烤烟、办代

① 汪晓东，等．努力在为人民服务中茁壮成长[N]．人民日报，2020-03-17(01)．

② 中央党校采访实录编辑室．习近平的七年知青岁月[M]．北京：中共中央党校出版社，2017．

销店、办缝纫社、建磨坊等。这些生活和工作中的考验成为他丰富的精神食粮，建立起对党的崇高使命和为人民服务的高尚情怀，使他树立起坚定的共产主义理想信念。

习近平在2013年在全国组织工作会议上讲过这样一段话：许多同志有这样的体会，参加工作后，在普通岗位上经历一些难事、急事、大事、复杂的事，能够更加深刻地感受国情、社情、民情，也就是人们常说的“接地气”，正所谓“不登高山，不知天之高也；不临深溪，不知地之厚也”(《荀子·劝学》)。早熟的果子长不大，拔苗助长易夭折。诚如所言，共产主义事业是一项极其伟大艰巨的事业，中华民族的伟大复兴不是敲锣打鼓就能轻松实现的。“我们党的名称和我们的马克思主义的宇宙观，明确地指明了这个将来的、无限光明的、无限美妙的最高理想。”①最高理想的实现是由每一个小的目标达成为基础的，是由无数个平常的日子为单位构成的。新时代大学生要把每一次机会都当成历练，把每一次经历都当作学习，在困难挫折中历练本领，在公与私的考验中体现共产主义修养，在错误思潮中站稳党员立场，在外部诱惑中显示党员定力，“任凭风浪起，稳坐钓鱼船”，“管他风吹浪打，胜似闲庭信步”，以坚定的共产主义理想信念践行崇高的使命追求。

通过将大学生父母政治身份和使命感进行交叉分析，发现父母的政治身份和孩子使命感强弱间存在显著差异，父母均是党员的大学生使命感更加强烈，父母一方是党员的使命感强弱基本相当，父母都不是党员的使命感稍弱(如图5-2)。可以推断出，在日常生活中越是受到共产主义的价值影响，越能正确认识个人的使命，在日常生活中接受共产主义信念正向引导的人员能够更加坚定地履行使命职责。

5.2.2 铭记服务人民初心

中国共产党作为一个使命型政党，始终牢记为人民服务的宗旨，不忘为人民服务的初心，并且将之始终作为自己一切工作的出发点和落脚点。习近平在党的十九大报告中将之总结为“中国共产党人的初心和使命，就是为中国人民谋幸福，

① 毛泽东选集(第2版第3卷)[M]. 北京：人民出版社，1991：1059.

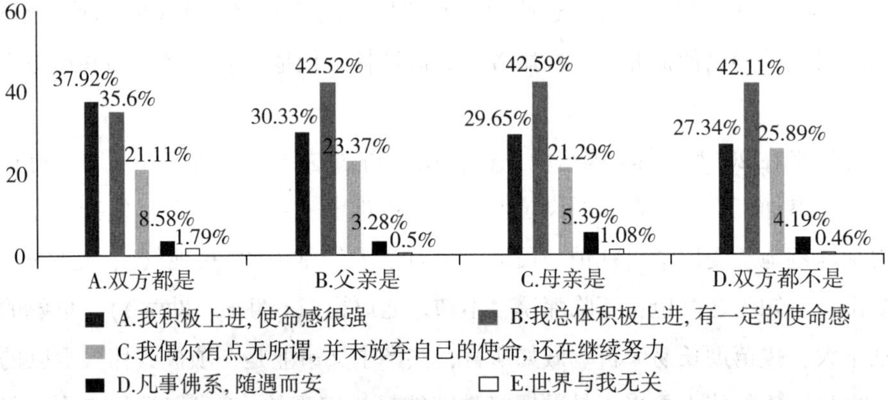

图 5-2　父母是否党员和使命感强弱的交叉分析结果

为中华民族谋复兴”①。“不忘初心、牢记使命”成为十九大主题中的关键词。新时代大学生是中国特色社会主义事业的建设者和接班人，必须始终牢记服务人民初心，坚守人民立场，始终与人民心心相印、同甘共苦、团结奋斗。在“您是否有过为他人服务、为社会做贡献的想法?”的调研回答中，选择“不太强烈、基本没有这个想法、完全无此想法”的占比达 14. 38%(具体见表 4-7)。这说明在新时代大学生中加强服务人民的初心使命教育仍然是一项紧迫而艰巨的任务。

5. 2. 2. 1　探寻初心发展历程

服务人民实际上体现的是一种人本主义或民本主义的思想。中华民族优秀传统文化中蕴含着丰富的民本思想，如“未能事人，焉能事鬼?”(《论语 · 先进》)“圣人无常心，以百姓之心为心”(《老子 · 第四十九章》)；“目贵明，耳贵聪，心贵智。以天下之目视者，则无不见；以天下之耳听者，则无不闻；以天下之心思虑者，则无不知。”(《管子 · 九守》)；“故人不独亲其亲，不独子其子，使老有所终，壮有所用，幼有所长，鳏、寡、孤、独、废疾者皆有所养，男有分，女有归。货恶其弃于地也，不必藏于己；力恶其不出于身也，不必为己。是故谋闭而不兴，盗窃乱贼而不作，故外户而不闭，是谓大同。”(《礼记 · 礼运》)，这是封

① 习近平 . 习近平谈治国理政(第 3 卷)[M]. 北京：外文出版社，2020：1.

建社会对君王的希望，也体现了一种社会理想。从另外一个角度来看，这实际上也深刻反映出封建社会统治阶段对劳动人民的压榨与欺凌，更谈不上服务人民的高尚政治追求了。

《共产党宣言》是无产阶级的理论纲领，也是世界各国共产党人设置初心使命的理论基础。正如文中指出的那样："无产阶级的运动是绝大多数人的，为绝大多数人谋利益的独立的运动。"①在共产主义运动风起云涌的时期，1920 年 11 月起草的《中国共产党宣言》中就据此明确提出："共产主义者的目的是要按照共产主义者的理想，创造一个新的社会。"②中国共产党以此宣言为依据制定自己的行动纲领，一步步由小到大、由弱到强带领中国人民推翻了三座大山，建立了中华人民共和国。

中国共产党对人民的初心使命和深厚情感是一致的、连续的。1925 年 12 月，毛泽东在《政治周刊》创刊号中写道，中国共产党"为什么要革命？为了使中华民族得到解放，为了实现人民的统治，为了使人民得到经济的幸福。"

1934 年 1 月 27 日，毛泽东在江西瑞金召开的第二次全国工农兵代表大会上又提出要"关心群众生活，注意工作方法"，他深情地说："同志们，真正的铜墙铁壁是什么？是群众，是千百万真心实意地拥护革命的群众。这是真正的铜墙铁壁，什么力量也打不破的，完全打不破的。"③

1944 年 9 月 8 日，毛泽东在《为人民服务》一文中指出："我们的共产党和共产党所领导的八路军、新四军，是革命的队伍。我们这个队伍完全是为着解放人民的，是彻底地为人民的利益工作的。"④这篇著名的演讲是在纪念普通烧炭牺牲战士张思德的追悼会上发表的。演讲深刻阐明了为人民服务是我们党和军队的根本性质、是我们党和军队的使命与目标，人民和人民利益是我们党的工作的衡量标准。

1944 年 10 月，毛泽东同志在接见新闻工作者时指出，三心二意不行，半心

---

① 马克思，恩格斯．共产党宣言[M]．北京：人民出版社，2017：39.

② 蒋文玲，吕红波．为什么出发：中国共产党的初心和使命[M]．北京：北京联合出版公司，2018：5.

③ 毛泽东选集(第 1 卷)[M]．北京：人民出版社，1991：139.

④ 毛泽东选集(第 3 卷)[M]，人民出版社，1991：1004.

半意也不行，一定要全心全意为人民服务。

1945 年 4 月 23 日，毛泽东在中国共产党第七次全国代表大会上作题为《两个中国之命运》的开幕词中指出：“我们应该谦虚，谨慎，戒骄，戒躁，全心全意地为中国人民服务。”①4 月 24 日在同一个大会上他作题为《论联合政府》的政治报告中进一步指出，“中国共产党是中国人民的最忠实的代言人”②“我们共产党人区别于其他任何政党的又一个显著的标志，就是和最广大的人民群众取得最密切的联系。全心全意地为人民服务，一刻也不脱离群众；一切从人民的利益出发，而不是从个人或小集团的利益出发；向人民负责和向党的领导机关负责的一致性；这些就是我们的出发点。”③

中国共产党第七次全国代表大会 1945 年 6 月 11 日通过的《党章》中把为人民服务写入其中。④ 至此，为人民服务的思想被毛泽东同志和我们党不断丰富和深化，全心全意为人民服务成了我们党的根本规定性，成为我们党区别于其他政党的根本标志。在实践方面，毛泽东尤其重视榜样的作用，新中国成立后，他亲自树立了雷锋和焦裕禄这两个典型。雷锋和焦裕禄为人民服务的形象深入人心，成为解放后数代中国人心中的精神偶像，为引导和激励全党形成为人民服务的优良作风和优良风气，发挥了巨大作用。⑤

1978 年 12 月中共中央工作会议闭幕会上，邓小平同志提出要发展生产和改善人民生活，指出“这就是今后主要的政治。离开这个主要的内容，政治就变成空头政治，就离开了党和人民的最大利益”⑥。1992 年初，邓小平在南方讲话中

---

① 毛泽东选集(第 2 版第 3 卷)[M]. 北京：人民出版社，1991：1027.

② 毛泽东选集(第 2 版第 3 卷)[M]. 北京：人民出版社，1991：1087.

③ 毛泽东选集(第 2 版第 3 卷)[M]. 北京：人民出版社，1991：1094-1095.

④ 中共七大通过的《党章》指出：中国共产党人必须具有全心全意为中国人民服务的精神，每一个党员都必须理解党的利益与人民利益的一致性，对党负责与对人民负责的一致性。每一个党员都必须用心倾听人民群众的呼声和了解他们的需要、都必须决心向人民群众学习，中国共产党必须经常警戒自己脱离人民群众的危险性……在党员义务中明确规定“为人民群众服务，巩固党与人民群众的联系，了解并及时反映人民群众的需要，向人民群众解释党的政策。”

⑤ 郑子君，周文彰. 从“为人民服务”到“以人民为中心”[J]. 北京联合大学学报(人文社会科学版)，2020，18(1)：8-15.

⑥ 邓小平文选(第 2 卷). 北京：人民出版社，1994：150.

进一步提出“判断的标准，应该主要看是否有利于发展社会主义社会的生产力，是否有利于增强社会主义国家的综合国力，是否有利于提高人民的生活水平。”①

2000 年 2 月 25 日，江泽民在广东考察时第一次表述“三个代表”重要思想。②这一理论深化了对中国特色社会主义的认识，进一步回答了什么是社会主义、怎样建设社会主义的问题，创造性地回答了建设什么样的党、怎样建设党的问题，成为马克思主义中国化的第三大理论成果。

2007 年 10 月 15 日，胡锦涛在党的十七大报告中对“以人为本”和科学发展观作出深刻阐述，指出“必须坚持以人为本。全心全意为人民服务是党的根本宗旨，党的一切奋斗和工作都是为了造福人民。要始终把实现好、维护好、发展好最广大人民的根本利益作为党和国家一切工作的出发点和落脚点，尊重人民主体地位，发挥人民首创精神，保障人民各项权益，走共同富裕道路，促进人的全面发展，做到发展为了人民、发展依靠人民、发展成果由人民共享”③。

2013 年 6 月，以“为民务实清廉”为主题的党的群众路线教育实践活动在党内自上而下展开。2013 年 8 月 19 日习近平总书记在全国宣传思想工作会上明确提出要树立以人民为中心的工作导向，把服务群众同教育引导群众结合起来，把满足需求同提高素养结合起来。这是“以人民为中心”的最早出处。此后，他在党的十八届三中全会、在文艺工作座谈会、在哲学社会科学工作座谈会上等讲话中多次强调“以人民为中心”的思想，其外延不断扩展，内涵不断丰富。2018 年 5 月 4 日在纪念马克思诞辰 200 周年大会上的讲话中，他进一步指出，“学习马克思，就要学习和实践马克思主义关于坚守人民立场的思想”，“始终把人民立场作为根本立场”。

梳理和研究从“全心全意为人民服务”这一执政理念向“以人民为中心”的演变发展过程，可以清晰看出：自成立之日起，中国共产党就确立了为人民服务的

① 邓小平文选(第 3 卷). 北京：人民出版社，1993：372.

② “三个代表”重要思想即“总结我们党七十多年的历史，可以得出一个重要的结论，这就是：我们党所以赢得人民的拥护，是因为我们党在革命、建设、改革的各个历史时期，总是代表着中国先进生产力的发展要求，代表着中国先进文化的前进方向，代表着中国最广大人民的根本利益，并通过制定正确的路线方针政策，为实现国家和人民的根本利益而不懈奋斗。”见江泽民文选(第 3 卷). 北京：人民出版社，2006：2.

③ 胡锦涛文选(第 2 卷). 北京：人民出版社，2016：. 624.

初心，始终把人民放在心中最高位置，并将其作为党的根本宗旨写入党章。在中国共产党带领人民建设改革发展实践中，与时俱进地丰富和发展为人民服务的思想：邓小平同志把它发展为“三个有利于标准”和“人民标准”，江泽民同志把它上升为党的建设的原则和目标，胡锦涛同志把它与发展观相结合，形成“以人为本，全面协调可持续”的科学发展观。党的十八大以来，习近平同志提出以人民为中心的思想，这一思想是为人民服务思想在新时代的继承和升华。以人民为中心的内涵和要求是：奋斗目标奔人民而去；手中权力为人民所用；根本利益为人民所谋；工作好坏由人民评定；心中位置数人民最高；人民和干部是主仆关系。从“为人民服务”到“以人民为中心”的演进过程表明，党的宗旨的内涵和要求既一脉相承又与时俱进，不断丰富和发展。① 在习近平总书记的讲话中，出现频次最高的是“人民”和“人民群众”。习近平总书记关于人民重要性的深刻论述，体现出中国共产党坚定的人民立场、深厚的人民情怀，必将进一步激发广大人民群众投身中国特色社会主义伟大事业的积极性，焕发出磅礴的创造力量，不断把人民共同的伟大事业推向前进。

5.2.2.2　始终坚守人民立场

立场指人们认识和处理问题时所处的地位和所抱的态度，一般是指阶级立场。所谓人民立场，就是站在人民大众的立场，将全心全意为人民服务作为一切工作的出发点和最终落脚点。正确对待人民群众的立场和态度，将人民看作真正的英雄，承认人民是历史真正的主人、是历史真正的创造者，是马克思主义唯物史观的鲜明特征。马克思主义中国化的理论成果一脉相承地体现着“始终站稳人民立场”的鲜明特色，深刻体现着中国特色社会主义理论体系的价值取向。坚持这个理论体系，就是坚持以人民为主体、以人民为动力、以人民为尺度、以人民为目的的马克思主义唯物史观。在调研中涉及对中国科学院大学学生季某某在国外社交网站发表不当言论校方给予开除的看法，80.94%的同学对季某某的言行表示愤慨，可以看出大部分同学能够站在人民的立场正确看待历史问题，也反映

① 郑子君，周文彰．从“为人民服务”到“以人民为中心”[J]．北京联合大学学报(人文社会科学版)，2020，18(1)：8-15.

出还有部分同学确实被近些年西方所谓言论自由、普世价值等观念所蒙蔽。

感恩人民群众的伟大贡献。回顾中国共产党的发展历程，可以清晰地看到：我们党之所以能有今天的地位与成就，是因为无论在艰苦的革命战争年代，还是在社会主义建设时期，我们党都始终同人民群众站在一起，赢得广大人民群众的衷心拥护。在革命低潮时期，是在人民群众的掩护下燃起星星之火，陕北人民用小米哺育出革命圣地延安，人民群众用独轮小车推出淮海战役的伟大胜利，安徽凤阳的人民群众首创家庭联产承包责任制并带来全国的改革开放。历史证明，党所取得的一切成就都是紧紧依靠人民，广泛凝聚民心、民智、民力取得的。人民群众是实践的主体，是真正的英雄，离开了人们群众，党的发展就如无源之水、无本之木，失去了依托和力量。

牢牢站稳人民立场。如何对待人民群众，是一个根本的立场和态度问题。2016 年习近平总书记在庆祝中国共产党成立 95 周年的“七一”讲话中强调：“人民立场是中国共产党的根本政治立场，是马克思主义政党区别于其他政党的显著标志。党与人民风雨同舟、生死与共，始终保持血肉联系，是党战胜一切困难和风险的根本保证。”党的利益与最广大人民的利益保持着高度的一致性，党存在的意义就是为了保障人民的利益，党除了人民的利益之外没有任何特殊的利益。人民立场既是一种自觉的政治追求，又是现实的工作取向，是正确处理党同人民群众关系的根本态度与方法。唯有如此才能始终做到坚持以人民为中心，全心全意为人民服务，不断提升人民群众的幸福感、获得感。

5.2.2.3　工作成效检验初心使命

初心易得，使命难守。截至 2019 年年底，中国共产党党员总数为 9191.4 万人。[①] 对于一个有着九千多万人的大党、成立超越 99 年执政超越 71 年历史的老党来说，对于初心的坚守至关重要。2019 年 6 月开始的“不忘初心、牢记使命”主题教育就是要实现全党对初心使命的坚守和奋斗，是党在新形势下开展初心使命教育的重要形式。

---

① 林晖．最新数字！中国共产党党员总数为 9191.4 万名[EB/OL](2020-6-30).[2020-7-21].http://www.xinhuanet.com/politics/2020-06/30/c_1126178260.html.

中国共产党的历史就是践行初心的历史。旧中国积贫积弱、苦难深重，中国共产党领导农民打土豪、分田地、减租减息、精兵简政、保障工人利益，解决群众吃饭穿衣住房问题、柴米油盐问题、疾病卫生问题、婚姻恋爱问题，用革命的星星之火焕发出亿万人民群众参与革命的积极性，带领人民群众采取农村包围城市的正确革命道路，完成新民主主义革命，建立社会主义新中国，实现了由封建主义专制政治向社会主义民主政治的历史跨越；新中国成立后，一穷二白、百废待兴，中国共产党团结带领人民确立社会主义国体，消灭一切剥削制度，保证人民当家作主，完成社会主义革命，新生的社会主义中国巍然屹立在世界的东方；改革开放以来，中国共产党团结带领人民实行农村家庭联产承包责任制，农民“交够国家的、留足集体的、剩下都是自己的”，“让一部分人、一部分地区先富裕起来”，改革开放的大门一经开启就使人民群众的思想和精神面貌焕然一新，阻碍发展的藩篱被一一清除，中国特色社会主义发展呈现勃勃生机。21 世纪的中国采取一系列重大民生举措引起全球瞩目：尊重保障人权入宪、取消农业税、农村免费义务教育、物权法出台、城镇和农村医疗保险、农民工最低工资标准、职工失业安置等等，中国正大踏步赶上时代发展步伐。

实现中华民族的伟大复兴是一项艰苦卓绝、久久为功的事业，我们党能否经受住“四大考验”①，能否成功应对“四种危险”②，能否如期完成党的十九大提出的新的两步走发展战略③，取决于我们能否坚守服务人民的初心，能否站稳人民立场，能否保持与人民的血肉联系。在更高水平上满足人民群众的美好生活需要，这是新时代以人民为中心发展理念体现出的新的时代要求。人民群众的美好生活需要既包括更加幸福美好的物质生活，也包括丰富多彩的精神生活。践行以

① “四大考验”即长期执政的考验、市场经济的考验、改革开放的考验、外部环境的考验。

② “四种危险”即精神懈怠的危险、能力不足的危险、脱离群众的危险、消极腐败的危险。

③ 新的两步走发展战略即党的十九大宣告：“经过长期努力，中国特色社会主义进入了新时代”；并明确了全面建设社会主义现代化强国的战略安排：从 2020 年到 2035 年，在全面建成小康社会的基础上，基本实现社会主义现代化。从 2035 年到本世纪中叶，在基本实现现代化的基础上，把我国建成富强民主文明和谐美丽的社会主义现代化强国。“两步走”战略安排完整勾画了我国社会主义现代化建设的时间表、路线图。

人民为中心的发展理念，就是要不断满足人民对美好生活和个人全面发展的新期待、新需要，并用工作成效来检验初心与使命，进而实现中华民族的伟大复兴和人的自由全面发展。

5.2.3 传承弘扬中国精神

精神一词具有十分丰富的含义，在不同的学科专业、不同的国家、不同的时代、不同的语境中都有不同的意义，显示出精神一词意义的多样性和内涵的复杂性。心理学中的精神与人的各种心理活动、心理机制有关，是大脑物质进行运动或思维所产生的一切心理现象和生理机能，体现为人的意识、思维活动和一般心理状态；历史文化学中的精神是一定社会、民族、国家的思想表征，体现为一种抽象的集体意识状态；宗教学中的精神一般被认为是一种独立于人类之外的某种神秘力量的特殊存在；哲学中的精神是与物质相对立的范畴，也叫做意识；生活中的精神一般指称人的精力、活力、神采或者某一事物的宗旨或主要的意义。

著名哲学家张岱年曾专门论述中国文化的基本精神："何谓精神？精神即是思维运动发展的精微的内在动力。中国文化中有一些思想观念，在历史上起了推动社会发展的作用，成为历史发展的内在思想源泉，这就是文化的基本精神。"① 他认为，文化的基本精神必须具有广泛的影响、为大多数人民所接受领会，具有激励进步、促进发展的积极作用。中国文化传统的基本精神具有丰富的意义，其主要内涵有天人合一、以人为本、刚健自强、以和为贵等四项基本观念。我们可以从中国精神这个词组的基本构成来略作分析：中国精神包括中国和精神两个部分，其基本意义可以理解为中国的国家精神或中国人的精神，体现着精神的中国主体性和中国的精神文化指向。中国主体性强调的是这种精神区别于其他国家和地区的精神，中国的精神文化指向强调的是这是一种精神文化成果而非物质文化成果。用一句话可以概括为，中国精神是中国人民和中华民族在长期的社会实践中，基于中华优秀传统文化，融合时代特征、彰显中国人民和中华民族气节与时代品格的伟大精神。这种精神是"中华民族的心理特征、文化传统、价值观念、道德情操、精神风貌的综合反映，是中华民族赖以生存和发展的精神支撑，是中

① 张岱年．中国文化的基本精神[J]．齐鲁学刊，2003(5)：5-8.

华民族的优秀品格与时代特征相结合的产物。”①在“您认为下列选项中哪个能够最能体现新时代大学生的使命?”的调研中，回答“涵养家国情怀，弘扬中国精神，培育和践行社会主义核心价值观”中的占比 15.01%(具体数据见表 4-5)，排第二位，充分说明中国精神在使命教育中的重要地位。

5.2.3.1　中国精神的提出与内涵

2006 年 10 月，党的十六届六中全会通过《中共中央关于构建社会主义和谐社会若干重大问题的决定》，第一次明确提出了“建设社会主义核心价值体系”这个重大命题和战略任务，并将民族精神和时代精神确定为社会主义核心价值体系的“精髓”。

2007 年 6 月 25 日，胡锦涛在中央党校发表讲话强调，要大力建设社会主义核心价值体系，巩固全党全国人民团结奋斗的共同思想基础。社会主义核心价值体系包括四个方面的基本内容，即马克思主义指导思想、中国特色社会主义共同理想、以爱国主义为核心的民族精神和以改革创新为核心的时代精神、社会主义荣辱观。

2013 年 3 月 17 日，习近平总书记在第十二届全国人民代表大会第一次会议上第一次对中国精神进行论述：“实现中国梦必须弘扬中国精神。这就是以爱国主义为核心的民族精神，以改革创新为核心的时代精神。这种精神是凝心聚力的兴国之魂、强国之魂。爱国主义始终是把中华民族坚强团结在一起的精神力量，改革创新始终是鞭策我们在改革开放中与时俱进的精神力量。全国各族人民一定要弘扬伟大的民族精神和时代精神，不断增强团结一心的精神纽带、自强不息的精神动力，永远朝气蓬勃迈向未来。”②

2017 年 10 月 18 日，习近平同志在十九大报告中指出，坚持社会主义核心价值体系。必须坚持马克思主义，牢固树立共产主义远大理想和中国特色社会主义共同理想，培育和践行社会主义核心价值观，不断增强意识形态领域主导权和话

---

①　吴潜涛．中国精神教育读本[M]．北京：人民出版社，2014：14.

②　习近平关于“不忘初心、牢记使命”重要论述选编[M]．北京：中共中央党史和文献研究院，中央“不忘初心、牢记使命”主题教育领导小组办公室，2019：79.

语权，推动中华优秀传统文化创造性转化、创新性发展，继承革命文化，发展社会主义先进文化，不忘本来、吸收外来、面向未来，更好构筑中国精神、中国价值、中国力量，为人民提供精神指引。

通过以上梳理分析可以看出，明确将以爱国主义为核心的民族精神和以改革创新为核心的时代精神界定为中国精神的时间并不是很长，经历了认识不断深化发展的过程。但是，任何一个国家、一个民族都不可能不重视自身国家共同体、民族共同体精神家园的建设，无论是民族精神也好时代精神也好，都是精神家园内容的体现。一个物质基础薄弱的国家和民族一打就垮，一个缺乏精神的国家和民族不打自垮。一个人如果没有精神支撑难以在社会立足，一个国家如果没有精神支撑就不可能强大。精神是一个个体的人能够跨越各种艰难险阻的动力，也是一个国家一个民族屹立不倒、永葆活力的源泉。只有精神独立的人才能在社会上独立，只有精神保持一定高度的民族，才能永远屹立于世界民族之林。中华民族是一个高度注重精神塑造的民族，在历史的长河中形成了以爱国主义为核心的民族精神，在改革开放的实践中形成了以改革创新为核心的时代精神，这两种精神在中国特色社会主义新时代实现融会贯通，形成了伟大的中国精神。中国精神是中华民族的灵魂，也是中华民族精诚团结、众志成城、不断进步、走向繁荣的精神支柱和智慧源泉。

民族精神是指一个民族在长期共同生活和社会实践中形成的，为本民族大多数成员所认同的价值取向、思维方式、道德规范、精神气质的总和。民族精神是一个动态发展的过程，既要能继承历史上形成的优良精神要素，又要实现对不良精神的扬弃和超越。中华文化是一个极具包容性的文化主体，在五千多年的发展中，各种外来文化融入民族精神的历史长河，造就了民族精神海纳百川的恢宏气度。在中国的民族精神诸要素中，爱国主义处于核心位置、核心地位，联结、凝聚、引领着多元、多样化的其他民族精神要素，维护着整个民族精神要素系统的整体稳定性，保持着民族精神价值追求的连贯性。注重民族精神的培育是中华民族的优良传统。“当代中国，爱国主义的本质就是坚持爱国和爱党、爱社会主义高度统 。”1994 年 8 月，党中央颁布《爱国主义教育实施纲要》，2019 年 11 月中共中央、国务院印发实施新时代爱国主义教育的纲领性文件《新时代爱国主义教育实施纲要》。任何时代、任何国家都需要弘扬爱国主义精神，在中国特色社会主义进入新时代这一关键节点尤其需要以爱国主义教育统一认识、振奋精神、凝聚力量。

时代精神是人类文明在某个时代的特有的普遍精神体现，是一种超脱个人的某个共同体的集体意识。一般来讲，时代精神是对克服时代特定问题所表现出来的积极的社会意识形态，是特定时代特定群体的思想观念、行为方式、价值取向、精神风貌和社会风尚的总和，标志特定时代的精神文明，代表时代的发展潮流，反映特定时代特定共同体的共同的心愿、意志和精神追求，对社会共同体的生产与发展产生积极影响，是特定时代特定群体的社会主旋律。在一定的历史时代，处于该时代的中心，决定该时代主要内容、主要方向和主要特点的阶级思想，就是该时代的时代精神。当一个阶级由进步趋于反动，不再处于时代的中心地位，它的思想就不再代表时代的发展趋势时，就要被代表历史发展趋势的先进阶级的思想所代替。处于上升时期的资产阶级的思想，曾经是时代精神的体现者；而资产阶级一旦走向没落，它的思想就不再代表时代精神了。

1978 年 5 月 11 日，《光明日报》发表本报特约评论员文章《实践是检验真理的唯一标准》，掀起了席卷全国的“真理标准问题大讨论”，为中国的改革开放拉开了序幕。1978 年 12 月 18—22 日，十一届三中全会成功召开，开启了改革开放和社会主义现代化的伟大征程。随后，中国大地上展开轰轰烈烈的改革开放和社会主义现代化建设伟大实践，孕育出以改革创新为核心的伟大时代精神，与以爱国主义为核心的民族精神共同构成中国精神。

改革创新精神是中华民族发展过程中形成的突破陈规、富于进取、敢于创新创造的思想品格在新的社会条件下的继承与发展。关于真理标准问题的讨论，解开了文革期间形成的错误和教条式的思想观念束缚，刷新了人们对社会主义建设规律的认识。时代精神的洪流不是一天形成的，而是中国人民在推进改革开放和社会主义现代化建设的每一步艰辛探索中形成的。每一次探索的成功就会形成一种新的精神力量，如抗洪精神、抗震救灾精神、载人航天精神、劳模精神、工匠精神等都汇合成为时代精神的一部分。正是依靠这种改革创新精神，我们取得了改革开放和社会主义现代化建设的辉煌成就，走进中国特色社会主义新时代。改革创新已然成为当代中国的最强音、成为中国人的总体精神风貌，改革创新自然成为“中国精神”的时代元素，将“中国精神”的发展推进到新的阶段。

5.2.3.2 中国精神的形成与发展

“天下之至柔，驰骋天下之至坚”(《道德经》第四十三章)，天下最柔软的东西，可以在天下最坚硬的东西之间自由驰骋。这种“至柔”之物对于中华民族来说便是中国精神。人类发展历史中，不同国家不同民族的文明交相辉映、数度更迭，唯有中华文明绵延数千年传承至今。中华文明的这种传承一定有一种精神的延续一以贯之，这种精神是中华民族作为一个整体在长期的共同生活和社会实践中形成的，为大多数社会成员所追求和体认的价值取向、思维方式、审美情趣、道德规范和精神气质，这种精神集中反映了中华民族作为一个整体的共同的道德精神和心理品格。中国精神是将百花齐放、千姿百态的中华文明融合在一起的内在力量，是将五湖四海、风俗各异的中华民族团结在一起的精神纽带，是将勤奋善良、自强不息的中国人民凝聚在一起的精神动力。

中国精神一直存在于中华民族的共同体的精神基因和集体潜意识里，与中华民族相伴相生、共同发展。中华民族不仅创造出灿烂的物质文明，也塑造出崇尚精神的优秀传统，如强调“道德当身，故不以物惑”的高贵气节，崇尚“民为贵，社稷次之，君为轻”的人本精神，追求“一箪食，一瓢饮，在陋巷，人不堪其忧，回也不改其乐”的精神富足，“乐以天下，忧以天下”的忧国忧民情怀，“先天下之忧而忧，后天下之乐而乐”的爱国精神，“公而忘私，国而忘家”的报国为民典范，“天下兴亡，匹夫有责”的道义担当，“天行健，君子以自强不息”的奋斗精神，“仁义博爱”“扶危济困”的利他精神，“诚实守信”“谦敬礼让”的自律精神，“忧劳兴国”“俭以养德”的勤俭精神等等。这些精神文化的核心便是爱国主义，主要内容是团结统一、爱好和平、勤劳勇敢、自强不息。正是凭着这种民族精神，中华民族创造出辉煌灿烂的中华传统文化。

中国精神中的民族精神是在一个民族大家庭各民族长期的交流互动、融合发展中自发产生、发展起来的。从自发到自觉的升华，需要一定外在条件的触发。这种外在的触发条件即是近代以来中华民族遭遇的生死存亡危机，促使少数精英的反思与觉醒，进而开展全民族的动员与宣教，最终形成中华民族整体的思想自觉和精神追求。在寻求中华民族发展的路径上，一批有识之士从文化中予以反思，以期实现文化反思后的民族精神重振。从这个意义上讲，中国精神的历史建构是中国谋求现代转型过程的被迫选择，但客观上形成了中国精神发掘、讨论的热潮。团结统一、爱好和平、勤劳勇敢、自强不息等民族精神品格的提炼，成为推动中华民族生生不息、薪火相传、奋发进取的一致共识和精神底色。在此基础上，每个特定时代形成的时代精神不断汇入中国精神之中。如近代尤其是改革开放以来形成以改革创新为核心的时代精神，就是在特定时期形成的具体形态提炼而成，如劳模精神、工匠精神、企业家精神、载人航天精神、改革开放精神、时代楷模精神、伟大抗疫精神等，这些精神体现了不同时段不同行业的不同表现形态。党的十八大以来，中国共产党着眼于实现中华民族伟大复兴的新使命、中国特色社会主义进入新时代的新方位，以及国家软实力建设需要，提出了中国梦、中国道路、中国力量、中国智慧、中国方案、中国声音等一系列以“中国”为前缀的概念，“中国精神”的产生势在必行且理所应当。

一个国家、一个民族对时代的认识与把握，决定了一个阶段的路线、方针、政策，同时也决定了一个国家、一个民族在某一特定时代的发展速度与质量。不同的时代会遭遇不同的发展困境，克服特定的发展困境需要并必然会展现出特定的精神状态、精神风貌、精神品格，从而形成特定的时代精神，并最终汇入民族精神的长河之中。换言之，民族精神是时代精神的沉淀与升华，是时代精神的底色，体现着中国精神的历史传承；时代精神是民族精神的时代发展，体现着中国精神的时代特征。习近平结合中华民族的发展历史和中国特色社会主义的建设实践，系统阐述了中国精神的科学内涵，并成为习近平新时代中国特色社会主义思想的重要内容。中国精神作为民族精神与时代精神的一体化融合，使其既体现出鲜明的民族特征，也洋溢着强烈的时代特征，共同构筑成中国人民共有的精神家园，为接续奋斗推进中华民族的伟大复兴贡献强大精神力量。

5.2.3.3　中国精神的传承与弘扬

中国精神作为意识形态的重要体现，不仅是中国人民整体性精神风貌和精神状态的体现与展示，更是新时代建设中国特色社会主义的精神动力与精神支撑。意识形态工作是一项极端重要的工作，中国精神是为民族塑魂的工作，新时代大学生是实现两个一百年奋斗目标的中坚力量，加强对新时代大学生中国精神的传承与弘扬自然极端重要、刻不容缓。

首先，要传承以爱国主义为核心的民族精神，以《新时代爱国主义教育实施纲要》(下文称《实施纲要》)为指引，持续激发新时代大学生的爱国情感、爱国理性、爱国行为。《实施纲要》以中共中央、国务院的名义印发全国，体现我们党和政府对爱国主义教育的高度重视。作为新时代爱国主义教育的纲领性文件，《实施纲要》体现出非常鲜明的新时代特点和新时代要求。实现中华民族伟大复兴的中国梦是贯穿新时代大学生爱国主义教育的主题和灵魂，高校必须牢牢把握、一丝也不能偏离。高校加强新时代大学生爱国主义教育，培养大学生爱国主义情怀，必须着力增强“四个意识”、坚定“四个自信”、做到“两个维护”，使新时代大学生自觉听党话、跟党走，自觉服务人民、奉献国家。加强爱国主义教育的教材建设，选编爱国主义优秀读物，做好思政课程与课程思政的结合，管好舆论宣传阵地，让学生深刻认识到爱国主义的本质是坚持爱国和爱党、爱社会主义的高度统一，自觉维护祖国统一和民族团结、维护国家安全。推动高校建立相对固定的爱国主义教育基地，引入体验式、沉浸式教育形式，增强爱国主义教育的时代性、新颖性和吸引力，以润物无声的形式教育大学生尊重和传承中华民族的悠久历史和灿烂文化，加深对祖国悠久历史、灿烂文化的感性认知与情感认同，让大学生真正热爱祖国的大好河山、热爱自己的骨肉同胞、热爱祖国的灿烂文化，使大学生自觉成长为担当民族复兴大任的时代新人。

在了解爱国主义和爱国实践之间的联系时，我们将对爱国主义事件的态度和赴西部地区服务意愿进行交叉分析，结果显示：越是具有爱国情怀的同学越愿意去西部支援国家建设，爱国主义能够激发学生的爱国行为(见图5-3)，即要实现激发学生爱国行为的教育目标，开展爱国主义教育是重要途径。

其次，要弘扬以改革创新为核心的时代精神，教育大学生矢志创新创业，服务创新型国家战略，培养大学生成为创新创业的先锋群体。将改革创新作为时代精神的核心，就决定了改革创新不仅仅体现在少数人身上，而是当今时代大多数人认同并身体力行的精神面貌、精神特质，从而在社会上已然形成氛围。改革创新不是因循守旧，需要具有丰富的智慧、坚强的意志和高超的艺术，在不同行业、不同层次的人群中体现不同。作为党和国家的领导人，习近平成为改革创新这一时代精神的倡导者、践行者和示范者。正如美国著名作家罗斯·特里尔在《习近平复兴中国》一书中的感慨：中国在全面迈向现代化的转型过程中，领导

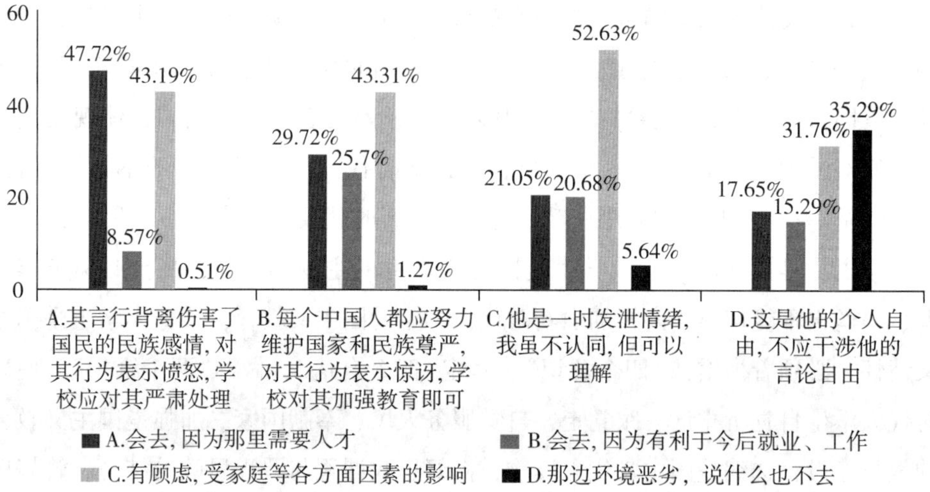

图 5-3　对季某某事件的看法和去西部地区支援意愿的交叉分析结果

人面临的矛盾之多、压力之大、问题之复杂、把控之艰难，可以说在世界范围内都是不多见的。但习近平却选择了一条最具挑战性的路径——明知改革风险大，却要偏向虎山行。① 这是时代精神在党和国家领导人身上的鲜明体现。对于青年学生，习近平总书记满怀期望："创新是社会进步的灵魂，创业是推动经济社会发展、改善民生的重要途径。青年学生富有想象力和创造力，是创新创业的有生力量。"②加强创新创业教育，是推进高等教育综合改革、提高人才培养质量的重要举措。改革创新精神体现在大学生的教育培养上，一方面要激发大学生的使命担当意识和爱国情怀，引导大学生树立服务创新型国家建设的远大追求，将"小我"的兴趣特长融入国家的发展需要中，增强创新创业的内生动力和原动力。另一方面，高校要主动营造良好的创新创业教育氛围，将创新创业教育贯穿大学生在校学习全过程，促进创新创业教育与专业教育融合，加强政府、企业、高校三者之间的合作，搭建创新创业教育的协同共建共享共用平台，构建一个包括高校、政府、企业、家庭、学生等全方位的适宜大学生创新创业意识培养、能力素

① 本刊编辑部．了不起的领导人——习近平新时代超强领导力国际赞誉研究[J]．中国领导科学，2018(2)：4-10.

② 习近平．习近平致 2013 年全球创业周中国站活动组委会的贺信[N]．人民日报，2013-11-09(01)．

质提升的生态系统，将大学生培养成具有国际视野、创新精神、创业能力和社会责任感的优秀大学生。

5.2.4 科学设定人生规划

在中文语义环境中，规划与计划是近义词，主要体现为时间长度和制定程序的区别：一般而言，规划的时间长度较计划要长，规划的程序更科学严谨；规划的程序相对复杂且规划内容的修改需要通过一定的程序进行更改，而计划的影响范围和时间相对较小，对计划的更改相对而言体现出一定的随意性。但西方管理学中的“计划”职能与中文语境下的规划较为相近。西方管理学认为“计划职能包括定义目标，制定战略以获取目标，以及制定计划和协调活动的过程。”①“计划工作是一座桥梁，它把我们所处的这岸和我们要去的对岸连接起来，以克服这一天堑”②，并进一步将计划划分为：目的或使命、目标、战略、政策、程序、规则、方案，以及预算。根据西方管理学的理论，计划内容包括“5W1H”，即对象(What)：做什么？界定目标与内容；原因(Why)：为什么做？界定原因；人员(Who)：谁去做？界定人员；地点(Where)：何地做？界定地点；时间(When)：何时做？界定时间；方法(How)：怎样做？界定方式、方法、手段。中文语境中，规划是指某一个人、某一群体或特定组织结合特定环境资源和自身发展愿景，融合诸多要素和诸多人士的看法而制定的比较全面的和比较长远的发展计划。这种发展计划包括对未来较长一段时间的关于发展问题的整体性、长期性、基本性问题的理性思考和科学考量，同时会设计未来发展的整套行动方案。

使命教育是帮助受教育者合理确定自身使命、科学规划使命路径方法、争取实现使命目标的特殊教育形式，帮助大学生科学设定人生目标、设计实现路径自然成为使命教育的重要内容。调研发现，新时代大学生对知识技能对于使命的实现所具备的促进作用认识还不充分，自身的专业知识和技能也还不能支撑使命的要求(具体数据见表5-3)，很多同学表示“在刚进校时，就应该设立职业规划课

① [美]罗宾斯等，管理学(第7版)[M]. 孙健敏等，译. 北京：中国人民大学出版社，2003：9.

② [美]哈罗德·孔茨，海因·韦里克. 管理学(第九版)[M]. 郝国华，译. 北京：经济科学出版社，1993：66.

程，让学生能更好对自己的人生负责。”（ID：632）“从个人职业规划对接工作着手，培养对自己选择将来的职业的认知”（ID：4334）“合理规划，积极向上，立即行动”（ID：3445）这些需要新时代大学生科学设定人生规划，合理规划成长路径，在成长的不同阶段担当不同的使命。

表 5-3　新时代大学生对知识技能的认知与自我评价情况

	选　项	小计	比例
您认为专业知识和技能对大学生实现自身的使命有什么作用？	A. 作用很大	12323	75.53%
	B. 作用一般	3770	23.11%
	C. 没什么作用	222	1.36%
请评价自己的专业知识和技能	A. 精通，非常胜任使命要求	2126	13.03%
	B. 合格，能够胜任使命要求	10213	62.6%
	C. 较差，基本胜任使命要求	3525	21.61%
	D. 很差，不能胜任使命要求	451	2.76%

5.2.4.1　人生规划的科学内涵与重大意义

美国著名成功学家拿破仑·希尔认为“生涯规划”指一个人在对自身生涯各阶段、各过程的妥善安排下最终完成既定生涯目标的过程。他所认为的生涯规划从个体觉醒决定制订人生规划的那一刻开始，一直持续到个体生命终结，在时间跨度上涵盖了个体的整个生命历程，在内容上涵盖了个体人生中各方面的目标以及相应的执行计划。本文所称的人生规划即是借鉴管理学、成功学的相关理念，将特定个体或群体（本文特指新时代大学生）一生的发展作为研究对象，根据国家、民族的需要和经济社会发展需求，结合个人的基础条件、爱好特长、发展志向等因素，对自己未来发展的目标进行科学设定，对实现的路径方法等进行预先策划设计，以便合理分配自身的时间精力、科学配置自身的有限资源，从而达成自己人生愿景，为社会创造更大价值。

生命、生活、生涯是人生规划的三大主题，目标、方法、行动是实现规划的路径。人生规划是经过认真评估形成的相对稳定的目标系统和实现路径的集合体，不包括个体在时间、地点、环境下产生的瞬间的灵感念头和短暂想法。具体来讲，人生规划包括个人的健康规划、学习规划、职业与工作规划、情感规划(包括爱情、亲情、友情、婚姻等)、养老规划、资金规划、幸福规划等涵盖个人学习、工作、生活方方面面的内容。人生规划与职业规划的区别主要体现在时间阶段的长度不同、内容范围的多少不同，职业规划只是人生规划中的一部分内容而非全部。

人生规划推动人类文明进步。能够规划并实现规划是人区别于动物的重要标志。“蜘蛛的活动与织工的活动相似，蜜蜂建筑蜂房的本领使人间的许多建筑师感到惭愧。但是，最蹩脚的建筑师从一开始就比最灵巧的蜜蜂高明的地方，是他在用蜂蜡建筑蜂房以前，已经在自己的头脑中把它建成了。劳动过程结束时得到的结果，在这个过程开始时就已经在劳动者的表象中存在着，即已经观念地存在着。”①这种观念的存在就是人类基于目标的思考而对未来目标实现图景的虚拟想象，是规划目标在人头脑的具象化，是人的一种特殊的能力。人类希望能够像鱼一样在水中游动而发明潜水艇，希望晚上能够如同白昼而发明电灯，希望千里传音、天涯若比邻而发明电话、手机、可视电话等通信设备，希望四季如春而发明电扇、电暖器、空调等调温设备……正是由于人能够思考、能够规划、能够实现目标才使人类站在食物链的顶端，主宰着地球的所有生物，创造出辉煌灿烂的物质文明和精神文明。

人生规划推动大学生成功社会化。“人是唯一能够挣脱纯粹动物状态的动物——他的正常状态是一种同他的意识相适应的状态，是需要他自己来创造的状态。”②这个状态的变化就是人的社会化过程。人的社会化是个体适应社会与改造社会相统一的过程，一方面个体要在特定的社会文化熏陶下接受社会群体的信仰与价值观，学习知识和生活生产技能，不断调适自身行为规范以适应社会环境，这个过程体现为社会对个体的约束与控制；另一方面，个体在与社会成员的互动中，用自己掌握的知识、技能、语言、信仰、价值观和独特的人格特征去影响社会中的其他个体与群体，从而不断改造社会固有文化，创造出适应社会发展的新

① 马克思恩格斯文集(第5卷)[M]. 北京：人民出版社，2009：208.
② 马克思恩格斯文集(第9卷)[M]. 北京：人民出版社，2009：408.

文化，这个过程体现为个体对社会的能动的改造与影响。大学生正处于“三观”的形成期，逐渐摆脱对父母、长辈、老师和朋辈群体的影响，自我意识逐步增强，既要做自己的主人，也要做社会的主人，社会化欲望强烈；另一方面，大学生涉世未深、缺乏历练，在职业选择、爱情婚姻中容易理想化。一旦受挫，心理上就会出现无私与自私、独立与依赖、自信与自弃、坚定与盲目的极端摇摆现象。教育大学生科学设定人生规划，能够帮助大学生对以上问题有科学、清醒的认识，正确处理自我发展需求与社会强制约束之间的关系。换言之，“人生规划可以帮助青年充分有效地利用周围的环境资源，调动沉睡在心中的那些优异的品质、卓越的胆识、独特的创造力，从而锻炼自己，造就自己，成就非凡业绩。”①大学生对自己人生的设计体现出自身社会化的程度，其人生规划得科学，与国家社会的结合度好，对自身状况评判客观理性，有利于其成功社会化。与此同时，大学生是青年中的优秀分子，往往代表社会发展的方向，其社会化的成功往往能够引领社会风气，有利于社会的进步发展。

人生规划推动大学生建立自信全面发展。马克思指出：“不是人们的意识决定人们的存在，相反，是人们的社会存在决定人们的意识。”虽然人类的一切活动都是在一定意识、目的指导下开展实践的，都是按照提前设定好的目标和规划按部就班实现的，但能否实现以及目标的实现程度却与客观条件以及规划、谋划密切相关。古人早就知道计划、规划、准备的重要性，“凡事预则立，不预则废。言前定则不跲，事前定则不困，行前定则不疚，道前定则不穷。”(《礼记·中庸》)这段论述充满人生哲理：在客观条件确定的环境下，目标、方法、路径确定的越早就越能灵活应变、赢得主动、获得成功，这种小的成功会给主体带来极大的信心，这种信心会给主体在下一次机会中抢先一步，从而形成正向循环。畅销书《异类》通过大量的事实与统计结果揭示了不一样的成功真相：成功者固然有其先天的原因，但这些获得成功的异类可能更得感谢机遇的眷顾，这些成功者们可能只是由于在起步阶段比别人强一点点(比如英超联赛大部分球员在 9 月至 11 月出生，英超球员注册时间是 9 月。在同龄的球员中，9 月份出生的人实际上比 8 月份出生的人几乎大了一岁，一岁的差距对他们的职业生涯有着不可低估的

① 种道平. 青年，设计好你的人生规划[J]. 中国青年研究，2003(8)：69-72.

影响），随着一点点微小成功带来的自信激励着他们不断努力向着更高目标奋斗，正是这种自信带来的“滚雪球效应”将他们推到成功的位置。换句话说，如果没有机遇和文化、环境等因素，即便是智商超过爱因斯坦的天才，也只能做一份平庸的工作。①《异类》从另外一个角度给予我们新的启示：新时代大学生生活在瞬息万变的信息社会，社会变化日新月异，各种机会稍纵即逝。大学生如果能够做到早点规划、早做准备，抓住机会通过实现小目标带来实现大规划的信心，从而积跬步至千里、积小流成江海，成功实现人生规划，实现全面发展，为社会做出更多更大的贡献。

5.2.4.2 人生规划的理论基础与制定原则

“人生规划”是一个中国化的词汇，在国外一般用“职业生涯规划”这个专业术语。国外“职业生涯规划”有广义与狭义之分，“从严格意义上讲，职业发展只是有关工作经历的过程，而职业生涯还包括结果。”②若从广义角度来看，国外职业生涯规划的内容与中国的人生规划基本相同。为便于理解，本文使用“人生规划”一词，但为了便于梳理相关理论，本小节以国外惯常使用的“职业生涯规划”一词。

职业生涯规划（简称生涯规划），又叫职业生涯设计。根据美国职业教育学会③ 1972 年在推广职业教育工作报告书的界定：职业生涯教育是针对所有国民，从孩提时代至成年的整个教育过程。它能使学生对学习的目的有清楚的认识，并且对将来所要从事的工作保持热诚，这是整个教育事业的重心与目标。因此，需要运用教育家的智慧及家庭、社会的资源，以使整个职业生涯教育达到预期的目

① ［加拿大］马尔科姆·格拉德威尔．异类：不一样的成功启示录［M］．季丽娜，译．北京：中信出版社，2009.

② 陈璧辉．职业生涯理论述评［J］．应用心理学，2003（02）：60-63.

③ 美国职业教育学会（Amercian Professional Education Institute，APEI）是专业从事职业技能培训认证的非营利机构，研究并推广职业教育和认证的全球化专业机构。其颁发的职业认证证书和培训证书受到美欧多数国家和雇主的认可。APEI 以在海牙公约认证其颁发的证书被缔约国认可，APEI 以得到中国驻加州总领馆的认证。美国职业教育学会（简称 APEI）是在全球范围内从事职业资格认证的专业机构，长期致力于高水平的认证、考试服务。其认证代表了当今职业资格认证的国际水平，在全球 WTO 成员国及海牙公约缔约国之间具有广泛的代表性和国际权威性。

的。该观点将强调职业生涯教育的全民性及其资源的社会性和整合性，并提出职业生涯教育应贯穿人的整个生命历程。

职业生涯规划 19 世纪末 20 世纪初发轫于美国和英国，至今已有一百多年的历史，其发展脉络如下：

1909 年美国波士顿大学教授弗兰克·帕森斯(Frank Parsons)在其《选择一个职业》的著作中认为人与职业相匹配是职业选择的重点，提出"人—职匹配"理论和"职业指导"专门用语，形成了使人的特点与职业要求相匹配的职业指导模式，成为职业生涯理论的发端。

1912 年，美国正式成立了"全国职业辅导协会"，把教育、就业、生活、社会等内容作为工作范围。1916 年，哈佛大学首次为在校学生开设就业指导课。

1951 年，职业生涯发展理论的早期代表人物、先驱者金斯伯格(Eli Ginzberg)提出职业意识发展阶段论，突破了处于静止状态的"特质—因素"理论，研究的重点是从童年到青少年阶段的职业心理发展过程。他将职业生涯的发展分为幻想期、尝试期和现实期三个阶段。

1957 年，美国著名职业生涯规划大师舒伯(Donald E. Super)在其《职业生涯心理学》一书中首次使用职业生涯的概念，将个体生涯划分为成长、探索、建立、维持和衰退五个阶段，并以此为基础建构了他的职业生涯选择和发展理论。在其影响下，职业指导逐步由一次的就业指导活动向关注个体生涯发展转变。

1959 年，美国约翰·霍普金斯大学心理学教授、著名的职业指导专家约翰·霍兰德(John Holland)提出职业兴趣理论，认为人的人格类型、兴趣与职业密切相关，并将人格可分为现实型、研究型、艺术型、社会型、企业型和常规型六种类型。

1971 年，美国教育总署(American Education Agenccy)署长西尼·马兰(Sydney Maran)在全美中学校长年会上发表的演讲中，结合终身教育理念、心理学的自我理念等理论提出了生涯教育理念，使生涯教育成为普通学校关注的内容。70 年代初，美国总统尼克松宣布，生涯教育成为"由政府创办的一种最有前途的教育事业"。70 年代中期，美国国会通过了《生涯教育法案》，它是全国各级学校开展职业生涯教育的法律依据。

1978 年，麻省理工学院斯隆管理学院的人力资源管理专家埃德加·施恩

(Edgar H. Schein)教授《职业动力学》出版，书中阐明了他从20世纪60年代起跟踪研究基础上创立的职业锚理论，并将之分为五种类型：自主型职业锚、创业型职业锚、管理能力型职业锚、技术职能型职业锚、安全型职业锚。在90年代，又发现了三种类型的职业锚：安全稳定型、生活型、服务型职业锚。施恩先生将职业锚增加到八种类型，并推出了职业锚测试量表。

1981年，舒伯在原有的发展阶段理论基础上加入了角色理论，提出生涯发展观(Life-span，Life-space career development)，描绘出一个多重角色生涯发展的综合图形即“一生生涯的彩虹图”(Life-career rainbow)，形象地展现了生涯发展的时空关系。

20世纪90年代以来，整合职业教育和普通教育的理念逐渐成为各国教育发展的主题之一。在此国际背景下，一些国家开展了“从学校到生涯”运动，逐渐形成了“从学校到生涯”的职业教育理念。①

综上，自20世纪初以来，职业生涯教育理念的发展与演变分为三个主要阶段，即20世纪初到20世纪50年代，就业指导主导阶段；20世纪五六十年代，职业指导向生涯辅导转化阶段；20世纪70年代至今，职业生涯教育阶段。在这数十年的发展过程中，主要出现了以下几种理论：强调发展历程论(将人生历程视为一个阶段转换至另一个阶段)，强调个人特质论(着重于心理需求与特质对职业选择的影响)，强调决策历程论(分析职业抉择历程中的元素与步骤)，强调社会学习论(社会环境和学习经验对职业生涯行为的影响)，职业发展论(探讨自我概念的发展、职业印象、结构考虑、性别角色、社会地位与个人特质等因素)，社会认知职业生涯理论(职业生涯选择是自我概念和环境中学习经验交互作用的结果)。社会认知职业生涯发展理论将职业选择与职业发展看作一个系统工程，不仅仅考虑到心理问题，同时考虑到社会、经济等方面的影响，并且将职业选择看作一个相对开放的系统，认为职业选择应随着时代的变化而变化。目前，它已经成为世界职业生涯指导的主流理论体系。②

---

① 孔夏萌．高校职业生涯教育课程研究[D]．西南大学，2013.

② 王泽兵，孙加秀，盛锦．大学生职业生涯规划的困境与出路[J]．中国青年研究，2007(2)：17-19，62.

职业生涯规划设计要遵循基本的原则：

①清晰性原则：即目标设定、实现措施具体、清晰、明确，实现目标的步骤科学可行。

②挑战性原则：设定目标要充分考虑自身的能力素质、兴趣爱好等，不能过低也不能过高，过低就激发不了工作热情，过高难以实现，会带来不必要的压力和挫折。

③动态性原则：人生规划的是一个目标系统，每个方面的目标都是包括长远目标和近期目标，目标和措施要有一定弹性，以发展的眼光看问题，根据自身情况和社会环境变化适当调整。但是，目标设定后一般不作调整，确需调整要三思而后行。

④一致性原则：人生目标包括众多目标子系统，每个横向目标系统之间必须保持兼容，纵向的长远目标与短期目标要有连续性，目标与措施实现无缝衔接，个人目标与组织发展目标相协调。

⑤激励性原则：人生规划的目标是为了更好地实现发展愿景，目标确定要统筹考虑自己的性格、兴趣和特长，要能够对自身产生持续的激励作用。

⑥全程性原则：人生规划贯穿人生的全部历程，分成若干不同的阶段，每个阶段的目标设定实现有序衔接，使目标的总体结构全面合理。

⑦可评量原则：规划设计的目的是执行，必须保证规划有明确的时间限制和达成标准，自己定期测评检查，将结果作为修正规划的参考依据。

5.2.4.3　人生规划的基本方法与关键步骤

对大学生开展人生规划教育是使命教育的重要内容，是保证使命教育成效能够落地的关键环节。人生规划的方法与步骤主要是借鉴职业生涯规划的理论，将大学生个人发展目标与国家民族社会发展愿景相结合，深入分析人生发展中的个人因素、家庭因素、职业因素、行业因素、社会因素、国家发展因素等，从而制定对大学生一生事业、情感、生活、学习等方面发展的战略设想与计划安排。人生规划需要涉及基本资料、规划目标、可行性分析、综合分析、达成标准、主要差距、职业发展年度规划等内容，既涵盖大学生从大学时代到生命终结的全部时间，也包括自身学习、生活、工作、情感等全部内容，还要注意将不同维度的目标与路径实现无缝衔接，确保规划能够最终实现。

“人生规划的制订方法有很多种，例如方向、目标的系统决策法，人生总流程的具体设计法，信息反馈调控法等。”①关于人生规划的每种方法均具有自身的优势和特点，但遵循的基本原理是一样的，一般可按如下步骤进行：

①确立正确的职业理想与明确的职业目标。职业理想受个体的世界观、人生观、价值观指导，与个体的成长环境、职业期待、家庭氛围、职业目标等密切相关，是个体对职业活动和职业成就的期待与希望，对于个体职业生涯设计发挥调节、指南作用。职业目标以职业理想为根据，职业理想以职业目标的达成为实现条件。作为社会中的一员，个体职业理想的确立必然受到经济社会发展条件的制约。职业理想与职业目标的确立，必须以国家、民族发展需要为前提，以当时当地经济社会发展的水平为客观依据，既符合自身发展的基础与愿景，也具有达成目标、实现自身价值的现实可行性，将自己的职业理想与职业目标融入服务国家、服务民族、服务人民的高尚追求和坚定行动中。

②进行客观的自我分析与职业分析。分析就是运用科学的理论、方法和手段，对自我与职业情况进行理性、深刻、全面、客观的评价，为决策提供依据和参考。一方面要全面认清自己的职业兴趣、气质、性格、能力等特质，分析自身的优势与特长、劣势与不足，确保设计目标高度适宜；另一方面，要清楚职业目标的行业分布、区域特点、岗位要求、晋升路径、供需比例、工资待遇、劳动强度、发展趋势等。人生规划离不开经济收入，经济基础以职业发展为根本，除此之外还要同时考虑自身的感情规划、生活规划、学业规划以及相应的匹配情况。

③选择科学的方法与合适的路径。一方面要针对职业规划目标制订自己的学业计划，构建职业目标需要的专兼结合的知识结构，培养职业需要的思维能力、专业能力、决策管理能力、创新创造能力、交流沟通能力等；另一方面要通过刻意练习提升自己的能力，如可以通过心理和性格测试获取对自我的客观认知，通过参加社团活动和志愿者活动提升自身的社会化技能，通过专业实习、创新创业活动培养创新创业意识，通过社会实践、社会兼职加深对社会的了解，通过挂职锻炼、技能培训、企业实习实训等形式提升职业能力。职业方向选定后，必须选

① 种道平．青年，设计好你的人生规划[J]．中国青年研究，2003(8)：69-72.

择科学的方法路径，即要考虑岗位要求有针对性地制订实施计划，比如对于技术人员来讲，其知识结构既需要一定的深度，还需要一定的广度。大学生如果考虑走技术路线，在大学阶段就要广泛涉猎专业知识与其他相关知识，工作后亦要如此方可达成目标。

④开展动态评价和适度动态调整。人生规划涉及人的一生，大学生从大学时代开始到生命结束，中间社会发展日新月异，个人面临的生存发展境遇随之异动，必须动态评价人生规划的执行实施与达成情况，根据达成情况校正目标、调整方法路径，以适应目标与环境的变化。但是无论如何调整，保持个人与国家、社会、集体(单位)发展利益的结合点不能变，服务国家、社会、集体(单位)的价值导向不能变。人生规划各阶段目标子系统、各内容目标子系统的衔接不能落空，必须实现完美自洽，以保证人生规划活动的持续性，否则就会使自身的人生规划归于空谈和失败，效果得不到保证，自身的价值难以实现。

5.2.5　担当使命砥砺奋斗

新时代大学生的使命从不同的角度具有不同的使命，使命教育自然也是一个宏大的生态系统，既包括个人成长成才、家庭幸福、职业发展、身心和谐等大学生个体内部规划的子系统，也包含家族、社区、单位、社会、国家、民族、世界等外部大系统。个人小系统目标的达成是后者大系统目标实现的前提和基础，后者大系统目标的实现是前者个人小系统目标实现的根本目的和最终归宿，两者相辅相成、不可分割、完美统一于新时代大学生担当使命砥砺奋斗的行为实践之中。

大学生使命教育的内容涉及方方面面，也应该有所侧重，从调查中可以看到，“激发使命意识”占比最高，锤炼使命意志、培养使命情感、塑造使命行为、提高使命认知都是使命教育的重要内容(具体见表 5-4)，但其落脚点是让新时代大学生知行合一、全面发展，担当正确的使命、正确的担当使命，不断砥砺奋斗、实现使命。

表 5-4　**您认为大学阶段的使命教育与其他阶段相比，应该更侧重哪个方面？**

选项	小计	比例
A. 激发使命意识	4923	30. 17%

续表

选项	小计	比例
B. 锤炼使命意志	4072	24.96%
C. 培养使命情感	2604	15.96%
D. 塑造使命行为	2521	15.45%
E. 提高使命认知	2195	13.45%

5.2.5.1 锤炼担当使命的自觉

“自觉”语出《孔子家语·致思》：“吾有三失，晚不自觉。”通常的意思是指自己感觉到、意识到，进而引申为自己的思想认识觉悟提高到一定境界和层次。从哲学角度讲，自觉即内在自我发现、外在创新的自我解放意识，就是主体拥有自我存在的自觉意识，能够认识到自身在客观世界中的价值与地位，并能够在理性认识指导下，充分发挥主体的主观能动性进一步认识和发展自身，认识和改造世界。在调研中，大学生被问及“在公交车上看到扒手在行窃，而你确定自己有能力控制小偷的情况下，您会怎么做?”时，有9.25%的同学选择不揭露；在被问及“若您朋友要做的事是您认为不对的，有违社会公德的，您是否会阻止?”时，有16.71%的同学选择不阻止，反映出当前大学生这种勇敢站出来的自觉性不足，需要不断增强担当使命的行动自觉。

增强敢于担当使命的自信。新时代大学生的大学生处于两个一百年的历史交汇点上，人生学习工作生活的全历程横跨两个一百年奋斗目标的全周期，既是第一个百年奋斗目标的受益者、见证者，也是第二个百年奋斗目标的参与者、建设者，生活无比幸运，使命无比光荣。“祖国的未来属于中国青年！民族的光荣属于中国青年!”新时代大学生惟有将自身融入中华民族复兴的伟大中国梦中才能实现个体的规划目标。大学生担当这一历史使命的自信，来源于中华民族固有的“修身齐家治国平天下”的士子追求，来源于近代以来一代又一代中国优秀知识青年的“振兴中华”的强烈愿望，来源于中国共产党领导开展的新民主主义革命的成功以及社会主义建设、改革、发展取得的巨大成就。作为中国共产党领导下全体中国人民的共同事业，中华民族的伟大复兴必将在一代又一代人的接续奋斗中成功实现。新时代大学生是承前启后的一代新人，站在新时代的历史起点上，必将也必须担当复兴中华民族的历史使命。这既是时代交付的使命，也是时代给予的自信。

培养愿意担当使命的情怀。作为历史进程中的独特群体，新时代大学生既是接续继承的一代，也是开拓创新的一代。中华民族上下五千年的优秀传统文化、老一辈无产阶级革命家开创的中国社会主义事业，是全体中华儿女的宝贵财富，也是大学生担当使命的自信与底气；与此同时，解决好发展不充分不平衡的问题，满足人民群众日益增长的美好生活需要，尽快摆脱社会主义初级阶段的不发达状态，缩小同世界先进国家在科技、经济、社会等方面的差距，实现中华民族的伟大复兴也是大学生担当使命的课题。① 大学生担当历史使命的情怀，必须建立在“只有社会主义才能救中国，只有社会主义才能发展中国”的科学认识上，建立在“中国共产党是中国特色社会主义最本质的特征，是中国特色社会主义的最大优势”的政治立场上，建立在“我们党来自人民、扎根人民、造福人民，全心全意为人民服务”的根本宗旨上。这既是朴素的情感依托，也是科学的理论认知，只有这样把中国特色社会主义不断推向前进，在此基础上达成大学生的使命。

营造竞相担当使命的环境。大学生是国家的未来和民族的希望，大学生敢于担当、愿意担当、善于担当，国家发展就有力量，民族未来才有希望。一是高校必须坚持立德树人，把思想政治工作贯穿教育教学全过程，用好课堂教育主渠道，用理想信念引领大学生的使命担当；二是要加强课程思政建设与改革，让其他课程“守好一段渠，种好责任田”，用理论知识武装大学生的头脑，激励大学生主动担当使命；三是要完善协调育人机制，搭建校外教育基地建设，构建全方位、立体式的使命教育环境，用好校内外各类资源、各种载体，营造良好的使命教育氛围。通过环境的营造，让新时代的大学生既有身临其境、近距离体验中华民族伟大复兴的“在场”感，也有担当使命、贡献力量亲身参与中华民族伟大复兴建设的“出场”感，主动把国家富强、民族振兴的使命扛在肩上。

---

① 左腾飞 . 新时代中国社会主要矛盾研究[D]. 山东师范大学，2020.

5.2.5.2 掌握担当使命的方法

托尔斯泰说过："爱孩子是老母鸡都会做的事，关键是如何教育。"高尔基表达得更直接："学习并不等于就是模仿某些东西，而是掌握技巧和方法。"美国著名心理学家伯尔赫斯·弗雷德里克·斯金纳在《新科学家》杂志上发表文章中有这样的表述："当所学的东西都忘掉之后，剩下的就是教育。"爱因斯坦1931年在纽约州立大学以《论教育》为演讲题目中引用这句话说"教育是如果学校的知识都忘光之后剩下的东西"。毛泽东也曾形象地指出："我们不但要提出任务，而且要解决完成任务的方法问题。我们的任务是过河，但是没有桥或没有船就不能过。不解决桥或船的问题，过河就是一句空话。不解决方法问题，任务也只是瞎说一顿。"①科学的方法建立在对规律的准确把握基础之上，是人们在社会实践中达成目的的正确手段与方式。大学生是国家和民族的宝贵资源，也是社会关注的焦点和重点。新时代大学生身上肩负中华民族伟大复兴的重大历史使命，必须掌握担当使命的方法，才能正确履行责任、实现使命。在调研中，我们发现52.95%的同学愿意改变社会上一些存在的某些弊端但是不知道如何做，12.35%的同学担心做了没效果，这两类相加超过了65%，充分说明新时代大学生在履行使命担当时缺乏方法的现象非常严重，让新时代大学生掌握担当使命的方法至关重要。

在理论武装中补足"精神之钙"。新时代大学生的使命光荣而重大，如果"精神之钙"不足就难以支撑起身上的重任，必然导致目光短浅、思想迷茫、意志薄弱、精神萎靡，甚至会误入歧途、走向反面、坠入深渊、万劫不复。使命教育方法最重要的就是补足大学生的"精神之钙"。一是夯实马克思主义理论根基，结合实际阅读经典文献、注重学习消化吸收，掌握马克思主义哲学、政治经济学、科学社会主义基本原理，坚定共产主义的理想信念；二是学深悟透习近平新时代中国特色社会主义思想，以马克思主义中国化的最新理论成果武装头脑，认清中国共产党人理想信念在新时代的目标体现为中国特色社会主义和中华民族伟大复兴的中国梦，坚定"四个自信"的底气，增强敢于担当的自觉性、善于担当的自

① 毛泽东选集(第3卷)[M]. 北京：人民出版社，1991：139.

信心；三是深入学习党史、新中国史、改革开放史、社会主义发展史，深刻感悟革命理想高于天的豪迈气概，深刻体会中国共产党在挽救民族危亡和国家发展中的丰功伟绩，深刻理解全心全意为人民服务的根本宗旨，用理论武装熔铸精神之魂，解决好理想信念这个“总开关”问题。

在学思践悟中提升担当能力。学习、思考、实践、感悟是一个人提升能力具有普遍意义的方法，四个步骤一个循环，每经过一个循环个体的能力就进入一个更高的水平，从而实现主体能力螺旋式上升的目标。新时代大学生使命担当能力的提升同样遵循这一规律。一是掌握科学的世界观和方法论。熟练掌握科学分析问题、解决问题和做好工作的方法论是做好一切工作的前提条件。在认识世界和改造世界的社会实践中，必须熟悉、掌握、用好辩证唯物主义和历史唯物主义这一马克思主义者的“望远镜”和“显微镜”；二是掌握科学文化知识和持续学习本领。“问渠那得清如许，为有源头活水来。”((南宋)朱熹《活水亭观书有感·其一》)。网络社会各类信息眼花缭乱、知识变化日新月异，大学生在课堂上学习的知识往往追赶不上社会实践的发展，唯有掌握学习的方法并坚持学习才能跟上时代的步伐。学习内容既包括自身的专业知识，也要广泛涉猎经济、政治、文化、社会、生态文明建设所需要的各方面知识，这样才有可能承担起自身目前的使命，并为将来承担更大使命奠定坚实基础；三是把握好能力提升的步骤。新时代大学生是互联网社会的原住民，拥有信息丰富、知识获取便利这个得天独厚的优势，但是不可避免地存在思考较少、实践不足、感悟不深的缺点，学思践悟这一能力提升路径可谓是针对新时代大学生量身定制的。因此，大学生必须也只能在学思践悟中提升能力，注重创新、不断成长，铸就担当使命的强大能力。

在慎独慎微中弘扬新风正气。高校是社会的一部分，难免会受到社会风气的影响；高校是社会的精神高地，理应引领社会新风正气。大学生涯是大学生跨入社会的最后一个阶段，让学生形成慎独慎微的习惯，对社会风气形成正向的影响是使命教育的应有之义。一是培养敬畏之心。心存敬畏，才能规范言行，方可行稳致远。既要敬畏历史，培育家国情怀，又要敬畏人民，站稳群众立场；既要敬畏组织(国家、民族、社会、单位、学校等)，培养感恩意识；又要敬畏法纪，守好底线红线；二是做到慎独慎微。大学生身处校园，接触到的多为同学、老师，更要严于律己，不受社会上的歪风邪气影响，纯洁师生关系，做到“勿以善小而不为，勿以恶小而为之"(《三国志·蜀志·先主传》)。以"天知，地知，你知，我知"成功实现"暮夜却金"而流芳百世的东汉"四知先生"杨震，既是领导干部学习的榜样，也是大学生学习的楷模；三是要有审慎之觉。人的一生就是在不断自我反省和自我修正的过程中获得成长的。既要向先进典型看齐，也要对照反面典型自省，及时查找自身的不足并坚决改正，自觉树立远大理想，自觉追求高尚道德情操，自觉培养健康的生活与学习习惯，以自己的实际行动弘扬社会新风正气。

5.2.5.3 砥砺担当使命的奋斗

实现中华民族的伟大复兴是新世纪的"长征"，有太多未知需要探索、太多困难需要克服、太多状况需要应对。但是新时代青年成长的环境的确不容乐观：以美国为首的西方国家对我国青年深入开展"全息渗透"，妄图对我国实施"颜色革命"；不失时机向大学生传播拜金主义、享乐主义等腐朽的价值观念，妄图以"润物无声"的形式瓦解青年使命追求与斗争精神；国内各项改革进入深水区、攻坚区，各种矛盾的化解需要一个过程，社会分裂与断层使社会充满戾气；各类娱乐八卦信息铺天盖地，艺人的生活方式成为青年竞相模仿的对象，浅尝辄止、一知半解的浮躁，一夜暴富、一夜成名的幻想，不仅带坏了大学生职业理想的方向，也消解了他们成长成才的定力……。但是，"中国的青年运动有很好的革命传统，这个传统就是'永久奋斗'"。这是毛泽东同志在1939年5月延安庆贺模范青年大会上讲的一段话，在今天仍然适用，而且更加具有针对性。

"知者行之始，行者知之成。"(王阳明《传习录》)，无论任何时候任何工作，人都是最重要的资源，行动是最有效的武器。作为实现中华民族伟大复兴梦想的生力军、主力军，大学生的作用任何时候都无可替代，必须将自身的使命担当理想化作具体的行动，主动将自我发展融入国家需要，主动担当使命，自觉增强奋斗意志，激发奋斗行为，以"咬定青山不放松"的砥砺奋斗实现知行合一、全面发展。在对使命教育建议的开放性调查中，"实践"出现1100次，"社会实践"出现534次，两者合并在词频中排名第一，可见将担当使命的意识付诸行动，真正体现在奋斗的行动中是使命教育的最终目的。

"希望你们的努力将获得成功，能使大学生们意识到，从他们的行列中应该产生出脑力劳动无产阶级，它的使命在即将来临的革命中同自己从事体力劳动的工人兄弟在一个队伍里肩并肩地发挥重要作用。”①大学生的使命在任何时候都是重要的，都是需要付出极大努力方可实现的。奋斗不只是喊在嘴上的口号，更是体现在完成学业中的每一项课程、做好手上的每一件小事、彰显生活中的每一个善举。“我们中华民族有同自己的敌人血战到底的气概，有在自力更生的基础上光复旧物的决心，有自立于世界民族之林的能力。”②新时代的大学生必须始终做到“空谈误国，实干兴邦”，刻苦学习、立志成才，勇挑重任、敢创一流，敢为人先、追求卓越，担当使命、攻坚克难。无论是在科技攻关最前沿还是社会实践真现场，无论是在创新创业第一线还是知识学习大课堂，无论是志愿服务小社区还是脱贫攻坚主战场，都能展现新时代大学生砥砺奋斗的身影。新时代大学生必将以一流的学业成绩、工作业绩为将来的人生出彩打下坚实的基础，用良好的道德品格和精神风貌树起一座高耸的灯塔，引领社会前进的方向，让青春在新时代的广阔天地中闪光。

① 中央编译局．马克思恩格斯选集(第 4 卷)[M]．北京：人民出版社，2012：301.
② 毛泽东选集(第 3 卷)[M]．北京：人民出版社，1991：161.

第 6 章　新时代大学生使命教育的原则方法

新时代大学生使命教育是一项特殊的社会实践活动，必须遵循一定的原则和客观的规律并运用科学的方法才能达到教育的效果。从教育内容上来看，使命教育的内容属于思想政治教育的范畴，必须遵循思想政治教育的基本原则和方法，这是大学生使命教育取得良好成效、实现教育目标的前提和基础。习近平总书记提出的“八个相统一”[①]的要求，既是思想政治理论课改革创新的基本原则方法，对思想政治教育工作同样具有方法论的指导意义。新时代大学生使命教育在这些原则方法的基础上，必须立足新时代大学生的成长环境、思想特点，结合大学生使命教育现状和使命担当状况，采取更加有针对、更有指导性的原则与方法，切实做好使命教育工作。

6.1　新时代大学生使命教育的原则

原则是人们说话或行事所需要依据的法则或准则，是客观规律的正确反映和“外显”。新时代使命教育的原则是针对新时代大学生群体开展使命教育所需要遵循的一般客观规律，是长期正确实践经验的科学总结，是解决使命教育问题和矛盾的重要指南，是使命教育的内在依据，在使命教育方法体系中具有规范、引

---

①　2019 年 3 月 18 日，习近平总书记在学校思想政治理论课教师座谈会上指出，推动思想政治理论课改革创新，要不断增强思政课的思想性、理论性和亲和力、针对性，要坚持“八个相统一”，即坚持政治性和学理性相统一、价值性和知识性相统一、建设性和批判性相统一、理论性和实践性相统一、统一性和多样性相统一、主导性和主体性相统一、灌输性和启发性相统一、显性教育和隐性教育相统一。

导、指导作用。

6.1.1　政治性与生活性相衔接

教育是上层建筑的重要内容，任何时代任何组织的教育工作都包含有意识形态和政治方面的内容。根据《中国大百科全书》的内容，政治是某一阶级为维护和发展本阶级利益而处理本阶级内部以及与其他阶级、民族、国家的关系所采取的直接的策略、手段和组织形式。① 政治问题，对于阶级生存与发展具有根本性意义，是根本性、原则性问题，政治属性是政党的第一属性，也是一定政党领导下教育工作的内在要求。毛泽东同志指出“政治工作是一切经济工作的生命线”，邓小平同志强调“到什么时候都得讲政治”，江泽民同志要求做到“讲学习，讲政治，讲正气”，胡锦涛同志说：“我们讲的政治，是马克思主义的政治，是建设有中国特色社会主义的政治”，习近平认为，“政治方向是党生存发展第一位的问题，事关党的前途命运和事业兴衰成败。我们所要坚守的政治方向，就是共产主义远大理想和中国特色社会主义共同理想、‘两个一百年’奋斗目标，就是党的基本理论、基本路线、基本方略。加强党的政治建设就是要发挥政治指南针作用。”②

在中国共产党领导的社会主义中国，新时代大学生使命教育必须坚持以马克思主义为指导，将拥护中国共产党的领导作为最核心的教育原则，引导新时代大学生为实现党的纲领和目标而共同奋斗。具体来讲，新时代大学生使命教育的政治性主要体现为对大学生加强以下几个方面的教育：一是加强马克思主义理论教育，引导大学生坚持马克思主义的信仰，作一名辩证唯物主义者。坚定共产主义远大理想和中国特色社会主义共同理想的信念，做共产主义的信仰者与追求者；坚定中国特色社会主义“四个自信”，做历史使命的主动担当者；二是始终坚持以人民为中心的根本政治立场，牢固树立人民群众是历史创造者的历史唯物主义观点，贯彻党的群众路线，全心全意为人民服务，做到一切为了人民、一切依靠人民；三是党的基本理论、基本路线、基本方略，让大学生自觉将自身追求融入

---

①　张楚廷．大学八特征[J]．大学教育科学，2013(4)：124-127.

②　习近平：把党的政治建设作为党的根本性建设　为党不断从胜利走向胜利提供重要保证[N]．人民日报，2018-07-01(01).

党和国家民族事业的发展目标。

生活性是指教育工作作为人类现实的社会实践活动，必须充分考虑教育者与受教育者的现实生活，将教育工作置于现实社会生活这一宏大背景之中，关注大学生的生活困境、学习难题、思想疑惑，让新时代大学生在生活中感受生命美好、探寻生命意义、学习科学文化知识、做到全面发展、承担正确的使命。此处的“生活性”与杜威认为的“教育即生活”和陶行知提出的“生活即教育”在某些观点上是一致的，如都强调生活是教育的基础环境，世界上没有孤立的教育，教育活动存在于人类的社会生活之中，教育活动与人类的社会生活紧密相联等。但作为新时代大学生使命教育的原则内容，此处的“生活性”与杜威的观点还具有马克思主义的理论属性。马克思指出，“全部人类历史的第一个前提无疑是有生命的个人的存在”①，“我们首先应当确定一切人类生存的第一个前提，也就是一切历史的第一个前提，这个前提是：人们为了能够‘创造历史’，必须能够生活。但是为了生活，首先就需要吃喝住穿以及其他一些东西。”②因此，新时代大学生使命教育必须更加强调现实生活这一使命教育的基点，使命教育不仅考虑到政治性目的与目标，还要贴近、融入、服务、引领大学生的现实生活。

政治性与生活性相衔接的原则，是对我国长期以来思想政治教育工作脱离客观现实生活现象的正确扭转，是对思想政治教育工作理想化、形式化、教条化现象的理性纠偏。只有既关注政治目标的达成，又关注人的现实生活需求；既解决政党、国家、民族的集体利益，又解决大学生的现实生活困境，将使命教育回归到人的真实生活世界，关注人的现实生活视域，在日常生活中融入政治性工作目标，才能真正激活使命教育应有的生命力和爆发力，持续激发大学生担当使命的自觉性，成功实现使命教育的最终目标。

政治性与生活性相衔接的原则在问卷调查中得到充分的反映。问卷调查中，在问及“你的人生奋斗动力最主要的是什么”时，有 40.97%的大学生选择“为了自己想过的生活”，26.36%的大学生选择“不辜负父母亲人辛苦付出”，表明当代大学生人生奋斗的最直接动力来源于对更美好生活的向往。这种选择直接而朴素，但符合

① 马克思恩格斯选集(第1卷)[M]. 北京：人民出版社，2012：146.
② 马克思恩格斯选集(第1卷)[M]. 北京：人民出版社，2012：158.

物质基础决定上层建筑的马克思主义哲学原理，也契合“穷则独善其身，达则兼济天下”“修身齐家治国平天下”的中华传统文化思想，因此在进行使命教育(构建上层建筑)过程中不能忽视受教育个体的生活情况(物质需求)。将家庭经济情况水平和了解自己使命程度进行交叉分析，发现家庭经济情况越好的大学生越了解自己的使命(非常了解自己的使命和比较了解自己使命的比例递增，如表 6-1 和图 6-1 所示)。虽然家庭经济情况不能完全等同于社会生活的全部方面，但却是最具代表性的因素之一，故在解决个人学习生活困境过程中进行正确使命教育能够起到更好的效果，使命教育应当坚持政治性和生活性相衔接的基本原则。

表 6-1　　　**家庭经济水平和自身使命认知交叉分析结果**

家庭经济情况水平	了解自己使命的程度				小计
	非常了解	比较了解	不太了解	完全不了解	
上层	50(83.33%)	6(10%)	2(3.33%)	2(3.33%)	60
中上层	77(38.5%)	110(55%)	10(5%)	3(1.5%)	200
中层	789(23.43%)	2279(67.69%)	293(8.70%)	6(0.18%)	3367
中下层	1220(17.99%)	4660(68.70%)	866(12.77%)	37(0.55%)	6783
下层	1059(21.92%)	2938(60.80%)	769(15.91%)	66(1.37%)	4832
不清楚	186(17.33%)	688(64.12%)	185(17.24%)	14(1.30%)	1073

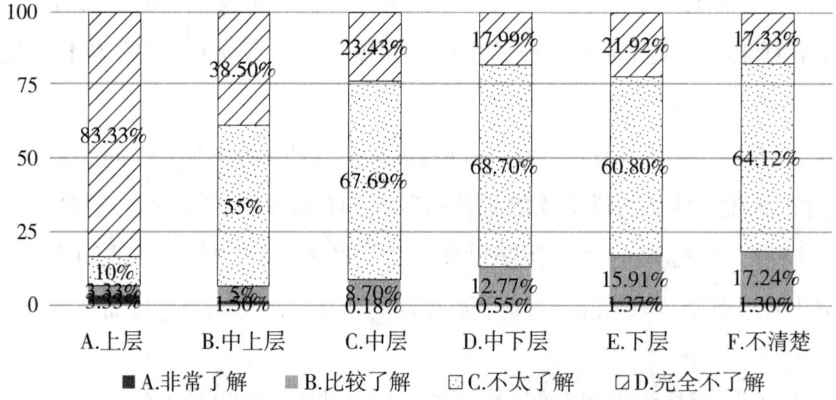

图 6-1　家庭经济水平和自身使命认知交叉分析结果柱状堆积图

6.1.2　理论性与实践性相结合

作为哲学关注的基本问题，理论与实践的关系是哲学研究的一对基本范畴。实践是理论生长的基础，理论对实践具有能动的指导作用。脱离实践的理论必然是僵化的理论、无用的教条；正确的理论对社会实践必然发挥积极的促进作用，错误的理论则对社会实践产生阻碍作用。理论与实践相辅相成、缺一不可、辩证统一于人类认识世界、改造世界的过程之中。正确的理论、科学的实践是人类得以健康、快速发展的两个必要条件。用正确的理论去指导实践，在科学的实践中创新理论，理论与实践相互促进、共同发展，共同推动人类社会能动地改造客观世界。坚持理论与实践的统一，是使命教育这一社会实践活动必须遵循的根本原则。

坚持理论性和实践性相结合，是马克思主义的一个最基本的原则。大学阶段是一个人学习的黄金阶段，以理论性与实践性相结合的方式心无旁骛地专注学业、专业知识的积累和能力素质的提升，应该是新时代大学生学习的正确方式。大学生使命教育不能唯理论谈理论，必须将理论认知付诸实践行动，在理论知识的传授中立足新时代的特定历史方位、注重大学生的思想生活实际，将使命教育这一社会实践活动置于新时代大学校园这一特定时空中去考虑，适应社会发展和外部环境变化，大力推进新时代青年大学生使命教育的理论创新和实践探索，运用最新科技成果、借鉴其他学科的最新理论和方法，丰富新时代条件下产生的教育内容，提高新时代大学生对使命理论的科学认知、深入理解、情感认同和行为实践。

新时代大学生使命教育中坚持理论性与实践性相结合的原则，主要是指使命教育作为思想政治教育的重要内容，必须自觉遵循马克思主义基本原理，用长期实践形成的科学的思想政治教育和使命教育理论指导使命教育实践，将大学生接受使命教育产生的使命愿景在生动的社会实践中接受检验，并根据实践情况修正、升华使命理论，从而形成使命教育理论与实践相互促进、螺旋上升的良性互动。在实际操作中，始终坚持引导学生立鸿鹄志、做奋斗者，教育大学生把爱国情、强国志、报国行自觉融入实际行动，真心拥护中国共产党的领导和我国社会主义制度，全心投入中国特色社会主义事业，倾力奉献社会主义现代化强国建设，矢志奋斗中华民族伟大复兴的中国梦，以理论的自觉和有力的实践实现立德树人根本任务。

理论性与实践性相结合的必要性在调研数据中得到验证，将对“两个一百年奋斗目标”的掌握程度和赴西北支援不发达地区发展意愿进行交叉分析，发现对理论知识掌握程度与主动作为的意愿之间存在明显正相关。“清楚两个一百年奋斗目标”的群体中 62. 27%愿意去西部支援，0. 46%“说什么也不去”，“听说过但没记住两个一百年奋斗目标”群体中相应的比例分别是 44. 18%、1. 15%，“不清楚没听说过两个一百年奋斗目标”群体中相应的比例分别是 38. 41%、23. 18%(具体见表 6-2 和图 6-2)。可以看出越清楚两个一百年奋斗目标具体内容的群体越能

表 6-2　**理论知识掌握程度和支援不发达地区意愿交叉分析结果**

对两个一百年奋斗目标是否清楚	如果祖国需要你去服务大西北或者省内不发达基层地区，你会怎么做？				小计
	会去，因为那里需要人才	会去，因为有利于今后就业工作	有顾虑，受家庭等各方面因素的影响	那边环境恶劣，说什么也不去	
清楚，对奋斗目标的时间点和主要内容非常清楚	5554(52. 81%)	995(9. 46%)	3920(37. 27%)	48(0. 46%)	10517
听说过，但没有记住	1618(28. 65%)	877(15. 53%)	3087(54. 67%)	65(1. 15%)	5647
不清楚，没有听说过	21(13. 91%)	37(24. 50%)	58(38. 41%)	35(23. 18%)	151

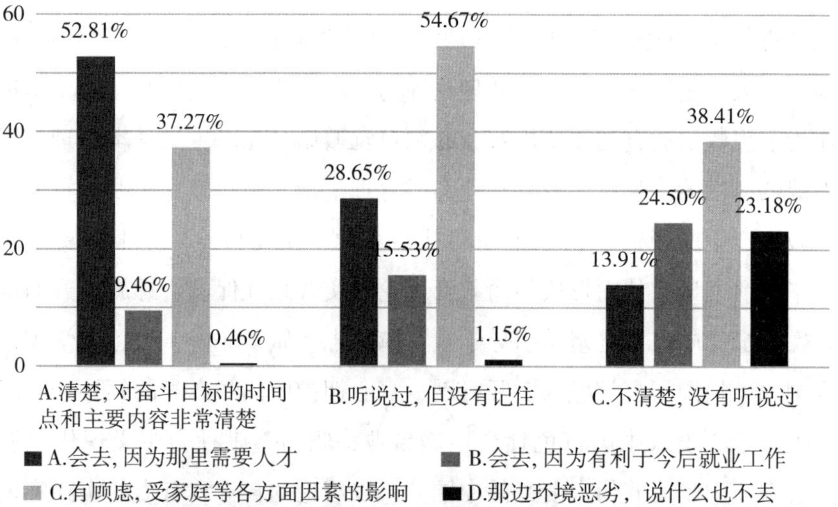

图 6-2　理论知识掌握程度和支援不发达地区意愿交叉分析结果

够主动作为去履行自己的使命。2021年，我国全面建成小康社会、实现第一个百年奋斗目标，开启实现第二个百年奋斗目标新征程，新中国取得的历史性成就充分证明，中国特色社会主义制度是中国发展进步的根本保证，只有坚持和发展中国特色社会主义，才能实现"两个一百年"奋斗目标。因此，理论学习越深入，对中国特色社会主义的认识越全面，对中国特色社会主义制度越自信，越能够履行好作为中华民族一员的使命担当。

6.1.3 主导性与主体性相统一

主体和客体是一对孪生概念，没有无客体的主体，也没有无主体的客体，体现在教育实践中主体与客体亦是一对基本范畴。任何教育形式都无法回避主体与客体二者之间的关系。"思想政治教育主体与客体的关系是贯穿思想政治教育过程的最重要、最基本的关系。"①主体与客体在一对关系中处于不同的地位，发挥不同的功能作用。关于思想政治教育中的主体有单主体说、双主体说、多主体说，还有相对主体说。

主体性原则是指在主体、客体相互分离基础上，承认、重视并坚持主体在社会实践和认识活动中的重要地位与重要作用的原则。马克思主义的主体性原则建立在辩证唯物主义与历史唯物主义相统一的基础之上，是人对自然界、人类社会、人自身的实践改造原则，是强调人的能动发展与人的主体地位在改造客观世界所具有意义的原则。"只有真正履行了承担、发动、组织和实施思想政治教育职能者，才可以称为思想政治教育主体。"②从这个意义上，教育者与受教育者都可以成为教育的主体，这种主体的角色是随着教育活动场景的变化而随之发生转变的——在特定的场景中，谁成为教育的主体，谁就承担主体的角色，也就相应体现出主体性的特点。

郑永廷教授认为："所谓主导，就是引导、选择的主要方向、方面及重点。"③主导性体现了教育者作为使命教育活动的主体，承担着使命教育活动的承

① 骆郁廷等．思想政治教育原理与方法[M]．北京：高等教育出版社，2010：78.

② 骆郁廷等．思想政治教育原理与方法[M]．北京：高等教育出版社，2010：79.

③ 郑永廷．现代思想道德教育理论与方法[M]．广州：广东高等教育出版社，2000：111.

担者、发起者、组织者、实施者的角色，在教育活动中具有主体性，始终发挥着主导和支配作用，体现为使命教育教程中教育者的主导性与大学生的依从性的关系。但是，需要说明的是，这里的主导性体现的是指导与引导，而非强制与控制。

“在中国的文化中，教育从来就被理解为对人进行管教和培养。”①长期以来，思想政治教育具有师授性、他控性，即受教育者的主体地位得不到充分的尊重和有效的彰显。“坚持主导性和主体性相统一”是习近平总书记在学校思想政治理论课教师座谈会上的讲话中提出的“八个坚持”中的一项内容，具有极强的针对性和现实意义。实际上，不仅是思政课教学中，而且在其他教育活动中，都要做到既充分发挥教师的主导作用，也要注意研究学生的思想行为特点，充分发挥学生的主体性作用。这一原则运用在使命教育中，就是要充分发挥教育者在使命教育中的主导作用，扮演好使命教育承担者、发起者、组织者、实施者的角色，认真研究使命教育的目标、内容、过程、规律、原则、方法、载体、环境、评估等基本原理，深入关注学生的成长变化，创新教育形式，真正体现出主导性，而非居高临下的道德说教，真正改变使命教育互动性差、效果不好的局面。学生的主体性是随着人的全面发展、经济社会发展的变化、使命教育认识的深化而与时俱进、不断发展的。这种主体性是对人本身的尊重、对大学生独特个性的关注、对大学生主体地位的肯定，为教育者发现大学生的思想问题并予以解决提供了条件。因此，“主导性与主体性相统一的原则”就是要解放思想政治教育中的主体与客体，充分发挥主体与客体的主观能动性，这是对传统思想政治教育中主体与客体认识的超越，体现出马克思主义理论开放包容、与时俱进的理论品格。

新时代大学生使命教育必须注重发挥主导性、激发主体性。一是充分发挥教育者的主导性作用。这种主导性体现在教育者自身的历史使命感和责任感，体现在教育者自身的言传身教、以身示范，体现在教育者对使命教育活动内容的精心甄别、活动场景的精心设计、活动形式的精心安排、活动过程的精心组织、教育方法的科学选择。二是充分激发新时代大学生的主体性。这种主体性体现在对新时代大学生主体地位的充分尊重，唤醒大学生自身的主体意识、主动精神，激发

① 祖嘉合．思想政治教育方法教程[M]．北京：北京大学出版社，2004：2.

大学生的使命意识、发展潜力，培养大学生的使命情感与使命倾向，从而自主自觉地追寻使命，将党和国家民族赋予的使命担当在肩，成为自身稳固的心理认同、思想品质与行为习惯。三是做到主导性与主体性紧密结合、辩证统一。一方面要做到在主导性中体现主体性，新时代大学生使命教育作为教育的一项具体内容，必然要发挥教育的主导性作用，要保证立德树人根本任务的实现，必须坚持正确的政治方向、科学的教育方法，但也要把使命教育与新时代大学生的现实生活需要、情感满足与全面发展相结合，从而更加有利于使命教育目标的达成；另一方面要做到在主体性中坚持主导性。新时代大学生具有时代的特点，但也具有青年自身的不足，使命教育中发挥大学生的主体性作用，不能以弱化甚至抛弃主导性为前提，而是需要通过教育者与大学生双方的双向互动相互影响、相互教育、共同提高。

在主体性与主导性的关系中，教育者有没有主体性观念、有没有主导能力对大学生使命教育影响巨大。调研中将父母学历文化水平和大学生使命认知程度进行交叉分析，发现父母文化程度越高其子女越能够正确认识自身的使命(比较了解和非常了解自己使命的比例逐渐增加，如表6-3和图6-3所示)，显示教育者对大学生使命观念的重要影响作用。在大学教育阶段，教育主要由高校教师完成，高校教师必须充分发挥自身的学术影响与人格魅力，做到主导性与主体性相统一，促进大学生形成正确的使命观，主动担当自身的历史使命。

表6-3　**父母文化水平和新时代大学生使命认知情况交叉分析结果**

父母文化水平	作为新时代的大学生，您了解自己的使命吗？				小计
	非常了解	比较了解	不太了解	完全不了解	
初中及以下	1438(18.71%)	5034(65.49%)	1164(15.14%)	51(0.66%)	7687
高中或中专	1183(20.26%)	3923(67.19%)	687(11.77%)	46(0.79%)	5839
专科	340(26.36%)	798(61.86%)	138(10.70%)	14(1.09%)	1290
本科	365(27.00%)	848(62.72%)	127(9.39%)	12(0.89%)	1352
硕士及以上	55(37.41%)	78(53.06%)	9(6.12%)	5(3.40%)	147

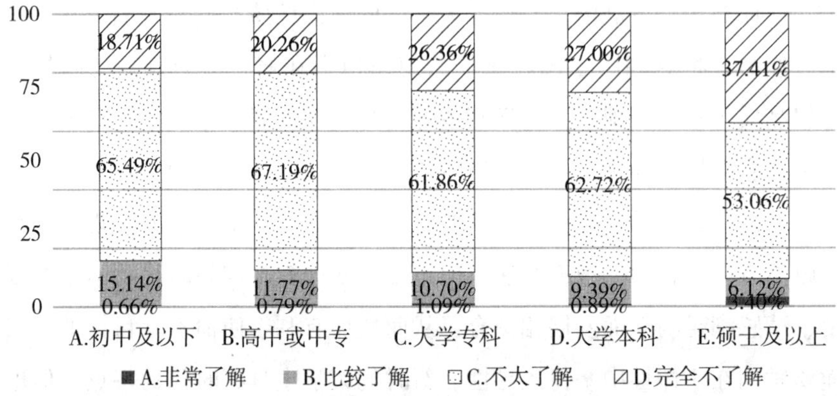

图 6-3　父母文化水平和新时代大学生使命认知情况交叉分析结果

6.2　新时代大学生使命教育的方法

“方法是人们达到预期目的的一种手段、工具、途径、技术和范式，作为活动主体的人与作为活动客体的具体对象，正是通过方法才得以在活动中相互联系、相互作用。”①方法作为一种中介因素，体现为人类在社会实践中对客观规律的把握与运用，方法得当与否决定着社会实践活动的效率与效果。使命教育方法是教育者为了实现教育目标、传递教育内容，所采取的教育方式、教育程序以及教育手段的统称。“工欲善其事，必先利其器。”(《论语 · 卫灵公》)，掌握科学的使命教育规律与方法是开展好使命教育活动、取得良好教育成效的前提与基础。调研结果显示，大学教育对一个人的使命形成影响仅仅排在中学教育之后(中学教育 35.29%，大学教育 30.21%)，并认为大学教育中应当在使命教育中通过用好课堂主渠道、注重榜样的塑造和宣传、加强学校与社会的联系等途径加强大学生的使命与担当。这些调研结果体现出大学生对使命教育规律的认识与反思，对新时代大学生使命教育的方法具有重要参考。

6.2.1　循序渐进，因材施教

任何事物的发展都遵循由量变到质变的客观规律，人们对于社会的认识、对

① 张耀灿，等．现代思想政治教育学[M]．北京：人民出版社，2006：361.

于社会的改造也不可一蹴而就，而要循序渐进、由浅入深，即人们的认识活动和实践活动是一个由简单到复杂、由低级到高级、由感性到理性、由直观到抽象的循“序”发展过程。使命教育是人们开展生命教育的一项社会实践活动，自然要遵循循序渐进的客观规律。循序渐进法是指教育主体在安排教学内容、教学方法和教育负荷等方面内容时，要遵循受教育者对于知识的接受规律，按照由易到难、由简到繁、由少到多的顺序逐步深化提高，使大学生能够系统地掌握关于使命教育的知识、培养使命教育的情感、承担使命的基本技能，最终实现承担自身的使命。

“物之不齐，物之情也。”(《孟子·滕文公上》)，作为没有生命的物品都是千差万别，具有生命意识的人类更是如此。因材施教作为一种教学理念与教学方法在中国历史悠久，一般认为由儒家创始人孔子最先采用和创立。在中国高等教育由大众化向普及化的过程中，在思想政治教育尤其是使命教育这种以改变受教育者思想认识为目标的教育活动中，因材施教法具有更重要的意义，具有非常典型的现代价值。所谓因材施教法，是指教育者从受教育的个体实际出发，充分考虑到受教育的现有认知水平、接受能力、个性特点等个体差异性，合理安排教育的内容、方式与手段，使教学内容的深度、广度、进度与受教育者现有的基础相匹配，使每个受教育者的能力素质得到最大提高、个体潜能得到最大开发。

中国古代教育家普遍重视循序渐进的教学原则。孔子的学生颜渊赞扬孔子“循循然善诱人”(《论语·子罕》)，表明孔子善于引导学生由浅入深，有步骤地学习。孟子认为教学是一个自然发展的过程，把教学过程比作流水一样不分昼夜地前进，但在遇到坎坷时必须一个个的等水盈满才能继续前进，“源泉混混，不舍昼夜，盈科而后进，放乎四海”(《孟子·离娄下》)。孟子还以禾苗的自然生长来比喻人受教育的时候，一方面要尽心耕耘，绝不可放任自流，另一方面又切忌拔苗助长，急于求成。后代的教育家普遍认识到，知识的累积、智力的增长是一个循序渐进的过程。

“因材施教”的教育方法在我国具有深厚的历史传统，孔子依据“性相近也，习相远也”(《论语·阳货》)的人性观点把人分为上、中、下三等，即“生而知之者，上也；学而知之者，次也；困而学之，又其次也；困而不学，民斯为下矣。”(《论语·季氏篇》)同时提出“中人以上，可以语上也；中人以下，不可以语上也”(《论语·雍也篇》)的观点，形成“有教无类”“因材施教”的教育方法。“因材施教”尽管在不同的时代、不同的教育场合具有不同的内涵，但这一教学思想对受教育者的关注、尊重具有深刻的现实意义，因而受到历代教育学家的推崇。孔子是我国教育思想的开创者、集大成者，非常关注学生个体的差异性并采取不同的教育内容、安排不同的教学进度，“视其所以，观其所由，察其所安”(《论语·为政第二》)，“君子之所以教者五：有如时雨化之者，有成德者，有达材者，有答问者，有私淑之者”(《孟子·尽心上·四十》)，从而使学生各展其才、各尽其才。后来的教育家如朱熹、王守仁都承继了这一优秀的教学方法。

为探索个体对使命教育需求的差异，我们将性别和不同专业对使命教育的诉求进行交叉分析，显示不同性别和不同专业的大学生对大学阶段使命教育侧重点的看法均存在显著差异性，没有对所有人都有效的教育方法(见图 6-4)，因此教育者应当重视因材施教的教育原则。

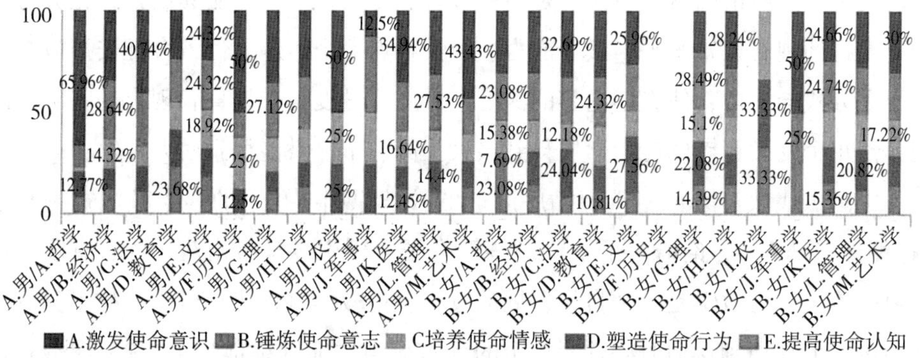

图 6-4　性别和不同专业对使命教育诉求的交叉分析结果

“循序渐进，因材施教”统合起来作为使命教育的方法，既体现出使命教育遵循教育活动的一般规律，也体现出使命教育的本质规定和特殊要求。新时代大学生尽管都成功考取大学，但是由于来自不同的原生家庭、成长于不同的家庭环境，其先天和后天的底色均有不同，使大学生虽然在同一所高校接受教育，但是其兴趣爱好、性格特长、脾气秉性均呈现出差异性。这种差异性就需要教育者既要遵循人们的认识学习规律做到循序渐进、逐步深入，也要尊重受教育者的个体差异做到因材施教、个性辅导。作为教育者，“在注重贯通性的同时，还要注重渐进性……既防止相互脱节，又防止拔苗助长，坚持相互衔接，循序渐进，螺旋上升，不断提高育人的实效性。”①同时还需要掌握教育的一般规律，具备充分的理论知识，能够运用多种教育教学方法，对受教育者有非常充分的了解，这样才能引导受教育者发现自己的兴趣和才能去学习，才能更有效率地得到提高，让学生们各尽其才、各展所长、增强自信、全面发展。

“循序渐进，因材施教”法在新时代大学生使命教育中需要把握以下几点：一是教育内容要遵循由简单到复杂的人类认识规律，尤其是要把握不同类型大学生的接受程度，安排合适的教育教学内容，以提高不同大学生群体的接受度；二是教育形式要充分考虑到新时代大学生的成长特点，解决生活问题与思想问题相结合，同时结合新科技成果多采用沉浸式、体验式的教育形式，以提升教育教学效果；三是要针对不同成长背景的学生采用差异化的教育教学形式，以个体咨询、个别辅导的形式增强教育教学的针对性、实效性。

6.2.2　舆论引导，环境熏陶

舆论作为人类的一种特殊精神现象自人类群居以来即已有之，舆论引导往往是由公众的言论或意见这种舆论现象而引发的一种应对方式。一般来说，有舆论的地方就会出现舆论引导。“舆论”一词最早的使用者为三国时期的王朗，他在公元223年8月给魏文帝曹丕的奏章《谏东征疏》中讲道：“设其傲狠，殊无入志，惧彼舆论之未畅者，并怀伊邑。”(《三国志·魏·王朗传》)其后《梁书·武帝纪》也有使用：“行能臧否，或素定怀抱，或得之舆论。”“从‘舆论’一词产生的历史背景观察，就可以看出它是民意的‘晴雨表’，具有扭转社会乾坤、影响社会发展的重要作用。”②

“舆论引导”又称舆论导向，指一定个人、群体、组织(如政党、阶级等)对社会舆论进行的评价、解释、引导，以期用一定的观点促进目标人群的思想、态度、行为等主观意向和行为发生改变。通过新闻报道引导舆论成为宣传思想工作

① 骆郁廷．推进协同育人　凝聚育人合力[N]．中国教育报，2020-05-18．

② 邓绍根．“舆论”词源考证[N]．中国社会科学报，2016-04-07．

的重要方式，在马克思主义理论意识形态领域开展舆论引导工作对于思想政治教育工作具有重要意义。1994 年 1 月 24 日，江泽民在全国宣传思想工作会议上首次提出，“正确引导舆论，是党的宣传思想战线非常重要的工作”，“舆论导向正确，人心凝聚，精神振奋；舆论导向失误，后果严重。”2016 年 2 月 19 日，习近平在党的新闻舆论工作座谈会上指出：“历史和现实都告诉我们，舆论的力量绝不能小觑。舆论导向正确是党和人民之福，舆论导向错误是党和人民之祸。好的舆论可以成为发展的“推进器”、民意的“晴雨表”、社会的“黏合剂”、道德的“风向标”，不好的舆论可以成为民众的“迷魂汤”、社会的“分离器”、杀人的“软刀子”、动乱的“催化剂”。”

舆论引导的载体，主要包括大众传媒、新兴媒体、社会活动和口头语言这四种类型。与之相适应，舆论引导的方法主要包括权威信息引导法、政策解读引导法、情绪疏导引导法、政府形象引导法和文化感染引导法。舆论引导的理论依据，主要是包括马克思主义者和西方相关学科的理论探索成果。马克思主义者不仅是舆论引导的提出者，也是舆论引导的忠实探索者，马克思恩格斯的舆论引导思想，列宁关于党报的舆论引导理论，以及中国共产党人的舆论引导理论，是舆论引导研究的指导思想。西方大众传播学的传播效果理论、舆论学的民意调查理论、政治学的舆论管理理论，深刻揭示了西方资本主义国家如何引导舆论。① 西方舆论引导的理论与实践，为我们舆论引导工作提供了重要借鉴和参考。

马克思、恩格斯在他们的共同著作《德意志意识形态》中曾表达了这样的观点：人创造环境，同样环境也创造了人。人通过社会实践活动可以改造自然、美化自然，使之成为适于人类生存的美好环境。另一方面美的自然环境也能美化人，即人类受教育和陶冶而变得更完美、更高尚。“人与环境总是互相依赖、互相制约、互相创造的。“人创造环境”和“环境创造人”，这是人类以实践活动为基础的两种方向相反而又内在统一的活动。”②此处讲述的环境与广义的文化概念是一致的。因此，环境对人的塑造具有潜移默化的影响作用，一个人生活在不同

① 刘春波．舆论引导论[D]．武汉大学，2013.

② 赵家祥．试论“人创造环境”和“环境创造人”的统一[J]．青海社会科学，1990(1)：51-56.

的环境里，耳濡目染中就会受到影响，其学习与思维方式、生活与工作习惯、性格与特长爱好都会与环境相适应。中国古人对此有非常明确的认识，并善于对环境加以利用和改造。如“道法自然”“天人合一”等观念就是人们顺应环境、利用环境的思想体现，“蓬生麻中，不扶而直；白沙在涅，与之俱黑”(《荀子·劝学》)论述的就是教育环境对人产生影响的重大作用，三字经中“昔孟母、择邻处”讲的就是教育环境对孩子成长的影响而作出的行为选择。斯坦福大学心理学教授津巴多于1971年开展的斯坦福监狱实验也充分说明环境对一个人的重大影响。该实验将斯坦福大学心理学系大楼的地下室内设置为模拟监狱，将志愿参与的24名师范学院学生(这些学生无入监经历，不吸毒，身体以及心理健康，酬劳一天15美元)随机分为两组，分别扮演“囚犯”和“看守”(另有3名大学生作为候补，但没有参加实验)。结果显示：在监狱这种特殊环境下，“狱警”的行为极为暴力甚至以惩罚“犯人”为乐，“囚犯”的扮演者心理上受到不同程度的伤害。这个实验充分证明了环境对人行为的巨大影响力，远远超过大多数人的想象。

当代社会的发展使人与人之间的相互依存度越来越高，人对教育环境的要求越来越高、越来越受到人们的重视。捷克教育家夸美纽斯对学校教育环境问题进行过较系统的研究，他认为“学校应该设在一个安静的地点，要远离尘嚣和分心的事物。”①环境熏陶是指使命教育工作者为达到使命教育目的而为受教育者营造的物质和文化环境的教育方法，其实质表现为隐性教育的方式。环境熏陶无处不在，只要是受教育者学习、生活、工作的一切环境都可以作为使命教育的环境，环境熏陶的主要目标就是充分释放教育环境的正向功能，抑制教育环境的负向功能。

环境是开展使命教育的重要场域，能够对身处其中的大学生产生积极或消极的心理暗示。舆论引导往往能在社会上形成一种风气，从而引导人们的精神追求和行为选择。“舆论引导，环境熏陶”作为使命教育的方法主要基于使命教育的特殊性质，高度重视舆论引导和环境熏陶的重人影响，充分发挥使命教育各子系统、各系统要素的作用，建立协同创新、协同育人、高度协同的育人体系，构建

① 傅松涛．夸美纽斯教学艺术思想初探[J]．河北大学学报(哲学社会科学版)，1997(1)：102-109.

有效载体，凝聚育人合力。

在探究新时代大学生使命教育方法与影响因素的调研中，新时代大学生普遍认为对自身的使命观影响最大的因素由高到低依次为社会环境(45.8%)、家庭环境(25.09%)、榜样影响(12.87%)、学校教育(10.41%)、自身学习(4.03%)、网络舆论(1.34%)(具体见表 6-5)。这里的影响因素既包括无形的舆论氛围，也包括有形的物质环境，从中可以看出新时代大学生接受使命教育效果取向于教育内容、教育形式的影响力和渗透力，这就要求教育内容科学严谨，同时要结合受教育者的实际状况，使教育效果深入人心。

表 6-5　　**您认为哪个因素对您的使命观影响最大?**

选　　项	小计	比例
A. 社会环境	7473	45.8%
B. 家庭环境	4093	25.09%
C. 学校教育	1699	10.41%
D. 网络舆论	219	1.34%
E. 榜样影响(如文学作品、影视作品、先进人物、身边榜样等)	2099	12.87%
F. 自身学习	657	4.03%
G. 其他	75	0.46%

“舆论引导，环境熏陶”法在新时代大学生使命教育中需要把握以下两点：一是牢牢把握正确的舆论导向，建设良好的使命教育“大环境”。旗帜鲜明弘扬传播正能量、鞭挞抑制假丑恶，发挥舆论引导和环境文化在“举旗帜、聚民心、育新人、兴文化、展形象”的重要作用，创新方式引导好现实生活和网络媒体的热点舆论，大力宣传经济社会发展的新形势新变化，大力宣传敢于担当先进典型的，营造风清气正、崇尚优秀、见贤思齐的使命教育和使命担当文化；二是注重氛围营造，构建良好的使命教育“小环境”。使命教育实践中，注重把握最佳的时机、选择正确的地点、安排合适的内容、采取恰当的方式、运用科学的方法，同时要建立完善的使命教育制度，树立使命担当的身边榜样，激励教育者和受教育者都做使命担当的模范践行者，从社会环境、家庭环境、学校环境和社交环境

等多层次、多维度营造大学生使命教育的良好氛围。

6.2.3 理论灌输，榜样激励

理论灌输是马克思主义经典作家和马克思主义理论工作者在与封建势力和资产阶级的理论交锋、思想论战的革命斗争中教育群众、动员群众、掌握群众的科学经验总结，是思想政治教育的基本方法。白秀银在其博士论文中对马克思主义灌输理论进行了历史考察和系统梳理，认为马克思主义灌输理论是马克思主义者以马克思恩格斯的理论为基础，由考茨基明确提出，列宁在革命实践中正式形成和完善的。① 作为中国共产党组织群众、教育群众、争取群众的重要方法，“灌输”法一直贯穿使用于中国社会主义革命、建设、改革的各个阶段。理论“灌输”可以将马克思主义真理转化为巨大的精神力量进而转化为巨大的物质力量，经过实践的淬炼，日益成为中国共产党对广大人民群众持续开展思想政治教育、提升人民群众思想政治觉悟的公开武器和有效途径。②

1844 年，马克思在《〈黑格尔法哲学批判〉导言》中提出理论掌握群众的命题，要求共产党人将党的理论主张普及到工人的头脑中去，其含义与灌输具有本质上的一致性。同年 9 月，恩格斯在给马克思的一封信中谈到反对“把庸俗习气灌输到共产主义运动中去”，使用了灌输这一概念。③ 考茨基 1888 年接受了马克思恩格斯关于向无产阶级灌输科学社会主义的观点，并于 1901 年发表文章对“灌输论”作了比较完整的表述，对“灌输论”的形成和理论化作出重要贡献。列宁明确提出要用通俗化的语言向工人灌输党的理论主张，争取工人阶级建立革命政党。1902 年 3 月，列宁在《怎么办?》一文中明确指出：“工人本来也不可能有社会民主主义的意识。这种意识只能从外面灌输进去。各国的历史都证明：工人阶级单靠自己的力量，只能形成工联主义的意识。”④列宁关于“灌输论”的论述具有深刻的理论性，是当时马克思主义理论家对“灌输论”最全面生动的解读。除此之外，

① 白秀银．马克思主义灌输理论及其当代发展研究[D]．电子科技大学，2012.

② 王嘉，林海玲．“灌输论”的历史发展及其当代价值[J]．思想政治教育研究，2009，25(3)：42-45.

③ 马克思恩格斯通讯全集(第 1 卷)[M]．北京：生活·读书·新知三联书店，1957：3-4.

④ 列宁选集(第 1 卷)[M]．北京：人民出版社，1972：247.

列宁还在实践中通过创办党刊、成立组织、重视局部宣传、授课演讲等形式实践自己的灌输理论。

马克思主义理论是国外引入的思想理论，惟有不断学习、加强宣传方可获得广泛认知与接受。正因如此，中国共产党自成立之日起，就将理论灌输置于重要位置，面向人民群众尤其是工人阶级开展广泛的宣讲普及。1938 年 5 月，毛泽东在延安抗日战争研究会发表《论持久战》的演讲，明确指出战争中政治动员的重要意义，指出“动员了全国的老百姓，就造成了陷敌于灭顶之灾的汪洋大海，造成了弥补武器等等缺陷的补救条件，造成了克服一切战争困难的前提”①，并提出动员的方式具体的实现方式：“军队的基础在士兵，没有进步的政治精神贯注于军队之中，没有进步的政治工作去执行这种贯注，就不能达到真正的官长和士兵的一致……”②通过文章内容，可以看出此处的“贯注”即为灌输、传达、宣传之意。1940 年，毛泽东在《新民主主义论》中强调指出：“应该扩大共产主义思想的宣传，加强马克思列宁主义的学习，没有这种宣传和学习，不但不能引导中国革命到将来的社会主义阶段上去，而且也不能指导现时的民主革命达到胜利。”③新中国成立之后的 1955 年，毛泽东在《中国农村的社会主义高潮》这本书的按语中进一步强调：“政治工作的基本任务是向农民群众不断地灌输社会主义思想，批判资本主义倾向。”④这些不同场合发表的关于理论灌输的言论都是结合中国的实际情况，具有极强的针对性和中国特色，对中国共产党武装群众夺取政权、建设社会主义中国起到极强的指导作用。

通过以上梳理可以看出，理论灌输是思想政治教育中运用最为广泛的一种方法，在中国共产党早期唤醒民众、发动群众参与革命斗争中发挥了至关重要的作用，在夺取政权和社会主义建设过程中均体现出这一方法的巨大威力。随着人类社会进入信息社会，人们获取信息、提升理论的渠道发生根本性变化。理论灌输方式由于其字面意思体现出的强制性意境，从而使其影响逐渐式微，取而代之的是人民群众的主动参与、自动吸纳的方式。其实，这是对理论灌输方法的重大误

① 毛泽东选集(第 2 卷)[M]. 北京：人民出版社，1991：480.
② 毛泽东选集(第 2 卷)[M]. 北京：人民出版社，1991：511.
③ 毛泽东选集(第 2 卷)[M]. 北京：人民出版社，1991：706.
④ 毛泽东选集(第 5 卷)[M]. 北京：人民出版社，1977：244.

解，马克思、恩格斯、考茨基、列宁等马克思主义经典作家非常关心理论掌握群众的情况，表达的都是理论宣传之于革命的重要性，在“灌输”一词的使用中，表达的实质意义与“输送”之意更为接近，而不是简单粗暴的“强塞硬灌”。

马克思主义的世界观和方法论不是天生就存在于人民群众的头脑之中，必须通过科学的方式自外向内地向人民群众进行灌输，指导人民群众完成思想认识上的进步与升华，进而在行动上支持、拥护党的纲领，按照社会主义核心价值体系的要求规范自身的行为。当今世界面临近百年未有之大变局，在市场经济的洗礼和全球政治格局重构过程中，社会上充斥多元价值观，使身处其中的大学生出现信仰危机。新时代大学生使命教育中，理论灌输这一方式必须与时俱进，运用现代化的新媒体、融媒体手段使抽象的理论形象化、生动化、活泼化，实现科学性、艺术性、普及性相统一，做到教育形式载体与时代步伐相一致，与不同年级、不同层次的大学生思想认识相适应，引导大学生由浅入深逐步认清自身的历史使命，主动担当中国特色社会主义事业建设者和接班人的重任。在理论灌输中，还要注意把握大学生个体的特点，采用个别咨询、心理疏导等方式引导大学生正确认识、主动担当自身使命。

榜样是集体或个人期望的一种理想人格。榜样是引领人类走出愚昧、走出混沌的精神指引，榜样激励具有重要的示范作用，可以规范、引导、激励其他个体的行为，使其按照榜样指引的方向前进。人类历史发展进程中，因为塑造了各行各业的榜样人物激励着不同时代的人们奋勇向前；在我国上下五千年的文化历史上，榜样为中国人民树立起人格的标杆和道德的典范；在革命战争年代和社会主义建设初期，战斗英雄、劳动模范、学习标兵、学雷锋志愿者等无数榜样激励着一代又一代青年追求真理、完善人格、努力学习、实现理想。改革开放使中国与世界接轨，国外资产阶级的思想文化随着国门的打开泥沙俱下地涌入国内，人们的价值取向多元复杂，意识形态领域斗争日益激烈，加之我国在榜样的树立和宣传中存在过度“神化”“圣化”“纯化”“泛化”的现象，让人感觉榜样远离人群、不食人间烟火，从而在心理上与榜样之间产生疏离感，人们对榜样不再如以往那样崇敬、尊重，榜样的激励作用被淡化、消解。伟大时代呼唤伟大精神，崇高事业需要榜样引领。在中国特色社会主义进入新时代的关键历史时刻，重新树立榜样激励的重要作用，使新时代大学生在心理上认同榜样、崇敬榜样、学习榜样、亲近榜样、争当榜样，是迫切需要解决的现实问题。

为了解大学生使命担当的教育培养途径，增强教育的针对性，设置了“对于加强大学生的使命与担当，您觉得学校、社会最应当采取哪项行动?”的调研题目，其中回答比例最高的是“用好课堂主渠道，加强理论教育，定期开展有关讲坛讲座”占比 35.55%，选择第二的是“注重榜样的塑造和宣传，加大对榜样人物的表彰力度，形成学习先进的氛围”占比 28.78%(具体数据见表 6-4)。“理论灌输，榜样激励”法是基于大学生知识文化层次和行为特点而采取的使命教育方法。大学生一方面具备一定的认识能力和理论水平，能够从理性角度接受使命教育的相关理论，理论灌输可以使大学生形成正确的使命认知；另一方面，大学生处于世界观、人生观、价值观的定型时期，其行为具有一定的随意性和反复性，在行为上为其树立榜样标杆，给其指明砥砺奋进的方向，能够使其尽快养成正确的行为习惯，承担起应当承担的使命。换言之，理论灌输发挥着铸魂的作用，而榜样激励承担着塑形的重任，两者相互依托共同促进大学生形成正确的使命认知，以先进典型为榜样，为实现共同理想而努力奋斗。

“理论灌输，榜样激励”法在新时代大学生使命教育中需要把握以下几点：一是正确认识理论灌输的含义，充分利用新技术新手段，以大学生喜闻乐见的方式将高深的政治理论转化浅显的生活道理，实现理论的精准传输和正确送达；二是榜样的选择、树立和宣传要以事实为依据，遵循真实、典型、可信、可接近、可学习的原则，脱离了生活的榜样形象会丧失真实性，只会让人心生敬畏，高、大、全的完人形象不见得能够真正发挥大的激励效应，有小缺点的凡人榜样在使命教育中更有说服力、导向性、感染性、启迪性和示范激励作用；三是铸魂与塑形要有机结合。大学生是青年中的先进分子，必须将理论武装放在首位，理论灌输是基础和前提，尊重大学生的主体地位，成功实现铸魂，为使命行为的承担奠定基础；榜样激励是行为引导，引导大学生充分认识榜样行为产生的背后心理机制和理论支撑，在学校榜样的过程中既要学习榜样体现出来的崇高行为，还要认识到榜样强大的使命感驱动，从而实现塑形到塑魂的自我升华。

6.2.4　自省克己，身体力行

“自省克己，身体力行”是指一个人通过自我意识从思想认识、言论行动等各方面来省察自己，对于自身不合道义和社会要求的欲望、行为进行规范、约束，对于自身应该承担的使命、应该做到的行为立即采取行动、即行即改。能够反思、善于自省是人与生俱来的能力，也是人能够不断成长进步的动力源泉。这种方法从本质上来讲是自我教育方法的体现。

自省在中国的传统文化中是受到广泛推崇、获得广为流传的一种修身方法，经过一代又一代的沉积丰富，已经内化为中国人的心理品质。中国的历代先贤都非常重视自省的力量，留下许多关于自省克己、身体力行的至理名言。如“君子以恐惧修省”(《周易·震卦》)，“日省其身，有则改之，无则加勉。”(朱熹《四书集注》)，“吾日三省吾身：为人谋而不忠乎？与朋友交而不信乎？传不习乎？”(《论语·学而》)，“君子博学而日参省乎已，则知明而行无过矣。”(《荀子．劝学》)，“见贤思齐焉，见不贤而内自省也。”(《论语·里仁》)，“君子必自反也”(《孟子·离娄章句下》)，“君子求诸己，小人求诸人”(《论语·卫灵公》)，“一日克己复礼，天下归仁焉。”(《论语·颜渊》)，“躬自厚而薄责于人，则远怨矣。”(《论语·卫灵公》)，“纸上得来终觉浅，绝知此事要躬行。”(陆游《冬夜读书示子聿》)，“言必信，行必果”(《论语·子路》)，“今吾于人也，听其言而观其行。”(《论语·公冶长》)等等。王守仁对于自省克己有过形象的论述：“省察克治之功，则无时而可间，如去盗贼，须有个扫除廓清之意。无事时将好色、好货、好名等私逐一追究，搜寻出来，定要拔去病根，永不复起，方始为快。常如猫之捕鼠，一眼看着，一耳听着，才有一念萌动，即与克去，斩钉截铁。不可姑容与他方便，不可窝藏，不可放他出路，方是真实用功，方能扫除廓清。到得无私可克，自有端拱时在。”(明·王阳明《传习录》)这些先贤智慧都指向一个人要想成为君子，就必须培养道德自觉，开展积极的自我剖析，使自己的内心世界和表现出来的言行符合社会公认的道德准则与行为规范，实现自我身心的和谐和更高层次的发展。这既是单独个体的人开展德行修养的方法，也是一种优良的品德，还是一种能力提升、幸福身心的重要方法。

中国共产党非常重视自省的作用，要求党员干部克己奉公、坚定理想信念、知行合一、全心全意为人民服务。1939 年 7 月，刘少奇在延安马列学院作《论共产党员的修养》的公开演讲中，就明确提出“在思想、言论、行动上严格地约束自己，特别是对于同当时革命斗争有关的政治思想、言论和行动，要用严格的立场和正确的原则来约束自己，除此以外，最好连许多‘小节’(个人生活和态度等)也注意到。但是，对其他同志的要求，除开原则问题和重大的政治问题以外，就不要过分严格，不要在‘小节’上去‘吹毛求疵’。”他的这一讲稿于同年 8 月在延安《解放》周刊上连载，并被列为中国共产党 1942 年整风运动的学习文件。1945 年 4 月，毛泽东在《论联合政府》的报告中进一步指出中国共产党具有批评与自我批评的优良作风，“有无认真的自我批评，也是我们和其他政党互相区别的显著的标志之一。”①

2019 年 10 月《新时代公民道德建设实施纲要》由中共中央、国务院印发实施，其中明确要求党员干部要“正心修身、慎独慎微，严以律己、廉洁齐家，在道德建设中为全社会作出表率”，要“引导青少年把正确的道德认知、自觉的道德养成、积极的道德实践紧密结合起来，善于从中华民族传统美德中汲取道德滋养，从英雄人物和时代楷模身上感受道德风范，从自身内省中提升道德修为，不断修身立德，打牢道德根基。”《中国共产党章程》中明确要求党的干部“加强道德修养，讲党性、重品行、作表率，做到自重、自省、自警、自励”。从建党以来党的建设情况来看，自省自律、知行合一已经成为党内作风建设的重要手段和基本要求。从社会主义精神文明建设情况来看，抓住党员干部这一关键少数，抓住青少年这一重要群体，往往就能够带动全社会的风气转向。“自省克己，身体力行”不仅是一种修身的途径，也是教育的方法。

“自省克己，身体力行”法是基于中国修身传统文化底蕴而形成的民族特质基础上提炼总结的教育方法，是结合大学生的生理特点、认知规律而采取的使命教育方法，是一个要求主体由认知到实践进而实现知行统一的过程，符合自我调控理论、元认知理论、社会认知理论、健全人格理论等理论。这一方法的运用需要注意以下几个方面：一是正确理解自省的内涵。“自省”不是自我批判、自我否定、盲目自责，还包括自我认同、自我肯定、自我激励，即“自省克己，身体力行”，要对错误的予以摒弃，对正确的予以坚持；二是要以社会主义核心价值观作为思想认识与行为实践的准则。使命具有历史性、阶级性、时代性，新时代大学生使命教育必须围绕社会主义核心价值观三个层面的内容找准使命定位并身

① 毛泽东选集(第 3 卷)[M]. 北京：人民出版社，1991：1096.

体力行；三是要注意方法使用范围的拓展。尽管本章讨论的是使命教育的方法，但从其发展历史来看，“自省克己，身体力行”法对于修身及其他知识的学习同样具有指导意义，可以由使命教育向其他教育延伸，从而不断提高大学生的学习能力，不断提高大学生对法律法规、道德准则、行为规范、国家民族发展趋势的洞察，不断提高大学生的使命承担的自觉程度。

第7章　新时代大学生使命教育的策略构建

“政策和策略是党的生命”①，构建科学的实施策略是新时代大学生使命教育的基础。只有掌握正确的实施策略，才能统摄好新时代大学生使命教育这个包括若干子系统、若干要素的巨大系统，科学运用教育的原则和方法，落实好教育的目标和内容，正确应对复杂多变的现实环境。

《简明国际教育百科全书》中对策略的定义首先设置在军事领域，指规模较大的军事行动总体计划与指挥方式。从一般意义上讲，策略可以理解为一定的主体在特定社会实践中为实现某种目标而采用的具体手段与方式方法的统称或集合。新时代大学生使命教育策略就是为了实现新时代大学生使命教育的目标，在一定的教育理念指导下而制定的具有指导性的资源整合汇聚、保障体系构建、效果评估方法手段的集合，还包括实施这些方法、手段必须遵循的计划、步骤和程序。

7.1　树立科学的使命教育理念

古希腊苏格拉底是西方提出并阐述“理念”第一人，而我国最早使用“理念”一词者为革命先驱李大钊先生。从“理念”本义考察，我国与“理念”一词意义较为相近的是最早出现于《诗经》的“理”字，其中有“我疆我理，南东其亩”(《小雅·信南山》)之句。此处“理”字的原意是土地疆域的整理或治理，后来引申出自然规律的意思，同时还有行为准则之义。《辞海》中对理念的解释是旧哲学名

① 毛泽东选集(第4卷)[M]. 北京：人民出版社，1991：1298.

词，柏拉图哲学中的“观念”通常被译为理念，康德、黑格尔等人的哲学中的观念是指理性领域内的概念，有时也译作“理念”。《现代汉语词典》对理念的解释有信念、思想、观念之意。教育理念是哲学领域“理念”这一概念在教育科学上的移植和扩展。韩延明认为，“教育理念是指人们对于教育现象(活动)的理性认识、理想追求及其所形成的教育思想观念和教育哲学观点，是教育主体在教育实践、思维活动及文化积淀和交流中所形成的教育价值取向与追求，是一种具有相对稳定性、延续性和指向性的教育认识、理想的观念体系。”①科学的教育理念建立在教育规律基础之上，是对教育问题的回应，反映教育的本质特征和时代要求，具有“远见卓识”的洞察力和引领性，指引教育由“实然”状态向“应然”状态发展。

7.1.1 坚持人的自由全面发展理念

教育理念对教育目标内容、方法途径和资源配备都具有导向性作用，一个人的价值观、专业知识技能对于其实现使命具有影响。通过对“你认为人生价值最重要的是什么”和“您认为专业知识和技能对大学生实现自身的使命有什么作用?”进行交叉分析，发现将建设国家、奉献社会作为自己最重要人生价值的大学生，同样认可专业知识和技能对实现自身的使命作用(具体见表 7-1)，继续分析可以发现：越关注自我的受访者越认为专业知识和技能对大学生实现自身的使命作用不大。由此可见，使命教育必须将人的发展放在首位，将使命意识作为核心，将外在的协同作为重要的环境，促进大学生将个人使命融入国家发展。

表 7-1　**大学生认为人生价值最重要的内容与您认为专业知识和技能对大学生实现自身的使命有什么作用交叉分析结果**

认为人生价值最重要的内容	您认为专业知识和技能对大学生实现自身的使命有什么作用?			小计
	作用很大	作用一般	没什么作用	
建设国家	2870(87.47%)	395(12.04%)	16(0.49%)	3281
奉献社会	3282(83.22%)	644(16.33%)	18(0.46%)	3944

① 韩延明. 理念、教育理念及大学理念探析[J]. 教育研究，2003(9)：50-56.

续表

认为人生价值最重要的内容	您认为专业知识和技能对大学生实现自身的使命有什么作用?			小计
	作用很大	作用一般	没什么作用	
学有所成	1002(75.68%)	306(23.11%)	16(1.21%)	1324
家庭幸福	1687(65.95%)	825(32.25%)	46(1.80%)	2558
创造财富	412(55.30%)	295(39.60%)	38(5.10%)	745
享受自由	204(50.12%)	184(45.21%)	19(4.67%)	407
身心健康	848(68.33%)	373(30.06%)	20(1.61%)	1241
实现自我	2018(71.69%)	748(26.57%)	49(1.74%)	2815

追求自由全面发展是人类的天性，人类社会的发展史就是人不断解放自身、获得自由全面发展的历史，而教育是人获得自由全面发展的加速器和助推器。先进的教育理念能够超越现实、指向未来，激发教育主体与教育客体的内生动力，使教育实现可持续性发展。实现人的自由全面发展是马克思的终身追求和终极理想，在《共产党宣言》中得到明确而充分的表述。坚持人的自由全面发展理念既是作为一般性教育工作的理念，也是使命教育必须遵循的理念。

人的自由全面发展理念体现合目的性与合规律性的统一。17 世纪法国著名的数学家、物理学家、文学家和哲学家帕斯卡尔在其哲学代表作《思想录》中最有名的篇章《人是会思想的芦苇》中，以散文的笔调道出了人之所以伟大的根本。"人只不过是一根苇草，是自然界最脆弱的东西；但是，他却是一根能思想的苇草。这根苇草，用不着整个宇宙都拿起武器来才能毁灭；一口气、一滴水就足以致他死命了。然而，纵使宇宙毁灭了他，人却仍然要比致他于死命的东西更高贵得多；因为他知道自己要死亡，以及宇宙对他所具有的优势，而宇宙对此却是一无所知。"使命教育必须使人真正认识到自身的渺小，人的自由全面发展不过是在遵循自然规律和社会规律基础上的发展过程，认识不到这一点，就会使自己在强大的自然面前难以生存，更谈不上科学发展、自由全面的发展——不合规律的发展是盲目的发展；使命教育还是指向未来的教育，要让大学生认识到人类的强大，每个个体自身的自由全面发展都在为群体的自由全面发展作贡献——不合目的的发展人类不愿为之。“合规律性与合目的性是人类活动的本质。”①马克思的人的自由全面发展理念既符合规律性，也符合人意义追寻的目的性。

人的自由全面发展理念推动个体使命担当与社会发展的统一。使命教育以马克思主义为指导，以激发人的潜能和动力、实现人的使命为目标，这种使命既是个人价值这种“小我”的体现，也是实现“大我”目标的基础。“老吾老，以及人之老；幼吾幼，以及人之幼。”(《孟子·梁惠王上》)，“大我”实际上由个体“小我”推及全人类的整体利益的考量，是实现“每一个人”的发展，而不是某一类人或某一些人的发展——每一个人的解放是社会解放的前提，“人以一种全面的方式，也就是说，作为一个完整的人，占有自己的全面的本质”。换言之，马克思主义关于人的自由全面发展理念，是个人与社会解放的统一，这给使命教育提供了更为宏观的视角——使命教育是实现单独个体的人“占有自己的全面的本质”，而且还体现为对社会和全人类发展使命的担当。人的发展状况是人类历史发展的重要标志，马克思据此将人类社会划分为不同的发展形态，即人的依赖性社会形态，这一社会形态包括原始社会、奴隶社会和封建社会；以物的依赖性为基础的人的独立性社会形态，这一社会形态包括资本主义社会和社会主义社会，个人自由全面发展的社会形态，这一社会形态是共产主义社会。应该看到，这三种社会发展形态并不是截然分开的，而是遵循人的发展规律与社会发展的规律不断前进发展。正因为如此，个体与社会的发展必须协同进行。在自由人联合体中，每个人自由而全面的发展是自由人联合体发展的条件，不会以人类社会整体发展的牺牲为代价。因此，现代教育更加关注人的发展的完整性、全面性。从宏观上看，大学生使命教育面向全体大学生的教育，注重国家整体的全面发展和民族的可持续发展，增强国家软实力和硬实力；从微观上看，使命教育必须服务于每一名大学生在德、智、体、美、劳等方面的全面发展。

人的自由全面发展理念是连接现实社会与未来理想社会的桥梁。资本主义社会普遍存在奴役、剥削和压迫等不自由现象，共产主义本身就是追求人类自由的

① 骆郁廷等．思想政治教育原理与方法[M]．北京：高等教育出版社，2010：53.

伟大事业，人的自由全面发展是共产主义孜孜追求的终极价值理想。作为马克思主义经典理论的核心观点和重要内容，人的自由全面发展理念和科学社会主义发展理论贯穿于马克思和恩格斯作品的每个阶段。无论是在《1844 年经济学—哲学手稿》《德意志意识形态》中，还是在《共产党宣言》《资本论》中，马克思和恩格斯都反复确认未来共产主义社会“以每个人的全面而自由的发展为基本原则的社会形式”，是“在保证社会劳动生产力极高度发展的同时又保证每个生产者个人最全面的发展的这样一种经济形态。”只有在那里，“个人的独创的和自由的发展不再是一句空话”。① 马克思运用科学的世界观和方法论，科学论证了无产阶级只有解放全人类、才能最终解放自己，体现了真理性与价值性的统一，站在了人类道义的制高点上。人的自由全面发展如同一座桥梁连接现实与未来，体现出对现实社会的理性超越，对未来理想社会的昂扬奋进。在使命教育中举起共产主义的大旗，始终高扬人的主体精神，既是时代的强烈呼唤，也是使命教育的本质体现，更是人类社会延续发展的动力源泉。

7.1.2　坚持以人为本培根铸魂理念

以人为本强调对教育主体、教育客体的现实观照，开展有针对性的使命教育，实现大学生对切合自身实际使命的认同与践行。将调研结果“您的人生奋斗动力是什么”与“您认为自己是什么类型的青年”进行交叉分析，发现认为自己是“积极向上，使命感很强”的人，其人生奋斗动力是“为国家富强贡献自己的力量”的占比最高，达 53.83%；与之相对应的是，认为“世界与我无关”者，其人生往往会“没动力随大流”，占比也是最高，为 13.22%(具体见表 7-2)。这充分体现出使命感强的人往往更愿意为国家民族等集体利益贡献力量，而使命感低的人往往难以找到人生的奋斗动力，这就要求使命教育必须坚持以人为本培根铸魂，开展有针对性的教育，用社会主义核心价值观固本培元，给予大学生成长持续的动力。

① 赵跃先．马克思恩格斯的社会主义观及其省思[J]．北方论丛，2012(4)：126-129.

表 7-2 **个人的人生奋斗动力与自己使命感评价交叉分析结果**

您的人生奋斗动力是什么？	您认为自己是什么类型的青年？					小计
	我积极上进，使命感很强	我总体积极上进，有一定的使命感	我偶尔有点无所谓，但并未放弃自己的使命，还在继续努力	凡事佛系，随遇而安	世界与我无关	
为了自己想过的生活	2046(30.61%)	2484(37.16%)	1861(27.84%)	274(4.10%)	20(0.30%)	6685
不辜负父母亲人辛苦付出	717(16.67%)	1995(46.38%)	1379(32.06%)	203(4.72%)	7(0.16%)	4301
做一个对社会有用的人	942(28.17%)	1747(52.24%)	603(18.03%)	50(1.50%)	2(0.06%)	3344
为国家富强贡献自己的力量	851(53.83%)	533(33.71%)	166(10.50%)	26(1.64%)	5(0.32%)	1581
没动力随大流	5(2.87%)	8(4.60%)	47(27.01%)	91(52.30%)	23(13.22%)	174
其他	21(9.13%)	76(33.04%)	79(34.35%)	25(10.87%)	29(12.61%)	230

以人为本、培根铸魂的教育理念在我国具有悠久的历史。"'以人为本'原本是战国时代齐国政治家管仲提出的治国术，其意是说，只有把人的问题解决好了，才能'本理国固'，最后达到称王称霸的目的。"①，尽管这一说法具有明显的工具性倾向，但从客观上也充分体现出对人的重视与关注，真正符合现代意义的以人为本理念是伴随资本主义的产生和对宗教神学、封建等级制度的反叛开始的。马克思主义第一次科学而全面地整合了历史上的人学思想，为实现人的平等、消除人的异化现象，真正实现人的解放提供强大的思想武器。以人为本体现的是对教育对象的观照，但对人的教育培养不仅仅体现为受教育者能力素质的提高，还应该而且更应该关注受教育者的思想意识与精神气质，即以人为本更多地体现为手段性，培根铸魂更多地体现为目的性。培根铸魂②是习近平总书记对文艺工作者和哲学社会科学工作者的明确要求，也是教育工作的根本属性。培根铸魂所培之根为中国之根、中华民族之根、中国共产党之根，所铸之魂为中国之魂、中华民族之魂、中国共产党之魂，体现的都是精神和思想层面的内容，属于意识形态的范畴。培根铸魂对以人为本提出了明确的要求，规定了使命教育的发展方向。

以人为本培根铸魂理念是使命教育的应有之义。"教育的真谛是帮助学生成为既能适应社会又能改造社会的人，实现对自身、对上一代的超越。"③使命教育作为教育的一种形式和具体内容，要始终关注人的发展，把人作为使命教育的出发点和最终归宿，以人为本自然成为使命教育的题中应有之义，培根铸魂自然成

---

① 张奎良."以人为本"的哲学意义[J]. 哲学研究，2004(5)：11-16.

② 2019年3月4日下午习近平总书记在看望参加全国政协十三届二次会议的文化艺术界、社会科学界委员时指出："一个国家、一个民族不能没有灵魂。文化文艺工作、哲学社会科学工作就属于培根铸魂的工作，在党和国家全局工作中居于十分重要的地位，在新时代坚持和发展中国特色社会主义中具有十分重要的作用。"把哲学社会科学工作提升到"培根铸魂"的高度，这是对习近平总书记在2016年5月17日在哲学社会科学工作座谈会重要讲话中关于哲学社会科学"两个不可替代"重要地位的创新性发展和进一步总结提炼。2020年12月14日，教育部在人民教育出版社举办了学习贯彻习近平总书记重要回信精神座谈会，此次座谈会以"培根铸魂、启智增慧，奋力开拓新时代教材建设新局面"为主题。《教育部2021年工作要点》中第17点以"用心打造培根铸魂、启智增慧的精品教材"为题，对教材建设的目标任务与工作措施提出明确要求。

③ 姚姿如，杨兆山."以人为本"教育理念的意蕴[J]. 教育研究，2011，32(3)：17-20.

为以人为本的题中应有之义。一方面，使命教育必须以人为本。使命教育是对大学生使命担当意识的激发，必须要尊重和关爱大学生的生命本性、社会属性与独特个性，如此方能真正关注大学生的主体地位、尊重大学生自身的主体身份，从而帮助大学生实现自由、全面、可持续发展。另一方面，培根铸魂是对以人为本的必要规范。马克思指出："即使在一定的社会关系里，每个人都能成为出色的画家，但这决不排斥每一个人也成为独创的画家的可能性"①。从个人的基础来看，每个人的先天遗传条件存在巨大差异性，这种差异性直接导致每个个体的学习能力存在一定的差异甚至在某一方面表现为天壤之别；从成长环境来看，每个人的家庭出身千差万别、成长的家庭环境迥然有异、生活的社会环境丰富多元，必然带来人与人的能力、性格等方面存在种种差异；从时间维度来看，每个人无时无刻不处于变化之中，人的能力、个性每时每刻都在变化、发展。这些不同的个体、不同的成长环境、不同的时空状态相互叠加、相互影响，从而为我们展现出异彩纷呈的现实社会，也为个体大学生的多元化个性形态提供生成基础。这些就决定了在相对统一的空间、相对固定的时间、相对一致的教育内容条件下，开展使命教育必须充分尊重生命的多样性，关注每个大学生的个性发展，因人而异地采取不同的方式，让每个大学生都能够收获成长、得到发展。但是，无论方法和手段如何变化，对任何一个教育者和受教育者来讲，都必须以中华优秀传统文化为基础、以社会主义核心价值观为指导开展教育和接受教育，而不能有丝毫偏离，否则以人为本就偏离了方向，使命教育的目标亦会随之偏离，难以达成。

以人为本培根铸魂理念促进使命教育质量提升。大学生是社会上真实的、具体的人，是鲜活的生命个体，具有人所共有的朴素情感。马克思指出："平等是人在实践领域中对自身的意识，也就是人意识到别人是和自己平等的人，人把别人当作和自己平等的人来对待。平等……表明人的本质的统一、人的类意识和类行为、人和人的实际的同一"②。以人为本培根铸魂理念体现了对大学生的人文关怀，体现了教育的根本目的，有利于激发大学生的自身使命主体角色认同，有利于使命教育目标的达成。当大学生真切感受到来自亲人、教师、同学、朋友的

① 马克思恩格斯全集(第3卷)[M]. 北京：人民出版社，1960：460.

② 马克思恩格斯全集(第2卷)[M]. 北京：人民出版社，1995：48.

关爱，意识到来自学校、社会、国家的期望，一定会产生强烈的感恩情怀和内生动力，从而自觉地奋发向上、全面发展、承担使命。人类社会进入 21 世纪的今天，人才已经成为一个国家一个民族发展最为核心的要素，重视、理解、尊重、关心、爱护新时代大学生，解决新时代大学生的现实成长需要，培养大学生的使命担当意识，开发和挖掘大学生的禀赋潜能，促进大学生的发展完善，是大学生使命教育的题中应有之义。提高新时代大学生的使命素质，让大学生能够承担起未来发展的历史使命，是使命教育质量的重要体现，也是使命教育的努力方向。

7.1.3　坚持内外联动协同创新理念

协同、创新作为单独的词语都不是新生事物，都有其产生、发展的过程，并且随着人类社会的不断进步而形成目前相对固化的意义。《说文》对协同的解释是："协，众之同和也。同，合会也"。协同有协调之意，由两个或两个以上的主体相互协同配合完成某一预定目标的过程。从学术的角度来研究协同始于联邦德国著名物理学家、斯图加特大学哈肯(Haken)教授。他于 1971 年提出协同的概念，1976 年又对协同理论进行系统论述并发表了《协同学导论》。"创新"一词出自《南史・后妃传上・宋世祖殷淑仪》："据《春秋》，仲子非鲁惠公元嫡，尚得考别宫。今贵妃盖天秩之崇班，理应创新。"现在所指的创新是以对现状的超越为指向的创造性社会实践活动或思维模式，创新发展在 2015 年中国共产党第十八届中央委员会第五次全体会议上作为五大发展理念之首。

一个人使命观的形成受到众多因素的制约，调研中认为影响最大的依次是社会环境、家庭环境、学校教育、网络舆论、榜样影响、自身学习(具体数据见表 6-5)。"协同创新"作为一个固定的词组，一经形成即具有特定的内涵，主要是指协同创新各主体之间通过资源的整合和深入的合作，可以实现优势互补，最终实现创新的目的或结果。① 使命教育中坚持内外联动协同创新理念是指，使命教育是一个开放性的教育体系，既需要实现系统内部各要素、各子系统的匹配、协调，还要注意外部资源的汇聚、联动，通过内外联动的方式开展协同创新，提升

① 陈劲，阳银娟．协同创新的理论基础与内涵[J]．科学学研究．2012，30(2)：161-164.

使命教育效果。进一步讲，此处的协同创新理念是对传统意义上协同创新理念的深化与拓展——不仅包括使命教育内部系统的教育资源，还包括所有与使命教育相关的外部资源；既包括使命教育内部教育主体与客体、教育理念与目标、方法、原则、载体以及内容等诸要素之间的协同创新，也包括使命教育内部诸要素与外部环境诸要素之间的协同创新。

坚持内外联动协同创新理念是使命教育开放融合发展的必然要求。使命教育的研究刚刚起步，离设立专门的课程、专业、学科尚有较长的路程要走。关于使命教育的内容没有形成专门的体系，教育的方法还处于自发探索中，使命教育研究的氛围还远远没有形成。在这种情况下，使命教育只能依托其他学科专业如马克思主义学科中思想政治教育现有的方法、载体，将使命教育内容融入其中。这就决定了使命教育必须保持开放特性，大胆借鉴其他学科专业的成功经验为其所用、为其赋能；与此同时，使命教育还不能与其他学科知识相抵牾，以适当的方式融入其他学科专业，保持与相关学科知识的融汇和谐。通过这种方式，使使命教育在实践过程中逐步发展，既适应当前使命教育还处于发展中的“实然”现状，也符合使命教育意义深远的“应然”要求。与此同时，现在的大学已经不是远离社会的象牙塔，而在逐渐走近社会的中心地带，教育与世俗社会的联系越来越紧密，形成你中有我、我中有你的共同体，使命教育目标的达成必然也必须有教育系统以外的外部资源的介入与参与，正是由于使命教育与内外部系统的互动、联通、协同、创新共同推动使命教育的良性发展。

坚持内外联动协同创新理念是使命教育与时俱进性的必然要求。在《共产党宣言》发表25年后，马克思恩格斯在《宣言》1872年德文版序言中就明确指出：“不管最近25年来的情况发生多大的变化，这个《宣言》中所阐述的一般原理整个说来直到现在还是完全正确的。”但对“这些原理的实际运用，正如《宣言》中所说的，随时随地都要以当时的历史条件为转移。”①与时俱进是马克思主义的理论品格，是其开放性的重要体现，是其生命力的重要源泉，是党的思想政治工作路线的重要特征，也是新时代大学生使命教育时代性的重要标志。与时俱进是使命教育作为一种鲜明特征的外在昭示，这一外在特征的形成是其内外联动的结果，

① 马克思恩格斯选集(第1卷)[M]. 北京：人民出版社，2012：376.

是协同创新的成果。当今世界科技迅猛发展，面临近百年来未有之大变局，使命教育作为一种新的教育内容与教育形式，正在经历前所未有的变化和前所未有的挑战，同时也面临前所未有的机遇。保持与时俱进就必须立足中国、放眼全球，用更加开阔的视野、更加解放的思想、更加敏捷的行动，不断追赶不断发展变化的客观现实，使使命教育更加符合社会主义初级阶段的国情，更加符合时代发展的要求。使命教育本身就是一个非常开放的体系，在与外部要素的交换中必将随着实践的发展而不断发展。

7.2　整合系统的使命教育资源

使命教育是一项极其复杂的社会系统，需要遵循思想政治教育规律、学生身心成长规律、教育教学规律等科学规律，同样需要调动学校、家庭、政府和社会等各方面的教育资源，只有将不同角度的力量进行科学整合，才能形成强大的工作合力。恩格斯曾对社会合力理论作过这样的论述："历史是这样创造的：最终的结果总是从许多单个的意志的相互冲突中产生出来的，而其中每一个意志，又是由于许多特殊的生活条件，才成为它所成为的那样。这样就有无数互相交错的力量，有无数个力的平行四边形，由此就产生出一个合力，即历史结果。"①马克思主义关于社会合力的理论，是开展使命教育、形成使命教育合力的重要指导理论。使命教育中每一股力量都要发挥作用，只不过在使命教育最终的合力中所发挥出来的作用大小不同、方向有别，但使命教育过程中每一项因素发挥作用的方向至关重要，与合力相同方向的力量、符合社会发展方向的力量，其影响效果就会更大一些。② 在当今这样一个极其开放、教育资源异常丰富的时代，关于使命教育的各种信息和资源相互渗透、相互影响，形成无数个网状的"平行四边形"，这些相互作用的力量最终决定了使命教育的实际效果。在一个良性的使命教育系统中，各类使命教育的资源应该按照使命教育的目的和目标被充分调动、充分激

① 马克思恩格斯选集(第 4 卷)[M]. 北京：人民出版社，1995：697.

② 李晓魁. 论现代化进程中的民主参与与政治制度创新[J]. 科学社会主义，2020(1)：86-93.

发、充分使用，共同促进使命教育按照同一个正确的方向发挥作用，共同促进使命教育质量的提升。

教育资源的整合与大学生对使命教育的接受程度有关，通过“您认为新时代大学生可以通过以下哪项活动，最能提升自己的使命感和责任感?”与“作为新时代的大学生，你了解自己的使命吗?”进行交叉分析，发现非常了解自己使命的有30.09%调研者认为“学习思政理论课程，关注时事新闻，听取形势报告”最能提升自己的使命感和责任感，说明使命对一个人学习方式的能动促进作用；而比较了解自己使命的调研人员中有70.55%的人认为“参加志愿服务、创新创业和社会实践等课外活动”最能提升自己的使命感和责任感，66.57%的人认为“参观历史博物馆、爱国主义教育基地等”能更好地提升使命感与责任感(具体数据见表7-3)，说明绝大多数大学生更加愿意以课外活动和参加实践交流的方式来提升使命感。这显示出不同使命教育资源在使命教育中的不同地位与作用，必须注重加强整合、扬长避短，实现教育资源作用的最大化和使命教育效果的最优化。

表7-3　**“新时代大学生可以通过哪些活动更能提升自己的使命感和责任感”与“作为新时代的大学生，你了解自己的使命吗”交叉分析结果**

您认为新时代大学生可以通过以下哪项活动，最能提升自己的使命感和责任感?	作为新时代的大学生，你了解自己的使命吗?				小计
	非常了解	比较了解	不太了解	完全不了解	
学习思政理论课程，关注时事新闻，听取形势报告等	1802(30.09%)	3577(59.74%)	576(9.62%)	33(0.55%)	5988
参加志愿服务、创新创业和社会实践等课外活动	1127(14.94%)	5320(70.55%)	1064(14.11%)	30(0.40%)	7541
参加各类社团组织，开展朋辈交流研讨	117(13.80%)	561(66.16%)	151(17.81%)	19(2.24%)	848
参观历史博物馆、爱国主义教育基地等	107(15.69%)	454(66.57%)	115(16.86%)	6(0.88%)	682
到城市社区、农村、边远地区、部队等地方接受锻炼	163(16.94%)	608(63.20%)	171(17.78%)	20(2.08%)	962

续表

您认为新时代大学生可以通过以下哪项活动，最能提升自己的使命感和责任感？	作为新时代的大学生，你了解自己的使命吗？				小计
	非常了解	比较了解	不太了解	完全不了解	
参加先进典型报告会，感受榜样的力量	30(22.56%)	77(57.89%)	19(14.29%)	7(5.26%)	133
浏览红色网站，阅读经典书籍	35(21.74%)	84(52.17%)	29(18.01%)	13(8.07%)	161

7.2.1　贯通传统与现代使命教育资源

文化既是教育的氛围，也是教育的资源。任何形式、任何内容的教育都离不开文化的滋养，“没有中华优秀传统文化、革命文化、社会主义先进文化的底蕴和滋养，信仰信念就难以深沉而执着。”①因此，使命教育必须将视野扩展至中华民族上下五千年的历史中，并从浑厚的历史积淀中形成的中华优秀传统文化中寻找精神动力；必须将目光聚焦到中国共产党带领中国人民在不同时期砥砺奋斗中形成的革命文化中构筑信仰支撑，将历经岁月洗礼的中华优秀传统文化与历经实践锤炼形成的革命文化相互贯通，使之成为社会主义先进文化的丰厚滋养，这理应成为使命教育的题中应有之义，也是提升使命教育实效的必要举措。

7.2.1.1　活化中华优秀传统文化的使命教育资源

“求木之长者，必固其根本；欲流之远者，必浚其泉源。”(唐·魏征《谏太宗十思疏》)，中华优秀传统文化是中华民族绵延不绝的精神基因、文化血脉、核心灵魂、独特标识，在意识形态斗争日趋激烈、“西化”思潮甚嚣尘上的当代中国大地，从中华优秀传统文化中挖掘、活化新时代大学生使命教育资源，更好构筑中国精神、中国价值、中国力量，将有助于增强使命教育的历史视野，激发大学生承担责任的历史使命感。

领悟中华优秀传统文化的核心精神。“中华文明的结构和机制，在漫长的岁

① 习近平关于社会主义文化建设论述摘编[M]. 北京：中央文献出版社，2017：17-18.

月中，经过一代代先人在实践中不断地探索、积累、完善，已经形成了一套相当成熟的协调模式。它充分体现了古人高度的政治智慧和中华民族深厚的文化底蕴。”①在世界文明发展史上，中华文明是唯一从未中断的文明奇迹，这不仅是中华民族更是全人类的宝贵财富。中华优秀传统文化是中华民族和中国人民在长期的社会实践中沉淀下来的优秀文化精华，是中国人思维方式、行为准则的形成内核，是一种无所不及、难以言语却如影随形地影响着身处其中的每一个人的思想与行为的伟大力量。这种优秀传统文化的力量来自于天人合一、以人为本、崇德尚义的价值追求，产生于对责任的推崇、对义务的践履、对集体利益的看重、对和谐大同的向往等文化理念，进而赋予中华民族磅礴的生命力和伟大凝聚力。中国当代著名哲学家、教育家冯友兰曾经有过这样的感慨：“我时常想，在世界上中国是文明古国之一，其他古国现在大部分都衰微了，中国还继续存在。不但继续存在，而且还进入了社会主义社会。中国是古而又新的国家。《诗经》上有句诗说，‘周虽旧邦，其命惟新’，旧邦新命，是现代中国的特点，我要把这个特点发扬起来。”开放包容、坚韧创新是中华文明的重要特性，中华优秀传统文化是中华文明的精华，使命教育必须深刻领悟这种辩证关系和精神内核，方能真正实现将中华优秀传统文化吸纳为使命教育的有益资源。

提取中华优秀传统文化的使命教育元素。在使命教育中植入优秀传统文化，是赋予优秀传统文化以时代内涵并将之“传下去”的重要方式；将优秀传统文化中的使命教育元素予以扬弃、唤醒使之“活起来”，是使命教育资源挖掘整合的重要方式。心理认同与行为滞后是当前中华优秀传统文化传承创新中需要解决的重要课题，据武汉大学沈壮海教授团队 2016 年 6 月在全国 35 所高校的调研结果，95.6%的大学生“非常赞同”和“比较赞同”“我为中华文化感到自豪”的判断；86.2%的大学生认为学校“很有必要”和“比较必要”开展传承中华优秀传统文化类的教学实践活动，但调查结果同时显示，仅有 12.8%、9.6%、38.3%、12.5%的大学生表示自己完整读过《大学》《中庸》《论语》《孟子》，却有 57.8%的大学生

① 费孝通著．费孝通全集 第 17 卷(2000—2004)[M]．呼和浩特：内蒙古人民出版社，2009：545.

“均未完整读过”这四部中华文化典籍。① 知为行之始，行为知之果。只有充分了解中华优秀传统文化，才能理解蕴含其中的使命元素，才能真正激励大学生认清使命、践行使命。新时代大学生使命教育，必须扎根于中华优秀传统文化的深厚土壤中，运用现代的教育教学方法，开设专门的教学课程，开展有效的教学实践活动，让新时代大学生愿意亲近、深入领悟中华优秀传统文化，使中华优秀传统文化中的使命教育元素焕发新的活力。

借鉴中华优秀传统文化的积极做法。中华优秀传统文化的形成与发展是在教育的推动下得以实现的，如果没有教育，文化难以传承与发展。中国传统文化以儒家学说为代表，有相对固定的经典教材，善于吸取各种外来文化精华，向人们传递修身齐家治国平天下的目标追求，倡导将个人的追求与社会的发展紧密联系，形成中国知识分子特有的使命追求与天下情怀。首先，要构建体系化的理论教材与有形化的教育基地。以儒家学说为代表的中国传统文化能够传承至今，首先得益于其运用符号化的方式将其相关成果予以妥善保存并不断发展。中国传统文人以四书五经②为代表的儒家经典作为复习考试的主要内容，科举制度沿袭千年而成为选人用人的重要制度，在实践中采取牌坊、宗祠等有形塑造和歌曲戏曲广为流传等形式，促进了中华优秀传统文化的体系化建构与保存弘扬。使命教育必须借鉴中华优秀传统文化的有效传承经验，建设丰富多彩、形式各异的有形物质文化遗产和无形非物质文化遗产，与时俱进地构建完成体系化的使命教育理论教材与有形化的使命教育基地，将使命教育发展成为一种濡养人们心灵家园的文化氛围；其次，要以海纳百川的胸怀吸收外来文明为自身赋能。中华文明历经磨难不衰的重要原因就是其开放的姿态，不断吸收、融入外来文化来发展自身。新时代的中国欣欣向荣、开放包容，积极各类平台与外部世界建立联系，迎接工业化、城镇化、信息化、国际化等现代化浪潮。使命教育作为一项新生的教育内容和教育形式，必须注重吸收不同国家、不同学科的教育内容与教育方法，认真研

① 沈壮海．担负好涵养文化自信的教育使命[J]．中国高等教育，2016(Z2)：9-10.

② 四书五经是四书、五经的合称，泛指儒家经典著作。四书指的是《论语》《孟子》《大学》《中庸》，五经指《诗经》《尚书》《礼记》《周易》《春秋》。《礼记》通常包括三礼，即《仪礼》《周礼》《礼记》。《春秋》由于文字过于简略，通常与解释《春秋》的《左传》《公羊传》《谷梁传》分别合刊。四书之名始于宋朝，五经之名始于汉武帝。

究总结新时代大学生的心理与思想特征，遵循教育与传播规律，做到因材施教、精准施策，让使命要求入耳、入脑、入心，成为构筑中华民族大家庭精神家园的重要源泉；再次，吸收中华优秀传统文化传播的有益经验，创新使命教育的方式方法。中华优秀传统文化已经成为新时代中华儿女的自觉追求，近些年的“国学热”现象就是较好的例证。在中华优秀传统文化的传播形式与载体上，已经开展了许多有益的尝试，比如《中国诗词大会》《中国成语大会》《中国谜语大会》等就是娱乐化、网络化传播方式的成功范例。将蕴藏其中的积极元素提取出来、传播出去、获得人们的高度认可，既是中华文明得以绵延千年的重要原因，也是对使命教育的有益启示。

7.2.1.2 挖掘革命文化的使命教育资源

革命文化本身就是一代代中国共产党人在不懈的使命追寻中生成的最可宝贵的精神财富，是无数革命者用流血牺牲浇灌铸就的。从本质意义来看，革命文化与红色文化是一致的，红色文化这一表述更形象直观、易于接受。革命文化是伴随中国共产党的成立、发展而不断丰富形成的，《共产党宣言》等科学社会主义理论可以算作其形成的理论基础，五四新文化运动以及早期中国共产党的成立可以称之为革命文化的源头，新民主主义革命时期是革命文化的重要形成阶段，社会主义革命、建设、改革时期是革命文化丰富发展的重要阶段，革命文化在中国特色社会主义新时代成为使命教育最重要的资源宝库。①

感悟革命者的使命追求。革命文化诞生于革命战争年代，伴随中国共产党的发展壮大而不断深化，上承中华优秀传统文化，下接中国特色社会主义先进文化，居于承前启后、承上启下的关键环节和重要地位。每一代革命者都有每一个时代赋予其特殊的使命追求，但革命文化的核心始终横贯其中，这种贯穿始终的核心体现在以人民为中心的立场从未更移，全心全意为人民服务的宗旨从未更替，实现共产主义远大理想的奋斗目标从未更换。在不同的历史时期，革命文化培育出独具时代特征的革命精神，陆续形成了红船精神、井冈山精神、长征精神、延安精神、北大荒精神、西柏坡精神、西迁精神、大庆精神、雷锋精神、

① 朱喜坤．革命文化是文化自信的重要源头[N]．光明日报，2019-01-09.

“两弹一星”精神、改革开放精神、女排精神等具有不同时期特征却又一脉相承的革命文化，产生了一批又一批具有时代特征的优秀革命者。这些革命者成为那个时代的精神坐标，为无数投身于中华民族伟大复兴的仁人志士提供精神动力，是中国共产党人执着追求理想信念的力量之源，也是中国共产党立党为公的生动体现。这些精神都是由一个个活生生的革命者个人与众多革命者构成的集体共同铸就，这些精神坐标成为历史长河中非常亮丽的浪花，让人心生敬意、见贤思齐。新时代大学生使命教育中必须深度融入革命文化，让革命前辈的事迹鼓舞大学生、革命前辈的思想精神熏陶大学生，使新时代大学生自觉体悟、认同、学习、践行革命前辈的思想境界与行为习惯，进而主动进行思想与行为构建，从而坚定对共产主义理想信念的执着追求，牢牢把握以人民为中心的立场，全心全意为人民服务，为社会主义建设事业做出自己的应有贡献。

建好革命文化的各类资源库。革命文化既是一种精神的传承，也会产生物化的载体。革命文化的资源库除了以文字、图片、音像资料构成的精神资源外，还有各类革命文化的物质载体，这些物质载体“主要包括工业、农业、商业、制度物态文化，以及革命遗址、旧址、纪念设施等”①。工业的发展水平代表科学技术的发展水平，中国共产党领导人民革命中为解决军民生活必需品、军事用品而兴办大量兵工厂、缝纫厂、被服厂、印刷厂、印染厂、榨油坊、砖瓦窑等，解放后又大力发展汽车厂、钢铁厂、飞机厂、棉纺厂、服装厂、兵工厂等，这些物化的载体可以让大学生深切感受到不同时代的进步，体会到今天幸福生活来之不易，真正激发起大学生深沉的使命感；农业在我国占据基础性地位，中国共产党在不同时期自力更生大力兴修水利工程、开荒造林、筑堤围田，使用过大量农业生产器具，形成改天换地的伟大创举，解决了占世界四分之一人口的吃饭问题，成为人间奇迹；追寻中国革命的历史足迹，可以看到全国各地都有革命实践中形成的重大事件的发生场地、重要会议召开的空间建筑、著名人物的办公场地与成长生活居所，以及重大战争遗址、旧址、纪念设施等，这些已经成为使命教育的重要资源，也是使命教育的重要场所。维护好各类物化的革命文化场馆，可以充分体现革命文化物质资源的重要历史见证作用，从而实现情境式、体验式教育的

① 肖灵．当代大学生红色文化教育研究[D]．南京师范大学，2014.

效果；建设好各类精神的革命文化资源库，将文字、图片、人物等精神性革命资源进行挖掘整理，可以实现革命文化资源承载革命传统和革命精神的目标。革命物质文化资源与精神文化资源相互结合，共同提升使命教育实效。

打造革命文化教育品牌。品牌具有重大影响力，是最好的传播资源，是事物生命力和活力的象征。使命教育中依托革命文化资源，借助革命文化资源的影响力和感召力，可以大大提升使命教育实效。首先，要深度挖掘、真实讲述革命故事。革命故事是革命文化传播的最好的载体和最鲜活的资源，按照历史演进的脉络以时间轴对中国共产党及其领导的中国特色社会主义伟大事业进行梳理，同时以重大历史事件为节点对革命故事进行深入挖掘和公开征集，将极大地调动历史事件相关人员的积极性与参与性，有利于拓展革命前辈身前故后的感人事迹、展现革命前辈身上具备的崇高品质，有利于挖掘革命前辈的思想成长变化轨迹，从而将一个个神话英雄还原为世间凡人，让大学生感觉革命前辈可亲可爱可敬可学；其次，要加强有形革命文化的保护开发和宣传普及。围绕重大人物、重大事件产生的重要遗址遗迹，加强对各类革命纪念设施的保护、修缮，建设标志性纪念设施与场所，在显著位置和主要地段开展宣传展示、设置标示牌，让这些有形的教育资源家喻户晓，并将之作为爱国主义教育基地免费对公众开放，使人们随时随处都可以受到熏陶教育。再次，要以身临其境的现场感搞好沉浸式教育。结合时代特点和青年大学生的习惯特点，充分运用新媒体新技术传播手段，与时俱进地开展情景式还原再现，用声光电技术将无声的历史事件进行全新演绎，编印口袋书、排练戏曲音乐歌曲、开设网上展馆等形式，再现革命光辉历史、传承革命精神，使新时代大学生爱上革命传统历史。

7.2.1.3 将中华优秀传统文化与革命文化融会贯通

中华优秀传统文化是中华民族的根脉所在，革命文化是中国共产党的精神象征。2014 年 3 月 26 日，国家教育部正式发布《完善中华优秀传统文化教育指导纲要》（教社科〔2014〕3 号）。这一文件是教育部在新时代条件下加强中华优秀传统文化教育的具体举措，也是对十八届三中全会提出的关于完善中华优秀传统文化教育精神的具体落实，从根本上体现为对立德树人根本任务的具体践行。习近平总书记对中华优秀传统文化情有独钟、高度肯定，对革命文化和社会主义先进文化情真意切、高度重视，对于中华优秀传统文化、革命文化和社会主义先进文化屡次论述、充分褒奖。① 从习近平总书记对三者的论述中，可以充分感受到文化自信对于一个民族的重要意义，文化的源头及其发展至关重要，中华优秀传统文化与革命文化最终都汇入社会主义先进文化的洪流之中，成为传统文化与革命文化的时代巨响。

新时代大学生使命教育，是立足新时代大学生使命担当现状而采取的面向未来的教育实践活动。对于使命教育这一特定社会实践活动而言，历史发展过程中形成重要的使命教育资源宝藏。各级党委政府、教育机构和各类教育工作者要积极开发、深入挖掘、推陈出新，具体来讲：一是融会阐发中华优秀传统文化与革命文化中蕴含的使命教育内涵。充分挖掘两者使命教育价值元素，将不同时代著名人物、著名场地和著名事件背后蕴含的精神财富用新时代的标准和方式予以显性化。对于重点人物、重大事件，需要结合时代特点进行抢救性发掘和创新性阐释，比如对于文天祥、岳飞人物等爱国精神的时代阐释，对于艰苦奋斗等精神的时代发展等等；二是统一规划教育基地。基地是教育内容的物化承载，直接作用于大学生的感官，对于大学生的使命教育具有影响直接、感受直观、印象深刻、共鸣共振的特点。中华优秀传统文化与革命文化基地建设基地要统一规划，不可顾此失彼、厚此薄彼，充分体现出两者教育内容和教育目标的一致性。对于地点相同或相近的纪念设施和纪念场所，可以统一规划、聚集发展、分区布展，实现教育资源的节约化和教育效果的最大化。三是贯通中华优秀传统文化与革命文化内容。认真梳理两者之间的内涵本质，按照使命教育的要求对两者的内容进行分类整合，从历史的纵向角度打通两者之间的人为划分，形成使命教育的一体化资源，共同提升大学生的使命情怀，共同繁荣社会主义先进文化。

7.2.2　连通校内与校外使命教育资源

使命教育的对象是具体的人，而人是处于宏大的社会背景与微观的个人生活

① 2016 年 7 月 1 日，习近平总书记在庆祝中国共产党成立 95 周年大会上的讲话中，对中华优秀传统文化、革命文化和社会主义先进文化进行论述，明确指出：“文化自信，是更基础、更广泛、更深厚的自信。在 5000 多年文明发展中孕育的中华优秀传统文化，在党和人民伟大斗争中孕育的革命文化和社会主义先进文化，积淀着中华民族最深层的精神追求，代表着中华民族独特的精神标识。”

环境之中，这就决定了新时代大学生使命教育不能将视野仅仅局限于大学生这一特定的个体，而是要围绕大学生学习生活的各种环境来展开立体式的资源检索、汇聚、利用，构建连通校内与校外教育资源的体制机制。

7.2.2.1 构建高校内部使命教育资源的协同机制

高校是大学生的求学场所，是开展教育活动的主要阵地，对于大学生使命意识的培养、使命意志的锤炼、使命行为的引导具有根本性、决定性的作用，是使命教育各类影响因素中，最重要的外部影响因素。从使命教育的主体来讲，在众多组织机构中，高校是开展大学生使命教育的主战场、主阵地。但是，高校并不是传说中的象牙塔，不是社会系统中的一个孤立存在物——高校不仅是一个自成体系的有机体，而且还与外部各系统频繁互动，共同构成社会的生态大系统。从高校内部来看，使命教育需要高校内部子系统之间建立起协同运转机制。

构建思政课程与课程思政协同机制。高校开设的各类课程都蕴含丰富的思想政治教育元素，正如习近平总书记在 2016 年全国高校思想政治工作会议上提出的一样，在高校的课程教育中要充分挖掘每一门课程的思想政治教育内容，确保“使各类课程与思想政治理论课同向同行”。2015 年 7 月 27 日，《普通高校思想政治理论课建设体系创新计划》由中央宣传部和教育部联合印发，该文件对建设高校思想政治理论课提出明确要求。2019 年 3 月 18 日，在学校思想政治理论课教师座谈会上，习近平总书记对思政课的重要作用作了进一步阐述，认为思想政治理论课是落实立德树人根本任务的关键课程；同时对思政课教师的重要作用作了进一步强调，认为办好思想政治理论课关键在教师，关键在发挥教师的积极性、主动性、创造性；与此同时，习近平总书记还对做好思想政治理论课改革创新提出坚持“八个相统一”的明确要求。思政课程是育人功能与使命教育的主要渠道，对于传播马克思主义理论、马克思主义中国化理论和中国共产党的政治主张具有决定性作用。在新时代条件下，习近平新时代中国特色社会主义思想是开展使命教育的重要指南，是激发新时代大学生承担中华民族伟大复兴使命的重要依托，是新时代大学生使命意识、使命情感、使命意志与使命行为知情意行相互统一的重要基础。课程教学是树人功能与能力培养的主要渠道，课程思政是对思政课程的重要补充，思政课程与课程思政相互协同就是要发挥思政课程与其他课程在育人育才中的不同作用，实现 1+1>2 的效果。思政课程与课程思政的有机结合、协同配合，就是在课程规划、学时学分分配、资源配置、内容安排等方面达到无缝对接、同向同行、同频共振，实现立德与树人相配合、育人与育才相统一的协同效果。教育工作教师是关键，思政课教师与专业课程教师都有育人之职责，都需要按照“四有好老师”①的标准，落实“八个相统一”的要求，做“四个引路人”②，真正做到“四个相统一”③，引导大学生在思想上做到“四个正确认识”④，引导学生成长成才，成长为担当民族复兴大任的时代新人。

构建第一课堂与第二课堂协同机制。第一课堂是学校教育最重要的形式、是学校教育的主渠道，一般是教师在相对固定的地方、相对固定的时间按照教学大纲规定，运用一定的教材、教具向大学生传授一定理论、知识和技能。第一课堂具有目标明确、计划性强、组织度高、步骤规范等特点。第一课堂的课程具有层次递进、环环相扣的逻辑性特征，各门课程都要守好一段渠，种好责任田，为后续课程的学习打下坚实的基础。第二课堂与第一课堂相对独立，是对第一课堂的延续和补充，指大学生在完成第一课堂的教学计划内容之外自愿参加的以提高思想政治素养和综合素质为目的的活动，对于培养大学生的兴趣、爱好、特长具有形式灵活、自愿参加、吸引力强等优点。第二课堂主要包括思想引领、志愿服

---

① “四有好老师”，即做“有理想信念、有道德情操、有扎实学识、有仁爱之心”的好老师。2014 年第 30 个教师节前夕，习近平总书记考察北京师范大学时发表重要讲话，勉励广大教师做有理想信念、有道德情操、有扎实学识、有仁爱之心的“四有”好老师。2014 年底，北师大发起“中国好老师”公益行动计划。

② “四个引路人”，即做学生锤炼品格的引路人，做学生学习知识的引路人，做学生创新思维的引路人，做学生奉献祖国的引路人。2016 年 9 月 9 日，习近平总书记在北京市八一学校考察时强调，广大教师要做“四个引路人”，即：教师要做学生锤炼品格的引路人，做学生学习知识的引路人，做学生创新思维的引路人，做学生奉献祖国的引路人。

③ “四个相统一”，即坚持教书和育人相统一，坚持言传和身教相统一，坚持潜心问道和关注社会相统一，坚持学术自由和学术规范相统一。2016 年 12 月 7 日至 8 日，习近平总书记在全国高校思想政治工作会议上指出，要加强师德师风建设，坚持教书和育人相统一，坚持言传和身教相统一，坚持潜心问道和关注社会相统一，坚持学术自由和学术规范相统一，引导广大教师以德立身、以德立学、以德施教。

④ “四个正确认识”，即正确认识世界和中国发展大势、正确认识中国特色和国际比较、正确认识时代责任和历史使命、正确认识远大抱负和脚踏实地。2016 年 12 月 7 日至 8 日，习近平总书记在全国高校思想政治工作会议上提出的明确要求。

务、社会实践、科技竞赛、创新创业、文体活动、社团活动、党团课程、心理辅导等活动。加强第二课堂建设对于引导大学生树立正确理想信念、激发创新创业意识、增强自主发展动力、全面提升综合素质、促进身心和谐发展具有重要意义。第一课堂与第二课堂的协同，首先，体现在培养理念、培养目标的一致性。第一课堂与第二课堂在育人方法上具有根本区别，但只要在培养理念与培养目标上保持一致，方法完全可以不同。这就要求，无论是第一课堂还是第二课堂，都必须在课程体系与其他教育活动的设计中实施以学生为中心的教学方式和学业评价方式改革；其次，要实现育人资源的协同。构建全员、全过程、全方位的育人体系，形成全方位协同育人效应。第一课堂重在专业思维的培养与专业能力的提升，第二课堂重在德智体美劳全面发展，两者要协同融入使命教育元素，将大学生理想信念的树立、责任使命的担当贯穿全过程，管好大学生人生的“总开关”；再次，要实现育人要素的充分融合。第一课堂与第二课堂育人要素的融合，其核心就是要打破两者在人才培养中的壁垒。具体来说，就是要积极搭建多层次、立体化、全天候育人平台，将第二课堂打造成可记录、可评价、可测量、可呈现的与第一课堂互为补充的教育载体。当前，高校的“第二课堂成绩单”制度①已经全面铺开，形成良好的社会效应。构建育人资源有序配置、高效整合、全面融通的协同机制，将推动形成思想政治理论课程与其他各类课程、理论教学与实践教学、线上教育与线下教育、校内评价与校外评价、家庭教育与学校教育相互配合的生动局面，形成协同育人效应、实现使命教育目标。

7.2.2.2 构建高校家庭使命教育资源的协同机制

高校与家庭是大学生成长最为重要的环境，高校与家庭的资源是大学生使命教育最重要的资源，构建高校与家庭使命教育资源的协同机制可以使两个教育子

① “第二课堂成绩单”制度是高校共青团培养大学生综合素质、深度融入教育改革发展、服务国家经济发展大局的一项举措，是高校共青团改革的重要内容。第二课堂成绩单主要包括学生在校期间参与创新创业、社会实践、志愿服务、文化艺术、体育活动、工作履历、技能特长、思想成长八个方面的经历和成果。“第二课堂成绩单”制度主要目的是推进第二课堂与第一课堂互动互补、互相促进，服务学校立德树人中心工作，为学生在校期间打造一份课业成绩之外的“第二课堂成绩单”，形成每位同学在校期间的“足迹”记录，让第二课堂成绩单成为学校人才培养评估、学生综合素质评价、单位选人用人的重要参考依据。

系统产生协同效应，通过机制的构建促使学校和家庭实现资源互补、相互协作、相互配合、相互支持，从而实现使命教育总体发展目标。家庭是学生的第一所学校，问卷中对学生的家庭环境作了调研。通过对"您是否有过为他人服务、为社会做贡献的想法?"和"您认为独生子女的家庭环境对社会责任感的影响怎样?"进行交叉分析，发现认为独生子女的家庭环境对其社会责任感是正向影响的大学生，其有为他人服务、为社会做贡献的想法非常强烈和比较强烈的占比最高，分别为 38.82%和 35.86%，体现出很高的社会责任感和使命感(具体见表7-4)。由此可见，家庭环境对个人的使命观念有直接的影响作用，家庭教育是培养孩子使命感责任感的重要教育途径，必须高度重视家庭对大学生使命感的教育，加强家庭与学校的协调，共同促进使命教育取得实效。

表 7-4　"您是否有过为他人服务、为社会做贡献的想法?"与"您认为独生子女的家庭环境对社会责任感的影响怎样"交叉分析结果

您是否有过为他人服务、为社会做贡献的想法?	您认为独生子女的家庭环境对社会责任感的影响怎样?				小计
	父母宠爱，社会责任意识弱	个人意识强，忽略他人感受	个人比较独立，社会意识强	没有相关联系	
非常强烈，时刻准备着，并一直为此行动	2144(28.45%)	1348(17.89%)	2925(38.82%)	1118(14.84%)	7535
比较强烈，但一直没有行动	1312(20.39%)	1764(27.42%)	2307(35.86%)	1051(16.34%)	6434
不太强烈，需要我做的时候再说吧	437(20.17%)	622(28.70%)	686(31.66%)	422(19.47%)	2167
基本没有这个想法	29(23.2%)	37(29.6%)	36(28.8%)	23(18.4%)	125

高校家庭资源的协同要以大学生为中心。大学生是资源协同的主体，在高校与家庭资源协同过程中居于中心地位，发挥着中介的作用。资源协同不是不同资源在时间空间的"物理混合"，而是要通过资源的整合、互补、协调、同步、融合进而产生新的结构和功能的"化学反应"。首先，家庭要有主动参与意识。传统观念中，教育是学校的事情，中国高校承担太多"不能承受之重"。2015 年 10

月，教育部发布的《关于加强家庭教育工作的指导意见》指出，家长是家庭教育的主体责任人，是孩子的第一任教师。家长与学校教师的配合程度，影响着教育的效果。家庭教育工作开展的如何，关系到孩子的终身发展，关系到千家万户的切身利益，关系到民族的未来。在信息丰富冗余、价值取向多元的今天，必须推动家庭、学校、社会密切配合、同向发力，才能培养德智体美劳全面发展的社会主义建设者和接班人。其次，家庭与学校要按照大学生身心成长规律协同配置资源。不同阶段的个人与群体具有不同的需求，同一阶段的个人与群体亦可能具有不同的需求，对需求的满足必须以资源的科学合理配置为前提条件。使命教育是为了塑造社会主义现代化建设使命担当所需要的人才，家庭资源并不是完全无条件无原则地配置给大学生，而是要选择那些有利于大学生成长成才、有利于大学生使命感培养的资源进行供给，这种资源配置过程实际上就是家风的重要体现。高校对资源的配置同样要遵循大学生的成长规律与教育教学规律，促进大学生思想品质和使命意识的提高。只有学校与家庭共同围绕大学生成长成才、同向同行方可实现资源的有效协同。

高校家庭资源的协同要以使命教育为目标。资源的协同目标不一样，其方式方法完全不同。使命教育是资源配置的根本目标，高校与家庭资源的协同必须始终围绕这一目标。首先，家长与教师都要严于律己、以身示范。榜样的示范与影响是使命教育获得实效的重要方式。家庭与学校必须担负起应有的责任，注重言传身教、因势利导，无论是父母还是老师如果给大学生种下一颗理想远大、志向崇高的种子，在合适的时候就会迸发出强大的使命能量与责任担当；其次，要根据不同的大学生个体赋予其不同的使命内容。人的兴趣、爱好、能力、素质都不一样，其承担使命的层次、大小、范围亦不可能保持一致。弗洛姆指出："教育的社会功能是使个人具备在以后的社会生活中起到应起的作用的资格，也就是说，把他的个人个性塑造得极为接近社会个性，使他的欲望符合他所扮演的社会角色的需要。"社会的需要是全方位、多样化的，决定了每一个人在其中承担的角色是不同的，也就是其承担的使命是相异的。因此，不能妄图用工业化生产的思维模式来要求每个人对责任与使命的担当完全一样，必须注重发挥每一个人的特长，赋予其不同的社会使命，共同促进大学生个体的健康成长与社会的发展进步。

高校家庭资源的协同要以协同机制作保障。机制建设是高校与家庭资源有机协同的长远之策。首先，要建立高校与家庭的沟通交流机制。科学技术的进步推动人类社会沟通交流即时、便捷、生动、活泼，电话、手机及各类即时通讯软件并不能彻底解决沟通的效果。苏霍姆林斯基说："教育的效果取决于学校和家庭教育影响的一致性。如果没有这种一致性，那么学校的教育和教学过程就像纸做的房子一样倒塌下来。"高校与家庭的沟通内容应该是着眼于大学生使命教育过程中出现的问题，建立专门的沟通渠道(如 QQ 群、微信群等)，以相对固定的沟通频率，实现对大学生培养信息的全面共享——学校掌握大学生在家的具体表现和思想困惑，家庭知道学校的培养目标、理念、举措及效果，双方将相关信息充分交流意见后方能精准施策、对症下药。切实提高对家校协同合作的认识，可以吸收欧美、日本等国家的经验，出台家校协同的法律政策，对家长参与学校管理的责任和义务给予法律条文的规定，适时推动立法建设，以法律的形式保障家长带薪请假参与学校管理决策和教育活动；其次，要建立高校与家庭的组织机制。高等教育大众化向普及化发展的过程中，使命教育也需要尊重大学生的个体差异，由单一走向多元、由封闭走向开放、由标准化走向个性化。这种发展变化离不开全社会尤其是家庭的共同关注与参与，组织机制的构建势在必行。组织机制既包括学校牵头成立的家长委员会、家长教师协会等组织机构，也包括为达成使命教育目标而建立的一系列规章制度，两者相辅相成，共同构建起高校与家庭资源协同的组织机制。可以借鉴美国家长参与合作的国家标准，从家校交流、家长参与学校志愿活动、家长参与学校决策等维度制订我国的家校协同国家标准，以此规范学校和家长的共育行为。再次，要促进高校与家庭的和谐共生。高校与家庭的资源协同、学校与家长的良性互动是现代大学制度发展的必然趋势，是对大学生主体地位的充分尊重与充分彰显。构建高校家庭资源的协同机制是现代大学走出象牙塔、走向社会中心的初步尝试，既体现出家庭成员对学校教育的知情权、监督权和参与权，也充分调动家庭的资源优势，建立起教师与家长相互尊重、相互理解、相互信任、和谐共生的人际关系，有效协同高校和家庭教育的资源。

7.2.2.3　构建高校社会使命教育资源的协同机制

工业化生产带来的经济全球化已经成为现实，当代社会不同主体之间的互动越来越频繁，大学生使命教育单靠高校自身的资源难以完成这一重任，必须以一定的外部资源条件作为支撑。从某种程度上看，使命教育的过程就是校内外使命教育资源发挥协同作用的过程。使命教育工作者在教育实践中都或多或少地、自觉或不自觉地利用各种形态的社会资源来为使命教育实践服务。如何合理有效地开发利用社会资源从而构建高校社会资源的协同育人机制是一项重要的课题。

共建教育基地平台。使命教育属于思想政治教育的范畴，思想政治教育的资源都可以在使命教育中得以运用，爱国主义教育是使命教育的重要内容，散布于全国各地的爱国主义教育基地都可以作为使命教育的重要资源。每个地方都有融合中华优秀传统文化元素的独具特色的地域文化教育基地，如名人故居和各类博物馆、纪念馆等，这些教育平台分散于不同的政府部门或者村镇集体。高校是所在地区的精神高地，具有丰富的专家资源，应当主动加强与社会各类主体的沟通交流，积极参与文化资源的挖掘、重现，参与基地的规划建设，以智力成果服务地方经济社会发展和精神文明建设，以贡献促合作、以合作促发展，共同促进基地平台的共建共享、优势互补、互助协作、共同发展，同时通过“线上+线下”互动交流、教育资源和理论成果共享等方式，充分发挥高校的理论优势和各类教育场馆的实践优势，从而形成教育内容、活动、媒体宣传、智慧商业的有机整合，产生聚合效应，形成使命教育品牌，实现共享与分享、无形与有形的平台商业模式，不断开创大学生使命教育的新局面。

共享教师专家资源。高校是知识分子的聚焦地，也是知识、思想的重要产出地。高校教师不仅成为高校发展最重要的人力资源，也是社会进步最宝贵的专家财富。进入新时代，高校与社会之间的天然壁垒基本消除，使命教育面临的形势更加复杂、任务更加繁重，仅仅依靠高校自身的教师难以完全满足教育需要；与此同时，高校社会服务职能要求其发挥知识的溢出效应，依靠其技术创新成果和人文社会科研成果，积极服务地方经济社会发展。首先，高校教师要主动融入地方履行大学使命。大学的职能与大学自身的发展及其对社会的贡献而不断丰富，人才培养是大学作为教育机构最基本的职能传承至今，随着大学功能的拓展，科学研究与社会服务作为拓展职能与其基本职能并称为大学的三项经典职能；进入21世纪和新时代，三项经典职能已经远远不能体现大学的价值与作用，文化自信必须要求大学承担起文化传承创新这一职能，开放办学、文化交流背景下的国际交流合作这一项职能同样需要赋予大学，大学的职能由此拓展为五项。与此同时，高校教师的角色更显多元，但多元并不是没有核心，多元背景下的高等教育其立德树人的核心使命不仅从未削弱，反而更显繁重。习近平总书记在 2014 年教师节与北师大师生座谈时对好老师的期盼让人动容，他说："一个人遇到好老师是人生的幸运，一个学校拥有好老师是学校的光荣，一个民族源源不断涌现出一批又一批好老师则是民族的希望。"①不仅在传统意义上而且在现实社会中，高校教师大多都是仅仅服务于自己所在的高校，教师资源的横向流动较少，好老师的辐射作用明显发挥不足。让学校与学校之间从独立封闭走向开放共享，让跨区域、跨行业、跨时间的使命教育成为可能和常态，从而构建形成使命教育优质教师资源的共享机制成为新时代使命教育的重要课题。要充分发挥名校名师的辐射带动作用，构建以师资共享带动的校际教学相长、协同发展新模式，推动使命教育向深层次、高层次发展。要将实现教师的自由流动作为使命教育教师资源共享的目标，一方面要将教师由"学校人"变为"系统人"，促进使命教育中教师资源作用发挥最大化；另一方面要将教师由"系统人"变为"社会人"，加强高校教师对地方使命教育资源的挖掘与传承，不断提升高校教师对地方经济社会发展的直接贡献。如此既有利于教师的成长、体现高校的服务职能，同时也能扩充使命教育教师队伍、提升使命教育的效果；其次，高校要以开放的姿态大力引入社会各行各业的使命教育教师资源。习近平总书记强调：让有信仰的人讲信仰。三百六十行，行行出状元。在每一个行业都有行业的优秀代表，要充分吸收这些行业的专家、学者、能手作为使命教育师资队伍。在实际操作中，要通过与各个行业的专家进行零距离接触、开展直接对话，让大学生深切感悟他们深沉的家国情怀和报国之志，持续激发大学生的成长动力。"润物无声"的指导交流是开展使命教育最有效的方式。校外教师由于更加接近社会、远离学生，对学生的教育引导可能更具吸引力，在校内外教师的交流互动中，某种程度上也是对高校教师的教育培训。使命教育中选取的校外教师必须葆有赤子之心、满怀爱国之情、引领行业发展，具有一定的典型性和代表性，同时还要能够掌握教育规律、把握大学生性

① 习近平．做党和人民满意的好老师——同北京师范大学师生代表座谈时的讲话(2014 年 9 月 9 日)．北京：人民出版社，2014.9.

格特点，言传身教、以身示范，教育引导学生立鸿鹄志、做奋斗者，主动担当历史使命。

同构共用教学资源。教学资源是开展使命教育的基础，教学资源是高校社会资源协同的应有之义。高校与社会都具有广泛的教育教学资源，但这些资源分散在各个角落，没有组织的教学资源就是一盘散沙，不能发挥教育资源应有的效益。首先，要双向同构教学资源。教学是一项具有艺术气息、充满个人色彩的社会实践活动，教师个人在开展使命教育过程中，必定会开展相关教育资源的原始积累，即自发地收集、整理与教育目标相关的教学资源，同时也会通过公开教学、教学大赛、教学讲座、课程试讲、研讨交流等组织化的方式对个人资源进行整合、归类、重组、提升、呈现，便于教师检索与使用。社会上的各行各业、各个单位也要根据自身行业与单位的特点主动提供使命教育资源，并在实践中不断主动建构资源素材库，共同为使命教育提供丰富的资源；其次，要加强教学资源的共同使用。在使命教育目标的指导下，高校与社会各个层面会形成系统性、全面性的教学资源库，这些资源库既包括学校的校本资源、社会资源、网络资源，也包括既有资源和生成资源，还包括文本资源与超文本资源。围绕使命教育这一特定的社会实践活动所形成的丰富教学资源，是使命教育能够正常开展、取得教育实效的重要基础。加强使命教育资源的开发与应用，促进高校与社会各组织的交流合作，使不同教育主体积累的教育教学资源能够充分发挥作用、促进各类使命教育教师能够一起切磋、共同探讨、全面成长，是使命教育持续发展、不断推陈出新的原动力。

高校使命教育离不开社会系统的全面支持和参与，高校与社会使命教育资源的整合，是丰富使命教育资源、提升使命教育实效的重要手段。高校使命教育的社会化，离不开各级党委政府的政治领导、政策倾斜、法律保障、资金扶持，离不开完善、通畅的工作交流机制，离不开高校、家庭、社会教育相互联动的网络体系，离不开使命教育社会资源的共建、共享、共用，离不开人际交往、互联网、城镇化和新农村建设、企业文化建设、传统节日等教育资源蕴涵的使命元素。构建高校社会使命教育资源的协同机制，是从更高层级、更大范围、更广视角开展的全员育人、全过程育人、全方位育人的有益尝试，其目标是实现“精准匹配”供需关系、“高效连接”教育信息、“极速流动”服务支持，促进使命教育提质增效。

7.2.3　融通线上与线下使命教育资源

人工智能、云计算、大数据、互联网是新时代的热点词汇。移动互联网技术使整个地球变成一个由网络连接起来的村落，使线上教育由教学的辅助手段转变为须臾不可分离的环境，传统教育中固定的学校、固定的教室、固定的老师和固定的学生的模式正在悄然发生变化，网络、移动终端、全国的优秀教师、规模庞大的相互不认识的学生所形成的“互联网+教育”模式正在形成。网页代替了书本，慕课、微课、翻转课堂、手机课堂等代替了传统的课堂形式，学生接受教育的方式更加灵活多样，知识来源渠道更加广泛便捷，传统教育模式受到前所未有的冲击和挑战，融通线上与线下教育资源成为新时代教育的迫切需要。

7.2.3.1　把握新时代使命教育的环境变化

传统教育建立在工业化思维的基础之上，往往注重知识的传递与技能的培养，而忽视了情感、态度、价值观、使命观等这些底层的内容。互联网技术催生出一个完全不同于工业化思维主导的传统教育模式，置身其中必须把握新时代使命教育的环境变化与发展趋势。

深刻洞悉新时代教育的转型发展。新时代大学生使命教育是众多教育内容之一，必须与教育形势的发展相匹配，与时代的发展相同步。互联网环境中，教师并不一定具有知识获取的天然优势，必须适应形势变化、调整自身定位，主动将师生关系定位成为学习的陪伴者和引导者。新时代社会主要矛盾的变化在教育领域的体现就是：学生日益增长的自我意识和求知欲望与落后的教育教学方式之间的矛盾。新时代教育的转型发展是解决当前教育领域主要矛盾的必然应对，转型发展要求做到：以学生的全面发展为中心，充分尊重学生的主体地位，根据学生的兴趣爱好、发展潜能、学习基础、学习风格定制精准的个性化学习策略，教育过程中关注学生的政治态度、思想倾向、学术志向、职业兴趣、身体素质和心理健康等要素，用学生喜闻乐见的方式增强教育效果。使命教育的转型从本质上讲，就是对传统思想政治教育形式的超越，实现使命教育在新形势下的创新发展。新时代大学生无时不网、无处不网、无人不网，大学生使命教育的创新必须深刻回应网络对使命教育的影响，将网络作为使命教育的工具和环境，充分挖掘使命教育的网络元素，向大学生传递使命思想与使命知识。

超时空、碎片化学习渐成常态。技术发展助力学生尤其是大学生学习方式的改变。自从计算机辅助教学以来，传统的教学形式已然发生改变；移动互联网技术，彻底颠覆了传统的学习方式，超时空学习与碎片化学习方式由趋势变为当前学习的常态，线上教学与线下教学相互混融的教学方式呈现出“历时性”与“共时性”共存共融的特征；人工智能和大数据技术的发展，正在将线上线下结合的共时性学习方式推向深度智能化学习方式。移动互联网形成全球范围的知识库，教师对知识的垄断地位已经动摇，师生界限不再泾渭分明，优质教育资源可以在更大范围进行更加科学的配置整合，知识获取的效率和成本大幅改善，碎片化学习方式相较集中式的学习方式更受青睐。使命教育作为教育的一种形式既是知识的传递，也是情感的表达，更是意志的锤炼，智能化、情景式、沉浸式等深度学习模式，能够带领大学生穿透历史、洞察未来、形成与客观现实相互贯通的极致使命体验，让大学生在相对轻松的环境中获得使命认知、增强使命担当。

智能学习图景已经展露端倪。互联网使知识的存储和获取变得简单，直接促成网络教学平台、网络教学系统、网络教学软件、网络教学视频等线上海量资源的形成。大数据、云计算、智能科学等技术的发展极大促进使命教育资源在更大范围、更加科学地配置整合，差异化教学和个性化自主学习将在更大层级和更大范围得以实现，跨区域、跨行业、跨时间、跨学科的合作研究不可避免地成为一种趋势。作为教育的客体，大学生在网络上不仅获取信息，还在阅读、浏览、购物、沟通的过程中留下诸多数据“痕迹”，在智能科学技术的引领下可以汇聚成个人的数据地图，成为反馈教学效果、改进教育评价的重要根据。互联网大大突破了课堂教学局限，形成了网络社区这一虚拟人际交往空间。虽然线上教育在社会性、情感性上弱于线下教育，但在交流平等性、自由自主性上却有其优势，对于性格内向、不善交往的学生来说，尤为有利。进入 21 世纪，教育主管部门加大网络课程的建设开发力度，慕课成为线下教学的重要补充，各类高校根据自己的学科特色开展精品课程、网络课程的建设，网络教育资源更加丰富。2020 年初突如其来的新型冠状病毒疫情，更是大大加速了网络教学的发展速度。随着人工智能技术的成熟，在线教育将实现海量资源、共同学习与量身定制的高度统一，可以根据不同学习者的特征进行自动诊断、自主推送适合难度的内容，自动编制有利于特定学习者的习题，自动提出适合的阅读建议，使教育的个性化真正成为现实。① 这些对于开展个性化、针对性的使命研究与使命教育具有重要的参考价值。

7.2.3.2　构建融通线上与线下使命教育资源的机制

线上线下教育资源都分别是一个巨大的系统，分属于不同的场域，遵循不同的运行规律，如果没有科学的机制将两个系统进行融通成为一个系统，在观念融合与管理融合中清除两者之间的天然壁垒，很难实现资源的整合。

树立统一的思想观念。线上教育与线下教育是两个完全不同的教育模式，传统条件下，两者互不干涉、独立发展。在新的环境与新的要求下，必须充分发挥各自的优势，构建线上线下相互包含融合、相互补充支持的统一系统，在这个系统中，无论是管理者还是教师，无论是学生还是家长，无论是政府还是高校，都需要打消思想顾虑、清除本位主义、统一思想认识、恪守本位、共同努力、形成合力。对于使命教育来讲，由于其自身还处于构建过程之中，统一思想观念阻力可能相对较少，但构建相互融通的线上线下教育资源机制却是一个完全崭新的过程，需要花费更多心力。

建立完善的制度体系。机制运转靠制度，制度管用靠执行。线上、线下由泾渭分明到相互融通需要完善的制度保障，使命教育更加需要在制度体系上形成合力。首先，党委政府要从宏观层面建立资源融合制度。高校传统的管理体制与机制难以适应融通的需要，党委政府作为社会资源最为重要的领导力量，必须实现在较大区域甚至全国、全世界范围内进行教育教学资源的配置，统筹考虑课程设置、教师资源以及其他必要设备，开放和联通线上线下教育资源，充分释放各类资源的使用价值，产生资源之间的累积叠加效应。其次，高校内部要构建资源整合机制。将学科、专业、课程、教案、教师等资源统一规划，将线上与线下教育

① 袁振国．未来已来，将至已至——走向 2030 年的教育[N]．中国教育报，2017-10-18(5)．

资源结合起来，实现学生在线上与线下学习不受时空限制，既有标准化的授课形式，也能够实现以需定学、因材施教。再次，要构建不同群体的学习资源共享制度。互联网时代学生既是受教育者，也是知识的提供者，不同的学生之间可以通过知识、经验、教训的分享形成学习社区，从而打造成为学习的共同体。构建线上线下学习交流制度，可以弥补单一方式的不足，形成优势互补，实现学习形式的整合重构，构建一种新的教育生态。

7.2.3.3 打造融通线上与线下使命教育资源的产品

无论线上教育还是线下教育，要想实现教育效果，其基本前提是提供有效的教育教学产品。纵观人类的教育历史，大致经历了"个性化的精英教育""集体性的大众化教育"、"个性化的大众化教育"三种形态，线上教育与线下教育的结合为我们实现"个性化的大众化教育"模式提供了可能。在中国特色社会主义新时代，人人享有受教育的权利，高等教育已经迈入普及化的门槛，人工智能蓄势待发，私人定制的个性化教育图景已经展现在人们眼前。人工智能通过一些智能化的穿戴设备采集学生线上学习的全部数据，经过比对常模可发现学生在体质健康、运动知识、运动技能等的情况，能够辅助现实生活中的教师做好学习的知识辅导和学习测评，精准掌握特定个体的学习习惯、学习心理、学习困惑，提供个性化的精准解决方案。①

培养个性化"教练式"的教师群体。教师在教育教学过程中属于供给方，是产品的输入一方，既可以作为产品的制造者，也可以看作一种特殊的"产品"形式。传统线下教师的角色很难适应将来人工智能技术日渐成熟的未来社会，知识性的传授将成为未来教师的辅助功能，而对大学生的激励作用、情感慰藉等低端人工智能和计算机网络难以实现的高阶能力成为未来教师发挥作用的重要领域——具有艺术性、人文性、独创性的工作内容才是未来教师的角色认定，未来教师应该真正成为人类灵魂的工程师、大学生的心灵导师。换而言之，未来线上线下融合的教育模式对教师的作用不会削弱，而是显得更为重要。教师在教育教学过程中的作用不仅是领导者、主导者和指导者，更体现为设计者、激励者和共

① 袁振国．人工智能助推教育回归本源[N]．文汇报，2018-11-25.

生者；教师关注的不仅是学生知识的接受度，更要在信息技术、人工智能技术的辅助下关注学生的全面发展。使命教育着眼于人思想觉悟的提升，更依赖于教师的激发，因此，更加需要“教练式”教师。

构建利于大学生知识吸收的学习场景。学习场景是教育产品的一种形式，融通线上与线下教育资源的产品，必须成功融合线上教育产品的虚拟性与线下教育的现实性，实现场景的真实性与获取的便捷性相统一。高校学习场景的构建将有助于大学生提高深度学习能力、形成自我管理能力、养成良好行为习惯、提供自主学习动机、激发创新创造能力、提升个人领导能力、涵养人文气质。2020 年初的新冠疫情只是实现了将线下教学转换为线上教学，其教学方式并未从根本上得到变革。在未来的使命教育中，对大学生传授的不单是使命知识的传授，而是采用多元复杂化学习场景给大学生进行持续多角度赋能，增强大学生个体的使命体验，经过使命情感加持内化为使命意志、外化为使命担当行为，实现对现有教育教学模式和效果的超越。

打造融媒体全息式的教育载体。教育载体是教育产品的一种形式，教育载体与科学技术的发展息息相关，有什么的科学技术就有什么样的教育载体。在人类发明纸笔以前，教育产品更多体现在教师的言传身教，刀刻龟甲、竹简成为知识承载的介质；及至发明纸笔，使人类的教育层次和水平向前大大推进一步——教育活动可以在更广人群中开展，教育产品的形式更加丰富，教育交流互鉴可以以更快速度在更大范围得以开展；电脑多媒体技术的发明，使教师获得一定程度的解放，也使学生接受教育的形式更加丰富；网络技术和融媒体技术的发展，给教育载体的创新提供了更加广阔的舞台。使命教育具有一定的抽象性，与现实生活相离较远，单纯理论性的教导很难引起大学生的共鸣。融媒体技术直接作用于人的感官，具有生动、直观的特点，给新时代大学生使命教育载体创新、全息式产品供给提供了千载难逢的机遇。

7.3　建立使命教育的长效机制

任何一项工作都需要外部条件的支撑和支持，都必须在一定的条件保障下方可完成。2009 年世界高等教育大会公报指出：“日益扩大的入学机会对高等教育质量提出了挑战。在当代高等教育中，质量保障无疑起着至关重要的作用，而且必须涉及所有利益相关者。教育的质量既要求建立各种质量保障体系和多种评价模式，同时更需要在机构内部形成一种质量文化”①。完善的保障体系是新时代大学生使命教育可持续发展的支撑和关键，是确保使命教育质量的一系列制度设计和体制机制的总和。高等教育是培养接班人的事业，具有强烈的政治属性。立德树人是高校的立身之本，是检验学校所有工作的根本标准，必须高度重视使命教育，建立包括制度文化保障、资源物质保障和环境氛围保障在内的保障体系，并落实于高校使命教育的各个环节、各项具体工作之中。

在大学生使命教育的访谈式调研中，参与者从不同角度提出了许多具有建设性的建议。除了开设课程、举办活动、开展实践、建设基地、榜样选树宣传等常规答案之外，还有一些从身体素质、心理健康、感恩教育、社会氛围等方面提出建议，建议更加重视体育，通过增强青年体魄，提高青年活力，进而推动青年去关注社会、关心他人；提高科研人员待遇，限制娱乐明星收入，让科研人员的社会地位、经济地位进一步凸显，引导青年人尊敬并向往成为科研人员而不是娱乐明星；创造一个更加公平的社会，不让老实人吃亏，让更多感受到自己或他人的付出与回报是一致的，从而更有动力承担使命等等。如“从自己做起，严于律己（ID：546）”“加强大学生素质教育，提高大学生身体素质。（ID：6687）”“多加强锻炼身体，以及心理健康锻炼，在近几年，经常听到某大学学生自杀，加强大学生的心理健康。（ID：8523）”“首先作为一个学生要学有所成，其次去参加一些有意义的活动，去实现自己的不平凡生活。（ID：3160）”“多进行使命教育，多宣传人民英雄。不能让新时代青年沉迷于娱乐明星中。（ID：15768）”“这个需要国家层面加强法制监督，加强公务员群体为人民服务的意识，减弱各行各业的阶级等级意识，让公平公正深入人心，才能让广大青年更愿意相信国家政府，自然会增强使命意识。学校要引领学生思考解决现存问题的意识，学校教师群体作为高级知识群体，也要尽己所能，一方面发挥自身群体的能力与影响力，积极向国家政府献计献策，另一方面要做好学生的榜样，带领学生一同建设美好社会。

① 陈以一，晋浩天．同济：构建全方位的教学质量保障体系［N］．光明日报，2015-12-28（02）．

(ID：11625)”等。从对加强新时代大学生使命教育的建议回复的词频图中可以看到受访者关注的内容(见图 7-1)。这些意见建议为建立新时代大学生使命教育的长效机制提供了有益启示。

图 7-1　大学生对使命教育建议词云图

7.3.1　完善使命教育制度机制

制度与机制是两个既有区别又密不可分的概念。制度是要求相关成员共同遵守的、按一定程序办事的规程或行动准则。机制通常指制度机制，从属于制度，一般是指复杂系统结构各个组成部分相互联系、相互制约、相互作用的联结方式，以及通过它们之间的有序作用而完成其整体目标、实现其整体功能的运行方式。机制通过制度系统内部组成要素按照一定方式的相互作用实现其特定的功能。机制与制度相互依存、相互促进、不可分开。制度是机制的基础，没有制度就没有机制；机制是制度的灵魂，有了机制才能使制度正常运作起来并发挥作用。

7.3.1.1　建立科学的使命教育决策机制

成功决策是成功实施的前提和基础，错误决策贻害无穷，往往比执行不力带来的负面影响更大。使命教育是思想政治教育的重要内容，是铸魂育人的工作，如果做出错误的决策不仅影响到大学生的成长，还会波及家庭和社会，甚至会影响到国家安全和民族的自立自强。

决策程序是决策制度最重要的内容之一，如果没有科学的决策程序，就难以实现科学决策。决策中必须坚持群众路线，即一切为了群众，一切依靠群众，从群众中来，到群众中去，实现自下而上与自上而下相结合的决策过程。新时代大学生使命教育与其他思想政治教育一样，着眼于大学生思想行为的形成与改变，具有一定的隐性特征，一定要充分发挥高校师生的作用，主动听取他们的意见建议，为国家层面的决策提供重要参考，使使命教育形式更接地气，教育内容更加精准有效。使命教育的重大决策必须充分听取各方面的意见和建议，把公众参与、专家论证、风险评估、合法性审查、集体讨论决定等作为必经程序，实现决策的科学化、民主化、法制化。

7.3.1.2 建立完善的使命教育运行机制

毛泽东指出："人是生活在制度中的，同样是那些人，施行这种制度，人们就不积极，敲锣打鼓，积极性也提不起来，施行另外一种制度，人们就积极起来了。"①使命教育是一项涉及众多主体的教育实践活动，需要完善的制度保障其正常运转。

首先，要建立超前的规划制度。凡事预则立，不预则废。从国家层面来讲，五年一轮的五年规划已经被证明为中国经济社会发展行之有效的"指南针"，确保中国航船沿着预定的社会主义现代化方向。这一总体规划下面有分行业、分地区的规划内容，充分体现出规划的系统性。使命教育的战略性、长期性、基础性地位和作用，要求党委政府注重使命教育的长期考量，避免碎片化、孤岛化。高校是使命教育承担的主体单位，也要根据党委政府的总体规划制定学校使命教育的具体规划，确保规划目标的落地落实。

其次，要建立精细的运转制度。使命教育是一个巨大的生态体系，必须构建教育系统与社会系统的对接制度，将党委政府关于使命教育的目标内容在各个系统中形成共识，并以制度的形式形成学校、家庭、社会的协同机制，确保

① 薄一波．若干重大决策与事件的回顾(修订本)(下卷)[M]．北京：人民出版社，1997：809.

形成工作合力；在高校内部，要将使命教育置于学校教育的重要地位，从立德树人的高度协调校内各方资源，建立利于使命教育的制度体系，完善实施使命教育联席会议制度、定期汇报制度、督促检查制度，形成支持使命教育的良好氛围。

7.3.1.3　建立严格的使命教育执行制度

科学的决策需要严格的执行才能确保工作的落实。首先，建立清晰的担当问责制度。明确工作的目标任务只是工作的第一步、是工作的"最先一公里"，只有把工作任务分解到单位部门、落实到具体岗位、细化到单独个人、倒推到完成时限，才能实现工作目标的"最后一公里"。使命教育属于意识形态范畴的工作，各级党组织要扛起主体责任，根据不同阶段的工作要求分解到宣传、组织、统战、政法、共青团等党群部门，不断完善配套措施，推动形成全党上下人人有责、人人尽责的生动局面，汇聚起使命教育的强大合力。

其次，领导干部要以上率下、以身作则。"其身正，不令而行；其身不正，虽令不从"(《论语・子路》)。领导干部既是制度的制定者，也应该是制度的模范执行者。再好的制度如果不能得到很好地执行，也只能成为摆设的"稻草人"，毫无实际效用。"教者，效也，上为之，下效之"(汉・班固《白虎通・三教》)。领导干部的作风直接影响一项工作的推动落实和负责区域的工作生态环境。使命教育过程中，多元化思潮对领导干部的决策产生或多或少的影响，但是经过民主集中决策程序的相关决定决议总体比较科学、符合实际，必须得到很好地执行。领导干部在执行过程中，要有"任尔东西南北风"的执行定力，以率先垂范展现自身态度，成为制度执行的带头人和示范者。

7.3.2　提供使命教育资源保障

人类的社会实践活动不是在真空中进行，离开一定的资源物质保障就无法开展有效的社会实践活动。随着社会的发展，人们之间的相互依存度越来越高，更加需要一定的资源物质保障作支撑。使命教育活动是一项多主体协作的教育实践活动，一定的资源物质保障是开展好使命教育的基础。调研中问到"对于加强大学生的使命与担当，您觉得学校、社会最应当采取哪项行动?"时，不同的人给予了不同的倾向性选择，按照重视程度顺序分别是理论教育、氛围营造、实践基地、校园环境、社会文化等(具体数据见表 7-5)，这为使命教育资源保障提供了方向和目标。

表 7-5　对于加强大学生的使命与担当，您觉得学校、社会最应当采取哪项行动？

选　　项	小计	比例
A. 用好课堂主渠道，加强理论教育，定期开展有关讲坛讲座	5800	35.55%
B. 注重榜样的塑造和宣传，加大对榜样人物的表彰力度，形成学习先进的氛围	4695	28.78%
C. 加强学校与社会的联系，设立校外教育实践基地	3569	21.88%
D. 结合学校特色，建设富有使命教育意蕴的校园环境	1808	11.08%
E. 加强影视和综艺节目内涵建设，教育大学生增强使命自觉	372	2.28%
F. 其他	71	0.44%

7.3.2.1　加大使命教育资源供给

在人类的社会实践活动中，资源短缺是一个永恒的话题。在一定的认知条件下，人们的现有资源与其对资源保障的需求总是一对天然的矛盾，加大教育资源的供给是教育领域的永恒追求。教育资源是高校教育教学和人才培养的重要保障，尤其是人、财、物等核心资源的占有份额和使用效率，不仅直接反映了一所高校的综合实力，更会直接影响到这所学校的人才培养能力与本科办学水平，最终影响到学校的生存与发展。① 使命教育资源包括经费保障、人力资源、教材建设、物力资源、教育基地、实习实训、课程资源、学术资源等各类资源，尤其需要重点做好经费投入、师资队伍和教材建设。

加大教育投入。教育投入是支撑国家未来长远发展的基础性投入和战略性投资，是教育事业发展的重要基础，是公共财政的保障重点。自 2012 年开始，我

① 王成端．一流应用型本科建设中的资源保障[N]．中国教育报，2020-04-13(05)．

国财政性教育经费占国内生产总值已连续 8 年实现 4%以上的目标，2019 年教育投入首次突破 5 万亿元。但与发达国家相比仍存在差距，如北美和西欧国家平均达到 5.7%，丹麦甚至已经超过 8%。① 使命教育是教育的重要内容，教育总体投入不足，很难实现对使命教育的投入保障。从横向比较来看，我国教育投入占国内 GDP 的比例总体偏低，需要持续加大投入；在教育系统和其他的教育投入中，对思想政治教育的投入应逐步增加，使命教育作为处于起步阶段的教育内容无论是经费保障还是硬件资源都应进一步对其采取倾斜政策，确保使命教育能够有所保障、实现快速发展。

建强师资队伍。师资队伍是教育的基础性和根本性问题。使命教育是思想政治理论课的重要内容，使命教育教师是思想政治教育师资队伍的重要组成部分。使命教育的教师具有比一般教师更高的要求，正如 2019 年习近平总书记在全国思政课教师座谈会上要求的那样“政治要强、情怀要深、思维要新、视野要广、自律要严、人格要正”②，也就是要具备坚定的政治信念、高远的理想追求、深沉的家国情怀、高尚的道德情操、扎实的学术涵养。高素质的使命教师队伍不是一蹴而就的，需要从人员配备、激励机制、素质提升等方面统筹做好各项工作。首先，要注重队伍配备管理。按照要求配齐使命教师队伍人数，严格选聘政治可靠、师德高尚、业务出众的教师，建立能进能出的管理机制。其次，要创新评价激励机制。单独制定评价标准，突出教学质量、育人实效，在典型表彰中向使命教育的教师倾斜。再次，要全面提升素质能力。搭建校内外能力提升平台，构建完善的外部轮训和内容研讨制度，不断提升使命教育教师的能力素质。

加强教材建设。教材是国家意志的重要体现，是立德树人的重要依托。使命教育目前还没有形成一本专门的教材，作为专门的教育内容还没有完全得到学界的普遍认可，需要努力建设、加快推进。首先，使命教育的教材建设必须坚持马克思主义指导地位，坚持党性原则，坚定文化自信，增强使命意识。将党的全面领导贯穿于教材建设的全过程，牢牢把握党对教材建设工作的领导权，实现使命

① 杨新，郑方辉．教育经费绩效评价：缘由、实践及推进[J]．学习论坛，2020(05)：47-54.

② 申勇，等．习近平：贯彻党的教育方针落实立德树人根本任务[N]．人民日报，2019-03-19(01).

教育完全体现党的领导、反映党的主张、贯彻党的方针，树立正确政治导向，坚定中国文化自信，厚植红色爱国基因，坚持不懈培育和弘扬社会主义核心价值观，培养拥有拥护党的领导、饱含中国感情、充满中国味道的一代新人。其次，使命教育的教材内容必须服务国家发展战略。使命教育是培养大学生将自身使命与国家使命统一起来，必须始终围绕党和国家事业持续发展对大学生成长的要求，扎根中国大地，融通中外文化，将党和国家发展战略贯注于教材内容之中，使教材内容反映党的主张和国家意志，并主动承担使命、矢志奉献奋斗。再次，使命教育的教材必须着力促进学生全面发展。全国教育大会提出培养“德智体美劳”全面发展的总体要求，使命教育的教材建设要在育人理念、内容选材、体系编排、呈现方式等方面体现使命教育要求，服务大学生的健康成长成才。

7.3.2.2　促进使命教育资源共享

教育资源是人类共同的精神财富，一个国家、一个民族的教育资源是这个国家和民族文化知识积淀的重要体现。大学生使命教育资源分散在高校、政府、社会和个体等不同主体，不同主体之间形成使命教育资源的天然壁垒，对使命教育产生阻碍作用，促进不同主体之间使命教育资源的共享是一定条件下实现使命教育资源效益最大化的重要途径。

加强顶层设计。针对使命教育资源共享利用的重点和难点，必须着眼总体规划，加强统筹协调，注重顶层设计。首先，党委和政府要发挥牵头抓总的作用。人才链、资金链、产业链、政策链隶属不同的管理部门，具备不同的流动属性和运行规律，探索创新各链条融合、形成合力的机制需要系统科学的顶层设计。在当前条件下，党委政府可以从组织体系、管理架构、制度设计、权利义务、使用规范等宏观方面发挥作用，建立资源共享约束和激励机制，适时推动资源共享的立法建设；其次，创新使命教育资源的融合方式。解决使命教育资源分散、各自为战、质量不高的问题，既需要党委政府宏观调控，还需要创新融合方式，搭建网上教育共享平台，不断提升使命教育质效。

建立共享机制。不同教育资源主体占有的资源，仅仅在主体内部进行循环是导致资源使用效益不高、形成隐性资源浪费的重要原因。在教育资源有限的条件下，隐性资源的浪费对那些自身资源紧缺的高校极不公平，建立共享的机制是解决资源浪费的根本途径。首先，建立资源共享的清单和数据库。使命教育资源主体的多样性决定了其资源共享的难度，不同资源主体资源对外具有不可知性，每个教育主体的资源对外部来讲就是一座“信息孤岛”，建立便于认知的资源目录清单和数据库是资源共享的前提和基础；其次，建立资源共享的协同机制。建立使命教育资源共享联席会议，可以具体统筹协调一定行业、一定系统、一定区域内的使命教育资源。在使命教育资源建设中，注重统筹规划，合理调度管理，对有限的办学资源进行科学统筹、优化配置、合理利用；再次，营造资源共享的环境氛围。共享的环境氛围是使命教育资源共享的基础场域，打破使命教育资源不同主体的自我保护和行政垄断，是促进教育资源多向流动的基本动力。可以采用经费补贴、转移支付、税收优惠等方式，促进资源拥有者和使用者开放共享、合作使用，适时建立资源的让渡和补偿机制，避免重复投入、雷同建设，形成使命教育资源跨区域、跨系统、跨单位、跨部门、跨层级的共享氛围。

搭建共享平台。科学技术的发展和中国经济发展进入新常态，共享经济、分享经济应运而生。共享与分享的理念渗透到社会的各个领域，深入到人们日常生活的各个方面，直接促进共享平台的深化拓展。首先，整合重构教育资源。教育资源的分散性、不均衡性是资源共享的制约因素。可以采取针对性举措分门别类摸清使命教育资源的基本情况，对使命教育的教师队伍、学术成果、教材教辅资料、实习实践基地等资源的供需情况进行摸底、整合、重构，建立完善的信息库，开展供给与需求分析，有针对性地组织教育资源供需对接交流，从而不断提高对接效率；其次，塑造形成互联网思维。互联网技术与各领域的融合发展，成为全球新一轮科技和产业革命的重要推动力量，展示出无限广阔的前景和潜力。运用互联网技术做好使命教育资源的整合重构，搭建共享资源平台成为资源共享的基础。互联网技术的初始运用是工具属性的体现，逐步延展到社会生活的方方面面，正在演化成社会群体的价值观，这将是一个比较漫长的过程。用互联网技术形成的互联网思维改造传统教育行业，将大大促进共享平台的加速推进。再次，建好不同的共享平台。共享平台是促进资源共享的基础，其目标是实现共治共建、区域共享、分批建构、纵向贯通、横向联动。在共享平台的构建过程中，必须分别建立并统筹考虑教学资源、人才资源、科技资源、实践资源等网络信息平台，加快优质教育资源的整合与积聚，实现纵向与横向不同主体优质教育资源的开放共享。广泛建立高校间使命教育相关课程的校际课程互选、课程学分互认、实习实践资源共建共用等“合作共赢”机制，有效缓解使命教育教师的结构性供需矛盾，实现优质教育资源优势互补，促进不同教育教学思想、理念、方式、方法和经验的交流，促进高校使命教育的科学化发展。2020年年初的新型冠状病毒感染成为一次“史无前例、世无前例”的大规模在线教育实验①，各类网络教学共享平台在其中发挥重要作用，对于下一步使命教育共享平台的建设具有重要的参考意义。

7.3.2.3 优化使命教育资源配置

教育资源的优化配置是一个科学问题，指将有限的教育资源在不同教育类型之间、不同教育地区之间和不同教育主体之间进行合理分配，主要解决提供什么样的教育服务以及怎样提供等问题，主要目的是促进教育资源发挥最大效率、促进社会公平稳定。教育的公共属性特征，决定了教育产品必须由政府提供，但是教育同时具有部分竞争性和排他性，又决定了教育产品可以通过市场手段来调节供求的平衡。社会主义市场经济条件下，使命教育资源的提供者既可以是政府还可以是市场。

政府优化配置使命教育资源。政府有责任和义务推动教育事业发展，优化教育资源配置，制定各级各类教育事业规划和相关教育法律法规，为教育事业提供必要的经费与资源支持、营造良好的发展环境、开展必要的监督评估。首先，合理配置财政资源。公共财政对高等教育的投入是政府履行公共服务应尽的义务，财政要充分考虑到不同地区、不同高校的发展历史、发展现状以及学科专业等方面的差异性，把握均衡发展原则，适当向偏远贫困地区倾斜，确保教育经费合理配置，缩小区域教育差距。使命教育相关的专项支出，政府应该按照使命教育的总体规划和实际状况科学实施并做好监督和资金使用效率评估工作。其次，优化使命教育师资培养模式和总体布局。各级政府要按照使命教育的实际需要来确定教师的编制，加强编制的动态管理，以立法的形式对使命教育的教师“高看一眼，

① 杨祎．教育部：加快推进线上优质教育资源建设与共享［EB/OL］．2020-05-14．http：//edu.cnr.cn/list/20200514/t20200514_525090083.html.

厚爱三分”。鉴于使命教育教师队伍的特殊性，积极优化教师培养模式，为使命教育的教师免费提供继续学习机会，改善学历结构，提升能力素质。在确保待遇的前提下，建立通畅的流转机制，灵活调配优质使命教师资源跨区域、跨校际、跨专业流动，推进师资队伍均衡发展。改进完善“跨校兼课”“结对帮扶”等机制，整体提高使命教育师资队伍的教育教学质量。再次，促进使命教育内涵发展、形成特色。使命教育要坚持课堂教育主渠道，坚持在教学、教研、实习实践和日常管理等方面实行精细化管理，坚持科研反哺教学，促进使命教育在不同高校之间形成特色，并促进不同使命教育特色在不同高校之间进行交流，避免使命教育资源的重复投入和重复建设，促进使命教育实现内涵发展。

市场优化配置使命教育资源。市场经济的资源配置方式具有效率高、活力强的特点，能够有效、快速地调节供需平衡、合理配置资源。本处所称的市场优化配置使命教育资源，并非完全意义上的市场经济手段，其核心是指引入竞争机制，破除僵化的管理模式，从而形成使命教育资源多元供给和配置模式。首先，加强党委政府在使命教育中的领导地位，充分发挥市场化手段的正面作用。加强党对教育工作的全面领导，是要将党的意志体现在教育的方方面面，但并不是说党委政府要深入教育的各个“毛细血管”。因此，党委政府在教育领域必须有所为有所不为，在使命教育中亦是如此。在确保使命教育方向正确的前提下，可以充分发挥市场在教育资源配置中的基础性作用，用“鲶鱼效应”激活不同教育主体的动力，从而更有利于达成使命教育目标。其次，对市场化实施严格的约束，尽量避免市场化手段的负面效应。教育领域引入市场机制非常容易产生诸如盲目扩张、乱收费、教育不公平等问题，必须建立有效的规范性制度，采取必要的措施予以避免和妥善解决。使命教育领域的市场机制，经济利润不是追求的目标，使命教育的效果才是其根本目的。市场化手段不仅是不同高校之间、不同社会主体之间，还体现在高校内部使命教育相关部门在使命教育差异化的资源配置策略上。由于竞争的激励作用，大学生使命教育主体之间，甚至高校内部二级单位或学科专业之间，也容易滋生出自以为是、各自为政、争抢资源的不良现象。因此，使命教育资源的市场化配置中，必须始终强化共享思维，推进共建共享、共管共用；必须建立正向和负向的激励制度，促进使命教育主体主动遵从共享逻辑，全面提高各类资源使用效益。

使命教育资源配置中，既要充分发挥各级党委政府的领导和主导作用，将党的全面领导贯穿使命教育的全过程、全链条、全环节；又要引入市场化的竞争机制，不断增加使命教育资源供给。只有两者密切结合、两个方面共同发力，才能达到优化使命教育资源配置的最终目的，实现使命教育资源的科学配置和高效使用。

7.3.3 营造使命教育环境氛围

人们思想观念的形成离不开一定的环境影响，“观念的东西不外是移入人的头脑并在人的头脑中改造过的物质的东西而已”①。使命教育是在特定的客观环境中发生和发展的，这种环境蕴含着特定的隐性教育氛围，对身处其中的使命教育主体与使命教育客体产生作用，影响着使命教育主体、客体的思想与行为，并且一直贯穿于使命教育的全过程和各环节。良好的使命教育环境氛围，对使命教育效果产生正向作用；不好的使命教育环境氛围，对使命教育效果产生负面作用。如表 7-6 所示，调研中认为学校、社会最应当采取行动加强大学生的使命担当选择中，选择“注重榜样的塑造和宣传，加大对榜样人物的表彰力度，形成学习先进的氛围”的比例达到 28.78%，选择“结合学校特色，建设富有使命教育意蕴的校园环境”的比例达到 11.08%，两者都是教育环境氛围的内容，占比接近 40%，体现出环境氛围在使命教育中的重要作用。因此，必须高度重视使命教育环境氛围保障，为新时代大学生使命教育保驾护航。

7.3.3.1 明确使命教育环境氛围的内涵功能

在不同的环境氛围中，人们的直观感受与内心体验完全不同，所能够实现的教育效果肯定也不相同。不同的教育目的，在教育环境氛围的营造中侧重点不同，所达成的目标也不相同。所谓教育环境氛围，就是教育单位为实现教育目标而精心设计展示出来的人造环境，主要包括师生教学生活休闲等区域的环境布置、建筑设计、装饰风格、宣传标语、教学设备、生活设施、文化场馆等实物环境以及师生员工的服装服饰、精神面貌、工作气氛、领导方式、协作氛围等人文环境。教育环境

① 马克思恩格斯选集(第 2 卷)[M]. 北京：人民出版社，1995：112.

氛围是一个以教育为中心、将自然环境、社会环境和精神环境相互连接的教育生态系统，对身处其中的教育者和受教育者都产生潜移默化的影响。

教育环境氛围构成因素复杂多变，既有有形的因素，也有无形的因素，都是使命教育重要的外部条件。“在传统社会，环境的同质性、稳定性和封闭性比较突出；在现代社会，环境的多维性、复杂性和开放性进一步增强，并出现了媒介环境、虚拟环境和竞争环境等新的环境因素。”①环境以及由环境构成的环境氛围对于新时代大学生使命教育的研究与实践都具有重要意义。在对使命教育环境内涵的认识中要把握以下三点：一是使命教育是环境氛围的中心，只有对使命教育产生影响的环境才是使命教育的环境；二是使命教育各环境要素之间是相互影响、相互制约的，必须协调好各要素之间的关系；三是使命教育的环境氛围是不断丰富、动态演化的，它会随着科学技术水平和经济社会的发展而呈现出不同的特点。

使命教育环境是一个复杂的综合生态系统，依据不同的标准，可以将使命教育环境进行不同的分类。从一般意义上来说，可以把使命教育环境分为物态化的自然环境和人文化的社会环境；根据环境对使命教育的影响方式，可以把使命教育环境分为对使命教育有直接影响的直接环境和有间接影响的间接环境；根据环境对使命教育发生影响的因素来源，可以把使命教育环境分为内部环境和外部环境；根据环境对使命教育发生作用因素的存在方式，可以把使命教育环境分为显形环境和隐形环境。

环境是人们在世界生活的物理空间，能够对人们的心理产生重要影响，古今中外的有识之士无不关注环境对人的塑造作用。马克思指出：“人们的观念、观点和概念，一句话，人们的意识，随着人们的生活条件、人们的社会关系、人们的社会存在的改变而改变”。② 环境改变人、塑造人，对人们思想观念的影响显而易见。③ 现代大学已经告别象牙塔，走进人们的世俗生活，大学的环境与社会越来越紧密地融合在一起，大学学风校风更容易受到社会风气的浸染。使命教育环境的功能就是使命教育环境对使命教育的能动作用。不良的教育环境会阻碍使

① 张耀灿，等．现代思想政治教育学[M]．北京：人民出版社，2006：294.

② 马克思恩格斯选集(第 1 卷)[M]．北京：人民出版社，1995：291.

③ 徐艳国．思想政治教育政策环境论[D]．中南大学，2010.

命教育的正常发展，造成教育环境与教育的恶性循环，产生负向功能；良好的教育环境就会促进使命教育的发展，产生正向功能。

使命教育环境的正向功能具体表现在四个方面：一是使命教育环境对使命教育的保证功能，如为使命教育提供物资保障、经费保障、人力保障、制度保障、文化保障、信息保障等。随着我国经济实力的增长和综合国力的提高，国家教育的投入也不断增多，对使命教育更加重视，使命教育的物质条件会大大改善，师资配备更加优化，法规制度更加健全，良好的使命教育保障体系正在形成；二是使命教育环境对使命教育的导向功能，如国家在一定阶段的中心工作和奋斗目标会通过法规、制度、舆论等中介指导使命教育的发展方向。新时代大学生使命教育必须服务于社会主义现代化强国建设和伟大中国梦的实现，这是新时代赋予大学生的使命，也是使命教育的导向；三是使命教育环境对使命教育的激励功能，如对教育工作者教育教学热情的激发，对于大学生学习热情的调动和使命感的涵育，坚定教师和学生的理想信念、培养他们的使命担当、焕发他们的精神动力、创设和谐的人际关系等。

7.3.3.2 注重使命教育环境氛围的选择利用

作为人类有意识有目的开展的一项社会实践活动，教育与教育环境是相互联系、相互制约、辩证统一的关系。教育活动中，人类绝对不会消极被动地去适应环境，而是会充分发挥自身的能动性，对教育环境进行选择、吸收、改造、利用，使环境为实现教育目标而服务。但是，人类对教育环境的选择利用是在一定的客观条件下进行的，并实现对现实环境的超越，促进社会和个人的全面发展，完成教育自身的使命。使命教育环境氛围的选择利用主要包括对教育的内容、时机、地点、载体等方面的选择利用。

加强对使命教育内容的选择利用。恩格斯指出："人们自觉地或不自觉地，归根到底总是从他们阶级地位所依据的实际关系中——从他们进行生产和交换的经济关系中，获得自己的伦理观念。"①使命教育是一定阶级为实现本阶级的历史使命而对人民群众进行有目的、有计划、有组织地使命教育的社会实践活动，在

① 马克思恩格斯选集(第3卷)[M]. 北京：人民出版社，1995：434.

使命教育内容的选择和利用中必然不会随心所欲，而是以本阶级的阶级利益和奋斗目标为依据。如前所述，新时代大学生使命教育的内容主要体现为坚定共产主义信念、铭记服务人民初心使命、传承弘扬中国精神、科学设定人生规划、担当使命砥砺奋斗等五个方面。在使命教育内容的选择中，就不能偏离这些内容要求，而是始终围绕这些内容从浩如烟海的人类文明成果中进行细致的辨别、整理、分类、利用，不断培育家国情怀、涵养浩然正气、追求全面发展，提升大学生的政治情感、个人修养、能力素质。

加强对使命教育时机的选择利用。恩格斯指出："我们拒绝想把任何道德教条当作永恒的、终极的、从此不变的规律强加给我们的一切无理要求"，"相反地，我们断定，一切以往的道德论归根到底都是当时的社会经济状况的产物。"① 使命教育的内容具有历史的阶段性特征。在生产力水平还没有达到一定阶段的时候开展使命教育所产生的效果可能会不尽如人意，在一定的时机中开展使命教育是一个科学性与艺术性兼具的问题，是对教育组织者智慧和能力的考验。正如对于历史人物的判断一定要还原到特定的历史场景中、否则就不能得出正确的结论一样，使命教育的内容也必须把握好教育的时机，争取最好的教育效果。教育时机的把握体现在同样的教育内容对于不同的群体、同一群体的不同个体、同一个体的不同心理状态下要有所选择和区别，也体现在同一个体在不同成长阶段、不同身心状况、不同场景氛围中开展使命教育的内容与采用的方式也必须有所选择和侧重，这充分说明良好的使命教育对教育时机具有相当苛刻的要求，也从另一个角度说明使命教育是一项极具科学性的实践活动。

加强对使命教育地点的选择利用。教育地点是教育环境的重要组成部分，对教育效果具有直接影响。马克思指出，"既然人的性格是由环境造成的，那就必须使环境成为合乎人性的环境。"②使命教育是改变人的思想为直接目的的教育，教育环境本身就可以视作教育内容的一部分，教育地点的选择不可忽视，教育地点的利用成为科学。对于高校来讲，教育地点首先体现为高校的地理位置，不同地方的高校具有不同的历史传承，会打上这个地方特有的文化特征，形成不同的

① 马克思恩格斯选集(第3卷)[M]. 北京：人民出版社，1995：435.

② 马克思恩格斯全集(第2卷)[M]. 北京：人民出版社，1957：167.

建筑风格和人文氛围，高校所在地区的自然景观与人文氛围成为使命教育的大环境。其次，教育地点的选择利用还体现在高校内部教学环境和生活环境的创设，高雅的建筑格调会自动对人的行为产生约束作用，良好的人文氛围会让人见贤思齐、追求卓越，让身处其中的大学生如沐春风、心情愉悦，主动探索使命、担当使命。再次，教育地点的选择利用表现在每一次使命教育教学活动地点进行因地制宜的科学设计、精心安排、细心布置、合理利用，这样的地点既包括校内外的所有关于使命教育的场所，也包括大学生使命教育的实习实践场所。

加强对使命教育载体的选择利用。使命教育载体能够承载使命教育的内容和信息，能够被使命教育主体运用和控制，能够促进使命教育主体与客体之间形成良性互动，是使命教育体系的重要组成部分。按照使命教育载体的基本物质样态，可以划分为语言载体与行动载体；按照使命教育载体的使用发展历史，可以划分为传统载体和现代载体，其中传统载体主要包括谈心谈话、开会学习研究、理论教育研讨等形式，现代载体主要包括文化传媒载体、艺术活动载体、管理服务载体等形式。使命教育载体的选择利用，需要使命教育者首先精准把握新时代大学生的思想行为特点，围绕使命教育内容选择教育载体，实现教育内容与教育形式的和谐统一；其次，正确把握使命教育载体的优点与不足、形式与特征，熟练掌握各类载体的运用场景，有针对性地选择合适的载体；再次，培养使命教育工作者的创新思维、提高自身创新能力，坚持政治性、创新性、实践性原则，充分利用互联网、大数据、人工智能等新科技、高科技手段，不断推陈出新设计开发新的教育载体。

7.3.3.3 加强使命教育环境氛围的优化改造

使命教育环境既包括人为选择利用、创造设计或优化改造的自然环境，也包括人们为开展使命教育而营造的包括制度、精神等在内的人文氛围。马克思指出："关于环境和教育起作用的唯物主义学说忘记了：环境正是由人来改变的，而教育者本人一定是受教育的。""环境的改变和人的活动或自我改变的一致，只能被看作是并合理地理解为革命的实践。"①正是教育与环境所具有的这种天然的

① 马克思恩格斯选集(第1卷)[M]. 北京：人民出版社，1995：55.

不可分割的紧密联系，人们才对教育环境给予高度重视。从现实情况来看，无论是使命教育的自然环境还是社会环境，都是经过使命教育者和受教育者选择、改造过的环境，即人化了的环境，体现了人的主观能动性，成为使命教育环境氛围的重要基础和组成部分。

把握使命教育环境氛围优化改造的正确原则。使命教育的环境氛围是个系统工程，使命教育环境氛围的优化改造也是个系统工程。对使命教育环境氛围的优化改造需要遵循整体性、协调性、自主性原则。整体性原则要求使命教育环境氛围的整体效能大于部分效能之和，即将影响使命教育环境氛围的要素作为一个整体系统进行优化改造，重视各要素之间的相互协调、有机统一、有效衔接、功能互补；协调性原则要求使命教育环境氛围各要素、各子系统之间匹配度高，优化改造过程中的各阶段衔接紧密、各要素各子系统平稳有序；自主性原则要求使命教育环境氛围优化改造的主体对环境氛围的优化改造具有主体意识、自主意识、独立意识，即主体要把环境氛围作为自身生存发展的外部条件，对其优化改造是主体的自主选择、自主分辨、自主取舍、自主实践。

掌握使命教育环境氛围优化改造的路径方法。使命教育具有明确的目标指向，掌握科学的路径方法可以避免教育的盲目性，实现事半功倍的教育效果。正如恩格斯指出的那样，“动物仅仅利用外部自然界，简单地通过自身的存在在自然界中引起变化；而人则通过他作出的改变来使自然界为自己的目的服务，来支配自然界。这便是人同其他动物的最终的本质的差别。”①正是人具有主观能动性，才能够对环境进行有目的的改造，以符合自身有目的的社会实践活动。但是对环境的优化改造不能盲目进行，必须掌握科学的路径方法，才能促进环境氛围更好地服务使命教育目标。② 首先，要优化改造高校自身的环境氛围。从高校自身来讲，必须做好校园总体规划，为使命教育提供必要的教学、实践、活动的硬件设施，涵养优良的教风学风校风，促进使命教育工作者以德立身、以德立学、以德施教，大学生能够全面客观认识当代中国、看待外部世界，坚定“四个自信”，珍惜韶华、勤奋学习、立志成才；其次，要规划建设必要的教育基地场馆。

① 马克思恩格斯选集(第 4 卷)[M]. 北京：人民出版社，1995：383.

② 常青伟. 思想政治教育环境渗透研究[D]. 苏州大学，2014.

高校可以结合自身发展历史建设校史馆、专业特色科普馆、优秀校友陈列馆等，党委政府可以建设各类博物馆、展览馆、纪念馆等教育基地，免费向大学生开放，运用好“潜移默化法”“比较学习法”“红色旅游体验法”“实践锻炼法”“红色文化现代传播法”等大学生喜闻乐见的学习参与形式；再次，要创造良好的社会氛围。结合现代社会媒体发展趋势，注重融媒体建设，优化媒体环境，传播社会正能量；加强党风廉政建设，净化党内政治生态，形成良好社会风尚。

7.3.4 构建使命教育评估体系

新时代大学生使命教育肩负重要使命，对于使命教育过程与效果的评估是使命教育环节中非常重要的内容，也是确保使命教育质量非常重要的环节。使命教育过程与效果的评估，就是对使命教育采取全方位、全过程的监测、评价、反馈、控制、改进、提升，形成使命教育教学改革、提升使命教育教学质量的闭环。从管理的角度来看待使命教育的评估过程，其实质就是管理中的过程控制，采取“能让个人充分发挥特长，凝聚共同的愿景和一致的努力方向，建立团队合作，调和个人目标和共同福祉的原则。”①构建科学的使命教育评估体系，是实现科学控制的前提，对教育部门而言，可以全面把握和了解本区域基础使命教育真实的发展情况和水平，探究影响使命教育的相关因素，提取影响使命教育的关键因子，为使命教育资源分配、资源整合、政策制定、发展规划提供决策依据，提高使命教育主管部门工作的针对性、实效性；对于社会而言，使命教育评估体系的建立有助于形成评估的工作机制和评估报告的发布机制，能够保障社会公众对使命教育质量的知情权，形成正确的社会导向和社会舆论；对于学校而言，使命教育评估体系的建立有利于健全评估制度，推动使命教育数据的深度挖掘和分析应用，更好地为学校使命教育决策服务、为使命教育教师成长服务，不断提升使命教育质量；对于大学生个体而言，使命教育评估体系的建立有利于大学生正确认知自身的使命、科学评估使命担当现状、确定合理的使命担当能力提升策略与路径，激发大学生担当使命的主动性。

---

① [美]德鲁克．管理的实践[M]．齐若兰，译．北京：机械工业出版社，2006：114.

7.3.4.1　构建使命教育评估的指标体系

指标是工作预期中的指数、规格、标准的统称，是对目标的具体化、数字化呈现，一定数量的具有逻辑联系的数量指标和质量指标就形成了指标体系。构建使命教育评估指标体系的过程，就是一个将使命教育目的与目标进行分解细化并赋予不同权重的过程。合理科学的指标体系是开展使命教育评估评价的基础和前提，也会对使命教育工作产生导向性作用。2012 年 2 月 15 日，经中央领导批准，中共中央宣传部、国家教育部联合发布《关于印发《全国大学生思想政治教育工作测评体系(试行)》的通知》(教思政〔2012〕2 号)。科学合理的评估指标体系是实现评估目标的基础，《全国大学生思想政治教育工作测评体系(试行)》包括省(自治区、直辖市)和普通高等学校两套指标体系，这一文件的下发为构建使命教育评估的指标体系提供重要指导、有益参考和基本依据。从实际操作来看，构建使命教育评估的指标体系需要把握好科学的构建原则以及相应的指标体系。

把握使命教育评估指标体系的构建原则。使命教育评估指标体系的构建必须遵循动态性、客观性、系统性、可测性原则。使命教育评估指标体系的动态性是指使命教育评估指标体系不是一成不变的僵化的体系，需要随着教育目标的变化而体现出与时俱进的开放性，对指标体系中的指标设置、权重系数、计分标准等适时进行动态调整。使命教育评估指标体系的系统性由评估目标的内在属性决定，指的是使命教育评估的具体指标应该具有内在的相互关联性、具有内在的逻辑层次。每一个单项指标是对整体指标的支撑，是对使命教育成效某一方面的反映，整个指标体系是对使命教育总体的反映。使命教育评估指标体系的客观性是指使命教育评估指标是对使命教育社会实践活动目标达成度的客观评价，既要遵循使命教育的客观规律，也要实现整个目标体系的总体优化，使指标能够真实客观地反映使命教育评估的客观成效。使命教育评估指标体系的可测性原则是指使命教育评估指标的每一项内容要能够通过定性或定量的方式进行测量或观察，能够得出明确的结论，从而实现评估结果有效、可靠。

构建科学的使命教育评估指标体系。指标体系是评估的核心，其选择是否得当直接影响评估的成败。使命教育系统是一个涉及众多主体的大系统，使命教育评估指标体系需要建立使命教育过程中各利益相关者的沟通协调、对话协商机制，共同促进使命教育健康发展。在现代开放办学环境下，使命教育评估指标必须尊重各相关主体的意见，实现使命教育评估由政府单一评估主体向多元评估主体过渡，即评估的主体不仅包括政府机构、非政府机构、第三方社会评估机构，还包括高校及高校中的师生和社会用人单位等。相应地，评估指标体系的构建也应当由相关主体根据自身对于使命教育的目标进行科学评判，从而从不同维度形成一个相对完整的评估结果。从评估主体及其对象来讲，有上级党委政府对其下级党委政府的评估、各类第三方的社会组织对地方党委政府及其相关部门的评估、党委政府及其相关部门对高校的评估、各类第三方的社会组织对高校及其二级单位的评估、高校对二级单位的评估、高校对学生的评估等等，不同的对象既可能成为评估的主体，也可能成为被评估的对象。不同的评估客观具有不同的评估重点，对于党委政府的评估主要从领导体制、工作机制等组织领导，从制度保障、队伍保障、经费保障等条件保障，从文化氛围、基地建设、综合治理等环境氛围，从课内外教育教学要求、党团工作、科学研究等协调协同几个层面进行评估；对于地方高校的评估应侧重工作机制、条件保障的落实方面，对于高校内部的二级单位应侧重教育教学基地建设和相关要求的落实方面，对于学生的评估应侧重学生使命认知、使命意识、使命情感、使命担当等知情意行几个维度，社会评估则是以第三者的身份分别对地方党委政府、高校及学生的使命教育状况进行评估，从而形成一个相对完善、各有侧重的评估体系，共同推动使命教育健康发展。

7.3.4.2 构建使命教育评估的方法体系

使命教育评估的方法体系是使命教育评估的方法的集合体。作为方法体系，就不是单一的方法，而是具有多个维度的方法“工具箱”：既有社会科学通用的方法，也有具有使命教育评估自身特点的方法，共同构成使命教育评估的方法体系。北京大学祖嘉合教授在《思想政治教育方法教程》中论述了一般方法系统的层次结构和思想政治教育方法的层次结构，一般方法系统的层次结构包括哲学方法、一般科学方法、具体科学方法、具体的研究方式和技巧等四个层次，思想政治教育方法的层次结构包括思想政治教育的基本方法、具体方法、操作方式和技巧等三个层次。使命教育评估是根据使命教育的目的、目标、标准、指标和要求，通过对信息的收集整理并进行定性、定量分析，对使命教育工作的状态与绩效进行价值判断的过程，这一评估既要注重定量化的分析，也需注重定性化的研判。

把握使命教育评估方法体系的构建原则。使命教育评估方法是对使命教育开展评估的方法论的具体体现，是使命教育评估的路径选择与方式体现，体现了一定社会发展阶段的人们对使命教育评估活动规律的认识程度，反映了一定社会发展阶段的人们对使命教育评估活动的实践程度，是正确开展使命教育评估活动的基本准则和根本保证，应该遵循科学性、可行性、协调性原则。科学性原则是指使命教育评估方法来源于实践并在实践中验证，必须遵循使命教育评估活动本身的客观规律，遵守使命教育的目标、教育方针和相关法律法规，在评估方案、评估指标、评估标准的制定，评估信息的收集和处理、评估过程的组织和实施等环节都必须遵循科学性原则，采用科学的评估方法、评估方式，最终得出科学的评估判断，对使命教育评估对象产生积极的影响。可行性原则是指使命教育评估方法不是一种理论的演绎，而是要在实践中具体操作，在使命教育评估方法的设计构建中必须将可行性放在重要位置，否则方法就没有任何实际意义，失去评估方法应有的价值考量。协调性是指使命教育评估方法体系是一个方法的集合，每种评估方法是以一种特定的形式对使命教育基础、过程与结果进行评估，评估方法之间必须相互协同、密切合作，评估结论不能相互抵牾，要通过评估对评估对象进行科学评价，指出工作不足，有针对性地不断提高使命教育工作质量和效益。

构建科学的使命教育评估方法体系。使命教育评估指标具有多维度、多层次的特点，是一个通过对目标进行逐级分解而构成的一个完整、多级的评估体系。从评估主体来看，有第三方评估的“专业模式”、高校主体开展的“督控模式”、评估主体的“内省模式”。在具体的操作中，使命教育评估的方法主要由基础评估、过程评估和目标评估三个部分组成。基础评估主要是对评估对象进行工作基础、工作条件方面的评估，主要侧重于条件保障和氛围营造；过程评估主要是对被评估对象为实现既定的教育目标而开展的相关工作过程及其效果的定性与定量评估；目标评估主要是对被评估对象在使命教育成效和大学生使命行为担当方面的表现进行科学、全面评价。评估方式主要通过资料收集、实地调研、问卷调查、课堂观察、听取汇报、客观测量、座谈交流、行为记录、文献分析等方法。

对于地方党委政府的评估以基础性评估为重点，对于高校以过程性评估为重点，对于学生以结果性评估为重点，充分发挥不同评估主体的引导作用，引领学校使命教育质量不断提升。评估方法的构建过程中，必须采用科学的使命教育评估数据收集方法，建立稳定、可靠和持续的信息采集机制，开展常态化的数据信息收集，形成相对系统的基本状态数据库，并对数据库进行不断补充完善，从而保障数据来源的全面性和科学性；评估方法体系构建中注重顶层设计、加强沟通交流、相互学习借鉴，避免不同评估组织机构各行其是、标准不一、重复投入，评估平台互不兼容，影响评估效率和质量。注重评估结果的运用，使评估工作常态化、评估技术信息化、评估过程专业化、评估结果直观化、价值判断多元化和评估效用最大化，建立评估报告发布机制，营造良好的文化氛围。

第8章　结　　语

香港2014年发生的“占中事件”和2019年发生的反修例风波一度成为国内外的热点事件，也成为本人认真反思大学生使命教育的关键节点。2014年的“占中事件”打着“让爱与和平占领中环”的充满仁义道德的口号，干的却是危及社会和平稳定、影响公众日常生活、生命安全甚至涉嫌恐怖袭击的不法勾当。反修例的动因仅仅是为了堵塞香港现有法律制度的漏洞，却被一些激进势力打着和平游行集会的幌子，开展激进抗议并有组织地袭警、包围警察总部、干扰政府部门和特区立法会等部门工作的非法活动。两起事件中，青年大学生都是事件的主要群体，都认为自身代表着正义，是在履行神圣的使命，在行动中却表现得愚昧而冲动、野蛮而暴戾，丧失做人做事的底线，直接触犯法律。问题是时代的呼声，这些使我们深刻认识到青年大学生使命教育的重要性和紧迫性。

2021年4月19日，习近平总书记在清华大学考察时强调：“广大青年要肩负历史使命，坚定前进信心，立大志、明大德、成大才、担大任，努力成为堪当民族复兴重任的时代新人，让青春在为祖国、为民族、为人民、为人类的不懈奋斗中绽放绚丽之花。”使命教育不是科学知识的传授，不在于让学生传授了多少使命知识，不是显性的“实用主义”，而是一种情感、价值观、理想信念的教育。正如许多老一辈无产阶级革命家文化程度并不太高，却始终高扬理想之帆，将共产主义作为理想信念、将人民解放、国家富强、民族振兴作为自己的使命奋斗终身。马克思在《关于费尔巴哈的提纲》中指出：“哲学家们只是用不同的方式解释世界，问题在于改变世界。”①使命教育不是纯粹理论的辨析和演绎，从来都是一

① 马克思恩格斯选集(第1卷)[M]. 北京：人民出版社，2012：136.

个实践课题，大学生的使命教育是一个从实践到理论、理论到实践、实践到理论、再从理论到实践的循环往复、螺旋上升的过程，使命教育理论的生成建构是为了更好地开展使命教育实践——理论只有与实践相结合才能焕发出生命力，才能达到使命教育的理想效果。

新时代大学生使命教育理论需要在实践中生成转化。专业课程是对客观世界规律的认识及其利用，体现为即时的使用属性和工具属性。与专业课程相比，使命教育能够传授给学生的显性知识技能相对较少，但并不是说使命教育没有专业教育价值大。使命教育的功能更多体现为对于新时代大学生思想的影响，是关于使命的知识理论经过大学生的内化后焕发出强大的学习动力，以这种动力更好地推进学习工作。“理论只要说服人，就能掌握群众；而理论只要彻底，就能说服人。”①使命教育蕴含丰富的理论知识，能够激发专业知识学习的强大动力，具有强大的催化作用。在当前纷繁复杂的时代背景下，在意识形态斗争日益激烈的社会环境中，只有对大学生开展相对系统、相对集中的使命理论教育灌输，才能将正确的使命植入大学生的心中。在重大灾难中、在日常生活里、在党和国家需要时，新时代大学生在内心中能够形成主动认同使命的心理定势，并在实践中能够积极担当使命，这是新时代大学生使命教育实践转化成功的外在标志和重要体现。

新时代大学生使命教育实践需要在创新中赓续发展。使命教育是人们对思想政治教育认识的深化，是人们能动改造自然的精神动力需要，是人们在实践中形成进而向体系化理论转化、是一项源于现实实践又超越现实实践的教育活动。新时代大学生的使命教育离不开对大学生开展系统的理论教育，离不开新时代大学生对使命教育相关理论的接受和内化，更离不开使命教育理论实践内容、方法的创新发展。新时代大学生使命教育内容是一个立体复杂的系统，会随着时代的发展不断演化，如作为新时代大学生使命教育重要内容的民族精神与时代精神都具有阶段性内涵，会随着时代主题的转换而相应发生变化，必须动态调整；新时代大学生使命教育的方法也会随着科学技术的进步而不断优化，需要在创新中提升实效。新时代大学生使命教育实践的创新发展，必须牢牢把握其根本，即通过使

① 马克思恩格斯选集(第 1 卷)[M]. 北京：人民出版社，2012：9-10.

命教育实践活动把党和国家的使命转化为大学生自身的使命并牢牢根植于内心、激发学习工作的动力、外化为报效祖国人民的行为担当，引导新时代大学生从社会的受益者成长为贡献者，从而形成使命教育的良性发展。

新时代大学生使命教育研究需要在拓展中把握重点。使命教育是大学生个体与国家民族连接的通道和桥梁，一方是大学生个体的精神境界、道德修为、能力素养，另一方是国家民族发展的基本向度、文化底蕴、价值要求。新时代大学生使命教育的理论与实践中，重点需要把握以下几个研究重点与发展趋势：一是使命教育主体与客体的研究。随着研究的深入，使命教育注定要从思想政治教育这一母体中分离出来。使命教育主体与客体之间的关系，建立主体间性的主体是促进使命教育实效的基础；二是使命教育环境的变化发展及其与使命教育活动的互动研究。如何利用新的技术手段开展使命教育将伴随使命教育研究的始终，如新媒体技术、人工智能技术、区块链技术在大学生使命教育中的运用都将在一个阶段成为研究的热点；三是使命教育中政治化理论与生活化元素的耦合融通问题研究。使命教育不是脱离世俗生活的道德说教，而是必须融入大学生的实际现实生活。新时代大学生使命教育与大学生的日常生活必须建立起紧密的相关性，并架构起互动连接的桥梁方能接通使命教育的“最后一公里”；四是使命教育民族化与国际化关系研究。中华传统文化是使命教育的根基，开放的国际环境是使命教育的环境，培养中国情怀、世界眼光的新时代大学生是使命教育的题中应有之义；五是使命教育协同化与社会化运转机制的构建问题研究。使命教育是一个关涉大学生自身、高校、社会、党委政府等不同教育主体的复杂系统，注重使命教育分类细化研究和新时代社会矛盾变化对使命教育的影响、新时代大学生使命教育与传统时期使命教育异同性研究将成为使命教育研究的关键领域。

参 考 文 献

1. 经典著作类

[1]马克思恩格斯选集(第3版1~4卷)[M]. 北京：人民出版社，2012.

[2]列宁全集(第二版增订版1~60卷)[M]. 北京：人民出版社，2017.

[3]毛泽东选集(第二版1~4卷)[M]. 北京：人民出版社，1991.

[4]周恩来选集(上下两卷)[M]. 北京：人民出版社，1997.

[5]邓小平文选(全三卷)[M]. 北京：人民出版社，1995.

[6]江泽民文选(1~3卷)[M]. 北京：人民出版社，2006.

[7]胡锦涛文选(1~3卷)[M]. 北京：人民出版社，2016.

[8]习近平谈治国理政[M]. 北京：外文出版社，2014.

[9]习近平谈治国理政(第2卷)[M]. 北京：外文出版社，2017.

[10]习近平谈治国理政(第3卷)[M]. 北京：外文出版社，2020.

2. 中文著作类

[1]中共中央党史研究室. 中国共产党历史(第二版上、下册)[M]. 北京：中共党史出版社，2011.

[2]中共中央宣传部. 习近平新时代中国特色社会主义思想学习纲要[M]. 北京：学习出版社；人民出版社，2019.

[3]中共中央文献研究室. 十六大以来重要文献选编[M]. 北京：中央文献出版社，2005.

[4]中共中央文献研究室. 十八大以来重要文献选编[M]. 北京：中央文献出版

社，2014.

[5]中共中央党史和文献研究院，中央“不忘初心、牢记使命”主题教育领导小组办公室．习近平关于“不忘初心、牢记使命”重要论述选编[M]．北京：中央文献出版社、党建读物出版社，2019.

[6]中共中央宣传部．毛泽东邓小平江泽民论思想政治工作[M]．北京：学习出版社，2000.

[7]中华人民共和国教育部、中共中央文献研究室．毛泽东邓小平江泽民论教育[M]．北京：中央文献出版社，人民教育出版社，北京师范大学出版社，2002.

[8]共青团中央、中共中央文献研究室．毛泽东邓小平江泽民论青少年和青少年工作(增订本)[M]．北京：中国青年出版社，中央文献出版社，2003.

[9]中共中央政策研究室．江泽民论社会主义精神文明建设[M]．北京：中央文献出版社，1999.

[10]中共中央文献研究室．社会主义精神文明建设文献选编[M]．北京：中央文献出版社，1996.

[11]本书编写组．构建社会主义和谐社会[M]．北京：中国方正出版社，2006.

[12]教育部思想政治工作司组．加强和改进大学生思想政治教育重要文献选编(1978—2008)[M]．北京：中国人民大学出版社，2008.

[13]中共中央宣传部理论局．科学发展观学习读本[M]．北京：学习出版社，2006.

[14]中共中央宣传部理论局．理论热点面对面[M]．北京：学习出版社，人民出版社，2009.

[15]中共党史研究室第三研究部．新时期中国共产党的建设简史[M]．北京：中共党史出版社，2009.

[16]王树荫等．中国共产党思想政治教育史[M]．北京：高等教育出版社，2016.

[17]朱桂莲．爱国主义教育研究[M]．北京：中国社会科学出版社，2008.

[18]陈嬿如．让高尚成为自然：爱国主义教育效果研究[M]．厦门：厦门大学出版社，2005.

[19]郑永廷等．主导德育论——大学生思想政治教育一元主导与多样发展研究

[M]. 北京：人民出版社，2008.
[20]冯刚. 高校马克思主义大众化研究报告(2009)[M]. 北京：光明日报出版社，2009.
[21]骆郁廷. 精神动力论[M]. 武汉：武汉大学出版社，2003.
[22]李洪涛. 精神的雕像：西南联大纪实[M]. 昆明：云南人民出版社，2009.
[23]张耀灿，陈万柏. 思想政治教育原理(第2版)[M]. 北京：高等教育出版社，2008.
[24]张耀灿，郑永廷等. 现代思想政治教育学[M]. 北京：人民教育出版社，2006.
[25]刘建军. 马克思主义信仰论[M]. 北京：中国人民大学出版社，1998.
[26]谢宏忠. 大学生价值观导向[M]. 北京：社会科学文献出版社，2010.
[27]张健. 马克思主义教育思想研究[M]. 北京：教育科学出版社，1989.
[28]中国人民大学国际政治系编. 从爱国主义到共产主义[M]. 北京：中国人民大学出版社，1985.
[29]爱国主义教育实施纲要[M]. 北京：学习出版社，1994.
[30]詹万生. 爱国主义教育[M]. 北京：中国民主法制出版社，1998.
[31]罗洪铁等. 大学生成才理论与实践[M]. 北京：人民出版社，2010.
[32]戴钢书等. 大学生社会主义核心价值理念培育质性研究[M]. 北京：人民出版社，2008.
[33]陆学艺. 当代中国社会结构[M]. 北京：社会科学文献出版社，2010.
[34]梅荣政. 用马克思主义引领社会思潮[M]. 武汉：武汉大学出版社，2008.
[35]梁柱，龚书铎. 警惕历史虚无主义思潮[M]. 北京：人民教育出版社，2006.
[36]沈壮海. 思想政治教育的文化视野[M]. 北京：人民出版社，2005.
[37]刘涛. 头等强国——中国的梦想、现实与战略[M]. 北京：中国友谊出版公司，2009.
[38]宋志明，吴潜涛. 中华民族精神论纲[M]. 北京：中国人民大学出版社，2006.
[39]沈壮海. 软文化·真实力——为什么要提高国家文化软实力[M]. 北京：人民出版社，2008.

[40]檀传宝．信仰教育与道德教育[M]．北京：教育科学出版社，1999.
[41]翟学伟等编译．全球化与民族认同[M]．南京：南京大学出版社，2009.
[42]刘国强．媒介身份重建——全球传播与国家认同建构研究[M]．成都：四川大学出版社，2009.
[43]吴晓萍、徐杰舜．中华民族认同与认同中华民族[M]．哈尔滨：黑龙江人民出版社，2009.
[44]万明钢．多元文化视野价值观与民族认同研究[M]．北京：民族出版社，2006.
[45]沈壮海．先进文化论[M]．北京：高等教育出版社，2003.
[46]朱哲、权宗田．中国共产党与中华民族复兴软实力[M]．武汉：湖北长江出版集团，湖北人民出版社，2009.
[47]孙立平．博弈—断裂社会的利益冲突与和谐[M]．北京：社会科学文献出版社，2006.
[48]潘亚玲．美国爱国主义与对外政策[M]．上海：上海人民出版社，2008.
[49]赵馥洁等．中华民族爱国主义史论[M]．北京：中国社会科学出版社，2008.
[50]杨永利．新时期爱国主义教育读本[M]．北京：人民日报出版社，2009.
[51]杨立英，曾盛聪．全球化、网络化境遇与社会主义意识形态建设研究[M]．北京：人民出版社，2006.
[52]王永贵等．经济全球化与社会主义意识形态建设研究[M]．北京：人民出版社，2005.
[53]曹长盛等．苏联演变进程中的意识形态研究[M]．北京：人民出版社，2004.
[54]齐振海．爱国主义教育概论[M]．北京：北京师范大学出版社，1985.
[55]潘龙海等．中华民族爱国主义通论[M]．延吉：延边大学出版社，1987.
[56]李文海．中国近代爱国主义论纲[M]．北京：中国人民大学出版社，1991.
[57]白景峰．爱国主义教育资料库[M]．北京：蓝天出版社，1992.
[58]赵凤平．新时期爱国主义教育[M]．成都：西南交通大学出版社，1994.
[59]陈慧．爱国主义教育导论[M]．保定：河北大学出版社，1995.
[60]乔根锁．爱国主义教育概论[M]．拉萨：西藏人民出版社，1995.
[61]邢宝君．学校爱国主义教育导论[M]．大连：大连理工大学出版社，1996.

[62]李资源．大学生爱国主义教育论纲[M]．武汉：湖北人民出版社，1996.
[63]李全生．爱国主义教育[M]．天津：天津大学出版社，1996.
[64]郭海燕．爱国主义教育新论[M]．北京：海潮出版社，1997.
[65]张红保．高校爱国主义教育概论[M]．武汉：中国地质大学出版社，1997.
[66]詹万生．爱国主义教育[M]．北京：中国民主法制出版社，1998.
[67]王嵘．新时期爱国主义教育[M]．重庆：西南师范大学出版社，1998.
[68]王宗光．新时期爱国主义教育论[M]．上海：上海教育出版社，1998.
[69]庞士忠．马克思主义爱国主义教育原理[M]．哈尔滨：黑龙江人民出版社，1999.
[70]朱炳元．邓小平爱国主义思想研究[M]．苏州：苏州大学出版社，2000.
[71]唐凯麟．中华民族爱国主义发展史(1-4卷)[M]．武汉：湖北教育出版社，2001.
[72]袁德成．爱国主义教育思想研究[M]．昆明：云南人民出版社，2002.
[73]曾令辉．现代爱国主义教育理论与实践[M]．南宁：广西人民出版社，2006.
[74]曹延汹．中美爱国主义教育比较研究[M]．沈阳：辽宁大学出版社，2006.
[75]祖嘉合．思想政治教育方法教程[M]．北京：北京大学出版社，2004.
[76]中国伊斯兰教协会．穆斯林爱国主义教程[M]．北京：宗教文化出版社，2006.
[77][美]施拉姆. 传播学概论[M]．北京：中国人民大学出版社，2010.
[78][英]亚当·斯密．道德情操论[M]．蒋自强，等，译．北京：商务印书馆，1997.
[79][苏]霍姆林斯基．少年教育与自我教育[M]．姜励群，译．北京：北京出版社，1984.
[80][德]费希特．人的使命[M]．梁志学，沈真，译．北京：商务印书馆，1982.
[81][德]雅斯贝尔斯．什么是教育[M]．北京：三联书店，1991.
[82][德]卡尔·亚斯贝斯．时代的精神状况[M]．王德峰，译．上海：上海译文出版社，2008.
[83][美]塞缪尔·亨廷顿．文明的冲突[M]．周琪，等，译．北京：新华出版

社，2002.
[84][美]亨利·大卫·梭罗．寻找精神家园[M]．史国强，译．北京：中信出版社，2007.

3. 中文期刊类

[1]杨增崇．苏联解体前后青年价值观教育反思[J]．世界社会主义研究，2019，4(10)：87-88.
[2]戴木才．论坚定社会主义核心价值观自信[J]．马克思主义研究，2018(08)：72-80.
[3]秦刚，郭强．社会主义“从传统到现代”的新发展——从社会主义发展进程看中国特色社会主义进入新时代[J]．科学社会主义，2018(01)：11-16.
[4]汪信砚．全球化中的价值认同与价值观冲突[J]．马克思主义哲学研究，2003(00)：169-179.
[5]曾峻．中国共产党初心使命的实践价值与时代意蕴[J]．思想理论教育，2019(12)：36-40.
[6]万美容．当代中国社会变迁与青少年价值观教育转型[J]．思想政治教育研究，2012，28(02)：24-26.
[7]佘双好．青年一代健康成长的价值指导——学习习近平总书记关于青年一代健康成长道路的论述[J]．青年探索，2018(06)：48-57.
[8]李祖超，杨柳青．新时代大学生价值观发展现状与特征透视[J]．学校党建与思想教育，2019(24)：18-20.
[9]崔家新．习近平新时代青年观的马克思主义人学底蕴[J]．广西社会主义学院学报，2018，29(04)：22-27.
[10]赵琳琳，王力尘．大数据时代大学生思想政治教育创新研究文献综述[J]．课程教育研究，2018(50)：84，87.
[11]魏华．论“时代新人”的突出特色[J]．马克思主义理论学科研究，2019，5(05)：142-149.
[12]朱红．灌输论在新时代青年思想政治教育中的定位探究[J]．马克思主义理论学科研究，2019，5(03)：167-174.

[13]马建青，陈曾燕．习近平关于青年社会责任的重要论述解析[J]．毛泽东邓小平理论研究，2016(10)：18-22，91.

[14]张铭凯，靳玉乐．新时代中国特色社会主义教育思想的实践意蕴[J]．现代教育管理，2019(11)：1-6.

[15]高翔莲，罗浩．习近平新时代青年幸福观的内在辩证关系[J]．思想理论教育导刊，2019(07)：4-7.

[16]杨业华，符俊．十八大以来习近平的青少年思想道德教育思想探析[J]．中南民族大学学报(人文社会科学版)，2015，35(02)：161-164.

[17]邢云文，张瑾怡．构建面向"日常生活"的大学生思想政治教育[J]．思想理论教育导刊，2018(02)：121-124.

[18]佘双好．新时代青年成长要求的时代升华[J]．人民论坛，2019(17)：91-93.

[19]张瑜．关于加强社会主义核心价值观主题教学的思考[J]．高校马克思主义理论研究，2018，4(01)：29-34.

[20]王永斌．谁在关注社会主义核心价值观——基于百度指数的大数据分析[J]．马克思主义研究，2018(02)：124-128.

[21]邹绍清，郭东方．大数据时代青年社会主义核心价值观培育的现实困境及实践路径探讨[J]．马克思主义研究，2016(09)：70-77.

[22]吴东华，张洁．论社会主义平等价值观的本质特征及践行原则[J]．马克思主义研究，2016(01)：98-104.

[23]郑承军．论社会主义核心价值观形成的个人自觉与社会自觉[J]．马克思主义研究，2013(09)：105-111.

[24]汪青松，鲁明川．《共产党宣言》与中国共产党使命接力[J]．江淮论坛，2018(06)：5-10.

[25]唐景成．中国共产党的初心与使命渊源探析[J]．理论月刊，2018(09)：110-116.

[26]赵晨．从革命战争时期的沂蒙精神看党的初心和使命[J]．中国校外教育，2020(03)：3-5.

[27]王传发．时代在变党的初心使命不变[J]．社会主义论坛，2019(09)：

41-42.
[28]王玉鹏．论认识党的初心和使命的三个维度[J]．探索，2019(05)：34-41.
[29]武智．论生活化视阈下的思政课改革[J]．学校党建与思想教育，2019(16)：36-37，51.
[30]傅振邦．努力担当起青年干部的时代使命[J]．中国党政干部论坛，2014(08)：45-47.
[31]翁文艳，李伟．青年干部领导力的构成和成长路径[J]．中国领导科学，2019(03)：24-27.
[32]刘汉峰．青年干部成长面临的四大挑战[J]．人民论坛，2019(32)：50-51.
[33]杨岳，刘涛雄．科学精神与当代青年学生的历史使命[J]．清华大学学报(哲学社会科学版)，1999(02)：14-19.
[34]公方彬．不辱时代赋予青年的使命[J]．求是，1999(10)：10-11.
[35]张作兴．21世纪的发展与当代青年的使命[J]．内部文稿，2001(18)：25-26.
[36]袁才保．知识经济与新世纪青年的使命[J]．科学社会主义，2000(01)：36-39.
[37]何会宁．青年大学生历史使命探析[J]．思想教育研究，2010(09)：106-109.
[38]初建松．从三代领导核心寄语看当代青年历史使命[J]．中国青年研究，2007(09)：47-49.
[39]胡金波．高校领导者的使命与责任[J]．江苏高教，2014(06)：1-5.
[40]张淼．新时代青年使命担当的现实困境及应对策略[J]．青少年学刊，2019(03)：55-59.
[41]秦关，高哲．“佛系”思想在青年群体中的滋生及其引导路径[J]．青海师范大学学报(哲学社会科学版)，2019，41(05)：133-139.
[42]宋健林．论青年马克思主义者的使命担当[J]．思想教育研究，2018(01)：67-70.
[43]石国亮．“新时代”青年的使命与担当[J]．中国青年社会科学，2018，37(01)：19-25.

[44]赵天安. 外国爱国主义教育点滴[J]. 思想政治课教学, 1995(7): 14.
[45]何顺果. 美国人"使命观"的最初表达——约翰·温斯罗普《基督教仁爱的典范》新解[J]. 美国研究, 2009, 23(02): 151-154.
[46]王晓德. 关于美国使命观的历史思考[J]. 南开学报, 1997(01): 47-52.
[47]孙梦琳, 黄志高. 创造"青春中华": 五四时期李大钊的青年使命观[J]. 重庆理工大学学报(社会科学), 2019, 33(05): 159-164.
[48]吴昊. 美国战略思维中的"使命观"[J]. 国际政治研究, 1998(02): 84-90.
[49]郭义, 王光友. 以色列军队历史使命教育的特点[J]. 政工学刊, 2010(01): 73.
[50]林忠禄. 深化海军使命教育[J]. 政工学刊, 1998(03): 20-21.
[51]万美容. 论高校思想政治工作的科学发展[J]. 中国青年社会科学, 2017, 36(04): 17-24.
[52]本刊编辑部. 答好新征程使命教育的新时代命题——访党的十九大代表、首都经济贸易大学党委书记冯培[J]. 高校辅导员, 2018(01): 3-5.
[53]袁友军, 李晗, 盛佳铭. 以理性信念为重点引导新时代青年人生使命教育[J]. 改革与开放, 2019(15): 119-122.
[54]伊飞, 张索坤, 张学超. 新时代大学生的使命教育[J]. 高校辅导员学刊, 2018, 10(06): 62-66.
[55]李慎明. 科学判定当今世界所处的时代方位[J]. 红旗文稿, 2019(01): 4-8, 1.
[56]陶文昭. 中国特色社会主义新时代的逻辑要点[J]. 马克思主义研究, 2019(09): 20-31.
[57]李慎明. 新时代必须完整准确地理解和把握党的基本路线[J]. 毛泽东研究, 2019(02): 35-42.
[58]韩庆祥. 习近平新时代中国特色社会主义思想[J]. 科学社会主义, 2017(06): 4-10.
[59]袁初明. 新时代的历史方位、阶段特征与价值诉求[J]. 桂海论丛, 2019, 35(05): 72-77.
[60]李君如. 我们进入了中国特色社会主义新时代[J]. 当代世界与社会主义,

2017(06)：9-14.
[61]朱宗友．习近平新时代中国特色社会主义思想研究的最新进展[J]．当代世界与社会主义，2018(02)：194-202.
[62]高松．论中国特色社会主义进入新时代的五重维度[J]．社会主义研究，2018(03)：57-62.
[63]杨守明，杨鸿柳．论习近平新时代观的内涵、依据和价值[J]．中国特色社会主义研究，2018(06)：13-19.
[64]陈晋．新时代·新矛盾·新目标[J]．中央社会主义学院学报，2017(06)：56-62.
[65]宋进．"不忘初心、牢记使命"的认识逻辑[J]．高校马克思主义理论研究，2017，3(04)：19-23.
[66]赵士红．始终坚守中国共产党人的初心和使命[J]．学习论坛，2018(09)：20-25.
[67]岳奎．"不忘初心"与自觉抵制西方非意识形态化错误思潮[J]．马克思主义研究，2018(09)：132-140.
[68]赵玉洁，李海青．使命型政党与人民群众：在自觉与自发之间——对马克思主义一个重大问题的思考[J]．南京师大学报(社会科学版)，2020(01)：78-85.
[69]李庆杨，刘晓鸥．国外爱国主义教育及其对我国的启示[J]．沈阳大学学报(社会科学版)，2012，14(03)：67-69.
[70]朱凌云．美国公民教育的实践模式及其对我国公民教育的启示——以美国公民教育中心"公民养成"项目为例[J]．教育科学研究，2011(11)：71-75.
[71]孔锴．美国当代公民教育的基本理念：责任、参与、全球意识[J]．外国教育研究，2011，38(07)：72-77.
[72]聂迎娉，傅安洲，束永睿．美国《公民学与政府国家标准》评析[J]．学校党建与思想教育，2013(22)：88-91.
[73]唐克军．团结视域下的英国公民教育[J]．外国教育研究，2019，46(07)：97-107.
[74]张建强．我国高校公民道德意识培育效度分析——以加拿大公民教育为参考

[J]. 牡丹江大学学报，2020，29(01)：107-110.

[75]卢珊珊 . 中法学校公民教育之比较及其对中国的启示[J]. 华北水利水电大学学报(社会科学版)，2019，35(05)：66-70.

[76]傅安洲 . 战后德国政治教育的变革[J]. 高校理论战线，2012(09)：73-77.

[77]傅安洲，阮一帆 . 论当代德国政治教育理论的基本属性[J]. 清华大学教育研究，2018，39(05)：21-28.

[78]孙文沛 . 联邦德国“二战”历史教育的发展历程及其启示[J]. 比较教育研究，2013，35(07)：8-13.

[79]陈立思 . 爱国教育在国外[J]. 求是，2002(17)：49-52.

[80]李怡，易明 . 论马克思的尊严观[J]. 马克思主义研究，2011(10)：93-99，160.

[81]方博 . 从人的使命到人的解放——关于康德和马克思的一个哲学人类学比较[J]. 学术月刊，2014，46(09)：41-51，29.

[82]孙晓轲 . 追寻儿童德性：对教育基本使命的审思[J]. 东北师大学报(哲学社会科学版)，2014(05)：201-205.

[83]徐俊 . 个体化社会中的教育使命[J]. 教育发展研究，2014，33(Z2)：35-41.

[84]王占魁 . 中国公民教育的历史语境与当代使命[J]. 南京社会科学，2014(08)：130-137.

[85]吴潜涛，杨峻岭 . 列宁爱国主义思想探析[J]. 马克思主义研究，2010(07)：90-96.

[86]张慧敏，曲建武 . 列宁爱国主义思想及当代启示[J]. 思想政治教育研究，2019，35(04)：59-64.

[87]陈锡喜 . 论习近平新时代中国特色社会主义思想的创立根据[J]. 思想理论教育，2018(02)：4-9.

[88]万军杰，乐三 . 大历史观视域下五四运动、五四精神与新时代青年的使命担当[J]. 社会科学动态，2021(01)：36-42.

[89]黄娟，王国良 . 大学生使命教育的理论逻辑与实践进路[J]. 学校党建与思想教育，2021(02)：84-86.

[90]李秀梅．用伟大抗疫精神激发当代青年使命担当[J]．人民论坛，2020(36)：128-130.

[91]魏和平．内涵·价值·路径：革命文化涵育社会主义核心价值观的思考[J]．思想理论教育导刊，2020(09)：134-138，151.

[92]宋晓欣．基于专业使命教育的新时代高校思想政治工作探索与实践——以北京物资学院为例[J]．思想教育研究，2018(06)：134-137.

[93]唐志文．论革命文化对青年教育不可或缺的意义[J]．毛泽东邓小平理论研究，2020(10)：27-34，107.

[94]黄娟，王国良．大学生使命教育的理论逻辑与实践进路[J]．学校党建与思想教育，2021(02)：84-86.

[95]高维．基于优秀传统文化教育的中小学生国家认同建构[J]．教育科学研究，2021(04)：5-11.

[96]覃翠生，庄严．新时代推动理想信念教育常态化制度化研究[J]．广西社会科学，2021(01)：71-75.

[97]王嘉，吕君怡．“圈层化”下的青年网络爱国主义[J]．探索与争鸣，2021(03)：115-123，179.

[98]余玉花．论爱国主义教育的法治保障[J]．思想理论教育，2021(03)：45-51.

[99]蓝贤发．用红色文化厚植大学生爱国主义情怀[J]．人民论坛，2021(Z1)：150-152.

[100]曲建武，张慧敏．论发挥传统和现代节日的爱国主义涵育功能[J]．思想理论教育导刊，2021(02)：93-96.

[101]晏华华，张帆，周治瑜．新时代网络爱国主义教育的机理、原则与路径[J]．学校党建与思想教育，2021(01)：26-28.

[102]李鸿凯．论革命文化与社会主义核心价值观的同质互构[J]．中学政治教学参考，2021(16)：85-88.

[103]张昊雷．马克思主义中国化视阈下中华传统文化双重继承法研究[J]．长白学刊，2021(03)：143-149.

[104]陈培杰．高校学生党员红色文化认同教育研究[J]．学校党建与思想教育，

2021(08)：40-41.

[105]蓝贤发．用红色文化厚植大学生爱国主义情怀[J]．人民论坛，2021(Z1)：150-152.

[106]岳国芳．红色文化资源融入思想政治教育的价值与实践[J]．教学与管理，2021(06)：55-57.

[107]闫立光．新时代革命文化的传承：价值、困境及推进路向[J]．社会科学战线，2021(02)：262-266.

[108]骆郁廷，王艺璇．论爱国主义立场[J]．马克思主义与现实，2021(02)：188-194.

[109]王文山．基于学生社团的高校使命教育研究[J]．学校党建与思想教育，2021(16)：77-79.

[110]王文山．中国共产党马克思主义学习观构建策略初探[J]．思想政治课研究，2021(02)：45-56.

[111]王文山．重大疫情应对中高校思想政治工作者的使命担当[J]．学校党建与思想教育，2020(23)：82-84.

[112]王文山，周恩德．基于社团组织的大学生人文精神培育策略[J]．广西青年干部学院学报，2020，30(05)：42-45.

[113]王文山．基于社会实践的大学生社会化技能培养调查研究[J]．学校党建与思想教育，2015(02)：31-32.

[114]王文山．大力开展社会实践活动　提升大学生社会化技能[J]．社科纵横，2013，28(10)：176-178.

[115]王文山．高校思政教育中导入创业精神是时代发展的必然选择[J]．出国与就业(就业版)，2011(17)：62-63.

[116]王文山．基于学生社团的大学生思想政治工作实效性研究[J]．社科纵横(新理论版)，2009，24(01)：207-208.

[117]王文山．运用“情感共振”做好高校思想政治工作[J]．广西青年干部学院学报，2007(04)：12-14.

4. 博士学位论文类

[1]钱风华．毛泽东的马克思主义理论教育思想研究[D]．东北师范大学，2009.
[2]霍毅斌．中国共产党执政以来思想政治工作基本经验研究[D]．中共中央党校，2008.
[3]易明．中国化马克思主义尊严观研究[D]．华南理工大学，2012.
[4]刘艳．改革开放以来中国共产党人马克思主义理论教育思想发展研究[D]．山东大学，2013.
[5]戴晓慧．高校青年马克思主义者的自我教育研究[D]．湖南大学，2017.
[6]赵聪聪．中国特色社会主义的发展逻辑研究[D]．中共中央党校，2019.
[7]赵天睿．中国特色社会主义核心价值观的培育与践行研究[D]．东北师范大学，2017.
[8]王艳杰．中国特色社会主义价值观建设问题研究[D]．中共中央党校，2016.
[9]何启刚．中国特色社会主义基本价值观念研究[D]．中共中央党校，2016.
[10]程松涛．马克思的理论教育思想及其价值研究[D]．天津师范大学，2014.
[11]王琳媛．全球化背景下我国大学生政治社会化研究[D]．上海交通大学，2014.
[12]赵华珺．新时代中国爱国主义及其实践研究[D]．东北师范大学，2019.
[13]常青．全球化视野下公民爱国意识培育研究[D]．武汉大学，2012.
[14]唐霞．中美爱国主义教育现状比较研究[D]．中共中央党校，2011.
[15]刘玉标．当代中国爱国主义教育研究[D]．武汉大学，2010.
[16]潘亚玲．“9·11”后的美国爱国主义与对外政策[D]．复旦大学，2007.
[17]李贵彬．当代大学生社会责任感培育研究[D]．哈尔滨师范大学，2017.
[18]张新桥．青年责任教育研究[D]．清华大学，2016.
[19]程雄飞．新时代大学生社会责任教育研究[D]．南昌大学，2019.
[20]左腾飞．新时代中国社会主要矛盾研究[D]．山东师范大学，2020.
[21]杜长州．高校学生组织发展与思想引导研究[D]．中国矿业大学，2019.
[22]哈龙．大学生社会主义平等观培育研究[D]．辽宁大学，2019.
[23]丁玉峰．思想政治教育文化形态研究[D]．西南大学，2019.

[24]汤素娥．习近平新时代劳动观研究[D]．湖南大学，2019.
[25]张果．当代青少年民族精神培育研究[D]．西南大学，2012.
[26]贺光明．心理学视域下大学生思想政治教育有效性研究[D]．湖南大学，2019.
[27]朱尉．习近平青年工作重要思想研究[D]．陕西师范大学，2018.
[28]盘科文．习近平青年教育思想研究[D]．华中师范大学，2018.
[29]徐艳国．思想政治教育政策环境论[D]．中南大学，2010.
[30]常青伟．思想政治教育环境渗透研究[D]．苏州大学，2014.
[31]吴同喜．马克思主义人学视域下我国高职教育人才培养模式构建[D]．东北师范大学，2018.
[32]刘烨．现代思想政治教育过程研究[D]．武汉大学，2004.
[33]李成超．新时代大学生尚武精神培育研究[D]．中国地质大学，2019.
[34]周耀宏．中国共产党新民主主义革命时期思想理论教育研究[D]．武汉大学，2011.
[35]陈延秋．新民主主义革命时期马克思主义大众化研究[D]．吉林大学，2011.
[36]赵志宇．新民主主义革命时期中国共产党干部教育研究[D]．吉林大学，2013.
[37]韩伟．新民主主义革命时期中国共产党思想政治教育话语权研究[D]．哈尔滨工程大学，2017.
[38]季宇．新民主主义革命时期中国共产党党员思想政治教育研究[D]．东北林业大学，2018.
[39]赵轩．实践论思维方式中的爱国主义教育理论研究[D]．东北师范大学，2019.
[40]徐岩．马克思恩格斯无产阶级历史使命思想研究[D]．电子科技大学，2020.

5. 新闻报纸类

[1]习近平在全国组织工作会议上发表重要讲话[N]．人民日报，2018-7-4(001).
[2]靳诺．坚守初心使命必须坚定制度自信[N]．人民日报，2020-01-08.
[3]欧阳淞．建立不忘初心、牢记使命的制度[N]．人民日报，2019-12-18.

[4]徐奉臻．不忘初心：理解十九大精神的钥匙[N]．光明日报，2017-11-08.
[5]刘同舫．建立践行初心使命的长效机制[N]．人民日报，2020-01-23.
[6]李永胜．人民幸福：初心和使命的价值真谛[N]．中国教育报，2019(005).
[7]黄浩涛，洪向华．持续推动全党不忘初心牢记使命[N]．人民日报，2020-1-23.
[8]曲青山．中国共产党百年辉煌[N]．光明日报，2021-02-03(11).
[9]朱喜坤．革命文化是文化自信的重要源头[N]．光明日报，2019-01-09.
[10]王文山．培养新时代大学生使命担当精神[N]．中国社会科学报，2021-12-21.
[11]王文山，黄德林．新时代青年的使命担当[N]．中国社会科学报，2019-8-13.

6. 国外文献类

[1]Ehrlich T E. Civic Responsibility and Higher Education. American Council on ducation Oryx Press Series on Higher Education[M]. Civic Responsibility and Higher ducation. American Council on Education Oryx Press Series on Higher Education, 1999: 448.
[2]Sokol Bryan W. Moral character and the civic mission of American universities: The Catholic, Jesuit vision of justice education[J]. International Journal of Christianity & Education, 2021, 25(1).
[3]David Egan Emeritus Grigg Russell. Editorial: Initial Teacher Education and Wales's National Mission for Education[J]. Cylchgrawn Addysg Cymru/Wales Journal of Education, 2020, 22(1).
[4]Suraj Kalia, Virender Singh Gurau, Anand Kumar. From Life World to Ideal Society: Emotion and Thinking in College Students' Belief Education[J]. Indian Journal of Public Health Research & Development, 2018, 1(1).
[5]Mr. Kulvinder Singh, Mr. Kapil Sachdeva. Innovative Application of Micro-media in Ideal and Belief Education in Colleges and Universities[J]. Indian Journal of Public Health Research & Development, 2016, 1(3).

[6] Geoffrey K. Roberts. Political Education in Germany. Parliamentary Affairs, 2002: 556.

[7] Hans Schattle. Global Education and Global Citizenship: Widening the Scope of Civic Education [Z]. ThePaper Presented at the 2005 annual meeting of the American Political Science Association, 2005: 44-45.

[8] Fred Dervin, Ashley Simpson. Interculturality and the Political within Education [M]. Taylor and Francis: 2020-12-03.

[9] Saito Naoko, Laugier Sandra. Introduction to the Suite: Political Education for Human Transformation[J]. Journal of Philosophy of Education, 2021, 55(1).

[10] Morgan Demetri L.. Nuancing political identity formation in higher education: A phenomenological examination of precollege socialization, identity, and context [J]. Journal of Diversity in Higher Education, 2021, 14(1).

[11] PrakashIyer, Indrani Bhattacharjee. Philosophy of Education: Reflections on Moral and Political Education[M]. Taylor and Francis: 2021-05-10.

[13] Sebell Dustin. Xenophon's Socratic Education: Reason, Religion, and the Limits of Politics[M]. University of Pennsylvania Press: 2021-02-18.

[14] Državić Karlo. Political education in People's Republic of Croatia: What did the members of the Young Communist League of Yugoslavia read? [J]. Povijest u nastavi, 2020, 31(1).

[15] Audrey Osler. Patriotism, multiculturalism and belonging: political discourse and the teaching of history[J]. Educational Review, 2009, 61(1): 85-100.

[16] Uvanney Maylor. Nations of diversity, British identities and citizenship belonging [J]. Race Ethnicity and Education, 2010, 13(2): 233-248.

[17] Uvanney Maylor. Nations of diversity, British identities and citizenship belonging [J]. Race Ethnicity and Education, 2010, 13(2): 233-248.

[18] George, L. K. Sociological Perspectives on life Transitions. Annual Review of Sociology. Vol. 19. 1993. pp. 353-373.

[19] Denton D K. Mission Statements Miss the Point[J]. Leadership & Organization Development Journal, 2001, 22(7): 309-314.

[20] Mullane J V. The Mission Statement is a Strategic Tool: When Used Properly[J]. Management Decision, 2002, 40(5): 448-455.

[21] Morphew C C, Hartley M. Mission Statements: A Thematic Analysis of Rhetoric Across Institutional Type[J]. The Journal of Higher Educatio, 2006, 77(3): 456-471.

[22] L Hoyt Crystal, Goldin Aleah. Political ideology and American intergroup discrimination: A patriotism perspective[J]. The Journal of social psychology, 2016, 156(4).

[23] Daria Omelchenko, Svetlana Maximova, Galina Avdeeva, Natalia Goncharova, Oksana Noyanzina, Olga Surtaeva. Patriotic Education and Civic Culture of Youth in Russia: Sociological Perspective [J]. Procedia — Social and ehavioral Sciences, 2015, 190.

[24] S. Uzakbayeva, Sh. Zhalgasova, A. Beisembayeva, G. Kosherbayeva, sciences. The Patriotism Education Content at the Present Stage[J]. Procedia — Social and ehavioral Sciences, 2014, 141.

[25] Zhengisbek Tolen, Slushash Tulenova, Elnura Assyltaeva, Nurken Aitymbetov. Formation of Civil and Patriotic Education of Youth in Kazakhstan[J]. Procedia — Social and Behavioral Sciences, 2014, 116.

[26] Will Kymlicka and Wayne Norman. The Return ofthe Citizen: A Survey of Recent Work on Citizenship Theory[J]. Ethics, 1994, 104(2): 352-381.

[27] Sokol Bryan W. Moral character and the civic mission of American universities: The Catholic, Jesuit vision of justice education [J]. International Journal of Christianity & Education, 2021, 25(1).

[28] Steve Sang-Cheol Moon. Missions from Korea 2018: Mission Education [J]. International Bulletin of Mission Research, 2018, 42(2).

[29] Lewis, Andrew, Steyn, Johann C.. A critique of mission education in South Africa according to Bosch's mission paradigm theory[J]. South African Journal of Education, 2003, 23(2).

[30] Haughian R M. An adult education optic on mission education[J]. C. H. A. C.

review, 1990, 18(3).

[31]Callagher M. Mission education: what has worked for us[J]. C. H. A. C. review, 1991, 19(3).

[32]McLaughlin A K. Castles, crocodiles and corporations. Some reflections on mission education[J]. C. H. A. C. review, 1986, 14(3).

[33]Newell S. Booth. Mission Education in Africa: Some Students' Views[J]. Africa Today, 1976, 23(2).

[34] Reg Dodd, Jen Gibson. Learning Times: An experience of Arabana life and mission education[J]. Aboriginal History, 1989, 13(1/2).

[35]Fred B. Rea. The Future of Mission Education in Southern Rhodesia[J]. John Wiley & Sons, Ltd, 1960, 49(194).

[36]Volz. The Rise and Fall of The Moffat Institution: Mission Education in a Colonial Borderland[J]. South African Historical Journal, 2014, 66(3).

[37]Carl B. Procario-Foley. Institutional Mission Education as a Form of Teaching[J]. Religious Education, 2017, 112(3).

[38]Rosnes, Ellen Vea. With a church comes a school: Protestant mission education in Madagascar[J]. Southern African Review of Education with Education with Production, 2013, 19(2).

[39]The Task Force on the Church and Higher Education: "The Church's Mission in Higher Education"[J]. Journal of Presbyterian History (1962-1985), 1981, 59(3).

[40]Jack L. Seymour. Editorial: "Scholarship for Education; Education for Mission" [J]. Religious Education, 2009, 104(1).

[41]Eric Thomas Ogwora, Gerishon kuria, Evans Nyamwaka, Beatrice Nyakan. Philosophy as a Key Instrument in Establishing Curriculum, Educational Policy, Objectives, Goals of Education, Vision and Mission of Education[J]. Journal of Education and Practice, 2013.

[42] Parashar Koirala. Vision and Mission of Management Education in Nepal[J]. Tribhuvan University Journal, 2005, 25(1).

附　　录

一、新时代大学生使命教育调查问卷

亲爱的青年朋友：

您好！为深入了解大学生使命观和使命教育实际情况，我们开展此次学术调研。本调研采用匿名形式，收集的数据仅作统计分析和学术科研，绝对不涉及个人以及家人的隐私和其他权利，问卷大约会耽误您10分钟时间。答案无对错之分，请您按照自身实际情况填写。对您的合作表示衷心感谢！

2020年11月

（一）基本信息

1. 您的性别　　A. 男　　B. 女
2. 您的民族　　A. 汉族　　B. 其他________
3. 您的年龄________________
4. 您是独生子女吗？　A. 是　　B. 否
5. 您来自以下哪个区域？

   A. 东北地区（黑龙江、吉林、辽宁）

   B. 华北地区（北京、天津、河北、山西、内蒙古）

   C. 华中地区（湖北、湖南、河南、江西）

   D. 华南地区（广东、广西、海南）

   E. 西南地区（四川、云南、贵州、西藏、重庆）

F. 西北地区(青海、宁夏、甘肃、新疆、陕西)

G. 华东地区(江苏、浙江、上海、山东、安徽、福建)

6. 您的政治面貌：

A. 中共党员(含预备党员)　B. 民主党派　C. 共青团员

D. 群众

7. 您父母中是否有中共党员？

A. 双方都是　B. 父亲是　C. 母亲是

D. 双方都不是

8. 您父母中文化程度较高一方的最高学历是：

A. 初中及以下　B. 高中或中专　C. 大学专科

D. 大学本科　E. 硕士及以上

9. 您父亲的职业：

A. 党、国家机关工作人员　B. 国企、事业单位工作人员

C. 非国有企业、公司工作人员　D. 个体经营

E. 自由职业者　F. 务农、务工

G. 其他____________

10. 您母亲的职业：

A. 党、国家机关工作人员　B. 国企、事业单位工作人员

C. 非国有企业、公司工作人员　D. 个体经营

E. 自由职业者　F. 务农、务工

G. 其他____________

11. 在全国范围内，您认为您的家庭经济情况处于什么水平？

A. 上层　B. 中上层　C. 中层　D. 中下层

E. 下层　F. 不清楚

12. 您现在所处的学习阶段是：

A. 博士　B. 硕士　C. 本科(原985\211高校)

D. 本科(其他公办高校)　E. 本科(独立学院等民办高校)

F. 高职高专(公办)　G. 高职高专(民办)

13. 您的学科类型：

A. 哲学　B. 经济学　C. 法学　D. 教育学
E. 文学　F. 历史学　G. 理学　H. 工学
I. 农学　J. 军事学　K. 医学　L. 管理学
M. 艺术学

14. 您是否有出国(或出境)经历(如出国出境旅游、留学等)?
A. 是　B. 否

15. 您是否主动参与过社会公益活动?
A. 是　B. 否

16. 您对下列新闻类型兴趣如何?

新闻类型	非常感兴趣	比较感兴趣	兴趣一般	不感兴趣	非常不感兴趣
政治新闻					
娱乐新闻					
社会新闻					
军事新闻					
科技新闻					
体育新闻					

(二)使命认知

17. 作为新时代的大学生，你了解自己的使命吗?
A. 非常了解　B. 比较了解　C. 不太了解　D. 完全不了解

18. 您认为新时代大学生使命意识的现状是什么?
A. 使命感很强，能主动承担责任
B. 使命感较强，会承担自己应该承担的责任
C. 使命意识不太强，有时会逃避自己的责任
D. 不太关心自己的使命，不愿意承担责任

19. 您对两个一百年的奋斗目标是否清楚?
A. 清楚，对奋斗目标的时间点和主要内容非常清楚

B. 听说过，但没有记住

C. 不清楚，没有听说过

20. 习近平总书记号召青年为实现中国梦而奋斗，您对中国梦的具体内涵(　　)

A. 非常清楚，是国家富强、民族振兴、人民幸福

B. 听说过，但没记住

C. 不清楚，没听说过

21. 您判断一个人价值的首要标准是什么？

A. 社会贡献　　B. 社会地位　　C. 经济实力　　D. 无概念

22. 您认为人生价值目标中最重要的是：

A. 建设国家　　B. 奉献社会　　C. 学有所成　　D. 家庭幸福

E. 创造财富　　F. 享受自由　　G. 身心健康　　H. 实现自我

23. 您认为专业知识和技能对大学生实现自身的使命有什么作用？

A. 作用很大　　B. 作用一般　　C. 没什么作用

24. 请评价自己的专业知识和技能：

A. 精通，非常胜任使命要求　　B. 合格，能够胜任使命要求

C. 较差，基本胜任使命要求　　D. 很差，不能胜任使命要求

（三）使命情感倾向

25. 您认为下列选项中哪个能够最能体现新时代大学生的使命？

A. 坚定理想信念，彰显青年担当，为实现中国梦和共产主义而奋斗

B. 涵养家国情怀，弘扬中国精神，培育和践行社会主义核心价值观

C. 站稳人民立场，树立远大志向，为中华崛起而读书

D. 矢志艰苦奋斗，锤炼高尚品格，积极承担社会责任

E. 练就过硬本领，提高个人素质，追求自身全面发展

F. 遵守职业道德，爱岗敬业奉献，善于创新创业创造

G. 提升道德品质，弘扬家庭美德，勇于引领社会风尚

26. 您认为自己是什么类型的青年？

A. 我积极上进，使命感很强

B. 我总体积极上进，有一定的使命感

C. 我偶尔有点无所谓，但并未放弃自己的使命，还在继续努力

D. 凡事佛系，随遇而安

E. 世界与我无关

27. 您的人生奋斗动力最主要是什么？

A. 为了自己想过的生活　　B. 不辜负父母亲人辛苦付出

C. 做一个对社会有用的人　　D. 为国家富强贡献自己的力量

E. 没动力随大流　　F. 其他

28. 您如何看待道德模范、科学家群体等先进典型人物的奉献精神及其作用？

A. 他们是民族的脊梁，是社会的楷模，应该向他们学习

B. 他们的行为让人敬佩，应该向他们学习，但代价太大，常人无法做到

C. 应该向他们学习，他们都是平凡人，他们的行为每个人都可以做到

D. 他们纯粹是为了个人名利，不值得学习

29. 中国科学院大学学生季某某在国外社交网站发表不当言论，校方给予季某某开除学籍处分。对于他的这一行为，下面哪种评价你比较认同？

A. 其言行背离伤害了国民的民族感情，对其行为表示愤怒，学校应对其严肃处理

B. 每个中国人都应努力维护国家和民族尊严，对其行为表示惊讶，学校对其加强教育即可

C. 他是一时发泄情绪，我虽不认同，但可以理解

D. 这是他的个人自由，不应干涉他的言论自由

(四)使命意识意志

30. 如何看待“天下兴亡，匹夫有责”这句名言？

A. 过好个人生活才是最重要的，不必刻意强调国家观念

B. 保家卫国人人有责，每个人都需要承担相应的责任和担当

C. 每个人都有自己的职责，国家发展与个人无关也无需强求

31. 您是否有过为他人服务、为社会做贡献的想法？

A. 非常强烈，时刻准备着，并一直为此行动

B. 比较强烈，但一直没有行动

C. 不太强烈，需要我做的时候再说吧

D. 基本没有这个想法

E. 完全无此想法

32. 您是否愿意做些工作，改变您认为社会上存在的某些弊端？

A. 愿意，而且正在做

B. 愿意，但不知道如何做

C. 愿意，但怕没有效果

D. 不知道

E. 不愿意，因为自己无法改变

F. 不愿意，这与我无关

33. 如果祖国需要您去服务大西北或者省内不发达基层地区，您会怎么做？

A. 会去，因为那里需要人才

B. 会去，因为有利于今后就业工作

C. 有顾虑，受家庭等各方面因素的影响

D. 那边环境恶劣，说什么也不去

34. 当您在为国家社会承担使命，却遭遇身边人的非议甚至冷嘲热讽，你会如何做？

A. 不会受到任何影响，更加坚定理想信念、主动承担使命

B. 对这些人的非议不予理会，做好自己的事情最为重要

C. 内心有些难受，但还会默默坚持承担自身的使命

D. 内心非常难受，慢慢会放松对自己的要求

（五）使命行为倾向

35. 在公交车上看到扒手在行窃，而你确定自己有能力控制小偷的情况下，您会怎么做？

A. 事不关己，装作没看到

B. 在内心鄙视小偷，但不会揭露

C. 悄悄提醒受害者

D. 直接制止该行为

E. 会与其他人一道制止

36. 若您朋友要做的事是您认为不对的，有违社会公德的，您是否会阻止？

A. 会，多次提醒他三思而后行

B. 会，只是随口跟他说说而已

C. 认为他有自己的看法，没有必要瞎掺和

D. 无所谓，只要自己不做就行

37. 当有一个非常重要的、关乎集体荣誉的集体活动和你个人活动有冲突时，您如何选择？

A. 参加集体活动　　B. 参加个人活动

C. 都不参加　　D. 看情况

E. 其他

38. 如果为了帮助他人会损害到自己的个人利益，您会做吗？

A. 一定会做　　B. 可能会做，视情况而定

C. 一定不会

39. 您如何看待医护人员因参与新冠肺炎救治工作而被感染甚至因此牺牲的行为？

A. 他们是在践行自己的使命，值得我们致敬，是我们学习的榜样

B. 这是他们的本职工作，牺牲了也很正常

C. 与我无关，我不关心

D. 其他____________

（六）使命教育培养途径

40. 经过这次新冠肺炎，您对党和政府的治理体系和治理能力，对坚持中国特色社会主义道路、理论、制度、文化的信心，对自身肩负历史使命的愿望有了什么样的变化：

A. 极大增强　　B. 较大增强　　C. 有所增强　　D. 没什么变化

E. 有所降低　　F. 较大降低　　G. 极大降低

41. 您认为哪个因素对您的使命观影响最大？

A. 社会环境　　B. 家庭环境　　C. 学校教育　　D. 网络舆论

E. 榜样影响(如文学作品、影视作品、先进人物、身边榜样等)

F. 自身学习　　G. 其他__________

42. 您认为独生子女的家庭环境对社会责任感的影响怎样?

A. 父母宠爱，社会责任意识弱　　B. 个人意识强，忽略他人感受

C. 个人比较独立，社会意识强　　D. 没有相关联系

43. 您认为以下哪个阶段对一个人的使命形成影响最大?

A. 幼儿教育　　B. 小学教育　　C. 中学教育　　D. 大学教育

44. 您认为大学阶段的使命教育与其他阶段相比，应该更侧重于哪个方面?

A. 激发使命意识　　B. 锤炼使命意志

C. 培养使命情感　　D. 塑造使命行为

E. 提高使命认知

45. 对于加强大学生的使命与担当，您觉得学校、社会最应当采取哪项行动?

A. 用好课堂主渠道，加强理论教育，定期开展有关讲坛讲座

B. 注重榜样的塑造和宣传，加大对榜样人物的表彰力度，形成学习先进的氛围

C. 加强学校与社会的联系，设立校外教育实践基地

D. 结合学校特色，建设富有使命教育意蕴的校园环境

E. 加强影视和综艺节目内涵建设，教育大学生增强使命自觉

F. 其他

46. 您认为新时代大学生可以通过以下哪项活动，最能提升自己的使命感和责任感?

A. 学习思政理论课程，关注时事新闻，听取形势报告等

B. 参加志愿服务、创新创业和社会实践等课外活动

C. 参加各类社团组织，开展朋辈交流研讨

D. 参观历史博物馆、爱国主义教育基地等

E. 到城市社区、农村、边远地区、部队等地方接受锻炼

F. 参加先进典型报告会，感受榜样的力量

G. 浏览红色网站，阅读经典书籍

（七）开放式问题

47. 有人认为新时代大学生使命意识较为淡薄，也有人认为他们与其他年代大学生一样强烈。你怎么看？
48. 谈谈您对加强新时代大学生使命教育的建议。

二、新时代大学生使命教育访谈提纲

（一）针对思政工作教师和专家学者的访谈提纲

1. 请您谈谈新时代大学生使命教育的现状？
2. 您认为新时代大学生使命教育主要包括哪些内容？
3. 您认为当前部分大学生使命担当缺失的原因有哪些？
4. 请您谈谈新冠疫情对于青年大学生的使命教育有哪些影响？
5. 当前国际国内形势复杂多变，西方敌对势力对我国公民尤其是青年大学生进行广泛渗透，使命教育环境依然严峻。请您谈谈后疫情时代有哪些途径可以进一步加强大学生的使命与担当？

（二）针对大学生的访谈提纲

1. 请您谈谈对大学生使命的认知情况？
2. 请您谈谈新时代青年大学生的使命担当现状？
3. 请您谈谈新冠疫情对您的使命观产生了什么影响？
4. 请您谈谈后疫情时代大学生应该从哪些方面来增强自身的使命担当？
5. 请您谈谈新时代大学生如何将个人梦与中国梦相结合，助力实现中华民族的伟大复兴？

致　谢

出版论文，是本人最初的夙愿。这种想法绝非少数博士毕业生所有，本人概莫能外。完成论文、答辩结束、获取博士学位是博士生涯结束的标志，而论文的公开出版则是对自身学术研究成果的系统化展示，是对自身学术追求的警醒与鞭策，更是对所有支持自己的老师、亲人、同事、朋友的感恩与回馈。

回首过往，心中充满无限感慨。报考博士，本身就是一项艰难的抉择；攻读课程，更是一段艰苦的跋涉过程；撰写论文，何尝不是对自己心智的磨炼升华！读书期间，在工作、家庭与学习三者之间，我频繁更换自己的身份，过着名副其实的双城生活。QQ 动态中凌晨作的一首题为《子时抵达》的小诗，很清晰地表达我那时的心境——“子时抵达/黑暗中摸索/为了更好地出发/子时抵达/义无反顾地离开/心中却充满牵挂　/　子时抵达/倚天抽剑/以梦为马/”。上完学位课程，我发了一个动态：“今晚上完学位的课程，标志着一个阶段的结束。预想的所有困难，在前进的过程都逐一克服——所有的困难只是预想，只有行动才是解决的办法。已走过千山万水，还需跋山涉水。一路汗水，一路风景，一路感慨，一路感悟。这些都是经历、成长和财富，满怀感恩继续前行！”2020 年春节新冠疫情肆虐，禁足在家使我能够有相对充足的时间准备开题报告。2020 年暑假期间，我基本从早到晚在办公室奋笔疾书，23 万余字的论文初稿见证了其中的痛苦与喜悦，也见证了自己的蜕变与升华。这是一次孤独的跋涉与自我的修行。一路走来，付出很多，感悟很多，收获更多。

感慨之余，感谢是最大的主题。与导师黄德林先生相遇，于我是一种缘分，更是一种幸运——我对先生的感恩发自肺腑。日常生活中，先生和蔼可亲，毫无师者架子，谈起话来让人如沐春风。先生对学生做人做事之教导，往往不会生硬地板起面孔，而是通过自己带过的或正面或反面学生的一些小故事，娓娓述说中让学生有所体悟。这种亦师亦友的交流，润物无声中让学生受到教诲——无则加勉，有则改之。没有课程的傍晚或者周末，先生经常邀请学生一起漫步东湖绿道，问询学习状况与论文选题，畅谈人生理想与个人发展，给予我莫大的精神鼓励。由于知道自己工作和家庭事情较多，我只能笨鸟先飞早做准备。从入学开始我就在考虑自己的博士论文选题，前前后后一二十个，反复与先生沟通。先生不厌其烦，循循善诱，给予我充分的尊重；论文写作中，每每遇到问题，先生总是安慰不要着急，并给出明确的建议。正是先生营造的良好氛围，让我能够自由选择方向、主动见贤思齐，得以在繁忙的工作和家庭琐事中顺利完成学业。

感恩感谢，需要给予更多的人们。攻读博士学位不是一个人的事情，需要众多支持系统。感恩父母，生我育我，在极其贫困的条件下送我上学，给了我无私的关爱——没有他们，就没有我的一切，他们是我一切的源头；感谢妻子，读书期间妻子对家庭付出太多，对于家庭我虽然无限牵挂却精力有限、分身乏术，正是有能干贤淑的妻子操持家务，我才能安心工作学习——没有妻子的默默付出，就不会有我工作的进展与学习的进步；感谢兄弟姐妹，我远在异乡工作学习生活，对于父母照顾较少——正是你们对父母的体贴关照，使我对父母的愧疚减轻不少；感谢两个可爱的女儿，你们是我的减压器、动力源和开心果——无论工作学习生活多么辛苦、遇到多大困难，看到你们的笑脸，听到你们的笑声，我感觉世间的一切烦恼都会烟消云散；感谢我在地大遇到的每一名老师和同学，傅安洲教授、高翔莲教授、李祖超教授、阮一帆教授、陈军教授、岳奎教授、吴东华教授、常荆沙教授、孙文沛教授……以及其他老师和同学——老师们的渊博睿智是我学习努力的方向，同学们的友谊值得我一生回味珍藏；感谢在博士开题、写作、预答辩和答辩过程中给予我指导的各位老师，武汉大学的唐皇凤教授，湖北开放大学党委书记钟毓宁教授，湖北汽车工业学院党委书记张文学教授、党委副书记杨立志教授分别对我的论文给予指导，他们的真知灼见为论文的写作与完善提供了思路。还必须感谢给予理解和支持我攻读博士的湖北汽车工业学院的各位领导和同事，感谢王晓校长在论文出版过程中给予的鼓励；工学交替过程中，总有一些工作是由其他同志代为完成，感谢在我攻读学位期间学工部(处)、团委、心理健康教育中心、学校办公室、机关党委的全体同仁们！问卷调查是一项复杂的工作，感谢高校学工系统的同仁们帮助动员学生参与调查，感谢刘俊、程俊峰、陈楷等人在数据分析方面提供的帮助。最后，还要感谢学界同仁在这个选题上的开掘之功，正是有了前人的研究成果，才使我的研究有了坚实的基础和明确的方向。

博士论文得以顺利完成和出版，与自己开展的课题研究息息相关：湖北省高等学校马克思主义青年理论家第七批培育计划（湖北省社科基金前期资助项目）“新时代青年使命教育研究”（项目编号：20ZD127），湖北省社科基金后期资助项目“新时代大学生使命教育研究”（项目编号：2021106），湖北省教育厅哲学社会科学研究专项任务项目（思想政治理论课）“人工智能赋能大学生使命教育的机理与路径研究”（项目编号：21Z032），湖北汽车工业学院博士科研基金项目“人工智能赋能大学生使命教育的机理与路径研究”（项目编号：BK2021110），湖北省高等学校哲学社会科学研究重大项目“基于大数据的大学生学习共同体研究”（项目编号：22ZD105）和“人工智能与大学生使命教育融合创新研究”（项目编号：22ZD106），国家社科基金一般项目“制度自信融入‘00后’大学生思想政治教育路径研究”（项目编号：21BKS131），全国教育科学规划课题“AI赋能大学生学习共同体的机制与路径研究”（项目编号：DIA230439）……这些课题为博士论文写作、专著出版打下坚实的基础，专著的出版亦可谓课题研究成果的集中体现。

本书还得到湖北汽车工业学院马克思主义学院、科技处、学科办的大力支持，获湖北汽车工业学院学术专著出版专项资助，武汉大学出版社编辑老师为专著出版付出大量辛勤的劳动，在此一并表示感谢。

博士毕业、论文出版标志一个阶段的结束，而结束是为了更好地出发。知识的学习、人格的修炼、内心的充盈是我们一生的修行。我将始终坚守向上向善的信仰，让自己像阳光，充满正能量，照亮每一个过往。“就这样告别梦呓/每个苏醒的清晨/都将听到悦耳的鸟啼/踮起脚尖/就能看到梦想的晨曦”。这是我博士期间所作小诗中的语句，权作致谢的结语。愿每一个人生命如花、梦想抵达！

王文山

2022年8月于车城十堰

學鑒

【第五辑】

武汉大学中国传统文化研究中心『985工程』项目成果

司马朝军 主编

武汉大学出版社
WUHAN UNIVERSITY PRESS

图书在版编目(CIP)数据

学鉴. 第5辑/司马朝军主编. —武汉：武汉大学出版社,2012.9
ISBN 978-7-307-10049-7

Ⅰ.学…　Ⅱ.司…　Ⅲ.社会科学—文集　Ⅳ.C53

中国版本图书馆CIP数据核字(2012)第175051号

责任编辑:聂勇军　　责任校对:黄添生　　版式设计:詹锦玲

出版发行：**武汉大学出版社**　(430072　武昌　珞珈山)
(电子邮件：cbs22@whu.edu.cn　网址：www.wdp.com.cn)
印刷：武汉中远印务有限公司
开本：720×1000　1/16　印张：20.5　字数:292千字　插页:2
版次：2012年9月第1版　2012年9月第1次印刷
ISBN 978-7-307-10049-7/C·326　定价:40.00元

目　录

古典新论

经史抉微

诸子新证

四库专论

典籍辨伪

文化创新

古典新论

学鉴

通之道

◎ 吴根友

“通”作为当代中国哲学的问题，也是作为世界之问题，是中国自晚明以来与西方社会的接触，特别是鸦片战争以后中国被迫与西方世界打交道而逼出的新的哲学问题，也是近代世界地理大发现，资本主义的海外殖民给全世界各民族带来的新的哲学问题。近代中国的变法烈士谭嗣同，以其敏锐的哲学灵感，提出了“仁以通为第一义”的光辉哲学命题，努力依托中国固有的思想资源，对传统儒家，特别是宋明以后发展起来的新仁学——仁者以天地为万物为一体的“通”的精神来诠释“仁学”的核心精神，从而第一次在哲学层面清晰而又合乎中国传统文化发展逻辑的方式，使中国哲学与“世界哲学”①的精神发生了内在的关联。现代西方哲学史中，有众多哲学家思考了“世界哲学”的问题，他们虽然没有提出“通”的概念，但也具备“通”的观念。康德的“世界公民”观念，黑格尔的历史哲学中所揭示的世界一体化过程，马克思所揭示的全世界无产者联合起来的理想以及共产主义理想，雅斯贝尔斯的有关“世界哲

① 在一次会议上，有学者提出以“全球哲学”来代替“世界哲学”概念，可能更好。姑备一说。

学”的思考，无不包含了“通”的观念。要从人类精神文明史的角度考察“通”的观念演变史，然后建构出以“通”为核心观念的哲学形态，显然不是本文所能胜任的工作，而且也不是一个人、几个人所能胜任的工作，因而也不是本文所要追求的理论目标。本文的主要理论目标在于：对于“通”的观念在中国古代汉语中的一般运用状态作一粗线条的勾勒，然后对《易》哲学传统中的“变通”，道家的“道通为一”，谭嗣同的“仁以通为第一义”等思想、命题作一简明的论述，在此基础上对当今世界的“技术”与“道”的关系问题，和“通”之道作一初步的思考。希望能从中国哲学传统出发，将“通”作为当代中国哲学与世界哲学的问题提出来。①

第一部分 “通”观念的思想史考察

在中国传统文化中，作为一个普通的语词的“通”，其本意是“达”的意思。许慎《说文解字》云：“通，达也。”《吕氏春秋·审应览第六》《具备》篇云：“故诚有诚乃合于情，精有精乃通于天。乃通于天，水木石之性，皆可动也，又况于有血气者乎?”②《吕氏春秋》的作者认为，一切物之“精”可与神性的天相通，一旦与天相通，则无情之物都可以活动，而有血气的人与动物更能表现出神性的特征。可见，人天相通的重要性。

依现代人的研究成果来看，“通”在古代汉语中的意思有一百多种，③ 择其要有如下 11 种意思：(1)达、至；(2)行；(3)顺、

---

① 本人对中国哲学史中“通”的概念与观念的关注，大约始于带领学生读《仁学》一书，然将“通”上升为一哲学的观念，先受友人商戈令兄的启发，后因 2011 年 12 月中国社会科学杂志社哲学高等研究与浙江大学语言与认知中心合办的首届“哲学：中国与世界”论坛的激发而在台北“中研院”写出了三万余字的初稿。在此基础上，又不断丰富补充，变成现在的文字。

② 张双棣、张万彬、殷国光、陈涛：《吕氏春秋译注》，北京大学出版社 2000 年版，第 628 页。

③ 参见宗福邦、陈世铙、萧海波主编：《故训汇纂》，商务印书馆 2003 年版，第 2290 ~ 2291 页。

畅；(4)共、同、举；(5)开；(6)连；(7)深；(8)知；(9)道；(10)卷；(11)辙(古代赋税单位)，十井为“一通”。作为“通”的哲学思考则主要选择其中动词与形容词的义项，强调通的行、达、顺畅、知道等意义，从而建构一套既符合当代中国与世界要求的状态，又与中国传统哲学精神有内在联系的哲学思考方式。由于笔者目前的学力有限，“通”的观念在世界其他民族中是如何表现的？暂时不去涉及。此处也仅是提出一初步的论述，更加详细、精深、圆融的论述俟待来日。

第一章 “通”在中国语言、文化中的一般意义

作为一种思想史的观念而言，“通”的意思非常丰富而且复杂。特别是经过《易》哲学，《庄子》哲学，以及宋明儒学，直到近代谭嗣同的不断阐发，“通”作为一种思想史的观念，其意义与内涵的丰富性，到目前为止，在中国的思想界与学术界似乎还没有得到一次很自觉而且很系统的清理。据笔者所知，对于“通”的观念史的清理工作，到目前为止，还只是少数人在从事研究，目前已经取得了少量的初步认识成果。① 不过，中国古人对于“通”的思想观念是情有独钟的，司马迁在《太史公书》(即今俗称《史记》)一书中，将自己的历史写作任务就规定为：“究天人之际，通古今之变，成一家言。”而由司马迁所开创的“通史家风”在后来的历史著作中不断得到回应与发展。唐代史学家刘知幾作《史通》一书、杜佑作《通典》；宋代史学家司马光作《资治通鉴》、郑樵作《通志》；明清之际的哲学家方以智作《通雅》，清代史学家章学诚作《文史通义》，以“通”命名的史学著作代不乏人，而以“通”命名的篇章就更多。王

① 就笔者所知，商戈令较早从“通”的角度论述了“道通为一”命题的新意，并尝试对“通”作出更系统的论述。见《哲学研究》2004年第7期。近日看到乔清举在台湾大学举办的儒释道三教会通的会议上提交了一篇从中国自然哲学的角度论“通”的文章。他的文章题目是《论中国自然哲学的“通”的思想及其生态意义》，该文主要是从中国自然哲学的角度论述中国哲学史中出现的“通”观念，与本人的思考路数不同。

充在《论衡》一书高度赞扬“通儒”、“通人”。而宋代哲学家周敦颐将自己的哲学著作命名为《通书》。直到现代，“通论”、“通史”之类的著作，层出不穷。但从思想史的角度对“变通”、“通”进行系统论述的，似乎还只能从刘勰、刘知幾、章学诚等人说起。刘勰《文心雕龙·通变》篇说：“夫设文之体有常，变文之数无方，何以明其然耶？凡诗赋书记，名理相因，此有常之体也；文辞气力，通变则久，此无方之数也。名理有常，体必资于故实；通变无方，数必酌于新声：故能骋无穷之路，饮不竭之源。然绠短者衔渴，足疲者辍途，非文理之数，乃通变之术疏耳。”①

刘勰在讲“通变”的问题时，一方面讲“通变之数”，即对各种文学手段的融会贯通；另一方面讲“凭情以会通，负气以适变”，即依托创作者的感情来会通各种体裁及表现手法，以实现文学创作的创新。“通变”是古与今之间的整合与融通，然后实现文学创新的必经之路。

刘知幾在《史通》序文中说道：“昔汉世诸儒，集论经传，定之于白虎阁，因名《白虎通》。予既在史馆而成此书，故便以《史通》为目。且汉求司马迁后，封为史通子，是知史之称通，其来自久。博采众议，爰定兹名。”可见“史学”即是“通古今、天人”之学。

从思想观念史的角度看，章学诚对“通”的意义阐释得最为丰富。他在《文史通义》一书中，专门辟有《释通》一文，第一次从文化史的角度解释了“通”的观念及“通史”类著作的发展史，透过对“通史”不同类型的分析与批判，彰显了人们对“通史”的种种理解与误解，从而在文化史的论述中揭示了“通”的观念史的丰富性与歧义性。

首先，章学诚从“广同人之量”的角度重新解释了《易》哲学“惟君子为能通天下之志”一句中“通”的意思。他认为，《易》哲学这句话无非是说：“君子以文明为德，同人之时，能达天下之志也。”“夫先王惧人有匿志，于是乎以文明出治，通明伦类，而广同人之

① 刘勰著，周振甫校注：《文心雕龙》，人民文学出版社1981年版，第330页。

量焉。”①所谓“广同人之量”，即是说圣王通过对天下人心志的理解，以文明的形式来治理天下，让更多的人生活在圣王的治世之中。

其次，他“从严畔援之防”的角度重新阐释了《尚书》“乃命重、黎，绝地天通”一句中的意思。他认为，《尚书》中这句话无非是说：“人神不扰，各得其序也。”“先王惧世有棼治，于是乎以人官分职，绝不为通，而严畔援之防焉。”当然，章氏的这种说法是在尊重先王政治权威的前提下加以解释的。从现代政治学的角度看，“绝地天通”即是运用政治权力垄断祭祀权，从而在宗教意识上垄断不同部族的人对天地鬼神等超越性力量的解释权。章学诚对《尚书》中“乃命重、黎，绝地天通”的解释，并未揭示上古政治权力垄断神权的历史意蕴。

通过对《易经》与《尚书》中“通”与“不通”——专司其职的两种相反意思的分析，章学诚将中国文化史上的两件大事纳入“通”与“专”的两种观念之中。他说：“自六卿分典，五史治书（内史、外史、太史、小史、御史），学专其师，官守其法，是绝地天通之义也；数会于九，书要于六，杂物撰德，同文共轨，是达天下志之义也。”②这即是说，传统政治活动中的职业分工可以溯源于“绝地天通”的各司其职的宗教祭祀活动，而后代政治文化中的九数、六经无非是《易经》时代圣人以卦爻词通达天下之志的一种扩展版。这是章学诚处在乾嘉时代，以他自己所处时代学术专业化的历史情境来解释上古政治实践中的职业分工现象的，有合理之处，也有缺乏说服力的地方，如他将传统政治活动中的职业分工溯源到“绝地天通”的各司其职的宗教祭祀活动，就没有多大的说服力。

再次，章学诚又从经学发展史和古代典籍发展的角度揭示了“离经而别自为书”的“通书”的历史起点及其演变过程。他认为，

---

① 章学诚著，仓修良编注：《文史通义新编新注》，浙江古籍出版社 2005 年版，第 236 页。

② 章学诚著，仓修良编注：《文史通义新编新注》，浙江古籍出版社 2005 年版，第 236 页。

最先出现的“通书”是“总五经之要，辨六艺之文”的汉代石渠《杂议》，后来“刘向总校五经，编录三礼”，“俱题通论，则通之定名所由著也”。① 真正以“通”命名典籍的是班固的《白虎通义》和应劭的《风俗通义》。而在中国经学史上，有些著作虽然没有标出“通”字，然在实质上是“通书”之类的著作，如集解、集注、异同、然否、圣正、匡谬、兼明等类型的书，“其书虽不标通，而体实存通之义”。② 章学诚认为，这种“经部流别”的历史演变过程不能不加以辨别。这就表明，在中国学术史上，“通”的观念并非就是直接以“通”的语词、概念来表达的，而是有其他的语词与概念来表达“通”的观念，从而显示了“通”的观念在学术史上具体表现的丰富性与复杂性。这一点值得我们高度关注。

就历史类的著作来看，梁武帝主持编纂的《通史》，是史学类的第一本“通书”。之后有杜佑的《通典》、郑樵的《通志》、司马光的《资治通鉴》等著作。在章学诚看来，“通史”类著作有六大方便之处：“一曰免重复，二曰均类例，三曰便诠配，四曰平是非，五曰去抵牾，六曰说邻事。”③特别是像《通典》、《通志》、《资治通鉴》之类以专题形式表现出的古今贯通的“通史”，已经不同于司马迁的“通史”观了，但在“通古今之变”的哲学思维形式上又是一致的。

章学诚特别表扬了郑樵“独取三千年来遗文故册，运以别识心裁，盖承通史家风，而自为经纬，成一家言者也”。④ 这其实是夫子自道，含蓄地表达了他自己追求“通史家风”的学术理想。不过，章学诚自己所追求的“通史家风”既不同于司马迁在《史记》中表现

① 章学诚著，仓修良编注：《文史通义新编新注》，浙江古籍出版社 2005 年版，第 236 页。

② 章学诚著，仓修良编注：《文史通义新编新注》，浙江古籍出版社 2005 年版，第 237 页。

③ 章学诚著，仓修良编注：《文史通义新编新注》，浙江古籍出版社 2005 年版，第 239 页。

④ 章学诚著，仓修良编注：《文史通义新编新注》，浙江古籍出版社 2005 年版，第 249 页。

出的通史观，也不同于郑樵的通史观。此处不能深论，需要专文讨论三者之间的区别与联系。

最后，章学诚还从文字训诂的角度，将“通”解释成“通达”之意。他说：“《说文》训通为达，自此之彼之谓也。通者，所以通天下之不通也。读《易》如无《书》，读《书》如无《诗》，《尔雅》治训诂，小学明六书，通之谓也。”①章学诚在此一层意义上所说的“通”，其实是对专书或专门知识的理解与贯通，与专门性的知识和技术有关。“通”具有跨越理解不同门类学问(知识)的边界与障碍的意思。他本人在追求“通史家风”的过程中，对于世俗社会一些炫耀学问博通，其实并不博通之人，专门取了一个名字，称之为“横通”。这种“横通”与真正的“通”之意貌似而实不同。章学诚认为：“不可四冲八达，不可达于大道，而亦不得不谓之通，是谓横通。横通之与通人，同而异，近而远，合而离。”②而章学诚理想中的“通”之意是：“通之为名，盖取譬于道路，四冲八达，无不可至，谓之通也。亦取其心之所识虽有高下、偏全、大小、广狭之不同，而皆可以达于大道，故曰通也。”③章氏在此意思上所说的“通”比较接近我在下面所阐述的“通”的哲学精神了。不过，他仍然以绝对的“大道”为中心，而没有与“无限”相通的观念。在知识论的领域，其实所有的人都只能是半通不通之人，因为人生有涯而知无涯。人只有在精神境界上与“无限”相通，不断地超越已有的成就，让道通向无限而不隐于小成。

章学诚在论学问的“博约”关系时，也涉及通与专的问题，他说：“道欲通方而为学须专一。”④“学必求其心得，为必贵于专精，

① 章学诚著，仓修良编注：《文史通义新编新注》，浙江古籍出版社2005年版，第240页。

② 章学诚著，仓修良编注：《文史通义新编新注》，浙江古籍出版社2005年版，第262页。

③ 章学诚著，仓修良编注：《文史通义新编新注》，浙江古籍出版社2005年版，第262页。

④ 章学诚著，仓修良编注：《文史通义新编新注》，浙江古籍出版社2005年版，第119页。

类必要于扩充，道必抵于全量，性情喻于忧喜愤乐，理势达于穷变通久，博而不杂，约而不漏，庶几学术醇固，而守先待后之道，如或将见之矣！"①应该说，章学诚对于学问"博约"之间辩证关系的论述，在原则上是正确的，但具体到历史上的大思想家、大学者而言，都很难真正做到"博而不杂，约而不漏"。历史上的真实情况大体上都是博而含杂（即体系之内有一定的矛盾性）、约而有漏（因为学术宗旨与关注重点的缘故）。章学诚的说法只有理想性、方向性的意义，而不具有真实性。

要而言之，章学诚对"通"有非常深刻而系统的思考，他认为"通"不仅是"扩乎其量而未循乎其本"，求通之方恰恰是因专而求其通，达于道。他说："薄其执一而舍其性之所近，徒泛骛以求通，则终无所得矣；惟即性之所近而用力之能勉者，因以推微而知著，会偏而得全，斯古人所以求通之方也。然则学者不患不知通之量，而患无以致通之原；盖欲自得资深，然后学者取资左右而无绫也。"②章学诚的意思是说，"通"可以由专家之学出发，然后"推微而知著，会偏而得全"，最后达到"自得资深"，可以由专家之学而进入通人之学。然而由于受时代环境与他个人学术志向的限制，他的《文史通义》的着眼点在于天地之间所著述的精神相通性论述，而并非对"通"本身进行哲学思考。但他的这些思考对于我们今人更加深入而系统地思考"通"之性与"通"之象的问题，提供了非常有价值的思想资源。他的思想成果值得我们尊重。

第二章 变通——《周易》哲学的古代智慧

对于中华民族而言，《周易》是我们再熟悉不过的一本经典著作了。我们不说是人人皆知，至少可以说稍微对中国传统文化有一

① 章学诚著，仓修良编注：《文史通义新编新注》，浙江古籍出版社2005年版，第120页。

② 章学诚著，仓修良编注：《文史通义新编新注》，浙江古籍出版社2005年版，第495页。

点了解的人都听说过《周易》这本书，而且越是在普通人的眼里，其神秘的光环也就越亮。而在历代的经学研究著作中，有关《周易》的研究著作也可以说是最多的一类。《周易》与中国传统文化的许多方面都有联系，尤其是《周易》与中医，《周易》与中国古代天文、历法，均有着密切的联系。对于《周易》中蕴涵的哲学精神，可谓言人人殊。但在笔者看来，《周易》的根本精神还在于知变（或曰预变），从而达到御变，处变而不惊。在御变的过程中实现由穷而通，由通而久。变通而恒久，可以说是《周易》一书所要追求的根本价值目标。

《周易》一书分经、传两部分，经部分卦爻辞的内容比较隐讳，需要通过对经学史的历史解释来加以理解。在经学的历史解释过程中，也形成了一些相对固定的意思，如乾卦的"卦辞"中"元亨利贞"之"亨"，一般就解释成"通"，以显示天道通达无碍之意。而"坤卦"《文言》则说："君子黄中通理，正位居体，美在其中，而畅于四支，发于事业，美之至也。"在中国传统文化里，黄色为中和之色，故以此喻中和的美德。中和的美德在内，则能通达万理，从而成就人间的事业。在《周易》"传"的部分，论述"通"、"变通"的文字很多。可以这样说，《周易》一书的根本精神就是讲"穷则变，变则通，通则久"①的道理。《易》哲学在变化的世界面前绝不是毫无作为，恰恰是要通过对变化的把握，而尽得天下之利，故《易·系辞上传》说："变而通之以尽其利。""化而裁之存乎变，推而行之存乎通。"

《易》哲学是如何规定"通"的呢？《系辞上传》对"通"有一个明确的界定："一阖一辟谓之变，往来不穷谓之通。"所谓"往来不穷"既指时序方面的春夏秋冬、昼夜变化的无穷性，如《系辞上传》的作者说，"变通配四时"，又称"变通莫大乎四时"。这即是说，易哲学中的"通"首先表现为在时间序列上的无穷尽性，正如《系辞下传》的作者说："变通者，趣时者也。"趣，通趋。而这种趋时，即是指人事世界趋时而更新，能够适应变化了的生活世界，它以高度

① 井卦就是"穷而通"。

的灵活性来展示易哲学在任何具体的环境下都能实现人的目标的理想，故《系辞下传》又说："易与天地准，故能弥纶天地之道。……范围天地之化而不过，曲成万物而不遗，通乎昼夜之道而知，故神无方而《易》无体。"《易传》的作者甚至将人类之事的性质界定为"通变"，说"通变之谓事"，从而与大业、盛德等并行在一起。"富有之谓大业，日新之谓盛德。生生之谓易，成象之谓乾，效法之谓坤，极数知来之谓占，通变之谓事，阴阳不测之谓神。"

由以上简单的分析可以看出，《周易》一书就是阐述"变通"的道理，并要求人们在变化面前保持一种智的流动性，从而能实现知变、御变，以尽天下之利的现实目标。《周易》一书经与传两部分涉及"通"的观念，其根本意思就是行得通，无所滞碍。析而言之，大体上可以分成以下四层意思：

第一层意思是"变通"。这一层意思应当说是最基本的意思。从自然的变化角度看："是故法象莫大乎天地，变通莫大乎四时。"而《易》哲学的主要精神就是要求人们知变，然后能正确地应变，从而让人能在天地宇宙、人类社会生活中正确地处理各种事情，实现人类"正德、利用、厚生"的大目的。《系辞下传》说："刚柔者，立本者也。变通者，趣时者也。"

《易传·系辞上》说："子曰：'圣人立象以尽意，设卦以尽情伪，系辞焉以尽其言，变而通之以尽利，鼓之舞之以尽神。'"而《易》哲学所讲的"通"，其最抽象的意思是"往来不穷谓之通"。与现代人讲的实现人类的自由自在的意志相通。

就社会生活而言，"通变"的具体内容，其一是指"通天下之志"，如《系辞上传》作者说："通其变，遂成天地之文。"而且还说："夫《易》，圣人极深而研几也。唯深也，故能通天下之志。"因为"圣人通天下之志"，则可以"定天下之业，断天下之疑"。

其二是指神明之德。《系辞下传》讲：古者包牺作八卦，其目的是要"通神明之德"(两次出现)，"类万物之情"。这与古代宗教精神有关。人类社会生活总是与某种神秘的力量联系在一起，故圣人之业要与神明之德相通，与万物之情相通。

如何实现"通变"呢？《系辞上传》作者说："寂然不动，感而遂通天下之故。”这是运用“感通”的方式实现对天下人需求心理的了解与通达。而在具体的经济生活领域，“通”的方法是制造工具，如《系辞下传》的作者说：“刳木为舟，剡木为楫，舟楫之利以济不通，致远以利天下，盖取诸《涣》。”

从人事作为的角度看，“化而裁之谓之变，推而行之谓之通”。而从时间变化角度看的“变通”，也涉及空间的变化。一个普遍性的原理落实到具体情境之中，一国、一地之风俗传到另一国或一地，也因变通而生存。佛教的中国化即是“变通”。而“变通”即是因时间、地点的变化而通达、通行，这便是所谓的“推而行之”。故“变通”，是易哲学“通”的基本含义。

第二层意思是“会通”。《系辞上传》说：“圣人有以见天下之动，而观其会通，以行其典礼，系辞焉以断其吉凶，是故谓之爻”，将“卦爻”之“爻”的性质规定为对变化的符号化表达。换句话说，“爻”即是圣人考察天下万事万物的变化，观其会通，以语言的方式判断吉凶的符号及符合体系。《文言》中又说：“夫大人者，与天地合其德，与日月合其明，与四时合其序，与鬼神合其吉凶。先天而天弗违，后天而奉天时，天且弗违，而况于人乎，况于鬼神乎?”此处所说的“大人”，正是一个与天地日月四时鬼神相通的人，是“会通”精神的人格化表现。

《易传·系辞上》还说：“夫易广大矣，以言乎远则不御，以言乎迩则静而正，以言乎天地之间则备矣。……广大配天地，变通配四时。”这里所讲的“备”也即是“通”，可以称之为“通备”，具有遍覆包含的意义。“通备”也即是“会通”的意思。而《系辞传下》所说的“天下同归而殊途，一致而百虑”，这乃是对天下“大通”的一种预言。也是“会通”在社会政治生活中的一种具体表现。

要而言之，“会通”有融会、贯通，而无所不能通达的意思。类似的说法还有：“易与天地准，故能弥纶天地之道……范围天地之化而不过，曲成万物而不遗，通乎昼夜之道而知。”这里讲的“弥纶天地之道”即是“贯通”。

“贯通”一层意思还可以表现在个人的德业一致方面。如《文言》又说：“君子黄中通理，正位居体，美在其中，而畅于四支，发于事业，美之至也。”这是讲君子的美德畅于四肢而体现在自己的事业之中，也是“通”的表现。这是“德业”之通，后来儒家大讲“内圣外王”(语出《庄子·天下》篇)之道，主要讲的是君子一类人物的“德业之通”。

第三层意思即是日常生活中所讲的沟通与通达，让本来是隔离的两物、两事联系在一起。《系辞下传》说：“神农氏没，黄帝尧舜氏作，通其变，使民不倦，神而化之，使民宜之。易，穷则变，变则通，通则久。……刳木为舟，剡木为楫，舟楫之利以济不通。”

从语言的发展史角度看，这一层意思上的“通”最具体，应当是最早出现的。其引申意当为人与神的沟通，如《系辞下传》在解释乾坤两坤的卦德时说：“乾坤，其易之门邪？乾，阳物也；坤，阴物也。阴阳合德而刚柔有体，以体天地之撰，以通神明之德。”这一层次上的“通”是更为高级的意思，是人类不断突破生存的局限，向着更加遥远的疆域迈进的一种理想性的要求。

第四层意思涉及“通”的方式与方法。下文所说的“感通”与“气通”当作如此理解。《易传·系辞上》说：“易有圣人之道四焉，以言者尚其辞，以动者尚其变，以制器者尚其象，以卜筮者尚其占……参伍以变，错综其数，通其变，遂成天地之文。极其数，遂定天下之象。……易无思也，无为也，寂然不动，感而遂通天下之故。”这里既讲到“会通”，又讲到“感通”的问题。“感通”在此出现一次。然结合《易经》下经咸卦(第三十一)，则可以理解“感通”。“彖曰：咸，感也。柔上而刚下，二气感应以相与，止而说。男下女，是以亨、利、贞。娶女，吉也。天地感而万物化生，圣人感人心而天下和平。观其所感，而天地万物之情可见矣。”

可见，天地万物之间的“感通”是通过“气”来实现的。圣人效法天地而感动人心，实现天下和平。圣人凭借什么来感动天下人之心的，当然是通过“正德、利用、厚生”的系统方法来实现的。从自然界来说，“感通”其实即是“气通”，是阴阳二气交相感应而实现沟通与理解的。如《说卦》传说：“天地定位，山泽通气。”又说：“山泽通气，然后能变化，既成万物也。”大自然界的万物通过“气”作为媒介，实现相互之间的交通。

除上述四个层次的意思之外，《易经》“乾卦”卦辞“元亨利贞”之“亨”字，也即是“通”的意思。《文言》中还有“六爻发挥、旁通情也”的说法。“旁通”也即广泛地通达万物的意思。在解释具体卦德时，《系辞下传》又说：“困，穷而通。”这意思是说：困穷之际，恰恰预示着通达机遇的到来。这是《易》哲学告诉人们，在最困难的时候不要泄气，而要看到问题解决的时机也就包含在困穷之中。《杂卦》传也说：“井通，而困相遇也。”①这意思是说，一口活井，不断有水，因而是通的。然而人如果陷入井中，则是困而不通。故井通与困是并存的。所以《序卦》传讲：“泰者，通也。物不可以终通，故受之以否。”通与不通，因为时间、地点、条件、环境的变化，相互之间是可以转化的，而且通之中就蕴涵着困的一面。所以，《易》哲学在追求通变的过程中，包含着丰富的辩证思维。

第三章　道通为一——庄子以通释道及其对道家思想的发展

一、老子之道与通的关系

老子哲学以“道”为核心概念与核心观念，没有“通”字。但老子“道”的观念里其实就包含着“通达”，无所不包的意思即在其中。第二十五章将“道”规定为：“有物混成，先天地生。寂兮寥兮，独立而不改，周行而不殆，可以为天下母。”而第四章讲“道”为“渊兮，似万物之宗；湛兮，似或存。吾不知谁之子，象帝之先”。显然，“道”也是遍在于万物之中的。第三十四章讲：“大道泛兮，其可左右。万物恃之而生而不辞，功成不名有，衣养万物而不为主。常无欲，可名于小；万物归焉而不为主，可名为大。以其终不自为大，故能成其大。”这即是讲“道”包容万物而又不主宰万物。第六十二章甚至说，“道者万物之奥，善人之宝，不善人之所保”。“道”对于善人与不善人都是有价值的，可见“道”具有通用的价值。

---

① 中国哲学中与“通”相反的词是“穷”。“穷”即是不通。儒家多讲“君子固穷”。这是对人格的坚持，对不合理社会秩序的反抗与批判。

要而言之，老子之“道”虽未直接与“通”相关，但具有通达万物、包容万物的通性，而且“道”本身具有开放的、自在的通性，它无声、无形、无象而实有、可信，从而对万事万物都具有正面的价值。

二、庄子“道通为一”命题的深刻意义

(一)“通”在《庄子》著作中的一般意义考察

《天下》篇对于庄子哲学精神的概括非常精辟，体现了庄子哲学“以天地精神”为伍的开放性、生机性与无穷性：“独与天地精神往来而不敖倪于万物，不谴是非，以与世俗处。……上与造物者游，而下与外死生无终始者为友。其于本也，宏大而辟，深闳而肆，其于宗也，可谓稠适而上遂矣。其理不竭，其来不蜕，芒乎昧乎，未之尽也。”庄子哲学在道论方面继承了老子的思想，然在“道通为一”，与天地精神为伍等观念方面超越了老子。庄子以无限的、生动的、不可穷尽的宇宙本身作为其哲学思考的出发点，在思想上不再有一神秘的、不可言说的观念的形上预设，而是要人直接以全身心的领悟方式亲证无限的宇宙，并从无限的、动态的、生生不已的宇宙本身去亲证人生在世的意义。现存的《庄子》一书虽非庄子一人所作，其中在哲学的形上学方面表现出在道与天二者之间的徘徊，但这正恰好表明了庄子哲学意识到了老子哲学中“道论”的某种不足。天的无边无际的直观性特征给予庄子哲学以更多的启示，也更能表现庄子哲学以无限性为思想起点的妙处。

“道通为一”的观念最先明确地出现于《齐物论》一文，该文在思辨地论述万物皆有其内在的价值问题时说道：“物固有所然，物固有所可，无物不然，无物不可。故为是举莛与楹，厉与丁施，恢恑憰怪，道通为一。”

“道通为一”并不是说万物在形态上是一样的，价值上等量的，而只是从万物所具有的内在价值角度看，都有其不可剥夺的价值，因而都有存在的理由。

该篇又论述了万物的分合成毁问题，说道：“其分也，成也；其成也，毁也。凡物无成与毁，复通为一。唯达者知通为一，为是不用而寓诸庸。庸也者，用也；用也者，通也；通也者，得也；适得而几矣。”这就表明，人世间的一切分、合、成、毁其实都是暂时现象，从动态的过程看，从不同的角度看，分、合、成、毁并没有绝对的界限与区别。这是“道通为一”的另一层意思。

“道通为一”与“劳神明为一”不同。狙公给猴子的茅粟，朝三暮四，朝四暮三之类的“一样”，只是给予的次序有所变化，本质没有变。这种“一”不是“道通为一”。“道通为一”是从“道”的高度看，不同之物可以视为“大一”。此“大一”不是相同，而毋宁说各有其自身之所是，所可，也即是说各有其内在的、不可替代的价值。从这样的角度看，也即是从“道”的角度看，万物皆有价值，因而是一样的，是平等的。因此，“道通为一”之“一”是肯定万有存在者自身的价值，因而无限的宇宙自身是极其丰富的、杂多的，在价值层面不相排斥的太和之一体，即宇宙本身的万有而和谐的状态。

除了“道通为一”的“通”之意以外，《庄子》一书中“通”的意思还有其他两层意思：

其一即是一般的“沟通”与“通达”的意思，如《德充符》借孔子之口赞扬“才全”之人是：“使之和豫，通而不失于兑；使日夜无隙而与物为春，是接而生时于心者也。”又借哀公之口说到“至通”的观念：“始也吾以南面而君天下，执民之纪而忧其死，吾自以为至通矣。今吾闻至人之言，恐吾无其实，轻用吾身而亡其国。”此两处的“通”字即是“通达”之意。《大宗师》篇“利害不通，非君子也”一句中“通”字亦是此意。《大宗师》篇还有不用“通”字而其实表达了“通”的意思的文字，如该篇提到精神上通于道的境界：“参日而后能外天下，已外天下矣，吾又守之，七日而后能外物……已外生矣，而后能朝彻；朝彻而后能见独；见独而后能无古今；无古今，而后能入于不死不生。”至于《天地》、《天道》、《天下》三篇中所涉及的“通”字，亦是此意，引证如下，供贤者参考。

《天地》篇：“故通于天地者，德也；行于万物者，道也；上治人者，事也；能有所艺者，技也。技兼于事，事兼于义，义兼于德，德兼于道，道兼于天。”又：“《记》曰：‘通于一而万事毕，无心得而鬼神服。’”又说：“夫王德之人，素逝而耻通于事，立之本原而知通于神。故其德广，其心之出，有物采之。”

《天道》：“明于天，通于圣，六通四辟于帝王之德者，其自为也，昧然无不静者矣。”又说：“言以虚静推于天地，通于万物，此之谓天乐。”又：“故古之王天下者，知虽落天地，不自虑也。”此处落通“络”，通之意也。又：“通乎道，合乎德，退仁义，宾礼乐，至人之心有所定矣。”

《天下》篇：“古之人其备乎！配神明，醇天地，育万物，和天下，泽及百姓，明于本数，系于末度，六通四辟，小大精粗，其运无乎不在。”“天下大乱，贤圣不明，道德不一，天下多得一察焉以自好。譬如耳鼻口，皆有所明，不能相通。”

另外，庄子一书中“达”字也即“通”字，《知北游》与《秋水》两篇所涉及的内容可以作为“通”的意思之补充。《知北游》又曰：“天地有大美而不言，四时有明法而不议，万物有成理而不说。圣人者，原天地之美而达万物之理，是故至人无为，大圣不作，观于天地之谓也。”此处“达”字即“通”之意，亦领悟之意。

《秋水》篇：“知道者必达于理，达于理者必明于权，明于权者不以物害己。”此处“达”字，亦即“通”之意，意谓知“道”之人，必通万物之理而最终不伤害自己的生命。又借孔子之口说：“我讳穷久矣，而不免，命也；求通久矣，而不得，时也。”并认为：“知通之有时，临大难而不惧者，圣人之勇也。”

其二是“全部”、“整个都”的意思。如《知北游》：“人之生，气之聚也；聚则为生，散则为死。若死生为徒，吾又何患！故万物一也，是其所美者为神奇，其所恶者为臭腐；臭腐复化为神奇，神奇复化为臭腐。故曰‘通天下一气耳’，故圣人贵一。”此种用法，在《庄子》一书中比较少见。

另外，《应帝王》篇出现了“凿通”的观念，虽然没有用“凿通”一词。中央之帝“混沌”被“凿通”而死，则可见人为的、不合道之“通”并不是好事。故《庄子》一书中的“通”的观念必以合“道”为前提，即老子与庄子都主张的因物之自然而“通”，正是从这一角度说的，庄子对“通”的论述还是以道为前提的。

(二)“道通为一”与庄子对老子思想的发展与超越

“道通为一”是《庄子·齐物论》中重要的思想命题，历代注庄解庄者对此句的解释都不尽相同。近年来得知，友人商戈令兄已经先我而发明庄子“道通为一”的深刻含义，并由此提出了建构“通”论的哲学思想。① 此处暂引他的两段文字如下：

其一，商兄认为：“庄子讲的通，就是道的基本状态和境界。通则一，一即通。是非彼此、生死等等，赅而存焉，通则无分无别，无分无别即是无成心，无耦，无待，丧我……故曰，‘圣人通于一，入于天’。通一为道，通外无道，通就是道，道就是通，道就是一，道通为一。也就是说，道在庄子并非什么外在的形上实体(真宰，真君)，或宇宙始原，或普遍真理，而是人(实存)于生活世界里敞现自身自然，逐达逍遥神游境界(一通)的修为实践而已。可见，道通为一，道通一三字义通，而义通的关键或枢纽(道枢)就在通字。故道通为一，重点是通。”②

其二，商兄在比较哲学的视野下，对庄子哲学中“通”的意义作了进一步的解释，他说：“庄子的通，与其他的不同，是反基础主义，也是非实体主义的。通非本体，而是得的条件、状态和与此相适应的主体境界(通也者得也)，它是通过环(始卒若环)、中(守中)、枢(道枢)、适、化、两行、天均、撄宁、滑移等等，来替代或消解传统的是、存在、实体、真理、变化等范畴而建立的论说或策略。也与佛教的觉，悟，明，圆通等境界相应。只是佛教不时还有佛性，真如之求，庄子只是一味通去。通即是道，道通为一。所

---

① 2008年夏，我在上海华东师大的逸夫楼里再次见到商兄，与他闲聊，他第一次向我透露了他的哲学新思，我非常高兴，说自己对谭嗣同《仁学》一书“以通释仁”的思想作过分析，并将论文的电子版发给他了。可惜我还没有读他的英文版《庄子研究》一书。

② 商戈令：《“道通为一”新解》，见俞宣孟、何锡蓉主编《探根寻源——新一轮中西哲学比较研究论集》，上海世纪出版集团、上海译文出版社2005年版，第380～381页。

以我说，庄子哲学的根本特征和全部秘密，正是这个通字。”①

我个人认为，商兄对庄子哲学的新解着实富有新义，而且可以视作庄子在道论层面对老子哲学的一种发展。不仅如此，商兄还进一步说道，他记得金岳霖在《知识论》中说，科学是讲真，哲学则追求通，但很遗憾，以后就没有见他再说下去了。他似乎想就此问题要说下去。他曾这样说：

“通的观念是中国特有的，西方也从未有过什么通的哲学。通既不代表实体、真理，也不代表虚无、错误；既不代表是、存在，也不代表现象、变异、过程、系统或结构，所以基本不在西方哲学的传统论域之中。通作为一种自然或天人和一的状态与境界，作为各种对立冲突以及成心偏执的积极克服和解除，是对传统形而上学，本体论乃至科学主义在内的一切教条原则之超越。所以我还相信，若由庄子道通为一的思想进一步发展或开创出一个相对全面的通的哲学论说，不仅能大大丰富发扬中国的传统道论，亦能为当今全球化背景下的世界哲学发展，提供一种全新的视角、话语和方向。”②

对于商兄先我而发出的思想远见与哲学理想，我深表赞许，并愿意与商兄一道建立现代中国哲学，同时也是世界哲学的“通”论派。不过，我们不能简单地说“通”的观念仅中国哲学所有，西方哲学没有。现代西方哲学家哈贝马斯的“交往理论”就非常重视主体间的沟通与理解，而其他哲学家，特别是雅斯贝尔斯的“世界哲学”观念，都包含了“通”的观念，只是他们可能没有以“通”为核心概念而构筑他们的思想体系而已。而依我之见，庄子对老子“道论”的发展，其最根本之处就在于揭示了“道”之“通性”。“道”如果“不通”，则“道”就不具有周、遍、咸的特征。老子说“道可道，

---

① 商戈令：《“道通为一”新解》，见俞宣孟、何锡蓉主编《探根寻源——新一轮中西哲学比较研究论集》，上海世纪出版集团、上海译文出版社2005年版，第384页。

② 商戈令：《“道通为一”新解》，见俞宣孟、何锡蓉主编《探根寻源——新一轮中西哲学比较研究论集》，上海世纪出版集团、上海译文出版社2005年版，第386页。

非常道”。为什么可道之“道”，不是恒常不变的“道”？依“通之道”的哲学观念来看，所有可道之“道”都是已经被开辟的现成之道，至少是在语言领域被名言所规定了的“道”。而那让所有的已成之道、未成而将成之道成为道的“道性”，则不是任何现成的道。以此类推，老子所说的“名可名，非常名”，意思类似，即可名之名是已成之名，而那让名成为名的“名性”则总是隐藏在所有已成或未成将成的名之中。用现代的话来说，即是“能指”(即名性)永远大于“所指”(已成之名)。“名可名，非常名”，其实即是公孙龙子所说的“物莫非指，而指非指”。老子哲学中包含了“道性”的思想内涵，但没有从正面揭示出这一层意思。老子哲学也包含了道的“通性”，但也没有揭示“道通”的特征。《老子》第二十五章说：“有物混成，先天地生，寂兮寥兮，独立不改，周行而不殆，可以为天下母。”这一段中的“道”之“周行”，“可以为天下母”，即是描述“道”的通性。老子又说：“大道泛兮，其可左右。万物恃之生而不辞，生而不有，为而不恃，长而不宰。”其实也是在揭示道的“通性”。但王弼本《老子》和帛书《老子》，楚简本《老子》都没有出现“道通”连用的句子。只有《庄子》一书多次而且明确地运用了“道通”的词语，而且他努力从“通”的角度解释道的特性，有“同于大通”、“六通四辟”、“复通为一”等说法，这些说法均表明，庄子已经开始从“通性”的角度来解释“道”的特征。他努力从通性的角度来进一步消解老子“道论”之道所带有的实体性特征，而要求将“道”转换成一纯粹的非实体性之“状态”。《齐物论》篇开篇以“吾丧我”的寓言对话开头，其实就是要彻底消解人的个体主体的实体性特征，从而使人在万物面前保持一种无是无非、无彼无此的“通性”。“吾丧我”之“我”，其实是一个封闭的、有执的我身与我心。丧失了这样之“我”后的“吾”将是一个与万物可以沟通、交流的开放的主体，因而也就是一个与万物具有“通性”的“吾之吾”。庄子意识到了“道”之为“道”的根本道理在于道之“通性”，然而庄子无法摆脱思想传统的束缚，没有更进一步地意识到正是因为“通性”使道成为道。所以他的哲学还是以道为核心，并且有时将道与天混同起来，体现了庄子哲学试图突破老子道论又无法完全摆脱老子道论的思想企图。

庄子之后，道家思想在形上的理论方面几乎再没有第二个人能够做出更加有力的发展与推进，稷下黄老道家与汉代的《淮南子》一书，都开始将道家之“道”向实有的、经验的方向发展，试图将道解释成为万物规律。法家《韩非子》更是将道看作是“万理之所稽”的总根据。而在后来的中国思想中，道家之道论思想则在禅宗与宋儒那里以另一种方式得到继承和发展。禅宗“以明心见性”、“人皆有佛性”、“众生皆有佛性”等命题，间接地解释了道家之道的周、遍、咸的通性。而宋儒则用儒家之仁来释释道之“通性”，提出了“仁者与天地万物为一体”，并且用身体的“麻木不仁”的不通状态来形象地解释道德情感方面的不仁状态，其对于“通性”的追求已经呼之欲出。但宋儒在道德境界方面强调“一体之仁”的通性，而在社会层面、政治哲学层面又特别强调纲常伦理的固化秩序。程朱理学在理论上坚持“天理”的至高无上性，陆王心学则坚持良知中的“天理”的至高无上性。因此，宋明儒学中的仁学之“通性”最终被“天理”与本心、良知中的天理所“统”（统合、主宰）而不能实现真正的“仁通”，而明清之际的儒者王夫之、清代儒者戴震都着重从社会政治生活中提倡“仁通”。谭嗣同能够在清末之际提出“仁以通为第一义”，实在是深刻地把握了宋明以降中国儒学与先秦道家思想发展的主流脉络，而康有为的《大同书》则着重从社会政治哲学的层面把握了中国哲学追求“仁通”的社会政治理想。

第四章 “仁以通为第一义”
——谭嗣同“以通释仁”新解

笔者认为，谭嗣同《仁学》一书中最精彩的地方是他以“仁以通为第一义”为核心命题，将现代社会所呼唤的一些核心价值，诸如平等、自由，民族国家之间的和平、自由贸易等都涵盖于其中，高度体现了谭嗣同对现代价值的敏感与睿智，并以一个中国哲学家的身份，以中国固有的概念与思想方式表现了对现代价值的理解与诠释。谭嗣同哲学创新的策略在于他借用中国传统中最有影响的概念

“仁”来阐述他的新思想，并且以“通”为核心精神来阐发“仁”的现代意义。在《仁学》一书的开头，谭嗣同从二十七个方面揭示了“仁以通为第一义”的丰富意义。① 我将这二十七个方面的意义重新进行归纳，从以下三大方面——通，通之具，通之具体方法来揭示“仁—通”思想的新内涵。

一、“仁以通为第一义”——《仁学》“通”的概念及其表达的社会理想

“通”是谭嗣同“新仁学”的根本义，是其所有哲学思考的出发点。它包含“体”与“用”两个方面。从“体”的方面看，“通”是指一种状态，是所有物、所有现象之间畅达无碍的流动、活泼状态。而从“用”的方面看，则是谭嗣同自己所说的“通之义与通之象”。

将“通”看作是谭嗣同“新仁学”的根本义，则谭嗣同的哲学就不能用唯物与唯心来界定其性质，也不能用什么“以太为其本体论”的西方哲学模式来加以分析。如果硬要用西方哲学模式来理解谭嗣同哲学的话，那么笔者认为，其哲学的形上学，或曰本体论就是“通”。众所周知，老子的哲学以“道”为核心概念，张载哲学以“气”为核心概念，朱熹哲学以“理”为核心概念，那么谭嗣同的哲学则是以“通”为核心概念。而“通论”就是其哲学的形上学，就是其哲学的本体论。其他一切内容都服从“通”义。谭氏明确地说：“以太也，电也，心力也，皆所以通之具。”也即是说，以太、电、心力都是实现“通”的具体凭借，而“通”的状态才是其“新仁学”的根本精神。

从“用”的角度来看，谭嗣同对“通”也有所描述。他所说的“通之义与通之象”，即是从“用”的角度来描述“通”的内容与形式。“通之义”有四个方面，即中外通，上下通，男女内外通，人我通。“中外通”涉及民族国家的和谐畅达关系，“上下通”涉及社会各阶层、阶级之间的和谐畅达关系，“男女内外通”涉及两性之间、家庭内外之间的和谐畅达关系，“人我通”涉及广义的他人与自我的

① 蔡尚思、方行编：《谭嗣同全集》（下册），中华书局 1981 年版，第 291 ~293 页。下面所引《仁学》的文字皆以此版本为依据，只注页码。

和谐畅达关系。第四通其实可以包含第三通，但由于几千年来男女内外的不通，使得谭嗣同必须将男女内外通单独列举出来，以显示解放妇女与家庭、社会秩序关系重建的重要性。

谭嗣同又说："通之象为平等。"此处"象"可以理解为"用"、现实的功能。因为，在谭嗣同看来，"平等者，致一之谓也。一则通矣，通则仁矣"。如果从体用关系的角度来理解这句话，可以清楚地看到，平等即是实现统一，而统一则是通，通就是仁本身。显然，"平等者，致一之谓也"的说法是由用达体，是一种逆向的回溯结果。

在"用"的层面，"通之象"还表现在各种知识与各种理论之间的相互沟通，人的灵魂与人的体魄相互沟通，过去、现在、未来的相互沟通。要而言之，现实世界的一切之间都没有隔膜，可以相互沟通、转化，从而形成一个生机、活泼的世界。这一生机、活泼的世界图景就是谭嗣同"仁—通"哲学所要追求的政治与社会理想。

（一）"以太也，电也，心力也"，"所以通之具"——谭嗣同哲学的动力基础

如果从中国传统哲学的体用角度看，谭嗣同哲学的确表现为以"以太为体"，"以仁为用"的思想特征。如他在《仁学一》之一的开头说：

"遍法界、虚空界、众生界，有至大、至精微，无所不胶粘、不贯洽、不筦络，而充满之一物焉，目不得而色，耳不得而声，口鼻不得而臭味，无以名之，名之曰'以太'。其显于用也，孔谓之'仁'，谓之'元'，谓之'性'；墨谓之'兼爱'，佛谓之'性海'，谓之'慈悲'；耶谓之'灵魂'，谓之'爱人如己'、'视敌如友'；格致家谓之'爱力'、'吸力'；咸是物也。法界由是生，虚空由是立，众生由是出。"①

正因为如此，有人据之以为谭氏哲学具有唯物论的色彩。然而，在谭氏《仁学》一书中，讨论"所以通之具"的内容并不是主要的。这不仅表现在具体的文字数目方面，更主要的表现在其理论旨

① 《谭嗣同全集》（下册），第293～294页。

趣方面。《仁学》的主要思想旨趣在于思考如何实现"通"的社会理想与政治理想，并不是一种建立在坚实自然科学基础上的自然哲学。所以在《仁学一》之四中，谭氏又说："是故仁不仁之辨，于其通与塞；通塞之本，惟其仁不仁。通者如电线四达，无远弗届，异域如一身也。……苟仁，自无不通。亦惟通，而仁之量乃可完。由是自利利他，而永以贞固。"①

他又说："夫仁、以太之用，而天地万物由之以生，由之以通。星辰之远，鬼神之冥，犹将以仁通之；况同生此地球而同为人，岂一二人之私意所能塞之？亦自塞其仁而已。"②

为了实现"仁者通"的社会与政治理想，谭氏对阻碍"通"的传统三纲思想与制度，五常中阻碍"通"的思想与制度的部分内容进行了分析，从而展开了对传统社会与文化的激烈批判。其目的在于解放人的灵魂，实现人与人的平等。

在思考"所以通之具"的问题时，谭氏特别提出了"以心力挽劫运"的思想改造方法。这一思想改造方法也是后来有些研究者将其哲学判定为"唯心主义"的一个重要思想依据。其实，谭氏哲学并不特别以"心力"作为其思想的起点，而只是在实现"通"的社会与政治目标时，借用"心力"的途径实现"通"的目标而已。"心力"仅是谭氏实现其社会理想的一种工具性的手段而已。

从"力"的角度看，以太、电可以看作是物质性的力量，而心力则是一种精神性的力量。这两种力量都是实现"仁通"的工具，而"仁通"并不是反过来作为以太、心力的工具。遍法界存在的"以太"，其实也就是广义上的"仁"，其具体表现在不同的学派与民族文化之中，称谓不一样而已。此种意义上的"以太"并不是西方文化背景下的原有"以太"概念的意思了，而是谭嗣同为了揭示"仁通"的普遍性而化用了"以太"概念。这当然表现了近代社会初期西方文化强大的事实，中国哲人要阐述新的思想，不得不借用西方的

① 《谭嗣同全集》(下册)，第296页。

② 《谭嗣同全集》(下册)，第297页。

思想与概念，做一种“反向格义”①的活动。

(二)“所以通”的方法

第一，在思想原则方面，要实现“通”的社会与政治目标，谭氏提出了“尚新”“主动”的哲学思想。他说：“夫善至于日新而止矣，夫恶亦至于不日新而止矣。天不新，何以生？地不新，何以运行？日月不新，何以光明？……以太不新，三界万法皆灭矣。……则新也者，夫亦群教之公理已。”②

然而，新的根本动力何在呢？谭氏追溯到“以太之动机”。他认为从自然界到人类社会，都是崇尚“动”的。“动”乃“仁之端”，“天行健，自动也。天鼓万物，鼓其动也。辅相裁成，奉天动也。君子之学，恒其动也。……夫善治天下者，亦岂不由斯道矣”。③

他从主“动”的哲学观点出发，批评传统社会是“不过力制四万万人之动，絷其手足，涂塞其耳目，尽驱以人契乎一定不移之乡愿格式”。④

第二，在具体社会操作层面，谭氏主张与国际社会广泛接触，主动通商贸易，以实现互通有无的经济的、外交的目的。《仁学一》之二十三云：“夫财均矣，有外国焉，不互相均，不足言均也。……自然之大利，无便于此者。故通商者，相仁之道也，两利之道也，客固利，主尤利也。……夫仁者，通人我之谓也；通商仅通之一端，其得失已较然明白若此。故莫仁于通，莫不仁于不通。”⑤

第三，惜时与发展生产。谭氏在思考所以通的方法时，还考虑到了发展生产力的问题。“惜时之义大矣哉！禹惜寸阴，陶侃惜分阴。自天子之万机，以至于庶人之一技，自圣贤之功用，以至于庸

---

① 刘笑敢：《“反向格义”与中国哲学研究的困境——以老子之道的诠释为例》，参见刘笑敢主编：《中国哲学与文化》第一辑，广西师范大学出版社2007年版。

② 《谭嗣同全集》(下册)，第318页。

③ 《谭嗣同全集》(下册)，第320页。

④ 《谭嗣同全集》(下册)，第320页。

⑤ 《谭嗣同全集》(下册)，第327~328页。

众之衣食，咸自惜时而有也。自西人机器之学出，以制以运，而惜时之具乃备。”①

他又提倡“有学之农”。这也是发展生产力的一个方面的表现。《仁学二》之四十六阐述了“斯农之所以贵有学”的道理：“地学审形势，水学御旱潦，动植学辨物性，化学察品质，汽机学济人力，光学论光色，电学助光热。有学之农，获数十倍于无学之农。”②

综上所论，笔者认为，“通”是谭嗣同哲学的本体论或曰形上学基础。以“通”释“仁”既符合儒家传统的仁学思想，③ 又是在新的“世界历史”条件下凸显了仁爱中的上下、内外、人我、男女等各种复杂关系之间的沟通与交流，从而为中国走出自己的历史与区域局限，走进现代的世界提供了新的哲学论证方式。

二、《仁学》之“通”与“世界哲学”之“通”

《仁学》一书之“通”的含义是多方面的，作为现代人类的基本价值基础，笔者认为《仁学》之“通”即包含现代的人道主义思想内涵。这一现代的人道主义超越了任何宗教派别之争，也是沟通世界各民族，建构世界哲学的基本价值起点。

人类自从15世纪的地理大发现之后，文化比较就已经开始了。19世纪资本主义的全球扩张，让人类走出了国别史、地域史时代，从而走进了“世界历史”的时代。当今全球化时代，各个学科领域都在从全球与世界的眼光重新思考问题，“世界体系”的构想，全球伦理的构想为“世界哲学”的构想提供了思想的“支援意识”。在新一轮的中西比较哲学思潮的推动下，思考“世界哲学”已经不再是一种梦想。

在地球村的时代，提倡一种“世界哲学”是可能的。问题的关

---

① 《谭嗣同全集》(下册)，第328页。

② 《谭嗣同全集》(下册)，第366页。

③ 在传统儒家的思想中，像孔子所说的“泛爱众而亲仁”，孟子所说的“推恩”思想，《易传》有关“通”的论述，宋明儒者乐于以“麻痹”“不通”作为“仁”的反面现象以阐释“仁即通”的思想，都是谭嗣同“仁—通”思想的传统资源。所以，以“通”释仁不仅符合儒家传统思想，而且富有时代气息。

键在于我们如何去思考“世界哲学”的问题。“世界哲学”并不企图建立一种类似世界政府的统一哲学，而是以与世界走向紧密联系，不可分割的现实及未来的趋势为思想对象，思考人类共同体当如何生存、交往等新的问题。1937 年之后，德国哲学家雅斯贝尔斯对“世界哲学”有一系列深入的思考。① 1960 年，日本学者中村元出版了《比较思想论》，其中论述了“普遍的思想史”与“世界哲学”的问题。② 因此，在今天的中国谈论“世界哲学”已经不是什么新鲜的事情了。但是，今天谈论世界哲学的时代背景又有不同于 20 世纪 60 年代以前的地方，那就是在经济全球化、文化多元化，特别是民族文化的本土化浪潮日益高涨，西方文化占绝对主宰的态势有所后撤的时代条件下，“世界哲学”将会有更多的后发展国家与民族的精神内涵。当现代启蒙运动奠定了人在哲学中的地位之后，现代的所有哲学都是关于人的生存的哲学思考，即使是现代的宗教哲学和生态哲学也离不开对人的问题的思考，而毋宁说它们是从宗教和生态的角度来思考人的生存问题罢了。与以往哲学思考人的眼光与视野不同，世界哲学是以人类的眼光来思考人的问题。换句话说，世界哲学把人的问题放在世界一体化的背景下来思考全世界的每一个人的生存与发展的问题，目前还不能对它的所有具体内涵给出明确的规定。世界的一体化还处在生成与发展的过程之中，世界哲学也处在生成与发展的过程之中。但“世界哲学”绝对不是一个空洞的口号，而是有一些基本的原则。至少，像异质文化的通达与理解，相互之间的承认与容忍，是其中不可缺少的基本原则与内容。正是从这一点讲，谭嗣同以“通”释仁，在哲学精神上已经使得他的《仁学》一书具备了“世界哲学”的精神气质。

简洁地讲，处在世界经济进一步的全球化，而文化的民族主义情结愈加浓厚的历史时期，世界哲学必须面对这样的人类生存处

① 张汝伦：《走向世界哲学——从雅斯贝尔斯的观点看》，载《文史哲》2008 年第 3 期。

② 中村元：《比较思想论》第四、五、六章，吴震译，浙江人民出版社 1987 年版。

境：在可预见的未来，民族国家及其主权问题仍然是国际政治的核心问题。地区的不平衡与多种政治制度如何和平共存，并相互沟通，是一个非常棘手的，而且将是长期的国际政治问题。各种文化传统、宗教信仰之间的相互承认，并在交流中相互吸收，并改变，也是一个日益重要的问题。全球环保与打击国际犯罪问题需要世界各国采取一些比较一致的行动。上述种种要求必须有一些基本的人性共识与法律文化的共识。因此，在综合各大文化与宗教传统的基础上，形成现代社会的伦理共识是当今“世界哲学”面临的首要的哲学问题。正是从这一角度看，笔者认为，谭嗣同以“通”为其“新仁学”的第一要义，实在是比较敏锐地捕捉到了“世界历史”时代的根本哲学问题。谭嗣同的《仁学》一书，通过儒家的“仁学”概念，将佛教中的慈悲精神，以及西方的博爱精神，现代资产阶级的人道主义混合在一起，以“仁以通为第一义”的核心命题，将中国古典的人道主义精神转换到现代的资产阶级人道主义的精神层面，而且在很多具体论述层面还包含了超越现代资产阶级人道主义的内容，带有空想社会主义与普世主义的理想光芒。而“仁学”的时代精神是“通”，这一“通”的精神即是“世界哲学”的基本涵义。欧洲哲学要走出欧洲通达世界其他各民族，中国哲学也应当走出中国而通达世界各族，其他各族的哲学（如果有自己的哲学的话），无不要走出自己本民族的哲学而走向通达其他民族的哲学。没有“通”，就不可能有世界哲学。这是谭嗣同将“中外通”列为四通的第一通的精义之所在！

因此，世界哲学的第一要义即是各民族精神的相通，以一种求同存异的方式形成人类精神文明的共同底线，克服人类文明交流过程中的不可通思想与怀疑主义思想。在谭嗣同“四通”的思想原则基础上，根据当今社会的要求（亦是谭嗣同论述过的问题），兹从世界哲学的视野再增加四通，从而形成八通。八通亦即八达。中国成语有“四通八达”一词。世界哲学也就是追求一种“四通八达”的哲学。

其次，男女通。进一步消除男女两性之间的不平等、心理隔膜，使男女两性之间基于人的自我全面发展讨论两性之间的相互平等、补充、发展；尊重两性的生理与心理差异，完善自己，发展出不同的文化。

再次，人我通。即在他人与自我的关系上，形成可以对话交流的关系。人们不要将自己与他人隔离开来，形成一个自我封闭的状态。亦不能自以为是，自说自话。要学会倾听，学会从他人的立场理解他人。立己立人，达己达人。

再次，上下通。这主要是从社会阶层与社会管理的角度而言。从社会地位与社会财富的角度来说，居于上位的人群与居于下位的人群应该相互沟通。居于社会上层的领导与居于下层的群众之间应该沟通。这种沟通、交流不仅要有制度的保证，让下层人的意见无阻碍地传达到上层，而且还表现在社会利益、社会机会的公平获取上，从而实现上下通的社会理想。

再次，城乡通。这一问题在当前中国的现代化过程中表现得尤为突出。以前各种阻碍城乡之间的种种有形的规章制度与无形的文化、心理习惯，使得中国的农村始终处在中国社会的边缘地带，从政策到人的心理都有一种蔑视农村的倾向。改革开放三十多年来，城乡之间的“不通”状况有所改善，但有些问题还依然存在。走向世界的中国，如果自己社会内部城乡之间不通，那是非常有问题的。一种四通八达的世界哲学很难想象城乡之间的不通。

再次，灵肉通。这个问题比较好理解，即人的精神与肉体的相互通达，不以灵魂轻视肉体，不让灵魂受到肉体的奴役与束缚。以健康的肉体促进灵魂的健康，以高尚的灵魂引导健康的身体。

再次，古今通。现代社会之初，有一股强大的反传统的思想潮流。在中国，这股潮流尤其剧烈。现代性的焦虑与现代性的傲慢、偏见，使得古今关系变得非常紧张。在当今及今后的相当一段时间里，中国哲学要走向世界，中国哲学要有“世界哲学”的眼光、气质，就需要在古今贯通的方面做出更大的努力。不仅要让中国的现代与古代相贯通，而且也要让中国的现代与古代的他者文明相贯通，从而形成具有博雅气象的现代中国文明，而不是一种暴发户性质的浅薄的现代文明。

最后，作为一种理想，要实现人与自然的通达。这一点比较困难。由于人在物质生活方面始终要依赖大自然提供的资源，而目前地球的自身状态是人赖以生存的根本，人目前还无法改变地球的自然生态状况以适应生存的需要，人只能顺应地球提供的自然条件而生存。在有限的范围内人可以改变自然的一些面貌，甚至也可以破坏大气层，但无法再造一个大气层，尤其是很难脱离太阳系而另找生存空间，至少在可见的未来还做不到这一点。人与自然之通在目前主要是人对自然规律的能动地遵循，从而让人类与大自然保持一种良性的循环关系。

如果将谭嗣同"通"的概念与雅斯贝尔斯的"交流"概念，① 哈贝马斯的交往理论联系起来，笔者认为，谭嗣同的"仁以通为第一义"的新仁学思想，其实就是中国近代思想家在讨论人类之间的"交流"与"交往"的理论问题。② 也许，谭嗣同以"通"概念所表达人类交流（或交往）的思想不如雅氏与哈氏深刻、系统，但他毕竟把握了现代人类精神的脉搏，从而也使他有资格跻身于现代世界哲学家之林。这样讲丝毫没有夸大谭嗣同哲学成就的意思，而只是借此思想的个案表明：中国近代哲学所具有的"世界哲学"意识。认真咀嚼、反思中国近现代中国哲学中的"世界哲学"意识，可以为当代中国哲学走向世界提供一种近代的思想与精神资源。

---

① 张汝伦：《走向世界哲学——从雅斯贝尔斯的观点看》，载《文史哲》2008 年第 3 期。

② 在暑期讨论会上，邓晓芒教授就此提出质疑，质问谭嗣同的"通"有没有"通"的现代主体？这个问题非常好。谭嗣同"通的哲学"有类似雅氏与哈氏的现代主体性的人。他对专制政治的批判，对现代自由人格的呼唤，使得他的"仁—通"哲学远离了传统儒家的仁爱思想，而具有现代哲学的精神气质。此为一大问题，需要另一篇文章深入论述。在此仅作一简单的说明。

第二部分　通性与现实生活中诸种“通”之象①

就无限的宇宙而言，无所谓“通”与“不通”。我们可以像我们的古人那样，想象整个宇宙是一气流行的，甚至像宋儒所设想的那样，“仁者与天地万物为一体”。“大其心，则能体天地万物为一体。”但就我们目前人类对于宇宙宏观与微观世界的认识而言，宇宙中实有种种“不通”。太阳系与河外星系是如何“通”的？它与银河系内的其他恒星星系之间，又是如何“通”的。当光以每秒30万公里的速度行走也需要走上几万光年、几十万光年的超距离的两个存在物，又是如何“通”的？牛顿力学提出的“万有引力”原理从表面上看以科学的力学方式解释了无限宇宙之间的相互通联性，但这种“万有引力”究竟是什么样的一种“力量”？我想，目前人类的科学还无法给出清晰的回答。

光的速度是我们人类目前认识到的最快速度。超光速的运动物质似乎还没有发现。当“光”行走在宇观世界里也会出现难以跨越的超距空间问题时，人的短暂生命真不啻是朝菌惠蛄，“通”与“不通”似乎都是无需思考的大而无当问题了。庄子曾经告诉我们，“六合之外，圣人存而不论，内合之内，圣人论而不议”（《齐物论》）。我们现在要讨论的是太阳系内小小地球上人类的生存与发展问题。自15世纪世界地理大发现以来，人类逐渐由过去的相对隔离状态进入到相互联系的时代，特别是自20世纪以来，这种世

① “通之道”的文章初稿虽然已经交给了杭州的会务组，而关于“通之道”的思考却并没有结束。所有与“通之道”相关的问题不断冒出来，不思考也不行。在“中研院”宁静、肃穆而又充满生机的氛围里，做哲学的沉思是最好不过的事情了。四分溪的水声是再好不过的天籁之音，四分溪的鱼儿是最惬意的思想伙伴，四分溪的鹭鸶常常在无缝的宁静溪水上空划破一道思想的裂缝，让思之泉涌出后又悄然无声地合上，正如利剑在平静的水面划出一道细细的水线，旋即又恢复了水面的平静一样。今天中午应东吴大学米建国教授邀请共进午餐，从东吴大学回“中研院”路上，我第一次对李贤中教授讲了我的“通之道”哲学的基本构思，结果引起李教授思考的兴趣，在高速路上竟把车子出口搞错了，又绕了一段路。

界性的相互联系越来越密切。人类作为一个整体的、具有高级智慧的动物类，如何能协调地相互共处，共同发展与提高，同时还要兼顾到与我们生存密切相关的其他动植物类的生存，以及人类赖以生存的地球与大气层问题，都需要我们有一种新的哲学思维，通过对整体环境的保护来思考我们的每个人的生存问题。换句话说，我们需要通过优先思考人类生存的边界与不可能性问题，来思考并安排我们每个人的生存与发展的可能性问题。就目前人类的技术手段而言，我们还很难脱离太阳系而在另一个恒星的体系里找到能够让人活下去的行星，即使找到，将地球上的人口进行移民也是不可想象的事情。在可见的未来，人类不可能摆脱地球生活就是我们的可能性的边界。在这个可能性的边界里思考并安排我们人类的生活，是全球有远见的政治家、科学家与哲学家所要共同思考的世界哲学(或曰全球哲学)问题。

第一章　通性与现实生活中诸种“通”之象

“通”之性与“通”之状作为哲学的思想对象，是源于中国传统哲学古老的智慧。在全球化时代，很多问题需要有一个世界或全球的眼光来进行通盘性的思考，需要我们对通达、沟通、通行、通盘等人类的生活现象做认真的哲学性思考。生活没有现成的道，所有的道都是人按照自己的要求开辟出来的。有时候即使有道路，也极有可能是不通的。这就需要我们思考，是什么样的原因在没有道路的地方开辟了道路？是什么样的原因让本来有路的地方不能通行？这就涉及“通性”的问题。

一、通性及其哲学规定性

何谓“通性”？我们应当如何在哲学上思考“通性”的问题？“通”的哲学与传统“道”的哲学有何不同？

笔者初步认为，“通”的哲学观念在第一层意义上要求我们对“通性”，即“通”之得以可能实现的“通之道”作一抽象的哲学追问。从而，“通之道”就不再是传统中国道家哲学的“道通为一”之“道通”，也不是《易》哲学“穷则变，变则通”的“变通”，甚至也不是谭嗣同“仁以通为第一义”的“仁通”，而是将“通”的过程、状态与可能性作为哲学的根本问题，寻求各种有形存在，有形与无形存存，无形存在与无形存在之间的链接、感通与交流的动态生命，最终实现人类慎终追远，在无限的宇宙中与宇宙的无限相遨游的梦想。

所谓“通性”？即让不“通”的变成可通的，让已“通”的保持通畅性的某种势或力量。就其能动性一面而言，这种势与力量当然是作为主体的人的一种“心力”。而这种“心力”，就其内涵而言，包括人的欲望、情感、意志与理智混合组成的一种主观性的能量。就其客体而言，当然是某种材料、能量、信息之间具有的可融合性、可交流性与可通性。因此，“通性”即是主体之人的“心力”利用适当的材料、能量与信息编码，实现人与客观世界、人与人之间的无障碍交流，从而最终实现人与宇宙的无限相遨游的自由意志。

不过，说到势与力量，当然就不能回避现实的财势、权势、权威等类型的社会性力量。当这些社会性力量与社会绝大多数人的善良意志与愿望相一致的时候，这些类型的社会力量就会发挥正面、持久的“通性”；当这些社会性力量为一己或小团体、民族、国家的私意、私利所阻隔的时候，就会出现整体性的滞胀、不通，渗漏，以至于爆发种种不可预测的社会骚动、暴乱。最严重的时候会导致社会的解体，各种邪恶的欲望、意志、情感就会像决堤的洪水肆意横流、蔓延。

“通”的哲学与“道”的哲学不同。俗语说，此路不通，死路一条。这就表明，有道有路并不能通。而唐代诗人李商隐说：“身无彩凤双飞翼，心有灵犀一点通。”这表明，没有道与路亦可以“通”，如何通？心有灵犀一点通。正是因为“通性”，或者说，主体之间要求“通”的渴望，使得原本无路、不通的状态之间有了可以通，并且实现了“通”的“灵犀之道”。由此，我们似乎可以说，正因为“通性”，使得没有道与路的地方有了可通之道路；而一旦丧失了通性的道路则只能是死路一条，或者是一条废弃的道。道与路具有可通性，但未必能实现“通”。现代城市高楼大厦的公寓房里面各条走廊都是通的，但绝大多数情况下，人与人之间是不通声息的。

为什么如此，因为他们之间缺乏可通性。两个主体之间没有可通性，虽咫尺亦天涯。两个主体之间有通性，虽天涯亦比邻。

“通之道”，即是对于何以通、如何通的根本问题所做的哲学沉思。换句话说，通之道即是通之为通的“通性”，而“通性”永远只是一种状态、倾向和可能性，一种永远处在通达过程之中的未完成的状态和可以通的可能性。通的哲学无须一种形而上的哲学本体，也不完全依赖科学为它开辟思想的道路。通的哲学不再以实证的方式去预设宇宙的本体，也不需要把主要心思花在思考宇宙的有限与无限问题上面。通的哲学只是将宇宙的无限性作为一个直觉的前提。如果哪一天科学找到了宇宙的边界，通的哲学将修改自己的哲学前提。

“通”是对作为个体主体的人在宇宙、历史、社会、他人之间的一种自由交流、交往的一种渴望与现实活动的描述，因而也是作为主体的人类在宇宙中的自由活动、恒久延绵的一种渴望与活动本身。正因为人与物都有可通性，使得没有通道的两个主体之间，以及主体与客体之间具备了建立通道的可能性，并根据通性程度的大小，渴望通性的内在要求的强弱，这种通道由可能性变成现实性的大小也因之被决定。我们都非常熟悉鲁迅先生的话：“地上本没有路，走的人多了也就成了路。”对于这句话，我们大多数情况下都是这样来理解的，路是人走出来，而且是众多人沿着同一条原本不是路的地方重复地走下去，因而就走出了某条路。这似乎是在歌颂创造者与追随创造者，从而为人间开辟了新路，拓展了人类的生存空间。问题是，为什么人们要沿着一个人走的足迹在一块没有路的地方走出一条路来呢？这难道不是蕴藏在人类心灵深处的求通性呼唤着一些人一起跨越那阻隔着我们到达我们想要去的地方，从而在没有道路的地方开辟一条道路来的么？

道路从来不能自己开辟自己，恰好相反，正是蕴藏在人性中的“通性”不断地开辟着道路。已开辟的道路可能因为通性的丧失而成为死路，如古代的茶马古道，或者因为通性增强不断地被保养、被维修，甚至被拓宽，还会不断地改变着其物质的形态，如一般的水泥路变成柏油路，甚至被变成高速公路等。古代神话中的遁地而行，在现代的英吉利海峡等大型跨海隧道和中国的各种穿山隧道面前，显得多么黯然神伤！而古代神话中的千里眼、顺风耳，在现代的卫星成像、卫星数字信息交换面前显得多么渺小！在“通性”面前，宇宙间何处不可以成为通道？而通道可以是有形的，也可以是无形的。那种让一切看似没有通道的地方开辟出种种形式通道的，不正是蕴藏在人性中的“通性”么？这种人性中的“通性”就其先验的特性基础而言，是一切实体与外部环境进行能量、信息交换的部分敞开性；就其历史性而言，则是在漫长的生命经验中积累起来的一种习性。而当人类进入群体的生活类型之后，则是其生活习性，社会历史的实践性慢慢培养、教育出来的人文性。

既然如此，在人类社会之间，各种意识形态的大山，种族歧视的大河，古老的文化海洋与现实的大地，不同肤色、不同等级的人群之间，还有什么样的阻隔能阻挡人类之间的“通性”，而让彼此之间“老死不相往来”呢？中国俗语有：流水不腐，户枢不蠹。往常的解释多倾向于强调生命在于运动的意义。运动何以能保持住生命性呢？运动不正是因为体现了“通性”而保持住了生命性吗？一扇门来回开关，正是人来人往的“通性”让门之户枢保持了“不蠹”的生命。“流水”从甲地流向乙地，既滋润着沿途的生命，也让自己携入新的活体，并让一些该沉淀的沉淀了。水也正是在施予、吸纳与排除的“通性”中保持了自己的生命。哪怕是像黄河那样的混浊的黄水，也因为流动而维持了生机。当然，如果一条河的沿岸有很多的污水向河中排放，如现代的淮河沿岸，那么这条河流还是要发出腐臭之味的。而这正是“不通”的社会局部利益导致了更大局部之间的“不通”与滞胀。这再一次生动地揭示了这样的道理：有形的河道、水流并不能保持河流的畅通、流水的不腐，而只有蕴藏于人性之中的“通性”才能让包括河道在内的任何形式的道路通畅，让包括水流在内的任何生命之流不至于腐臭。

“通之道”，要求当下的中国人与世界其他各民族，各国家、地区保持一种全方位的交流、沟通与往来，在物质、精神与科学技术等方面立体性地保持着一种互通有无的“通性”。这种“通性”并不要求丧失自己之所有，恰恰相反，“通性”要求每个主体有可通性。这种可通性，一方面是有值得通之属性，一方面是愿意保持一种与他者的交流、互通有无的姿态（当然，涉及具体沟通问题时，有许多社会学、政治学、法律、民俗方面的问题要解决）。既然历史已经将人类推到了全球化的时代，则人类的命运已经交给了“通性”。作为全球化时代的“世界哲学”，它的首要任务将是以“通性”作为自己的理论与精神的追求，从而不断地为人类更加密切的往来开辟新的通道或曰道路。任何形式的封闭主义都将与这一全球化时代的世界哲学精神相违背，从而将自己引向一条死路。“通”之道决定并要求着、创造着种种形式的道之通。

因此，“通”之道要求我们学会通盘思考地球与人类的边界与不可能性问题，从而思考每个民族国家、种族、地区、单位、个人的生存、发展空间与可能性问题。这种思考不是要取消人类在近代以来所发展出来的个性自由、平等、正义等观念，而是要站在通达的新思维下思考人的个性自由与平等、正义问题。

人类要消除各种观念之间的不通、隔阂问题，如各大宗教传统之间的隔阂与不通问题，社会主义意识形态与资本主义意识形态之间的敌对与相互斗争的问题，各地方文化与利益之间的不通与隔阂问题。

“通”究竟是一种什么样的文化与生存状态，它所给予人类的生活图景是不是一种同一的无差别的世界？或者有一个绝对有力的民族或国家，或政治集团来主宰着全人类的资源分配、物质生产与消费和文化消费与文化创造活动？对此，必须在现代汉语的语境里对通与统，通与同等观念作一适当的区分。

就古代汉语的词汇学意义来说，通与统、通与同在特定的语境下可以互训。然而，作为一种通的哲学而言，我要强调“通”的哲学观念的独特性。因而在思想史的脉络中我首先要强调的是：“通”不等于“统”。“统”有统帅之统与统合、统一之统，其中总有一种绝对的权力中心。通之道不追求，也无需这种绝对的权力中心。“通之道”要求不同的主体之间保持一种平等的开放姿态，保持一种和谐的、和平的沟通与交流。

“通”不等于“同”。“同”是一种无差别的状态，而“通”则是在不丧失主体的前提下保持与他者的开放倾向与交流、互通有无的可能性。或者说，通性的前提是承认可通性的主体有差别，是在一定程度上的区分与隔离的前提下从事沟通与交流。否则正如中国古代哲人所说，以水济水是谓同，而只有五味调和才是“和”。“和”，即是不同事物与味道之间的“通”。汉语中有“通泰”一词。通泰，即是因通达而安泰，而和平。

“通”也不同于“扩散”。扩散是一种无意识的蔓延，近期日本福岛核泄漏之后空气中蔓延一种核辐射微尘，就是扩散而不是“通”，而且从一个侧面暴露了日本政府的自私与不负责任。而“通”则是在主体可控范围内的一种流通与交流。

“通”也不是主体的无限敞开，而是主体让自己可敞开的部分敞开以吐故纳新。因此，它不是生命被某种外在的真理之光照亮，而是让生命在开合有度的状态下保持通畅、愉悦。

就不同的文化主体而言，“通”也是文化传统之间的相互交流而更新自己的精神肌体的交通、沟通。当然这种交通与沟通实际上还是由文化中个别主体来实现并感受的一种精神上的、行动上的相互理解与包容。

“通”作为一种植根于中国传统哲学的观念，既是中国现代哲学，也是全球化时代的“世界哲学”所需要的一种新观念，从最高的境界而言，它其实可以表征人类对于绝对自由境界的一种渴望。从人与自然的关系角度看，两千多年前的庄子在《逍遥游》一文中所描写的境界：“若夫乘天地之正，而御六气之辩，以游无穷，彼且恶乎待哉？”这就是一种大通的境界。现代宇宙学、微观粒子学不正在以科技的方式孜孜不倦地追求这种无待而游于无穷的境界吗？

“通”在人类社会领域，其实与近现代儒家思想家，如谭嗣同、康有为所追求的“仁通”和无国界、无族界、无教界等打破一切此疆彼界的“大同”世界，也有可以相互沟通的思想意涵。不过，“通”并不要消灭一切差异，让一切都以相同的结构、数量、质量匀质地存在着。“通”是在保持并维护差异的前提下，让一切差异不是首先成为阻碍，而是首先成为可以沟通而协调、和谐地存在着的差异。"通"也可以理解为人类在无限的宇宙内始终处在一种"未济"状态，向内作深入的沟通、理解、交流而变得愈加丰富，向外作无限探索的动态过程。①

二、当代生活中诸种"通"之象

"通之道"不断地打通我思之路，不断地将我之思与人类的生活经验、文明经验联通起来，欲罢不能，搁笔还书。现实中国政治生活中的大三通、小三通，由此而引发出凡人生活的大三通与小三通、内三通与外三通，以及内通与外通等，均引起了我的思考。

作为都市居民生活的电通、水通、煤气通，是谓大三通；作为所有活人的小三通，则是大、小便通，再加上汗腺通，是谓小三通。家庭生活成员的气息通、音讯通、心情通，是谓内三通；出门之道路通、办事通顺、同事之间关系和谐，是谓外三通。其实，三非实数，多之谓也，举三以表多。要而言之，人的生活之中，处处都离不开"通"。"通"是我们日常生活中最普通不过的现象之一，但"通"作为思想的对象，并作为哲学的思想对象，则是不普通的，而且是近晚的事情。西方谚语"条条大路通罗马"，表面上意思是说到达一个指定的或曰光辉的目标方法与路径很多，然而其真正蕴涵的意思也许从未被揭示过，即条条大道都被通向罗马。换句话说，是罗马的全方位的权力让条条大道都向罗马敞开，而没有向其他偏远的山村敞开。因此，是罗马的全方位权力拥有条条大道的"通性"，让条条大道都通向罗马而不通向别的地方。因为罗马是当时欧洲的政治中心、文化中心，当然也是经济中心。

"开通"对于今日的中国社会而言总是一件新闻，如地处中国大陆中部的武汉市，明年四月将开通到巴黎的新航线。这对于武汉市市民而言是一件新闻，而且是一件大好事。武汉到法国巴黎不再需要到北京或上海、或广州、或香港转飞，而是直飞巴黎，省时间、省精力。出国旅行，手机开通国际漫游，与家中的亲人可以直

① 此文在广州白云机场的候机厅里，在台北机场到"中研院"的出租车里，在"中研院"的院内与房间内，在台大一个下午风和日丽的校园里等候保瑞兄的闲暇里，不断地得到补充、充实。

接通信息，与远处的亲朋好友可以沟通，当然心情很畅快。像各种跨海大桥的建立，各种隧道的贯通，乡乡村村通公路，家家户户通电、通电话，不断有电视新频道开通，这对于20世纪末、21世纪初的中国大陆民众来说，都是一件接一件的开心事。流传在中国乡村社会的一条最具有哲理意味的口号是：要想富，靠修路！乡村社会的广大民众以一种最质朴的思想方式理解了富裕的目标要靠道路的“通性”来实现。修路不是目标，实现富裕才是目标。从贫穷的现实到达富裕的理想目标，只有道路的“通性”通达理想的目标。这里没哲学的论证，只有思想的直觉，更准确地说是生命整体意识的直觉。不用道路的物质形式实现贫穷的乡村与富裕的城市、外地的“通性”，就不能将财富引到乡村，也不能将乡村的资源变成可交换的商品，换回心中所要的财富。当我们的乡村富裕之后，道路通畅之后，他们又将追求什么呢？又要通向哪里呢？

“通过”是我们日常生活中最普通不过的事情之一了，但对于不同的主体而言，“通过”的结果其意义是不一样的。某一个领导在选举中被通过了，某一场答辩会通过了某人的答辩，对于受审方而言，都是一件喜事。但是，同时另一个人落选了，另一个不同意该人通过答辩的人，对此“通过”的结果常常保持一种疑义与质疑。我们每天都会“通过”某项或更多的决议，也经常会通过某项法律或法律的修正案；每天都通过很多十字路口、收费站，但我们似乎从不思考我们“通过”行为之中所包含的“通性”。只有当交通堵塞了，关卡被封锁了，“通性”被暂时搁置而丧失了时候，我们才想到为什么“不通”，或者为此毫无理由的不通而情绪激动，甚至生气、动怒，乃至于骂娘。而政治家、社会管理者则会由种种通过与不通的现象，思考通之为通和不通的原因时，他们其实是在思考“通性”。

“通知”其实并不是让所有的人都知道，而是让特定的人群都知道的一种消息传播。因此，“通知”不同于广告。“通知”是由一个发布通知的主体在控制着“通性”，使某种信息通向特定的人群，让他们知道某些信息，并要求按照所提供的信息去做他们该做的事情。不同的人群会收到不同类型的通知。反过来说，收到不同类型的“通知”则表明了你具有不同的身份。通知不同于邀请函，从形式上看总以被动的形式表现出来，但有时这种相对的被动性却是一种主动性、参与性，例如被通知与参加中华人民共和国某部法律的修正活动。这种被动的通知就是进入一种主动的参与过程。

“通牒”本是一个政治上的外交辞令，也可以运用于日常生活之中。这是一种不客气的，带有威胁性的通知与通告。这是一种巨大的权威或一种愤怒的主体所持有的“通性”，向另一个主体发出的带有威胁性的信息，而且隐含着如果不去怎样做，将会导致某种恶果，并且将同时关闭与对方沟通的通道，使“通性”暂时搁置。

以“通”开头的古代汉语、现代汉语词汇还有很多，如通婚、通儒、通人、通事(即今天的翻译者)、通关、通家之好、通常、通商、通航、通邮、通车、通气、通达、通道、通论、通史、通吃、通用、通票、通才、通风、通览、通便、通顺、通缉……非道德性的如通奸，政治性的如通匪或通敌等。

而以“通”为后缀的古代汉语、现代汉语词汇也很多，如感通、交通、沟通、疏通、打通、开通、贯通、会通、联通、流通、网通、百(万)事通、普通……

有用“通”字表达贬义的，如里通外国；骂人的话有“不通人情”。还有不用“通”字而其实表达的是通之意，如沆瀣一气。

唐代诗人常建有诗句云：“曲径通幽处，禅房花木深。”①依此而言，则“通”有“直通”与“曲通”之分。通之道有乡村大道，有二级公路，有高速公路，有高速铁路，有空中快线，但也有慢车道，有乡间小道，也有无路可寻的“宛在水中央”。促膝谈心，款款诉衷肠，那是情感的曲通。精神方面的领悟，情感方面的沟通，往往表现为“曲通”。“曲”不仅表示外在有形道路之弯曲、细小，还表现在过程的漫长与曲折。朱子讲：“今日格一物，明日格一物，一朝豁然开朗。”这便是精神领悟方面最为典型的“曲通”，依照禅宗

① 参见(唐)常建所写的《题破山寺后禅院》：“清晨入古寺，初日照高林。曲径通幽处，禅房花木深。山光悦鸟性，潭影空人心。万籁此俱寂，惟闻钟磬声。”

的说法叫作“渐悟”。“悟”，其实就是一种精神上的贯通、理解，而理解本身就是一种“通达”。佛教的坐禅，既是求得精神境界上的通脱，也是求得人的肉体的通畅、畅快。道家与道教的心斋、坐忘、炼气，也是追求精神上的通达与肉体上的通畅、畅快。而这种统而言之为“修炼”的行为，都是不同形式的“曲径通幽”。

“通”固然要依赖各种有形与无形的通道或曰道路，但生活中常有的现象是：道是通的而事情行不通，主体的意图不能实现，如电话通了，对方没有人接。道路、航线是通的，但没有贸易往来。道路是通的但车子过多发生拥堵。这就不得不回到文章的题目上，即对“通之道”的哲学思考。我们今天的生活主要方面已经不再是通道的缺乏，而缺乏的是对“通性”的深层而又系统的思考。是“通性”让通道成为通道，让没有通道之处架设起通道，让所有的现成的、需要保持的通道持续地保持畅通性。为什么说“精诚所至，金石为开”？面对金石这样高密度的固体封闭体，由精诚所凝聚的“通性”也可以让它们打开一条通道来，让沟通与交流成为可能。

通之为道也，大矣哉！

“通之道”之大，还在于它没有中心，而只有起点。有起点而没有固定的起点，所有的主体都可以成为通的起点，从而构成一个人我通、上下通、内外通、全球通，最终向着无限的宇宙不断地寻求新的通道、到达新的远方。因而，“通之道”要求在文化意义上、哲学意义上的平等与民主。当然，所有的起点并不能必然地实现自己的通性，这与所有起点所设计的目标是否能符合人性的要求，符合历史的要求，符合特定社会文化背景下的宗教、道德与文化共同体的要求有密切关系。因此，从通的哲学来看，所有的起点虽然都是起点，但并非所有的起点都能通达自己的理想目标。

就“通之道”而言，一切生命都没有死亡。诗人龚自珍说：“落红不是无情物，化作春泥更护花。”此“落红”不是此花的生命结束，而是来年新的更加娇艳的花朵的开始，所以诗人苏东坡说：“自其变者而观之，天地曾不能以一瞬。自其不变者而观之，物与我皆无尽也。”“物我无尽”，是天地之间有情与无情的大通。中国古人有三不朽：“太上立德，其次立功，其次立言。”三皇五帝之德，在今天华夏民族的文化血脉里流淌；文武、周公之功在今世绵延；孔子、孟子、先秦诸百家，乃至世界上各民族先哲先贤的德、业，智慧之言，何曾一息不存？老子说："死而不亡者寿。"这些上古圣贤何人不是真正的寿者？

第二章　权力意志与善良意志①

我们都生在当世，但有人活在未来。

那些在我们的时代受到普遍爱戴的智者，就是历史上活在未来的人。

所有的历史都是由活着的当下人写出来的。作为事实存在的历史仅仅是物理时间上的过去。历史作为一条流动的河，它是由无数权力意志与善良意志的通性在日来月往的时间海洋里不断地为自己开辟着道路。

写出的历史也可以分成两种类型：一是权力意志写出的所谓正史，一是善良意志写出的野史或以更加曲折的形式，如通过文学、艺术想象的方式写出的人类心灵史。而且，这种心灵史往往都是通过当下的失败者，或者是被践踏、被蹂躏者，表演着善良意志的挣扎。但太史公的《史记》始终成为无数善良意志写成的史著楷模，而这是权力意志所无法加以毁灭，甚至有时不得不假惺惺地加以利用的对象。

权力意志在争夺权力的当下，其表演是赤裸裸的争夺。民主社会的权力争夺只是披上了一块遮羞布而已。如果用神话故事来说，民主政治里，权力意志始终以斗法的形式表现着权力的赤裸竞争，其最终的结果是失败者被迫退场，但还可以作为一种势力合法的存在，并制约着胜利者使其不敢肆意妄为。而在专制政治里，权力意志的赤裸争斗裹挟着千万个无辜的生灵，失败者与被他裹挟的无辜生灵在肉体上一起被消灭。

---

① 此部分是 2011 年 11 月 25 日星期五凌晨 6 点开始写，7 点 47 分搁笔。因为要参加会议，以及就餐，所以只能搁笔。

如果说民主政治有什么进步的意义，那就在于在这种权力争夺的形式变化的同时，不再以大规模的生灵涂炭完成一场又一场的权力交接与表演的游戏。

权力意志永远以当场的在场方式活动着，它们没有未来。用权力意志拼凑的历史至多只具备历史材料的意义，大多数情况下其更多的是制造出，并且不断地制造出大量的历史废墟，让善良意志从事艰难的历史考古，去发掘历史之中的善良意志。在历史学领域，人类的善良意志总是以曲通的方式实现着自己的通性。或者说，通性总是艰难地开辟着自己的道路，以曲折的方式到达自己希望到达的目标。

权力意志为了保持自己的当场的在场性，往往假借善良意志来打扮自己。修史就是他们的惯用伎俩。官修的正史往往都是泥塑的金佛，一代比一代高；或者像加在孔子头上的越来越虚的封号，其实对于真实的孔子而言，一点也没有增加什么，但给后人认识真正的孔子制造了很多历史意识的尘埃，让很多历史的游客仿佛在欣赏圆明园的废墟一样，在欣赏着我们的历史人物。

当然，我们也不必对历史抱有太多的幻想。因为根本就没有什么历史，一切都是当下。对于人的存在而言，未来对于他而言只具有想象的意义。一切真实的个人，可以想象自己的精神能够为自己开辟通向未来的道路，但这条道路对于这具体的个人而言往往只能是一条缅怀之路，而不再是一条对话的通道。

但我们也不必对历史持有一种虚无的态度，因为我们的善良意志其实是通过缅怀的方式，把自己当作一个新的起点，或通向未来的一段铺垫。于是，善良意志对于所有持有其的当下在场的个人而言，其意义就是让他有一个可以朝向的方向，对于后来仍然持有善良意志者具有一个可以缅怀的过去，于是历史与未来之间就具有一个“通道”，而这条“通道”就是由善良意志的“通性”在人的历史过程中，首先通过对朝向的向往去点燃后来持有的偶然性存在者的缅怀之意，于是历史与未来之间的一线通道就因此而被贯通。

人类的历史在相当大的程度上就是宇宙的结构，大片的空间是冰冷、无光、非匀质的存在。少量的恒星组成一个个星系，由星系又组成更大的星系，直至像银河星系、河外星系。每个恒星之间的距离其实都很遥远。朝向与缅怀之意就是一种光。这种光就是善良意志作为粒子与粒子波的形式不断地穿越时间而开拓着人类历史的空间。

第三章　人性的三重结构与人性修养①

俗语说："江山易改，禀性难移。"②为何禀性难移？因为人的禀性既包含着与天地万物同流的物性，又包含着超越天地万物的习性，同时还有长期在社会制度建构中被教化的文明性。这三种特质中的物性，几乎是不可改也不能改的属性。因为任何有机体的存在都要与外在环境保持一种能量与信息的交流才得以维持生命有机体的活性，而习性则是人超越动物性存在向着文明人存在的必经阶段。这个阶段所形成的人性的属性也是无法完全改变的。比如说人类需要用火将食物烤熟。虽然西餐中也有生食和半熟类的鱼、肉类、蔬菜类食品，但从总体上说离不开熟食。而现代西餐中的生食类食品，其卫生程度要求极高，否则就会产生肠胃疾病，甚至会中毒。而经过文明教化的属性其实在母胎内就开始了。母亲的饮食是受人类生活习性影响的结果，母亲的生活环境是人的生活环境。故人从结胎以来就已经禀有人的文明性，与动物在胎中的生长发育极其不同。认识了人性的复杂性，对于人性的修养就可以思考得更加细致与深入，从而为人性的改变提供适当的环境与思路。

一、中国传统人性论思想鸟瞰

传统人性论多是二元结构，性三品说不是对人性的结构分析，而是就人性的人为规定而言，分成上、中、下三等。从"通"的哲学来看，人性的三重结构是指人性的物性、习性与文化性三重叠合的性质。物性是人性的根性，与中国传统哲学所讲的人的自然性、自然欲望与宋明理学所讲的气质之性意思基本相同。不同之处在

---

① 2011 年 11 月 28 日早餐后在"中研院"散步所思并记录下来。

② 一作"江山易改，本性难移"。

于，“通”的哲学不认为人的物性就是人性之恶的根源，它仅仅是指人作为活动者所必备的根基，也是人与物相感通，人与人特别是与陌生人相感通的根基。如果换成时髦的说法，这种人性中的物性也可说是人性的座架。我之所以不用“座架”这一时髦的词，是因为座架本身就是人为的，而根性才是生物机体的具有生发功能的活性基础。

人类的产生是一个漫长的过程，从人类学的角度将人与非人区别开来有它的基本设定，但从哲学的角度看，我们其实无法找到一个点，说这个点的左边是动物，其右边就是人。人在旧石器的中、前期，甚至可以说在新石器的中前期都基本上处于一种与灵长类动物差不多的习性时代。当人类开始使用人为的符号系统表达自己的意思的时候，人类才真正迈入文明的门槛。进入文明社会之后的人性就是开始人性的第三重发育，即人的文化性阶段。人性的这种文化性其实就是一种“伪”。荀子说“化性起伪”，这有他的道理。因为战国时代，人距离物性、习性还比较近，于是要求人们通过文明的内容来转化人性的物性、习性，使人更加团结起来。但在文明越来越呈加速度的方式向前发展的时候，人就不能再过分地强化人的文化性之伪，而应当在人性的物性、习性之间保持适当的平衡。鲁迅先生在20世纪初曾有感于中国人被西方文明人、东方的日本人称之为“东亚病夫”的耻辱，提出要“野蛮其体魄，文明其精神”，就已经非常敏锐地体察到现代人在物性与文明性二者之间的动态平衡关系了，只是鲁迅先生还没有意识到人的“习性”这一层。

人的物性就是人的自然性。之所以不用自然性的说法，是因为自然性一词本身已经包含有人性的习性内容。儒家所说的“百姓日用而不知”，也是一种自然性，日常生活中的自然而然，更是包含了人性的习性内容。甚至先秦道家哲学中的“自然”概念也包含了习性，如老子哲学讲，“百姓皆谓我自然”，庄子哲学中讲的“自然”更包含有人的习性内容了。人的“物性”就可以将人与自然界的有机体的天然属性划在同一层次，即所有天然的有机物都具有一种向外开放，与外部进行能量、信息交流而维持机体发育、成长的本然性。这种本然性的需要是不可指责的，不仅不可指责，而且还必须加以肯定并努力使其满足。中国传统哲学中提出的“民以食为天”，就道出了其中的深刻内涵。此处的“天”既指神性的，最根本的，不可违拗的要求，也包含着天然的合理的意思。中国传统政治哲学都十分重视民众的物质生存一面的不可违背性，而这是中国传统民本思想中最为质朴、最具有真理性的内容。

孔子对此问题的看法需要作场境的区分，他在政治上的基本主张是先富而后教。先富，即让民众在物质性方面得到充分的满足后再加以文明的教化。但另一方面，当社会治理处在一种不得已的情况下，即在足食、足兵都不允许的条件下，他也提出了与此观点稍稍不同的观点：“自古皆死，民无信不立。”将人与人之间的信任看作是社会政治治理的根本点。这高度地体现了孔子对文明教化的价值选择。但正常情况下，孔子还是十分重视人的物性的一面。如马厩失火，孔子问“伤人乎”？不问马如何而问是否伤了人。他也反对杀活人去陪葬，甚至说制作陶俑之类的人，都会断子绝孙。而断子绝孙在儒家的思想框架里是最恶毒的诅咒！因为儒家特别重视家族的绵延，要求通过“慎终追远”的祭祀活动，让民德归于厚道。

孟子虽然有功于孔子，对儒家学说做了多方面的发扬，但在人性论问题上留下了理论的难题。他本人虽然不否定人的物性，但又认为人性的物性在君子看来不能称之为人性。这就从道德价值判断的视角开创了轻视人的物性的思想源头。好在孟子仅提出了“寡欲说”，而没有提出“灭欲说”。

荀子虽然提出了“性恶论”，但也不能简单地认为荀子就将人的物性欲求直接看作是恶的，而只是说如果顺应着人的物性欲求而不加节制让其泛滥，必然会导致恶的结果。因为人的物性欲求是无止境的，而社会能够提供用来满足人的物性欲求的东西是有限的。这样就会产生争斗，由争斗而进一步引起混乱。因此，要建立礼制制度节制人的物性的欲求，使社会财富不因为人的物性欲求而出现匮乏，进而引起社会秩序混乱的状态。

孟子与荀子的人性论在出发点、表现形态上均有相当大的差异。但是异中有同，即他们其实都主张节制人的物性欲求，按照儒家所理想的礼义制度来规范人的物性，使人性的文化性的特征不断显现出来，从而使社会达到和谐、有序的状态。

在人性的理论上，宋明儒提出的义理之性与气质之性二分的理论是极有价值的。但宋明儒在价值的偏好上重视义理之性，竭力压制人的气质之性，甚至提出了极端性的口号："存天理，灭人欲。"这是他们在人性理论方面的失足之处。宋明以后，中国的文化发展有很多极精致的东西，但在气象上不及汉唐开阔、舒张，原因很多，但宋明理学的理论主张经过科举考试而化为一种国家意识形态，影响着大批士人，使得中国文化从整体上表现为内敛性的拘谨。汉、唐文化中的驰骋捭阖的气象丧失了，神勇的关云长变成了义勇之楷模，而飞将军李广的形象基本上消失了，甚至唐人的打马击球的游戏也变成了高毬式的宫廷足球，乃至于出现上至皇帝、下至市井百姓的斗蟋蟀这样无聊的游戏。晚明的哲学家从学术上总结明王朝的失败，将这种失败的总根源追溯到宋明理学与陆王心学，不是没有道理的。当然，像《四库全书总目》中反复批评学术上的门户之见，并认为这种门户之见直接导致明王朝的灭亡，这又需要我们保持高度的思想警惕，并需要加以认真的甄别。作为官方意识形态的产物，《四库全书总目》在反对门户之见的幌子下其实是反对一切学术上的自由争论，或者说将学术上的一切正常的自由争论也纳入了"门户之见"的模式下，就等于取消了学术上的百家争鸣。学术虽然要反对狭隘的门户之见，但不可没有"门户"。"门户"即流派，即不同学术团体或曰共同体，甚至是具有特立独行的个人。没有这样一个个独立的主体与个体，都是持一样的观点，岂不是以水济水？世界的"通性"绝不是同质的一气流通或一水流淌，而是不同的主体与个体之间的相互沟通与交流，这种沟通与交流的前提是差异性，通过有无、差异之交流而丰富不同的主体与个体的内涵。

晚明儒者，从王夫之到戴震，其主流都是将人性的发展奠定在人的物性基础之上，通过人文性礼义制度来约束人性中的物性，为我们正确理解人性提供了可贵的、正确的思想前提。最为值得注意的是王夫之的人性论，他既提出了人的初生之性，也提出了习与性之间的关系，而其结论是习成而性与成。不仅如此，王夫之在思辨的哲学形态里还提出了人性“未成可成，已成可革”的光辉思想，揭示了人性之中所蕴藏的“通性”。人因为始终朝向理想的目标而成就自己，故利用自己的固有通性不断地为自己开辟着道路，成就自己的理想，故未成可成；而已成之人性绝不会停留于现有的已成，而仍然会在新的高度展开自己的理想性，革除人性的现成性，继续让“通性”为自己开辟新的道路，这便是“已成可革”。而戴震则提出了“尽其自然，归于必然，以完其自然之极致”思想。作为经学家的戴震在思维方式上表现出某种形式上的封闭性，如“自然之极致”的说法。不过细究“自然之极致”的形式封闭性，我们会发现这也是一个用语言表达出来的只具有形式意义的封闭性，并不具有实质性的限制人性发展的实际约束力，因为无限的大自然让我们无法找到“自然之极致”的边界。因此戴震的形式意义上的“极致”其实等同于无限，但在表达的方式上不及王夫之来得生动、明了，更能充分彰显《易》哲学生生不息而又带有人文的主动性：未成可成，已成可革。从而彰显人性的“通性”，也即是人性的自由而自律的特征。

道家对人性的认识比较简单，没有这么多的复杂理论，但道家对于道性及道所具有的通性的论述则非常丰富而复杂。此点留待别的地方论述。

二、物性、习性与文明性：人生的三重结构分析

就人的习性而言，其根源在于人的物性。不论人是从猿变来的，还是从鱼变来的（这里不讨论上帝造人说），人的习性都植根于物性之中。让人从动物性中区别开来的第一标志是人对火的利用。就火的利用而言，开端可能是偶然的。这件事历史学家无法研究，人类学家也只能推测，哲学采取悬置的方式。人的习性之所以开始于火的利用，首先主要表现在食物结构的变化。熟食利于消化，首先就会引起人大脑神经的变化。而人类文明的创生首先主要来自人脑的发展。人的食物结构中熟食成分比例的增加，从根本上改进了人脑的生物结构，使得人脑的神经元变得细腻、复杂。从火的利用到语言声音符号表意系统的产生，再到文字表意符号系统对声音符号表意系统的固形化、客观化，这些是人类文明性出现的根

本标志。这一过程也经过了漫长的历史过程。人的文明属性特征被放大后，人的习性几乎被淹没或被忽视了。这是由于我们关于人性的认识被淹没在大量的宗教、哲学与文化的论述之中。现在是我们应该对人性的三重结构进行认真清理的时候了。

“习性”惯常被用来表征文明化的生活中不知不觉地形成的一种习惯。这当然也没有错。不过，我们现在通常所说的习性，其实只是人的文化性的一个侧面。这种文化已经变成了类似空气和水一样的第二自然，人生于其中而不太加以关注，仿佛变成了人性中的常数，一般情况下都不加以考虑。其实，只要我们细加思索，我们就发现这种所谓的常数并非是常数，而是一种相对稳定的变量而已。中国与西方、中东与中国之间大的差异不说，其实就是一个国家的不同地区，一个地区的更加小范围的社区，其居民的习性都有细微的差别，只是日常生活中人们不太介意这种差异罢了。农耕文明、游牧文明、海洋文明的居民，他们的文明性的“习性”就有相当大的区别，而山民与平原、河边、海洋的居民生活习性也有较大的差别。对于这些差别，我们的古人都有所论述。

当非文明性的习性被文明性的习性掩盖之后，人的习性只是凸显为文明性的“习性”。其实，这种文明性的习性背后是一个漫长而深厚的非文明性的习性遗传，而我们今天人类的文明史对此部分的研究几乎没有提供什么有价值的思考。在此，我也只能从理论上提出这一非文明性的“习性”说法，以供他人去进一步思考与研究。

我这里所说的人的“习性”，其实就是指人自从会使用火之后，未发明语言符号系统之前的一种超越动物而又未能进入人类文明门槛的那一阶段所养成的一种生命与生活习惯。人身体的体型变化，灵敏度的提高等，为人类进入文明社会提供了生理基础。这种“习性”在今天文明性包装下已经不再受到重视。人在简单地使用火的漫长岁月里，还是需要长途奔跑，还是要抵抗风雨等恶劣天气。身体的弹性与自我修复能力都极强。

人性的物性与习性交互作用，产生了人类的文明。人类文明性的习性不断地深化、丰富化、定型化着人性中的物性与非文明性的习性，从而让人性变成一个深不可测的古井，或者是太古的天空。

在这样的人性的古井或太古的天空里，蝴蝶效应是存在的。有时，勃发于人性的远古习性经过文明的包装变得是那么的迷人，人为这种人性的合理性进行辩护，进而会让整个人类爆发出一种意想不到的巨大能量。这种能量一开始的时候显得美丽动人，逐渐地变得不可控制，最终会让人感到害怕。而今天的科学技术的无限发展势头就是这样的。

今天，真正让人可怕的不是人的物性与习性，而恰恰是人的文明性。这种文明性将人的物性与习性的需求不断地放大，最终让人的物性与习性服从自由意志，实现人类无限遨游的梦想。今天很多的哲学家、环境学家都在批评人类空前膨胀的欲望，他们还基本上停留在传统哲学控制人的物性思维框架之中。而真正令人担忧的恰恰是人类的文明性，而这种文明性就在于人的自由意志。这种自由意志在知性方面所表现出的是对未知领域的无限兴趣；在生命层面表现为人类对不死的向往。压制人的物性与习性是不可能为人类的文明性找到穷变通久之道的，而通过对人的文明性特征的认识，也即对人追求"通性"的认真思考，或许能为人类的未来找到行得通的道路。人类无限遨游的梦想在人类未消亡之前，是很难在人的文明性中消失的。要人回到远古的社会，几乎是更加不可能的梦想。当箭已经射出，它不被阻力阻止的时候，是不会落地的。人类的文明性既然已经从物性到习性的漫长变化过程中产生了，就只能像一支射出的箭一样，它要向无限的远方延伸。人类会在太阳系里坐以待毙吗？人类还会像古人那样接受命运的安排吗？我不能给出答案，但"通性"让我隐约地感觉到，人类会选择无限的遨游。

第四章　"通之道"与经典学中的传、注、疏

在经典的意义理解方面，经典的传、注、疏活动也是一种精神性的通达活动。

"传"字的意思也很多，其本义是"遽"与"车"的意思。而秦汉以后，凡事急行乘车曰传曰驲。作为一种经典解释的活动，"传"的意思是"传授"，《释名·释典艺》云："传，传(音 chuán)也，传

示后人也。"《周礼·天官·冢宰》篇题下贾公彦疏曰："传者，可使传述。"《史通·六家》云："传者，传也，所以传示来世。"《汉书·古今人表》颜师古注云："传，谓解释经义者也。"作为古代书籍的一种类型，《孟子·梁惠王下》有"于传有之"。朱熹《集注》认为此"传"即古代某一种类型的书。①

"注"字的意义很多，其本义是"灌"的意思。《说文》云："注，灌也。"与沟通之意相近的还有"引"的意思，如《汉书·沟洫志》颜师古注云："渠成而用注填阏之水。"在中国古代典籍中，"注"也有直接与注释相关的意思。《广韵·遇韵》云："注：注记也。"《类篇·水部》："注：述也，解也。"《礼记·曲礼上》孔颖达疏云："注者，即解书之名也。""注者，著也。约文敷畅，使经义著明则谓之注。"《仪礼·士冠礼》郑注贾公彦疏云："言注者，注义于经下，若水之注物。"《周礼·天官·冢宰第一》贾公彦疏又云："注者，于经之下自注己意，使经义可申，故云注也。"②由上所引可知，经典之注，即是对经典进行解释，使之能与后人沟通，让后人能够理解，故注就有疏通经典之义的意思。

"疏"字的本义即是"通"，《说文·㐬部》云："疏，通也。"也有分、开、远、布陈等义项。而作为对"注"再一次进行解释的经典释义行为，就是"疏"。由于受尊古思想的束缚，传统经典的注、疏活动中有"注不破经，疏不破注"的原则。然而在实际的注经、疏解的过程中，也不尽然。

作为古代经典意义的解释、疏通的传、注、疏等著作体例，恰恰是后人按照自己对经典的理解去通达那远离后人的经典本身所言说的内容。在这种疏通的过程中，我们不能简单地否定经典本身所具有的相对稳定的客观意义，但作为生于经典之后的解释者的确很难完整地、准确地达到对这种意义的理解与把握。经典的被理解、

① 宗福邦、陈世铙、萧海波主编：《故训汇纂》，商务印书馆2003年版，第152页。

② 宗福邦、陈世铙、萧海波主编：《故训汇纂》，商务印书馆2003年版，第1244页。

被解释的过程，就是一个意义不断生成的过程。所有的解释者（传、注、疏都看作是广义的解释）虽然都有自己的“前见”，但无不打上解释者所处时代的问题意识烙印。就经典意义的疏通、理解活动而言，我们应当看到的是“通”之道指向未来的理想性，哪怕这种指向未来的理想性是以托古言志的方式实现的，也应当将经典的解释活动的主要目标指向对未来的期盼。经典对于后人的意义绝不是一种回忆与倒退，而毋宁说是一种启发与指引。固然，作为自然科学类的经典好像不完全如此，但也基本上是一种奠基。如果“高度”一词的日常意思还有其意义的话，自然科学的经典是不断地为后人的认识提供新的高度，让后人获得更加开阔的视野。因此，自然科学的经典也具有一种指引的倾向。自然科学中的一些带有很大假设与猜想成分的经典著作、理论命题当然就更具有指引的意义了。

广义的经典解释活动在双重的意义上为人类开拓了认识的视野。一方面，作为前后相继的人类通过对经典的理解，使得我们的认识视野与逝去的远古时代发生关系。那经过人改造成的自然世界因为留下先辈的耕耘足迹，让作为后来者的人们获得一种家园的认同感，从而为后代的人们面向新的未知领域获得足够的文化底气，向未知的领域奋力开拓。所有民族由善良意志书写的历史对于他们有为的后代而言绝对不是一种沉重的包袱，而是一种巨大的精神家园，让后来者在面向未知的世界时能够有一种精神的底气去开拓那新的通道。另一方面，经典的解释活动为我们面向未来的开拓提供了一种经验的支持。这当然与经典本身的性质有关。能够成为民族文化经典的著作，都具有一种意义的开放性，那是先贤们在他们的时代里为开拓未来而留下的一种精神的探索地图。在这一幅幅精神探索的地图上既有明确的探索路线，也还有一些指向的箭头。那些蕴涵着指向意义的箭头，就是我们后人要实现通达远方的示意图或启示的符号。

广义的经典解释活动之所以具有不断解释的空间，是因为这一经典解释的活动总是依托文字、语言而展开，正如清代哲人戴东原所言：“由字以通其词，由词以通其道，必有渐。”就具体的个人解释活动而言，对经典的解释有一个识字，理解语言，然后通过语言理解经典中的深奥哲学意义——道的过程。对于整个人类的精神历史而言，何尝不是如此？文字、语言与经典中的深奥哲理——道的关系，绝对不是一种数学的解题活动，通过正确的运算就可以得出确定性的结论，而是要根据解释者自身的整体理解水平才能真正看懂深藏在经典整体文字、语言之中，甚至是语言之外的意义。这就是戴东原所说的“要大其心以体古贤圣协天地之心”，然后才能理解经典的微言大义。而“大其心”的过程既在语言的认知活动之中，也在语言认知的活动之外，这里面还包含着解释者个人的社会阅历、社会地位、特殊的生命感受、人生所领悟到的使命感等内容。

第五章 通性与通之具

一、技进乎道，抑或技即是道？——从《庄子》说起

“技进乎道”是《庄子·养生主》一文中所提出的主张。庖丁为文惠君解牛，文惠君赞扬庖丁高超而有艺术美感的解牛活动，然而庖丁并不以为他的解牛技术仅仅停留在技术层面，而是包含着得道的内容，所以庖丁说：“臣之所好者，道也，进乎技矣。”“技进乎道”这一思想命题对于当今科学技术理性膨胀的时代而言，能提供什么样的思想启示意义呢？

技术就其起源而言，本也是与道相关的一种活动。它本身原是人为了在大自然之中获取一种与人的需求相关的合理、有效的手段。人类从旧石器，到新石器，到青铜技术、冶铁技术的不断进步，使得人在自然面前逐渐地获得了独立性。技术不仅表现在人对无机物的利用，而且也表现在对动、植物等有机物、有生命物的利用，而且还表现在抽象信息的捕获与利用，甚至还表现在休闲、娱乐方面的发展上。从物质财富的生产，到精神财富的生产与创造，再到人类自身的再生产，人类的活动中无一不贯穿着科学理性、科学技术理性的活动。然而，当代人类社会科技理性的发展渐趋表现出脱轨之势，即科技理性因自身的发展而表现出唯技术论的倾向。这一唯技术论的思想倾向主要表现为这样一种意识：只有目前科学

技术还没有达到的目标，没有科学技术所不能达到的目标。计算机技术与生物克隆技术的结合，逐渐表现出人在人口的再生产过程中将取代上帝位置的趋势，而且科学技术界认为这是合理的。转基因技术在物质财富生产、医疗领域的运用，甚至在宇宙学领域的应用，对人类生命结构的影响都是未知的。微观粒子科学的研究与宇观世界的宇宙学研究的发展，使得人在把握这个世界的生成机制的问题上表现得野心勃勃。我们是否有一天会完全预测海啸、地震，在目前看来是不可知的，但科学技术工作人员从原则上不怀疑这种可能性。而人类是否能像古代神话中的女娲补天一样，修补大气层的臭氧洞，甚至再造一个大气层，在科学技术的专家们看来，也不是不可能的。人类不是曾经想制造另一个太阳吗？

然而，就人类的求知本性而言，人类对未知世界的探索过程将是伴随着人类自身的存在相终始的。而且，随着人类技术手段的更新，人类对未知世界探索的范围与深度都会不断地延伸，这是毫无疑问的。人类作为一个类的存在，能否超越太阳系束缚而进入另一个新的星系，甚至凭借着超越太阳系的技术手段克服其他未知的、能让人类生存的星系的束缚而进入到另一个能让人类生存的星系，可能是深藏于现代人类灵魂深处一个没有明言而又十分渴望的一种“种性”。这种“种性”究其实质而言也是一种求通之性的类特性。人类想成为不死之神，逃过死亡的劫难，可以说是现代科学技术呼唤出的作为类的存在的一个新梦想。正是这个新梦想让人不断在做着僭越以往时代由神才能做的诸多事情。正是这个新梦想，使人类忘记思考，甚至不愿意思考科学技术理性的边界与不可能性的问题。

如何来思考科学技术的边界与不可能性的问题呢？这种思考对于当下人类科学技术日新月异的活动有什么样的正面思想价值呢？

二、作为“邑中之道”的技术及其边界

现代汉语中“科学技术”一词是外来词的中文翻译，但其基本含义与古代汉语可以沟通。《尚书·秦誓》篇说：“人之有技，若己有之。”此处“技”字即技艺、本领之意。《礼记·王制》篇说：“凡执技以事上者，祝、史、射、御、医、卜及百工。”此处所言的

"技"基本上是指技术，只不过不能完全等同于现代的科学技术而已。"技术"一词出现较早，在《史记·货殖列传》中就有"医方诸食技术之人，焦神极能，为重糈也"的说法。古汉语中的"技术"一般都用"方技"来表述之，而且"技"与"伎"可以相通。现代汉语中已经表达贬义的"伎俩"一词，在古汉语中也仅指技巧的意思，并无多少贬义。现代汉语的"科学"，在古代汉语中并没有指示真理、正确性等意思，其原初之义即是分科的学问或知识系统，如医学、治河、桥梁等工程技术等。这种分科的学问或知识系统是以求得与之相对应的客观事物之真相为目的的，因而在哲学精神上表现为"求真"，用中国传统的术语说，即"实事求是"。

技术之"技"是以手来支撑、支持某事或某物，让它得以成立或为人的具体目标服务，而"术"有道术与方术之别。道术是一种抽象的、整全的、符合天地人三者之精神的人类认识。方术是一种具体的、某一家、某一派的学说。"术"在古代汉字中有两解，一是作为植物之类，通作"秫"，二是写作"術"，而我们现代汉语的"技术"一词是由"術"演变而来的。依古汉语专家的研究成果来看，作为"技术"之"術"具有这样一些意思。第一层意思，依许慎的《说文解字》，"術"是"邑中道也"，由此可以引申为阡陌之道、通衢之道。第二层意思可由"邑中之道"引申出抽象的意思，即"通"之意，而且可以泛化为抽象之"道"，即一般意义上的道路。第三层意思是艺、技的意思，由此又组成道术、技术、心术、法术、巧术、术业、术知、术数等一系列新概念。第四层意思为通假字，通作"述"，又有表述、表达之意。①

古代汉语中"技术"一词与"道"，与"通"的内在关联性，需要我们认真思考科学技术作为一种"邑中之道"与整个世界的连通性关系，由"邑中之道"变成一种与生活世界、意义世界相贯通的通衢之通道或达道，是可能的。换句话说，我们不要因为现代技术所带来的弊病而限制"技术"之"术"，正确的方式似乎应当是将"邑中

---

① 宗福邦、陈世铙、萧海波主编：《故训汇纂》，商务印书馆2003年版，第2046～2047页。

之道”连接成一个与所有大小道路都能相通的整体网络之道。尤其要重视的是，“技术”是服务于整体的社会或局部社区的需要，而不是相反，让社会为了满足技术的需要而被技术所异化。

由现代汉语“技术”一词的历史语义还原，我们大体可以知道每门科学技术都具有自己的边界。现实生活中的桥梁技术与水利工程中的大坝技术，其技术的边界是很明确的。而生命科学、医疗科学中的技术边界也是很清楚的。但是，当技术作为一个整体而被称为“科学技术”的时候，我们似乎还没有思考它的“边界”何在，它的不可能性之何在？作为所有具体部门技术之“总和”，科学技术的边界是什么呢？它的边界是否也就是人的认识能力与实践能力之边界呢？或者说就是人自身的边界呢？以医疗技术为例，发达的医疗技术能延长人的寿命，但能让人不死吗？自然科学能让人拓展活动的空间，但能让人类在无限的宇宙之中永恒地遨游吗？对于这样宏大而根本的问题，目前的人类智力几乎没有办法给出肯定与否定的回答。人类面对这些根本问题的无能状态，使得现代哲学与宗教学都陷入了深度困境，因而对于人类灵魂的思考也几乎陷入一种无可奈何、一筹莫展的境地。世界范围内整个人文学面对自然科学技术的根本无力状态，就是因为哲学与宗教学不能在此根本问题的思考上有任何收获。而人类要在此根本问题上获得思想的突破，似乎又得依赖科学技术的进一步发展、变化。科学技术理性的膨胀与傲慢，从根本上就来自哲学、宗教学的新思想要以科学技术这匹龙驹宝马不断地突入新的未知世界，为自己开辟道路。原始文化中的想象力在现代科学技术的实证面前变得软弱无力。我们无法思考科学技术的边界，无法思考科学技术的不可能性，如同我们无法思考宇宙的边界在哪里一样。

就人类目前科学技术的边界而言，光速是我们不能达到的一种速度，但科学技术理性并没有放弃要达到光速的梦想。对于暗物质、反物质，人类目前还无法认识，但并不意味着人类要放弃对此种类型物质的认识，科学技术研究的活动，总想在一个有限的实验室里实现对无限宇宙的认识，这便是由西方现代科学技术所激活的深藏在古希腊哲学思想传统中的智的跃动精神。希腊哲学对未知世界的好奇与惊异，在今天科学技术理性的激发下已经变得更加一发而不可收拾。至少，在人类作为一个类的整体没有消亡之前，这种对无知世界充满好奇的探索心是与这个大限的到来相始终的。“命运”在人类文明的辞典里正在成为一个被放逐的词语。中国《易》哲学所讲的“和顺于道德而理于义，穷理尽性以至于命”(《说卦传》)的思想，似乎已经成为远古洪荒时代的化石了。在今天中国的各种正式与非正式的讣告中，人们常可以看到这样的话语：“某某同志因病医治无效，于某年某月某日几时几分去世，享年九十五岁(甚至九十九岁)。”这好像是说，如果医学技术再高明一些，对该同志医治有效，他还可以无限地活下去似的。为什么我们今天的讣告中不用寿中正寝，享年多少多少高寿呢？这难道不是科学技术理性不想为自己设立边界的深层梦想在医学技术里无意间的一点流露吗？

三、**通之具的发明与人的通性之不断生成(略)**

第三部分　无限性与通性：一种新的形上学之思①

11月23日早晨，在“中研院”哲思轩西餐厅进餐时，面对窗外的椰类植物，我在思考科学技术的边界与局限问题。作为“邑中之道”的技术，果真能通达无限吗？果真不能通达无限吗？“邑中之道”的边界难道仅是其宽度、长度等外在的边界而已？难道没有内在的边界？我在“通之道”的引论部分贸然地提出，“通之道”的哲学思考可以不完全依赖科学技术的进步，不完全依赖科学为自己开辟求知的领域，那么这种哲学与以往的哲学思考真的有所不同吗？

第一章　关于形上学重建的思考

到目前为止，哲学史上所有伟大的形上学体系都崩塌了，以至于当代世界哲学的主流是一再宣布形上学的死亡，要努力拆卸任何

---

① 此部分初稿为2011年11月23日星期三上午写出。

形式的形上学。换句话说，那些即使想建立形上学的哲学家们也不得不打扮成反形上学者，将自己的形上学的建构深深地埋藏在历史上被拆卸的形上学的废墟之下，小心翼翼地避免任何其他的哲学家对自己哲学形上学的攻击。①

哲学与科学的根本不同何在？与历史学、文学的不同何在？当然是形上学方式的思考。历史上任何一个能够被称为哲学家的哲学工作者，都有自己所认可或建立的形上学形态。从哲学发展史的过程来看，这些不同类型的形上学体系可以借鉴维特根斯坦的说法，具有家族相似的特征，因而可以以类分之，便于把握。实际上即使是同一类型的形上学家，其哲学思想的形态及其具体内部结构都有相当大的不同的。以此观之，世界上每片树叶都不相同，更何况是人类精神的建筑师——哲学家们的思想体系呢？

历史上的所有形上学体系都崩塌了，但形上学本身并没有崩塌。就我们目前的人类认知范围而言，人类一息尚存一天，其哲学的形上学思考的方式就会存在一天。形上学的思维方式一点都不神秘，它只是哲学家为自己的思想建筑提供一个最根本的逻辑出发点而已。随着人类整体认识视域的拓展，旧的逻辑出发点不足以承受人类知识大厦的高度与重量，因而旧哲学的形上学基础不断被增长着的知识、所引发的问题所摧毁，这就是哲学史上一个一个哲学形上学体系坍塌的全部秘密。当代世界范围内的哲学思考主流都有努力避免这种形而上学体系坍塌的命运，慎之又慎地避免形上学体系的建构，或者说都将自己的形上学的预设深藏在所有哲学问题和解决问题方案与文化批评、社会批评等云山雾海之中，从而让自己所发表的议论显得高深莫测而又犀利惊人。

哲学，我在这里仅仅说哲学，如果离开了对形上学的思考，就不成其为哲学。现代政治哲学的基础就是关于人是自由的形上学的预设。没有这一关于人的形上学的预设，我们的所有伦理学、法哲学与法律，政治学与政治实践都将陷入僵局。理由再简单不过了，我们对于精神病患者——传统社会笼统称为疯子，和不具有健全理

① 最近得知，杨国荣教授提出了“具体的形而上学”的说法。

智的人，包括缺乏行为自理能力的儿童，是采取保护措施的，道德的指责与法律的惩罚对他们是宽恕的。然而，一个理智健全的人如果对他们采取非人的态度，乃至于将之杀害，那是要受到道德的谴责，甚至是法律的惩罚的。为什么会这样？因为我们的伦理、法律预设了人是理性的与自由的，即具有自律性的动物。马克思主义的哲学从历史学角度论证人在一开始是不自由的，这没有错。当人在没有足够的手段保护自己免受自然环境的侵害时，人何曾有过自由？而即使在今天，人要维持自己肉体的生存，也还是受自然规律的束缚。但问题是我们的现代伦理学与法律制度是建立在人是自由的这一人性预设的逻辑起点之上的，而这一逻辑起点就是现代伦理学、法哲学乃至整个法律体系的形上学的基础。这一形上学的基础不妨碍人在现实的社会中通过各种手段一点一滴地扩大人的生存与生活的自由度，不仅不妨碍，而且还在呼唤着人向着这一形上学预设的目标前进，并用人类的生命、生活经验不断地丰富着这一形上学预设的内涵。

其实，如果将历史的原则贯彻到底，对于“人是什么”，或者说在哪一个时间点上，人作为一个类的动物存在才可以被称之为人？这一问题我们根本无法回答。也正因为如此，福柯说，尼采的时代“上帝死了”，而今天“人死了”。所谓今天“人死了”，就是说我们人类文明史上自命为“人”的类存在找不到一个确切的历史端点。越往远古的时间追溯，越发现人不是人。作为科学的进化论无法准确地给出人从动物突变为人的历史起点。人与禽兽之间的“几稀”之分的历史端点无法给出，而所能给出的只是一个哲学的形上学的预设：人禽有“几稀”之别。如此看来，所谓历史进程中的“人是不自由”的这一历史科学与社会科学命题得以成立的先决条件依赖于哲学上的“人禽之别”的形上学的预设。抛开了这一形上学的预设，我们则无法谈论人的历史。

有人说，有好的形上学，也有坏的形上学。更准确地讲，有适时的形上学，也有过时的形上学。与时推移，与时俱进，是中国《易》哲学给我们的流动性智慧。哲学虽然被有些哲人自命为时代精神的精华，即使这一自命能够成立，而创造这一精华的具体哲学家及其知识共同体，他们的脑容量总是有限的。庄子讲："人生也有涯而知无涯。"这种无涯之知不仅从动态的过程来说是无涯的，从整体的存量上说对于任何一个有血有肉的个人来说，也是无涯的。而这种知识整体存量从来就不是静态地存在着，如某一个巨大的湖泊，如贝加尔湖、北美的五大湖等，而且是每时每刻都在不断生成着新的知识的知识海洋。知识的海洋不只是喻指知识量的广大无垠，而且还喻示着旧知识的不断沉淀与新知识的不断创生。哲学家与哲学家共同体的肉身存在的局限，使得任何一种带有稳定性、封闭性的形上学的逻辑出发点，都带有它不可蕴涵的知识内容作为一种逻辑预设的例外存在着。这就深刻地启迪着当代的哲学工作者要从观无涯的视角去拟构一形上学起点。在这方面，中国传统的《易》哲学给了一个很好的思维框架。"易与天地准"，它以知变、御变而处变的刚健精神面对这一无限的世界，它时刻提醒我们，人类所有的现成、已成——既济，都只是暂时的。就宇宙的无限性而言，就人追求无限性的内在生命冲动而言，大自然向我们敞开的永远是一个"未济"的世界，因而永远是一个充满着可能性的世界。"变易"就是《周易》哲学给我们提供的一个开放的形上学体系。到目前为止，我们对《周易》哲学精神的理解还远未达到其本身所蕴含的深刻性、开放性与丰富性特征。而道家之"道"的形上学体系，在相当大的程度上继承了《易》哲学的精髓。道之无形无象，动态、流转，道之周行、遍在、咸与的"通性"，都生动地体现了一个以模拟无限而构设的开放的形上学体系。庄子之后的道家，如《淮南子》一书的作者群都未能在道的"通性"方面着力，反而在道的虚无性方面着力，使得老子所开创的道家学派越发变得远离人们的实际生活，最终被佛教、儒家思想当作思想的养料而吸收，而改造。汉武帝以后的道家学派基本上在中国哲学史、思想史上消失了，仅只有注老解庄的学者。

我在这里尝试着接续《易》哲学、先秦道家、经过明清之际改造过的宋明儒的哲学传统，特别是谭嗣同所发展出的"仁以通为第一义"的仁通哲学，以"通性"作为哲学的形上学，从而建立"通之道"的哲学思想体系，从而对当代人类社会的诸问题作一贯通性的思考。在一定的意义上，“通性”的哲学形上学颇类似传统汉字“術”的原初意义——“邑中之道”，它是在无限的宇宙与无限的人世之中的一条“邑中之道”，它不是唯一的起点，而是任何一个起点的起点。它所呼唤的是所有作为起点的起点者——邑中之道，以自己的有限性为起点，同时打开自己的有限性与无限的外部世界中万有的“邑中之道”相连接。“通性”不再追求任何现成的道路，而是依据自己的目标来调整自己所要跨越的障碍，从而在看似不通的地方找到或打开一条通道。就此点而言，“通性”的哲学呼唤的是一种不断依靠主体的自由意志从事探索、开辟、游于无穷的实践性哲学。这一实践性的哲学甚至不以占有、拥有为自豪，而主要以开辟、探索为旨归。这种“通性”的哲学当然要关怀人类的整体生存状况，对于种种形式的不平等、非正义现象予以揭露与批判，以互通有无、相对均衡的生存状态作为人类世界的基本生存样态。“通”不是“同”，“通”从原则上反对以一个绝对的权力与绝对的权威为中心的“统”，“通”也不是洪水泛滥与不加控制的核泄漏式的扩散，“通”当然也不是各种形式的渗透与渗漏。“通”是主体的知、情、意、欲在可控的条件下的实现、通达、交流、沟通、理解、领悟、承认、接受、和谐共处。“通”是永远处在动态的变化之中的“通”，没有固定不变的“通”之状态，因而“通”之道需要主体在上升到通之状态后不断地修持、保养，从而保持固有的畅通，并不断地开辟新的通达境界。

第二章 “通性”的绝对性与“通”之象的相对性①

发源于主体的“通性”，或者说通性的主体能动性是一种绝对的要求，而通的状态总是相对的。所谓的通人、通儒，所谓的领悟、通达、理解、领受，都不是绝对的，而是在某一个域内的通达

① 此部分是2011年11月23日中午与陈鸿森研究员午餐间闲谈后所感。

与理解，都是借助于有限的通道去实现的通达。信息与意义的传达与领收都需要借助一定的媒介，媒介的有形性与编码的程序性、分析性，使得无定型的信息与意义总是伴随着媒介的形状而变形。就“通”之道的哲学出发点与归宿点来说，它并不追求对对象的完全的确知与把握，更重要的是强调交流、沟通与理解，它始终用一种“知白守黑”的智慧保持着对“黑”的敬畏与敬意，而主体的目标或目的的达成也并不是要占有与拥有，正如登山者只是要到达山顶，并非要独占山头，更不是把山顶搬走。

就专家与通人而言，专家在某一个具体的学问领域就是该领域的“通人”，不是该领域里的通人即不能成为专家。专家随着自己知识领域的扩大，慢慢突破自己的领域而成为更大领域里的专家。通人就是不同领域里的专家。这正如我们每个人都有一个家，都在一个村庄或街道定居，然后由此居住点出发扩大自己行走的范围。知识领域里的专家与此有类似之处。没有人没有起点，只是有人对自己的起点缺乏自觉，或者说还处在不自觉之中，从而以他人的起点为自己的起点。其实每一个人都是一个起点，而每一个起点都是起点，然后连接其他的起点。心灵也是如此。心灵的起点整合了知、情、意、欲而凝结为通性的主动性，当这种通性寻找到明确的目标与目的后，通性就会为自己寻找并开辟通道，而思想的道路与现实的道路、通路就由此被开辟出来。这种道路可以是抽象的思路、方法；可以是制度性的渠道、办事的程序；可以是物质形态的公路、铁路、隧道，当然也可以是航海、航空的航道。通性为了实现自己的本性，将根据各种目标不断地为自己开辟不同形式的道路。

为什么说“盗亦有道”呢？如果“道”仅是实现善的意志与目标，那么“盗”就不应有道，然而“盗亦有道”。这是因为盗类之人亦有自己的“通性”，他们充分发挥通性的能动性一面，让通性为实现盗之目标或目的，不断地为自己开辟着道路。不过，人类的“通性”又总是在具体的历史、文化条件之下来实现的，因而“通性”的实现又受着具体的道德、法律所制约，故“盗之道”总会受人类善良意志与良法的制约而让其难以行得通。

从“通”之道的角度来看，不是“道”让我们成就万事万物，而是“通性”让我们获得成就万事万物之道。这就是“通”之道由崇道的哲学发展出来一种崇尚“通性”的哲学。这种哲学关注所有道中的通性，从而让所有的通道得以可能实现。王实甫在《西厢记》中呼吁：愿天下有情人皆成眷属。我在此呼吁，让天下所有人的美好理想（不是邪恶的念想）都行得通。

第三章 通性与活性①

中午在“中研院”食堂吃了点饭后，散步时又想到“通性”与“活性”的区别问题。

万物皆有活性，有机物的活性更大。活性是通性的表现，但不是通性。通性有明确的方向性，而且是受主体意识控制的、目标性很强的活性。即使像庄子所说的“乘物以游心”式的漫游，也是一种目标性很强的通性。这种通性不以某个具体的目标为目标，而是以自由自在为目标。如果不是这样来理解庄子的“乘物以游心”的思想，庄子的思想将一文不值。

就物的活性而言，体积越大的无机物活性越差。只有水与空气的活性最大。无机物中，水与气仿佛就是活的东西。其次是火，再次是金，再次是土。水、气受力的影响，到处流动，而且，在水、气的流动中有机物也在其中流动。然而，水、气在流动时呈现出的活性是被动的，是绝对引力的作用的结果。就活性的主动性而言，哪怕是最低级的有机生命形态也高于水、气，因为最低级的有机生命物有自组织性的活性。

可以这样说，自组织性的活性程度越高，其生命的级别也就越

① 昨晚与张寿安教授通话近三个小时，最后谈到我的“通之道”哲学创作及其主要思想，她听完后给予了积极的肯定，并说我个人具有很好的“通性”，所以才能想到这个问题，并且通性与道的区别在于通性具有积极能动性与人性的主动性。看来她很快就领悟了我的意思，也表明我的思考方向具有“通性”，即俗语所讲的“可行性”，遂于2011年11月28日星期一中午写下此部分。

高。人是所有生命之物自组织性最高的存在（不讨论天使问题），因而人可以称为自由而自律的存在者。只有人的活性可以称之为通性。换句话说，为了将人的活性与万物的活性区别开来，我将其称之为“通性”。高级灵长类动物如马、狗、猴、大猩猩通人性，但不具备“通性”。只有人将自己的活性加以有效的控制，从而在目的的指引下不断地跨越各种形式的障碍，实现自己的目的。当然从反面讲，人类中也有部分人为了实现自己的通性而故意制造壁垒、障碍来阻止另一部分人的“通性”。这正是“通”之道所要解决的现实问题。如何实现人类的“大通”，而让各种形式的道路保持通畅性，同时为了通畅性而不断地开辟新的道路，这正是“通”之道的现实关怀。正义、人权、平等等现代性的观念，都是人类社会为了人类的通性之实现而设置出必要的思想道路，但不是唯一的道路。同情心、仁慈、爱、义务、责任、合理而适度的差异、协调、对话、沟通、协作等正面价值，都是人类通性得以实现的思想的道路。现代资本主义夸大了适合资本主义生产、生活方式的价值的普适性，甚至有让这些特定历史阶段里的价值变成唯一价值的新独断主义、专制主义倾向，造成人类价值视野的狭隘化。人类在前资本主义时代积累起来的诸多正面价值都被资本主义意识形态轻易地抹杀掉了，遮蔽掉了。在全球化的新时代，我们需要一次世界性的新启蒙运动，重新审视人类古老文明的价值与意义，让人类文化与文明的多元性得以重新焕发出新的光芒。而当代“世界哲学”的当务之急就是要在世界的范围内掀起一场重新反思资本主义与现代性文化之蒙蔽的思想运动，而西方的后现代哲学与文化运动其实就是在做着这样的事情，但由于后现代文化多是西方发达国家里的思想家们反思现代化之蔽的思想运动，他们缺乏对不发达，甚至是贫困世界的地区人民的真切同情，因而具有很大的局限性。我们应当开辟众多的具有正面价值的思想的道路来维系人类社会的整体性贯通，从而让人类的根本价值——自由而自在的“通性”得以保持与展开。

第四章 大地与天空

老子说:“人法地,地法天,天法道,道法自然。”人为何法地呢?①

大地是人类在无限宇宙中的一个落脚的点。这个宇宙中有没有一个类似地球一样的星球,与地球一样有人类?我们对此现在还不知道但很想知道。既然宇宙我们假设为是无限的,则地球这个起点就是一个任意的点,“人为天地之心”的说法就值得怀疑。从这个任意的起点出发向无限的宇宙去探索,我们传统中的前后左右的方向都失去了意义,至多可以说这种方向感只有当我们把苍天在上的直观当作是一个正确的认识时,才有意义。人类其实没有方向,而只有要到达的某个点。所有的方向都由主体的目标所规定,因而所有的方向都由主体的“通性”所规定。“通性”将给我们提供方向,并为朝向我们的目标不断地开辟自己的通道。而当这条“通道”向星际的空间延伸时,它将不再是我们地球上的固态的高速公路、铁路、隧道,而只能是通过数字信息所控制、所联络的宇宙飞行器的飞行轨道。这种轨道既是有轨迹的,但又是无具体形态的,而且不再是固态的,正如航空与航海的航道。

当经验视角中的天空不再是头顶上的蓝天,而是意味无限的宇宙时,我们对“人法地,地法天,天法道,道法自然”的古老智慧,将有一种新的领悟。大地在无限的宇宙之中,在我们没有找到其他的可供生存的地方之前,人类只能遵循大地的法则生存。而大地必以外在的、无限的天——宇宙的法则是从。而有形宇宙必以抽象的、看不见的道为法则,而道的法则其实是按照万物自身的法则去行事。如此而言,道并不是超越于有形宇宙之外的上帝或造物主,而只是思想中无量数的万物按照它们本然的方式生存、活动的语言形式,而不是一种实体。因此,天法道,也即是无限的宇宙以它自

---

① 李贤中教授在《墨翟先生,请留步》一书中对此有很有意思的解释。李教授的解释与我26日写的一首哲理诗很相似,但他的散文表达得更具体、更生动。

身的样子自在地存在与运动着，而大地必在此无限的宇宙之中按照宇宙的自在样子在存在并运动着。从地球出发，我们并不知道周围宇宙的边界。当我们面向一个四周都是深不可测的宇宙时，难道我们不是有一种莫名其妙的孤独与害怕吗？正如一个孤儿在一个高高的山顶上面对四周的黑夜，他的心里会产生一种什么样的恐惧与慌张呢？难道我们今天的人类不正是这个黑夜里山顶上的一个孤儿吗？

人类将如何克服这种深层的孤独呢？他如何寻求一种通达自己所要通达的目标呢？

然而我们人类似乎主要精力不在于此，而是局限于各个主权国家之间的争斗。局部战争不断在发生。当今的世界，富人还在追求更加奢侈的生活，他们想要遨游宇宙，美国的科学家们就将航天事业商业化，将海底潜水事业商业化。而世界上的穷人却食不果腹，大量的贫困人口生活在死亡线上。一方面，人类精英中的精英要克服宇宙的限制，为人类探索更大的活动空间，按照人类的“通性”去通达那难以通达的远方。另一方面，人类的民族、国家、社群之间缺乏足够的沟通，贫富极度不均，不断地产生并爆发混乱、抗议甚至是冲突、战争。国与国，民族与民族、地区与地区之间其实有很多条通道，但道路却是不通的、封闭的，其原因就在于“通性”的缺乏。换言之，就在于不同主体之间的“通性”缺乏可沟通性。文化传统的差异，宗教信仰的差异，利益诉求的差异，知识与审美趣味的差异像一座座大山，一条条大河，甚至是海洋阻隔着民族与民族、国家与国家、社群与社群、人与人之间通性的实现。

第五章 “通之道”与流通①

传统哲学，特别是气化论哲学将一气流通、山泽通气与“通”联系起来，这当然是有道理的。但作为“通”之道的哲学，并不将

① 此点受友人乔清举兄的启发，但思考路径不同。我不从自然哲学的角度出发来讨论“通”之道。

“流通”看作是“通”，流通仅仅是流动，是物质性的气漫无目标地，受某种盲目的力量作用的结果。有人说中国哲学在本体论上强调存有的连续性，这种说法近似中国哲学精神，但似乎还不甚准确。中国哲学更看重的是自在的生生不息的存有，而不是神创论下的连续性的存有。

大自然中的气流、洋流之通行，与人打开窗户通通气，形式上相似，而意义却并不相同。打开窗户通通气，是受主体人的意志的要求去打开的。作为一种比喻性的说法，人与人之间通通气，即是相互交换信息，达到沟通与理解。不过，这种通气的行为只是一种中性的说法，在不同的场境里，通气的性质是不同的。闭卷考试的时候是不允许通气的。凡涉及人事的保密行为，都不允许通气。

“香气袭人”当然是气通的表现，这是美的气通，但如果是毒气则是危险的气通。而这些气通都是自然而然的能量之流的扩散，并与力的盲目性联系在一起的。如果没有主体人的参与，这些香气之流通无所谓意义，也无所谓没有意义。此一问题，还是王阳明回答友人有关山间花的提问最为神妙：人没来看花时，花与人心一起(俱)寂。人来看花时，花与人心一时明白起来。中国古代哲学总是喜欢说“人为天地之心”，应当从此角度来理解，而不应当从现代环境主义者的角度来理解，将之斥为人类中心主义。

精微之物的流通、流动，包括商品的物流，都是“通性”的某一方面的表现，但不是“通”之道意义上的“通性”。通性的实现离不开各种具有可通性的、自在的、活动的存有本身，但所有存在物之间的流动、流通都只是盲目的万物之间的引力与斥力的作用结果，而不是一种受主体自由意志控制的有方向感的通性。通之道不否认自然界一些可以有流通的现象，但不从此角度立论来讨论“通性”的问题。对于具有自由意志的人类而言，“通性”从原则上说是没有善与恶的性质之分的，它是人的无限自由心的一种生机与表现，但落实在具体的历史过程之中，则这种通性的实现过程是要受制于具体的历史文化背景与人类阶段性的道德律则控制的。这一方面是因为人总是有限的历史过程中的存在者、活动者，他不是全知全能的，他无法完全做到准确无误地把握无限运动着的宇宙本身，他运用眼前所获得的知识去为他特定历史阶段中的需求服务的时候，他们的一时所得很有可能在日后较长的时间里恰恰是一种更大的丧失，但我们也不能因此而否定人类利用目前之知去为自己谋求幸福的活动。人类活动的本质从无限开放的宇宙与历史过程来说，其实就是一个不断的试错与纠错过程，他们的作为当然不同于西西弗的神话故事所寓意的那样，把一个大石头推上山顶，然后又滚下来，又再次推向山顶。人类在不断的试错过程中还是积累了一些有价值的知识与人文性的观念。对于“进步”一词我们当然不要像20世纪初期进化论者所乐观地认为的那样，人类历史是直线进步的，但也不能因此而否定人类文明渐进改善的一面与积极的作用。我们今天应当持有的正确心态是：要充分认识到人类认知的局限性，尤其是科学技术的局限性，但不因此而放弃人类对无限宇宙的探索精神。

人是不可定义的，他永远处在不断地生成之中。

（作者单位：武汉大学中国传统文化研究中心、哲学学院、国学院）

经史抉微

学鉴

仁民与尊生："公刘居豳"与"古公迁岐"的儒道精神

◎ 丁四新

【摘　要】"公刘居豳"和"古公迁岐"的故事在早期古典文献的叙述中包含了"仁民"与"尊生"的思想主题。公刘南下居豳，复修后稷之业，体现了一定的儒家精神。而就古公去豳迁岐的合理性，孟子以"智者之事"来加以解释，同时也体现了一定的"仁民"精神。道家学者则以"尊生"("重生")的观念来解释这一故事，从而将个体生命的保全上升为一个一般性的哲学问题来对待。除"土地"之外，司马迁在獯鬻戎狄的贪婪欲求中又添加了"人民"一环以作为诱发战争的根源。在他的叙述中，无疑体现了一种不私君位、不私其身的"至公"精神。余论部分就儒、道、墨三家对于个体生命本身的一般性思考作了补充论述。

【关键词】公刘；古公亶父；居豳；迁岐；仁民；尊生

一、"周道之兴自此始"：公刘居豳与农耕文化

公刘迁豳、居豳，这是一个确定的史实，学界并无异议。但是，关于豳地的地理位置，以及公刘是从何处迁豳的，由于史料不

尽统一，或史载不详，于是郑玄等学者就认为是从邰地北迁，① 而今人钱穆等学者则认为周民族在迁岐之前一直居于晋地，持东来之说。② 经过对相关文献的阅读，③ 笔者认为“豳地”的位置仍应以传统说法为当。20 世纪疑古过勇，许多观点未必正确，而不窋北窜，居于庆阳，这一说法最初出自《括地志》，戴震表示赞同，④ 今天看来，仍应得到必要的尊重。

渭水、泾水流域之大部，在历史上大抵属于所谓“中国”之地，而泥水（今马莲河）中游以上区域在先周多属于戎狄之地。如果将不窋所窜之地推定在庆阳（现名庆城）一带可以成立的话，那么周人迁豳，就是公刘带领族人一次有意南下的过程。而公刘为何要南迁居豳？这是需要略加追问的问题。从目前的资料来看，可以肯定，公刘南迁显然是十分主动的，甚至为此动用了几乎全部武装力量，《诗》所谓“弓矢斯张，干戈戚扬，爰方启行”正是对此的描述，却看不到彼时戎狄正从北方侵逼而下的蛛丝马迹。有学者认为，公

---

① “豳（邠）”，传统说法在泾、漆、泥三水交汇一带，见班固《汉书·地理志》、郦道元《水经注》、皇甫谧《帝王世纪》等。郑玄《毛诗笺》也持此一看法，不过他认为公刘不是从庆阳南迁，而是从邰地北迁至豳的。

② 钱穆、吕思勉、陈梦家、王玉哲及许倬云等持此一看法。钱氏的观点见《周初地理考》一文，初载《燕京学报》第 10 期。钱穆：《史记地名考》，商务印书馆 2001 年版，第 309 ~ 312 页；吕思勉：《先秦史》，开明书店 1940 年版，第 117 ~ 118 页；陈梦家：《殷墟卜辞综述》，科学出版社 1956 年版，第 292 页；王玉哲：《先周族最早来源于山西》，《中华文史论丛》1982 年第 3 辑，第 1 ~ 24 页；许倬云：《西周史》，生活·读书·新知三联书店 1994 年版，第 47 ~ 50 页。“邠”为“豳”之异体字。钱氏认为，周先祖所居之地邰和邠，均在晋地汾水流域，“邠”即“汾”之假。他又认为“古公亶父”的“古”及《诗》“笃公刘”之“笃”，均为地名。这些读法或看法，实在显得过分新奇而大胆。

③ 相关研究文献已大体汇集在《庆阳先周历史与农耕文化论丛》一书中。《庆阳先周历史与农耕文化论丛》编委会编：《庆阳先周历史与农耕文化论丛》，中国文史出版社 2009 年版。

④ 戴震：《周之先世不窋以上阙代系考》，参见《戴东原集》，中华书局 1980 年版，第 22 ~ 23 页。正方立论，又可参见汪受宽：《豳国地望考》，载《中华文史论丛》2008 年第 4 期，第 9 ~ 24 页。

刘南迁是逐步推进的。① 这个意见未必正确。《后汉书·西羌传》云："后桀之乱，畎夷入居豳岐之间。"《诗·公刘》云："遂平西戎，而迁其民，邑于豳。"说明犬戎其时正乘夏桀之乱而南侵豳岐之间。应当说，犬戎侵居豳岐之间为公刘率众南下提供了极佳的借口和理由，同时这也成为激发周民同仇敌忾的基本动力，因为从泥水、泾水到梁山一线，从不窋北窜之后就一直是周人与居于渭河平原上的华夏民族相交往的必经通道。这次南征，"爰方启行"，矛头直指犬戎，这里既有维护周民族自身利益的考虑，也掺杂了夷夏之辨的因素。② 这当然是公刘南下最为直接的原因和目的，除此之外，笔者认为还有三个因素也起着重要作用：一是南部豳地的气候环境远较泥水中上游优越，对于北方而言雨量起着重要作用；二是以泾、泥、漆三水相交汇地带为核心的豳地，河谷更为宽阔深远，同时周围又拥有大片平野(《诗·公刘》所谓"溥原")，适宜耕牧；三是由豳地可向四方扩展，南下即可进入渭河平原，并指向郃岐之地。综合起来，公刘南迁的战略意图(目的)比较明确，就是为了振兴和

① 宋镇豪说："碾子坡居邑略早于古公迁岐之前，属于先周文化早期偏晚。以此为标尺，有可能找到比它更古老的先周文化，然应扩大到甘肃马莲河流域庆阳地区去寻找。文献所谓公刘迁豳，不是一个点，当为一地域范围的'面'，所迁豳的最后定点，不是一代一次完成的，其间当经几代周人在此'面'上的自北而南逐步迁徙和逐步壮大。"参见李学勤主编：《中国古代文明与国家形成研究》，云南人民出版社1998年版，第485页。

② 关于周人的民族性来源，一直是学界讨论的一个问题。从战国末至汉初建构的华夷系统来看，《史记》将周归入华夏系统应当是最为可取的一个观点。尽管孟子在《离娄下》有所谓舜为东夷之人、文王为西夷之人的说法，然而这只是孟子为了论说的方便而采取的相对立场，而没有从民族发展及夷夏之辨的历史过程来看待相关问题。当然，不窋窜于戎狄之间至于古公迁岐之前，周人经历了一定程度的夷狄化过程。胡谦盈认为周民族大约起源于西北地区的寺洼文化。今天看来，这一观点是需要作更进一步的审慎论证的。胡谦盈：《姬周族属及其文化探源——周族起源探索之二》，参见《胡谦盈周文化考古研究选集》，四川大学出版社2000年版，第98~101页。

壮大周族，夺回豳地，打通南下重返华夏文明核心区域的道路。①《史记·周本纪》云“周道之兴自此始”，这句话完全符合历史的实际，由此可见公刘迁豳具有重大的战略意义！当然，这里还有另外一个问题需要略加说明，据《史记·刘敬传》载，公刘之所以居豳而没有进一步南下渭河平原，其原因与“避桀”的历史决断具有密切关系。②

公刘居豳的历史贡献，《大雅·公刘》篇作了铺陈性的叙述和歌颂：

> 笃公刘，匪居匪康。乃场乃疆，乃积乃食，乃裹糇粮。于橐于囊，思辑用光。弓矢斯张，干戈戚扬，爰方启行。笃公刘，于胥斯原。既庶既繁，既顺乃宣，而无永叹。陟则在巘，复降在原。何以舟之？维玉及瑶，鞞琫容刀。笃公刘，逝彼百泉，瞻彼溥原。乃陟南冈，乃觏于京。京师之野，于时处处，于时庐旅，于时言言，于时语语。笃公刘，于京斯依。跄跄济济，俾筵俾几。既登乃依，乃造其曹。执豕于牢，酌之用匏。食之饮之，君之宗之。笃公刘，既溥既长，既景乃冈。

---

① 祝中熹说：“《诗》言‘弓矢斯张，干戈戚扬’，表明这是一次武装占领。……公刘是从犬戎手中夺取了这片土地的。”按：其意是也。不过，周先祖不窋、鞠陶、公刘应当认为从泥水到梁山的地区，是周人日后南下、重返邰地的必经通道。因此，在公刘及当时周先民的眼中，畎夷恰恰是侵略者，必须动用武力驱逐。另外二个证据是，一为周先祖始终与居于南部姜姓羌族通婚，二为邰地似乎还有另外一支周人留了下来。祝中熹：《公刘与先周史》，《青海社会科学》1992年第2期，第73页。

② 戴震说：“不窋遭迫逐，自邰而远窜。公刘力能自兴，于是思旧土，聚粮聚兵而来，用复后稷之封。故《诗》曰‘思辑用光’，又曰‘涉渭为乱’，是有邰故封，至公刘而复。邰在渭北，非得邰而无由绝渭而南也。岐山亦在其邦域之中。不处于邰者，地邑民居，以人与时之宜而已。”戴氏所谓“不处于邰者，地邑民居，以人与时之宜而已”的说法，比较宽泛，不及《刘敬传》“避桀于豳”的记述具体而实际。又，《吴越春秋·吴太伯传》：“公刘避夏桀于戎狄，变易风俗，民化其政。”与《刘敬传》相应。参见戴震：《戴震文集》卷一，中华书局1980年版，第23页。

相其阴阳，观其流泉。其军三单，度其隰原，彻田为粮。度其夕阳，豳居允荒。笃公刘，于豳斯馆。涉渭为乱，取厉取锻。止基乃理，爰众爰有。夹其皇涧，遡其过涧。止旅乃密，芮鞫之即。

概括来说，公刘的贡献大体表现在三个方面：其一，开疆拓土，① 人民富庶；其二，察看地形，营造京师；其三，“彻田为粮”，建立三单之军。《诗序》云：“《公刘》，召康公戒成王也。成王将莅政，戒以民事，美公刘之厚于民，而献是诗也。”这说明公刘从周族自身的利益出发，在当时即已自觉地施行了重民、厚民而勤政的民本政治。这种统治观念及其在三个重大方面的展开，就构成了所谓的“周道”。相对于周边氏族而言，这些在当时无疑是非常先进的。《史记·本纪》载：“公刘虽在戎狄之间，复修后稷之业，务耕种，行地宜；自漆、沮度渭，取材用。行者有资，居者有畜积，民赖其庆。百姓怀之，多徙而保归焉。周道之兴自此始，故诗人歌乐思其德。”“庆”，《说文·心部》云：“吉礼以鹿皮为贽，故从鹿省。”其实，金文“庆”字从廌从心。②《书·吕刑》云：“一人有庆，兆民赖之。”孔《传》云：“天子有善，则兆民赖之。”《本纪》即训为“善”，乃“庆”字引申义。“诗人歌乐思其德”，即指《大雅·公刘》篇而言。③ 太史公在《本纪》中特别突出了公刘在农耕生产和财富积累上为周人所做出的巨大贡献，此与孟子所谓公刘“好

① 公刘南迁至古公迁岐之前，周人以泾、泥、漆三水相交的地带为统治中心，其影响最盛时北及泥水中部，东达沮水（今谓沮河），南越梁山而度渭水，西与密、阮、共三国相接的广大地区。《本纪》云：“自漆、沮度渭，取材用。”《大雅·绵》云：“自土沮、漆。”《诗·公刘》云：“涉渭为乱。”《诗·皇矣》云：“密人不恭，敢距大邦。侵阮徂共，王赫斯怒。”皆为其证。

② 参见董莲池：《说文解字考正》，作家出版社2006年第2版，第417页。

③ 参见司马贞《索隐》：“即《诗·大雅篇》‘笃公刘’是也。”

货”的诙谐说法恰相印证。① 而这种建立在民本基础上的为政之善，也即古典所谓君德之善，正是民众安生而百姓保归的原因。

从另外一个角度看，绵长的农耕传统和文化，既是周人在其时区别于其他氏族的特长所在，也是整个“周道”得以展开的基础。周人的农耕传统发源于后稷，《尚书·尧典》、《大雅·生民》、《史记·周本纪》均有明确而突出的叙述。②《国语·周语上》云不窋失官自窜之后也“不敢怠业”，而《本纪》说公刘“虽在戎狄之间，复修后稷之业，务耕种，行地宜”，足见农耕是周人后来兴旺发达的基础。农耕不仅给周人提供了物质上的保障，而且在农耕的基础上生成的文化系统(比如生活方式、风俗习惯、政治制度和社会理想等)为周人后来夺取天下和守护江山，创立了许多意识形态和上层建筑方面的重要内容。

周人在豳地农耕和劳作的生活图景，《豳风·七月》作了非常细致、具体的描绘。《诗》云：

---

① 孟子曾说了一句俏皮话，云公刘“好货”，与《公刘》诗相印。《孟子·梁惠王下》：“王曰：‘寡人有疾，寡人好货。’对曰：‘昔者公刘好货。’诗云：‘乃积乃仓，乃裹糇粮。于橐于囊，思戢用光。弓矢斯张，干戈戚扬，爰方启行。’故居者有积仓，行者有裹粮也，然后可以爰方启行。王如好货，与百姓同之，于王何有？”

② 《尚书·尧典》：“帝曰：‘弃，黎民阻饥，汝后稷播时百谷。’”《大雅·生民》：“诞实匍匐，克岐克嶷，以就口食。蓺之荏菽，荏菽旆旆。禾役穟穟，麻麦幪幪，瓜瓞唪唪。诞后稷之穑，有相之道。茀厥丰草，种之黄茂。实方实苞，实种实褎，实发实秀，实坚实好，实颖实栗，即有邰家室。诞降嘉种，维秬维秠，维穈维芑。恒之秬秠，是获是亩。恒之穈芑，是任是负，以归肇祀。”《史记·周本纪》：“弃为儿时，屹如巨人之志。其游戏，好种树麻、菽，麻、菽美。及为成人，遂好耕农，相地之宜，宜谷者稼穑焉，民皆法则之。帝尧闻之，举弃为农师，天下得其利，有功。帝舜曰：‘弃，黎民始饥，尔后稷播时百谷。’封弃于邰，号曰后稷，别姓姬氏。”农业对于周人来说，源远流长，意义非同一般。陈家宁说：“在殷卜辞中尚未发现稷神或其他谷物神，可暂推稷神源于周族。”参见陈家宁：《〈史记〉商周史事新证图补：殷、周、秦〈本纪〉新证图补》，天津人民出版社2011年版，第53页。

七月流火，九月授衣。一之日觱发，二之日栗烈。无衣无褐，何以卒岁？无衣无褐，何以卒岁？三之日于耜，四之日举趾。同我妇子，馌彼南亩，田畯至喜。七月流火，九月授衣。春日载阳，有鸣仓庚。女执懿筐，遵彼微行，爰求柔桑？春日迟迟，采蘩祁祁。女心伤悲，殆及公子同归。七月流火，八月萑苇。蚕月条桑，取彼斧斨。以伐远扬，猗彼女桑。七月鸣鵙，八月载绩。载玄载黄，我朱孔阳，为公子裳。四月秀葽，五月鸣蜩。八月其获，十月陨萚。一之日于貉，取彼狐狸，为公子裘。二之日其同，载缵武功。言私其豵，献豜于公。五月斯螽动股，六月莎鸡振羽。七月在野，八月在宇，九月在户，十月蟋蟀入我床下。穹窒熏鼠，塞向墐户。嗟我妇子，曰为改岁，入此室处。六月食郁及薁，七月亨葵及菽。八月剥枣，十月获稻。为此春酒，以介眉寿。七月食瓜，八月断壶，九月叔苴。采荼薪樗，食我农夫。九月筑场圃，十月纳禾稼。黍稷重穋，禾麻菽麦。嗟我农夫，我稼既同，上入执宫功。昼尔于茅，宵尔索绹。亟其乘屋，其始播百谷。二之日凿冰冲冲，三之日纳于凌阴。四之日其蚤，献羔祭韭。九月肃霜，十月涤场。朋酒斯飨，曰杀羔羊。跻彼公堂，称彼兕觥，万寿无疆！

这是一幅建立在以农耕为主业而以畜牧为副业之上的周先民生活图景！一年的农事安排及周文化的世俗内涵大抵展现于此。《后汉书·地理志下》云：“其民有先王遗风，好稼穑，务本业，故《豳诗》言农桑衣食之本甚备。”这与《七月》诗的叙述完全吻合。《诗序》云：“《七月》，陈王业也。周公遭变故，陈后稷、先公风化之所由，王业之艰难也。”孔颖达《疏》云：“此诗主意于豳之事，则所陈者处豳地之先公公刘、大王之等耳。”①《诗序》说这幅图景即是周先祖

① 参见阮元：《十三经注疏》（清嘉庆刊本），中华书局2009年版，第831页。

王业的表现，可见此诗非常重要。在该诗所描绘的生活场景中，“劳作”无疑是首要的，其次是“务本业”的传统，再次是和谐的上下关系。《七月》诗也包括了燕飨和祭祀等重要活动，人与自然、鬼神，及与他人（君民，庶民与贵族）的关系由此得以有序地建立，可知在周先民的农耕文化中，其实也包含了许多复杂而深刻的因素，一些纯粹精神性的观念被加人其中。而孔子后来所推崇的“周文”，亦渊源有自，它与周先人农耕文化的内涵具有十分紧密的关系。

在《七月》一诗中，以农耕为主要经济生产方式与基本生活来源的周先人必然地被要求“定居”起来，并且通过“劳动”去熟悉自然环境的地域特性和顺应月令时节的循环变化。《七月》一诗所述农事（兼及畜牧）非常具体，即是印证。这里，包含着顺应自然而形成的“天人合一”的哲学观念。而在顺应自然的基础上，周先人稳定的生活方式和社会秩序也被建立起来，处于戎狄之间的周先民极大地实现了君民、上下之间的和谐关系。因此，这既是一个充满了稼穑之艰辛，但同时又充满了世俗幸福的理想社会。放而大之，这当然是一种齐家、治国、平天下的“王业”。从另一角度来看，为何“殆及公子同归”、“为公子裳”、“献豜于公”、“跻彼公堂，称彼兕觥，万寿无疆”，这些维系社会秩序、显示上下同心的活动可以长久表演下去呢？这里，当然需要人民的勤劳耕牧，但更需要统治阶级具有正直亲民的品质和以民为本的观念！可以说，在周先人年复一年而稳定的农耕生活中确实孕育了儒家的基本观念和精神。不仅如此，由于经济上内生而自足的观念从不窋以来即已蕴含在周先民的农耕文化之中，因此周人很早就牢固地建立了自己的“疆域”意识和民族自立性，同时在自身的宗教活动中养育出了珍爱生命和慎终追远的文化传统。这些观念，后来得到了儒家的着重继承和大力发扬。

与周先民相较，北方游牧民族——匈奴（鬼方、混夷、荤粥、猃狁）的特性迥异。①《史记·匈奴传》说匈奴人“随畜牧而转移”、“逐水草迁徙”，他们的生活习性显然受到降水量年度变化的严重影响：哪里有水草，他们就随之追逐而去。一旦他们控制的地域——蒙古高原降水量减少，那么为了生存，他们就必须大举南下，侵入汉人领地，掳掠财物。于是，长此以往，匈奴人就养成了尚武而贵壮健的风俗。《匈奴传》曰：“其俗，宽则随畜，因射猎禽兽为生业，急则人习战功以侵伐，其天性也。……利则进，不利则退，不羞遁走。苟利所在，不知礼义。……壮者食肥美，老者食其余。贵壮健，贱老弱。父死，妻其后母；兄弟死，皆取其妻妻之。”从一定意义上来说，这个民族实际上主张以“弱肉强食”为天理，并将“损人利己”作为民族生存的基本价值原则，正所谓“苟利所在，不知礼义”。因此，匈奴民族缺乏农耕社会赖以存在的一些

① 司马贞《索隐》云：“应劭《风俗通》云：‘殷时曰獯粥，改曰匈奴。’又服虔云：‘尧时曰荤粥，周曰猃狁，秦曰匈奴。’韦昭云：‘汉曰匈奴，荤粥其别名。’”裴骃《集解》：“晋灼云：‘尧时曰荤粥，周曰猃狁，秦曰匈奴。’”这是汉晋时期的说法。后司马贞作了进一步的概括，云：“匈奴别名也。唐虞以上曰山戎，亦曰熏粥，夏曰淳维，殷曰鬼方，周曰猃狁，汉曰匈奴。”王国维继承了此“大一统”的观念，云：“我国古时，有一强梁之外族。其族西自汧陇，环中国而北，东及太行常山间，中间或分或合，时入侵中国。其俗尚武力，而文化之度不及诸夏远甚。又本无文字，或虽有而不与中国同，是以中国之称之也，随世异名，因地殊号，至于后世，或且以丑名加之。其见于商周间者，曰鬼方，曰混夷，曰獯鬻。其在宗周之际，则曰猃狁。入春秋后则始谓之戎，继号曰狄，战国以降，又称之曰胡，曰匈奴。综上诸称观之，则曰戎曰狄者，皆中国人所加之名；曰鬼方曰混夷曰獯鬻曰猃狁曰胡曰匈奴者，乃其本名，而鬼方之方，混夷之夷，亦为中国所附加。当中国呼之为戎狄之时，彼之自称决非如此。”陈梦家对于王国维的观点有所批评，曰：“王国维的《鬼方考》，对于鬼方一事的考定，是有重大的贡献的。但他其实受了《五帝本纪》、《索隐》的暗示。……此外他加入了混夷，以为凡此一切都是鬼方。这种混同，是不对的。猃狁是允姓之戎，和鬼姓是不同的种族。《孟子·梁惠王》下‘文王事混夷……大王事獯鬻’，明二者非一。”应当说，鬼方、混夷、猃狁原非同一民族，但在战国时期逐渐融合为同一民族，即匈奴民族。獯鬻、猃狁、匈奴当为同一民族异时之称。参见王国维：《鬼方、混夷、猃狁考》，《观堂集林》第二册卷十三，中华书局 1959 年版，第 583～584 页；陈梦家：《殷墟卜辞综述》，中华书局 1988 年版，第 275 页。

基本价值原则，缺乏道德理性的必要规范。侵战、逐利、贱老、转房，这是为周先民及广大华夏民族所不齿，而难以容忍的丑陋行为。华夷之辨，是两种生产方式、两种民族类型和两种文明形态的对垒。

有必要指出，在农耕的基础上，周先人对于传统祭祀作了大胆革新，不但强调了黍稷等农作物作为祭品的平等资格，而且进一步将统治者(特别是君主)之“德”(以论证和维护统治的合法性为目的)上升为神人实现沟通的最为重要的中介。《大雅·生民》云：“诞我祀如何？或舂或揄，或簸或蹂。释之叟叟，烝之浮浮。”后稷用黍稷等物以祭祀上帝，这是重视稼穑的表现。《易·既济》曰“东邻杀牛，不如西邻之禴祭，实受其福”，则直接将东邻(殷)之牲祭厚祭与西邻(周)之禴祭薄祭加以对比，而认为前者不如后者“实受其福”，更进一步凸显了稼穑在祀神方面的周文化特性！沿着这条路线向前，周人至迟到文王时期已建立了一种以“德”为基石的抽象而纯一的祭祀与受命观念。《大雅·皇矣》“帝谓文王：予怀尔明德，不大声以色。”《周书·酒诰》云：“弗惟德馨香，祀登闻于天。”①上帝归向“明德”一方，而君主之“德”可为馨香上达之物，超越实物祭祀，这些都是周人的发明。② 从历史的延续性来看，这同时也是周人农耕文化长期积累、发展和升华的结果，而“重德”，正是儒家所着重传承的一贯思想。

总之，不窋失官北窜之后，因地理环境的改变，周人虽然在一些方面发生了不同程度的戎狄化，但是周人中最重要的传统——农耕文化被坚持了下来。按照《诗》、《史记》、《国语》等的叙述，周

① 《左传·僖公五年》：“(宫之奇)对曰：臣闻之，鬼神非人是亲，惟德是依。故《周书》曰：皇天无亲，惟德是辅。又曰：黍稷非馨，明德惟馨。”

② “德”是周人着重推明的观念。参见郭沫若曾指出“德字始见于周文”，并对金文中的“道德思想”作了系统的论述。参见郭沫若：《金文丛考》，人民出版社 1954 年版，第 22～28 页；饶宗颐：《天神观与道德思想》，载《“中央研究院”历史语言研究所集刊》第 49 本第 1 分册，第 79 页；丁四新：《论殷周的宗教观念及其转变》，载《珞珈哲学论坛》第四辑，湖北人民出版社 2000 年版，第 355～365 页。

人的农耕传统及农耕文化正是“周道”形成和发展的基础，同时也是其中必要而重要的内涵。《史记·周本纪》所谓“周道之兴自此始”，正是从公刘“复修后稷之业，务耕种，行地宜”，使人民行有资、居有蓄积而言的。可以说，公刘后来率众南征，得胜居豳，与周人长久而深厚的农耕文化具有内在而深入的联系。而公刘在复修后稷之业的基础上大获成功，这对于增强周民族内部的凝聚力和文化认同感起了根本性的作用。当然，为了保持本民族的内部活力和身份认同感，周先祖必须营造出一个适应农耕文明的政治环境，同时领导族人顺应外在的自然环境，以及慎重处理与其他族类的关系。从《公刘》、《七月》等诗来看，公刘等先祖确乎为周人建立了一个良性互动、和谐有序的社会环境。为政最忌君民、上下之间出现深刻的分裂和对立，而为了达到“跻彼公堂，称彼兕觥，万寿无疆”的和乐图景，这就要求居上者之为政应当以民为本：从内在的主体性而言，周人将其落实在“德”上面；从统治主体而言，就是为人上者应当做到“亲民”，对百姓、庶民施以恩惠。公刘“好货”，能与民同之，使行者有资、居者有蓄积，所以《孔子家语·好生》篇称之为“仁”，而孟子实际上认为这即是“仁政”的一个部分。周人的祭祀传统强化了“德”的观念，而“重德”观念使“君”、“王”必须承担“敬天”与“保民”的双重义务和责任。

二、仁民：古公“去豳迁岐”的历史决断与儒家、史家的解释

公刘以下历经九世而至于古公亶父。古公亶父与殷王武乙（公元前1147年—公元前1113年）及其父辈康丁、廪辛约为同时代之人。①《后汉书·西羌传》云：“及武乙暴虐，犬戎寇边，周古公逾

① 《古本竹书纪年》载：“（武乙）三十四年，周王季历来朝，武乙赐地三十里，玉十瑴，马八疋。”又曰：“文丁杀季历。”（《晋书·束皙传》）据此，胡谦盈认为：“周王季历之父——古公亶父约处于殷王康丁、武乙时期。”又说：“周王季历之父——古公亶父与殷王武乙及其父辈康丁、稟辛约略是同时代的人。”参见胡谦盈：《胡谦盈周文化考古研究选集》，四川大学出版社2000年版，第97、125页。

梁山而避于岐下。”结合后来季历屡次伐戎、国力已臻强大来看，古公去豳迁岐当发生在武乙早期。①

（一）古公去豳迁岐：历史决断

古公为何要去豳居岐？武丁时期殷墟甲骨多次出现“璞（戬）周”及“令周”等刻辞，② 唐兰等即据此认为武丁曾多次征伐周国，最终使之臣服，而听命于殷王的调遣。③ 这些卜辞中的“周”，今天看来确实指居豳的周族，据此可以推断，周人的力量在当时已较为强大。不管怎样，周人应当较早臣服于殷人。关于其时周人的国力问题，这里有两个证据可作说明：其一，比古公迁岐稍早的长武碾子坡出土了丰富的先周文化遗存，这些文化遗存显示先周的文明程度较高；④ 其二，卜辞及传世文献显示，古公亶父至殷王文丁杀季历之前，大国殷与小邦周之间相处很好，长期以来殷王对周人非常信任：从王季屡行征伐并封为殷“牧师”来看，殷王大概在亶父居豳时或此前即已默许周人代行辖制西方诸侯的权力及担负起抵御戎

① 《古本竹书纪年》载：“武乙三十五年，周王季伐西落鬼戎，俘二十狄王。”（《后汉书·西羌传》注）又：“太丁二年，周人伐燕京之戎，周师大败。”（《后汉书·西羌传》注）又：“太丁四年，周人伐余无之戎，克之。周王季命为殷牧师。”（《后汉书·西羌传》注）又：“太丁七年，周人伐始呼之戎。”（《后汉书·西羌传》注）又：“（太丁）十一年，周人伐翳徒之戎，捷其三大夫。”（《后汉书·西羌传》注）又：“文丁杀季历。”（《晋书·束皙传》）公元前1112—公元前1102年，太丁（文丁）在位。季历被杀即在太丁十一年。自此，殷周两族结下了不共戴天之仇。以上诸事，又见《后汉书·西羌传》。《易·未济》九四云：“震用伐鬼方，三年有赏于大国。”此“伐鬼方”，即为王季之事。

② 唐兰读“璞”为“戬”，与“伐”同意，并认为此“周”为“殷人大敌”。参见唐兰：《殷墟文字记》，中华书局1981年版，第47页。

③ 孙作云、胡谦盈也认为此“周”为居豳的周族。参见孙作云：《诗经与周代社会研究》，中华书局1966年版，第30～31页；胡谦盈：《胡谦盈周文化考古研究选集》，四川大学出版社2000年版，第125页。陈梦家信从钱穆之说，将武丁时期甲骨刻辞中的“周”列入“晋南诸国”之中。参见陈梦家：《殷墟卜辞综述》，中华书局1988年版，第291～293页。

④ 参见中国社会科学院考古研究所泾渭工作队：《陕西长武碾子坡先周文化遗址发掘纪略》，《考古学集刊》第六辑，中国社会科学出版社1989年版。

狄的责任了。不过，在当时“非我族类，其心必异”的氏族关系中，① 臣服于殷的周人应当知道自己不过是商人实现帝国雄心、保卫帝国边疆的工具，而殷人其实也未必会完全、真正信任周人，所以后来有“文丁杀季历”、“文王拘羑里”之难。② 这是一个大的背景。前有獯鬻戎狄野蛮、强悍之兵压境，后有殷人乘危之大祸(“武乙暴虐”)随时降临，因此为了保存实力，古公亶父自觉地担负起挽救周民族于危亡灭绝的命运，他高瞻远瞩，权衡情势，毅然放弃抵抗，最后离开公刘开创的基业——豳地而南下，实现了战略的大转移。对于此一重大历史决断，孟子从儒家的立场予以肯定，认为古公善于“以小事大”，是智者之事。③

据《孟子·梁惠王下》、《史记·周本纪》等所云，古公亶父去豳南下，到了梁山，即面临向南、向东和向西去立足和发展的问题。面对此等事关民族未来命运的重大问题，古公亶父和随行的私属应当作了反复的商量和权衡。那时，以扶风为界，其东的广大秦川地区归属于商人的统治，其西则在羌人的控制之内。如果古公一行人南下梁山，在郃或其他附近地方定居，那么周人从此必然落入殷人的严厉监控之中。如此，何谈后来的迁岐、迁程、迁丰、迁镐的大发展，④ 乃至伐纣灭商，周革殷命？《鲁颂·閟宫》云“后稷之孙，实维大王，居岐之阳，实始翦商”，古公亶父绸缪深思，剪商之功实始于去豳居岐。而古公至梁山，面临三个方向去处的选择问题，帛书《要》篇也有所反映。《要》篇曰：“子曰：吾百占而七十

① 《左传·成公四年》载史佚之《志》时曰：“非我族类，其心必异。”《左传·定公十年》云：“夷不谋夏，夷不乱华。”《左传·僖公十年》曰：“神不歆非类，民不祀非族。”

② 《史记·周本纪》：“帝纣乃囚西伯于羑里。”同书《太史公自序》：“昔西伯拘羑，演《周易》。”

③ 参见《孟子·梁惠王下》。

④ 《白虎通·京师》篇：“周家五迁，其意一也。”陈立《疏证》云：“周家五迁者，郊也，岐也，程也，丰也，镐也，专指周初而言。”不过，班固所说似有不同；《汉书·地理志》下：“昔后稷封斄，公刘处豳，大王徙□，文王作酆，武王治镐。”这里遗却“程”而未言。

当。唯(虽)周粱(梁)山之占也，亦必从亓(其)多者而巳(已)矣。”“周梁山之占”，疑即指古公去豳居岐之占。① 不过，此占当用卜，而非用筮。在解占的过程中，根据“从多”的原则，古公一行人实现了“人谋鬼谋”(《易传·系辞下》)的统一，他们放弃了原先准备南下奔邰的打算，逾越梁山，转而折向西南，渡过漆沮水(汉名杜水)，而奔赴岐山之下。今天看来，周人迁岐的这一历史决断是非常正确和成功的。随后，可以想见，在戎狄的压迫和奴役下，滞留在豳地的大部分周民最后不得不追随古公而来。

(二)古公去豳迁岐:《孟子·梁惠王下》的论述

对于古公亶父去豳迁岐之事，孟子、太史公、《庄子》、《淮南子》等均有记述和评论。《孟子·梁惠王下》云：

> (1)齐宣王问曰：“交邻国，有道乎?”孟子对曰：“有。惟仁者能以大事小，是故汤事葛，文王事混夷。惟智者为能以小

① “周梁山之占”，此前廖名春曾疑心《孟子·梁惠王下》太王“去豳逾梁山”一段文本与此相关，然未作肯定。李学勤则明确指出它仍然属于文王的一次占筮，非古公时事。他说：“所谓梁山之占，应该是文王的一项重大占筮。梁山在周，《史记·周本纪》载古公‘去豳，度漆、沮，逾梁山，止于岐下’。这次占筮的详情，史缺有间，目前已难推考。”参见廖名春：《帛书释〈要〉》，载《中国文化》1994年第10期，第63~76页；李学勤：《帛书〈要〉篇及其学术史意义》，载《中国史学》1994年第10期，第81~88页。案：帛书《要》篇上文先曰“纣乃无道，讳而辟(避)咎，然后《易》始兴也”，其后接着说：“子赣曰：‘夫子亦信亓(其)筮乎?’子曰：‘吾百占而七十当。唯(虽)周粱(梁)山之占也，亦必从亓(其)多者而巳(已)矣。’”“信其筮”之“其”，当然指“文王”。不过，从语气来看，下文“周梁山之占”似非指文王之占，而孔子似乎正是要举太王周梁山之占来说明为占可信之道——“亦必从其多者而已矣”。另外，“周梁山之占”疑古公用卜，而非用筮。《说文·卜部》云：“占，视兆问也。”此其本意。《周礼·春官·占人》云：“凡卜簭，君占体，大夫占色，史占墨，卜人占坼。”即用“占”字本义。引申之，“占”泛指察看预兆而判断吉凶的行为。《尚书·洪范》第七畴“稽疑”云：“卜五，占用二……三人占，则从二人之言。”前一“占”字，特指“筮占”；后一“占”字，作动词，兼卜筮而言，乃视兆象、卦象而判断吉凶之义。据帛书《要》篇载，孔子认为筮之可信与否乃存在于占说活动之中，即使是古公那次在梁山的占卜，也必须顺从大多数人的解占来判断吉凶，如此方才可信。

事大，故大王事獯鬻，勾践事吴。以大事小者，乐天者也；以小事大者，畏天者也。乐天者保天下，畏天者保其国。诗云：'畏天之威，于时保之。'"

(2)滕文公问曰："齐人将筑薛，吾甚恐，如之何则可?"孟子对曰："昔者大王居邠，狄人侵之，去之岐山之下居焉。非择而取之，不得已也。苟为善，后世子孙必有王者矣。君子创业垂统，为可继也。若夫成功，则天也。君如彼何哉！强为善而已矣。"

(3)滕文公问曰："滕，小国也；竭力以事大国，则不得免焉。如之何则可?"孟子对曰："昔者大王居邠，狄人侵之；事之以皮币，不得免焉；事之以犬马，不得免焉；事之以珠玉，不得免焉。乃属其耆老而告之曰：'狄人之所欲者，吾土地也。吾闻之，君子不以其所养人者害人，二三子何患乎无君！我将去之。'去邠，逾梁山，邑于岐山之下居焉。邠人曰：'仁人也，不可失也。'从之者如归市。或曰：'世守也，非身之所能为也，效死勿去。'君请择于斯二者。"

就大王事獯鬻来看，《诗·绵》毛《传》、《孔子家语·好生》与《孟子》的故事叙述全同。① 从《梁惠王》篇来看，上述三段引文皆为大小国相交往之道而发。第一段对话是在孟子和齐宣王之间展开

---

① 《诗·绵》："古公处豳，狄人侵之，事之以皮币，不得免焉；事之以犬马，不得免焉；事之以珠玉，不得免焉。乃属其耆老而告之曰：'狄人之所欲者，吾土地。吾闻之，君子不以其所养人者害人，二三子何患乎无君!'去之，逾梁山，邑乎岐山之下。豳人曰：'仁人之君，不可失也。'从之如归市。"《孔子家语·好生》："孔子曰：'能治国家之如此，虽欲侮之，岂可得乎？周自后稷，积行累功，以有爵土。公刘重之以仁，及至大王亶甫，敦以德让，其树根置本，备豫远矣。初大王都豳，翟人侵之，事之以皮币，不得免焉，事之以珠玉，不得免焉。于是属耆老而告之：所欲吾土地。吾闻之，君子不以所养而害人，二三子何患乎无君？遂去之，逾梁山，邑于岐山之下。豳人曰：仁人之君不可失也，从之如归市焉。天之与周民之去殷久矣，若此而不能天下，未之有也。武庚恶能侮?'"

的，并具有非凡之义。“惟仁者能以大事小”，例如汤事葛、文王事混夷；“惟智者为能以小事大”，例如大王事獯鬻、勾践事吴。仁者乐天，智者畏天。齐，大国也。孟子当然希望齐宣王仿效汤和文王之例，做一个仁者。第二、三段对话是在孟子与滕文公之间展开的。齐人将筑薛，滕文公恐齐。孟子即着重以太王事狄之例来劝说滕文公，希望其“为善”，以面对此一危境。现在看来，孟子的劝说显得十分迂阔而不切实际，因为与殷末相较，战国中后期的历史条件早已发生了根本性的变化：一旦滕文公从滕地退却，其实即意味着滕国的迅速崩溃和灭亡，而孟子所许下的“后世子孙必有王者矣”的诺言，也非常可能只是一句美妙动听的说辞。当然，从道德理想主义的角度来看，孟子所劝说、主张的“为善”观念具有极大的人文价值。

而在古公去豳迁岐的相关叙述中，孟子以为，古公非特仁人而已，亦且为圣智之君。为仁人，故古公不忍“以其所以养人者(土地)害人”；为智者，故能以小事大，在自知周人远非戎狄对手的同时能够做到“畏天”而“保其国”。不过，我们看到，古公为仁为善的方面在《梁惠王》篇中得到了反复的突出和强调。在政治哲学中，“仁”作为一种对于民生民情产生恻隐之情的原则具有超越性，它要求对存在于“民”之中的每一个体生命的存亡及生存质量产生本源性的关切。这一点，正是孟子之意。设若周人与戎狄开战，即意味着大量民众徒劳的牺牲和伤残，而“土地”因素在此被凸显出来，成为诱发战争的根源。孟子的相关叙述和评论即依此而出。不过，《梁惠王》篇虽然没有弱化古公“仁民”的精神，但是有所局限，忽视了古公去豳南下是否超越了君臣死义之界限，① 及从普遍性的视域上来看“仁”的原则是否包容了“尊生”的内涵问题。

(三)古公去豳迁岐:《史记·周本纪》的记述

司马迁的记述，大抵以《孟子》一书为依据，而小有变化和侧

① 《礼记·礼运》:“故国有患，君死社稷谓之义，大夫死宗庙谓之变。”《说苑·至公》:“诸侯之义死社稷，太王委国而去何也?”在《梁惠王下》中，孟子的回答虽然涉及了“世守”、“效死勿去”的道义问题，但是以“或曰”的方式引人的。从孟子的叙述可以看出，他具有舍此取彼的选择倾向是比较明显的。

重。《史记·周本纪》曰：

> 古公亶父复修后稷、公刘之业，积德行义，国人皆戴之。熏育戎狄攻之，欲得财物，予之。已复攻，欲得地与民。民皆怒，欲战。古公曰："有民立君，将以利之。今戎狄所为攻战，以吾地与民。民之在我，与其在彼，何异？民欲以我故战，杀人父子而君之，予不忍为。"乃与私属遂去豳，度漆沮，逾梁山，止于岐下。豳人举国扶老携弱，尽复归古公于岐下。及他旁国闻古公仁，亦多归之。于是古公乃贬戎狄之俗，而营筑城郭室屋，而邑别居之，作五官有司。民皆歌乐之，颂其德。

古公居岐，所处的地理和文化环境与豳地大异。古公为适应环境的不同，于是贬弃戎狄之俗，而大兴华夏文明制度。不过，在《史记》的记述中，我们也很容易看到，这位在本民族生死危亡的紧急关头做出正确的历史抉择的领袖，在太史公的笔下却被刻意描绘成至仁之君而大加渲染。戎狄之贪婪和无耻，恰与古公之忍让和仁民构成强烈的对比。当戎狄一而"欲得财物"时，古公"予之"，再而"欲得地与民"时，虽豳地之民皆怒而欲战，古公不仅亦欲予之，而且竟然带着一小伙"私属"独自去豳而南下。对此，太史公不仅没有呵斥古公之胆怯、妥协、逃跑和独断，反而为古公的决断和南下行为作了空前的辩护，他认为古公完全是站在超越的"仁"(包括"仁民"与"尊生")的立场上来做出这一历史决断的。所谓"民欲以我故战，杀人父子而君之，予不忍为"，将"尊生"的观念加入到"仁民"之中，使古公之仁摆脱了狭隘的君臣之义的束缚，而上升到直切大理，从普遍主义的立场来尊重个体生命的高度。其实，古公去豳南下乃是一个不得已的历史决断，是综合考虑多种历史因素的结果，特别是将周人与獯鬻戎狄的战争实力相较之后而做出理性抉择的一种结果。相比较而言，孟子的评论更为符合实际：古公去豳居岐，虽有"仁"的意思，但更多的是"非择而取之，不得已也"，是一种智者之事。

需要特别指出的是，《孟子·梁惠王下》、《诗·绵》毛《传》、《说苑·至公》及《庄子·让王》、《吕览·审为》、《淮南子·道应》

等文献均谓狄人所欲得者仅为“土地”，而未言欲得周民！据此，可见司马迁涉嫌在《周本纪》中伪造史事，而借此放大古公亶父“仁民”之精神，并将其特别提升起来，超越于和凌驾于君臣大义之上。这即是说，司马迁在獯鬻戎狄的欲求中又增加了“民”的一环，除了更加突出戎狄之贪婪和无耻之外，同时在一个更加普遍的思想平台上反衬出古公之伟大超凡。古公认为，先有人民而后才因之设立君位，而立君的目的完全是为了人民的利益。因此，二者之间只能是民为主、君为客的关系。这也即是说，人民不是君主实现统治的纯粹工具，而应当是其自身的目的。① 在强敌面前，尽管是在贪婪、无耻的强敌面前，号召抵抗，有时则无异于以卵击石，自开杀戒，让百姓肝脑涂地，血流成河，从而丧失了对于人之个体生命的普遍而必要的尊重。在古公“杀人父子而君之，予不忍为”的恻隐深处，我们看到了一种更加超越的“仁爱”观念，看到了一种不私君位、不私其身的“至公”精神。《说苑·至公》篇即特别指明了这一点，② 而《孔子家语·好生》以“好生”名篇，亦有此意。二篇均

---

① 相关思想，《吕览·恃君》篇已启其端。《恃君》曰：“群之可聚也，相与利之也。利之出于群也，君道立也。故君道立则利出于群，而人备可完矣。……圣人深见此患也，故为天下长虑，莫如置天子也；为一国长虑，莫如置君也。置君非以阿君也，置天子非以阿天子也，置官长非以阿官长也。德衰世乱，然后天子利天下，国君利国，官长利官。此国所以递兴递废也，乱难之所以时作也。”《群书治要》载《慎子·威德》篇：“故立天子以为天下也，非立天下以为天子也；立国君以为国也，非立国以为君也；立官长以为官也，非立官以为长也。”

② 《说苑·至公》：“诸侯之义死社稷，太王委国而去何也？夫圣人不欲强暴侵凌百姓，故使诸侯死国，守其民。太王有至仁之恩，不忍战百姓，故事勋育戎氏以犬马珍币，而伐不止。问其所欲者，土地也，于是属其群臣耆老而告之曰：‘土地者，所以养人也。不以所以养而害其养也，遂居岐山之下。邠人负幼扶老从之，如归父母，三迁而民五倍其初者，皆兴仁义，趣上之事。君子守国安民，非特斗兵、罢杀士众而已。不私其身，惟民足用保民，盖所以去国之义也，是谓至公耳。’”蔡邕《琴操》：“《岐山操》者，周太王之所作也。太王居豳，狄人攻之，仁思恻隐，不忍流血，选练珍宝犬马皮币束帛与之。狄侵不止，问其所欲得土地也。太王曰：‘土地者，所以养万民也，吾将委国而去矣，二三子亦何患无君！’遂仗策而出，逾乎梁而邑乎岐山。”

抄写于《史记》之后，当是受到了太史公或《庄子》、《吕览》等的一定影响，将“好生”、“至公”之意直接拟出。

最后，固然獯鬻戎狄欲得周民的故事环节确实是《史记》所特有的，然而问题在于：为何司马迁要将此一环节编入整个故事之中，且作为重心，在“君一民”这一关系结构中做出了突破性的解释？首先，司马迁从史家的角度早已看透了世间改朝换代和兼并战争之非人性的一面：每一次战争，民众几乎无一例外地成为牺牲品——绝大多数的死亡和流血不过是政治精英和统治者之间的擅权或夺权，而满足其私欲与实现其野心的工具而已！因此，有必要在“仁”的观念中着力表达出超越社会阶层的局限，而尊重个体生命自身的观念上来。当然，这无疑也是对于强权肆意鼓动牺牲、奸雄操弄民命的一种间接的抗议和批判！另外，需要指出的是，司马迁在古公迁岐的故事中编入“欲得民”一环，并以此大起议论，可能与自己因言获罪、遭受腐刑之辱有关。①

① 参见《史记·李将军列传》、《汉书·李广苏建传》、《史记·太史公自序》、《汉书·司马迁传》。《李广苏建传》：“群臣皆罪陵，上以问太史令司马迁，迁盛言：‘陵事亲孝，与士信，常奋不顾身以殉国家之急。其素所畜积也，有国士之风。今举事一不幸，全躯保妻子之臣随而谋孽其短，诚可痛也！且陵提步卒不满五千，深輮戎马之地，抑数万之师，虏救死扶伤不暇，悉举引弓之民共围攻之。转斗千里，矢尽道穷，士张空拳，冒白刃，北首争死敌，得人之死力，虽古名将不过也。身虽陷败，然其所摧败亦足暴于天下。彼之不死，宜欲得当以报汉也。’初，上遣贰师大军出，令陵为助兵，及陵与单于相值，而贰师功少。上以迁诬罔，欲沮贰师，为陵游说，下迁腐刑。”在《报任安书》中，司马迁饱含感情详细地叙述了自己受腐刑的经过和因由，最后哀伤地感叹道：“仆以口语遭此祸，重为乡党戮笑，污辱先人，亦何面目复上父母之丘墓乎？虽累百世，垢弥甚耳！是以肠一日而九回，居则忽忽若有所亡，出则不知所如往。每念斯耻，汗未尝不发背沾衣也。身直为闺合之臣，宁得自引身藏于岩穴邪！故且从俗浮湛，与时俯仰，以通其狂惑。”毫无疑问，身受腐刑给司马迁带来了一生中最为强烈的耻辱感和持久的痛楚：在至高无上的强权面前，彼时人的生命其实没有任何保障，他们的肉体生命及人格尊严很容易招致惨无人道的任意虐杀和凌辱。

三、尊生：古公“去豳迁岐”的道家解释

古公亶父“去豳居岐”的故事，也几乎同时引起了道家学者的浓厚兴趣，从《庄子·让王》、《吕览·审为》到《淮南子·道应、诠言、泰族》诸篇，均有深入的议论。

《庄子·让王》曰：

> 大王亶父居邠，狄人攻之。事之以皮帛而不受，事之以犬马而不受，事之以珠玉而不受，狄人之所求者土地也。大王亶父曰：“与人之兄居而杀其弟，与人之父居而杀其子，吾不忍也。子皆勉居矣！为吾臣与为狄人臣奚以异！且吾闻之，不以所用养害所养。”因杖策而去之。民相连而从之，遂成国于岐山之下。夫大王亶父可谓能尊生矣。能尊生者，虽贵富不以养伤身，虽贫贱不以利累形。今世之人居高官尊爵者，皆重失之；见利轻亡其身，岂不惑哉！

《吕览·审为》曰：

> 太王亶父居邠，狄人攻之，事以皮帛而不受，事以珠玉而不肯，狄人之所求者地也。太王亶父曰：“与人之兄居而杀其弟，与人之父处而杀其子，吾不忍为也，皆勉处矣！为吾臣与狄人臣，奚以异？且吾闻之，不以所以养害所养。”杖策而去，民相连而从之，遂成国于岐山之下。太王亶父可谓能尊生矣。能尊生，虽富贵不以养伤身，虽贫贱不以利累形。今受其先人之爵禄，则必重失之；生之所自来者久矣，而轻失之，岂不惑哉？

这两段有关“亶父居豳，狄人攻之”的文本几乎全同，只有个别地方小有差异，今天看来，《审为》当抄自《让王》篇。“尊生”一语，两篇相同，高诱《注》：“尊，重也。”两篇下文俱有“中山公子

牟谓瞻子曰”一段文本，均以“重生”为说，① 可证高《注》是也。“尊生”也即“重生”。《淮南子·道应》“亶父居豳”一段文本作“保生”，“保”训“养”，与“尊”、“重”义近。在故事结构上，《让王》、《审为》二篇均以“狄人之所求者地也”为论述的起点。两篇所阐述的道理，当然都包含着“慈仁”的思想，但这不是主要的，作者的论述主旨并不在于此。《让王》、《审为》的作者借太王放弃抵抗而去豳之前所说的“不以所用(以)养害所养”一语来阐明己身之“生”与身外之“富贵”对于个体生命的轻重关系。这与儒家立足于“恻隐之仁”的解释原则，从而推导出“仁民”(当然潜在地也包含了“尊生”的思想)的观念显然不同。以道家为主导的诸子则直接将一般性的个体生命“己身”与身外之“名利”对立起来，从而得出了“重生而轻天下”的观点。从生命哲学的视角来看，对于人自身之存在而言，这是非常有意义和有价值的，值得肯定。孔子所谓“无求生以害仁，有杀身以成仁”(《论语·卫灵公》)的主张，与此形成鲜明的对照。

在故事上，《让王》、《审为》还举出了“尧以天下让于子州支父”、“子华子见昭僖侯”、“中山公子牟谓瞻子曰”等例子来阐明“生”与“利”、“身”与“天下”孰轻孰重的问题，认为一个人对待自己的生命应当“重生而轻利”、“尊生而轻天下”。《让王》云：“道之真以治身，其绪余以为国家，其土苴以治天下。由此观之，帝王之功，圣人之余事也，非所以完身养生也。今世俗之君子，多危身弃生以殉物，岂不悲哉！凡圣人之动作也，必察其所以之与其所以为。今且有人于此，以随侯之珠，弹千仞之雀，世必笑之。是何也？则其所用者重而所要者轻也。夫生者，岂特随侯(珠)之重

① 《庄子·让王》：“中山公子牟谓瞻子曰：‘身在江海之上，心居乎魏阙之下，奈何？’瞻子曰：‘重生。重生则利轻。’中山公子牟曰：‘虽知之，未能自胜也。’瞻子曰：‘不能自胜则从(纵)之，神无恶乎！不能自胜而强不从(纵)者，此之谓重伤。重伤之人，无寿类矣！’魏牟，万乘之公子也，其隐岩穴也，难为于布衣之士。虽未至乎道，可谓有其意矣！”《吕览·审为》篇大体相同，“从”作“纵”。

哉！"①作者认为，"治身"乃修道的本真目的，其意义远超于"为国家"和"治天下"之上。在作者看来，"完身养生"才是人生的第一要务，若追求"为国家"和"治天下"，这就是"危身弃生以殉物"，不知轻重，譬如以隋侯之珠弹千仞之雀，则必为天下笑矣。《审为》的议论与《让王》大体相同，云："身者所为也，天下者所以为也，审(所为)所以为而轻重得矣。② 今有人于此，断首以易冠，杀身以易衣，世必惑之。是何也？冠所以饰首也，衣所以饰身也。今杀所饰，而要所以饰，则不知所为矣！世之走利，有似于此。危身伤生，刈颈断头以徇利，则亦不知所为也。""为"，治也。作者认为"身"是修治的目的，而"天下"乃是"所以为"的手段，明辨"所为"与"所以为"孰轻孰重即可知矣。为了身外的利益，譬如为了"为天下"之所谓大利而"危身伤生"，这是作者所坚决反对的。

从观念的发展来看，上述权衡"治身"与"为天下"，或"身"与"天下"之轻重的思想，实际上发端于《老子》。王弼本《老子》十三章云："宠辱若惊，贵大患若身。何谓宠辱若惊？宠为下，得之若惊，失之若惊，是谓宠辱若惊。何谓贵大患若身？吾所以有大患者，为吾有身。及吾无身，吾有何患？故贵以身为天下，若可寄天下。爱以身为天下，若可托天下。"本章亦见楚竹书本和汉帛书本。据简帛本，后二句"寄"、"托"二字互倒。上"以身"，"以"，帛书二本俱作"为"；又二字下，帛书二本均有"于"字。"以"训"为"，"为"犹"治"也。"于"，表比较。世俗之人，常受宠辱(利禄权势之类)的惊扰，故有大患(危身伤生之类)及于其身。此身大患的消解，老子认为，有待于"无身"的修为。而世俗之宠辱恒以"为天下"之利害为大源，所以老子在方式上主张，人主必先贵爱"为身"，不以利害伤身而异化"为天下"的目的，如此，乃可将天下托

① "珠"字，据《吕氏春秋·贵己》篇补。

② "所为"二字，据上文及文意补。又篇名《审为》，即据本句("审所为所以为")所起。

付给他。① 老子的这一思想，被《庄子·让王》、《淮南子·道应》等篇所明言继承。《让王》曰：

> 尧以天下让许由，许由不受。又让于子州支父，子州支父曰："以我为天子，犹之可也。虽然，我适有幽忧之病，方且治之，未暇治天下也。"夫天下至重也，而不以害其生，又况他物乎！唯无以天下为者，可以托天下也。

《道应》篇则直接就古公亶父"去豳迁岐"一事作如下评论：

> 大王亶父可谓能保生矣。虽富贵，不以养伤身；虽贫贱，不以利累形。今受其先人之爵禄，则必重失之。(生之)所自来者久矣，而轻失之，岂不惑哉！故老子曰："贵以身为天下，焉可以托天下；爱以身为天下，焉可以寄天下矣！"②

《让王》、《道应》将《老子》第十三章的观念进一步推明，将老子为了安身而阐发的处世哲理上升为权衡"身"与"天下"、"为身"与"为天下"之轻重的生命哲学上来，让人在深刻的反思中透悟个体生命之存在自身对于人之存在的至关重要性。

总之，对于古公"去豳居岐"，儒家和道家用以解释的基本哲学观念不同。从庄周以来，个体生命的存在价值及其存在本性得到弘扬，于是道家学者相继以"尊生"("重生")的观念来解释古公"去豳居岐"的历史故事，从而在儒家的话语之外又开出道家的讲法，使我们更为深入地理解到这一历史故事所包含的丰富的哲学道

---

① 参看丁四新：《郭店楚竹书〈老子〉校注》，武汉大学出版社2010年版，第286～307页。

② "生之"字，据王念孙说补。王念孙：《读书杂志·淮南内篇第十二》，江苏古籍出版社2000年版，第868页。又，《淮南子·诠言》曰："轻天下者，身不累于物，故能处之。泰王亶父处邠，狄人攻之，事之以皮币珠玉而不听，乃谢耆老而徙岐周。百姓携幼扶老而从之，遂成国焉。推此意，四世而有天下，不亦宜乎！无以天下为者，必能治天下者。"此活用老子之言者。

理和文化精神。

四、余论:"重生"、"利他"、"仁民"之辨

古公"去豳居岐"的故事，见于《孟子·梁惠王下》、《诗·绵》毛《传》、《孔子家语·好生》、《说苑·至公》、蔡邕《琴操》、《史记·周本纪》、《吴越春秋·吴太伯传》诸篇，其中《梁惠王下》和《周本纪》最具有代表性。诸篇均以"仁"为主导观念，并侧重于从"仁民"的方面来作解释。除了《周本纪》之外，《孟子·梁惠王下》等篇俱以獯鬻戎狄贪欲无度，欲得周人土地为故事的激发点。《史记》则加上了狄人欲得周民的另一暴行，太史公并借古公之口而由此大发议论，实际上褒扬了古公"尊生"的大仁精神。在司马迁的眼中，人民的存在是其自身的目的，他们的个体生命应当得到统治者的充分尊重，而不应当成为君主自利的牺牲品。在太史公的笔下，古公"立君利民"、彻底利他的仁民思想，体现了一种更为超越的"仁"的精神。《孔子家语》以"好生"为题，而《说苑》有"至公"之议，与司马迁的叙述似乎具有内在的联系。相比较而言，孟子在肯定古公去豳迁岐为仁行的同时，也将其"事獯鬻"看作智者之举、畏天之举，显然意识到了"智"的重要性。在孟子看来，如果古公仅有仁民的恻隐之心，那么这是不足以拯救周民于即将来临的危亡之灾的。因此，在不得已的情况下，去豳居岐正是明智之举，而不是所谓懦弱胆怯、逃跑苟且的表现。孟子将"智"加入到"仁"的原则中去加强解释的有效性，为古公"去豳居岐"的行为作了理论上的辩护。但是，对于一般性之个体生命的尊重，在孟子的叙述和解释中没有得到彰显，这在一定程度上弱化了"仁民"在恻隐之情上的内在深度。

古公"去豳居岐"的故事，又见《庄子·让王》、《吕览·审为》和淮南子的《道应》、《诠言》、《泰族》诸篇。在这些书篇的叙述中，古公所表现出来的"不忍"精神虽然被考虑到了，但是解释的要点重点，则落实在"重生"(即"尊生")上面。"重生"是一种生命哲学观念，一直为道家学者所提倡和宣扬，它与儒家"仁"的原则

在内涵上有着根本性的不同。在道家的“重生”观念中，一般性之个体生命本身的生全死伤、生存质量及身心之逍遥与否，成为哲学思考的主要对象和问题。老子发其端，杨朱、庄子扛其鼎，《吕览》、《淮南》传扬于后。老子以“为身”来达到“无身”（消解名利欲望之身），并认为这是达到“为天下”的前提条件。两相比较，“为身”重于“为天下”矣。不过，《老子》第十三章的这一思想是从政治哲学的角度来说的，还没有集中到对纯粹个体性生命自身是否应当尊重的思考上来。杨朱大概是首位按照生命哲学的思路对个体生命做出深入的思考并提出“重生”观念的哲学家。《孟子·滕文公下》曰：“杨氏为我，是无君也。”《尽心上》又曰：“杨子取为我，拔一毛而利天下，不为也。”孟子站在儒家的立场批评了杨朱的“为我”，认为这一主张丧失了为人臣而利他的道德义务，与禽兽无别。其实，“杨子为我”是孟子的一个概括，未必准确。据《列子·杨朱篇》载，杨子主张“人人不损一毫，人人不利天下”，① 这主要是站在建立个体生命绝对独立的存在性上而言的：在终极意义上，人只是人自身，个体生命的一般价值超越于利害之上。所谓“人人不损一毫”，“不损”并非等同于“为我”、“自利”，此一主张其实是从普遍主义的立场上来立论的。作为落实普遍性之“人人”概念的载体——“我”，也并非指作为全部社会关系服务之唯一目的和意图的“我”：设若在“人人”中存在着的无数个具体之“我”都将“我”自身划清界限，都由“我”来承担自“我”而出的所有责任和义务，那

---

① 《列子·杨朱篇》载：“杨朱曰：‘伯成子高不以一毫利物，舍国而隐耕。大禹不以一身自利，一体偏枯。古之人损一毫利天下不与也，悉天下奉一身不取也。人人不损一毫，人人不利天下，天下治矣。’禽子问杨朱曰：‘去子体之一毛以济一世，汝为之乎？’杨子曰：‘世固非一毛之所济。’禽子曰：‘假济，为之乎？’杨子弗应。禽子出语孟孙阳。孟孙阳曰：‘子不达夫子之心，吾请言之。有侵若肌肤获万金者，若为之乎？’曰：‘为之。’孟孙阳曰：‘有断若一节得一国，子为之乎？’禽子默然有间。孟孙阳曰：‘一毛微于肌肤，肌肤微于一节，省矣。然则积一毛以成肌肤，积肌肤以成一节。一毛固一体万分中之一物，奈何轻之乎？’禽子曰：‘吾不能所以答子。然则以子之言问老聃关尹，则子言当矣；以吾言问大禹墨翟，则吾言当矣。’孟孙阳因顾与其徒说他事。”

么“天下治矣”。所以，对于感性之“我”，肉身之“我”，杨朱必然尊之、重之，“拔一毛以利天下，不为也”，正如老子所言奈何万乘之主而以身轻于天下？①

从文献上来看，杨朱的“重身”、“尊己”当是针对墨家利他主义的“兼爱”观念而言的。杨朱为什么要批判利他主义的“兼爱”观念？难道“摩顶放踵以利天下”（《庄子·天下》）对于“天下治矣”还有什么重大危害吗？在杨朱、庄子看来，“摩顶放踵”本身即是以危害和残灭利他主义之实践者自身的肉体健康而言的，放而大之，设若天下人人如此，则不但利他不成，反而人人先已自残自损矣。如此，这就与人追求幸福的生活目的及其自然心愿大相违背。所以《天下》篇批评墨家，一曰：“以此教人，恐不爱人；以此自行，固不爱己。”再曰：“其道大觳……反天下之心，天下不堪。墨子虽独能任，奈天下何！”

当然，面对道家的攻讦和批判，墨家后学对于“尊生”、“重己”的观念也做出了反批评。《墨子·贵义》“子墨子曰”：“万事莫贵于义。今谓人曰：‘予子冠履而断子之手足，子为之乎？’必不为。何故？则冠履不若手足之贵也。又曰：‘予子天下而杀子之身，子为之乎？’必不为。何故？则天下不若身之贵也。争一言以相杀，是贵义于其身也。故曰：‘万事莫贵于义也。’”非常有意思的是，墨家后学在承认“身贵于天下”的观点上，又进一步论证了“义贵于身”的观点，这就将道家的“重生”与儒家的“舍生取义”统合在自己的思想系统之中了。然而问题在于：这种“统合”更多的是在一种推理形式上的统一，设若进一步追问墨家“义”的实际内容是什么，则又回到了全部辩论的开端。对于“为我”与“兼爱”（“利他”），孟子从人伦道德的角度做出了严厉的批评，所谓“无君、无父”是也，然而他以“执中有权”去指导为仁，② 在实践中

① 参见王弼本《老子》第二十六章。

② 《孟子·尽心上》：“孟子曰：‘杨子取为我，拔一毛而利天下，不为也。墨子兼爱，摩顶放踵利天下，为之。子莫执中。执中为近之。执中无权，犹执一也。所恶执一者，为其贼道也，举一而废百也。’”

把握起来也是大有困难的。这个困难，在面对死生全残的问题上也即是一种审慎而严肃的轻重权衡。

《让王》、《审为》等篇所主张的“尊生”(“重生”)观念，既包括“身”与“名利”、“富贵爵禄”、“天下”等一切身外之物的轻重权衡，也包括“为身”与“为天下”的轻重权衡。“土地”对于国家和君主而言，诚然是非常可贵的，然而在“不得已”的情况下，为了“重生”，古公亶父也只好放弃和退让了，甚至连作为君主的名利都一并放弃。这是道家的解释。总之，《让王》、《审为》的作者似乎具备重生主义的倾向。然而，在两利之间做权衡，如果人们总是以“身”重于“天下”，“生”重于“贵富贫贱”，甚至以“生”总是重于人之所以为人的“仁”道、“义”道，那么显而易见，这就会导致整个社会迅速堕入丛林法则之中，从而导致弱肉强食，也即孟子所谓“率兽食人”的状态，因为建立在以自我为中心而不是彼此互尊之基础上的“重生”，就只可能导致绝对“为我”的结果——而“为我”之害，当推以极权所施行的暴政为巨。从故事来看，古公的“尊生”显然不属于所谓极端的“为我”，在他的“尊生”中包含着“利他之仁”的精神：一方面古公不忍杀其弟、杀其子，这个恻隐之情比较一般；另一方面又不愿以养人之资(“土地”)害其所养之民，此恻隐之情则比较具体。不过，在道家学者看来，“尊生”与“利他”之间有主从的关系，在古公去豳迁岐的故事中不存在舍我而利他的情况，或者说“仁民”是包含在古公的“尊生”精神之中的。《让王》、《审为》篇将“民相连而从之，遂成国于岐山之下”的美好图景，即看作古公亶父“能尊生”的结果。

总之，儒、道、墨三家对于人的个体生命本身都有所思考。墨子主张利他主义的“兼爱”观，从施为一方而言，而为完全的利他之爱。设若人人以“摩顶放踵”、“枯槁羸瘠”为实践利他之爱的必要标准，这就必然会导致出现人人“自虐”的背反结果：这不但不是对于个体生命的爱护、恻隐和尊重，相反却是对于个体生命的无情虐杀。在道家和儒家的有力批判下，墨家后学承认和重构了“身贵于天下”、“义贵于身”的观点。这个论述虽然有所进步，但是仍以“十义”(天志、兼爱等)为至高无上的原理，这实际上是在承认

“尊生”居于其思想统系中之第二位的同时，将“兼爱”观念置于自相矛盾的窘境中：设若以“自我”之“身”为中心，则“兼爱”必毁矣；设若以利他为“兼爱”的确定内涵，则如何可能坚持“身贵于天下”？道家主张“重生”，认为“身贵于天下”，从理论上来讲，这当然是将个体生命自身之独立价值凸显出来，但是从个体对群体的角度而言，人人“重生”则是人人“重己”，而从社会总体上来看，人人“不损己”也就意味着人人“利己”、“为我”。这就必然导致嫂溺不会援之以手，野有饿殍不知告发，甚至出现坐看围观、杀人以娱的悲惨悲凉景象。因此“尊生”内在地包含着“重己”与“重人”之间的尖锐矛盾。如何解决这一矛盾？从古公去豳迁岐的故事来看，道家显然又以“仁”(“不忍”)的原则来统一“重己”与“重人”，消解二者之间的矛盾。但是更进一步的问题在于：“仁”是否在任何条件下都能够消解“重己”与“重人”之间的矛盾，而可以真正地统一二者呢？这个问题，道家没有追问，《让王》、《审为》也没有回答。从《孟子·梁惠王下》来看，“仁”未必能解决如何“尊生”的问题，于是孟子为古公事獯鬻加上了“智”的原则来作解释。“智”在孟子那里表现为“执中有权”，既要以“仁”的原则去统一“重己”与“重人”二者，所谓“执中”也，又要以“权”去裁量具体的历史条件，从而做出适宜的决断。在孟子看来，古公去豳迁岐正是一个善于权衡、把握历史之分寸，用“智”去表现“仁”的原则的典型例子。不过，如何裁量、如何决断，才是明“智”的？难道只有后来在岐地的“王业”成功，才是检验古公从豳地退却是否合乎“智”的原则的唯一标准？这是孟子没有讨论的问题。

（作者单位：武汉大学中国传统文化研究中心、哲学学院）

楚礼研究刍议

◎杨 华

有没有所谓“楚礼”？它的特点是什么？换言之，楚国八百年，是否建立过独立于中原的礼仪制度？

楚人多次自称“蛮夷”。周夷王（公元前885年—公元前878年在位）时，楚国国君熊渠说：“我蛮夷也，不与中国之号谥。”①这是文献所见楚人首次自称蛮夷。公元前706年，楚国国君熊通进攻随国，理由很简单：“我蛮夷也。……欲以观中国之政，请王室尊吾号。”两年后（公元前704年），他果然“自尊”为王，是为楚武王（公元前740年—公元前690年在位）。②这是文献所见楚人第二次自称蛮夷。这两次自称蛮夷，多少都带点自外于中原文化的蛮横和霸气。

公元前560年，楚共王去世后，从臣为之议谥，令尹子囊谈到共王的功绩时说：“赫赫楚国，而君临之，抚有蛮夷，奄征南海，以属诸夏。”③显然，当时楚人一方面以自己能够“抚有蛮夷”而自傲，同时又把文化上归附华夏（“以属诸夏”）作为重要追求。半个

---

① 参见《史记·楚世家》。

② 参见《史记·楚世家》。

③ 参见《左传·襄公十三年》。

世纪之后，此种情况没有大变。晋定公(公元前511—公元前476年在位)时，楚国大夫王孙圉出使晋国，赵简子问到楚国之宝，他的回答是："若夫哗嚣之美，楚虽蛮夷，不能宝也。"①楚人虽仍然自称蛮夷，但在王孙圉的答辞中，处处透露出楚人认同明王圣人、兴善去恶之类的"普世价值"，努力将楚国夸饰成一个无异于中原各国的文化大邦。

春秋中晚期的《敬事天王编钟》与《王孙诰钟》，分别出土于河南淅川下寺M1和M2两处，年代相差不会太远。但是《敬事天王编钟》称"敬事天王，至于父兄，以乐君子"，而《王孙诰钟》则说"以乐楚王、诸侯、嘉宾，及我父兄诸士"，② 可见，此时楚国贵族既承认周天子，又承认楚王，文化上采取双重认同的态度。

这种态度影响了整个楚文化的发展趋势。

一方面，中原各国长期把荆楚视为蛮夷。早在商代中期，武丁就曾"达彼殷武，奋伐荆楚"。③ 周昭王南征更是为越来越多的史料所证实。周幽王(公元前781年—公元前771年在位)时，周王室太史史伯在对司徒姬友的谈话中，虽然已经预言了楚国未来的昌大("融之举者，其在芈姓乎！……惟荆实有昭德，若周衰，其必兴矣")，但他很自然地称楚人为"荆蛮"，将其归入"蛮、荆、戎、狄"之类，属于"非亲则顽"的"顽"族。④ 公元前546年，在宋国举行的弭兵盟会上，晋、楚争先，晋国的叔向说，当年周成王的盟会上楚人只配"置茅蕝，设望表，与鲜卑守燎"，而没有资格参与盟会，在他心目中，五百年后的楚国仍然是"荆蛮"。⑤ 第二年(公元前545年)，鲁襄公亲赴楚康王的丧礼，忽闻国内季氏发动兵变("季武子袭卞")，他一度动了借楚军回国平叛的念头，但同行的鲁大夫荣伯成劝阻说，"君以蛮夷伐之(鲁)"，一旦失败，便永远

① 参见《国语·楚语下·王孙圉论国之宝》。

② 参见刘彬徽、刘长武：《楚系金文汇编》，湖北教育出版社2009年版，第90～91、111页。

③ 参见《诗经·商颂·殷武》。

④ 参见《国语·郑语·桓公为司徒》。

⑤ 参见《国语·晋语八·宋之盟》。

难回鲁国了。① 鲁国是宗周礼乐文明的嫡裔，由其所代表的夷夏观念，基本固定了楚文化的底色。公元前482年，吴国与晋国在黄池争霸，吴王夫差的借口中称晋国“不式戎、狄、楚、秦”，吴国虽然没有直接称楚为“蛮”，但对楚人的轻蔑已溢于言表。而晋国的答辞说，“今伯父(对吴国的尊称——引者注)有蛮荆之虞”，又说“蛮荆则何有于周室”。② 这里的“蛮荆”，可能既包括楚国，也包括越国。到春秋晚期，楚国被视为蛮夷的现状没有改观，“吴、楚之君不书‘葬’”，③ 因为他们都是“僭号称王”的蛮夷。

另一方面，楚人又在竭力从文化上摆脱自己的蛮夷印记。有很多史事可以说明楚人的这段文化历程。

《国语·楚语上》的首篇记载，楚庄王(公元前613—公元前591年在位)让大夫士亹做太子箴的师傅，申公(申叔时)告诉士亹应向太子传授何种知识，其具体内容是：

> 教之《春秋》，而为之耸善而抑恶焉，以戒劝其心；教之《世》，而为之昭明德而废幽昏焉，以休惧其动；教之《诗》，而为之导广显德，以耀明其志；教之《礼》，使知上下之则；教之《乐》，以疏其秽而镇其浮；教之《令》，使访物官；教之《语》，使明其德，而知先王之务，用明德于民也；教之《故志》，使知废兴者而戒惧焉；教之《训典》，使知族类，行比义(仪)焉。④

这是楚国历史乃至整个先秦史上的一段名论，为研究上古史的学者所熟知。《春秋》是楚国的编年史，《世》是楚人王公的历代世谱，《诗》是歌颂先王事迹的史诗，《礼》是分别尊卑的准则，《乐》

---

① 参见《国语·鲁语下·襄公入楚》。

② 参见《国语·吴语·吴王昏乃戒》。

③ 参见《公羊传·宣公十八年》。

④ “教之《训典》，使知族类，行比义焉。”王引之注为“义”为“仪”，仪者度也，此句意为“使知事之族类而用其比度。”参见王引之：《经义述闻》，江苏古籍出版社1985年版，第511页。

是荡涤心灵的艺术，《令》是颁行天下的时宪，《语》是前人总结的道德格言，《故志》是前代成败兴衰的总结，《训典》是先王传授的治国遗训。① 楚国太子的这九种修读文本，并非楚国所独有，中原文化的核心内容与之几乎相同。正如清代学者陈瑑所指出的那样，教太子《世》，实际上相当于《周礼·春官·小史》的职责之一“奠系世，辨昭穆”；教《训典》，则相当于《周礼·春官·外史》的职责“掌四方之志，掌三皇五帝之书，掌达书名于四方。”②几十年后，楚人王孙圉出使晋国时，还说楚国“有左史倚相，能道《训典》以叙百物”,③ 这印证了《训典》确实是楚国重要的文化教条。几乎就在士亹教太子的同时，公元前621年，中原人也在议论：“予之法制，告之《训典》，教之防利，防恶兴利。”④可见，至少在上层贵族之间，楚国的礼乐教化和礼乐修养已经不落后于中原。

楚国大夫申无宇（范无宇）对楚灵王讲的一通话，回忆了楚人早期创制礼乐文化的过程：

> 地有高下，天有晦明，民有君臣，国有都鄙，古之制也。先王惧其不帅，故制之以义，旌之以服，行之以礼，辩之以名，书之以文，道之以言。⑤

楚人的制义、旌服、行礼、辩名、书文、道言，大概类似中原文化中周公的制礼作乐，它由哪位先王开始，现已不可考实，但楚庄王确实是楚国确立礼乐制度的关键人物。在请求士亹教太子的同时，楚庄王还任用孙叔敖（蒍敖）为相，实行一系列制度性变革。军事和政治改革奠定了楚人与晋国决胜的基础，而在文化尤其是礼

---

① 参见《左传·文公六年》：“予之法制，告之训典。”杜注：“训典，先王之书。”《诗经·烝民》：“古训是式，威仪是力。”《古文尚书·毕命》：“弗率训典，殊厥井疆，俾克畏慕。”都提到“训典”之重要。

② 参见徐元诰：《国语集解》，中华书局2002年版，第485页。

③ 参见《国语·楚语下·王孙圉论国之宝》。

④ 参见《左传·文公六年》。

⑤ 参见《国语·楚语上·灵王城陈、蔡、不羹》。

制方面的创变也功不可没：

> 蒍敖为宰……老有加惠，旅有施舍；君子小人，物有服章，贵有常尊，贱有等威；礼不逆矣。德立，刑行，政成，事时，典从，礼顺，若之何敌之？①

经过这场变革，使得楚国上下“礼顺”而“不逆”，内部社会秩序进一步稳定，对外则大大推进了楚文化与中原文化的融合、同化过程。

公元前6世纪到公元前5世纪，楚文化与中原文化的接轨迎来加速度。楚平王十三年（公元前516年），周王室内乱，“王子朝及召氏之族、毛伯得、尹氏固、南宫嚚奉周之典籍以奔楚”，②他们带来大批周王室的图籍典册，这些主流文脉的输入，加速了楚国与中原文化的接轨。孔子（公元前551年—公元前479年）正生活在这个时代，楚国的叶公曾向孔子问政，③他答曰：“政在来远附迩。”楚国听说孔子在陈、蔡之间，“楚使人聘孔子，孔子将往拜礼”，但为陈、蔡大夫所阻。公元前489年（楚昭王二十七年），孔子困于陈、蔡，在其最艰危之时，“楚昭王兴师迎孔子，然后得免”。楚昭王准备以“书社地七百里”封孔子，令尹子西担心孔子及其门徒受封后尾大不掉，方才作罢。如果不是楚昭王在当年死去，孔子或许将在楚国有更大的作为。④楚昭王对孔子的礼遇，充分说明楚国对儒家文化的追慕。

孔子及其儒家门徒与楚国君臣的这一番交往，开启了儒学入楚的大门。因“状貌甚恶”而导致孔子后悔以貌取人的澹台灭明（字子羽），曾经“南游至江，从弟子三百人，设取予去就，名施乎诸

---

① 参见《左传·宣公十二年》。

② 参见《左传·昭公二十六年》。

③ 《史记集解》引孔安国语：“叶公名诸梁，楚大夫，食采于叶，僭称公。”

④ 以上事迹均见《史记·孔子世家》。

侯”。① 孔子死后，七十高徒“散游诸侯，大者为师傅卿相，小者友教士大夫，或隐而不见。故子路居卫，子张居陈，澹台子羽居楚，子夏居西河，子贡居于齐”。② 经过澹台灭明等人的传播，儒家文化在楚地已然生根。孔门弟子中，子游来自吴国，子张来自陈国，都是与楚有关的南方人氏。另据说，孔门弟子公孙尼子也是楚人。

经过上述楚人的多种努力，再假以春秋中后期的时代机缘，楚国贵族所表现出的礼乐修养，已不逊于中原华夏诸国。公元前546年(楚康王十四年)，楚国令尹薳罢(字子荡)到晋国参加盟会，在燕飨即将结束时，赋《既醉》之诗，取意诗中“既醉以酒，既饱以德。君子万年，介尔景福”之句，来赞美晋侯，受到晋国贵族叔向等人的激赏。③ 七年之后(公元前539年)，郑伯朝楚，楚灵王宴请他并赋诗《吉日》，取意诗中歌颂周宣王田猎之句，以表示愿与郑国友好，而且宴请之后果然与郑伯田猎于云梦。④ 楚国上层贵族对于赋《诗》引《诗》之礼的准确掌握和恰当运用，已不逊于中原。又过了四年(公元前535年)，鲁国的孟僖子辅佐鲁昭公朝楚，楚国按照朝觐礼的程式为之举行郊劳仪式，鲁国的相礼者孟僖子反而不能应答。⑤ 可见，楚人通过对中原礼制文化的吸收，在具体礼节的执行上竟然超过礼乐宗主鲁国的某些贵族。

《国语·楚语下》载，楚国令尹屈建(字子木，？—公元前545年)的父亲屈到临终前交代家臣，死后用自己特别嗜食的菱角(“芰”)来祭祀自己。到“祥祭”时，家人依嘱行之，但遭到其子屈建的反对：

> 其《祭典》有之曰：“国君牛享，大夫有羊馈，士有豚犬之奠，庶人有鱼炙之荐，笾豆脯醢则上下共之。”不羞珍异，不

---

① 参见《史记·仲尼弟子列传》。

② 参见《史记·儒林列传》。

③ 参见《左传·襄公二十七年》。

④ 参见《左传·昭公三年》。

⑤ 参见《左传·昭公七年》。

陈庶侈，夫子不以其私干国之典。

由之可知，在春秋晚期楚国已有成型的《祭典》。东汉应劭在《风俗通义》专列《祀典》一篇，以序论国家正祀的名类（“记叙神物”），汉代有《汉祠令》或《汉祀令》（见《史》《汉》的《文帝本纪》注，《汉书·郊祀志》和《后汉书·祭祀志》注），西北汉简中有关于社稷之祭的《祠令》出土，证明了汉代祀典曾以法令形式流布边关。① 在新近公布的岳麓书院所藏秦简《律令杂抄》中，有《祠令》之名，与《辞式令》《居室共令》之类写在同一支简上。② 这是中国古代法律文献中关于祭祀的最早的律令专名。③ 总之，秦汉两代都颁布过《祠令》或《祀令》。再向前追溯，《周礼》中太宰之职“掌建邦之六典”——治典、教典、礼典、政典、刑典、事典，其中第三即礼典。可以说，先秦时期各国都应有自己的祭典或祀典。就在楚国的屈建反对用菱角祭祀乃父之前约二百年，鲁国的展禽（柳下惠，公元前720年—公元前621年）也曾批评大夫臧文仲随意祭祀一只叫作“爰居”的海鸟：“夫祀，国之大节也；而节，政之所成也。故慎制祀以为国典，今无故而加典，非政之宜也。”④屈建所谓“不以其私干国之典”，虽然比展禽晚了将近二百年，但二者理由完全一致，都是出于对国家祀典的敬畏和维护。屈建的叙述中，楚人不同等级的贵族所享用的牺牲规格，与华夏诸国的祭礼规制大致相同，或许楚人正是在学习中原祀典的基础上，才形成自己的国家祭祀体系。附带言之，汉代人经常引用的“祀典”文句，大都出于《礼记·祭法》，而据章太炎等学者考证，《祭法》篇“驳杂不纯”，

---

① 参见高恒：《汉简牍中所见令文辑考》，《简帛研究》第三辑，广西教育出版社1998年版，第383~384页。谢桂华：《西北汉简所见祠社稷考补》，《简帛研究二〇〇四》，广西师范大学出版社2006年版，第258~271页。

② 陈松长：《岳麓书院所藏秦简综述》，载《文物》2009年第3期。

③ 参见杨华：《睡虎地秦简〈法律答问〉第25~28号简补说》，《古文字研究》第28辑，中华书局2010年版，第567~571页。

④ 参见《国语·鲁语上·海鸟曰爰居》。

加入了大量楚国祭祀的内容。① 若是，则楚人对于秦汉国家祭祀体系的建立，不无贡献。

《楚语》的这段史料中还有两条信息值得注意。第一，在春秋晚期，楚人已行祥祭，所谓“祥”，包括小祥和大祥，指三年之丧中的两个阶段，《礼记·间传》云：“父母之丧，期而小祥，又期而大祥。”分别指死后的一周年祭和二周年祭。到战国时期，滕国尚且难行三年之丧，经过孟子的周密策划和滕文公的强力推行，才为滕定公举行了一场儒家式的丧葬大礼。② 而在与孔子几乎同时的年代，楚国贵族屈到死后举行祥祭，楚国丧礼的“先进性”可见一斑。第二，屈建反对用菱角祭祀乃父的理由，除了要上对先王、下对民心之外，还有“虽微楚国，诸侯莫不誉”的追求，也就是说，他把受到诸侯称誉作为其维护礼制的重要动力。在向中原主流文明看齐的过程中，楚人正渐行渐近。

《国语·楚语下》中有两段著名的对话，反映了楚国的宗教思想和礼制细节，可以与屈建的言行互相印证。《楚昭王问观射父》篇说明了原始先民从“家为巫史”走向“绝地天通”的宗教演变历程，并说明上古巫、觋、祝、宗的产生、职掌和世袭情况。《子期祀平王》篇则说明了上古祭祀的用牲原则、祭祀频率、祭祀范围和祭祀方法等。这两段材料成为今天研究上古礼制和宗教问题最重要的史料之一。而其中的一些礼仪原则，如“诸侯舍日，卿、大夫舍月，士、庶人舍时。天子遍祀群神品物，诸侯祀天地、三辰及其土之山川，卿、大夫祀其礼，士、庶人不过其祖”，又如“天子举以大牢，祀以会；诸侯举以特牛，祀以太牢；卿举以少牢，祀以特牛；大夫举以特牲，祀以少牢；士食鱼炙，祀以特牲；庶人食菜，祀以鱼”，可以说是上述楚国《祭典》的具体化，其内容与当时中原礼制

---

① 章太炎：《大夫五祀三祀辨》，载《章太炎全集》（四），上海人民出版社1985年版，第29～31页。任铭善：《〈礼记〉目录后案》，齐鲁书社1982年版，第57页。

② 杨华：《“谅阴不言”与君权更替——关于“三年之丧”的一个新视角》，《中国社会史评论》第六卷（2005年卷），天津古籍出版社2006年版，第1～20页。另收入杨华：《古礼新研》，商务印书馆2012年版，第48～86页。

的细节规定已没有太大区别。总之，楚国在春秋晚期已形成系统的礼学思想和礼制细则。楚地新出的卜筮祭祷简证明，楚人确实实行过“日祭、月享、时类、岁祀”的祭祀频率。①

《国语·楚语下》的两段礼制名论，都与观射父有关。如上所述，王孙圉出使晋国时，说观射父“能作训辞，以行事于诸侯”，与左史倚相一同被视为国宝。观射父生活在楚昭王时代，他与观从（字子玉，其父为观起）即使不是直系父兄，至少是同族人。观从在楚灵王末年的动乱中，一度支持公子比并教他杀死公子弃疾，公子弃疾（即楚平王，公元前528年—公元前516年在位）夺取王位后，宽容他并让他选择自己的去向（“唯尔所欲”）。观从说，他的祖先世代为辅助卜人开龟兆的占卜官（“臣之先，佐开卜”），于是楚平王让他做了楚国的“卜尹”。② 包山M2法律简中出现“让尹”“大让尹”之名（简16、17、145反、149），③ 上博楚简《昭王毁室》篇中也有“让（卜）命（令）尹”的职官。④ 学者曾一度揣测此即观从所担任的卜尹，不过从简文所载“卜令尹”的职掌看来，与“卜尹”有所不同。然而，楚简中另有所见的“厘尹”、“龟尹”则肯定与占卜类宗教事务有关。“釐（厘）尹”之名见于包山M2简28和曾侯乙墓简158，在上博楚简《简大王泊旱》篇简8中也有所见，同篇简文中还有“龟尹”（简2）的职官。因《简大王泊旱》篇中提到“楚邦之鬼神主”、“鬼神之常”、“临卜”、“速卜”之类的信息，所以学者都

---

① 杨华：《说“举祷”——兼论楚人贞祷的时间频率》，《传统中国研究集刊》第三辑，上海人民出版社2007年版，第70～87页。另收入杨华：《古礼新研》，商务印书馆2012年版，第167～196页。

② 参见《左传·昭公十三年》。

③ 参见湖北省荆沙铁路考古队：《包山楚墓》，文物出版社1991年版，第349～350、352、359、360页。陈伟等：《楚地出土战国简册（十四种）》，经济科学出版社2009年版，第11、17、56页。

④ 参见马承源主编：《上海博物馆藏战国楚竹书（四）》，上海古籍出版社2004年版，第184页。

相信厘尹、龟尹是主持楚国宗教事务的职官。① 观氏家族从事宗教占卜类事务，已为楚地卜筮祭祷简中反映的贞人名字所证实，包山M2墓主的贞人有观绷(简230)、观义(简249)等名，可见观氏家族世袭宗教占卜，至少至战国中期未有中断。正是通过像观氏这样的世袭家族的职业操练，楚国的宗教礼仪才得以传承和维护。

《楚语》中观射父的礼制论述，为秦汉人多次引用，后人并没有把它们视作“荆蛮”的独特经验，而以之为上古宗教礼制的共同常识。② 事实上，到战国时期，楚人再也没有自称为蛮夷的记载，然而与此同时，早在周初就受封的燕国，还在自称蛮夷，燕昭王曾自称“寡人蛮夷辟处”，荆轲刺秦时也称其同伙秦武阳为“北蛮夷之鄙人”。③ 楚人被称为蛮夷的记载已很少了。诸子言论中也少见对楚文化的藐视，只有孟子把来自楚国的农家人物许行斥为“南蛮鴃舌之人”，④ 这也许只是他“好辩”生涯中的激越之语。战国晚期的荀子则直接批评了“楚、越不受制”的观念，把楚国完全纳入他设计的文化统一的构架之内，他用五服制度的框架对之进行解释：

> 甸服者祭，侯服者祀，宾服者享，要服者贡，荒服者终王。日祭、月祀、时享、岁贡、终王，夫是之谓视形势而制械用，称远近而等贡献，是王者之制也。彼楚、越者，且时享、岁贡、终王之属也，必齐之日祭、月祀之属，然后曰受制邪？⑤

---

① 关于文字释读方面的学术前史，参见《楚地出土战国简册(十四种)》，第25页注22。《史记·屈原贾生列传》：“文帝方受釐。”注引如淳曰：“汉唯祭天地五畤，皇帝不自行，祠还致福。”又引应劭云：“釐，祭余肉也。”知釐尹即掌管祭祀之官。

② 例如，《汉书·郊祀志上》就曾引用“家为巫史，享祀无度”一段。

③ 参见《战国策》卷二十九《燕策一·张仪为秦破纵连横谓燕王》、《战国策》卷三十一《燕策三·燕太子丹质于秦亡归》。

④ 参见《孟子·滕文公上》。

⑤ 参见《荀子·正论》。

他认为楚、越等国在文化上虽然不能像诸夏那样“同服同仪”，但仍然可以“同服不同制”。楚、越与中原诸夏的区别在于，它们属于五服中的宾服以远，对于天子只可终生一朝、一岁一贡、四季献祭，而不是像中原诸夏那样日祭、月祀。但这绝不能成为楚、越自外于汤、武教化的理由。从荀子的批评可知，那种认为楚、越是中华文献版图之外的“世俗之见”，已经成为过去式。在《荣辱篇》中，荀子还说：“越人安越，楚人安楚，君子安雅。”雅者，夏也。在他眼中，楚文化是介乎夏和越之间的一种文化形态。荀子本人曾久居楚国，对楚国没有文化歧视。

另从周王室对楚国的态度上也可见一斑。战国时期，周王室分裂为东西两个小国，衰落成一种文化象征而已，但它仍然通过“赐胙致福”(即把祭祖后的余肉分赠亲戚，以象征共同享受祖先的赐福)的旧礼来维系与崛起诸雄的关系。公元前360年，随着商鞅变法的推进，“秦人富强”，周显王(公元前368年—公元前321年在位)致文王、武王庙祭之胙于秦孝公，这是战国时期文献中为数不多的一次致胙记录。周王室与楚人的交往不见于史料，包山M2楚简中的“以事纪年”简文弥补了此一缺失，简13、127、130、211有“东周之客许绲致胙于蒇郢之岁”，而其他简文中“致胙”又写作“归胙”(简58、131、140、141、205、206、207、212、216、218、220、221、224、225)。据学者研究，该年是公元前317年，即楚怀王十二年。① 文献记载周王室前一次向楚国致胙发生在公元前671年：

> 成王恽元年，初即位，布德施惠，结旧好于诸侯。使人献天子，天子赐胙，曰：“镇尔南方夷越之乱，无侵中国。”于是楚地千里。

这两次致胙相距约350年，但春秋时期的记载是“赐胙”，而

---

① 李学勤：《有纪年楚简年代的研究》，载氏著《文物中的古文明》，商务印书馆2008年版，第444页。

战国中期的记载是“致胙”和“归胙”，两相对比，便会发现楚国地位的变化。春秋时期周王致胙的原因是，希望楚人镇服南方的蛮夷，消除华夏中国的边患；而战国时期的致胙，则是对楚国军事、政治和文化力量的认同。

翻开后人所编的《战国会要》，我们看到，战国时期楚国的制度文化，如礼乐、舆服、职官、学校、选举、民政、食货之类，与中原他国的差别已不明显，楚文化已成为中华主流文明的一部分，而少有“蛮夷”的印记了。不仅如此，儒家礼乐文化在楚地的流传也成为不争的事实。在最近二十年来出土的简牍文书中，儒家文献居多，“六艺”均有所见，涉及礼乐制度的也不在少数。郭店楚简中的《尊德义》《五行》《鲁穆公问子思》《性自命出》的主要内容是儒家伦理，《六德》讲到丧服，《语丛》中有不少论述礼义的格言，《缁衣》本身就是传世本《礼记》中的一篇。上博藏楚简中，《缁衣》篇再一次面世，《孔子诗论》《采风曲目》直接涉及乐礼，《民之父母》与《礼记》的《孔子闲居》篇差不多，《武王践阼》与《大戴礼记》同篇的内容差不多，《内礼》与《大戴礼记》的《曾子立孝》篇有关，《天子建州》《昔者君老》《君子为礼》《三德》诸篇都讲到礼制的大量细节。凡此种种，都说明自孔门弟子澹台灭明以后，儒家已在楚地生根开花。可以说，到战国中期，楚人对儒家礼制已经毫不陌生了。

公元前256年，东迁之后的楚国灭掉鲁国，儒家礼乐的大本营并入楚人的版图，这增加了楚文化中的礼乐内涵。秦末农民起义，楚人陈胜、吴广称王，深受秦朝禁儒政策之苦的邹鲁儒生“持孔氏之礼器往归陈王”，孔子八世之孙孔甲（名鲋）竟然做了张楚政权的博士，最后与陈胜一起败死陈下。① 这群“瓦合適戍”，竟然能够吸引一代儒嗣正脉的加入，并非偶然。正如《史》《汉》之《儒林传》所说，这是儒生们对秦朝的积怨所致，此外还有另外的原因——此时楚人早已不再是昔日的化外蛮夷，他们已成为礼乐制度的热心者。秦末战乱中，陈胜、项梁等楚军将领一波一波举旗北伐，他们给人的印象居然是“皆龌龊，好苛礼”，所以郦食其才转而投奔了“慢而

① 参见《史记·儒林传》。

易人，多大略”的刘邦。① 司马迁在描述邹、鲁之地的风俗时说，此地犹有周公遗风，“俗好儒，备于礼，故其民龊龊”。② 楚军将领的“皆龌龊，好苛礼”，与邹、鲁之地的“备礼龊龊”何其相似！这都是儒化的结果。

要系统地考察楚人从“礼仪不典”到“好苛礼”的复杂历程，是一项艰巨的工作，最直接的困难便是史料匮乏。中原华夏文化一直是上古文化史的主流，蛮夷戎狄都没有获得话语权，如上所述，楚、越葬其国君，鲁国即使接到讣告，也不会载之《春秋》，楚人的其他礼仪活动就更难为后人所知了。正因于此，研究楚国礼制的学术前史极不充分。这包括两个方面：第一，在楚文化史方面没有积累。目前所知，对此没有一部系统的著作，只有宋公文与张君合著《楚国风俗志》、张正明主编《楚文化志》、李玉洁著《楚国史》的部分章节有所涉及。第二，在经学史和礼学史方面，由于 20 世纪中断已久，相关研究极为薄弱，更没有一部以区域为范围的礼制研究专著。目前已知以“楚礼”为题的研究成果，只有于成龙先生的博士学位论文《楚礼新证——楚简中的纪时、卜筮与祭祷》，③ 由题目即知，这是用楚简材料研究楚地祭祀制度的专论，对其他礼制基本没有涉及。从某种意义上说，系统的楚礼研究工作还没有完全展开。

我们认为，若欲研究此一题目，其基本方法有四：

第一，按照传统礼学的方法，将楚地礼制分门别类进行考察，而不是笼统视之。礼制的分类，历来有多种说法。《礼记·礼运》分为八类：“夫礼，必本于天，殽于地，列于鬼神，达于丧、祭、射、御、冠、昏、朝、聘。”《礼记·昏义》分为五类：“夫礼，始于冠，本于昏，重于丧祭，尊于朝聘，和于乡射，此礼之大本也。”《礼记·王制》分为六类：“六礼：冠、昏、丧、祭、乡、相见。”《礼记·祭统》云：“礼有五经。”这五类，大概就是《周礼·大宗

① 参见《史记·郦生陆贾列传》。
② 参见《史记·货殖列传》。
③ 参见北京大学考古文博学院 2004 年博士学位论文。

伯》中的分法：吉、凶、宾、军、嘉。可见，孔门后儒在实际相礼、行礼的过程中，因各有侧重，出现诸多分歧，如果深究细探，恐怕真会出现《礼记·礼器》所谓“经礼三百，曲礼三千”的格局。就目前的传世文献和出土资料看来，将楚礼分作冠、婚、丧、祭、宾、军、飨等几个方面来展开叙述，是基本可行的。

第二，在研究过程中，应当特别注意将楚人的礼制行为与中原地区进行对比。每论一题，应当首先把“三礼”等文献中的礼制仪节加以梳理，简要排列，然后分析史料，勾勒出楚人与之相对应的礼制言行，在复原中进行对比，进而说明楚礼的特点所在。

第三，在复原楚人的礼制活动时，应当格外重视出土文献和考古实物的礼制信息。《国语·楚语》《左传》《战国策·楚策》《史记·楚世家》等传世文献本来就字数不多，涉及礼制的内容更是有限，如果没有考古发掘的新材料，本论题是不可能展开的。20世纪50年代，考古学家陈公柔先生首先将考古发掘与传世“三礼”文献进行对证研究，其部分结论随后受到礼学专家沈文倬先生的商榷。① 陈、沈二公的那场著名争论，影响了新中国考古学和礼学研究的发展方向。楚礼的讨论，应当继承和实践这种研究方法。近年来，楚地出土了多批简帛材料，其中有些本身就是见于传世文献的礼学篇章，有些则涉及楚人的礼制活动，研究时应尽量吸收简帛学的研究成果，解读出土文献中的礼制信息，借以复原楚人的礼制活动。

第四，在考察楚人礼制活动时，可将时间界限稍微放宽。我们认为，从楚人立国到秦朝统一固然是楚文化的核心时段，但是楚文化对整个南部中国的辐射影响，一直持续到秦朝和汉初，直到汉武帝时代的文化“大一统”方告一段落，这就是俞伟超先生所谓的“后

---

① 陈公柔：《士丧礼、既夕礼中所记载的丧葬制度》，载《考古学报》1956年第4期，第67~84页。沈文倬：《对〈士丧礼、既夕礼中所记载的丧葬制度〉几点意见》，载《考古学报》1958年第2期，第29~38页；另载沈文倬：《宗周礼乐文明考论》，杭州大学出版社1999年版，第55~72页。

楚文化”。① 按照这一思路，楚国礼制的诸多问题都可得到较好的解释。因此，在研究时可以适当利用楚地所出的秦朝和汉初的部分材料。

用上述方法对楚地礼仪制度进行系统复原和平实述论，并将其置于区域文化史的视野下加以考察，庶几可以回答本文开始时提出的问题。

（作者单位：武汉大学中国传统文化研究中心、历史学院）

---

① 俞伟超：《江陵九店东周墓·序》，参见湖北省文物考古研究所编《江陵九店东周墓》，科学出版社1995年版。

也谈《论语》中的“人”与“民”

◎ 杨逢彬

一

赵纪彬先生的《论语新探》①(又名《古代儒家哲学批判》)，在《论语》研究领域，甚至在中国哲学史、中国思想史研究领域，是一部影响很大的书。例如，李零《丧家狗——我读〈论语〉》，将其列入“今人读《论语》基本参考书”中，并说该书：“许多人以政治原因，弃而不读，但其研究水平实远出于时下的流行新作；很多细节考证，至今仍有参考价值。”②又例如，杨伯峻先生在《论语译注》中批注《学而篇》第五章“节用而爱人，使民以时”时，便说：“古代‘人’字有广狭两义。广义的‘人’指一切人羣，狭义的人只指士大夫以上各阶层的人。这里和‘民’(使‘民’以时)对言，用的是狭义。”注解《宪问篇》第四十二章“修己以安人”“修己以安百姓”时又说：“这个‘人’字显然是狭义的‘人’，没有把‘百姓’包括在内。”

① 赵纪彬：《论语新探》，人民出版社 1976 年版。

② 李零：《丧家狗——我读〈论语〉》，陕西人民出版社 2007 年版，第 41 页。

这两个注解,① 显然是受了赵书的影响；确切地说，是受了赵书的首篇《释“人”“民”》一文的影响。说《释“人”“民”》一文，实奠定了《论语新探》全书的基调，实不为过。

笔者近年倾全力注释《论语》，已逾七载，志在词语解释上突破前修，做到相比较而言最为精确，初无意于思想的阐发，但于上述两章(1.5、14.42)文字无法回避，只得搜罗材料，核实赵文所云是否有误。经研究，我们对赵文的结论是取否定态度的。《释“人”“民”》一文之第一部分，以“教”“诲”两字的用法以为证据，《论语新探》书中另有《“有教无类”解》一文就此予以展开，此文我们亦不能不涉及。因此，我们这篇文章亦可看成是对《论语新探》中《释“人”“民”》《“有教无类”解》两篇文章的驳正。

《释“人”“民”》一文开篇即说：“我们归纳全书，发现一件颇为有趣而意义亦相当重大的事实，即孔门所说的‘人’‘民’，是指春秋时期相互对立的两个阶级；两者在生产关系中是剥削与被剥削的关系，在政治领域中有统治与被统治的区别，因而其物质生活及精神生活的内容与形式，亦复互不相同。”②文末又说：“总结以上各方面的考察，足证《论语》所说的‘人’与‘民’，相当于一般奴隶社会的两大阶级：‘民’是奴隶阶级，‘人’是奴隶主阶级。……就《论语》语法来看，如此确定，于全书章句，似乎尚无不合。孔门言‘诲’，系以‘人’为对象；孔门的政论，亦系为‘人’的阶级服务。因此，我们认为：孔丘所创立的古代前期儒家，是春秋时期‘人’的阶级的学派。”③杨伯峻先生大约无法认同赵氏的主张(《论语译注》篇首的《试论孔子》一文，可为明证)，但亦不能完全否认赵氏的说法(尤其在那一特定时期)，只好说“古代‘人’有广狭两义”，苦心孤诣，以为折中。

必须明白，并不存在所谓“孔子的语言”，只存在“孔子那一时

---

① 杨伯峻：《论语译注》，中华书局1980年版，第4、159页。本文引自《论语》的文字，除特别注明者外，皆引自该书。

② 《论语新探》，第1页。

③ 《论语新探》，第26页。

代的语言”。所以，是否“‘民’是奴隶阶级，‘人’是奴隶主阶级”，只有到《论语》成书的那一年代的语言中作了调查后，才可以认定。鉴于《论语》只有1.6万字左右，我们不妨将调查范围扩大到《左传》《国语》《墨子》《孟子》等成书年代较为接近《论语》的典籍。

二

《释“人”“民”》共三个部分。在第一部分，作者说“‘民’是奴隶阶级，‘人’是奴隶主阶级”，有两大证据，一为《论语》中动词“爱”与“使”的使用，一为动词“教”与“诲”的差异。

《释“人”“民”》开篇即引《学而篇》第五章“道千乘之国，敬事而信，节用而爱人，使民以时”及《八佾篇》之“哀公问社于宰我。宰我对曰：‘夏后氏以松，殷人以柏，周人以栗。’曰：‘使民战栗。’”①并立即得出结论说：“例一（指“道千乘之国”章）表明，对‘人’言‘爱’，对‘民’言‘使’，显示出‘人’‘民’是划然有别的两个阶级。”在引述清人刘逢禄所谓“人谓大臣群臣”，刘宝楠所谓“人非民”，《说文》训“民”为“众氓”，《尚书》郑玄注所谓“民，无知之称”等为证后，又说：“似此，‘人’是统治阶级，‘民’是被统治阶级，所以孔丘对‘人’言‘爱’，对‘民’言‘使’。《论语》全书，只有‘爱人’语法，绝无‘爱民’词句。从‘爱’‘使’的对象不同，足以显示‘人’‘民’的阶级差别。”②且不论仅仅依据只言片语便得出结论的做法是否严谨，单就作者论证“爱”与“使”这两个词所得结论就经不起推敲。《论语》中分明有多处“使人”之例，如《阳货》之“惠则足以使人”。刘宝楠注之曰：“《书·皋陶谟》云：‘安民则惠，黎民怀之。’民怀其德，故足使之也。”③这本来是“人”“民”并无所谓“阶级差别”的证据，作者却说：“依此注解推断，颇疑此章所谓‘使人’之‘人’，本来即为‘民’字。经典中‘民’字，在唐代因避太

① 《论语译注》，第4、30页。
② 《论语新探》，第2、3页。
③ 刘宝楠：《论语正义》，中华书局1990年版，第683页。

宗讳，多被改为‘人’字，此或即其一例。”①但定州汉墓竹简本《论语》此章也分明是“惠则足以使人”，② 可见此章避讳而改之说的无据。相反地，作者所据“在唐代因避太宗讳”，似乎也适用于作者开篇即引的本章。“节用而爱人”，希伯和 2618 号敦煌写本即作“节用而爱民”③（定州竹简本本章阙如），而作者是说“《论语》全书，只有‘爱人’语法，绝无‘爱民’词句”的。需要郑重指出的是，定州竹简本《论语》目前所存 7572 字中，“人”“民”二字与今本无二，并未显示出因避唐太宗讳而改的痕迹。

作者也自知动词“使”的证据太薄弱，于是在“民”未出现在“使”的主语位置上做文章：“然而被使者虽未必是‘民’，而使之者则必定是‘人’。此即是说，‘使民’者必定是‘人’，‘使人’者亦必是‘人’；‘人’中虽有被使者，而‘民’中绝无‘使人’者。似此，凡‘民’皆是被‘人’使用的工具，永远处于被役使，被驱使的地位，已属毫无疑义。”④“民”之不出现在“使”的主语位置上，下文将要详尽证明，乃是因为“人”“民”意义的分野，“人”往往指单个的人，“民”则指芸芸众生、众人。动词“使”意为使令、派遣，这就限定了这一动作往往只能由某个个人做出；另外，“民”指被统治者（但并不意味着是被统治阶级），它不包括天子、诸侯，这也使得它不大可能出现在“使”的主语位置上。因此，这种论证，实在是不能“毫无疑义”地得出结论说“凡‘民’皆是被‘人’使用的工具，永远处于被役使，被驱使的地位”。至于今本《论语》全书没有出现“爱民”，以一个 1.6 万字的小册子，没有出现某一词或词组，实在不能说明什么。而《论语》时代其他典籍的今本中，“民”确确实实出现在动词“爱”的宾语位置上：“天之爱民甚矣。岂其使一人肆

---

① 《论语新探》，第 4 页。

② 河北省文物研究所定州汉墓竹简整理小组：《定州汉墓竹简〈论语〉》，文物出版社 1997 年版，第 82 页。

③ 孙钦善：《论语本解》，三联书店 2009 年版，第 3～4 页。

④ 《论语新探》，第 5 页。

于民上，以从其淫，而弃天地之性？"（《左传》襄公十四年）①"夫越王好信以爱民，四方归之。"（《国语·吴语》）②"凡使民尚同者，爱民不疾，民无可使。"（《墨子·尚同下》）③"古者明王圣人所以王天下、正诸侯者，彼其爱民谨忠，利民谨厚，忠信相连，又示之以利。"（《节用中》）"吾所以知天之爱民之厚者，有矣。"（《天志中》）"若天不爱民之厚，夫胡说人杀不辜而天予之不祥哉？此吾所以知天之爱民之厚也。"（同上）何以"爱民"多出现于《墨子》，下文将做出解释。我们只想强调，那时的语言中，同"使"既可用于"民"，亦可用于"人"一样，"爱"既可用于"人"，亦可用于"民"。实在不能根据这两个动词使用的几个词组，就得出"人""民"分属两个阶级的结论。

至于"教"与"诲"，《论语新探》书中另有《"有教无类"解》④一文，我们一并加以讨论。何晏《集解》引马融说："言人所在见教，无有种类。"⑤见教，即被教。马说意为所有人都被教育，不分种类，但赵文说："自东汉至今，解者有马融、程颐、朱熹、王船山、冯登府、刘宝楠、刘恭冕、章太炎、梁启超和今人冯友兰先生等十二人。就中除王船山而外，均以此章为孔丘自述教育宗旨，义即不分尊卑贵贱，不问出身，超阶级地教育一切人。今按：此种训解，纯系望文生义，揆之《论语》全书，毫无根据。"又说："总而言之，《论语》'有教无类'的'教'字，乃是奴隶主贵族对于所域之民施行的教化，发布的教令，以及军事技能的强制性教练。但是，不论政治经济上的教化、教令，或军事战阵上的技能教练，全为上施下效的强制性措施，目的在于将奴隶主贵族所需要的精神绳索强加于民，迫之必从，而与在'人'的内部进行'诲知'的教育，有严格

① 杨伯峻：《春秋左传注》，中华书局 1990 年版，第 1018 页。本文引自《左传》的文字，除特别注明者外，皆引自该书。

② 徐元诰：《国语集解》，中华书局 2002 年版，第 540 页。本文引自《国语》的文字，除特别注明者外，皆引自该书。

③ 孙诒让：《墨子间诂》，中华书局 2001 年版，第 97 页。

④ 《论语新探》，第 60～94 页。

⑤ 参见程树德：《论语集释》，中华书局 1990 年版，第 1126 页。

的阶级界限，不容混同。"①赵氏又认为，"无类"不是不分"种类"，而是不分"族类"。② "教""诲"二字究竟有何不同，《王力古汉语字典》说："两个词都有'教导'义，但有细微差别。'教'带强制性，'诲'重在启发、诱导。"我们以为这一解说是比较正确的。教，教育，教导，传授，既是名词，又是动词；作名词或动词，在词义上并没有什么区别。赵氏"教""诲"两词的例证，局限于《论语》一书，而语言是约定俗成的，具有强制性的，是用于人类交际的符号系统。也即，使用者必须遵循当时当地时空中的所有使用该语言的人的使用习惯。这就使得我们可以通过考察当时当地其他记录同一语言的典籍来认知该语言。具体到"教""诲"两词，可以通过《左传》《国语》《孟子》等书来考察其词义。通过这一考察可知，它们绝非如赵氏所云"有严格的阶级界限"。如，"教"的宾语经常是国君、贵族。例如："书曰：'郑伯克段于鄢。'……称'郑伯'，讥失教也。"(《左传》隐公元年　失教，谓失教于共叔段)"石碏谏曰：'臣闻爱子，教之以义方，弗纳于邪。'"(隐公三年)"见太子，太子曰：'吾其废乎？'对曰：'告之以临民，教之以军旅，不共是惧，何故废乎？'"(闵公二年　教之，谓教导太子)"晋侯使郤乞告瑕吕饴甥，且召之。子金教之言曰……"(僖公十五年　之，指郤乞)"(狐突)曰：'子之能仕，父教之忠，古之制也。……今臣之子，名在重耳，有年数矣。若又召之，教之贰也。父教子贰，何以事君？'"(僖公二十三年　子，指狐毛、狐偃，跟随重耳逃亡的贵族)"寡人有弟，弗能教训，使干大命，寡人之过也。"(襄公三年)③"以是教王，王能久乎？"(《国语·周语上》)"子教寡人和诸戎，于今八年。"(《晋语七》)④"梁惠王曰：'寡人愿安承教。'"(《孟子·梁惠王上》)"王曰：'吾惛，不能进于是矣。愿夫子辅吾志，明以教

---

① 《论语新探》，第60～61、81页。

② 《论语新探》，第81～85页。

③ 以上6段引文见《春秋左传注》：第14、31、269、360、402～403、930页。

④ 《国语集解》，第13、414页。

我。'"(同上)"设为庠、序、学、校以教之。庠者，养也。校者，教也。序者，射也。夏曰校，殷曰序，周曰庠；学则三代共之，皆所以明人伦也。人伦明于上，小民亲于下。"(《滕文公上》)"教人以善谓之忠。"(同上)"君子之不教子，何也?"(《离娄上》)①相较于"教"，"诲"的书证较少，但其宾语也有为"民"或指代"民"的："昔先王议事以制，不为刑辟，惧民之有争心也。……故诲之以忠。"(《左传》昭公六年)"是故圣王……诲于民，是以天下之民可得而治。"(《墨子·辞过》)正因为"教""诲"词义相近，当时就常结合成一个同义词组："文公问于胥臣曰：'吾欲使阳处父傅讙也而教诲之，其能善之乎?'"(《国语·晋语四》)"若是，则文王非专教诲之力也。"(同上)②"孟子曰：'教亦多术矣，予不屑之教诲也者，是亦教诲之而已矣。'"(《孟子·告子下》)③"今执无鬼者曰：鬼神者，固无有；旦暮以为教诲乎天下。"(《墨子·明鬼下》)"古之圣王……发宪布令以教诲。"(《非命中》)④综上，当时语言中的"教""诲"二词是没有什么"严格的阶级界限"的。为了证明"有教无类""乃是奴隶主贵族对于所域之民施行的教化，发布的教令，以及军事技能的强制性教练"，作者曲为之说"有"通"域"。⑤ 实际上，"有~无~"是《论语》时代的语言中的常见句式，我们至今常说的"有备无患"即属这一句式。其中的"有"当然是"有无"的"有"。如："凡天灾，有币无牲。"(《左传》庄公二十五年　沈玉成《左传译文》译为："祭祀时只能用玉帛而不用牺牲")"必报德，有死无二。"(僖公十五年　沈译："有必死之志而无二心")"受命以出，有死无贾(音 yǔn，废弃)，又可赂乎?"(宣公十五年　沈译："宁可一死而不能废弃命令")"臣闻师众以顺为武，军事有死无犯为敬。"(襄公三年，又见《国语·晋语七》　沈译："在军队里做事宁

① 以上5段引文见杨伯峻：《孟子译注》，中华书局1960年版，第8、17、118、125、178页。

② 《国语集解》，第359、362页。

③ 《孟子译注》，第300页。

④ 《墨子间诂》，第223、274页。

⑤ 《论语新探》，第70~75页。

死不犯军纪叫做‘敬’”)“《书》曰：‘居安思危。’思则有备，有备无患，敢以此规。”(襄公十一年　沈译：“有了防备就没有祸患”)“德，国家之基也。有基无坏，无亦是务乎!”(襄公二十四年　沈译：“有基础才不至于毁坏”)“三者，礼之大节也。有礼无败。”(襄公二十六年　沈译：“有礼仪就没有败坏”)“有不用命，则有常刑无赦。”(哀公三年　沈译：“有不卖力气的，就按规定处罚，不加赦免”)①“不夺民时，不蔑民功。有优无匮，有逸无罢(疲)。”(《国语·周语中》)“必事秦，有死无他。”(《晋语三》)②因此，“有教无类”当然是如杨伯峻先生所译“人人我都教育，没有(贫富、地域等等)区别。”③

至此，《释“人”“民”》赖以立论的两大证据，已不复存在。

三

为了论述的方便，我们将评述《释“人”“民”》之第三部分放在评述第二部分之前。这一部分开始即说，“《论语》中‘人’字凡二百一十三见，随处表明是与‘民’不同的另一个阶级。”④是否如此呢？

《论语》中“人”共出现219次⑤(比赵氏的统计多出6次)。其中，受形容词、名词修饰的共87次(小人24次、大人2次、远人2次、善人5次、圣人4次、仁人2次、贤人1次、惠人1次、君子人2次、中人2次、夫人——邦君之妻2次、君夫人2次、成人4次、佞人2次、庶人1次、古之人1次、妇人1次、丈人2次、殷人1次、周人1次、齐人1次、鲁人1次、鄹人1次、匡人1次、邦人1次、异邦人1次、南人1次、乡人5次、野人1次、达巷党

① 以上8段引文见《春秋左传注》，第232、366、760、929、994、1089、1121、1621页。8段译文见沈玉成：《左传译文》，中华书局1981年版，第57、91、195、257、281、321、337、555页。

② 《国语集解》，第66、314页。

③ 《论语译注》，第170页。

④ 《论语新探》，第19页。

⑤ 该项统计系从杨伯峻先生《论语译注》中得出。

人1次、仪封人1次、门人8次、行人1次、斗筲之人1次),受代词修饰的14次(若人3次、夫人——那人3次、其人3次、斯人3次、何人1次、他人1次),受数词修饰的9次(一人2次,三人、五人、七人、九人、十人、五六人、六七人各1次),与"民"组成联合词组"民人"1次。以上共111次。剩下的108次中,表示"别人""他人"的,为79次;表示与"神""畜"相对的"人""人类"或"一个人""某个人"的,为29次。

表示"人""人类"或"一个人""某个人"的29例,全部列举于下:"其为人也孝弟,而好犯上者,鲜矣。"(《学而》)"人而无信,不知其可也。"(《为政》)"人而不仁,如礼何?人而不仁,如乐何?"(《八佾》)"富与贵,是人之所欲也;……贫与贱,是人之所恶也。""人之过也,各于其党。"(《里仁》)"女得人焉耳乎?""人之生也直,罔之生也幸而免。"(《雍也》)"其为人也,发愤忘食,乐以忘忧。"(《述而》)"人之将死,其言也善。""人而不仁,疾之已甚,乱也。"(《泰伯》)"伤人乎?"(《乡党》)"未能事人,焉能事鬼?""由也兼人。"(《先进》)"人而无恒,不可以作巫医。"(《子路》)"人也。夺伯氏骈邑三百,饭疏食,没齿无怨言。""蘧伯玉使人于孔子。"(《宪问》)"可与言而不与言,失人……知者不失人,亦不失言。""人无远虑,必有近忧。""君子不以言举人,不以人废言。""人能弘道,非道弘人。"(《卫灵公》)"人而不为《周南》、《召南》,其犹正墙面而立也与!"(《阳货》)"且而与其从辟人之士也,岂若从辟世之士哉!"(《微子》)"人未有自致者也,必也亲丧乎!""文武之道,未坠于地,在人。"(《子张》)①

表示"别人""他人"的"人",往往和"己"对言,《左传》中不乏其例:"己弗能有而以与人,人之不至,不亦宜乎?"(隐公十一年)"禹、汤罪己,其兴也悖焉,桀、纣罪人,其亡也忽焉。"(庄公十一年)"修己而不责人,则免于难。"(闵公二年)"善败由己,而由人乎哉?"(僖公二十年)"己则不明而杀人以逞,不亦难乎?"(僖公二十三年)"礼以顺天,天之道也,己则反天,而又以讨人,难以

① 以上29例均见《论语》(《论语译注》本),例多,不一一列出页码。

免矣。”（文公十五年）“利人之几，而安人之乱，以为己荣，何以丰财？”（宣公十二年）“谋人，人亦谋己。”（宣公十四年）“立武由己，非由人也。”（成公六年）“己则无信，而杀人以逞，不亦难乎？”（襄公五年）“牺者，实用人，人牺实难，己牺何害？”（昭公二十二年）①《论语》中的也有很多，如：“不患人之不己知，患不知人也。”（《学而》）“夫仁者，己欲立而立人；己欲达而达人。”（《雍也》）“为仁由己，而由人乎哉？”（《颜渊》）“己所不欲，勿施于人。”（《颜渊》《卫灵公》）“古之学者为己，今之学者为人。”（《宪问》）“修己以安人。”（《宪问》）“君子求诸己，小人求诸人。”（《卫灵公》）《论语》中，“人”有时和“身”对言，“身”表示“己身”：“不能正其身，如正人何？”（《子路》）有时和“我”对言：“我不欲人之加诸我也，吾亦欲无加诸人。”（《公冶长》）“人皆有兄弟，我独亡！”（《颜渊》）②

表示“别人”“他人”的79例，除上列与“己”“身”“我”对言的14例（“己所不欲，勿施于人”出现2次）外，其余65例，也全部列举于下：“人不知，而不愠，不亦君子乎？”“为人谋而不忠乎？”“敬事而信，节用而爱人，使民以时。”“夫子之求之也，其诸异乎人之求之与！”（《学而》）“人焉廋哉？人焉廋哉？”（《为政》）“事君尽礼，人以为谄也”（《八佾》）“唯仁者能好人，能恶人。”（《里仁》）“御人以口给，屡憎于人。”“始吾于人也，听其言而信其行；今吾于人也，听其言而观其行。”“晏平仲善与人交，久而敬之。”（《公冶长》）“一箪食，一瓢饮，在陋巷，人不堪其忧，回也不改其乐。”（《雍也》）“学而不厌，诲人不倦，何有于我哉。”“人洁己以进，与其洁也，不保其往也。”“丘也幸，苟有过，人必知之。”“子与人歌而善，必使反之，而后和之。”“文，莫吾犹人也。”“为之不厌，诲人不倦。”（《述而》）“夫子循循然善诱人。”（《子罕》）“问人于他邦，再拜而送之。”（《乡党》）“孝哉，闵子骞！人不间于其父母昆弟之

① 以上11段引文见《春秋左传注》，第77、188、269、387、403、614、746、756、826～827、943、1434页。

② 以上各例均见《论语》（《论语译注》本），例多，不一一列出页码。

言。”(《先进》)“君子敬而无失，与人恭而有礼。”“听讼，吾犹人也。”“君子成人之美，不成人之恶。”“察言而观色，虑以下人。”“攻其恶，勿攻人之恶，非修慝与?”“樊迟问仁。子曰：‘爱人。’问知。子曰：‘知人。’”(《颜渊》)“举尔所知，尔所不知，人其舍诸?”“人之言曰：‘为君难，为臣不易。’……人之言曰：‘予无乐乎为君，唯其言而莫予违也。’”“居处恭，执事敬，与人忠。”“君子……及其使人也，器之。小人……及其使人也，求备焉。”(《子路》)“夫子时然后言，人不厌其言；乐然后笑，人不厌其笑；义然后取，人不厌其取。”“子贡方人。”“不患人之不己知，患其不能也。”“不怨天，不尤人。”(《宪问》)“躬自厚而薄责于人，则远怨矣。”“君子病无能焉，不病人之不己知也。”“吾之于人也，谁毁谁誉。”“有马者，借人乘之。”(《卫灵公》)“乐节礼乐，乐道人之善，乐多贤友，益矣。”(《季氏》)“君子学道则爱人，小人学道则易使也。”“宽则得众，信则人任焉，敏则有功，惠则足以使人。”“恶称人之恶者。”(《阳货》)“人曰：‘子未可以去乎?’曰：‘直道而事人，焉往而不三黜?枉道而事人，何必去父母之邦?’”(《微子》)“我之大贤与，于人何所不容?我之不贤与，人将拒我，如之何其拒人也?”“君子之过也，如日月之食焉：过也人皆见之，更也人皆仰之。”“人虽欲自绝，其何伤于日月乎?”(《子张》)“君子正其衣冠，尊其瞻视，俨然人望而畏之。”“犹之与人也，出纳之吝谓之有司。”“不知言，无以知人也。”(《尧曰》)①

以上列举《论语》中全部“人”的例证，无非是为了说明，《论语》中的“人”，绝非表示奴隶主阶级的——108例未受修饰的“人”的例证的归类(归入“表示‘别人’‘他人’”或“表示‘人’‘人类’或‘一个人’‘某个人’”)容或可商，但这一全面统计表明，并无任何“人”的例证表明《论语》中的该词表示所谓“奴隶主阶级”。“人”“人类”是“人”的本义，“别人”“他人”是其引申义。“人”与“民”意义的分野，前者表示个体的“人”，后者表示“人”的群体，即芸芸众生；前者或许包括了天子、诸侯，后者乃天子、诸侯所管辖、

① 以上65例均见《论语》(《论语译注》本)，例多，不一一列出页码。

统治的大众、民众。因为“人”偏向于指个体，所以有小人、大人、远人、善人、圣人、仁人、贤人、惠人、君子人、中人、成人、佞人、庶人、妇人、丈人、门人、行人以至“斗筲之人”等各色人等，修饰它的地名顶多只能及于国名——殷人、周人、齐人、鲁人。而因为“民”偏向于指群体，故除了有“齐民”(《孟子·公孙丑下》)①“晋民”(《国语·晋语四》)②外，还有“天下之民”。见于《论语》的，有《尧曰》“兴灭国，继绝世，举逸民，天下之民归心焉”;③“天下之民”见于与《论语》同一时期或稍后的《左传》《孟子》的有《左传》文公十八年的6例、④《孟子》之《梁惠王上》《梁惠王下》《公孙丑上》《公孙丑下》《万章上》《万章下》的10例。⑤“人”受代词修饰的，《论语》中可见若人、夫人、其人、斯人、何人、他人，虽然也有“其民”“斯民”(《雍也》:“居敬而行简，以临其民。”《子张》:“君子信而后劳其民。”《卫灵公》:“斯民也，三代之所以直道而行也。”⑥)，但那一时代的典籍中却绝不见“何民”“他民”。道理很简单，“何”“他”这种代词通常指代“那个”“某个”“那几个”“某几个”，一般不指代“那些”“某些”“那一大群”“某一大群”。以“何”为例，如，“伯夷、叔齐何人也”?(《述而》)⑦“周公何人也?”(《孟子·公孙丑下》)“舜，何人也?予，何人也?”(《滕文公上》)“乐正子何人也?”(《尽心下》)⑧都是指代具体的一人或几人。“人”受数词修饰，《论语》中可见一人、三人、五人、五六人、六七人、七人、九人、十人等9例，未见数词修饰“民”者，只有1例“四方之民”:“夫如是，则四方之民襁负其子而至矣，焉用稼?”

---

① 《孟子译注》，第103页。
② 《国语集解》，第339页。
③ 《论语译注》，第208页。
④ 《春秋左传注》，第637、639、640页。
⑤ 《孟了译注》，第5、13、31、77、108、221、225、232页。
⑥ 《论语译注》，第54、201、167页。
⑦ 《论语译注》，第70页。
⑧ 《孟子译注》，第101、112、334页。

（《子路》）①那一时代的典籍中，却有“万民”“兆民”（前者见《左传》闵公元年、襄公十五年、昭公二十六年，共4例。后者见《左传》闵公元年、成公二年、襄公十三年，共3例）。以闵公元年、成公二年为例：“天子曰兆民，诸侯曰万民。”“大夫为政，犹以众克，况明君而善用其众乎？《大誓》所谓商兆民离，周十人同者，众也。”②后一例“民”用“兆”修饰，“人”用“十”修饰，颇能说明问题，而“四方之民”恰恰说明“民”指芸芸众生。

“他人”“别人”当然往往指近在咫尺的自己所认识的人，故《学而篇》第五章“节用而爱人”之“爱人”当然指爱别人，爱身边的其他人；而《宪问》四十二章的“修己以安人”指提高自己来使周围的人安乐，“修己以安百姓”，指提高自己来使大众安乐。

四

《释“人”“民”》之第二部分前段，劈头即说：“《论语》中‘民’凡五十见，皆指被统治阶级，绝无例外。”③所引第一个例证为《颜渊》之十九章：“季康子问政于孔子曰：‘如杀无道，以就有道，何如？’孔子对曰：‘子为政，焉用杀？子欲善而民善矣。’”④从中并看不出“民”指“被统治阶级”。我们试将考察范围扩大到篇幅较大而与《论语》同时的《左传》。于下列《左传》引文可见，贵族也包括于“民”中，如原繁、卜偃、秦之“三良”，“民”甚至可能包括了鄁国国君；“民”是与“君”相对而言的；相反，“民”却不是和“人”相对而言的，史、瞽、工、大夫、士、庶人、商旅、百工，都是“民”，“良君”必须善待；“民”可以祭祀，而且有禄位。这些都说明“民”是除了天子、诸侯之外所有人的总称。沈玉成《左传译文》译之为“百姓”，是恰当的。

---

① 《论语译注》，第135页。

② 《春秋左传注》，第259、809页。

③ 《论语新探》，第10页。

④ 《论语译注》，第129页。

贵族也是“民”：《左传》隐公元年记载公子吕说：“国不堪贰，君将若之何？欲与大叔，臣请事之；若弗与，则请除之，无生民心。”——显然，公子吕是将自己置身于“民”的。庄公十四年记原繁说：“苟主社稷，国内之民其谁不为臣？臣无二心，天之制也。……臣闻命矣。乃缢而死。”——大夫原繁也是“民”的一员。僖公十九年：“夏，宋公使邾文公用鄫子（鄫国国君）于次睢之社，欲以属东夷。司马子鱼曰：‘古者六畜不相为用，小事不用大牲，而况敢用人乎？祭祀以为人也。民，神之主也。用人，其谁飨之？’”——宋公要杀鄫国国君祭祀次睢土地神，司马子鱼劝阻。先说祭祀是为了人（而非为了神），然后说，民，是神的主人。那么，用人来祭祀，谁会来享用祭品。这里的“民”，甚至可能包括了鄫国国君，至少，不会和“人”是“两个阶级”。僖公二十三年记载，晋献公杀狐突，卜偃称疾不出，说：“已则不明而杀人以逞，不亦难乎？民不见德而唯戮是闻，其何后之有？”——杀人，指杀大臣狐突，民，则泛称之，包括卜偃。僖公二十八年：“杀舟之侨以徇于国，民于是大服。君子谓：‘文公其能刑矣，三罪而民服。’”——舟之侨是贵族，杀贵族而令“民”服。文公六年：“秦伯任好卒（死了），以子车氏之三子奄息、仲行、针虎为殉（殉葬），皆秦之良也。国人哀之，为之赋《黄鸟》。君子曰：‘秦穆之不为盟主也，宜哉。死而弃民。’”——“子车氏之三子奄息、仲行、针虎”都是贵族，也都是“民”。

“民”与“君”相对而言：《左传》桓公六年记载随国季梁说：“所谓道，忠于民而信于神也。上思利民，忠也；祝史正辞，信也。……夫民，神之主也。是以圣王先成民而后致力于神。……故务其三时，修其五教，亲其九族，以致其禋祀。于是乎民和而神降之福，故动则有成。今民各有心，而鬼神乏主，君虽独丰，其何福之有！”——“民”与“君”相对而言，如果“民”与“君”离心离德，各怀心思，君即使“独丰”（祭祀丰盛），也不能求得福气。“务其三时，修其五教，亲其九族，以致其禋祀”的“其”，都指代“民”。可见，“民”并非什么“奴隶阶级”。文公十三年：“邾文公卜迁于绎。史曰：‘利于民而不利于君。’邾子曰：‘苟利于民，孤之利也。天生民而树之君，以利之也。民既利矣，孤必与焉。'左右曰：'命可长也，君何弗为?'邾子曰：'命在养民。死之短长，时也。民苟利矣，迁也，吉莫如之!'遂迁于绎。"——"利于民而不利于君"，"民"与"君"相对而言。邾国国君为了"民"，连命都可以不要。可见"民"是国君以外的国人。僖公十年："晋侯背大主而忌小怨，民弗与(赞同)也，伐之必出(赶出国)。"——"民"指晋侯之外的晋国人。

"民"与"人"却并非相对而言：《左传》桓公五年："郑子元请为左拒以当蔡人、卫人，为右拒以当陈人，曰："陈乱，民莫有斗心，若先犯之，必奔。"——前言"陈人"，后言"民莫有斗心"，陈人，大多是"民"(大约不包括陈的统治者)。可见，"民"与"人"并非如赵纪彬所说是相对而言的。庄公十年记鲁庄公与曹刿对话："公曰：'衣食所安，弗敢专也，必以分人。'对曰：'小惠未遍，民弗从也。'"——分人，分给他人，曹刿答道，小惠未遍及于民(而只达于民的一小部分)，所以"民"不会跟从您。可见，"民"不是和人相对而言的。庄公三十二年记史嚚说："国将兴，听于民；将亡，听于神。神，聪明正直而一者也，依人而行。"——人，依沈玉成译，是各种不同个体的人；民，沈译为"百姓"，是对人群的泛称，但不包括"君"。闵公二年："卫之遗民男女七百有三十人，益之以共、滕之民为五千人，立戴公以庐于曹。"——"遗民"计数用"人"为单位。襄公八年："民死亡者，非其父兄，即其子弟，夫人愁痛，不知所庇。民知穷困，而受盟于楚。"——夫人，那些人，指那些单个的人，"民"则是统称，相当于"百姓"。襄公十四年："师旷侍于晋侯。晋侯曰：'卫人出(赶走)其君，不亦甚乎?'对曰：'或者其君实甚。良君……养民如子，盖之如天，容之如地。民奉其君，爱之如父母，仰之如日月，敬之如神明，畏之如雷霆，其可出乎？夫君，神之主而民之望也。若困民之主，匮神乏祀，百姓绝望，社稷无主，将安用之？弗去何为？……自王以下，各有父兄子弟，以补察其政。史为书，瞽为诗，工诵箴谏，大夫规诲，士传言，庶人谤，商旅于市，百工献艺。……天之爱民甚矣，岂其使一人肆于民上，以从其淫，而弃天地之性?'"——以上史、瞽、工、大夫、士、庶人、商旅、百工，都是“民”，而“良君”必须善待，“盖之如天，容之如地”。襄公二十九年：“郑子展卒，子皮即位。于是郑饥，而未及麦，民病。子皮以子展之命饩国人粟，户一钟，是以得郑国之民。”——“国人”即“郑国之民”。昭公十三年：“平子怒，令见费人执之以为囚俘。冶区夫曰：‘非也。若见费人，寒者衣之，饥者食之，为之令主，而共其乏困。费来如归，南氏亡矣，民将叛之，谁与居邑？若惮之以威，惧之以怒，民疾而叛，为之聚也。’平子从之，费人叛南氏。”——费人，即“民”。哀公十六年：“叶公亦至，及北门，或遇之曰：‘君胡不胄（不戴头盔）？国人望君如望慈父母焉。盗贼之矢若伤君，是绝民望也。若之何不胄？’乃胄而进。又遇一人曰：‘君胡（为何）胄？国人望君如望岁（收成）焉，日日以几（盼望）。若见君面，是得艾（安心）也。民知不死，其亦夫有奋心，犹将旌君以徇于国，而反掩面以绝民望，不亦甚乎？’乃免胄而进。”——国人，即“民”，可见“民”不是和人相对而言的。

此外，“民”可祭祀，而且为“民”制定禄位：《左传》僖公十年：“臣闻之，神不歆非类，民不祀非族。”——“民”可祭祀，可与上文所引桓公六年随国季梁说的话互参。昭公六年：“昔先王……惧民之有争心也。犹不可禁御，是故闲之以义，纠之以政，行之以礼，守之以信，奉之以仁，制为禄位以劝其从，严断刑罚以威其淫。惧其未也，故诲之以忠。”——制为禄位以劝其从（制定禄位，以劝勉服从的人），可见“民”并非奴隶阶级。①

另外，在成书较《论语》晚不到百年的《孟子》一书中，伊尹是“民”：“（伊尹）既而幡然改曰：‘与我处畎亩之中，由是以乐尧、舜之道，吾岂若使是君为尧、舜之君哉？吾岂若使是民为尧、舜之民哉？吾岂若於吾身亲见之哉？天之生此民也，使先知觉后知，使先觉觉后觉也。予，天民之先觉者也，予将以斯道觉斯民也，非予觉之而谁也？’”（《万章上》，又见《万章下》）②“天民”，即“天生此

① 以上《左传》各例均见《春秋左传注》，例多，不列举。

② 《孟子译注》，第225、232页。

民”的缩写，而伊尹以此自居。又《公孙丑下》：“尊贤使能，俊杰在位，则天下之士皆悦，而愿立於其朝矣；市，廛而不征，法而不廛，则天下之商皆悦，而愿藏於其市矣；关，讥而不征，则天下之旅皆悦，而愿出於其路矣；耕者，助而不税，则天下之农皆悦，而愿耕於其野矣；廛，无夫里之布，则天下之民皆悦，而愿为之氓矣。信能行此五者，则邻国之民仰之若父母矣。率其子弟，攻其父母，自有生民以来未有能济者也。如此，则无敌於天下。”①“氓”，指外来之“民”，囊括上面列举的士、商、旅、农，后文“信能行此五者，则邻国之民仰之若父母矣”之“邻国之民”，当然也包括邻国的士、商、旅、农。可见，通常翻译这里的“民”为“百姓”，是恰当的。《孟子》虽较《论语》为晚，但以上两个例证却足证《左传》对“民”的种种描述并非虚妄。

五

《释“人”“民”》之第二部分后段，是着重论述“逸民”并非“民”。《论语》中两见“逸民”：“逸民：伯夷、叔齐、虞仲、夷逸、朱张、柳下惠、少连。……柳下惠、少连，降志辱身矣。言中伦，行中虑，其斯而已矣。”(《微子》)“兴灭国，继绝世，举逸民，天下之民归心焉。”(《尧曰》)②伯夷、叔齐、虞仲、夷逸、朱张、柳下惠、少连等人都是贵族，赵纪彬不能回避，在这一部分，便着重论述“逸民”并非“民”。根据上举两章，赵氏举出三点理由：“第一，《论语》只在言‘人’的场合，才提出姓名。”如《雍也》：“子曰：‘女得人焉耳乎？’曰：‘有澹台灭明者……’”“第二，在《论语》中，只有‘人’才有资格发‘言’。”如《公冶长》：“始吾于人也，听其言而信其行；今吾于人也，听其言而观其行。”《泰伯》：“曾子言曰：‘鸟之将死，其鸣也哀；人之将死，其言也善。’”《卫灵公》：“君子不以言举人，不以人废言。”“第三，《论语》言‘举’，皆指‘人’

① 《孟子译注》，第77页。

② 《论语译注》，第197、208页。

而言；凡所‘举’者皆是‘人’，凡‘举人’者亦是‘人’，而民不得参与其事。”如《颜渊》：“樊迟问仁。子曰：‘爱人。’问知。子曰：‘知人。’樊迟未达。子曰：‘举直错诸枉，能使枉者直。’樊迟退，见子夏曰：‘乡也吾见于夫子而问知，子曰：“举直错诸枉，能使枉者直。”何谓也？’子夏曰：‘富哉，言乎！舜有天下，选于众，举皋陶，不仁者远矣。汤有天下，选于众，举伊尹，不仁者远矣。’”《子路》：“仲弓为季氏宰。问政。子曰：‘先有司，赦小过，举贤才。’曰：‘焉知贤才而举之？’曰：‘举尔所知，尔所不知，人其舍诸？’”①明白了“人”与“民”意义的分野，乃是分指个人和群体，便知以上三点理由，实不能成立。列举姓名，当然不能一下列出千百人。发言也是如此，某一时刻，总是某“人”发言，不可能千百人同时发言。举人，不管是举人还是被举，一般都不可能是千百人同时进行，否则便不成其为“举”。“逸民”是“民”中的一类，孔子列举伯夷、叔齐等七人，只是举例性的。

《释“人”“民”》说“民”为“奴隶阶级”的根据之一，是所谓“‘民’中绝无‘使人’者”。我们已知“人”“民”二字的区别，由此可知，出现于上下文中的“使人者”都只能是个别的“人”，不可能是群体的“民”；由此亦可知，何以“使”的主语只能是“人”，宾语却既能是“民”，又能是“人”了。因为，“使”的对象既能是个别的人，也能是群体的人。综上，根据上引“贵族也是‘民’”“‘民’与‘君’相对而言”“‘民’与‘人’却并非相对而言”的多个例证，“凡‘民’皆是被‘人’使用的工具，永远处于被役使，被驱使的地位”，当然绝非“已属毫无疑义”，而是毫无成立的可能。

本文第二部分曾经提到，“爱民”多出现于《墨子》。何以今本《论语》未见一例“爱民”而今本《墨子》多见之？撇开避李世民讳而可能使得原本的“爱民”变为“爱人”不论，我们试从孔墨思想的差异入手予以解释。孔门主张“爱有等差”而墨家主张“爱无等差”。具体地说，孔门主张，一个人，首先要爱自己的亲人，然后将对亲人的爱由己及人由近及远地推广于周围的其他人，进而推广到天下

① 《论语新探》，第16~18页。

万民。所谓“己所不欲，勿施于人”,① 所谓“己欲立而立人，己欲达而达人”,② 所谓“老吾老而及人之老，幼吾幼而及人之幼”(《孟子·梁惠王上》);③ 进而“博施于民而能济众”。果能如此，孔子便称许“何事于仁，必也圣乎”!(《雍也》)④墨家则主张“兼爱”，所谓“墨子兼爱，摩顶放踵利天下，为之”。(《孟子·尽心上》)⑤爱他人，是谓“爱人”，爱天下之人，是谓“爱民”。此即《墨子》书中“爱民”出现较多的缘由，而与所谓“奴隶主”“奴隶”无涉。

正由于“人”“民”的意义都表示“人”，其词义并不表示所谓阶级的对立，这一最大公约数促使它们在当时即组成了同义词组“民人”和“人民”，而以前者较为多见：“有民人焉，有社稷焉，何必读书，然后为学。”(《论语·先进》)⑥“礼，经国家，定社稷，序民人，利后嗣者也。”(《左传》隐公十一年)“大国不加德音而乱以要之，使其鬼神不获歆其禋祀，其民人不获享其土利，夫妇辛苦垫隘，无所底告。”(襄公九年)“宋之盟，君命将利小国，而亦使安定其社稷，镇抚其民人，以礼承天之休，此君之宪令，而小国之望也。”(襄公二十八年)“侯主社稷，临祭祀，奉民人，事鬼神，从会朝，又焉得居?”(昭公七年)“我在伯父，犹衣服之有冠冕，木水之有本原，民人之有谋主也。”(昭公九年)“吾未抚民人，未事鬼神，未修守备，未定国家，而用民力，败不可悔。”(昭公十三年)“今宫室无量，民人日骇，劳罢死转，忘寝与食，非抚之也。”(昭公十九年)“民人苦病，夫妇皆诅。”(昭公二十年)“夫正其疆场，修其土田，险其走集，亲其民人，……不懦不耆，完其守备，以待不虞，又何畏矣?”(昭公二十三年)“苟先君无废祀，民人无废主，社稷有奉，国家无倾，乃吾君也。”(昭公二十七年)“寡君闻楚为不道，荐

① 《论语译注》，第123、166页。

② 《论语译注》，第65页。

③ 《孟子译注》，第16页。

④ 《论语译注》，第65页。

⑤ 《孟子译注》，第313页。

⑥ 《论语译注》，第118页。

伐吴国，灭厥民人。”(哀公十五年)①“国之将兴，其君齐明、衷正、精洁、惠和，其德足以昭其馨香，其惠足以同其民人。”(《国语·周语上》)“今将大泯其宗祊，而蔑杀其民人，宜吾不敢服也!”(《周语中》)“祚四岳国，命以侯伯，赐姓曰‘姜’，氏曰‘有吕’，谓其能为禹股肱心膂，以养物丰民人也。”(《周语下》)“君若惠顾社稷，不忘先君之好，辱收其逋迁裔胄而建立之，以主其祭祀，且镇抚其国家及其民人，虽四邻诸侯之闻之也，其谁不儆惧于君之威，而欣喜于君之德?”(《晋语二》)“商契能和合五教，以保于百姓者也。周弃能播殖百谷蔬，以衣食民人者也。”(《郑语》)“使吾甲兵钝獘，民人离落，而日以憔悴，然后安受吾烬。”(《吴语》)②“后稷教民稼穑，树艺五谷。五谷熟而民人育。人之有道也，饱食、暖衣、逸居而无教，则近于禽兽。圣人有忧之，使契为司徒，教以人伦：父子有亲，君臣有义，夫妇有别，长幼有序，朋友有信。放勋曰：‘劳之来之，匡之直之，辅之翼之，使自得之，又从而振德之。’圣人之忧民如此，而暇耕乎?”(《孟子·滕文公上》)③

以上为“民人”之见于《论语》《左传》《国语》《孟子》者。最后一例，先是说“五谷熟而民人育”，接着又说“人之有道也，饱食、暖衣、逸居而无教，则近于禽兽”，第一句意指一个人之作为人有一定的道理。最后说“圣人之忧民如此，而暇耕乎”，其中“民”指人民全体。《左传》昭公二十七年之“民人无废主”也值得注意。沈玉成译之为“百姓没有废弃主子”，④ 可见，“民人”是有“废主”资格的。以下为“人民”的例句：“于是乎气无滞阴，亦无散阳，阴阳序次，风雨时至，嘉生繁祉，人民和利，物备而乐成，上下不罢，故曰乐正。”(《国语·周语下》)“凡吴土地人民，越既有之矣，孤何以视于天下!”(《吴语》)⑤“诸侯之宝三：土地、人民、政事。”

---

① 以上11段引文见《春秋左传注》，第76、969、1143、1298、1309、1361、1405、1417、1448、1484、1691页。

② 以上6段引文见《国语集解》，第29、54、97、294、466、540页。

③ 《孟子译注》，第125页。

④ 《左传译文》，第499页。

⑤ 《国语集解》，第111、561页。

(《孟子·尽心下》)①

顺便说一句，《释“人”“民”》一文可谓广征博引，所引以清人之说居多。我们认为，在古书的解读中，清人对汉晋人注解的驳正，除高邮王氏父子外，鲜有可以成立者。这段话的意思是，清人的注解，虽然不乏精湛者，但在正与误的对比上，实在不成比例。限于篇幅，此处不赘，将以专文阐发之。这里想说的是，赵文引证虽繁，实不可据。有的情况是，古人本不误，而赵文引以为证据时却用错了地方。如古人阐发“有”有“域”义，赵氏用以解释“有教无类”，即其一例。记得蒋绍愚先生在《中国语言学》第4辑《读论语札记》一文中曾指出，对古书中某句中的某一词语，不对该词语在特定上下文中的用法作全面考察，而只是从其诸多义项中挑出一个，然后说，只有理解为该意义，便符合某古人的思想，这种做法，是“读古书的大忌”。赵氏所说“有教无类”的“有”通“域”，即属此类。

（作者单位：上海大学文学院）

① 《孟子译注》，第335页。

崔述的疑古史思想与乾嘉时代的史学解放

◎ 吴根友

崔述(1740—1816年),字武承,号东壁,直隶大名府魏县(今河北魏县)人。其先人以军功起家,至其父30岁前,家道已经衰落。至崔述一代,家计更加艰难。15岁时,与弟崔迈应大名府童子试,崔述得第一名。23岁时中举。30岁时,“觉百家言多可疑,悔从前泛览之误”,“乃反而求之《六经》,以考古帝王圣贤行事之实;先儒笺注,必求其语所本而细核心之;欲自著一书以证伪书之附会,辟众说之谬误,举子业置不复为”。① 崔述自30岁以后致力于考据学的研究,他的疑古思想虽然以“尊经”为前提,具有很大的局限性,但通过对经学传统里传、注、疏等的怀疑与驳议,间接地引导了史学的解放。有关崔述的学术与思想研究,目前学界已经有了相当多的成果,本文在此处着重将崔述放在乾嘉学术的大环境里考察其学术特点。虽然,崔述是乾嘉主流学术之外的异数,就其学术的异数性格而言,颇同于章学诚。但其思想倾向、治学方法与内容,与章学诚均不相同。

---

① 陈履和:《崔东壁先生行略》,参见崔述撰著,顾颉刚编订:《崔东壁遗书》,上海古籍书店1983年版,第940页。按:后文所引崔述著作,皆出此版本,只注书名与页码。

一、崔述学术的价值取向与乾嘉学术精神的内在关系

崔述30岁时有志于考据学，时值1770年，正为乾嘉考据兴盛的时期。自1770年到1782年，崔述花了12年时间为著《考信录》一书作准备；至1791年《洙泗考信录》、《补上古考信录》先后脱稿，又近10年时间。因为家贫不能自立，1792年进京选官，与参加会试的陈履和邂逅相识。陈在见面之前就仰慕崔述的学问，见面时又拜读了崔述随身携带的手稿《洙泗考信录》、《补上古考信录》，遂执意拜崔述为师。崔述先是不肯，后应承。陈履和是崔述一生收的唯一一个学生。由顾颉刚先生整理的《崔东壁遗书》，是我们目前所能见到的崔述最全的著作材料。

依崔述自叙及陈履和《崔东壁先生行略》所记，崔述的尊经疑古思想来自幼时其父所教的读书法。《家学渊源》一文说道："先君教述，自解语后，即教以日数官名之属，授书后即教以历代传国之次，郡县山川之名，凡事之有益于学问者无不耳提而面命之。开讲后，则教以儒、禅之所以分，朱、陆之所以异，凡诸卫道之书必详为之讲说，神异巫觋不经之事皆为指析其谬。以故述自成童以来，阅诸经史百家之书不至'河汉而无极'者，先有以导其源故也。"①

应当说，家学渊源对于崔述从事考据学研究的影响是不容怀疑的。但崔述日后用四十余年的时间从事考据之学，在尊经的前提下从事历史还原的考信工作，与乾嘉时代"实事求是"的考据学大风气是密切相关的。"实事求是"是乾嘉学术的精神纲领，这一精神纲领用现代的哲学观念来理解可以称之为"求真"的精神。这一"求真"精神在经学与史学两大研究领域里分别表现为"经文原义之还原"与"历史事实真相之求证"。在经学研究领域里，主要通过语言、文字，古代文化史的研究以达到还原经文原义的经学理论目标。而在史学领域里，则主要通过对历史事实真相之发掘，来揭露古代官修史学中之讹谬，从而达到对历史事件真相之揭露与历史人

---

① 崔述撰著，顾颉刚编订：《崔东壁遗书》，第470页。

物的重新评价。崔述所从事的考据工作内容及其方法、路径，与乾嘉的汉学家、经学家都相当的不同。但其学术所体现出的“求真”精神则与该时代的主流学术研究倾向是一致的。

就乾嘉考据学中的“史学考据”而言，钱大昕、王鸣盛、赵翼可以说有大致相同的学术目标，他们被视为史学考据学的学术共同体，是乾嘉史学的主流。而崔述则属于乾嘉史学考据学的异类。崔述与章学诚两人的学术类型，都可以视为乾嘉学术的异数，但他们的学术思想对20世纪中国学术，特别是历史学研究产生了深刻的影响。与章学诚一样，崔述虽然生活于乾嘉之世，然而与这一时代主流的考据学似乎不甚相关。与章学诚不同，章学诚试图以史学取代经学，在新道论思想的前提下重新阐述了“六经皆史”的旧史学命题。崔述则笃信经学权威，并极力维护经学权威而力辨上古子书中的种种造伪现象，并努力揭示出这种造伪的规律，试图还原经学以外古代诸子思想的真实面貌。因而，就其学术所具有的“求真”精神而言，崔述的“尊经疑古”，辨伪求真的学术活动，与乾嘉时代的学术与思想精神还是声气相通的。对此，刘师培有一段非常恰当的评论，他说：“近世考证学超越前代，其所以成立学派者，则以标例及征实二端。标例则取舍极严而语无庞杂；征实则实事求是而力矫虚诬。大抵汉代以后，为学之弊有二：一曰逞博，二曰笃信。逞博则不遁规律；笃信则求真知。此学术所由不进也。……惟江、戴、程、凌起于徽歙，所著之书均具条理界说，博征其材，而所标之义，所析之词，必融会贯通以求其审；缜密严栗，略与皙种之科学相同。近儒考证之精，恃有此耳。述生乾嘉间，未与江、戴、程、凌相接，而著书义例则殊途同归。彼以百家之言古者多有可疑，因疑而力求其是。浅识者流仅知其有功于考史，不知《考信录》一书自标界说，条理秩然，复援引证佐以为符验，于一言一事必钩稽参正，剖析疑似，以求其真，使即其例以扩充之，则凡古今载籍均可折中至当，以去伪而存诚。则述书之功在于范围谨严，而不在于逞奇炫博。”①

---

① 刘师培：《崔述传》，见顾颉刚编订《崔东壁遗书附录·传状》，上海古籍书店1983年版，第948～949页。

我们认为，刘师培对于崔述学术精神与乾嘉学术求真、求是精神一致性的分析是中肯的。崔述虽然不能简单地归为乾嘉汉学或宋学，也不能简单地归为吴派或皖派，从这两个角度说，他是乾嘉学术流派中的“异数”。但崔述的“尊经疑古”，考信求真的精神，与乾嘉学术的“实事求是”精神是一致的。至于他的学术研究成果在多大程度上达到了这一理想性的目标，那又是另一回事。

经过胡适与顾颉刚为代表的近代疑古学派的宣传，崔述的学术形象就是乾嘉时代的一个疑古学派的先驱者。不过，20世纪也有少数历史学家对崔述“疑古”形象提出了相反的观点，如吕思勉。吕氏曾经这样说过：“读书最忌买椟还珠。读崔氏之书，徒知激赏其疑古之处，而于其论政论俗处，瞠目无所见……静夜偶意及之，辄举斯义，以为青年告。”①当代学者路新生先生也不同意将崔述简单地界定为一个疑古学家，而是一个以“民本”思想为核心的经学家。他说：“崔述提倡回归原典，他的目的恰恰在于借助对经典的注释和考据来建立他的以‘民本’为核心的经学思想体系。崔述所论古帝王因为‘民’的选择和拥戴而确立其帝位；‘五常’为汉儒所杜撰；贪人不可用；帝王应当广开言路，主动纳谏等等，这些经说都饶有新意地围绕着他的民本思想而展开。”②

应当说，吕氏与路氏所言，为我们重新理解崔述的思想及其精神的整体风貌，提供了十分有价值的不同论述，可以有助于人们改变对胡适、顾颉刚等人所塑造的崔述学术形象的认识。不过，就崔述区别于乾嘉时代其他一流学者的学术形象而言，“尊经疑古”思想仍然是他学术的主要特征，将崔述视作乾嘉时代“尊经疑古”者，这一判断基本上还是符合崔述的学术性格的。本文将用主要笔墨论述崔述的史学思想及其学术精神，并对其政治思想略加论述。

---

① 吕思勉：《读〈崔东壁遗书〉》，参见《吕思勉论学丛稿》，上海古籍出版社2006年版，第711页。

② 路新生：《中国近三百年疑古思潮研究》，上海人民出版社2001年版，第241页。

二、尊经疑古，考信求真——崔述的学术精神

（一）尊经疑古——崔述“求真”思想及其理论前提

作为乾嘉考据学的异类，崔述是以明确的“尊经观”为其理论前提，在诸子思想史领域里从事着“辨伪求真”的思想史的考据工作。他这样说：

“圣人之道，在《六经》而已矣。二帝、三王之事，备载于《诗》、《书》(《书》谓《尧典》等三十三篇)，孔子之言行，具于《论语》。文在是，即道在是，故孔子曰：‘文王既没，文不在兹乎？’《六经》以外，别无所谓道也。”①

很明显，崔述的疑古思想前提是“尊经”，他疑古的目的是为了捍卫经的神圣性，这就在思想前提下规定了他的史学考据与辨伪是以维护《六经》中的圣人之道为己任的，因而与乾嘉时代史学考据追求历史真相的目标有相当大的不同。在崔述看来，存在于《六经》之中的圣人之道之所以被淹没，主要是由如下三个方面的原因导致的：

第一，秦统一六国，焚书坑儒，导致《六经》之道沉晦。他说：“顾自秦火后，汉初诸儒传经者各有师承，传闻异词，不归于一。”②

第二，战国时代的战乱，以及该时代书籍形式的限制，导致《六经》之道的沉晦。他说：“战国之世，处士横议，说客托言，杂然并传于后，而其时书皆竹简，得之不易，见之亦未必能记忆，以故难于检核考正，以别其是非真伪。”③

第三，魏晋之后，学术空疏，再加新的战乱，再次使儒家的经籍沦亡，使《六经》之道再一次陷入沉渊之晦。他说：“东汉之末，

---

① 崔述撰著，顾颉刚编订：《崔东壁遗书·考信录提要卷上》，上海古籍书店1983年版，第2页。

② 崔述撰著，顾颉刚编订：《崔东壁遗书·考信录提要卷上》，第2页。

③ 崔述撰著，顾颉刚编订：《崔东壁遗书·考信录提要卷上》，第2页。

始易竹书为纸，检阅较前为易；但魏、晋之际，俗尚词章罕治经术，旋值刘、石之乱，中原陆沉，书多散佚，汉初诸儒所传《齐诗》、《鲁诗》、《齐论》、《鲁论》陆续皆亡，惟存《毛诗序传》及张禹更定之《论语》，而伏生之《书》，田何之《易》，邹、夹之《春秋》亦皆不传于世。于时复生妄人，伪造《古文尚书经传》、《孔子家语》，以惑当世。”①

由上所引文献可知，崔述所辨之伪乃是《六经》之后的传与诸子之书之伪。而这些伪书之伪的性质乃是：这些后于《六经》而出的传与诸子之书使得“二帝、三王、孔门之事于是大失其实”，② 并不是这些书所记载之事与历史上真正发生过的事实本身的不相符。这样，崔述的“辨伪求真”的学术理想，以及这种学术理想所包含的知性精神就被其厚重的经学外衣所束缚。就其“尊经”的学术观念而言，反不如王鸣盛、赵翼、钱大昕等人史学考据学具有思想的解放意义。钱大昕“经史不二”的思想，虽然还带有以经书提高史书价值地位的思想痕迹，然而他不迷信《六经》，相反，通过对《六经》别开生面的解释来阐发他的带有近代人道主义气息的政治伦理与婚姻伦理的思想。这是钱大昕考据史学中最有思想光辉的因素之一。

虽然，崔述的“尊经疑古”思想是以维护《六经》中圣人之道为其理论的出发点与归宿点，但对于《孟子》一书中的不可信处也还是有所指摘的。他说：“经传之文往往有过其实者。《武成》之‘血流漂杵’，《云汉》之‘击余黎民，靡有孑遗’，孟子固尝言。至《閟宫》之‘荆舒是惩，莫我敢承’，不情之誉，更无论矣。战国之时，此风尤盛，若淳于髡、庄周、张仪、苏秦之属，虚词饰说，尺水丈波，盖有不可以胜言者。即孟子书中亦往往有之。若舜之‘完廪，浚井’，‘不告而娶’，伊尹之‘五就汤，五就桀’，其言未必无因，然其初事断不如此，特传之者递加称述，欲极力形容，遂不觉其过

① 崔述撰著，顾颉刚编订：《崔东壁遗书·考信录提要卷上》，第2页。
② 崔述撰著，顾颉刚编订：《崔东壁遗书·考信录提要卷上》，第2页。

当耳。"①

崔述对于《孟子》一书中所述史实的可靠性的怀疑，其重要意义在于对《孟子》一书中史实的翔实考订，在于对作为《十三经》之一的《孟子》一书本身的大胆怀疑，从而突破了其本人以"经"正传而不怀疑"经"本身的思想规定。

对于当时备受官方推崇的朱子(而且在很多地方崔述本人也非常肯定朱子)，崔述对其著作中的不当之处也毫不客气地指出来了，这在当时也是需要理论勇气的，而且对于破除当时思想界的偶像崇拜，促进人们的思想解放起到了一定的积极作用。他说："朱子《易本义》、《诗集传》及《论语》、《孟子集注》，大抵多沿前人旧说。其偶有特见者乃改用己说耳。何以言之？孟子'古公亶父'句，《赵注》以为太王之名；《朱注》亦云：'亶父，太王名也。'《大雅》'古公亶父'句，《毛传》以字与名两释之；《朱注》亦云：'亶父，太王名也；或曰字也。'是其沿用旧说，显然可见。"②

应该说，崔述对于朱子的态度是相当理性的："学者不得因一二说之未当而轻议朱子，亦不必为朱子讳其误也。"③这种不迷信权威，也不故意以批评权威而抬高自己的做法，恰恰是乾嘉时代"实事求是"精神的具体体现。崔述认为，必须通过"考虚实而论得失"，才能使其议论言之有据。如果不考虚实而论得失，则言之无据，对此，他杜撰了一则故事，颇有启发意义。有两个极度近视的人，然而都不承认自己近视，相反，而相互夸耀自己的目力。正好村中有一富人第二天要挂匾额，他们两人头天晚上就派人刺探匾上之字，第二天就相互争指匾上之字。而其实，富人门上的匾还没有挂出来。通过这一故事，崔述批评道："大抵文人学士多好议论古人得失，而不考其事之虚实。余独谓虚实明而后得失或可不爽。故今为《考信录》，专以辨其虚实为先务，而论得失者次之，亦正本

① 崔述撰著，顾颉刚编订：《崔东壁遗书·考信录提要卷上》，第12页。
② 崔述撰著，顾颉刚编订：《崔东壁遗书·考信录提要卷上》，第13页。
③ 崔述撰著，顾颉刚编订：《崔东壁遗书·考信录提要卷上》，第13页。

清源之意也。”①

就崔述的“尊经疑古”思想而言，其主要精华表现在对古代典籍中成伪现象的原因分析及其原理的概括与提炼，这对于后来辨伪学的发展与科学化，起到了学术的奠基作用，从而具有重要的学术价值与理论价值。

(二)非汉非宋，“为有用之学”是求——崔述经世致用的学术目标

崔述之学既非全是宋学，亦不同于同时代的汉学，而是传统儒家经世致用之学，颇类似颜元之实学。② 他与章学诚一样，是乾嘉时代超越各家各派的特立独行的学者，然其疑古辨伪、考信求真、力求致用的学术精神与乾嘉考据学的时代精神有相通之处，正如章学诚“道器论”、“言性命必究于史”的经验论哲学思维路线与该时代的哲学精神相通一样。

1. 非汉非宋的学术立场

崔述虽然也在怀疑传、注、疏的同时从事考据学的工作，但他并不欣赏当时的主流考据学的汉学家们的做法；他虽然尊经，然而与经学家，也是皖派汉学家戴震的思想似乎毫无瓜葛。从目前的众多研究类著作来看，崔述似乎没有读过戴震的著作。他与章学诚非常不同，似乎是一个完全独立于这个时代之外的学者。从今人的角度看，崔述“尊经”的观点似乎带有原教旨主义的味道。他说：“圣人之道，在《六经》而已矣。二帝、三王之事，备载于《诗》《书》(《书》谓《尧典》等三十三篇)，孔子之言行，具于《论语》。文在是，即道在是，故孔子曰：‘文王既没，文不在兹乎?’《六经》以外，别无所谓道也。”③戴震只是说“经之至者道也”，并没有说过《六经》之外无他道的话。章学诚更不会同意崔述的说法，因为章学诚看到出于《六经》之后的诸事，《六经》不足以囊括之，而蕴涵

① 崔述撰著，顾颉刚编订：《崔东壁遗书·考信录提要卷上》，第14页。

② 参阅路新生《中国近三百年疑古思潮研究》第三章第一节，第217～249页；王纪录《中国史学思想通史》(清代卷)，第317～324页。

③ 崔述撰著，顾颉刚编订：《崔东壁遗书·考信录提要卷上》，第2页。

于这些事中之道则需要后人随时撰述以探究之。

崔述有一段严厉批评汉儒的话，他说：

“周道既衰，异端并起，杨、墨、名、法、纵横、阴阳诸家莫不造言设事以诬圣贤。汉儒习闻其说而不加察，遂以为其事固然，而载之传记。若《尚书大传》、《韩诗外传》、《史记》、《戴记》、《说苑》、《新序》之属，率皆旁采危言，真伪相淆。继是复有谶讳之术，其说益陋，而刘歆、郑康成咸用之以说经。流传既久，学者习熟见闻，不复考其所本，而但以为汉儒近古，其言必有所传，非妄撰者。”①

崔述这一段话似乎是针对以惠栋为代表的吴派汉学家。他说的话大体上符合经学史与思想史的实际情况，但对当时迷信汉学的人来说是一种非常不中听的话。他还直接批评当时学界尊奉汉儒的做法，说道：“近世浅学之士动谓秦、汉之书近古，其言皆有所据；见有驳其失者，必攘臂争之。此无他……故妄为是言耳。”②

崔述虽然尊经，但也不迷信宋儒，他对宋儒的崇尚性理道学，不尚考核古今的虚玄之学也有所批评。他说：“重实学者惟有宋诸儒，然多研究性理以为道学，求其考核古今者不能十之二三。降及有明，其学益杂，甚至立言必出入于禅门，架上必置以佛书，乃为高雅绝俗；至于唐、虞、三代、孔门之事，虽沿讹踵谬，无有笑其孤陋者。”③

他又说：“逮宋以后，诸儒始多求之心性，详于谈理而略于论事，虽系探本穷源之意，然亦开后世弃实征虚之门。及陆、王之学兴，并所谓知者亦归之渺茫空虚之际，而正心诚意遂转而为明心见性之学矣。”④

崔述对同时代的汉学与宋学之争现象，表现了极大的不满，认为学术但求其是，而不必分汉宋。他说：“今世之士，醇谨者多恪

---

① 崔述撰著，顾颉刚编订：《崔东壁遗书·考信录提要卷上》，第3页。
② 崔述撰著，顾颉刚编订：《崔东壁遗书·考信录提要卷上》，第6页。
③ 崔述撰著，顾颉刚编订：《崔东壁遗书·考信录提要卷上》，第14页。
④ 崔述撰著，顾颉刚编订：《崔东壁遗书·考信录提要卷上》，第16页。

遵宋儒，高明者多推汉儒以与宋儒角。……其实宋儒之说多不始于宋儒；宋儒果非，汉儒安得尽是。理但论是非耳，不必胸中存汉、宋之见也。”①

对于当时学者批评朱子之学，崔述则颇为调侃地说道，朱子之误其实沿用了不少汉儒的错误，他说：“今世之士，矜奇者多尊汉儒而攻朱子，而不知朱子之误沿于汉人者正不少也。拘谨者则又尊朱太过，动曰‘朱子安得有误’，而不知朱子未尝自以为必无误也。即朱子所自为说，亦间有一二误者……所谓‘智者千虑，必有一失’。惟其不执一成之见，乃朱子所以过人之处。学者不得因一二说之未当而轻议朱子，亦不必为朱子讳其误也。”②

应当说，崔述对汉儒、宋儒中不实不真之学的批评，对汉宋之争的批评，对于朱子的态度等都体现了乾嘉时代“实事求是”的精神纲领。正是因为他有这种独立不苟的精神，在乾嘉时代他不依门傍户而在学术研究方面作出了自己的独特贡献。崔述对汉学与宋学的双向排斥，不只是消极地否定他们，而是他自己所追求的“有用之学”的内在学术目标的外化表现。他发现，自宋代以来，某些考据学者在一些细节的问题上考证得非常精细，然而对于古代帝王圣贤之行之事却并不清楚，因此他的《考信录》就是要发掘那些有益于世道人心的古代帝王圣贤之行之事。他说：

“吾尝观洪景庐所跋赵明诚《金石录》及黄长睿《东观余论》，未尝不叹古人之学博而用力之勤之百倍于我也。一盘盂之微，一杯勺之细，曰，此周也，此秦也，此汉也。兰亭之序，羲之之书，亦何关于人事之得失，而曰孰为真本，孰为赝本。若是乎精察而明辨也！独于古帝王圣贤之行之事关于世道人心者，乃反相与听之而不别其真赝，此何故哉？拾前人之遗，补前人之缺，则《考信录》一书其亦不容尽废者与！”③

---

① 崔述撰著，顾颉刚编订：《崔东壁遗书·丰镐考信别录》卷三，第362页。

② 崔述撰著，顾颉刚编订：《崔东壁遗书·考信录提要卷上》，第13页。

③ 崔述撰著，顾颉刚编订：《崔东壁遗书·考信录提要卷上》，第14页。

由上所引文献可知，崔述的“考信”工作不在于孜孜以求历史事件在细节上的真实性，而是要追求古代帝王圣贤于世道人心有关的宏大事件方面的真实性。这是崔述的考据学不同于乾嘉史学中钱、王、赵的史学考据之处，也不同于乾嘉经学中戴、段，高邮王氏父子的经学考据之处。只有仔细辨别其学术的不同之处，才能更清楚地看出其学术的独特价值。

崔述还要将自己的学术与宋明理学与陆王心学及其末流区别开来。他认为，自明季以来，学者多为时文所误，其中能读书不专为时文之人，千百人中或得一二人而已；而这些人之中，其能不仅为记诵辞章之学的人，又是千百人中仅有一二人而已。即使是这些人，又“多以道学自命，谨厚者惟知恪遵程、朱，放佚者则竟出入王、陆。然考其所言，大抵皆前人之陈言，其驳者固皆拾庄子、佛氏之唾余，即其醇者亦不过述宋儒性理之剩说。其真殚精经义，留心治术，为有用之学者，殊罕所遇。然后知学问之难言也！述自读诸经《孟子》以来，见其言皆平实切于日用，用之修身治国，无一不效，如布帛菽粟，可饱可暖，皆人所不能须臾离者。至于世儒所谈心性之学，其言皆若甚高，而求之于用殊无所当。正如五色彩纸，为衣可以美观，如用之以御寒蔽体，则无益也。”①

崔述将《孟子》一书看作是“如布帛菽粟，可饱可暖”，切于日用的著作，从学术史的角度看未必十分准确。然而我们理解，他实际上是借《孟子》一书表达自己的学术价值理想，即通过考察古帝王圣贤的行事以助于世道人心的建设。他认为《六经》及先秦儒家的学说都是切于日用的，而“逮宋以后，诸儒始多求之心性，详于谈理而略于论事，虽系探本穷源之意，然亦开后世弃实征虚之门。及陆、王之学兴，并所谓知者亦归之渺茫空虚之际，而正心诚意遂转而为明心见性之学矣。”②

由上所引的文献可以看出，崔述对宋学与同时代的汉学采取了

---

① 崔述撰著，顾颉刚编订：《崔东壁遗书·考信录提要卷上》，第15~16页。

② 崔述撰著，顾颉刚编订：《崔东壁遗书·考信录提要卷上》，第16页。

双向批评的态度，而其学术宗旨则在于借《六经》、先秦原始儒家之名而实现经世致用的目标。而这一学术目标与乾嘉时代诸儒又是相通的。

2. 崔述“辨伪求真”的具体方法

崔述对于自己的尊经疑古、辨伪求真、经世致用的学术活动有一定程度的方法论的自觉。其方法论在今天看来未必是十分恰当的，但在原则上是合理的。他说：

“唐、虞有唐、虞之文，三代有三代之文，春秋有春秋之文，战国、秦、汉以迄魏、晋亦各有其文焉。非但其文然也，其行亦多有不相类者。是故，战国之人称述三代之事，战国之风气也；秦、汉之人称述春秋之事，秦、汉之语言也。《史记》直录《尚书》、《春秋传》之文，而或不免杂秦、汉之语；《伪尚书》极力摹唐、虞、三代之文，而终不能脱晋之气：无他，其平日所闻所见皆如是，习以为常而自觉，则必有自呈露于忽不经意之时者。少留心以察之，甚易知也。”①

析而言之，崔述上面所说的“文”，既包括文章的用词、语言特征，也应当包括整体的文章风格。其次，上面所说的“事”，既指具体、真实发生的历史事件，也应当包括不同时代人们对历史的态度，如战国时代称述三代之事情，秦、汉人称述春秋时代的事情。再次，由于人们生活在自己的时代，不知不觉中一定会流露那个时代的习气与用语习惯，这时代的集体无意识往往在语言与行文中流露出来。因此，“辨伪求真”的活动就在于通过对文、事的时代特征，与人生活在不同时代所具有用语习惯这三个方面的切实了解（其实也可以说是主客两个方面），从而考证文、事真实所属的时代。

对于这一方法论的有效性，崔述列举了大量的例证，今摘其要以证明之。他说：

“《易传》之述包羲，帝而称王（唐、虞以前无称‘王天下’者，说见《补上古录》中），《蔡传》之引《史记》，益而加伯（《史记》以前

---

① 崔述撰著，顾颉刚编订：《崔东壁遗书·考信录提要卷上》，第15页。

称益，未有加伯者，说见《唐虞录》中)，此行文者所不自觉也。《传》之《三坟》、《五典》、《八索》、《九邱》，《杜注》但云‘皆古书名’，及《伪书序》既出，而《林注》遂历历数之：无他，文必因乎其时故也。所以汉人好谈谶纬，则所撰之《泰誓》，‘乌流’、‘炎覆’，祥瑞先呈；晋人喜尚排偶，则所撰之《泰誓》，‘斮胫’、‘剖心’，对待独巧。……是知伪托于古人者未有不自呈露者也。考古者但准是以推之，莫有能遁者矣。”①

崔述上述所论大体正确，但通过语言风格而判断《泰誓》为晋人作伪，理据似嫌不足。后世语言现象总是从前代语言发展出来的，前代典籍中偶有后世的某些语言现象，也是正常的。对于古书是否为伪书的辨析，往往需要多方面的证据合在一起加以比对，才能得出比较可靠的结论，这一点我们必须要慎之又慎。从原则上说，每一时代的文章与文献都有特定时代的历史烙印，这是正确的。但要将这一原则落实在具体的文章与文献辨析上，则不是一件很容易做的事情。因为我们无法对一个时代之文、之事做出一个准确的概括。而从人类的经验与哲学思想的高度来看，凡事皆有例外似乎是一个通则，尤其是在人类的生活事件之中，这种例外的可能性、概率性就更大。在历史学领域通过归纳的方式得出的带有一定普遍性的结论，可以作为一个逻辑上演绎的前提去分析、推论、裁断许多具体的事件，但不能一概而论。因此，崔述的上述方法运用在具体的问题上就得小心。然崔述对于此点似乎缺乏认识。

除上述的三种方法之外，崔述在著作《考信录》一书时，在体例上列有“备览”、“存疑”，“附录”、“附论”，“备考”、“存参”三种类型，体现了崔述存疑、阙疑的开放精神，这虽然不能说是“辨伪求真”的方法，但也与“辨伪求真”的方法密切相关，因而值得后人注意。如在《备览·存疑》条，崔述自问自答道：“何以有‘备览’‘存疑’也？曰：其书所载之事可疑者多，而此事尚无可疑，不敢遂谓其非实也，则列之于‘备览’。其书所载之事可信者多，而此事殊难取信，不敢概谓其皆实也，则列之于‘存疑’。皆慎重

① 崔述撰著，顾颉刚编订：《崔东壁遗书·考信录提要卷上》，第15页。

之意也。"①应该说，崔述在著书体例上存"备览"一类，在历史学方面的确体现了古人，也是乾嘉时代的学人"实事求是"的精神，值得肯定。

崔述感叹古往学者不用心于古代典籍记载中的真伪之辨，以至于伪史流行，导致很多疑惑，其原因在于：

"一则心粗气浮，不知考其真伪；一则意在记览，以为诗赋时文之用，不肯考其真伪；一则尊信太过，先有成见在心，即有可疑，亦必曲为之解，而断不信其有伪。"②

不知、不肯、尊信三种主观原因，使得传统的学术在对于古代典籍的"辨伪求真"方面的工作做得很少，留下了很多问题。处于18世纪的崔述则自觉地打扫传统典籍——主要是传记中的讹伪史事，在历史学领域展开了求真、求是的学术研究活动，与同时代的戴震、钱大昕等学者一起，在不甚通声气的前提下，不约而同地推进了该时代的"求真""求是"的时代思潮，形成了以求真、求是为目标，进而维护他们心目中的古代圣贤之道，开创了新的文化方向——即将理想中的圣贤之道（或曰人文价值理想）奠定在真实、可信的历史事实和对客观世界真实把握的基础之上。换句话说，通过"求真"的知性活动来实现"向善"的价值追求，同时也将个人的生命意义立于这一求真、求是的知性学术追求之中，与宋明儒学的道德形上学追求形成了巨大的时代反差。这种巨大的时代反差使得当代新儒家的学者群体无法理解这一新的人生终极关怀。崔述有一段批评宋明儒者心性之学，表明自己甘于"下学"的文字，虽为谦词，实际上正是表达了他的人生理想与终极关怀，今录于此，以为佐证：

"逮宋以后，诸儒始多求之心性，详于谈理而略于论事，虽系探本穷源之意（案：戴震批评朱子"详于论敬而略于论学"，可参考也），然亦开后世弃实征虚之门。及陆、王之学兴，并所谓知者亦归之渺茫空虚之际，而正心诚意遂转而为明心见性之学矣。余窃谓

① 崔述撰著，顾颉刚编订：《崔东壁遗书·考信录提要卷上》，第23页。
② 崔述撰著，顾颉刚编订：《崔东壁遗书·考信录提要卷上》，第15页。

圣人之道大而难窥，圣人之事则显而易见，与其求难窥，不若考所易见。……述赋性愚钝，不敢言上达之事，惟期尽下学之功，故于古帝王圣贤之事，尝殚精力以分别其是非真伪，而从无一言及于心性者。固自知其不贤，甘为识小之人，亦有鉴于魏、晋之谈名理而尚老庄，卒至有陆沉之祸也。”①

崔述此处所论，与王鸣盛、赵翼自谦不能从事经学研究，而只能从事史学研究，其精神取向如出一辙。而与段玉裁从正面论述以求真为人生的信仰之所归，也属于同声相应，同气相求。因此，对乾嘉学术的研究，不应当停留在学者表面的学术研究内容与研究方法上面，还应当透过对其研究内容与研究方法的价值取向的考察，寻找该时代学术精神的内在一致性。20 世纪的乾嘉学术研究受现代人文学科分科的形式影响，在历史、哲学、文学、语言学等方面均取得了非常大的成绩，深化了对乾嘉学术细节的认识。但对于乾嘉学术内在精神的一致性，哲学思维方式的一致性的认识方面，似乎做得还相当不够。再加上各种范式或学术进路的不同，研究者自说自话，虽皆能言之成理，持之有故，然而在对乾嘉学术整体精神风貌的把握上面，缺乏令人信服的学术共识。人们非常习惯地将考据学当作是乾嘉学术的整体，并且学界很多大家都认为“乾嘉时代无哲学”。这样一些有关乾嘉学术比较程式化、表面化的认识，在 21 世纪应当得到纠正，从而让我们对乾嘉时代学术的真精神有更加透彻的了解。

三、崔述对《六经》之外典籍成伪原因的分析与归纳

从现代性的学术观念来看，崔述的“尊经疑古”态度与思想倾向在乾嘉时代缺乏思想解放的意义，但在古籍成伪原因的探讨层面，崔述提出的“世益晚则采择益杂”成伪原理说，颇有学术方法论的意义。他说：

“大抵古人多贵精，后人多尚博；世益古则其取舍益慎，世益

① 崔述撰著，顾颉刚编订：《崔东壁遗书·考信录提要卷上》，第 16 页。

晚则其采择益杂。故孔子序《书》，断自唐、虞，而司马迁作《史记》乃始于黄帝。然犹删其不雅训者。近世以来，所作《纲目前编》、《纲鉴捷录》等书，乃始于庖羲氏，或天皇氏，甚至有始于开辟之初盘古氏者，且并其不雅训者而亦载之。故曰，世益晚则其采择益杂也。”①

从历史发展的角度看，崔述的“古人多贵精”之说并不能成立，而“后人多尚博”的说法则大体上可以成立，尤其是“世益晚则其采择益杂”的说法，在相当大的程度上揭示了中国古代典籍作伪的一般性原理，以及一般诸子之学、史学、集部之学的基本生成状态。特别是那些故事性的叙事作品，由于受人类追求完整心理的影响，努力把一件事说得更加圆通，“采择益杂”也就在所不辞。

崔述在指出了古书成伪的一般原则之后，他还进一步分析了古籍成伪的具体原因。这种具体分析的结论，大多数都具有学术价值。根据我们的初步研究，从以下三个大的方面对他揭示出的成伪原因作一概括性归纳，并作适当的分析。

(一)人言(包括口头语言、传说与书面书言)的主观性

1. 人言不可尽信

崔述对于人类语言的可信程度保持一种高度的怀疑态度，尤其对于远古时代的语言的可信性问题持有很大的保留态度。他说：“人之言不可信乎？天下之大，吾非能事事而亲见也，况千古以上，吾安从而知之！人之言可尽信乎？……舌生于人之口，莫之扪也；笔操于人之手，莫之掣也；惟其意所欲言而已，亦何所不至者！”②

从“人言不尽可信”的普遍怀疑角度出发，崔氏对战国以降，汉代诸子之书的真实性提出了怀疑：

“周道既衰，异端并起，杨、墨、名、法、纵横、阴阳诸家莫不造言设事以诬圣贤。汉儒习闻其说而不加察，遂以为其事固然，而载之传记。若《尚书大传》、《韩诗外传》、《史记》、《戴记》、

① 崔述撰著，顾颉刚编订：《崔东壁遗书·考信录提要卷上》，第13页。

② 崔述撰著，顾颉刚编订：《崔东壁遗书·考信录提要卷上》，第2页。

《说苑》、《新序》之属，率皆旁采危言，真伪相淆。继是复有谶纬之术，其说益陋，而刘歆、郑康成咸用之以说经。流传既久，学者习熟见闻，不复考其所本，而但以为汉儒近古，其言必有所传，非妄撰者。虽以宋儒之精纯，而沿其说而不易者盖亦不少矣。”①

不过，崔述上述所表达出的怀疑精神，是以维护圣贤的面目出现的。准确地说，他所怀疑的众人之言，以至于经学传统里注经者之言的可靠性，并不是通过详细的历史学考证方法具体指出哪些语言与事实不相符，因而是可疑的。因此，这种怀疑似乎还只能说是一种没有严格证据的普泛性的怀疑，缺乏足够的学术价值而只具有一般的思想启迪意义。

2. *古语失解后之妄说*

崔述从语言演变而导致古书之说失真现象的分析，具有学术价值。他说：“战国、秦、汉之书非但托言多也，亦有古有是语而相沿失其解，遂妄为之说者。古者日官谓之日御，故曰‘天子有日官，诸侯有日御’。羲仲、和仲为帝尧臣，主出纳日，以故谓之日御。后世失其说，遂误以为御车之御，谓羲和为日御车，故《离骚》云‘吾令羲和弭节兮，望崦嵫而勿迫’，已属支离可笑。又有误以御日为浴日者，故《山海经》云‘有女子名羲和，浴日于甘渊’，则其谬益甚矣！”②

崔述以“羲和”之语的失解为例，进一步引申道：“然此古语犹间见于经传，可以考而知者，若夫古书已亡，而流传之误但沿述于诸子百家之书中者，更不知凡几矣。大抵战国、秦、汉之书皆难征信，而其所记上古之事尤多荒谬。然世之士以其传流日久，往往信以为实。其中岂无一二之实？然要不可信者居多。”③

不过，崔述上述所论也还有进一步推敲之处。从“日御”到“以御日为浴日”的演变，固然需要纠正，但古代神话中的“浴日”故事未必就是从“日御”到“御日”，再到“浴日”的语言学之误导致的。

① 崔述撰著，顾颉刚编订：《崔东壁遗书·考信录提要卷上》，第3页。
② 崔述撰著，顾颉刚编订：《崔东壁遗书·考信录提要卷上》，第5页。
③ 崔述撰著，顾颉刚编订：《崔东壁遗书·考信录提要卷上》，第5页。

古代汉语中的词汇变化还有神话、民俗的影响，这些不能不加以考虑，而崔述对诸子文本中文学、神话、传说等不同类型的作品也缺乏分类意识，因此这些论断就不够精审。

3. 虚言衍成实事

在此一类情况之中，又可以分为三种情况：一是后人误把前人的寓言故事当作真实的历史事实，如“战国之时，说客尤好借物以喻其意。如‘楚人有两妻’，‘豚蹄祝满家’，‘妾覆药酒’，‘东家食，西家宿’之类，不一而足。虽孟子书亦往往在之，非以为实有此事也，乃汉、晋著述者往往误以为实事而采之入书，学者不复考其所本，遂信以为真有而不悟者多矣。”①二是历史中实有某事，然后人们加以虚夸，如“公父文伯之卒也，见于《国语》者，不过其母恶其以好内闻，而戒其妾无瘠容，无洵涕，无掐膺而已。《戴记》述之，而遂谓其母据床大哭，而内人皆行哭失声。楼缓又衍之，遂谓妇人自杀于房中者二八矣！”②三是“无其事而又有其语”，后人又衍生出一段事实。如《春秋传》记载了子太叔的一段话：“嫠不恤其纬而忧宗周之陨，为将及焉。”这本来是一假设之辞，后人将其衍变一段史实，说“漆室之女不绩其麻而忧鲁国。其后又衍之，遂谓鲁监门之女婴忧卫世子之不肖，而有‘终岁不食葵，终身无兄’之言，若真有其人其事者矣”。③

对于上述三类情况，崔述总结道：“虽古有是语，亦未必有是事；虽古果有是事，亦未必遂如后人之所云云也。”④应当说，崔述指出中国史学著作中蕴含着很多传说、虚说等不实之事，或事与人物不相称等现象，对于后人审慎地对待古史的事件提供了很好的案例，然这里仍然有文学性的运用与历史学的引用之异。

4. 儒者采谶纬之语——有意为之

崔述对于经学史中，特别是汉儒借纬书解经而故意作伪现象的

---

① 崔述撰著，顾颉刚编订：《崔东壁遗书·考信录提要卷上》，第4页。
② 崔述撰著，顾颉刚编订：《崔东壁遗书·考信录提要卷上》，第4页。
③ 崔述撰著，顾颉刚编订：《崔东壁遗书·考信录提要卷上》，第4页。
④ 崔述撰著，顾颉刚编订：《崔东壁遗书·考信录提要卷上》，第5页。

揭示，有利于廓清经学史中的虚假之说。他说：

“先儒相传之说，往往有出于纬书者。盖汉自成、哀以后，谶纬之学方盛，说《经》之儒多采之以注《经》。其后相沿，不复考其所本，而但以为先儒之说如是，遂靡然而从之。如龙负河图，龟具洛书，出于《春秋》纬。黄帝作《咸池》，颛顼作《五茎》，帝喾作《六英》，帝尧作《大章》，出于《乐纬》。诸如此类，盖不可以悉数。”①

崔述通过对汉以后诸儒引纬书情况的总结，得出了这样的结论：“大抵汉儒之说，本于《七纬》者不下三之一；宋儒颇有核正，然沿其说者尚不下十之三。乃世之学者动曰汉儒如是说，宋儒如是说，后生小子何所知而妄非议之！呜呼，以汉儒之说果汉儒所自为说乎？宋儒之说果宋儒所自为说乎？盖亦未尝考而已矣！”②崔述的这番议论，在乾嘉汉学如日中天之际可谓冒天下之大不韪。但他对于汉学与宋学均采取了批评的态度，表现了崔述独立不苟的“求真”精神，值得赞许。

5. 杂说流行

崔述感叹明代科举考试制度，使读书人在仅读《四书》、只知举业对其他典籍茫然不知的情况下，指出明代社会造伪的特殊原因。他说：“一二才智之士务搜览新异，无论杂家小说，近世赝书，凡昔人所鄙夷而屑道者，咸居之为奇货，以傲当世不读书之人。”其结果是：世人以“六经为藜藿，而此书为熊掌雉膏然，良可慨也”！③ 这其实是从社会风俗变化的角度揭露明代社会作伪的原因。然这种类型的作伪易于识破。

6. 事实误传

崔述提出“事实误传”的成伪原因是行得通的，但他所列举的事例却并不恰当。因为文学家所言并非都是历史事实，而是以传说之言来表达一种理想。因此，他下列所论就不是十分恰当。他说：

---

① 崔述撰著，顾颉刚编订：《崔东壁遗书·考信录提要卷上》，第5页。

② 崔述撰著，顾颉刚编订：《崔东壁遗书·考信录提要卷上》，第5页。

③ 崔述撰著，顾颉刚编订：《崔东壁遗书·考信录提要卷上》，第7页。

“战国之时，邪说并作，寓言实多，汉儒误信而误载之，固也。亦有前人所言本系事实，而递传递久以致误者。此于三代以上固多，而近世亦往往有之。”如陶渊明的《桃花源记》本未涉及神仙之事，而唐代韩愈《桃源图诗》云：“神仙有无何渺茫，桃源之说诚荒唐。”刘禹锡《桃源行》诗也说“俗人毛骨惊仙子”，又说“仙家一出寻无踪”。崔述以此为例，进一步引申道：“古之国史既无存于世者，但据传记之文而遂以为固然，古人受诬者尚可胜道哉！故余为《考信录》，于汉、晋诸儒之说，必为考其原本，辨其是非；非敢诋諆先儒，正欲平心以求其一是也。”①很显然，崔述的这类辨伪意义不是很大，因为他本人未能区分文学与史学的不同。

7. 传闻异词之重出

“传记之文，往往有因传闻异词，遂误而两载之者。”②《春秋传》载鄢陵之战，“韩厥从郑伯，曰，‘不可以再辱国君’，乃止。郤至从郑伯，曰，‘伤国君有刑’，亦止。”对于这段史实，崔述认为记载一定有误。理由有两条：其一是：“此时晋四军，楚三军，晋非用三军不足以敌楚；若郑则国小众寡，以一军敌足矣；必无只以两军当楚，复以两军当郑之理。”③其二是：后文“郤至三遇楚子之卒”。而襄公二十六年记载，“中行、二郤必克二穆”，所以，“郤至以新军当楚右军……无缘得从郑伯，从郑伯者，独韩厥一军耳”。④

崔述上述的辨伪求真的结论，应当说是有理有据，证明《春秋传》所载“郤至从郑伯”的史实有误。不过，他并没有提供更多的历史材料佐证，主要是通过推理来论断的，因而只能引起人们怀疑，但很难给人以确信的历史知识。

以上七个方面，崔述主要揭示了古代语言与事实真相之间不尽相符的现象，从而在言与事的关系上揭示了成伪的复杂原因。除此

---

① 崔述撰著，顾颉刚编订：《崔东壁遗书·考信录提要卷上》，第7～8页。
② 崔述撰著，顾颉刚编订：《崔东壁遗书·考信录提要卷上》，第8页。
③ 崔述撰著，顾颉刚编订：《崔东壁遗书·考信录提要卷上》，第8页。
④ 崔述撰著，顾颉刚编订：《崔东壁遗书·考信录提要卷上》，第8页。

之外，崔述还从人类认识能力的有限性角度，揭示伪书的成因。

（二）人类认识的局限性与对此局限性缺乏反省导致伪讹

1. 少见者多误

崔述揭示了历史上人物同名的现象，而后来的注家不知，造成了张冠李戴的现象。他举出的唐代卫退之与韩退之（韩愈）之误，颇为典型。他说："凡人多所见则少所误，少所见则多所误。唐卫退之饵金石药而死，故白居易诗云：'退之服硫黄，一病讫不痊。'而且宋人杂说遂谓韩退之作《李于墓志》戒人服金石药，而自饵硫黄。无他，彼但知有韩昌黎字退之，而不知唐人之字退之者尚多也！故曰，少所见则多所误也。"①

2. 强不知以为知

在崔述看来，"无所不知者，非真知也；有所不知者，知之大者也。"②这充分体现了崔述在知识论方面所具有的理性精神。他认为，"今之去二帝、三王远矣，言语不同，名物各异，且易竹而纸，易篆而隶，递相传写，岂能一一之不失真！……以为不知，夫亦何病！"③

然而，有些人强不知以为知，就会出现笑话。如《苏轼集》中有《过虔州》一诗，其中有诗句云："行看凤尾诏，却下虎头城。"而注者云："虎头，顾恺之也；恺之常州人，盖是时先生乞居常州也。"崔述认为此注大错。因为"虎头"即是"虔"。董德元言："虔州俗谓虎头城。"原因是"虎"与"虔"二字皆从"虍"，故有"虎头城"之称。崔述以此小事为例，进而论述道："天下之书岂能尽见，缺之未为大失也。强以意度之，而属之顾恺之，则其失何啻千里！彼汉人之说经，有确据者几何，亦但自以其意度之耳，然则其类此者盖亦不少矣，特古书散佚，无可证其误耳。"④崔述在知识方面所持有的"多闻阙疑"的理性精神，与乾嘉时代"实事求是"的精神纲领

① 崔述撰著，顾颉刚编订：《崔东壁遗书·考信录提要卷上》，第3页。

② 崔述撰著，顾颉刚编订：《崔东壁遗书·考信录提要卷上》，第9页。

③ 崔述撰著，顾颉刚编订：《崔东壁遗书·考信录提要卷上》，第10页。

④ 崔述撰著，顾颉刚编订：《崔东壁遗书·考信录提要卷上》，第10页。

是一致的。而他从文字演变的角度考察古代典籍中的伪讹现象，与后来龚自珍所论颇有暗合之处。

3. 记忆之失真

“传记之文，有传闻异词而致误者，有记忆失真而致误者。一人之事，两人分言之，有不能悉符者矣。一人之言，数人递传之，有失其本意者矣。是以《三传》皆传《春秋》，而其事或互异。此传闻异词之故也。古者书皆竹简，人不能尽有也，而亦难于携带，纂书之时无从寻觅而翻阅也。是以《史记》录《左传》文，往往与本文异。此记忆失其真故也。此其误本事理之常，不足怪，亦不足为其书累。顾后之人阿其所好，不肯谓之误，必曲为弥缝，使之两全，遂致大误而不可挽。”①

崔述对于上古史书中有误原因的分析，原则上是正确的。但具体说法中有可以商榷之处，《史记》与《左传》文本之异也并非就是失真，很有可能是《史记》考校其他史实纠正了《左传》的说法亦未可知。当然，他批评后世的注家不认真思考这种误记的现象，而是努力弥合这种错误，是错上加错，这一批评是有道理的。崔述举出的典型例证是：如九州之名，《禹贡》已经详细记载了，然而《周官》有幽、并而无徐、梁二州，本来是《周官》记忆之误。然而有人曲为之说道：“周人改夏九州，故名互异。”《尔雅》有幽、营而无青、梁，也是误记，然而又有人曲为之说，《尔雅》所记是“商制”。这些例证，在崔述看来，都是大误。②

（三）人类各种文化心理的影响导致讹误

1. 猜忌心理——以己度人

崔述非常敏锐地注意到，古代典籍成伪还与人的文化心理有关。猜忌心理就是导致古书成伪的一个重要原因。他说：“人之情好以己度人，以今度古，以不肖度圣贤。至于贫富贵贱，南北水陆，通都僻壤，亦莫不互相度。往往径庭悬隔，而其人终不自知

---

① 崔述撰著，顾颉刚编订：《崔东壁遗书·考信录提要卷上》，第8页。

② 崔述撰著，顾颉刚编订：《崔东壁遗书·考信录提要卷上》，第8页。

也。”①对此，他举了三个古人的例子，一个关于自己为官卸任之后旁人猜测之事。“邯郸至武安六十里，山道居其大半，向不可车。有肥乡僧募修之；人布施者甚少，乃倾己囊以成之。议者咸曰：‘僧之心本欲多募以自肥；以施者之少也，故不得已而倾其囊。’夫僧之心吾诚不知其何如，然其事则损己以利人也，损己利人而犹谓其欲损人以利己，其毋乃以己度人矣乎！”②

崔述自己在闽做官，“无名之征悉蠲之民，有余之税悉解之上；淡泊清贫之况，非惟百姓知之，即上官亦深信之。然而故乡之人隔数千余里终不知也，归里之后，人咸以为携有重赀。既而僦居隘巷，移家山村，见其饭一盂，蔬一盘，犹曰：‘是且深藏，不肯炫耀也。’故以己度人，虽耳目之前而必失之；况欲以度古人，更欲以度古之圣贤，岂有当乎”！③

崔述对人情猜忌心理的分析，可谓是有切身体会。因而对古代典籍中出现的冤枉好人的文字，深为感叹。不过，此种猜忌心理与古代典籍中的讹伪形成，关系不是很大。

2. 盲从古人心理——曲全与误会

崔述揭示这一类成伪的原因，用现代心理学的观点来看，即是追求完美的心理在作怪，进而对古代典籍中的故事加以附会，以至于造成记载与叙述的失真。他说：“后人之书，往往有因前人小失而曲全之，或附会之，遂致大谬于事理。”如《大戴记》上说：“文王十二而生伯邑考。十五而生武王。”《小戴记》上说：“文王九十三而终。”如果《小戴记》所载真实，则武王元年，已经八十四岁，在位仅十年。然而“《序》称十有一年伐殷，《书》称十有三祀访《范》，其年不符。说者不得已，乃为说以曲全之云：‘文王受命九年而崩，武王冒文王之年，故称元年为十年’”。④ 对于以往学人这种盲目相信前人记载，不求所以然的态度，崔述感叹道：“乃学者但见

① 崔述撰著，顾颉刚编订：《崔东壁遗书·考信录提要卷上》，第4页。
② 崔述撰著，顾颉刚编订：《崔东壁遗书·考信录提要卷上》，第4页。
③ 崔述撰著，顾颉刚编订：《崔东壁遗书·考信录提要卷上》，第4页。
④ 崔述撰著，顾颉刚编订：《崔东壁遗书·考信录提要卷上》，第9页。

其说如是，不知其所由误，遂谓其事固然而不敢少异，良可叹也！故今为《考信录》，悉本经文以证其失，并为抉其误之所由，庶学者可以考而知之，而经传之文不至于终晦也。"①

3."买菜求益"心理——妄图超越古人

此点非常有意思，揭示了后人在文献上不加考订，而总想胜过前人的心理。对此，崔述也给予了批评，并以"买菜求益"而命名之，形象生动。他以《论语》为例，说道："《论语》所记孔子言行不为少矣，昔人有半部治天下者，况于其全！学者果欲躬行以期至于圣人，诵此亦已足矣。乃学者犹以为未足，而参以晋人伪撰之《家语》。尚恨《家语》所采之不广也，复别采异端小说之言为《孔子集语》及《论语外篇》以益之，不问其真与赝，而但以多为贵。嗟乎，是岂非买菜而求益者哉！"②在此条中，崔述提出了一个如何对待古人的正确态度："吾辈生古人之后，但因古人之旧，无负于古人可矣，不必求胜于古人也。"③不过，崔述的这种分析亦有不尽然之处，后人在文献搜罗方面有胜于前人的机会，现、当代考古学的发展更证明了此点。而崔述从尊经立场出发，认为现有《论语》已经足以供人使用，不需要再增加新的材料，这一观点过于狭隘。

4. 有意作伪——伪书诬古人

对于历史上有意作伪书以欺世盗名者，崔述给予了严厉的批评。他认为，自汉以后诸儒，"功之大者，朱子之外，无过赵岐；过之大者，无过汉张禹、隋二刘(焯、炫——引者注)、唐孔颖达、宋王安石等"。④ 其理由是："岐删《孟子》之外四篇，使《孟子》一书精一纯粹，不为邪说所乱，实大有功于圣人之经。禹采《齐论》章句杂入于《鲁论》中，学者争诵张文，遂弃汉初所传旧本。焯、炫等得江左之《伪尚书》，喜其新奇，骤为崇奉。颖达复从而表章之，著之功令，用以取士。遂致帝王圣贤之行事为异说所淆诬而不

① 崔述撰著，顾颉刚编订：《崔东壁遗书·考信录提要卷上》，第12页。

② 崔述撰著，顾颉刚编订：《崔东壁遗书·考信录提要卷上》，第11页。

③ 崔述撰著，顾颉刚编订：《崔东壁遗书·考信录提要卷上》，第11页。

④ 崔述撰著，顾颉刚编订：《崔东壁遗书·考信录提要卷上》，第11页。

能白者千数百年，虽有聪明俊伟之士，皆俯首帖耳莫敢异词者，皆此数人之惑之也。王安石揣摩神宗之意，以行聚敛之法，恐人之议己也，乃尊《周官》为周公所作以附会之，卒致蔡京绍述（京亦以《周官》附会徽宗之无道者），靖康亡国之祸，而周公亦受诬于百世。象山、阳明之害未至于如是之甚也。孰轻孰重，必有能辨之者。”①

崔述在此条所论，当然还有可以商榷之处，如对王安石尊《周官》行为的批评。但他的思想出发点是可取的，即对于古代典籍如果我们没有充分的事实证据，是不能轻易加以肯定，甚至加以补充的。

上述所列崔述有关伪书、伪史的成因的分析与论述，并非是崔述所论的全部。然就《考信录提要》而言，崔述对伪书成因的归纳还不是很系统，而且也没有上升到更高的理论层次。很多条目还只是一种现象的列举，很多条目之间也缺乏应有的逻辑联系。后来顾颉刚总结古代典籍成伪的原因时，提出了“有意的作伪”与“无意的成伪”两种原因。② 而崔氏还没有达到这一思想高度，仅停留于现象的罗列，甚至连基本的分类工作也还没有来得及去做。我们在此处仅从言与事、人类认识能力的局限性、人类心理三方面对崔述的辨伪工作作一初步的归纳、整理，并没有能完全囊括崔述对古代伪书的成因的分析，但为今后进一步总结伪书成因提供了认识的基础，从而有助于人们将辨伪工作上升到更加系统的理论高度。这既是对崔氏辨伪工作的学术意义与历史意义的肯定，也是为日后研究崔述的辨伪学思想提供一个初步的认识成果。

四、崔述的史学思想与政治思想简论

（一）崔述的“经史不二”论

“经史”关系论是乾嘉学术中的重要问题之一，钱大昕、章学

---

① 崔述撰著，顾颉刚编订：《崔东壁遗书·考信录提要卷上》，第11页。

② 顾颉刚著：《战国春汉间人的造伪与辨伪》，参见《古史辨自序》（上），河北教育出版社2000年版，第179页。

诚、袁枚等人对此都有精辟的论述。崔述在此问题上基本上也持“经史不二”论，但在思想深度上、思想的体系性上都不及钱大昕与章学诚。他只是说“三代以上经史不分”，而对“三代以后经史既分”的现象如何处理呢，他似乎没有更加系统地论说。下面一段文献集中表达了他的“经史不二”的观点，他说：“二帝、三王之与孔子，无二道也。是以三代以上经史不分，经即其史，史即今所谓经者也。后世学者不知圣人之道体用同原，穷达一致，由是经史始分。其叙唐、虞、三代事者，务广为纪(记)载，博采旁搜，而不折中于圣人之经。其穷经者则竭才于章句之末务，殚心于心性之空谈，而不复考古帝王之行事。其尤刺谬者，叙道统以孔子为始，若孔子自为一道者。岂知孔子固别无道，孔子之道即二帝、三王之道也!”①

这段话可以从三个层面去理解，第一，三代以上是经史不分的时代，经即是史，史即是经；第二，三代以后学者不理解这个道理，于是经史分家，其结果是导致两种不好的学术倾向，一是史因为脱离经的指导而变得驳杂无序，二是经学研究缺乏史学的支持变成死守章句；第三，将孔子之道与二帝、三王之道分开，就会将孔子降为先秦诸子之一，从而无法与墨家及其他诸子区别开来，而且也会使经学的真精神萎靡不振。在崔述看来，历史虽然在发生变化，治世的方法也有所不同，但“圣人之道”则是具有高度的内在统一性：“《唐虞》《三代》诸录之后，何为继之以《洙泗》也？曰：二帝、三王、孔子之事，一也；但圣人所处之时势不同则圣人所以治天下亦异。是故，二帝以德治天下，三王以礼治天下，孔子以学治天下。”②

崔述对孔子“文王既没，文不在兹乎”一句中“文”字进行理论的发挥，说道：“文也者，道之所寄以传焉者也。圣人在上，则文

① 崔述撰著，顾颉刚编订：《洙泗考信录自序》，参见《崔东壁遗书》，第262页。

② 崔述撰著，顾颉刚编订：《洙泗考信录自序》，参见《崔东壁遗书》，第261页。

播之礼乐；圣人在下，则文托诸简编。孔子之文，《六经》备之矣。"①而且还认为，《春秋》一书，"尤孔子之文之大焉者也"，②可见，崔述所说的寄道之文，也即是史学著作，与章学诚所说的广义之史——天地一切著述皆史的观念是相通的。而孔子之文，即《六经》之文。然而，崔述并没有进一步论述，三代以后的"史"是否也具有"经"的作用，也没说《六经》以后的历史过程中"道"是如何变化的，是否还是《六经》中之"道"？而他的考信工作的重点似乎是在于清理三代以后其他儒家经典、传注著作以及诸子百家著作中的虚妄成分，从而保证《六经》中所载之道的纯粹性，进而以此纯粹性之道来实现治国安民的经世目的。如果我们在此对崔述的学术思想的理解大致不错的话，则崔述的"经史不二"论就不是在为史学地位的提高进行新的理论论证，而只是在强调经学研究不能死守章句，史学考证也不在于历史事件中的细枝末节，而都应当考察古帝王圣贤之行之事而关心世道人心之建设。这一学术目标原则上是正确的，即经史研究都要服从经世致用的目的，但他似乎没有看到乾嘉时代钱、王、赵等考据史学家揭露官修史学中的虚假事件的历史意义之所在，也未能理解以戴震为代表的皖派经学家追求经典原义所蕴含的经世情怀，特别是没有看到戴震在经学研究中，通过对政治化的程朱理学的批判所表达出的新人文理想。从与戴震学术与思想的比较来看，我们说崔述的学术与思想缺乏新的人文理想光芒，大体上不算是一个苛刻的评价。

（二）崔述的"封建"论

中国历史上的"封建"论，其实是讨论大的政治制度形式变迁的问题，属于政治制度史或政治制度思想史范畴。在晚明清初的大思想家中，很多人都涉及"封建制"的问题，崔述之前有顾炎武、王夫之、黄宗羲，同时代人则有袁枚。而上溯之，则有郑樵、柳宗

---

① 崔述撰著，顾颉刚编订：《洙泗考信录》卷四，参见《崔东壁遗书》，第325页。

② 崔述撰著，顾颉刚编订：《洙泗考信录》卷四，参见《崔东壁遗书》，第325页。

元等人，对此问题都有所论述。①

崔述有关“封建”论的思想特点是，他特别重视历史变迁过程中“势”的作用。他认为，制度因时而变，圣人不能主观立法，而顺应时势的凡人反而可以立法。应当说，这是柳宗元、刘知幾历史变迁论中“势”论思想的合理延伸。他说：“法久则必弊，弊则变。法之始皆因其势之所趋，虽圣人不能立法，虽非圣人可以立法。”②在这一点上，崔述有关圣人与法的观点接近章学诚论圣人与道之关系的观点。因为章学诚并不认为圣人比众人更接近道，而只是在百姓日用而不知的过程中发现了“道”之迹，从而创立一种适合时代要求的制度。

崔述将“封建制”形成的原因归结于“偶”，如他说：“古何以封建？秦何以郡县？偶也。偶之云者，言因其势所固然，无成心焉耳。”③“偶”即是不以某个圣人的主观意志为转移的自然而然之“势”，包含着不知其然而然，但又不得不然的意思。故其“偶”即有合于势的意思。

崔述认为，不仅封建制形成是“势”的结果，郡县制的形成也是“势”的结果，所以封建与郡县，“盖二者偶也；古岂必不郡县，秦岂必不封建，其势异，故其法亦异。德虽不同，易地则皆然，故曰偶也”。④

既然封建与郡县都是历史变化发展之“势”所导致的结果，那么封建制与郡县制之间，也就没有孰优孰劣的问题，他说：“然则封建与郡县孰优劣？曰，无优劣，得明主则治而延，得暴主则乱而

---

① 参阅冯天瑜《“封建”考论》一书对此问题的详细论述。

② 崔述撰著，顾颉刚编订：《封建论》，参见《崔东壁遗书·尚友堂文集（上）》，第847页。

③ 崔述撰著，顾颉刚编订：《封建论》，参见《崔东壁遗书·尚友堂文集（上）》，第847页。

④ 崔述撰著，顾颉刚编订：《封建论》，参见《崔东壁遗书·尚友堂文集（上）》，第848页。

促，其理同也。"①在这一点上，崔述可以说并不相信不同制度之间有所谓的优劣问题，而主要在于得"明主"。因此，他的政治思想可以说是坚定的"人治论"，与柳宗元、王夫之等相信郡县制具有进步性的观点颇不相同。

崔述深信历史是在变化的，而他所处时代的"郡县制"制度也会发生变化。但他并没有对郡县制变化的方向提出自己的看法，在这一点上他缺乏一个大思想家所具有的理想性色彩，在一定程度上也反映他那个时代少数觉醒的士人在思想与精神上的苦闷与迷惘。他说："自秦以来二千年，郡县之法日弊矣，安知后世不复为封建也？然天下世变多端矣：封建，一变也；郡县，一变也；群雄割据，南北分治，藩镇拒命，皆变也。变故以来，前者不必有，而后起者无穷。封建之时，不知有郡县。后世或更有出于封建之外者，未可知也。吾又乌知郡县极弊之日，其势何所趋也？"②

崔述知郡县制因弊极而必变，但究竟变成什么样的制度，他本人无法预言。就政治思想的想象力而言，他远不如顾炎武。因为顾炎武从原则上提出了"寓封建之意于郡县之中"的设想，这一设想在精神上与现代的民主政治有暗合之处。然而，崔述没有提出具体的预言与设想，这也许与他的"求实"思想相关，也许与乾嘉时代因政治上的高压而使得整个社会与学术丧失了想象力有关。

（三）崔述论"正统"

"正统论"问题实是一政治哲学问题，即关于政治统治交替过程中治权所得的正当性问题。所得之治权是正当的，就是"正统"，所得是不正当的，就是非正统。然而，在中国政治思想史上，这一"正统"论往往又与历史哲学纠缠在一起，宋明理学成为主流意识形态之后又与"道统"论结合在一起，颇为复杂。崔述对"正统"问

---

① 崔述撰著，顾颉刚编订：《封建论》，参见《崔东壁遗书·尚友堂文集（上）》，第847页。

② 崔述撰著，顾颉刚编订：《封建论》，参见《崔东壁遗书·尚友堂文集（上）》，第848页。

题的讨论，是与他的“民本论的历史观”①联系在一起的，从整体上具有进步性的思想因素。崔述认为：“盖天下有势有义：正者义也，统者势也。言正不可言统，言统不可言正，然后其理明而其说定。试言统之说。统之为言，犹曰有天下云尔。天下，公器也，非一人一姓之所得私。当其时归于一，则统有专属；及其分也，则统亦随而分矣。……自古以来，虽世变纷然，而统无一日之绝也，不过时有分合而已。……如曰得国之迹不同，故其名亦异，是论正不正也，非论统也。”②

崔述的意思是说，治权的变化有客观之“势”所至，谁得“势”，谁就拥有了“统”。谁得义，谁之“统”就是“正统”。天下是公器，只要合乎势与义而得之，即是“正统”。因而历史上各个王朝无所谓正统与“偏统”，更无所谓“僭统”、“窃统”。很显然，崔述的这种治统论与宋明儒所倡导的道统论，俗儒们所坚持的正统论是大相径庭的。

对于得国之迹的正与不正的问题，崔述非常大胆地论说道：“予于商、周，犹窃有疑焉。何疑尔？桀、纣虽暴，汤、武之君也。汤、武虽仁，桀、纣之臣也。臣弑其君，可乎？且夫汤、武之德盛矣，其功大矣，然考其得天下之迹而律以后世之名，则不免于篡。”③崔述这一论断的意义非常吊诡，表面上是肯定君臣大义的不可违，然将儒家千年来相传的“道统”打破了。从儒家肯定“汤武革命，顺天而应人”这种一以贯之的意识形态来说，其具有摧毁传统政治正当性的危险性。然而，他又认为，这是三代以前之事，三代以后不可以这样，因为三代以后，君臣秩序已定，故不可以犯上作乱。我们应当理解崔述所论。他生于乾嘉时代，不可能将自己的思想贯彻到底，那样是会杀头的。他只能以维护后世君臣之义的方式

① 参见路新生《中国近三百年疑古思潮研究》一书第三章第二节“崔述的历史观和政治思想”。本文接受路先生对崔述历史观的定位。

② 崔述撰著，顾颉刚编订：《正统论》(上)，参见《崔东壁遗书·尚友堂文集(上)》，第845页。

③ 崔述撰著，顾颉刚编订：《正统论》(上)，参见《崔东壁遗书·尚友堂文集(上)》，第845页。

来掩盖自己的大胆言论。即使如此，崔述的同时代理学家谢庭兰就批评崔述这些观点是“蔑圣经”、“废人伦”①之论。

崔述还反对张载用“天命”的观点来论述政权转移、交替的正当性，他认为：“天命不可见也，人何自而知之？世之论汤、武者，不过曰心非利天下也，应天顺人，伐暴救民而已。夫心藏于深微不测之地，其亦至难知矣。即心果无他，而终不可以掩其迹；心非篡则当恕其心，迹实篡则当严其迹。”②

所谓“严其迹”，即当认真考察这些获得政权的人是否做出了有利于民众的事情。如果获得政权后让民众真正能获得实惠，则就是“正统”，如果不是，就不是“正统”。崔述多处论述了“公天下”与“有德者得天下”的思想，如他说：“天下者，天之天下也，非一姓之天下也。故舜继尧，禹继舜，人以为固然也。”③又对商以后传子的私天下评论道：“然一姓之子孙必不能历千百世而皆贤，不贤则民受其殃，必更归于有德而后民安；而既已传子，又必不能复传之贤，则其势必出于征诛而后可。故揖让之不能不变而为征诛者，天也，圣人之所不能违也；虽尧、舜当之，亦若是而已矣！”④崔述对孟子“残贼之人谓之一夫；闻诛一夫纣，未闻弑君也”这段话重新解释道：“正谓夏、商失道，政不行天下，故不得谓之共主，非谓汤、武亲立桀、纣之朝而其君不仁，遂可不谓之君也。但孟子之意在于警人主，故以仁暴大义断之，而未暇详申其说耳。”⑤

对于得国之迹的正与不正，崔述具有一定的历史主义眼光，他认为：“汤、武之事，行于三代以后则不可，行于当时则可。古者

① 崔述撰著，顾颉刚编订：《崔东壁遗书》附录，第1075页。

② 崔述撰著，顾颉刚编订：《正统论》（上），《崔东壁遗书·尚友堂文集（上）》，第845页。

③ 崔述撰著，顾颉刚编订：《商考信录》卷之一，《崔东壁遗书》，第135页。

④ 崔述撰著，顾颉刚编订：《商考信录》卷之一，《崔东壁遗书》，第135页。

⑤ 崔述撰著，顾颉刚编订：《商考信录》卷之一，《崔东壁遗书》，第135页。

人性情质朴，其有君臣之义非如后世之明也。当其时各自为国，势不能相属也。有功德与力者，则天下群起而奉之，非必制其予夺之权而设为贵贱之等也，不过势之所归而已。……故曰汤、武之事行于当时则可，其所以不见黜于正者此也。然汤、武之事行于三代以后则终不可，盖古今时异势殊，后之君臣非若古之君臣矣。"①

崔述这一观点当然是囿于现实政治，只能这样说。但他强调政治必行仁政，政治权力获得的正当性必以仁民与民心向背为基础，肯定有德者得天下。这些观念当然都是传统儒家的老观念，但却是儒家政治思想的优良传统。在乾嘉考据说讳言政治问题的时代，他能借助考证上古帝王圣贤之行之事以求有益于世道人心，其用心之良苦还是需要后人加以认真体察的。

崔述还从历史语义还原的角度，进一步揭示"正统"的历史含义。他说："论正统者众矣，自宋欧阳修以至国朝魏禧，予所未见者不论，所已见者予皆有以识其说之非也。夫统有分合而无正伪，而正不正不关于其统。论者于泥其名，每曲为之说，又或以爱憎为褒贬，故其是非不当而予夺不公。"②

又说："今夫'正统'之名何昉乎？非古圣人悬此格以待后之君也。其说起于后世之学士大夫，彼见历代之事务各殊也，于是正统之名兴焉。有'正统'而后有'偏统'，由是而又有'僭统'、'窃统'；此皆强立名字，以古人就己之私说，皆予之所不取。"③

在崔述看来，"古所谓正者，'三正'之正而非偏正之正也；所谓统者，'三统'之统而非统会之统也。其说载于《汉书·律历志》。《律历志》曰：'三统者，天施，地化，人事之纪也。十一月，《乾》之初九，阳气伏于地下，始著为一，万物萌动，钟于太阴，故《黄钟》为天统。六月，《坤》之初六，阴气受任于太阳，继养化柔，万

① 崔述撰著，顾颉刚编订：《正统论》(上)，《崔东壁遗书·尚友堂文集(上)》，第845~846页。

② 崔述撰著，顾颉刚编订：《正统论》(上)，《崔东壁遗书·尚友堂文集(上)》，第844页。

③ 崔述撰著，顾颉刚编订：《正统论》(上)，《崔东壁遗书·尚友堂文集(上)》，第844页。

物生长，楙之于末，令种刚强大，故《林钟》为地统。正月，《乾》之九三，万物棣通，族出于寅，人奉而成之，故《太族》为人统。是为三统。其于三正也，《黄钟》子为天正，《林钟》未之衝丑为地正，《太族》寅为人正。三正正始。'由是观之，是正自正，统自统，各为一事；后人合二字以成文耳，非如论者所谓均此一统而有正不正之别也。"①

通过上述的历史语义还原，崔述将"正统"之义还原为先王历法问题，而不是后来如欧阳修等人所说的政权继承的合法性问题。他还进一步申论道："昔者三代之盛，历法修明，王者之政令被于天下，岁颁朔于诸侯，诸侯奉若而不敢违，故其时无不遵天子之正统者。至春秋、战国之际，史官失纪，畴人子弟分散，兼以王室衰微，天下纷争，或不能尽遵天子之正统，故其时有《黄帝历》、《颛顼历》、《夏历》、《殷历》、《周历》、《鲁历》。而孔子作《春秋》，亦谨书曰'春王正月'明其正为王之正，意若曰此方为天子之正而天下之所当遵者，故公羊氏释之曰'在一统'也。"②

崔述的这种历史语义还原的方法，从理论上说并不足以驳倒欧阳修的"正统论"。欧阳修是从政权交替的应当之理的角度立论的，其所立之论正确与否，另当别论。崔述试图从"正统"一词的历史语义的用法来证明欧阳修"正统"论的错误，则是两件事，而不是一件事。因为，欧阳修如果能回答，可以轻松地说，我说的"正统"并不是历史上所说的"正统"的意思。由此可知，运用历史语义还原的方法来证明一种理论的不正确，其方法并不可行。即使如此，崔述"正统"论中所表现出的进步思想因素，还是应当得到肯定的。

---

① 崔述撰著，顾颉刚编订：《正统论》(上)，参见《崔东壁遗书·尚友堂文集(上)》，第846页。

② 崔述撰著，顾颉刚编订：《正统论》(上)，参见《崔东壁遗书·尚友堂文集(上)》，第846页。

本文结语

崔述的尊经考古学，就其考据的精审程度而言，不及同时代的三大考据学历史学家；其思想的批判性不及戴震深刻、犀利；其历史哲学的思考不及章学诚深刻、系统。他虽生于乾嘉时代，而外在于该时代的主流学术之外。从人文知识增长的角度看，崔述的整体考据成绩贡献不大。然就“疑古”的思想倾向而言，对于20世纪中国“疑古”思潮具有一定的思想史支撑意义。在乾嘉时代，汉学、宋学几乎是势不两立，然崔述能超越汉学、宋学的束缚，对汉、宋之学采取双谴的态度，以求真、求是作为自己的学术目标，表现了一位学者独立不苟的精神，难能可贵，值得肯定。

（作者单位：武汉大学哲学学院、国学院）

诸子新证

学鉴

管氏“三归”进解兼论管仲知礼而孔子责备于贤者

◎ 程水金

《论语·八佾》：

> 子曰：“管仲之器小哉！”或曰：“管仲俭乎？”曰：“管氏有三归，官事不摄，焉得俭？”“然则管仲知礼乎？”曰：“邦君树塞门，管氏亦树塞门，邦君为两君之好，有反坫，管氏亦有反坫。管氏而知礼，孰不知礼？”

观《论语》撰集者之意，孔子讥“管仲之器小”有二事焉：一为奢侈；二为僭礼。然其所以僭礼，又与其奢侈相关。

“管氏有三归，官事不摄。”何谓“三归”？前人之说甚多，有释为“娶三姓之女”者；有释为地名者；有释为“家有三处”者；有释为“以三牲献宗庙”者；有释为“台名”而以为“藏货财之府库”者。各家之说，程树德《论语集释》已备录其文，在此毋庸赘述。

一、三归以富为义

考“三归”既见之于《论语》，亦见之《韩非子》与《晏子春秋》。

《韩非子·外储说左下》曰：

管仲相齐，曰："臣贵矣，然而臣贫。"桓公曰："使子有三归之家。"曰："臣富矣，然而臣卑。"桓公使立于高、国之上。曰："臣尊矣，然而臣疏。"乃立为仲父。孔子闻而非之曰："泰侈偪上。"一曰：管仲父出，朱盖青衣，置鼓而归，庭有陈鼎，家有三归。孔子曰："良大夫也，其侈偪上。"①

又，《韩非子·难一》亦有类似之说：

管仲以贱为不可以治国，故请高、国之上；以贫为不可以治富，故请三归；以疏为不可以治亲，故处仲父。管仲非贪，以便治也。②

据韩非此言，则管仲"有三归之家"或"家有三归"，乃齐桓公因管仲之贫而赐之使其富，故孔子"闻而非之"曰："泰侈偪上。"又《晏子春秋·内篇杂下》曰：

晏子相景公，老，辞邑。……公不许，曰："昔吾先君桓公，有管仲恤劳齐国，身老，赏之以三归，泽及子孙。今夫子亦相寡人，欲为夫子三归，泽至子孙，岂不可哉？"③

按此言"赏之以三归"，与《难一》"故请三归"之说相类似。所谓"赏之以三归，泽及子孙"，非富而何？

---

① 王先慎：《韩非子集解》卷12，中华书局1998年版，第304~305页。

② 王先慎：《韩非子集解》卷15，中华书局1998年版，第358页。

③ 吴则虞：《晏子春秋集释》卷6，中华书局1962年版，第426页。

二、归为铸币藏钱之所

然刘向《说苑·善说篇》则另有其说，其文曰：

> 桓公立仲父，致大夫曰："善吾者入门而右，不善吾者入门而左。"有中门而立者，桓公问焉。对曰："管仲之知可与谋天下，其强可与取天下，君恃其信乎，内政委焉，外事断焉，驱民而归之，是亦可夺也。"桓公曰："善。"乃谓管仲："政则卒归于子矣，政之所不及，惟子是匡。"管仲故筑三归之台以自伤于民。①

《说苑》与《韩非子》及《晏子春秋》所言皆不同。其一，"三归"非齐桓公所赏赐，乃管仲自为，目的是自污以避祸，如汉之萧何于关内广置田宅之意。其二，以"三归"与"台"连言曰"三归之台"，则以"三归"为台名。其三，筑台"以自伤于民"，似乎可作三种理解：一是因筑台而服劳役以伤于民；二是因筑台而颁赋税以伤于民；三是筑台以行赋敛而伤于民。清儒武亿从朱熹《集注》而申其说，正解为筑台以行赋敛，从而释"台"为"府库之属"。武氏曰：

> 管氏有三归，《集注》云："三归，台名，事见《说苑》。"案：台为府库之属，古以藏泉布。《史记·周本纪》"散鹿台之泉"，《说文解字通论》"武王散鹿台之钱"，是也。《管子·三至篇》（引者按：当作《山至数》）："请散栈台之钱，散诸城阳。鹿台之布，散诸济阴。"是齐旧有二台，以为贮藏之所。《韩非子》"管仲相齐"云云，以三归对贫言，则归台亦即府库别名矣。《泉志》载布文有"齐归化"三字者，疑为三归所敛之货。《集解》以为娶三姓之女，不如朱子义为长。②

---

① 向宗鲁：《说苑校证》卷11，中华书局1987年版，第268～269页。

② 武亿：《群经义证》，上海古籍出版社2002年版，第190～191页。

武氏之说，可谓有理有据，是以学者多从其说。如王先慎《韩非子集解》，于《外储说左下》“使子有三归之家”即注曰：“‘三归’，台名，古藏货财之所，故能富。他书以‘三归’为娶三姓女，非。”①程树德亦谓“以三归为藏货财之所，最为有力，即《论语稽》亦取之”。②

按武氏之说庶几得之，发千古之聩聩，牖人心智者多多，然犹有未是未尽之谊，请尝试言之：

考武氏之说，其证据有二，一是《管子·山至数》“请散栈台之钱，散诸城阳。鹿台之布，散诸济阴”。二是宋洪遵《泉志》所载“齐归化”之古币。

《山至数》为《管子·轻重》十九篇之一(已亡三篇，今存十六篇)，近人马非百认为：《轻重篇》乃专门讨论财政经济问题，与《管子》其他各篇并非同一思想体系，其成书在西汉王莽居摄三年(公元8年)之后。且《山至数》“栈台之钱，散诸城阳。鹿台之布，散诸济阴”，城阳、济阴，皆为汉初诸侯国名。城阳国乃汉文帝二年(公元前178年)所置，治莒县，即《汉书·地理志》所谓“文帝二年别为国”者是也。济阴，《汉书·地理志》云：“济阴郡，故梁。景帝中六年别为济阴国。”王先谦《汉书补注》云：“封梁孝王子不识。《济水注》‘汉景帝以济水出其北，东注，分梁于定陶，置济阴国’。指北济而定名也。周寿昌云：‘不识死，无子，国废为郡，在武帝建元三年。’”据此，马非百曰：“然则本书不得作于汉景帝中六年(公元前144年)以前，此又一证矣。”既然《轻重》诸篇作于西汉末年王莽居摄之后，则“栈台与鹿台皆假托之词”，非实有其地。③ 马氏之说如此。

宋人洪遵《泉志》卷九载“齐归化”钱币一枚，识之曰：“《旧谱》曰：咸通八年，兖海观察郑汉章奏：百姓于野内掘得古铜片四

① 王先慎：《韩非子集解》卷12，中华书局1998年版，第304~305页。

② 程树德：《论语集释》卷6，中华书局1990年版，第212页。

③ 马非百：《论管子轻重·关于管子轻重的著作年代》，参见《管子轻重篇新诠》卷9，中华书局1979年版，第3~50页，第370~373页。

千九百五十五片。诏翰林验云：上有‘齐归化”三字。按其形制及文篆，外莫之睹，亦古布流也。”①武氏曰“疑为三归所敛之货”，其说本此。

按马氏谓《管子·轻重》诸篇与《管子》他篇不类，乃成书于西汉末年王莽居摄三年之后，其说较有理据，或可成立。但“栈台”及“鹿台”之与钱府相关，则非“假托之词”。章太炎曰：“栈台者，钟台也。《释乐》曰：‘大钟谓之镛，小者谓之栈。’是其证。凡铸钱与钟皆用铜，故古者或以一官掌之。《汉书·百官公卿表》云：‘水衡都尉属官有钟官令丞。’如淳曰：‘钟官，主铸钱官也。’《史记·平准书》云：‘钱多轻，而公卿请令京师铸钟官赤侧。’此盖因古者铸钱与铸钟为联事而得名，然则藏钱与钟栈同处，义亦如是。”章太炎先生又曰：“《逸周书·克殷解》、《吕氏春秋·慎大览》、《史记·殷本纪》、《齐世家》、《留侯世家》、《淮南·主术训》、《道应训》皆云‘鹿台之钱’。《说苑·指武篇》则言‘鹿台之金钱’，皆指纣之钱府也。齐之钱府，必非袭亡国之名，然则鹿台本为钱府之通名，非纣所创立可知。鹿当借为録。《尚书大传》：‘致天下于大麓之野。’《注》：‘麓者，録也。’《魏受禅表》及《公卿上尊号奏》皆作‘大鹿’，是録、鹿通之证。《说文》：‘録，金色也。’古谓铜曰金。《荀子·性恶》篇：‘文王之録。’《注》：‘剑以色名。’古剑亦以铜为之也。是铜有録色者，録台则取铜钱之色为名。”②据章氏之说，则“栈”者、“鹿”者，乃因铸铜为钟为剑为钱而得名也。

考《说文·至部》曰：“臺，观四方而高者也。从至，从高省，与室、屋同意。㞢声。”又《手部》曰：“握，搤持也。从手，屋声。臺，古文握。”而《尸部》亦曰：“屋，屍也，从尸，尸，所主也。一曰尸象屋形。从至，至，所止也。屋、室皆从至。臺，古文屋。”又刘熙《释名·释宫室》曰：“臺，持也。筑土坚高能自胜持也。”王

① 洪遵：《泉志》卷9，齐鲁书社1997年《四库全书存目丛书》子部第78册，第759页。

② 章太炎：《膏兰室札记》卷2，参见《章太炎全集》第1册，上海人民出版社1982年版，第201～202页。

先谦《补注》曰："按《说文》握，搤持也。下重文列古文㚤，与㚤形近。疑古握、㚤为一字，故均有持训也。握从手，屋声；屋从尸，从至；㚤从出从至从高省。《说文》凡二从字，其一多兼声。屋、㚤疑均从至得声。至持一韵，故声义相通假也。又屋下古文作𡳔，亦与㚤形相近。"①是"㚤"者，与"室"若"屋"同从"至"声而义得相通。则"三归之台"，亦犹"三归之家"耳。据此，则刘向谓管仲"筑三归之台"，其说乃本之于韩非子《外储说》"三归之家"。所不同者，此"三归之家"乃管氏自为而伤于民，非桓公所赏赐而已。

然则"管氏有三归"者，其理解的关键，并不在"三归之家"或"三归之台"，而在"三归"之"归"，以"家"或"台"可省而径曰"三归"而知也，而《论语》及《晏子春秋》仅曰"三归"而不与"家"或"台"连言，即是其证。据上引章太炎之说，所谓"栈"者、"鹿"者，乃因铸钟铸钱而得名。疑"归"字当亦如是，证之以《泉志》所载咸通八年(唐懿宗年号，867 年)兖海观察郑汉章所奏，百姓于野内掘得四千九百五十五片铜币而有"齐归化"之文，则"归"当为齐国铸币藏钱之府库名，乃无可疑者。② 而"齐归化"者，正谓"齐"之"归"所铸之"化"，非如武氏说为"三归所敛之货"，仅为"敛之"而非铸之，则货之文识从何而来，非铸之而后藏之邪？是知武氏意有未尽也。

三、管氏之归何以三名

而"归"之所以又曰"三归"，必因齐国官营铸币藏钱之府库有

---

① 王先谦：《释名疏证补》卷 5，上海古籍出版社 1984 年版，第 279～280 页。

② 齐国铸币藏钱之府库何以"归"为称，大抵取"归"而"藏"之之意。考洪遵《泉志》所摹录"齐归化"之"化"字，从"爿"从"七"作"𠤎"，"爿"读若"藏"，而"七"乃"化"字之初文，"化"者，货也。此"齐归化"之"化"字作"𠤎"，意即"齐国之归所铸藏之宝货"也。按此币至清乾隆初年梁诗正、蒋溥等纂修《钦定钱录》时尚存于内府，《钦定钱录》乃按清内府实物摹写。梁氏曰："古篆化字无旁作爿者。"见《钦定钱录》卷 2，文渊阁《四库全书》本，第 9 页。

二，而齐桓公为酬劳管仲辅相之功而又特赏其家可即铜山铸钱，故管氏之“归”以齐国旧有之“归”为数，乃为齐国之“三归”也。因此，“管氏有三归”者，犹今语所谓“湖北十堰有二汽”，即湖北十堰市有中国之第二大汽车工业基地也。然则管仲之家拥有齐国三大铸币藏钱府库之一，是管仲之富富可敌国，故《韩非子》每以“三归”对贫而言，而孔子曰“泰侈偪上”者，良有以也。考之于史实，齐桓公使管仲“有三归之家”，令其私家铸钱，通货天下，与汉文帝之赐邓通蜀严道铜山得自铸钱，而“邓氏钱”布天下，其事犹先后一揆也。① 至于齐景公欲仿桓公故事而赏晏子，此为援例或从古，非实有其事，否则晏子之“归”乃继管仲之后当为齐之“四归”矣。然景公曰“为夫子三归”，意即拟富于管氏，亦可即铜山而铸钱耳。

准此，则“管氏有三归”者，谓其家即铜山而铸钱，货通天下，乃三分齐国之富而有其一。因其豪富奢侈，则家臣舆台奚仆甚众，故人执一事，各司一职，互不相兼，所谓“官事不摄”者，又其必然之事耳。故孔子曰：“焉得俭？”

四、管氏因富侈而僭礼

管氏之家铸币藏钱，富可敌国，则其相府之建筑规模及其建筑格局难免违礼逾制，故奢侈与僭礼，又其相因之事也。是以“邦君树塞门，管氏亦树塞门，邦君为两君之好，有反坫，管氏亦有反坫”。

“邦君树塞门”者，郑玄注曰：“人君有别内外，于门树屏以蔽之。”皇侃疏曰：“邦君，谓诸侯也。树塞门，谓立屏以障隔门别外内，礼天子诸侯并有之也。臣来朝君，至屏而起敬。天子尊远，故外屏于路门之外为之；诸侯尊近，故内屏于内门之内为之。今黄阁

① 《史记·佞幸列传》：上使善相者相通，曰：“当贫饿死。”文帝曰：“能富通者在我也。何谓贫乎？”于是赐邓通蜀严道铜山，得自铸钱，“邓氏钱”布天下。其富如此。

板障是也。卿大夫以帘，士以帷，又并不得施之于门，政当在庭阶之处耳。管仲是大夫，亦学诸侯于门立屏，故云亦树塞门。”

“邦君为两君之好，有反坫”者，郑氏注曰：“反坫，反爵之坫也，在两楹之间。”又曰：“若与邻国君为好会，其献酢之礼，更酌、酌毕，则各反爵于坫上。”皇侃疏曰：“云邦君为云云者，又明失礼也。礼诸侯与邻国君相见，共于庙饮燕，有反坫之礼。坫者，筑土为之，形如土堆，在于两楹之间。饮酒行献酬之礼，更酌、酌毕，则各反其酒爵于坫上，故谓此堆为反坫。大夫无此礼，而管仲亦僭为之，故云亦有反坫也，”又曰：“其献酢之礼更酌者：初，主人酌酒与宾曰献；宾饮献毕而酌与主人曰酢；主人饮酢毕又酌与宾曰酬。古者宾主各杯，故云更酌也。云酌毕则各反爵于坫上者，既云各反，则是各两爵也。”①

“塞门”与“反坫”之制，郑注皇疏，缕述甚明，其上下礼杀，亦历历可辨。天子诸侯以塞门别内外，天子树塞门于路寝之门外，诸侯树之于路寝之门内，而卿大夫则不树塞门，仅用竹帘耳，至于士，则并竹帘亦不能用，仅张帷幕而已。而管仲爵职为卿大夫，其宫室乃僭用诸侯之制，树塞门于路寝；又于两楹之间筑土台为反坫以宴宾客，献饮酬酢，皆返爵于坫，此亦僭拟于诸侯之制。礼唯诸侯相见，饮燕于庙堂之上，方于两楹之间设反爵之坫。是树塞门，设反坫，皆诸侯庙寝之制，而管仲以卿大夫而僭用之，故孔子曰：“管氏而知礼，孰不知礼?”

五、孔子责备于贤者

史载管仲其人，并非全然不知礼数。《左传》载周襄王四年(公元前649年)，襄王母弟王子带召集扬、拒、泉、皋、伊、雒之戎同伐

---

① 皇侃：《论语集解义疏》卷2，文渊阁《四库全书》本，第19~21页。皇侃疏曰：“各反爵于坫上者，既云各反，则是各两爵也。”按此皇氏误解郑氏“更酌、酌毕，则各反爵于坫上”之意。郑氏之“各反”谓“两君皆反”，非谓“两爵皆反”也，而皇氏竟曰“各两爵”，显与献酢之礼不合。

京师，入王城，焚东门，秦穆公、晋惠公伐戎以救周。晋惠公欲使戎人与王室讲和而未能成功。次年(公元前648年)，周襄王兴师伐戎，实为诛讨王子带，王子带乃奔于齐。是年冬，齐桓公派管仲斡旋戎人与王室讲和，派隰朋斡旋戎人与晋国讲和。事成之后，周襄王以上卿之礼招待管仲，而管仲却极力推辞。《左传》僖公十二年述其事曰：

> 王以戎难故，讨王子带。秋，王子带奔齐。冬，齐侯使管夷吾平戎于王，使隰朋平戎于晋。王以上卿之礼飨管仲。管仲辞曰："臣，贱有司也，有天子之二守国、高在，若节春秋来承王命，何以礼焉？陪臣敢辞。"曰："舅氏！余嘉乃勋！应乃懿德，谓督不忘。往践乃职，无逆朕命！"管仲受下卿之礼而还。君子曰："管氏之世祀也宜哉！让不忘其上。《诗》曰：'恺悌君子，神所劳矣。'"①

《礼记·王制》曰："大国三卿，皆命于天子。次国三卿，二卿命于天子，一卿命于其君。"齐为侯爵，为次国，国氏、高氏乃天子所命，为上卿。管仲乃桓公所命，为下卿。管仲为齐相而执政柄，然非王室命卿，故其职高而位卑。周襄王以上卿之礼招待管仲，而管仲自知其卑，不可僭越于天子命卿国氏与高氏之上。故管仲辞曰："臣，贱有司也，有天子之二守国、高在，若节春秋来承王命，何以礼焉？陪臣敢辞。"谓己以下卿而僭用上卿之礼，则上卿国氏与高氏于春秋之节来行朝聘之礼，述职以受王命，又当以何礼处之？岂非必以公侯之礼待之而后可！周襄王解释其理由曰："舅氏！余嘉乃勋！应乃懿德，谓督不忘。往践乃职，无逆朕命！"齐为异姓诸侯，故周王称之为"舅氏"。周襄王的理由有二：其一，为了褒奖你为王室靖难的功勋。我已经承受了你美好的功德，故以此表示我笃志不忘。其二，也希望你回国之后，更好地履行自己的职责，不要辜负我的希望。虽然周襄王的解释颇为切情在理，但管

---

① 杨伯峻：《春秋左传注》，中华书局1990年版，第341～342页。

仲仍然只是接受下卿之礼，其通事理明礼义如此。故作传者假君子之口赞扬管仲曰："管氏之世祀也宜哉！让不忘其上。"谓管氏之所以能于齐国世世宗祀不绝，乃理所当然之事！因为管仲能"不忘其上"而有所谦"让"，并引《大雅·旱麓》诗句曰："恺悌君子，神所劳矣。"意即：开明礼让之君子，必当受到神灵的保佑与犒劳吧。①

由管仲辞周王上卿之礼，可知管仲并非不明事理之人，其于礼之大端，即有王命，亦不苟且。职是之故，管仲虽富可敌国而权倾朝野，其宫室之制亦小有逾度之失，然终无篡逆之心，是所谓"富润屋，德润身"者也。而其后世子孙亦循循如遵其德而守其分，终无如田敬仲之后裔弑君而篡齐，此管氏之遗教垂乎其后百载之久邪？然孔子责管仲"器小"者，大抵亦如前人所谓："《春秋》之法，责贤者备焉，于其非贤则略之而已。"管仲虽明于礼之大端，但失其礼之小节，故孔子力许管仲"如其仁，如其仁"，又切责管仲"管氏而知礼，孰不知礼"。由此可见，孔子重礼数与名分，不容有丝毫之差忒与爽失，故不免责备于贤者。

（作者单位：南昌大学国学院）

① 按："恺悌"，亦作"岂弟"。《齐风·载驱》载"齐子岂弟"，毛传训"岂弟"为"乐易然"。郑笺："岂读当为闿。弟，古文《尚书》以弟为圛。圛，明也。"《尔雅·释言》："恺悌，发也。"郭璞注："发，发行也。《诗》曰'齐子恺悌'。"郝懿行疏曰："《尔雅》之发，则以开明为义，不兼行进为义也。恺悌者，闿圛之假音也。《说文》云：'闿，开也。'《广雅》云：'闿，明也。'圛者，《说文》引《尚书》曰'圛圛升云半有半无，读若驿。'今《书·洪范》即作'曰驿'。古文本作'曰圛'。《史记集解》引郑注曰：'圛者，色泽而光明也。'是圛训明。'曰圛'，《宋世家》作'曰涕'，声之假借。"见郝氏：《尔雅义疏》卷12，上海古籍出版社1983年版，第403页。

四库专论

学鉴

四库学研究的战略思考①

◎ 司马朝军

【摘　要】从学术发展的战略高度出发，就当前四库学研究工作提出了四点建议：一、《四库全书》宜校雠完善；二、《四库提要》宜精校精注；三、四库学研究力量宜整合为一；四、四库学之学术史宜系统清理。同时，也对某些违反学术规范的问题提出了尖锐的批评。

【关键词】四库学　校勘　注释　学术史　战略思考

20世纪是四库学由滥觞到蓬勃发展的重要时期。这一时期，虽然文渊阁《四库全书》在1980年代后期影印出版，而文溯、文津和文澜三阁珍藏的《四库全书》尚藏在深阁人未识，但凭借几代学者的不懈努力，在《四库提要》的订误补遗和四库学的各个研究领域，仍然取得了令人瞩目的成绩。此为人所共知，毋庸赘述。

近十年来，四库出版热持续升温，1997年齐鲁书社出版《四库全书存目丛书》，2000年北京出版社出版《四库禁毁书丛刊》、《四

---

① 本文为武汉大学自主科研项目（人文社会科学）研究成果之一，得到“中央高校基本科研业务费专项基金”资助。

库未收书辑刊》，2002 年上海古籍出版社推出《续修四库全书》，2003 年上海古籍出版社重印文渊阁《四库全书》，2004 年鹭江出版社出版文渊阁《四库全书》线装影印本，同年商务印书馆开始影印文津阁《四库全书》，杭州出版社也正在积极准备实施文澜阁《四库全书》的全部影印，甘肃方面也将影印文溯阁《四库全书》提上了议事日程。2005 年出台的甘肃省“十一五”规划的文化建设工程中，文溯阁《四库全书》出版影印项目被列在第一项，并积极实施文溯阁《四库全书》数字化工程。

“出版热”引发了“研究热”，人们对四库学的研究开始自觉地上升到了建立新学科的高度，“四库学”、“四库全书学”、“四库全书总目学”等概念逐渐被提出来，《四库提要订误》(增订版)、《四库全书总目辨误》、《四库全书总目研究》、《四库全书总目编纂考》、《四库全书收录台湾文史资料之研究》、《四库禁毁书研究》、《四库全书馆研究》等专著纷纷出版。2008 年春，笔者曾在北京大学发表“宣言”，谈了自己的几点看法，① 有些已经引起有关方面的注意，如重建四库馆一事，在卢仁龙先生的推动下，北京文物局在万寿寺万寿阁建立了“四库全书新馆”。

四库学当前还有哪些工作需要进行，关系到四库学如何继续发展，自然成为学者关心的重大问题。对此，笔者冒昧献芹，谈四点想法。

一、《四库全书》宜校雠完善

毋庸讳言，《四库全书》因为任意篡改历史文献而备受学人诟病。《四库全书》不是善本，自问世以来，不为学界主流人士所重视。鲁迅先生更是一针见血地指出：“清朝的考据家有人说过，

---

① 笔者于 2008 年 3 月在北京大学召开的“第三届余志明《文渊阁四库全书电子版》学术成果奖”颁奖大会上提出四点建议：第一，重组《四库全书》馆；第二，重订《四库全书》；第三，筹建全国四库学研究会；第四，培养新一代四库学研究专家。

‘明人好刻古书而古书亡’，因为他们妄行校改。我以为这之后，则清人纂修《四库全书》而古书亡，因为他们变乱旧式，删改原文；今人标点古书而古书亡，因为他们乱点一通，佛头着粪：这是古书的水火兵虫以外的三大厄。”①因为鲁迅的特殊政治地位，他的这种极为偏激的观点长期处于话语霸权地位，更加强化了人们对《四库全书》的不信任感。

与此同时，我们也注意到，还有一种微弱的声音出现。现代著名藏书家伦明先生大约在1921年底、1922年初致函陈垣称：

> ……
>
> (二)为校雠《四库全书》也。前此曾有刊印《四库》之议，但此书之讹脱，触目而是，若任刊布，贻笑外人(前日本人某曾著论言之)。且传布此讹脱不完善之本亦奚取乎？但此书博大，校雠不易。现在教部人员极冗，一时谅难裁撤。其中文理清通者当不乏人，与其画诺而无所事事，何如移一部分之人以校此书。且馆中人员亦不少，若去其素餐者以置清通之人，不一二年，此书便可校完。在国家不费分文而成此大业，何快如之。至校书之法，则宜将内务部新得之《四库》或再借用文渊阁之《四库》，至各书之有刻本者亦居大多数，皆可取资也。②

此议虽善，未见实现。伦明当时虽以藏书闻名，又有“广东通儒”之称，但毕竟人微言轻。当然，伦明的提议也未能准确地估计校勘《四库全书》的难度，以为“不一二年，此书便可校完”，又称“在国家不费分文而成此大业”，均是纸上谈兵。一部如此巨大的丛书，其中的问题又是如此的复杂，在国家不费分文的前提下，在

① 鲁迅：《病后杂谈之余》，《且介亭杂文》，人民文学出版社1973年版，第153页。今按：《四库全书》到底多大程度上“变乱旧式，删改原文”，至今还无人能说明白。

② 参见陈智超编注：《陈垣来往书信集》(增订本)，生活·读书·新知三联书店2010年版，第74～75页。

如此短的时间内是无法完成校勘大业的。陈垣虽居高位，领袖群伦，时人称他为中国的桑原骘藏，伯希和认为只有陈垣与王国维才称得上"近代中国之世界学者"。尹炎武来函称："劬堂谓励耘手有炉锤，眼似岩电，笔端诙诡，时令人忍俊不禁。考据之业，到此境界，真神乎其技，空前绝后也，岂特当世无两哉!"①即使这样一位重量级学者，当时也无力回天。但陈垣毕竟是当时最熟悉《四库全书》的人，就连余嘉锡也要向他请教。他曾经费十年之力清点文津阁《四库全书》，撰有多种四库学论著，且精心校勘四库本《旧五代史》，撰成《旧五代史辑本发覆》。其子陈乐素受父之蛊，亦成为史学名家。他在《陈垣同志的史学研究》一文中指出："他(指陈垣先生——引者注)运用校勘学方法考察古籍的又一成果，是1937年写成的《旧五代史辑本发覆》。薛居正等编的《五代史》，因后出的欧阳修的《五代史记》而被称为'旧五代史'，而且逐渐被埋没不见用；元、明以后，更少流传。清乾隆年间开四库全书馆，馆臣从《永乐大典》中辑出《薛史》，诏颁布于学官。但当时四库馆臣为避免政治上的嫌忌，将《薛史》原文中虏、戎、胡、夷、狄、蕃酋、伪等字眼，尽量改窜，失去了《薛史》的本来面目。陈垣同志根据《册府元龟》、《欧史》、《资治通鉴》等书，把辑本《薛史》中改窜的字句校勘出来，恢复它本来面目，并指出当日馆臣之所以改窜《薛史》原文，实际是不满于清朝的统治。这就不仅限于校勘，而且表彰了当日馆臣的政治态度。"②傅增湘序云："凡有清一代敕编之籍，官撰之书，皆可遵循此例，窥寻笔削之旨，以揭其缚束钤制之威。是援庵此作，宁独为《薛史》发其覆乎?"陈垣的学术秘书刘乃和亦云："他写《旧五代史辑本发覆》一书时，搜集资料、例证极多，稿本有三尺多厚，但他删繁去复，仅存一百九十四条，文章写成只有二万字。用举例的办法，总结出几类问题。他说老辈著书，常有本人删不用的材料，后辈不知，得到几条资料，反以为是新发现，拿来写

① 参见陈智超编注：《陈垣来往书信集》(增订本)，生活·读书·新知三联书店2010年版，第141页。

② 陈乐素：《陈垣同志的史学研究》，载《中国史研究》1980年第4期。

‘某某书补’，又把作者原已删去的材料给补上，就大可不必了。”①

薪尽火传。陈垣嫡孙陈智超承继祖业，仿《旧五代史辑本发覆》而作《四库本续资治通鉴长编发覆》，② 他以五朝本校四库本，考察四库馆臣的窜改情况，有两点发现：一是改译辽、西夏等人名、地名、官名。二是因忌讳而窜改。四库馆臣忌讳甚多，如忌“虏”、忌“胡”、忌“狄”、忌“戎”、忌“夷”、忌“寇”、忌“夷狄”、忌“戎狄”、忌“犬戎”、忌“蛮夷”、忌“戎虏”、忌“腥膻”。其中最忌者为“虏”。其结论为：“四库馆臣对夷、狄等字有改有不改，四库各本所改也不完全一致，说明这确实不是当时清朝的规定，而是四库馆臣之间的默契。对宋人指斥辽人处特别敏感，说明馆臣心目中的清朝同辽朝一样，即都是起自东北而入主中原。冒着大不敬的罪名而把此等字改换，曲折地反映了当时清朝思想控制之严厉以及四库馆臣在清朝高压统治下的不满情绪。”继而又作《四库本建炎以来系年要录发覆》，③ 其结论之一为：“《要录》既然是研究宋代（特别是高宗一朝三十六年）的基本史料之一，而四库馆臣的窜改所涉及的又是当时至关重要的宋金关系问题，因此很有必要恢复其本来面目。”陈氏祖孙筚路蓝缕，功不可没。遗憾的是，除了他们之外，很少有人继续以“陈门家法”校勘“四库本”。

近年随着《文渊阁四库全书电子版》的问世，“四库本”的引用得到很大的改观，可以说是从无人问津到铺天盖地地征用。许多治学严谨的老先生公开发布戒律——“除了只有四库特有的部分外，一律不得轻易征引‘四库本’！”当今学界人士在古籍整理与研究中，一般也绕道而行，将“四库本”排除在外。凡此种种，未免因噎废食，但治标不治本，不能从根本上解决问题。如何才能改变此种局

---

① 刘乃和：《“书屋而今号励耘”》，《励耘书屋问学记》增订本，生活·读书·新知三联书店2006年版，第183页。

② 陈智超：《四库本续资治通鉴长编发覆》，载《社会科学战线》1987年第3期。

③ 陈智超：《四库本建炎以来系年要录发覆》，载《社会科学战线》1988年第3期。

面，变废为宝呢？我想，唯一的办法就是联合全国古籍整理研究的力量，全面校勘《四库全书》，使之成为善本，将此钝器变为治学的利器。伦明先生确有先见之明，不愧为“一代通儒”，九十年前即有此倡议，可惜他生不逢时，无力成此伟业。当然，兹事体大，亦绝非一人之力所能胜任。

我们不妨打个不太恰当的比方——《四库全书》好比一栋“烂尾楼”，毛坯已成，未能装修。如何重新装修好这栋“烂尾楼”？这是乾隆大帝遗留下来的历史难题，同时也是前人赐给我们的机遇！机不可失，时不再来。如果我们不急起直追，很可能会被日本人或韩国人抢先去做。尤其是日本学者，他们向来长于资料的排比，制作了大量精良的资料书，他们一旦对代表中国文化的《四库全书》发生兴趣，恐怕国人难以与之争锋。大家只要看看敦煌学的研究历史——日本一些学者一度狂妄地宣称：“敦煌在中国，敦煌学在日本。”——就可以推知一二。十年前，长期在台北“故宫博物院”守护文渊阁《四库全书》的吴哲夫先生在复旦大学的演讲中就谈到了《四库全书》的校勘问题，不过他一般性地泛泛而谈，还远没有提到战略的高度。现在，我们再次倡议：全国古籍整理领导小组与高校古籍整理委员会等权威部门应该立刻行动起来，设立国家级专项基金或重大项目，作为一项战略任务，组织全国各相关研究人员集体攻关。校雠《四库全书》，功在文化。我们不能让陈垣一门专美，更不能让洋人抢先！为了我们共同的事业，当代的四库学者应该迅速联合起来！

二、《四库提要》宜精校精注

《四库全书总目》（简称《四库提要》）是《四库全书》的副产品，是中国古典目录的典范之作，也是中国学术文化史上的经典之作。自它问世之日起，就对中国学术产生了重大的影响，成为读书治学的不可或缺的工具书。

《四库全书总目》一书，以前通行的版本主要有殿本和浙本。殿本即武英殿聚珍本，乾隆六十年（1795年）刊行。浙本也刊行于此年，由浙江布政使谢启昆刊刻。两本的差异和优劣，已有许多学者作过研究，两本间并无因袭关系。浙本依据杭州所存文澜阁本印行，校勘认真，能够保持四库馆写定时的面貌。殿本由于以内府名义刊刻，付印前做了较多的加工，删削了一些评语偏激的内容，也删除了一些语涉禁忌的文字，同时复核引文，润饰行文，另成面貌。中华书局1965年影印本所据为浙本，1997年整理本则以殿本为底本，两本各有取资的理由，不可偏废。现在文渊阁本和文津阁本《四库全书》都已影印出版。

复旦大学中文系教授陈尚君先生在其《四库提要精读·导言》中指出："今后如果有人将现存各家分纂稿、各本《总目》及书前提要会校成书，当可以为最好的文本。"①

这与笔者的想法可谓不谋而合。我自1998年秋天正式向《四库提要》宣战，计划系统全面地研究《四库提要》，当时准备分三步走：第一步，完成博士论文，做《四库提要》的总体研究，包括文献学研究与思想倾向研究；第二步，做《四库提要》的系列专题研究，包括做《四库提要》的编纂研究、版本研究及文献学专题研究；第三步，做《四库提要》的文本校勘与注释，包括现存四库分纂提要稿、各本《总目》、各阁书前提要、《荟要提要》、《简目》，并充分吸收所有考辨成果（如胡玉缙、余嘉锡、李裕民等人的专书与其他相关论文），进而发掘清代学者的零星成果，并下己见。2004年武汉大学批准了我的计划，正式将《四库全书总目汇考》列入校级重大项目。我于2008年推出了《四库全书总目精华录》一书，即是该项目的前期成果。近年来因为不断有其他事情，我们没有全力以赴，影响了研究进度，今后当再接再厉，完成这一重大战略任务。

我们也注意到，学界还有好几家也在做这个项目。如台北"中央研究院文哲所"林庆彰先生2011年6月曾亲口告诉我，他们已将有关《四库提要》的文献汇编成"丛书"，即将出版。甘肃省图书馆现在对《文溯阁四库全书提要》进行点校出版的项目，将充分吸收一百多年来学者对《四库全书》的研究成果，并以《四库全书总目》

---

① 陈尚君等：《四库提要精读》，复旦大学出版社2008年版，第22页。

以及文渊阁、文津阁、文溯阁库本提要和提要稿本，对其进行校勘，比较异同。卢仁龙先生也正在做文津阁本《四库提要》的整理工作。台北、河北、南京等地据说都有人在做类似的项目。又闻上海古籍出版社也将推出一个“会校本”。既然在此“一亩三分地”里出现了如此热闹的竞争场面，我们也只好奉陪到底，尽力做出特色，做成精品。

三、四库学研究力量宜整合为一

“四库学”一词，在20世纪80年代初期才正式由昌彼得、刘兆祐等先生提出来。著名版本目录学家、台湾“故宫博物院”副院长昌彼得先生在《“四库学”的展望》中说：“‘四库学’名称，我不知何时始见于文献。1983年台湾计划影印文渊阁四库时，我写了一篇《影印四库的意义》一文，即标出了‘四库学’一词。”①同年7月，时任台湾东吴大学中文研究所所长刘兆祐发表了题为《民国以来的四库学》的文章，文中说：“到了民国，从事《四库全书》有关问题研究的风气很盛，所涉及的范围也很广……为了使这门研究工作，成为有系统的学识，我称之‘四库学’。”②1998年，台湾淡江大学举办“首届四库学研讨会”。近30年来，尤其是近十年来，进入到四库学阵地的人越来越多，可以说是从四面八方涌向这一领地，既有研究文学的，也有研究史学的，还有研究哲学的，甚至还有研究科学技术史的。

1993年，海南大学举办“中国首届《四库全书》研讨会”，并成立了“海南大学《四库全书》研究中心”。正如周积明教授指出的：“‘中心’的成立与‘学术研讨会’的召开本来是大陆‘四库学’集结力量和深化研究的契机，但‘中心’宣布成立以后，基本上是偃旗

---

① 参见淡江大学中国文学系主编：《两岸四库学》，台北学生书局1998年版，第1页。

② 刘兆祐：《民国以来的四库学》，载《汉学研究通讯》1983年第2卷第3期。

息鼓，未见后续举措，颇为令人遗憾。”①

2003年，首都师范大学“《四库全书》学术研究中心”成立，由宁可教授担任中心主任，傅璇琮先生任学术委员会主席，傅璇琮、孙钦善、陈祖武、詹福瑞、李致忠、杨忠、周少川、黄爱平、卢仁龙等人为首批学术委员。据卢仁龙先生介绍，该“中心”宣布成立以后，相关工作基本上也是偃旗息鼓。

2004年，武汉大学“四库学研究所”成立，2011年更名为“四库学研究中心”，由我担任负责人。本中心自成立以来，开展了系列科研项目的研究，也取得了系列研究成果，多次获得国家级项目和学术奖励。

2005年7月，甘肃省《四库全书》研究会成立，甘肃省图书馆馆长郭向东担任会长。2011年换届，郭向东馆长继续担任第二届会长，甘肃省图书馆易雪梅研究员、兰州大学敦煌学研究所所长郑炳林教授、兰州大学历史文化学院伏俊琏教授、西北师范大学敦煌学研究所李并成教授、甘肃省古籍编译中心主任高国祥为副会长。甘肃省图书馆在“文溯阁《四库全书》藏书楼”落成启用之际，在兰州举办了由海峡两岸“四库学”专家参加的《四库全书》讨论会，会后出版了论文集。

随着这些研究机构的成立与学术影响的扩大，越来越多的学者投身于《四库全书》的研究。为了使《四库全书》的研究在全国范围内有计划、有重点地进行，更好地开展各项学术活动、更有利地利用各种社会资源，学术机构和学者之间的联系和交流就显得越来越重要，越来越迫切。因此，有必要建立海内外四库学者和四库研究机构之间的沟通渠道。② 为了整合研究力量，加强学术交流，我们应该尽快成立“中国四库学研究会”，搭建一个全国性的学术研究平台。

---

① 周积明：《“四库学”：历史与思考》，载《清史研究》2000年第3期。

② 郭向东：《四库全书研究文集·序》，甘肃省图书馆、甘肃四库全书研究会编：《四库全书研究文集——2005年四库全书研讨会文选》，敦煌文艺出版社2006年版。

四、四库学之学术史宜系统清理

现在强调学术要与国际接轨，因而学术史的清理十分重要。20世纪结束之际，很多学科都对本领域的学术史进行了系统的清理。譬如：英年早逝的沈颂金先生对简帛学的学术史所做的清理，全面系统，受到学界的赞赏。① 戴逸先生主编的《二十世纪中华学案》，对20世纪的学术史所做的清理，范围较广，系统较强，也受到学界的好评。陈文新教授正在主编百卷本《20世纪中国学术档案》，规模宏大，体例新颖，值得期待。而从四库学来说，学术史的清理却做得还很不够。

尽管"四库学"一词出现较晚，其实，关于四库学的研究可以一直追溯到《四库全书》编纂之时。近三十年来，学界关于四库学的学术史研究方面已经出现了一些论著，主要有下列文章：

1983年，刘兆祐先生撰《民国以来的四库学》，发表于《汉学研究通讯》第2卷第3期上，文虽过于简略，但"四库学"的意识还是比较显豁的。

1994年，杨晋龙先生总结既往研究的得失，归纳前人研究四库学存在的十大问题，即促成编纂、思想归属、《总目》名称、刻本抄本、成书时间、编纂动机、内容删改、文字狱关联、学术影响、价值评量，主张改变"先入为主"、"轻信权威"、"规过前人"的研究态度，采用新的研究方式，直接从《全书》和《总目》内容的"了解"上着手，放弃政治史的研究观点，改从文化史的角度进行研究。②

2000年，周积明教授将"四库学"史大致分为三个阶段。第一阶段：乾嘉之际至光宣年间，以《禁书目合刻》、《四库全书简明目录标注》与《郘亭知见传本书目》为代表。第二阶段：民国年间(1911—1949)，其标志有三，其一，一大批著名学者参与《四库全

① 沈颂金：《二十世纪简帛学研究》，学苑出版社2003年版。

② 杨晋龙：《"四库学"研究的反思》，载《中国文哲研究集刊》1994年。

书》以及相关书籍的研究，从而推动“四库学”形成一种规模；其二，产生了本门学科的“典范”著作：《四库全书考异》、《四库提要辨证》、《四库全书总目提要补正》；其三，“四库学”的研究领域不断开拓，形成不同的研究方向。第三阶段：1949年至今。此阶段对四库学史作了粗线条的勾勒，对四库学的研究范围和研究内容提出了相关的看法，提出了四库学研究的三种类型，即四库学的文献研究、史学研究和文化研究，主张在实证研究、文献研究的同时，强化文化研究，倡导从宏观视野去思考问题、开掘课题。①

2002年，崔富章教授指出了20世纪的四库学研究存在的种种误区。②

2004年，陈仕华教授对于台湾50年来的四库学研究进行了总结，提出了独到的见解，即以四库学作为研究清代文化史、学术史的基础；借由纂修研究，了解其组织、管理、征集、采录，作为编纂大型图书的经验；研究《四库提要》之义例，提倡“提要学”；研究《四库提要》内在之文化意涵，可作为清代学术文化之依据。他也注意到《四库提要》的汇集整理工作要加强。③

2005年，王世伟教授发表了《关于近年来〈四库全书〉研究的若干问题》，他将20世纪80年代初以来的《四库全书》研究的主要领域和问题归纳为八个方面：《四库全书总目》研究、《四库全书》的地方文献研究、《四库全书》的校勘与考证、《四库全书》纂修研究、《四库全书》的人物研究、《四库全书》所收专门文献研究、《四库全书》的专题研究、《四库全书》的现代化研究。他认为，研究方法中的史料整理、比较研究、归纳演绎等是其中的一些有特点的研究方法。④

---

① 周积明：《“四库学”：历史与思考》，载《清史研究》2000年第3期。

② 崔富章：《20世纪四库学研究之误区》，载《书目季刊》2002年第1期。

③ 参见邱炯友、周彦文主编：《五十年来的图书文献学研究》，台北学生书局2004年版，第308~309页。

④ 王世伟：《关于近年来〈四库全书〉研究的若干问题》，甘肃省图书馆、甘肃四库全书研究会编：《四库全书研究文集——2005年四库全书研讨会文选》，敦煌文艺出版社2006年版，第209~214页。

2007 年，笔者发表《近十年来四库学研究综述》，回顾 1995 年至 2005 年四库学研究所取得的重要成绩，评述其成败得失。①

2008 年，陈晓华博士编写的《“四库总目学”史》,② 是她在北京师范大学的博士学位论文的基础上修改而成的。原稿视野狭隘，多为滞后之论。书稿较论文稿作了一些修补，但是对《四库总目》的学术史所作的清理，范围较狭，系统较弱，对材料的发掘不够深入，仍然没有进行系统清理，既没有分析成败得失，也没有指明今后努力的方向。尤其是缺少见识，自始至终给人一种雾里看花、隔靴搔痒之感。全书结构不合理，如第二章为《四库全书总目》之补撰，第三章为《四库全书总目》之续编，皆是离题之言，未免节外生枝。其持论亦欠公允，如南方某学者的博士论文写得实在不敢恭维，而她却大加肯定。学术史的书写尤其需要有功力和眼光，否则以己昏昏，焉能使人昭昭！

近年来，学界一直有人在做四库学的学术史的梳理工作，但还不系统，不完善。例如，余嘉锡先生以《四库提要辨证》一书成为了四库学的示范之作，功不可没。但他的所谓乾嘉诸儒对《四库提要》“不敢置一词”的说法是极不准确的。不无遗憾的是，很多人迷信此种似是而非的说法。此说遮蔽了一段学术史的真相。其实，从乾嘉至晚清这段时间，许多学者都对四库学展开了研究，其成果散见于各种文集、笔记、书目、日记之中，可惜这部分材料发掘不够，这段学术史至今还是模糊不清的。近年我们就发现了大量不为人注意的史料，将以系列论文的形式逐步推出。

正是由于四库学的学术史的清理做得很不够，导致原创性研究日益减少，重复性研究日益增多。这种重复性研究主要表现为：

不知前人已有研究，而以为是由己原创。这种重复性研究最受国外学者诟病。例如，《四库提要》的辨伪成就，自张之洞、梁启超等人就注意到了，而张心澂《伪书通考》更是充分“吸收”了这些

---

① 司马朝军：《近十年来四库学研究综述》，《图书馆学研究进展》，武汉大学出版社 2007 年版，第 916 ~ 957 页。

② 陈晓华：《“四库总目学”史》，商务印书馆 2008 年版。

成果。张心澂狡猾的手法蒙骗了中外学人，对后来者也不无干扰。笔者经过仔细比勘，才勘破此宗公案，详细结果已经收到我的论文集《文献辨伪学研究》之中。这本论文集早已于2008年由武汉大学出版社公开出版，而南开大学历史系博士生佟大群在2010年提交的博士学位论文《清代文献辨伪学研究》中居然宣称这是他的“原创”！该篇论文自始至终没有提到《文献辨伪学研究》，仿佛根本不存在一样。假如他参考了拙作，无疑构成了赤裸裸的侵权。如果他真的没有看到，说明他孤陋寡闻到了怎样的程度。这在信息时代是绝对不能容忍的！只要在网上搜索“文献辨伪学”，自然会搜到我的书！笔者的《四库全书总目研究》于2001年通过博士论文答辩，经修改后又于2004年公开出版。在出版后，其中的很多章节，居然被一些博士或硕士在相关学位论文中巧取豪夺、瓜分豆剖！笔者的另外一部书《四库全书总目编纂考》的部分内容也被某些“博士生”“卷我屋上三重茅”，“公然抱茅入林去”！笔者前些年发现的张羲年的提要稿，早已刊布在《图书与情报》杂志上，几年之后竟然又被人当作他们的“新发现”刊登在另外一家图书馆学的刊物上。这种奇怪的现象值得警惕啊！此外，还有自我重复的。一些名家早已功成名就，不知何故还要反复炒自己的冷饭。这种现象值得反思啊！

为此，我以为，对于四库学的学术史的清理，我们应该予以高度重视。如果无法组织专门力量，也应委托某个机构，进行这项工作，一方面对以往研究成果进行系统总结，编纂完备的“研究目录索引”和“研究概览”；另外一方面，对未来的成果也要定期总结，待条件成熟时最好办一份《四库学研究年鉴》。只有对四库学的学术史进行全面系统的清理，才能保证四库学朝着健康稳定的方向发展。

（作者单位：武汉大学中国传统文化研究中心、武汉大学四库学研究中心）

典籍辨伪

学鉴

《里堂书品》真伪考①

◎ 司马朝军

一、问题的提出

国家图书馆藏抄本《里堂书品》，目录所记共 449 篇，但仅存五册 167 篇。卷端题为“里堂焦氏书品”，向来被视为焦循之作，近年扬州大学刘建臻教授将其证伪，其说甚确。我们要进一步追问：这些文章到底是谁的呢？根据刘建臻先生提供的零星材料及标题，笔者很快得出一个大胆的猜想：其中有 123 篇可能是抄袭《四库全书总目》而成。为了证成此说，笔者于 2011 年 12 月专程赴国家图书馆查阅原书，费数日之力，逐一详加对勘，结果如下。

二、《里堂书品》与《四库全书总目》之比较

1.《经部总叙》：经禀圣裁，垂型万世，删定之旨，如日中天，

① 本文为武汉大学自主科研项目（人文社会科学）研究成果之一，得到“中央高校基本科研业务费专项基金”资助。

无所容其赞述。所论次者，诂经之说而已。自汉京以后垂二千年，儒者沿波，学凡六变。其初专门授受，递禀师承，非惟诂训相传，莫敢同异，即篇章字句，亦恪守所闻，其学笃实谨严，及其弊也拘。王弼、王肃，稍持异议，流风所扇，或信或疑；越孔、贾、啖、赵，以及北宋孙复、刘敞等，各自论说，不相统摄，及其弊也杂。洛闽继起，道学大昌，摆落汉唐，独研义理，凡经师旧说，俱排斥以为不足信，其学务别是非，及其弊也悍(如王柏、吴澄攻驳经文，动辄删改之类)。学脉旁分，攀缘日众，驱除异己，务定一尊，自宋末以逮明初，其学见异不迁，及其弊也党(如《论语集注》误引包咸夏瑚商琏之说，张存中《四书通证》即阙此一条以讳其误。又如王柏删《国风》三十二篇，许谦疑之，吴师道反以为非之类)。主持太过，势有所偏，才辨聪明，激而横决，自明正德、嘉靖以后，其学各抒心得，及其弊也肆(如王守仁之末派皆以狂禅解经之类)。空谈臆断，考证必疏，于是博雅之儒引古义以抵其隙，国初诸家，其学征实不诬，及其弊也琐(如一字音训动辨数百言之类)。要其归宿，则不过汉学、宋学两家互为胜负。夫汉学具有根柢，讲学者以浅陋轻之，不足服汉儒也。宋学具有精微，读书者以空疏薄之，亦不足服宋儒也。消融门户之见而各取所长，则私心祛而公理出，公理出而经义明矣。盖经者非他，即天下之公理而已。今参稽众说，务取持平，各明去取之故，分为十类：曰易，曰书，曰诗，曰礼，曰春秋，曰孝经，曰五经总义，曰四书，曰乐，曰小学。

今按：此即《四库全书总目》之《经部总叙》。

2.《易类总叙》：圣人觉世牖民，大抵因事以寓教：《诗》寓于风谣，《礼》寓于节文，《尚书》、《春秋》寓于史，而《易》则寓于卜筮。故《易》之为书，推天道以明人事者也。《左传》所记诸占，盖犹太卜之遗法。汉儒言象数，去古未远也。一变而为京、焦，入于禨祥，再变而为陈、邵，务穷造化，《易》遂不切于民用。王弼尽黜象数，说以老庄。一变而胡瑗、程子，始阐明儒理，再变而李光、杨万里，又参证史事，《易》遂日启其论端。此两派六宗，已互相攻驳。又《易》道广大，无所不包，旁及天文、地理、乐律、兵法、韵学、算术以逮方外之炉火，皆可援《易》以为说，而好异者又援以入《易》，故《易》说愈繁。夫六十四卦大象皆有“君子以”字，其爻象则多戒占者，圣人之情见乎词矣。其余皆《易》之一端，非其本也。今参校诸家，以因象立教者为宗，而其他《易》外别传者亦兼收以尽其变，各为条论，具列于左。

今按：此即《四库全书总目》之《易类总叙》。

3.《〈易〉经郑玄王弼更定》：自郑玄传费直之学，始析《易传》以附经，至弼又更定之。说者谓郑本如今之《乾卦》，其《坤卦》以下又弼所割裂。然郑氏《易注》至北宋尚存一卷。《崇文总目》称存者为《文言》、《说卦》、《序卦》、《杂卦》四篇，则郑本尚以《文言》自为一传，所割以附经者，不过《彖传》、《象传》。今本《乾》、《坤》二卦各附《文言》，知全经皆弼所更定，非郑氏之旧也。……弼之说《易》，源出费直。直《易》今不可见，然荀爽《易》即费氏学，李鼎祚书尚颇载其遗说。大抵究爻位之上下，辨卦德之刚柔，已与弼注略近。但弼全废象数，又变本加厉耳。平心而论，阐明义理，使《易》不杂于术数者，弼与康伯深为有功。祖尚虚无，使《易》竟入于老庄者，弼与康伯亦不能无过。瑕瑜不掩，是其定评。诸儒偏好偏恶，皆门户之见，不足据也。

今按：此即《四库全书总目》卷一之《周易注》提要。

4.《论王弼〈易注〉兴衰》：魏王弼、晋韩康伯注，唐孔颖达疏。《易》本卜筮之书，故末派寖流于谶纬。王弼乘其极敝而攻之，遂能排击汉儒，自标新学。然《隋书·经籍志》载晋扬州刺史顾夷等有《周易难王辅嗣义》一卷，《册府元龟》又载顾悦之(案：悦之即顾夷之字)《难王弼易义》四十余条，京口闵康之又申王难顾，是在当日已有异同。王俭、颜延年以后，此扬彼抑，互诘不休。至颖达等奉诏作疏，始专崇王注而众说皆废。故《隋志》“易类”称：“郑学寖微，今殆绝矣。”盖长孙无忌等作《志》之时，在《正义》既行之后也。

今按：此即《四库全书总目》卷一之《周易正义》提要。标题中“王弼”二字，刘误作“郑玄”。

5.《论易象图书》：汉儒言《易》，多主象数。至宋，而象数之中复岐出图书一派。牧在邵子之前，其首倡者也。牧之学出于种放，放出于陈抟，其源流与邵子之出于穆李者同。而以九为《河图》，十为《洛书》，则与邵异。其学盛行于仁宗时。黄黎献作《略例隐诀》，吴秘作《通神》、程大昌作《易原》，皆发明牧说。而叶昌龄则作《图义》以驳之，宋咸则作《王刘易辨》以攻之，李觏复有《删定易图论》。至蔡元定则以为与孔安国、刘歆所传不合，而以十为《河图》，九为《洛书》。朱子从之，著《易学启蒙》。自是以后，若胡一桂、董楷、吴澄之书皆宗朱、蔡，牧之图几于不传。此本为通志堂所刊，何焯以为自《道藏》录出。今考《道藏目录》，实在《洞真部·灵图类·云字号》中。是即图书之学出于道家之一证。录而存之，亦足广异闻也。

今按：此节抄自《四库全书总目》卷一《易数钩隐图》提要。《易数钩隐图》，宋刘牧撰。

皇祐中游太学，海陵胡翼之先生方主教道，得先生文试，大惊，即延见，处以学职。意其时必从而受业焉。世知其从事濂溪，不知其讲《易》多本于翼之也。其说为前人所未及。今核以《程传》，良然。

今按：此节抄自《四库全书总目》卷一之《周易口义》提要。《周易口义》，宋倪天隐述其师胡瑗之说。

其释每卦或三四爻，或一二爻，且有全无说者。惟《系辞》差完备，而《说卦》以下仅得二条。亦与晁公武之言相合。又以陈友文《集传精义》、冯椅《易学》、胡一桂《会通》诸书所引光说核之，一一具在。知为宋代原本无疑。其解义多阙者，盖光本撰次未成，亦如所著《潜虚》，转以不完者为真本，并非有所残佚也。光传家集中有《答韩秉国书》，谓王辅嗣以老庄解《易》，非《易》之本旨，不足为据。盖其意在深辟虚无玄渺之说。故于古今事物之情状，无不贯彻疏通，推阐深至。如解《同人》之《彖》曰："君子乐与人同，小人乐与人异。君子同其远，小人同其近。"《坎》之《大象》曰："水之流也，习而不止，以成大川。人之学也，习而不止，以成大贤。"《咸》之九四曰："心苟倾焉，则物以其类应之。故喜则不见其所可怒，怒则不见其所可喜，爱则不见其所可恶，恶则不见其所可爱。"大都不袭先儒旧说，而有德之言，要如布帛菽粟之切于日用。惜其沈湮既久，说《易》家竟不获睹其书。今幸际圣朝，表章典籍，复得搜罗故简，裒次成编。亦可知名贤著述，其精义所在，有不终泯没于来世者矣。

今按：此节抄自《四库全书总目》卷一《温公易说》提要。《温公易说》，宋司马光撰。

6.《〈易〉主人事不徒言数》：其因事抒忠，依经立义，大旨往往类此。史载其绍兴中奏疏云："淮甸咫尺，了不经营。长江千里，不为限制。晋元帝区区草创，犹能立宗社，修宫阙，保江浙，未闻专主避敌如今日也。"其退而著书，盖犹此志矣。光尝作胡铨《易解序》曰："《易》之为书，凡以明人事。学者泥于象数，《易》几为无用之书。邦衡说《易》，真可与论天人之际。"又曰："自昔迁贬之士，率多怨怼感愤。邦衡流落瘴乡，而玩意三画，可谓困而不失其所亨，非闻道者能之乎？"其序虽为铨作，实则自明其著述之旨也。书中于卦爻之辞，皆即君臣立言，证以史事，或不免间有牵合。然圣人作《易》以垂训，将使天下万世无不知所从违，非徒使上智数人矜谈妙悟，如佛家之传心印，道家之授丹诀。自好异者推阐性命，钩稽奇偶，其言愈精愈妙，而于圣人立教牖民之旨愈南辕而北辙，转不若光作是书，切实近理，为有益于学者矣。

今按：此节抄自《四库全书总目》卷二《读易详说》提要。《读易详说》，宋李光撰。

7.《〈古论〉〈齐论〉分合》：考汉代《论语》，凡有三本。梁皇侃《论语义疏序》称："《古论》分《尧曰》下章《子张问》更为一篇，合二十一篇。篇次以《乡党》为第二篇，《雍也》为第三篇。《齐论》题目长《问王》、《知道》二篇，合二十二篇。《鲁论》有二十篇，即今所讲是也云云。"是自古以来，经师授受，不妨各有异同。即秘府储藏，亦各兼存众本。苟其微言大义，本不相乖，则篇章分合，未为大害于宏旨。故今但著其割裂《本义》之失，而仍附原本之后，以备参考焉。

今按：此节抄自《四库全书总目》卷三《原本周易本义》提要。《周易本义》，宋朱子撰。

8.《王宗传、杨简以心性言〈易〉而〈易〉入于禅》：考自汉以来，以老庄说《易》始魏王弼，以心性说《易》始王宗传及简。宗传淳熙中进士，简乾道中进士，皆孝宗时人也。顾宗传人微言轻，其书仅存，不甚为学者所诵习。简则为象山弟子之冠，如朱门之有黄榦。又历官中外，政绩可观，在南宋为名臣，尤足以笼罩一世。故至于明季，其说大行。紫溪苏濬解《易》，遂以《冥冥篇》为名，而《易》全入禅矣。夫《易》之为书，广大悉备，圣人之为教，精粗本末兼该，心性之理未尝不蕴《易》中，特简等专明此义，遂流于恍惚虚无耳。昔朱子作《仪礼经传通解》，不删郑康成所引谶纬之说，谓“存之正所以废之”。盖其名既为后世所重，不存其说，人无由知其失也。

今按：此节抄自《四库全书总目》卷三《杨氏易传》提要。《杨氏易传》，宋杨简撰。

9.《〈诚斋易传〉以史证〈易〉未足为非》：是书大旨本程氏，而多引史传以证之。初名《易外传》，后乃改定今名。宋代书肆，曾与《程传》并刊以行，谓之《程杨易传》。新安陈栎极非之，以为足以耸文士之观瞻，而不足以服穷经士之心。吴澄作跋，亦有微词。然圣人作《易》，本以吉凶悔吝示人事之所从。箕子之贞，鬼方之伐，帝乙之归妹，周公明著其人，则三百八十四爻，可以例举矣。舍人事而谈天道，正后儒说《易》之病，未可以引史证经病万里也。

今按：此节抄自《四库全书总目》卷三《诚斋易传》提要。《诚斋易传》，宋杨万里撰。

10.《以禅言〈易〉起于南宋初》：宗传之说，大概祧梁、孟而宗王弼，故其书惟凭心悟，力斥象数之弊，至譬于误注《本草》之杀人。焞序述宗传之论，有“性本无说，圣人本无言”之语，不免涉于异学，与杨简《慈湖易传》宗旨相同。盖弼《易》祖尚玄虚以阐发义理，汉学至是而始变。宋儒扫除古法，实从是萌芽。然胡、程祖其义理，而归诸人事，故似浅近而醇实。宗传及简祖其玄虚，而索诸性天，故似高深而幻窅。考沈作喆作《寓简》，第一卷多谈《易》理，大抵以佛氏为宗。作喆为绍兴五年进士，其作《寓简》在淳熙元年，正与宗传同时。然则以禅言《易》，起于南宋之初。特作喆无成书，宗传及简则各有成编，显阐别径耳。《春秋》之书事，《檀弓》之记礼，必谨其变之所始，录存是编，俾学者知明万历以后，动以心学说《易》，流别于此二人。亦说《周礼》者存俞庭椿、邱葵意也。

今按：此节抄自《四库全书总目》卷三《童溪易传》提要。《童溪易传》，宋王宗传撰。

11.《李杞〈周易详解〉以人事说〈易〉》：书中之例，于每爻解其辞义，复引历代史事以实之。如《乾》初九称“舜在侧微”，《乾》九二称“四岳荐舜”之类。案《易》多有帝乙、高宗之象，传有文王、箕子之辞，是圣人原非空言以立训。故郑康成论《乾》之用九则及舜与禹、稷、契、皋陶在朝之事，论《随》之初九则取舜宾于四门之义，明《易》之切于人事也。宋世李光、杨万里等更博采史籍以相证明，虽不无稍涉泛滥，而其推阐精确者，要于立象垂戒之旨实多所发明。杞之说《易》，犹此志矣。其中不可训者，惟在于多引老庄之文。如《蒙》之初六，则引《老子》“终日嗥而不嗄”云云，以为童蒙之义。《履》之《象》，则引《庄子》“虎与人异类而媚养己者”云云，以为履虎尾之义。夫老庄之书，其言虽似近《易》，而其强弱攻取之机、形就心和之论，与《易》之无方无体而定之以中正仁义者，指归实判然各殊。自叶梦得《岩下放言》称“《易》之精蕴尽在庄、列”，程大昌遂著为《易老通言》。杞作是编，复引而伸之，是则王弼辈扫除汉学流弊无穷之明验矣。别白存之，亦足为崇尚清谈者戒也。

今按：此节抄自《四库全书总目》卷三《用易详解》提要。《用易详解》，宋李杞撰。

12.《河图洛书》：其实《河图》、《洛书》虽见经传，而今之五十五点、四十五点两图，其为古之图书与否，则经传绝无显证。援《左传》有《三坟》，而谓即毛渐之书，援《周礼》有《连山》、《归藏》，而谓即刘炫之书，考古者其疑之矣。且《系辞》言《洛书》，不言即《九畴洪范》。言《九畴》，不言即《洛书》。卢辩注《大戴礼记》，始云明堂九室法龟文，其说起于后周。阮逸伪作《关朗易传》，因而述之。于是《洛书》之文始传为四十五点，而《九畴》亦遂并于《易》。义方知《九畴》之非《易》，而不知《洛书》本非《九畴》，其辨犹为未审。

今按：此节抄自《四库全书总目》卷四《周易图说》提要。《周易图说》，元钱义方撰。

13.《论〈易〉象数》：盖《易》至京房、焦延寿而流为方术，至陈抟而歧入道家，学者失其初旨，弥推衍而轇轕弥增。宗羲病其末派之支离，先纠其本原之依托。前三卷论《河图》、《洛书》、先天、方位、纳甲、纳音、月建、卦气、卦变、互卦、筮法、占法，而附以所著之《原象》为内篇，皆象也。后三卷论《太玄》、《乾凿度》、《玄包》、《潜虚》、《洞极》、《洪范》数、《皇极》数以及六壬、太乙、遁甲为外篇，皆数也。大旨谓圣人以象示人，有八卦之象、六爻之象、象形之象、爻位之象、反对之象、方位之象、互体之象，七者备而象穷矣。后儒之为伪象者，纳甲也，动爻也，卦变也，先天也，四者杂而七者晦矣。故是编崇七象而斥四象，而七者之中又必求其合于古，以辨象学之讹。又《遁甲》、《太乙》、《六壬》三书，世谓之"三式"，皆主九宫，以参详人事。是编以郑康成之太乙行九宫法证《太乙》，以《吴越春秋》之占法、《国语》泠州鸠之对证《六壬》，而云后世皆失其传，以订数学之失。其持论皆有依据。盖宗羲究心象数，故一一能洞晓其始末，因而尽得其瑕疵。非但据理空谈，不中窾要者比也。

今按：此节抄自《四库全书总目》卷六《易学象数论》提要。《易学象数论》，清黄宗羲撰。

14.《辟〈易〉图书之谬》：然其论四圣相传，不应文王、周公、孔子之外别有伏羲之《易》为不传之密；《周易》未经秦火，不应独禁其图，转为道家藏匿二千年，至陈抟而始出：则笃论也。《图书辨惑》谓陈抟之图书乃道家养生之术，与元陈应润之说合（见应润所作《爻变义蕴》）。谓周子《太极图说》，图杂以仙真，说冒以《易》道，亦与朱彝尊、毛奇龄所考略同（彝尊说见《经义考》二百八十三，奇龄说见所作《太极图说遗议》）。至谓朱子从而字析之，更流于释，则不免有意深文，存姚江、朱、陆之门户矣。

今按：此节抄自《四库全书总目》卷六《周易象辞》提要。《周易象辞》，清黄宗炎撰。

15.《论〈易〉象数》：《易》本卜筮之书，圣人推究天下之理，而即数以立象。后人推究《周易》之象，而即数以明理。羲、文、周、孔之本旨如是而已。厥后象、数、理歧为三家，而数又歧为数派。孟喜、焦赣、京房以下，其法不可殚举，而《易》于是乎愈杂。《春秋内、外传》所纪，虽未必无所附会，而要其占法则固古人之遗轨。譬之史书所载，是非褒贬，或未尽可凭，至其一代之制度则固无伪撰者也。奇龄因《春秋》诸占以推三代之筮法，可谓能探其本，而足关诸家之喙者矣。

今按：此节抄自《四库全书总目》卷六《春秋占筮书》提要。《春秋占筮书》，清毛奇龄撰。

16.《论汉〈易〉》：考汉《易》自田王孙后，始歧为施、孟、梁丘三派。然《汉书·儒林传》称："孟喜得《易》家候阴阳灾变书，诈言田生且死时，枕喜膝独传。梁丘贺疏通证明，谓田生绝于施雠手中。时喜归东海，安得此事？"又称："焦延寿尝从孟喜问《易》，京房以为延寿即孟氏学，而翟牧、白生不肯，皆曰：非也。"刘向亦称："诸《易》家说皆祖田何、杨叔、丁将军，大义略同，惟京氏为异党。"则汉学之有孟、京，亦犹宋学之有陈、邵，均所谓《易》外别传也。费氏学自陈元、郑众、马融、郑玄以下，递传以至王弼，是为今本。然《汉书》称："直长于卦筮，无章句，徒以《彖》、《象》、《系辞》十篇、《文言》解说上、下经。"《隋志》五行家有直《易林》二卷，《易内神筮》二卷，《周易筮占林》五卷，则直《易》亦兼言卜筮，特其爻象承应阴阳变化之说，与孟、京两家体例较异。合是三派，汉学之古法亦约略尽此矣。夫《易》本为卜筮作，而汉儒多参以占候，未必尽合周、孔之法。然其时去古未远，要必有所受之。

今按：此节抄自《四库全书总目》卷六《易汉学》提要。《易汉学》，清惠栋撰。

17.《〈稽览图〉论〈易〉》：其书首言卦气起《中孚》，而以《坎》、《离》、《震》、《兑》为四正卦，六十卦卦主六日七分。又以自《复》至《坤》十二卦为消息，余杂卦主公卿大夫候风雨寒温以为征应。盖即孟喜、京房之学所自出。汉世大儒言《易》者，悉本于此，最为近古。考唐一行推大衍之策，以算术本于《易》，故其《本议》言代轨德运，及《六卦议》言一月之策九六七八，《发敛术》言中节候卦，皆与《稽览图》相同。独所云天元甲寅以来至周宣帝宣政元年，则似甄鸾所推甲寅元历之术。而又有云太初癸巳，则古无以此为元者。其他杂引宋永初、元嘉，魏始光，唐上元、先天、贞元、元和年号，纷错不伦。盖皆六朝迄唐术士先后所附益，非《稽览图》本文。

今按：此节抄自《四库全书总目》卷六《易纬稽览图》提要。

18.《易类之末附论谶纬》：案：儒者多称"谶纬"，其实谶自谶，纬自纬，非一类也。谶者诡为隐语，预决吉凶。《史记·秦本纪》称卢生奏录图书之语，是其始也。纬者，经之支流，衍及旁义。《史记》自序引《易》"失之毫厘，差以千里"，《汉书·盖宽饶传》引《易》"五帝官天下，三王家天下"，注者均以为《易纬》之文是也。盖秦、汉以来，去圣日远，儒者推阐论说，各自成书，与经原不相比附。如伏生《尚书大传》、董仲舒《春秋阴阳》，核其文体，即是纬书。特以显有主名，故不能托诸孔子。其他私相撰述，渐杂以术数之言，既不知作者为谁，因附会以神其说。迨弥传弥失，又益以妖妄之词，遂与谶合而为一。然班固称："圣人作经，贤者纬之。"杨侃称："纬书之类，谓之秘经。图谶之类，谓之内学。河洛之书，谓之灵篇。"胡应麟亦谓："谶纬二书，虽相表里，而实不同。"则纬与谶别，前人固已分析之。后人连类而讥，非其实也。右《乾凿度》等七书，皆《易纬》之文，与图谶之荧惑民志、悖理伤教者不同。以其无可附丽，故著录于《易》类之末焉。

今按：此节抄自《四库全书总目》卷六《易类之末附论谶纬》。

19.《易类后叙》：案：盈虚消息，理之自然也。理不可见，圣人即数以观之，而因立象以著之。以《乾》一卦而论，积一至六、自下而上者，数也。一潜，二见，三惕厉，四跃，五飞，六亢者，理也，而象以见焉。至于互体变爻，错综贯串，《易》之数无不尽，《易》之理无不通，《易》之象无不该矣。《左氏》所载即古占法，其条理可覆案也。故象也者，理之当然也，进退存亡所由决也。数也者，理之所以然也，吉凶悔吝所由生也。圣人因卜筮以示教，如是焉止矣。宋人以数言《易》，已不甚近于人事，又务欲究数之所以然，于是由卦画推奇偶，由奇偶推《河图》、《洛书》，由《河图》、《洛书》演为黑白方圆、纵横顺逆，至于汗漫而不可纪，曰此作《易》之本也。及其解经，则象义爻象又绝不本图书立说，岂画卦者一数，系辞者又别一数耶？夫圣人垂训，实教人用《易》，非教人作《易》。今不谈其所以用，而但谈其所以作，是《易》之一经非千万世遵为法戒之书，而一二人密传玄妙之书矣。经者，常也，曾是而可为常道乎？朱子以康节之学为《易》外别传，持论至确。其作《易学启蒙》，盖以程子《易传》不及象数，故兼备此义以补所阙，非专以数立教也。后人弃置《本义》而专以《启蒙》为口实，殆倒置其本末矣。今所编录，于推演数学者略存梗概，以备一家。其支离曼衍，不附经文，于《易》杳不相关者，则竟退置于术数家，明不以魏伯阳、陈抟等方外之学淆《六经》之正义也。

今按：此节抄自《四库全书总目》卷六《易类后叙》。

20.《王弼言〈易〉概斥动变之偏》：考汉儒说《易》，多主象占。后孟喜、焦赣、京房流为灾变，郑玄又配以爻辰，固不免有所附会。自王弼扫涤旧文，并谓互体、卦变皆无足取，于是弃象不论。夫纳甲、五行本非《易》义所重，弃之可也。若互卦及动爻之变，其说见于《系辞》，其法著于《左传》，历代诸儒相承有自，概从排斥，未免偏涉玄虚。

今按：此节抄自《四库全书总目》卷七《方舟易学》提要。

21.《书类总叙》：《书》以道政事，儒者不能异说也。《小序》之依托，《五行传》之附会，久论定矣。然诸家聚讼，犹有四端：曰今文、古文，曰错简，曰《禹贡》山水，曰《洪范》畴数。夫古文之辨，至阎若璩始明。朱彝尊谓是书久颁于学官，其言多缀辑逸经成文，无悖于理。汾阴汉鼎，良亦善喻。吴澄举而删之，非可行之道也。禹迹大抵在中原，而论者多当南渡。昔疏今密，其势则然。然尺短寸长，互相补苴，固宜兼收并蓄，以证异同。若夫刘向记《酒诰》、《召诰》脱简仅三，而诸儒动称数十。班固牵《洪范》于《洛书》，诸儒并及《河图》，支离轇轕，淆经义矣。故王柏《书疑》、蔡沈《皇极数》之类，非解经之正轨者，咸无取焉。

今按：此节抄自《四库全书总目》之《书类总叙》。

22.《论蔡沈〈书传〉》：盖在朱子之说《尚书》，主于通所可通，而阙其所不可通，见于《语录》者不啻再三。而沈于殷盘、周诰一一必求其解，其不能无憾也固宜。然其疏通证明，较为简易。且渊源有自，大体终醇。元与古注疏并立学官(见《元史·选举志》)，而人置注疏肄此书；明与夏僎解并立学官(见杨慎《丹铅录》)，而人亦置僎解肄此书：固有由矣。

今按：此节抄自《四库全书总目》卷十一《书集传》提要。《书集传》，宋蔡沈撰。

23.《论〈尚书〉历朝聚讼处》：《尚书》一经，汉以来所聚讼者，莫过《洪范》之五行；宋以来所聚讼者，莫过《禹贡》之山川；明以来所聚讼者，莫过今文、古文之真伪。然伏生、董仲舒、刘向、刘歆之所推，特术家附会之说；程大昌、傅寅、毛晃之所辨，归有光、梅鷟之所争，特经生考证之资耳。实则尼山删定，本以唐、虞、三代之规，传为帝王之治法，不徒为寻章摘句设也。

今按：此节抄自《四库全书总目》卷十二《日讲书经解义》提要。《日讲书经解义》，康熙十九年(1680年)圣祖仁皇帝御定。

24.《阎氏〈古文尚书疏证〉偶有疏处》：其中偶尔未核者，如据《正义》所载郑玄《书序》注，谓马、郑所传与《孔传》篇目不符，其说最确，至谓马、郑注本亡于永嘉之乱，则殊不然。考二家之本，《隋志》尚皆著录，称所注凡二十九篇。《经典释文》备引之，亦止二十九篇。盖去其无师说者十六篇，止得二十九篇，与伏生数合，非别有一本注孔氏书也。若璩误以郑逸者即为所注之逸篇，不免千虑之一失。又《史记》、《汉书》但有安国上古文《尚书》之说，并无受诏作传之事。此伪本凿空之显证，亦辨伪本者至要之肯綮，乃置而未言，亦稍疏略。其他诸条之后，往往衍及旁文，动盈卷帙。盖虑所著《潜邱劄记》或不传，故附见于此，究为支蔓。又前卷所论，后卷往往自驳，而不肯删其前说，虽仿郑玄注《礼》先用《鲁诗》，后不追改之意，于体例亦究属未安。然反复厘剔，以祛千古之大疑，考证之学则固未之或先矣。

今按：此节抄自《四库全书总目》卷十二《古文尚书疏证》提要。《古文尚书疏证》，清阎若璩撰。

25.《论〈伪古文〉证验多端》：考《隋书·经籍志》云："晋世秘府存有古文《尚书》经文，今无有传者。及永嘉之乱，欧阳、大小夏侯《尚书》并亡。至东晋豫章内史梅赜，始得安国之传，奏之。"其叙述偶未分明，故为奇龄所假借。然《隋志》作于《尚书正义》之后，其时古文方盛行，而云无有传者，知东晋古文非指今本。且先云古文不传，而后云始得安国之传，知今本古文与安国传俱出，非即东晋之古文。奇龄安得离析其文，以就己说乎？至若璩所引马融《书序》云，逸十六篇，绝无师说。又引郑玄所注十六篇之名为《舜典》、《汩作》、《九共》、《大禹谟》、《益稷》、《五子之歌》、《胤征》、《汤诰》、《咸有一德》、《典宝》、《伊训》、《肆命》、《原命》、《武成》、《旅獒》、《冏命》，明与古文二十五篇截然不同。奇龄不以今本不合马、郑为伪作古文之徵，反以马、郑不合今本为未见古文之徵，亦颇巧于颠倒。然考《伪孔传序》未及献者，乃其传，若其经，则史云安国献之，故《艺文志》著录。贾逵尝校理秘书，不应不见。又司马迁为安国弟子，刘歆尝校《七略》，班固亦为兰台令史，典校艺文。而迁《史记·儒林传》云："孔氏有古文《尚书》，安国以今文读之，《逸书》得多十余篇。"歆《移太常博士书》称鲁恭王坏孔子宅，得古文于坏壁之中，《逸书》十六篇。班固《汉书·艺文志》亦称以考二十九篇，得多十六篇。则孔壁古文有十六篇，无二十五篇，凿凿显证，安得以晋人所上之古文合之孔壁欤？且奇龄所藉口者，不过以《隋志》称马、郑所注二十九篇，乃杜林西州古文，非孔壁古文。不知杜林所传，实孔氏之本，故马、郑等去其无师说者十六篇，正得二十九篇。《经典释文》所引，尚可覆验。徒以修《隋志》时梅赜之书已行，故《志》据后出伪本，谓其不尽孔氏之书。奇龄舍《史记》、《汉书》不据，而据唐人之误说，岂长孙无忌等所见反确于司马迁、班固、刘歆乎？至杜预、韦昭所引《逸书》，今见于古文者，万万无可置辨，则附会《史记》、《汉书》之文，谓不立学官者，即谓《逸书》。不知预注《左传》，皆云文见《尚书》某篇。而《逸书》则皆无篇名。使预果见古文，何不云《逸书》某篇耶？且赵岐注《孟子》郭璞注《尔雅》，亦多称《尚书》逸篇。其见于古文者，不得以不立学官假借矣。至《孟子》"欲常常而见之，故源源而来。不及贡，以政接于有庳”。岐注曰：“此常常以下皆《尚书》逸篇之词。”《尔雅》：“钊，明也。”璞注曰：“《逸书》：钊我周王。”核之古文，绝无此语，亦将以为不立学官故谓之逸耶？又岐注“九男二女”称《逸书》有《舜典》之书，亡失其文。《孟子》诸所言舜事，皆《尧典》及《逸书》所载，使《逸书》果指古文，则古文有《舜典》，何以岐称亡失其文耶？此尤舞文愈工而罅漏弥甚者矣。梅赜之书，行世已久。其文本采掇佚经，排比联贯，故其旨不悖于圣人，断无可废之理。而确非孔氏之原本，则证验多端，非一手所能终掩。

今按：此节抄自《四库全书总目》卷十二《古文尚书冤词》提要。《古文尚书冤词》，清毛奇龄撰。

26.《论古写奇字〈古文尚书〉》：案：孔壁蝌蚪古文，汉时已佚，无人见其书迹。《后汉书·杜林传》称，林于西川得漆书古文《尚书》，常宝爱之。虽遭艰困，握持不离身，出以示卫宏云云。此言漆书古文之始。又《儒林传》曰，扶风杜林传古文《尚书》，同郡贾逵为之作训，马融作传，郑玄作解云云。今贾、马、郑之注俱不传。然考陆德明《经典释文·叙录》，称马郑所注并伏生所诵，非古文也。《隋书·经籍志》亦称杜氏所传，与贾、马、郑三家所注惟二十九篇，又杂以今文，非孔旧本。然则当时所谓古文，已非今本五十八篇之全矣。郭忠恕作《汗简》，所引有《古尚书》。《玉海》载后周显德六年郭忠恕定《古文尚书》刻版。沈括《梦溪笔谈》称宋太宗得古本《尚书》，改“云梦土作乂”为“云土梦作乂”。均不言所自。晁公武《读书志》称“古文《尚书》，吕大防得本于宋次道、王仲至家，以核陆氏《释文》，虽有小异同，而大体相类。观其作字奇古，非字书附会穿凿者所能到，学者考之，可以见制字之本”云云，亦不言宋、王之本何来。又《册府元龟》载天宝三载诏曰：“先王令范，莫越于唐虞；上古遗书，实称于训、诰。虽百篇奥义，前代或亡；而六体奇文，旧规犹在。但以古先所制，有异于当今；传写寖讹，有疑于后学。永言刊革，必在从宜。《尚书》应是古体文字，并依今字缮写施行。其旧本仍藏之书府。”云云，是宋、王二氏所传，宋太宗所得，即郭忠恕所见本。忠恕所见，即唐内府本也。然《隋志》称："晋世秘书所存，有古文《尚书》经文，今无有传者。"是唐初古《尚书》已亡，玄宗时何以仍在秘府？惟魏江式《论书表》中称所撰《古今文字》四十篇，采孔氏《尚书》、《五经》音注、《籀篇》、《尔雅》等书，似其时河北尚有传本。然《经典释文·叙录》称："《尚书》之字本为隶古，既是隶写古文，则不全为古字。今宋、齐旧本及徐、李等音所有古字，盖亦无几。穿凿之徒，务欲立异，依傍字部，改变经文，疑惑后生，不可承用。"是式所据者，即出此，玄宗秘府所藏，正是本耳。陆德明已先辨之，何宋人又纷纷崇尚乎？

今按：此节抄自《四库全书总目》卷十三《书古文训》提要。《书古文训》，宋薛季宣撰。

27.《河图洛书合于〈洪范〉之由》：案：《河图》、《洛书》，名见《系辞》，不云有关于《洪范》。《汉书·五行志》始载刘歆之言，称禹治洪水，锡《洛书》法而陈之《洪范》，是也。于是《洛书》始合于《洪范》，然犹未及《河图》。一中又因歆有"《河图》、《洛书》相为经纬，八卦、九章相为表里"之文，遂以《河图》、《洛书》并合于《洪范》，而又参以陈抟先天之说。所列二十八图，大抵支离破碎。至于"无偏无党"，亦以五行生克立论，尤为无理。其以九为《河图》、十为《洛书》，沿用刘牧之说，于彼法之中自生轇轕，犹其小焉者矣。

今按：此节抄自《四库全书总目》卷十三《定正洪范》提要。《定正洪范》，元胡一中撰。

28.《诗类总叙》：《诗》有四家，毛氏独传，唐以前无异论，宋以后则众说争矣。然攻汉学者意不尽在于经义，务胜汉儒而已。伸汉学者意亦不尽在于经义，愤宋儒之诋汉儒而已。各挟一不相下之心，而又济以不平之气，激而过当，亦其势然欤！夫解《春秋》者惟《公羊》多驳，其中高子、沈子之说，殆转相附益。要其大义数十，传自圣门者，不能废也。《诗序》称子夏，而所引高子、孟仲子乃战国时人，固后来搀续之明证。即成伯玙等所指篇首一句经师口授，亦未必不失其真。然去古未远，必有所受。意其真赝相半，亦近似《公羊》。全信全疑，均为偏见。今参稽众说，务协其平。

苟不至程大昌之妄改旧文，王柏之横删圣籍者，论有可采，并录存之，以消融数百年之门户。至于鸟兽草木之名，训诂声音之学，皆事须考证，非可空谈。今所采辑，则尊汉学者居多焉。

今按：此节抄自《四库全书总目》之《诗类总叙》。

29.《诗序》：案：《诗序》之说，纷如聚讼。以为《大序》子夏作，《小序》子夏、毛公合作者，郑玄《诗谱》也。以为子夏所序《诗》即今《毛诗序》者，王肃《家语注》也。以为卫宏受学谢曼卿、作《诗序》者，《后汉书·儒林传》也。以为子夏所创，毛公及卫宏又加润益者，《隋书·经籍志》也。以为子夏不序《诗》者，韩愈也。以为子夏惟裁初句，以下出于毛公者，成伯玙也。以为诗人所自制者，王安石也。以《小序》为国史之旧文，以《大序》为孔子作者，明道程子也。以首句即为孔子所题者，王得臣也。以为《毛传》初行尚未有序，其后门人互相传授，各记其师说者，曹粹中也。以为村野妄人所作，昌言排击而不顾者，则倡之者郑樵、王质，和之者朱子也。然樵所作《诗辨妄》一出，周孚即作《非郑樵诗辨妄》一卷，摘其四十二事攻之。质所作《诗总闻》，亦不甚行于世。朱子同时如吕祖谦、陈傅良、叶适皆以同志之交，各持异议。黄震笃信朱学，而所作《日钞》，亦申序说。马端临作《经籍考》，于他书无所考辨，惟《诗序》一事，反复攻诘至数千言。自元、明以至今日，越数百年，儒者尚各分左右袒也。岂非说经之家第一争诟之端乎？考郑玄之释《南陔》曰："子夏序《诗》，篇义各编，遭战国至秦而《南陔》六诗亡。毛公作传，各引其序冠之篇首，故《诗》虽亡而义犹在也。"程大昌《考古编》亦曰："今六序两语之下，明言有义无辞，知其为秦火之后见序而不见《诗》者所为。"朱鹤龄《毛诗通义序》，又举《宛丘》篇序首句与《毛传》异辞，其说皆足为《小序》首句原在毛前之明证。邱光庭《兼明书》举《郑风·出其东门篇》，谓《毛传》与序不符。曹粹中《放斋诗说》亦举《召南·羔羊》、《曹风·鸤鸠》、《卫风·君子偕老》三篇，谓传意、序意不相应。序若出于毛，安得自相违戾？其说尤足为续申之语出于毛后之明证。观蔡邕本治《鲁诗》，而所作《独断》，载《周颂》三十一篇之序，皆只有首二句，与《毛序》文有详略，而大旨略同。盖子夏五传至孙卿，孙卿授毛亨，毛亨授毛苌，是《毛诗》距孙卿再传。申培师浮邱伯，浮邱伯师孙卿，是《鲁诗》距孙卿亦再传。故二家之序大同小异，其为孙卿以来递相授受者可知。其所授受只首二句，而以下出于各家之演说，亦可知也。且《唐书·艺文志》称“《韩诗》，卜商序，韩婴注，二十二卷”，是《韩诗》亦有序，其序亦称出子夏矣。而《韩诗》遗说之传于今者往往与毛迥异，岂非传其学者递有增改之故哉？今参考诸说，定序首二语为毛苌以前经师所传，以下续申之词为毛苌以下弟子所附，仍录冠《诗》部之首，明渊源之有自。并录朱子之《辨说》，著门户所由分。盖数百年朋党之争，兹其发端矣。

今按：此节抄自《四库全书总目》卷十五《诗序》提要。

30.《毛诗正义》：汉毛亨传，郑玄笺，唐孔颖达疏。案：《汉书·艺文志》、《毛诗》二十九卷，《毛诗训故传》三十卷，然但称毛公，不著其名。《后汉书·儒林传》始云：“赵人毛苌传《诗》，是为《毛诗》。”《隋书·经籍志》载《毛诗》二十卷，汉河间太守毛苌传，郑氏笺。于是《诗传》始称毛苌。然郑玄《诗谱》曰：“鲁人大毛公为训诂，传于其家，河间献王得而献之，以小毛公为博士。”陆玑《毛诗草木虫鱼疏》亦云：“孔子删《诗》授卜商，商为之序，以授鲁人曾申，申授魏人李克，克授鲁人孟仲子，仲子授根牟子，根牟子授赵人荀卿，荀卿授鲁国毛亨，毛亨作《训诂传》以授赵国毛苌。时人谓亨为大毛公，苌为小毛公。”据是二书，则作传者乃毛亨，非毛苌。故孔氏《正义》亦云大毛公为其传，由小毛公而题毛也。《隋志》所云，殊为舛误。而流俗沿袭，莫之能更。朱彝尊《经义考》乃以《毛诗》二十九卷题毛亨撰，注曰“佚”。《毛诗训故传》三十卷题毛苌撰，注曰“存”。意主调停，尤为于古无据。今参稽众说，定作传者为毛亨。以郑氏后汉人，陆氏三国吴人，并传授《毛诗》，渊源有自，所言必不诬也。郑氏发明毛义，自命曰《笺》。《博物志》曰：“毛公尝为北海郡守，康成是此郡人，故以为敬。”推张华所言，盖以为公府用记，郡将用笺之意。然康成生于汉末，乃修敬于四百年前之太守，殊无所取。案《说文》曰：“笺，表识书也。”郑氏《六艺论》云：“注《诗》宗毛为主。毛义若隐略，则更表明。如有不同，即下己意，使可识别（案：此论今佚，此据《正义》所引）。”

然则康成特因《毛传》而表识其傍，如今人之签记，积而成帙，故谓之《笺》，无庸别曲说也。自《郑笺》既行，齐、鲁、韩三家遂废（案：此陆德明《经典释文》之说）。然《笺》与传义亦时有异同。魏王肃作《毛诗注》、《毛诗义驳》、《毛诗奏事》、《毛诗问难》诸书，以申毛难郑。欧阳修引其释《卫风·击鼓》五章，谓“郑不如王”(见《诗本义》)。王基又作《毛诗驳》，以申郑难王。王应麟引其驳《芣苢》一条，谓“王不及郑”(见《困学纪闻》，亦载《经典释文》)。晋孙毓作《毛诗异同评》，复申王说。陈统作《难孙氏毛诗评》，又明郑义(并见《经典释文》)。袒分左右，垂数百年。至唐贞观十六年，命孔颖达等因郑笺为正义，乃论归一定，无复歧途。毛传二十九卷，《隋志》附以郑笺作二十卷，疑为康成所并。颖达等以疏文繁重，又析为四十卷。其书以刘焯《毛诗义疏》、刘炫《毛诗述义》为稿本，故能融贯群言，包罗古义，终唐之世，人无异词。惟王说《唐语林》记刘禹锡听施士匄讲《毛诗》所说“维鹈在梁”、“陟彼岵兮”、“勿翦勿拜”、“维北有斗”四义，称毛未注，然未尝有所诋排也。至宋郑樵，恃其才辨，无故而发难端，南渡诸儒始以掊击毛、郑为能事。元延祐科举条制，《诗》虽兼用古注疏，其时门户已成，讲学者迄不遵用。沿及明代，胡广等窃刘瑾之书作《诗经大全》，著为令典，于是专宗朱传，汉学遂亡。然朱子从郑樵之说，不过攻《小序》耳。至于《诗》中训诂，用毛、郑者居多。后儒不考古书，不知《小序》自《小序》，传《笺》自传《笺》，哄然佐斗，遂并毛、郑而弃之。是非惟不知毛、郑为何语，殆并朱子之传亦不辨为何语矣。我国家经学昌明，一洗前明之固陋。乾隆四年皇上特命校刊《十三经注疏》，颁布学宫，鼓箧之儒，皆骎骎乎研求古学。今特录其书与《小序》同冠《诗类》之首，以昭六义渊源，其来有自；孔门师授，端绪炳然，终不能以他说掩也。

今按：此节抄自《四库全书总目》卷十五《毛诗正义》提要。

31.《诗集传》：宋苏辙撰。其说以《诗》之《小序》反复繁重，类非一人之词，疑为毛公之学，卫宏之所集录。因惟存其发端一言，而以下余文悉从删汰。案：《礼记》曰：“《驺虞》者，乐官备也。《貍首》者，乐会时也。《采蘩》者，乐循法也。”是足见古人言

《诗》，率以一语括其旨。《小序》之体，实肇于斯。王应麟《韩诗考》所载，如“《关雎》，刺时也。《芣苢》，伤夫有恶疾也。《汉广》，悦人也。《汝坟》辞家也。《蝃蝀》，刺奔女也。《黍离》，伯封作也。《宾之初筵》，卫武公饮酒悔过也”。刘安世《元城语录》亦曰：“少年尝记读《韩诗》(案：《崇文总目》，《韩诗》北宋尚存，范处义《逸斋诗补传》谓《韩诗》世罕有之，此语不可信，盖偶未考)，有《雨无极篇》，序云，正大夫刺幽王也。首云‘雨无其极，伤我稼穑’。”云云，是《韩诗》序亦括以一语也。又蔡邕书《石经》，悉本《鲁诗》，所作《独断》，载《周颂》序三十一章，大致皆与《毛诗》同，而但有其首句。是《鲁诗》序亦括以一语也。辙取《小序》首句为毛公之学，不为无见。史传言《诗序》者以《后汉书》为近古，而《儒林传》称谢曼卿善《毛诗》，乃为其训。卫宏从曼卿受学。因作《毛诗序》，辙以为卫宏所集录，亦不为无徵。唐成伯玙作《毛诗指说》，虽亦以《小序》为出子夏，然其言曰，众篇之《小序》，子夏惟裁初句耳。《葛覃》，后妃之本也。《鸿雁》，美宣王也。如此之类是也。其下皆大毛公自以《诗》中之意而系其词云云。然则惟取序首，伯玙已先言之，不自辙创矣。厥后王得臣、程大昌、李樗皆以辙说为祖，良有由也。辙自序又曰：“独采其可者见于今传，其尤不可者皆明著其失。”则辙于毛氏之学亦不激不随，务持其平者。而朱翌《猗觉寮杂记》乃曰：“苏子由解《诗》不用《诗序》。”亦未识辙之本志矣。

今按：此节抄自《四库全书总目》卷十五《诗集传》提要。

32.《论朱子〈集传〉舍序言〈诗〉》：《诗序》自古无[异]说，王肃、王基、孙毓、陈统争毛、郑之得失而已。其舍序言《诗》者，萌于欧阳修，成于郑樵，而定于朱子之《集传》。辅广《童子问》以下，递相羽翼，犹未列学官也。元延祐中行科举法，始定《诗》义用朱子，犹参用古注疏也。明永乐中修《诗经大全》，以刘瑾《诗集传通释》为蓝本，始独以《集传》试士。然数百年来，诸儒多引据古义，窃相辨诘，亦如当日之攻毛、郑。盖《集传》废序，成于吕祖谦之相激，非朱子之初心。故其间负气求胜之处，在所不免。原不能如《四书集注》，句铢字两，竭终身之力，研辨至精。特明代纂修诸臣，于革除之际，老师宿儒，诛锄略尽，不能如刘三吾等辑《书传会选》，于蔡氏多所补正。又成祖虽战伐之余，欲兴文治，而实未能究心经义，定众说之是非。循声附和，亦其势然欤？

今按：此节抄自《四库全书总目》卷十六《钦定诗经传说汇纂》提要。《钦定诗经传说汇纂》，康熙末圣祖仁皇帝御定。刻成于雍正五年(1727年)，世宗宪皇帝制序颁行。

33.《考〈韩诗〉亡在南北宋间》：《汉书·艺文志》有《韩故》三十六卷、《韩内传》四卷、《韩外传》六卷、《韩说》四十一卷。岁久散佚。惟《韩故》二十二卷，《新唐书》尚著录，故刘安世称尝读《韩诗·雨无正篇》。然欧阳修已称今但存其《外传》，则北宋之时，士大夫已有见有不见。范处义作《诗补传》在绍兴中，已不信刘安世得见《韩诗》，则亡在南、北宋间矣。

今按：此节抄自《四库全书总目》卷十六《韩诗外传》提要。

34.《诸经增减字句不同处》：夫汉儒各尊师说，字句或有异同。至篇数则传授昭然，其增减一一可考。如《易·杂卦传》为河内女子坏老屋所得；《书》出伏生者二十九篇，孔安国以孔壁古文增十六篇，而《泰誓》三篇亦为河内女子所续得，《舜典》首二十八字为姚方兴所上；《周礼·考工记》为河间献王所补：具有明文，下至《左传》增“其处者为刘氏”一句、“秦穆姬登台履薪”一段，先儒亦具有记载。惟《诗》不言有所增加，安得指《国风》三十二篇为汉儒窜入也？王弼之《易》、杜预之《左传》，以传附经，离其章句。郑玄《礼记目录》与刘向《别录》不同。亦咸有旧说。惟《诗》不言有所更易，安得谓《王风》之诗竟移入《小雅》也。且《春秋》有三家，可以互考，故《公羊》经文增“孔子生”一条，而《左传》无。《诗》有四家，亦可以互考，故三家《般》诗多“于绎思”一句，《毛诗》无之，见《经典释文》。《毛诗·都人士》有首章，而三家无之，见《礼记·缁衣注》。即《韩诗·雨无正》多“雨无其极”二句，宋人亦尚能道之，见《元城语录》。一句一字之损益，即彼此参差，昭昭乎不能掩也。此三十二篇之窜人，如在四家既分以后，则齐增者鲁未必增，鲁增者韩未必增，韩增者毛未必增，断不能如是之画一。如在四家未分以前，则为孔门之旧本确矣。柏何人斯，敢奋笔而进退孔子哉？至于谓《硕人》第二章形容庄姜之色太亵，《秦风·黄鸟》乃浅识之人所作，则更直排删定之失，不复托词于汉儒，尤为恣肆。

今按：此节抄自《四库全书总目》卷十七《诗疑》提要。《诗疑》，宋王柏撰。

35.《论〈郑风〉无淫诗之说》：大旨洪才主朱子淫诗之说，而奇龄则谓《郑风》无淫诗；洪才主朱子《笙诗》无词之说，而奇龄则谓《笙诗》之词亡。故是书所论，惟此二事。夫先王陈诗以观民风，本美刺兼举以为法戒，既他事有刺，何为独不刺淫？必以为《郑风》语语皆淫，固非事理。必以为《郑风》篇篇皆不淫，亦岂事理哉？且人心之所趋向，形于咏歌，不必实有其人其事。六朝《子夜》诸曲诸歌，唐人《香奁》诸集，岂果淫者自述其丑？亦岂果实见其男女会合，代写其状？不过人心佚荡，相率摹拟形容，视为佳话，而读者因知为衰世之音。推之古人，谅亦如是。此正采风之微旨，亦安得概以“淫者必不自作”一语，遂谓三百篇内无一淫诗也。

今按：此节抄自《四库全书总目》卷十八《白鹭洲主客说诗》提要。《白鹭洲主客说诗》，清毛奇龄撰。

36.《礼类总叙》：古称议礼如聚讼，然《仪礼》难读，儒者罕通，不能聚讼。《礼记》辑自汉儒，某增某减，具有主名，亦无庸聚讼。所辨论求胜者，《周礼》一书而已。考《大司乐》章先见于魏文侯时，理不容伪。河间献王但言阙《冬官》一篇，不言简编失次，则窜乱移补者亦妄。《三礼》并立，一从古本，无可疑也。郑康成注，贾公彦、孔颖达疏，于名物度数特详。宋儒攻击，仅摭其好引谶纬一失，至其训诂则弗能逾越。盖得其节文，乃可推制作之精意，不比《孝经》、《论语》可推寻文句而谈。本汉唐之《注疏》，而佐以宋儒之义理，亦无可疑也。谨以类区分，定为六目：曰周礼，曰仪礼，曰礼记，曰三礼总义，曰通礼，曰杂礼书。六目之中，各以时代为先后，庶源流同异，可比而考焉。

今按：此节抄自《四库全书总目》之《礼类总叙》。

37.《周礼注疏》：汉郑玄注，唐贾公彦疏。玄有《易注》，已著录。公彦，洺州永年人。永徽中，官至太学博士。事迹具《旧唐书·儒学传》。《周礼》一书，上自河间献王。于诸经之中，其出最晚。其真伪亦纷如聚讼，不可缕举。惟《横渠语录》曰："《周礼》是的当之书，然其间必有末世增入者。"郑樵《通志》引孙处之言曰，周公居摄六年之后，书成归丰，而实未尝行。盖周公之为《周礼》，亦犹唐之显庆、开元礼，预为之以待他日之用，其实未尝行也。惟其未经行，故仅述大略，俟其临事而损益之。故建都之制，不与《召诰》、《洛诰》合，封国之制，不与《武成》、《孟子》合，设官之制，不与《周官》合，九畿之制，不与《禹贡》合云云（案：此条所云，惟《召诰》、《洛诰》、《孟子》显相舛异，至《禹贡》乃唐虞之制，《武成》、《周官》乃梅赜古文《尚书》，《王制》乃汉文帝博士所追述，皆不足以为难，其说盖离合参半）。其说差为近之，然亦未尽也。夫《周礼》作于周初，而周事之可考者，不过春秋以后。其东迁以前三百余年，官制之沿革，政典之损益，除旧布新，不知凡几。其初去成、康未远，不过因其旧章，稍为改易。而改易之人，不皆周公也。于是以后世之法窜入之，其书遂杂。其后去之愈远，时移势变，不可行者渐多，其书遂废。此亦如后世律令条格，率数十年而一修，修则必有所附益。特世近者可考，年远者无征，其增删之迹，遂靡所稽，统以为周公之旧耳。迨乎法制既更，简编犹在，好古者留为文献，故其书阅久而仍存。此又如开元《六典》、政和《五礼》，在当代已不行用，而今日尚有传本，不足异也。使其作伪，何不全伪六官，而必阙其一，至以千金购之不得哉？且作伪者必剽取旧文，借真者以实其赝，古文《尚书》是也。刘歆宗《左传》，而《左传》所云《礼经》，皆不见于《周礼》。《仪礼》十七篇，皆在《七略》所载古经七十篇中；《礼记》四十九篇，亦在刘向所录二百十四篇中。而《仪礼·聘礼》宾行饔饩之物、禾米刍薪之数、笾豆簠簋之实、鉶壶鼎瓮之列，与《掌客》之文不同。又《大射礼》天子、诸侯侯数、侯制与《司射》之文不同。《礼记·杂记》载子、男执圭与《典瑞》之文不同。《礼器》天子、诸侯席数与《司几筵》之文不同。如斯之类，与二《礼》多相矛盾。歆果赝托周公为此书，又何难牵就其文，使与经传相合，以相证验，而必留此异同，以启后人之攻击？然则《周礼》一书不尽原文，而非出依托，可概睹矣。《考工记》称郑之刀，又称秦无庐，郑封于宣王时，秦封于孝王时，其非周公之旧典，已无疑义。《南齐书》称：“文惠太子镇雍州，有盗发楚王冢，获竹简书，青丝编，简广数分，长二尺有奇，得十余简，以示王僧虔。僧虔曰：是科斗书《考工记》。”则其为秦以前书亦灼然可知。虽不足以当《冬官》，然百工为九经之一，其工为九官之一，先王原以制器为大事，存之尚稍见古制。俞庭椿以下，纷纷割裂五官，均无知妄作耳。郑注《隋志》作十二卷，贾疏文繁，乃析为五十卷，《新、旧唐志》并同。今本四十二卷，不知何人所并。玄于《三礼》之学本为专门，故所释特精；惟好引纬书，是其一短。《欧阳修集》有《请校正五经札子》，欲删削其书。然纬书不尽可据，亦非尽不可据，在审别其是非而已，不必窜易古书也。又好改经字，亦其一失。然所注但曰“当作某”耳，尚不似北宋以后连篇累牍，动称错简，则亦不必苛责于玄矣。公彦之疏，亦极博核，足以发挥郑学。《朱子语录》称“《五经》疏中，《周礼疏》最好”。盖宋儒惟朱子深于《礼》，故能知郑、贾之善云。

今按：此节抄自《四库全书总目》卷十九《周礼注疏》提要。

38.《安石〈周官新义〉不以人废》：安石以《周礼》乱宋，学者类能言之。然《周礼》之不可行于后世，微特人人知之，安石亦未尝不知也。安石之意，本以宋当积弱之后，而欲济之以富强。又惧富强之说必为儒者所排击，于是附会经义，以钳儒者之口，实非真信《周礼》为可行。迨其后用之不得其人，行之不得其道，百弊丛生，而宋以大坏。其弊亦非真缘《周礼》以致误。罗大经《鹤林玉露》咏安石放鱼诗曰：“错认苍姬六典书，中原从此变萧疏。”是犹为安石所绐，未究其假借六艺之本怀也。因是而攻《周礼》，因是而攻安石所注之《周礼》，是宽其影附之巧谋，而科以迂腐之薄谴矣。故安石怙权植党之罪万万无可辞，安石解经之说则与所立新法各为一事。程子取其《易解》，朱子、王应麟均取其《尚书义》，所谓言各有当也。今观此书，惟训诂多用《字说》，病其牵合。其余依经诠义，如所解“八则”之治都鄙，“八统”之驭万民，“九两”之系邦国者，皆具有发明，无所谓舞文害道之处。故王昭禹、林之奇、王与之、陈友仁等注《周礼》，颇据其说，钦定《周官义疏》亦不废采用，又安可尽以人废耶？

今按：此节抄自《四库全书总目》卷十九《周礼新义》提要。《周礼新义》，宋王安石撰。

39.《〈周礼〉当名〈周官〉》：考《汉志》载《周官经》六篇、传四篇，故杜子春、郑兴、郑众、贾逵、卫宏、张衡所注，皆称《周官》。马融、郑玄所注，犹称《周官礼》。迨唐贾公彦作疏，始沿用省文，称为《周礼》，实非本名。今仍题曰《周官》，从其朔也。……大抵《周官》六典，其源确出周公，而流传既久，不免有所窜乱，不必以为疑，亦不必以为讳。说《周官》者以郑氏为专门，而训诂既繁，不免有所出入，不可护其短，亦不可没其长。是书博征约取，持论至平。于《考工记注》奥涩不可解者不强为之词，尤合圣人阙疑之义也。

今按：此节抄自《四库全书总目》卷十九《钦定周官义疏》提要。《钦定周官义疏》，此为乾隆十三年(1748年)御定《三礼义疏》之第一部。

40.《治礼经当求其名物制度》：古圣王经世之道，莫切于《礼》，然必悉其名物而后可求其制度，得其制度而后可语其精微，犹之治《春秋》者不核当日之事实，即不能明圣人之褒贬。故说《礼》则必以郑氏为宗，亦犹说《春秋》者必以《左传》为本。郑氏之时，去周已远。故所注《周礼》，多比拟汉制以明之。今去汉末复阅千六百年，郑氏所谓犹今某物、某事、某官者又多不解为何语。而当日经师训诂，辗转流传，亦往往形声并异，不可以今音、今字推求。士奇此书，于古音、古字皆为之分别疏通，使无疑似，复援引诸史百家之文，或以证明周制，或以参考郑氏所引之汉制，以递求周制，而各阐其制作之深意。在近时说《礼》之家，持论最有根柢。

今按：此节抄自《四库全书总目》卷十九《礼说》提要。《礼说》，清惠士奇撰。

41.《仪礼注疏》：汉郑玄注，唐贾公彦疏。《仪礼》出残阙之余，汉代所传，凡有三本：一曰戴德本，以《冠礼》第一，《昏礼》第二，《相见》第三，《士丧》第四，《既夕》第五，《士虞》第六，《特牲》第七，《少牢》第八，《有司彻》第九，《乡饮酒》第十，《乡射》第十一，《燕礼》第十二，《大射》第十三，《聘礼》第十四，《公食》第十五，《觐礼》第十六，《丧服》第十七；一曰戴圣本，亦以《冠礼》第一，《昏礼》第二，《相见》第三，其下则《乡饮》第四，《乡射》第五，《燕礼》第六，《大射》第七，《士虞》第八，《丧服》第九，《特牲》第十，《少牢》第十一，《有司彻》第十二，《士丧》第十三，《既夕》第十四，《聘礼》第十五，《公食》第十六，《觐礼》第十七；一曰刘向《别录》本，即郑氏所注。贾公彦疏谓："《别录》尊卑吉凶，次第伦序，故郑用之。二戴尊卑吉凶杂乱，故郑不从之也。"其经文亦有二本。高堂生所传者，谓之今文。鲁恭王坏孔子宅，得亡《仪礼》五十六篇，其字皆以篆书之，谓之古文。玄注参用二本。其从今文而不从古文者，则今文大书，古文附注，《士冠礼》"闑西阈外"句注"古文闑为槷，阈为蹷"是也。从古文而不从今文者，则古文大书，今文附注，《士冠礼》"醴辞""孝友时格"句注"今文格为嘏"是也。其书自玄以前，绝无注本。玄后有王肃注十七卷，见于《隋志》。然贾公彦序称"《周礼》注者则有多门，《仪礼》所注后郑而已"，则唐初肃书已佚也。为之义疏者有沈重，见于《北史》；又有无名氏二家，见于《隋志》：然皆不传。故贾公彦仅据齐黄庆、隋李孟悊二家之疏，定为今本。其书自明以来刻本舛讹殊甚。顾炎武《日知录》曰："万历北监本《十三经》中，《仪礼》脱误尤多。《士昏礼》脱'婿授绥，姆辞曰：未教，不足与为礼也'一节十四字，赖有长安《石经》，据以补此一节，而其《注疏》遂亡。《乡射礼》脱'士鹿中翿旌以获'七字，《士虞礼》脱'哭止，告事毕，宾出'七字。《特牲馈食礼》脱'举觯者祭，卒觯，拜，长者答拜'十一字，《少牢馈食礼》脱'以授尸，坐。取箪，兴'七字。此则秦火之所未亡，而亡于监刻矣。"云云，盖由《仪礼》文古义奥，传习者少，注释者亦代不数人，写刻有讹，猝不能校，故纰漏至于如是也。今参考诸本，一一厘正，著于录焉。

今按：此节抄自《四库全书总目》卷二十《仪礼注疏》提要。

42.《论袭裼》：其《聘礼》解"衣之裼袭"谓："裘外之衣谓之裼衣，裼衣即礼服。《聘礼》既聘而享，宾主皆裼以将事。推此则凡裘外之裼衣皆礼服矣。"考《聘礼》郑注曰："裼者，免上衣，见裼衣。”则裼衣之上更有衣明矣。贾疏曰：“假令冬有裘，衬身禅衫又有襦袴，襦袴之上有裘，裘上有裼衣，裼衣之上又有上服、皮弁、祭服之等，则礼服也。”如斯大之说，则裼衣之上不得更有皮弁、祭服之等矣。至《玉藻》所谓“君衣狐白裘，锦衣以裼之”。盖诸侯皮弁视朔，特以锦衣为裼，未闻其不加皮弁服而专用锦衣也。《玉藻》又谓：“君子狐青裘，豹褎，玄绡衣以裼之。”大夫助祭，服爵弁纯衣，亦特以玄绡衣为裼，未闻其不用纯衣而用玄绡衣也。然则谓裼衣之上无礼服，不特违注，且悖经矣。斯大又谓：“袭衣乃于裼衣上加深衣。盖裼衣直衿，故露美；深衣交衽，故不露美也。”今即以聘服皮弁考之，皮弁服之下为朝服，朝服之下为玄端，玄端之下为深衣。深衣为庶人之服，聘礼重聘而轻享。若享时皮弁而裼，聘时深衣而袭，则聘服反杀于享服三等矣，隆杀之义何在乎？且主国之君与使臣行聘于庙，而各服庶人之服以相见，以为此其充美，无是理也。

今按：此节抄自《四库全书总目》卷二十《仪礼商》提要。《仪礼商》，清万斯大撰。

43.《论〈士冠礼〉母拜》：然如《士冠礼》：“母拜受，子拜送。”光坡谓：“母拜受乃受脯而拜，非拜子也。”其义最允。盖此“拜受”，如《大射仪》“主人盥洗象觚，升，酌膳，东北面献于公，公拜受”，乃拜受觚，非公先拜其卿大夫也。又如《特牲馈食礼》：“主人洗角，升，酌，酳尸，尸拜受。”乃拜受角，非祖考先拜其子孙也。

今按：此节抄自《四库全书总目》卷二十《仪礼述注》提要。《仪礼述注》，清李光坡撰。

44.《论〈仪礼〉少人注之故》：《三礼》之学，至宋而微，至明殆绝。《仪礼》尤世所罕习，几以为故纸而弃之。注其书者，寥寥数家，即郝敬《完解》之类稍著于世者，亦大抵影响揣摩，横生臆见。盖《周礼》犹可谈王谈霸，《礼记》犹可言诚言敬，《仪礼》则全为度数节文，非空辞所可敷衍，故讲学家避而不道也。

今按：此节抄自《四库全书总目》卷二十《仪礼述注》提要。

45.《礼记正义》：汉郑玄注，唐孔颖达疏。《隋书·经籍志》

曰："汉初，河间献王得仲尼弟子及后学者所记一百三十一篇献之，时无传之者。至刘向考校经籍，检得一百三十篇，第而叙之。又得《明堂阴阳记》三十三篇、《孔子三朝记》七篇、《王史氏记》二十一篇、《乐记》二十三篇，凡五种，合二百十四篇。戴德删其烦重，合而记之为八十五篇，谓之《大戴记》。而戴圣又删大戴之书为四十六篇，谓之《小戴记》。汉末，马融遂传小戴之学。融又益《月令》一篇、《明堂位》一篇、《乐记》一篇，合四十九篇。"云云，其说不知所本。今考《后汉书·桥玄传》云："七世祖仁，著《礼记章句》四十九篇，号曰桥君学。"仁即班固所谓小戴授梁人桥季卿者，成帝时尝官大鸿胪，其时已称四十九篇，无四十六篇之说。又《孔疏》称《别录》、《礼记》四十九篇，《乐记》第十九。四十九篇之首，疏皆引郑《目录》。郑《目录》之末必云此于刘向《别录》属某门。《月令目录》云："此于《别录》属《明堂阴阳记》。"《明堂位目录》云："此于《别录》属《明堂阴阳记》。"《乐记目录》云："此于《别录》属《乐记》。"盖十一篇今为一篇，则三篇皆刘向《别录》所有，安得以为马融所增。疏又引玄《六艺论》曰："戴德传《记》八十五篇，则《大戴礼》是也。戴圣传《礼》四十九篇，则此《礼记》是也。"玄为马融弟子，使三篇果融所增，玄不容不知，岂有以四十九篇属于戴圣之理？况融所传者乃《周礼》，若小戴之学，一授桥仁，一授杨荣。后传其学者有刘祐、高诱、郑玄、卢植。融绝不预其授受，又何从而增三篇乎？知今四十九篇实戴圣之原书，《隋志》误也。元延祐中，行科举法，定《礼记》用郑玄注。故元儒说《礼》，率有根据。自明永乐中敕修《礼记大全》，始废郑注，改用陈澔《集说》，《礼》学遂荒。然研思古义之士，好之者终不绝也。为之疏义者，唐初尚存皇侃、熊安生二家（案：明北监本以皇侃为皇甫侃，以熊安生为熊安，二人姓名并误，足证校刊之疏。谨附订于此）。贞观中，敕孔颖达等修《正义》，乃以皇氏为本，以熊氏补所未备。颖达序称："熊则违背本经，多引外义，犹之楚而北行，马虽疾而去愈远。又欲释经文，惟聚难义，犹治丝而棼之，手虽繁而丝益乱也。皇氏虽章句详正，微稍繁广。又既遵郑氏，乃时乖郑义。此是木落不归其本，狐死不首其丘。此皆二家之弊，未为得也。"故其书务伸郑注，未免有附会之处。然采摭旧文，词富理博，说《礼》之家，钻研莫尽，譬诸依山铸铜，煮海为盐。即卫湜之书尚不能窥其涯涘，陈澔之流益如莛与楹矣。

今按：此节抄自《四库全书总目》卷二十一《礼记正义》提要。

46.《论〈月令〉》：《月令》于刘向《别录》属《明堂阴阳记》，当即《汉书·艺文志》所云古明堂之遗事，在《明堂阴阳》三十三篇之内者。《吕氏春秋》录以分冠十二《纪》。马融、贾逵、蔡邕、王肃、孔晁、张华皆以为周公作。郑康成、高诱以为即不韦作。论者据《汉百官表》言太尉为秦官，或又据《国语》晋有元尉、舆尉之文，谓尉之名不必起于秦。然究不得因元尉、舆尉遂断三代必有太尉也。意不韦采集旧文，或傅益以秦制欤？今考其书，古帝王发政施令之大端，皆彰彰具存，得其意而变通之，未尝非通经适用之一助。至其言误某令则致某灾，殆因《洪范》庶徵而推衍之，遂为汉儒阴阳五行之滥觞。

今按：此节抄自《四库全书总目》卷二十一《月令解》提要。《月令解》，宋张虙撰。

47.《〈礼记〉屡修未变汉儒之旧》：考《汉书·艺文志》，《礼记》本一百三十一篇，戴德删为八十五，戴圣删为四十九。与《易》、《书》、《诗》、《春秋》经圣人手定者固殊。然《旧唐书·元行冲传》，载行冲上《类礼义疏》，张说驳奏曰“今之《礼记》，历代传习，著为经教，不可刊削。魏孙炎始改旧本，先儒所非，竟不行用。贞观中，魏徵因孙炎所修更加整比，兼为之注，其书竟亦不行。今行冲等解徵所注，勒成一家。然与先儒第乖，章句隔绝。若欲行用，窃恐未可”云云，则古人屡经修缉，迄不能变汉儒旧本。唐以前儒风淳实，不摇惑于新说，此亦一徵。澄复改并旧文，俨然删述，恐亦不免僭圣之议。以其排比贯串，颇有伦次，所解亦时有发明，较诸王柏删《诗》，尚为有间，故录存之，而附论其失如右。

今按：此节抄自《四库全书总目》卷二十一《礼记纂言》提要。《礼记纂言》，元吴澄撰。

48.《论陈澔〈礼记集说〉》：初，延祐科举之制，《易》、《书》、《诗》、《春秋》皆以宋儒新说与古注疏相参，惟《礼记》则专用古注疏。盖其时老师宿儒，犹有存者，知《礼》不可以空言解也。澔成是书，又在延祐之后，亦未为儒者所称。明初，始定《礼记》用澔注。胡广等修《五经大全》，《礼记》亦以澔注为主，用以取士。遂诵习相沿。盖说《礼记》者，汉、唐莫善于郑、孔，而《郑注》简奥，《孔疏》典赡，皆不似澔注之浅显。宋代莫善于卫湜，而卷帙繁富，亦不似澔注之简便。又南宋宝庆以后，朱子之学大行。而澔父大猷师饶鲁，鲁师黄榦，榦为朱子之婿。遂藉考亭之余荫，得独列学官。其注《学记》"术有序"句，引《周礼·乡大夫》"春秋以礼会民而射于州序"，《周礼·乡大夫》实无此文。注《檀弓》"五十以伯仲"句，引贾公彦《仪礼疏》，乃孔颖达《礼记疏》文，正与贾说相反。颇为论者所讥。然朱子注《诗》"騋牝三千"引《礼记》"问国君之富，数马以对"，《礼记》无此文。注《孟子》"神农之言"引史迁"所谓农家者流"，《史记》无此文。蔡沈注《书》"厘降二女于妫汭"引《尔雅》"水北曰汭"，《尔雅》无此文。又注《西伯戡黎》引《史记》"纣使胶鬲观兵"，注"星有好雨"引《汉志》"轸星好雨"，《史记》、《汉书》亦均无此文。是皆偶然笔误，未足以累全书。且何休汉代通儒，号为学海，而注《公羊传》"舟中之指可掬"句，引"天子造舟，诸侯维舟，卿大夫方舟，士特舟"语，尚误记《尔雅》为《礼》文，又何有于澔？澔所短者，在不知礼制当有证据，礼意当有发明，而笺释文句，一如注《孝经》、《论语》之法。故用为蒙训则有余，求以经术则不足。朱彝尊《经义考》以"兔园册子"诋之，固为已甚，要其说亦必有由矣。特礼文奥赜，骤读为难。因其疏解，得知门径，以渐进而求于古，于初学之士固亦不为无益。

今按：此节抄自《四库全书总目》卷二十一《礼记集说》提要。《礼记集说》，元陈澔撰。《里堂书品》既砍提要之头："元陈澔撰。澔字可大，都昌人。云庄其号也。是书成于至治壬戌。朱彝尊《经义考》作三十卷。今本十卷，坊贾所合并也。"又去其尾："是以国家定制，亦姑仍旧贯，以便童蒙。然复钦定《礼记义疏》，博采汉唐遗文，以考证先王制作之旨，并退澔说于诸家之中，与《易》、《诗》、《书》三经异例。是则圣人御宇，经籍道昌，视明代《大全》抱残守匮，执一乡塾课册以锢天下之耳目者，盛衰之相去，盖不可以道里计矣。”

49.《礼记大全》：明胡广等奉敕撰。以陈澔《集说》为宗，所采掇诸儒之说，凡四十二家。朱彝尊《经义考》引陆元辅之言，谓当日诸经《大全》，皆攘窃成书以罔其上。此亦必元人之成书，非诸臣所排纂云云。虽颇涉邻人窃𫓧之疑，然空穴来风，桐乳来巢，以他经之蹈袭例之，或亦未必无因欤？诸经之作，皆以明理，非虚悬而无薄，故《易》之理丽于象数，《书》之理丽于政事，《诗》之理丽于美刺，《春秋》之理丽于褒贬，《礼》之理丽于节文，皆不可以空言说，而《礼》为尤甚。陈澔《集说》，略度数而推义理，疏于考证，舛误相仍。纳喇性德至专作一书以攻之，凡所驳诘，多中其失。广等乃据以为主，根柢先失。其所援引，亦不过笺释文句，与澔说相发明。顾炎武《日知录》曰：“自八股行而古学弃，《大全》出而经说亡。洪武、永乐之间，亦世道升降之一会。”诚深见其陋也。特欲全录明代《五经》，以见一朝之制度，姑并存之云尔。

今按：此节抄自《四库全书总目》卷二十一《礼记大全》提要。

50.《〈礼记〉为用甚广》：礼为治世之大经。《周礼》具其政典，《仪礼》陈其节文。《礼记》一书，朱子以为《仪礼》之传，然特《冠义》等六篇及《丧服》诸篇与《仪礼》相发明耳，至于他篇，则多整躬范俗之道，别嫌明微之防，不尽与《仪礼》相比附。盖《仪礼》皆古经，《礼记》则多志其变；《仪礼》皆大纲，《礼记》则多谨于细；《仪礼》皆度数，《礼记》则多明其义。故圣贤之微言精意，杂见其中，敛之可以正心修身，推之可以齐家、治国、平天下。自天子以至庶人，莫不于是取裁焉。

今按：此节抄自《四库全书总目》卷二十一《日讲礼记解义》提要。

51.《礼记义疏》：《三礼》以郑氏为专门，王肃亦一代通儒，博观典籍，百计难之，弗胜也。后儒所见，曾不逮肃之弃余，乃以一知半解，哗然诋郑氏不闻道。韩愈所谓不自量者，其是类欤？然《周官》、《仪礼》皆言礼制，《礼记》则兼言礼意。礼制非考证不明，礼意则可推求以义理，故宋儒之所阐发，亦往往得别嫌明微之旨。此编广摭群言，于郊社、乐舞、裘冕、车旗、尊彝、圭鬯、燕饮、飨食以及《月令》、《内则》诸名物，皆一一辨订。即诸子轶闻、百家杂说可以参考古制者，亦详征博引，曲证旁通。而辩说则颇采宋儒，以补郑注所未备。其《中庸》、《大学》二篇，陈澔《集说》以朱子编入《四书》，遂删除不载，殊为妄削古经。今仍录前文，以存旧本。惟章句改从朱子，不立异同，以消门户之争。盖言各有当，义各有取，不拘守于一端，而后见衡鉴之至精也。至于御纂诸经，《易》不全用《程传》、《本义》，而仍以《程传》、《本义》居先。《书》不全用《蔡传》，而仍以《蔡传》居先；《诗》不全用《朱传》，而仍以《朱传》居先；《春秋》于《胡传》尤多所驳正刊除，而尚以《胡传》标题，列《三传》之次。惟《礼记》一经，于陈澔《集说》仅弃瑕录瑜，杂列诸儒之中，不以冠首。仰见睿裁精审，务协是非之公。尤足正胡广等《礼记大全》依附门墙，随声标榜之谬矣。

今按：此节抄自《四库全书总目》卷二十一《钦定礼记义疏》提要。《钦定礼记义疏》八十二卷，乾隆十三年(1748年)御定三礼义疏之第三部也。经文四十九篇，厘为七十七卷，附载图五卷，其诠释七例亦与《周官义疏》同。

52.《大戴礼记》：《隋书·经籍志》曰："《大戴礼记》十三卷，汉信都王太傅戴德撰。"《崇文总目》云："《大戴礼记》十卷，三十五篇，又一本三十三篇。"《中兴书目》云："今所存止四十篇。"晁公武《读书志》云："篇目自三十九篇始，无四十三、四十四、四十五、六十一四篇，有两七十四。"而韩元吉、熊朋来、黄佐、吴澄并云两七十三，陈振孙云两七十二。盖后人于《盛德》第六十六别出《明堂》一篇为六十七。其余篇第，或至《文王官人》第七十一改为七十二。或至《诸侯迁庙》第七十二改为七十三。或至《诸侯衅庙》第七十三改为七十四。故诸家所见不同。盖有新析一篇，则与旧有之一篇篇数重出也。汉许慎《五经异义》论明堂称《礼》戴说、《礼·盛德记》，即《明堂篇》语。《魏书·李谧传》、《隋书·牛弘传》俱称《盛德篇》，或称《泰山盛德记》。知析《盛德篇》为《明堂篇》者，出于隋唐之后。又郑康成《六艺论》曰："戴德传《记》八十五篇。"司马贞曰："《大戴礼》合八十五篇，其四十七篇亡，存三十八篇。"盖《夏小正》一篇多别行。隋唐间录《大戴礼》者，或阙其篇，是以司马贞云然。原书不别出《夏小正篇》，实阙四十六篇，存者宜为三十九篇。《中兴书目》乃言存四十篇，则窜入《明堂》篇题，自宋人始矣。书中《夏小正篇》最古。其《诸侯迁庙》、《诸侯衅庙》、《投壶》、《公冠》皆《礼》古经遗文。又《艺文志》、《曾子》十八篇，久逸。是书犹存其十篇，自《立事》至《天圆篇》，题上悉冠以"曾子"者是也。书有注者八卷，余五卷无注，疑阙逸，非完本。朱子引《明堂篇》郑氏注云："法龟文。"殆以注归之康成。考注内征引康成、谯周、孙炎、宋均、王肃、范宁、郭象诸人，下逮魏晋之儒。王应麟《困学纪闻》指为卢辩注。据《周书》，辩字景宣，官尚书右仆射。以《大戴礼》未有解诂，乃注之。其兄景裕谓曰："昔侍中注小戴，今尔注大戴，庶缵前修矣。"王氏之言，信而有徵。是书正文并注，讹舛几不可读，而《永乐大典》内散见仅十六篇。今以各本及古籍中摭引《大戴礼记》之文，参互校订，附案语于下方。史绳祖《学斋占毕》言《大戴记》列之十四经中，其说今不可考。然先王旧制，时有征焉，固亦《礼经》之羽翼尔。

今按：此节抄自《四库全书总目》卷《大戴礼记》提要。《大戴礼记》十三卷，汉戴德撰。

53.《论〈夏小正〉别出之故》：《夏小正》本《大戴礼记》之一篇。《隋书·经籍志》始于《大戴礼记》外，别出《夏小正》一卷，注云："戴德撰。"崧卿序谓隋重赏以求逸书，进书者遂多以邀赏帛，故离析篇目而为此。有司受此，又不加辨，而作志者亦不复考。是于理亦或然。然考吴陆玑《诗草木鸟兽虫鱼疏》曰："《大戴礼·夏小正传》云：蘩，由胡。由胡，旁勃也。"则三国时已有传名。疑《大戴礼记》旧本但有《夏小正》之文，而无其传。戴德为之作传别行，遂自为一卷，故《隋志》分著于录。后卢辩作《大戴礼记注》，始采其传编入书中，故《唐志》遂不著录耳。又《隋志》根据《七录》，最为精核，不容不知《夏小正》为三代之书，漫题德撰。疑《夏小正》下当有"传"字，或"戴德撰"字当作"戴德传"字。今本讹脱一字，亦未可定。观《小尔雅》亦《孔丛》之一篇，因有李轨之注，遂别著录。是亦旁证矣。崧卿以为隋代误分，似不然也。

今按：此节抄自《四库全书总目》卷六《夏小正戴氏传》提要。

《夏小正戴氏传》四卷，宋傅崧卿撰。

54.《周官辨非》：是编力攻《周礼》之伪，历引诸经之相牴牾者以相诘难。大旨病其官冗而赋重。案古经滋后人之疑者，惟古文《尚书》与《周礼》。然古文《尚书》突出于汉魏以后，其传授无征，而牴牾有证。吴棫所疑，虽朱子亦以为然。阎若璩之所辨，毛奇龄百计不能胜，盖有由也。《周官》初出，林孝存虽相排击，然先后二郑，咸证其非伪。通儒授受，必有所徵。虽其书辗转流传，不免有所附益，容有可疑，然亦揣摩事理，想像其词，迄不能如《尚书》一经，能指某篇为今文，某篇为古文也。斯大徒见刘歆、王安石用之而败，又见前代官吏之滥，赋敛之苛，在在足以病民，遂意三代必无是事。竟条举《周礼》而诋斥之，其意未始不善。而惩羹吹齑，至于非毁古经，其事则终不可训也。魏禧疾明末诸臣屈身闯贼，遂疑《论语》论管仲、召忽一章为不出于孔子，其亦此类欤？

今按：此节抄自《四库全书总目》卷二十三《周官辨非》提要。《周官辨非》，清万斯大撰。

55.《礼记分类》：案：《礼记》诸篇之分类，自刘向《别录》首肇其端。如以《内则》属子法，《文王世子》属世子法，《曲礼》、《少仪》、《王制》、《礼器》、《玉藻》、《深衣》属制度之类，今《孔疏》篇目犹备载之。其后魏有孙炎，复改易旧本，以类相从。而唐魏征亦以《戴记》综汇不伦，更作《类礼》二十篇，上之秘府。其书今皆不传。至宋朱子，尝与吕祖谦商订《三礼》编次，欲取《戴记》中有关于《仪礼》者附之经，其不系于《仪礼》者仍别为《记》。其大纲存于文集，而晚年编次《仪礼经传通解》，则其条例与前所订又有不同。元吴澄作《三礼叙录》，别《投壶》，《奔丧》补《仪礼》之经，《冠》、《婚》、《乡饮》、《燕射》、《聘义》为《仪礼》之传。其余三十六篇，为《通礼》者九，为《丧礼》者十有一，为《祭礼》者四，为《通论》者十二。此则启运是书之所本也。

今按：此节抄自《四库全书总目》卷二十四《礼记章句》提要。《礼记章句》，清任启运撰。

56.《〈国语〉之元尉非太尉》：若《月令论》一篇，谓太尉不始于秦，即《国语》之元尉及《夏官》之军司马。今考《汉百官表》，太尉与大司马更置。《黄霸传》亦云："以丞相兼之。"《续汉志》又云："太尉，公一人。"若《夏官》之军司马，则位在小司马之下，与太尉尊卑悬绝。又《晋语》曰："知祁奚之果而不淫也，使为元尉。"韦昭注："元尉，中军尉也。"又云："知铎遏寇之恭敬而信彊也，使为舆尉。"韦昭注："舆尉，上军尉也。"盖古者三军皆有尉。《尉缭子》曰："长伯教成，合之兵尉。兵尉教成，合之裨将。"兵尉即《国语》之元尉、舆尉也，其职位在军将下。今凝以元尉为太尉，尤属不伦。

今按：此节抄自《四库全书总目》卷二十五《稽礼辨论》提要。《稽礼辨论》，清刘凝撰。

57.《春秋类总叙》：说经家之有门户，自《春秋》、《三传》始，然迄能并立于世。其间诸儒之论，中唐以前则《左氏》胜，啖助、赵匡以逮北宋则《公羊》、《穀梁》胜。孙复、刘敞之流，名为弃传从经，所弃者特《左氏》事迹，《公羊》、《穀梁》月日例耳。其推阐讥贬，少可多否，实阴本《公羊》、《穀梁》法，犹诛邓析用竹刑也。夫删除事迹，何由知其是非？无案而断，是《春秋》为射覆矣。圣人禁人为非，亦予人为善。经典所述，不乏褒词，而操笔临文，乃无人不加诛绝，《春秋》岂吉网罗钳乎？至于用夏时则改正朔，削尊号则贬天王，《春秋》又何僭以乱也！沿波不返，此类宏多。虽旧说流传，不能尽废，要以切实有征、平易近理者为本。其瑕瑜互见者，则别白而存之。游谈臆说，以私意乱圣经者，则仅存其目。盖《六经》之中，惟《易》包众理，事事可通。《春秋》具列事实，亦人人可解。一知半见，议论易生。著录之繁，二经为最。故取之不敢不慎也。

今按：此节抄自《四库全书总目》之《春秋类总叙》。

58.《春秋左传正义》：周左丘明传，晋杜预注，唐孔颖达疏。自刘向、刘歆、桓谭、班固皆以《春秋传》出左丘明，左丘明受经于孔子。魏晋以来儒者，更无异议。至唐赵匡，始谓左氏非丘明。盖欲攻传之不合经，必先攻作传之人非受经于孔子，与王柏欲攻《毛诗》，先攻《毛诗》不传于子夏，其智一也。宋元诸儒，相继并起。王安石有《春秋解》一卷，证左氏非丘明者十一事。陈振孙《书录解题》谓出依托。今未见其书，不知十一事者何据。其余辨论，惟朱子谓“虞不腊矣”为秦人语，叶梦得谓纪事终于智伯，当为六国时人，似为近理。然考《史记·秦本纪》，称惠文君十二年始腊。张守节《正义》称秦惠文王始效中国为之，明古有腊祭，秦至是始用，非至是始创。阎若璩《古文尚书疏证》亦驳此说曰：“史称秦文公始有史以记事，秦宣公初志闰月，岂亦中国所无，待秦独创哉？”则腊为秦礼之说，未可据也。《左传》载预断祸福，无不征验，盖不免从后傅合之。惟《哀公九年》称赵氏其世有乱，后竟不然，是未见后事之证也。经止获麟，而弟子续至孔子卒。传载智伯之亡，殆亦后人所续。《史记·司马相如传》中有扬雄之语，不能执是一事指司马迁为后汉人也。则载及智伯之说，不足疑也。今仍定为左丘明作，以祛众惑。至其作传之由，则刘知幾“躬为国史”之言，最为确论。疏称大事书于策者，经之所书。小事书于简者，传之所载。观晋史之书赵盾，齐史之书崔杼及宁殖，所谓载在诸侯之籍者，其文体皆与经合。《墨子》称《周春秋》载杜伯，《燕春秋》载庄子仪，《朱春秋》载祐观辜，《齐春秋》载王里国中里。核其文体，皆与传合。经传同因国史而修，斯为显证。知说经去传，为舍近而求诸远矣。《汉志》载《春秋古经》十二篇，经十一卷。注曰：“公羊、穀梁二家。”则左氏经文，不著于录。然杜预《集解序》，称分经之年与传之年相附，比其义类，各随而解之。陆德明《经典释文》曰：“旧夫子之经与丘明之传各异，杜氏合而释之”。则《左传》又自有经。考《汉志》之文既曰《古经》十二篇矣，不应复云经十一卷。观公、穀二传皆十一卷，与经十一卷相配，知十一卷为二传之经，故有是注。徐彦《公羊传疏》曰“《左氏》先著竹帛，故汉儒谓之古学。”则所谓《古经》十二篇，即《左传》之经，故谓之“古”，刻《汉书》者误连二条为一耳。今以《左传》经文与二传校勘，皆《左氏》义长，知手录之本确于口授之本也。言《左传》者，孔奇、孔嘉之说，久佚不传；贾逵、服虔之说，亦仅偶见他书。今世所传，惟《杜注》、《孔疏》为最古。《杜注》多强经以就传，《孔疏》亦多左杜而右刘（案：刘炫作《规过》以攻杜《解》，凡所驳正《孔疏》皆以为非），是皆笃信专门之过，不能不谓之一失。然有《注疏》而后《左氏》之义明，《左氏》之义明而后二百四十二年内善恶之迹一一有征。后儒妄作聪明、以私臆谈褒贬者，犹得据传文以知其谬。则汉、晋以来藉《左氏》以知经义，宋、元以后更藉《左氏》以杜臆说矣。传与《注疏》，均谓有大功于《春秋》可也。

今按：此节抄自《四库全书总目》卷二十六《春秋左传正义》提要。

59.《春秋公羊注疏》：汉公羊寿传，何休解诂，唐徐彦疏。案《汉书·艺文志》："《公羊传》十一卷。"班固自注曰："公羊子，齐人。"（案：《汉·艺文志》不题颜师古名者，皆固之自注）颜师古注曰："名高（案：此据《春秋说》彦疏《题词》之文，见徐彦疏所引）。"徐彦疏引戴宏序曰："子夏传与公羊高，高传与其子平，平传与其子地，地传与其子敢，敢传与其子寿。至汉景帝时，寿乃与齐人胡母子都著于竹帛。何休之注亦同。"（休说见《隐公二年》"纪子伯、莒子盟于密"条下）今观传中有"子沈子曰"，"子司马子曰"，"子女子曰"，"子北宫子曰"，又有"高子曰"，"鲁子曰"，盖皆传授之经师，不尽出于公羊子。《定公元年传》"正棺于两楹之间"二句，《穀梁传》引之，直称沈子，不称公羊，是并其不著姓氏者亦不尽出公羊子。且并有"子公羊子曰"，尤不出于高之明证。知传确为寿撰，而胡母子都助成之。旧本首署高名，盖未审也。又罗璧《识遗》，称公羊、穀梁自高、赤作传外，更不见有此姓。万见春谓皆姜字切韵脚，疑为姜姓假托。案：邹为郲娄、披为勃鞮、木为弥牟、殖为舌职，记载音讹，经典原有是事。至弟子记其先师，子孙述其祖父，必不至竟迷本字，别用合声。璧之所言，殊为好异。至程端学《春秋本义》竟指高为汉初人，则讲学家臆断之词，更不足与辨矣。《三传》与经文，《汉志》皆各为卷帙。以《左传》附经始于杜预，《公羊传》附经则不知始自何人。观何休《解诂》但释传而不释经，与杜异例，知汉末犹自别行。今所传蔡邕《石经残字公羊传》，亦无经文，足以互证。今本以传附经，或徐彦作疏之时所合并欤？彦疏，《文献通考》作三十卷。今本乃止二十八卷。或彦本以经文并为二卷，别冠于前，后人又散入传中，故少此二卷，亦未可知也。彦疏，《唐志》不载。《崇文总目》始著录，称不著撰人名氏，或云徐彦。董逌《广川藏书志》亦称世传徐彦，不知时代，意其在贞元、长庆之后。考疏中“郯之战”一条，犹及见孙炎《尔雅注》完本，知在宋以前。又“葬桓王”一条，全袭用杨士勋《穀梁传疏》，知在贞观以后。中多自设问答，文繁语复，与邱光庭《兼明书》相近，亦唐末之文体。董逌所云，不为无理。故今从逌之说，定为唐人焉。

今按：此节抄自《四库全书总目》卷二十六《春秋公羊注疏》提要。

60.《春秋穀梁注疏》：晋范宁集解，唐杨士勋疏。其传则士勋疏称，穀梁子名俶，字元始，一名赤。受经于子夏，为经作传则当为穀梁子所自作。徐彦《公羊传疏》又称，公羊高五世相授，至胡母生乃著竹帛，题其亲师，故曰《公羊传》。《穀梁》亦是著竹帛者题其亲师，故曰《穀梁传》。则当为传其学者所作。案：《公羊传》“定公即位”一条引“子沈子曰”，何休《解诂》以为后师（按：此注在《隐公十一年》所引子沈子条下）。此传“定公即位”一条，亦称“沈子曰”。公羊、穀梁既同师子夏，不应及见后师。又“初献六羽”一条，称“穀梁子曰”。传既穀梁自作，不应自引己说。且此条又引“尸子曰”，尸佼为商鞅之师，鞅既诛，佼逃于蜀。其人亦在穀梁后，不应预为引据。疑徐彦之言为得其实，但谁著于竹帛，则不可考耳。《汉书·艺文志》载《公羊》、《穀梁》二家经十一卷，传亦各十一卷。则经传初亦别编。范宁《集解》，乃并经注之，疑即宁之所合。《定公元年》“春王三月”一条，发传于“春王”二字之下，以“三月”别属下文，颇疑其割裂。然考刘向《说苑》，称文王似元年，武王似春王，周公似正月。向受穀梁《春秋》，知《穀梁经文》以“春王”二字别为一节，故向有此读。至“公观鱼于棠”一条、“葬桓王”一条、“杞伯来逆叔姬之丧以归”一条、“曹伯庐卒于师”一条、“天王杀其弟佞夫”一条，皆冠以“传曰”字，惟“桓王”一条与《左传》合，余皆不知所引何传。疑宁以传附经之时，每条皆冠以“传曰”字，如郑玄、王弼之《易》有“彖曰”、“象曰”之例，后传写者删之。此五条，其削除未尽者也。宁注本十二卷，以兼载门生故吏子弟之说，各列其名，故曰《集解》。《晋书》本传称宁此书为世所重，既而徐邈复为之注，世亦称之。今考书中乃多引邈注，未详其故。又自序有“商略名例”之句，疏称宁别有《略例》百余条，此本不载。然注中时有“传例曰”字，或士勋割裂其文，散入《注疏》中欤？士勋始末不可考。孔颖达《左传正义序》，称与故四门博士杨士勋参定，则亦贞观中人。其书不及颖达书之赅洽。然诸儒言《左传》者多，言《公》、《穀》者少，既乏凭藉之资。又《左传》成于众手，此书出于一人，复鲜佐助之力。详略殊观，固其宜也。其疏“长狄眉见于轼”一条，连缀于“身横九亩”句下，与注相离。盖邢昺刊正之时，又多失其原第，亦不尽士勋之旧矣。

今按：此节抄自《四库全书总目》卷二十六《春秋穀梁注疏》提要。

61.《〈春秋〉有贬无褒实起于孙复》：复之论，上祖陆淳，而下开胡安国，谓《春秋》有贬无褒，大抵以深刻为主。晁公武《读书志》载常秩之言曰：“明复为《春秋》，犹商鞅之法，弃灰于道者有刑，步过六尺者有诛。”盖笃论也。而宋代诸儒，喜为苛议。顾相与推之，沿波不返，遂使孔庭笔削变为罗织之经。夫知《春秋》者，莫如孟子，不过曰“《春秋》成而乱臣贼子惧”耳。使二百四十二年中无人非乱臣贼子，则复之说当矣。如不尽乱臣贼子，则圣人亦必有所节取，亦何至由天王以及诸侯、大夫无一人一事不加诛绝者乎？过于深求而反失《春秋》之本旨者，实自复始。虽其间辨名分，别嫌疑，于兴亡治乱之机亦时有所发明。统而核之，究所谓功不补患者也。以后来说《春秋》者，深文锻炼之学，大抵用此书为根柢，故特录存之，以著履霜之渐，而具论其得失如右。

今按：此节抄自《四库全书总目》卷二十六《春秋尊王发微》提要。《春秋尊王发微》，宋孙复撰。

62.《〈春秋〉切于政事》：说《春秋》者莫多于两宋。其为进讲而作者，《宋史·艺文志》有王葆《春秋讲义》二卷，今已散佚。张九成《横浦集》有《春秋讲义》一卷。《永乐大典》有戴溪《春秋讲义》三卷。大抵皆演绎经文，指陈正理，与章句之学迥殊。是非惟崇政迩英、奏御之体裁如是，亦以统驭之柄在慎其赏罚，赏罚之要在当其功罪。而别嫌疑，明是非，定犹豫者，则莫精于《春秋》。圣人笔削之旨，实在于是也。故孟子曰“《春秋》，天子之事也”。公扈子曰：“有国者不可以不学《春秋》，《春秋》国之鉴也。”董仲舒推演《公羊》之旨得二百三十二条，作《春秋决事》十六篇，其义盖有所受矣。是编因宋儒进御旧体，以阐发微言。每条先列《左氏》之事迹，而不取其浮夸。次明《公》、《穀》之义例，而不取其穿凿。反复演绎，大旨归本于王道，允足明圣经之书法，而探帝学之本原。

今按：此节抄自《四库全书总目》卷二十九《日讲春秋解义》提要。《日讲春秋解义》六十四卷，为清圣祖仁皇帝经筵旧稿，世宗宪皇帝复加考论，乃编次成帙。

63.《论〈春秋〉不可求之深文》：考班彪之论《春秋》曰：“平易正直，《春秋》之义也。”王充之论《春秋》曰：“公羊、穀梁之传，日月不具，辄为意使。平常之事有怪异之说，径直之文有曲折之义，非孔子之心。”苏轼之论《春秋》曰：“《春秋》，儒者本务。然此书有妙用，儒者罕能领会，多求之绳约中，乃近法家者流，苛细缴绕，竟亦何用?”朱子之论《春秋》亦曰：“圣人作《春秋》，不过直书其事，而善恶自见。”又曰：“《春秋》传例多不可信，圣人纪事，安有许多义例?”然则圣经之法戒，本共闻共见；圣人之劝惩，亦易知易从。自啖助、赵匡倡为废传解经之说，使人人各以臆见私相揣度，务为新奇以相胜，而《春秋》以荒。自孙复倡为有贬无褒之说，说《春秋》者必事事求其所以贬，求其所以贬而不得，则锻炼周内以成其罪，而《春秋》益荒。俞汝言《春秋平义序》谓：“传经之失，不在于浅，而在于深，《春秋》尤甚。”可谓片言居要矣。

今按：此节抄自《四库全书总目》卷二十九《御纂春秋直解》提要。《御纂春秋直解》十五卷，乾隆二十三年(1758年)奉敕撰。提要曰：“以十二公为十二卷，庄公、僖公、襄公篇页稍繁，各析一子卷，实十五卷。大旨在发明尼山本义而铲除种种迂曲之说，故赐名曰《直解》，冠以御制序文，揭胡安国传之附会臆断，以明诰天下，与《钦定春秋传说汇纂》宗旨同符。”又曰：“是编恭承训示，务斟酌情理之平，以求圣经之微意。凡诸家所说穿凿破碎者悉斥不采，而笔削大义愈以炳然。学者恭读御纂《春秋传说汇纂》以辨订其是非，复恭读是编以融会其精要，《春秋》之学已更无余蕴矣。”

《里堂书品》均删之。

64.《左传杜解补正》：国朝顾炎武撰。炎武一名绛，字宁人，昆山人。博极群书，精于考证，国初称学有根底者以炎武为最。李光地尝为作《小传》，今载《榕村集》中。是书以杜预《左传集解》时有阙失，贾逵、服虔之注，乐逊之《春秋序义》，今又不传，于是博稽载籍，作为此书。至邵宝《左觿》等书，苟有合者，亦皆采辑。若"室如悬罄"，取诸《国语》。"肉谓之羹"，取诸《尔雅》。车之有辅，取诸《吕览》。田禄其子，取诸《楚辞》。千亩原之在晋州，取诸郑康成。祏为庙主，取诸《说文》。石四为鼓，取诸王肃《家语注》。祝其之为莱芜，取诸《水经注》。凡此之类，皆有根据。其他推求文义，研究诂训，亦多得《左氏》之意。昔隋刘炫作《杜解规过》，其书不传，惟散见孔颖达《正义》中。然《孔疏》之例，务主一家，故凡炫所规，皆遭排斥。一字一句，无不刘曲而杜直，未协至公。炎武甚重杜《解》，而又能弥缝其阙失，可谓扫除门户，能持是非之平矣。近时惠栋作《左传补注》，纠正此书"龙凉"一条、"大司马固"一条、"文马百驷"一条、"使封人虑事"一条、"遇《艮》之八"一条、"豆区釜钟"一条。然其中文马之说，究以炎武为是。栋又摘其引古《春秋》左氏说但举《汉书·五行志》之名，又摘其"礼为邻国阙"一条用服虔之说而不著所自。案征引佚书，当以所载之书为据。栋引《世本》不标《史记注》，引京相璠《土地名》不标《水经注》，正体例之疏，未可反讥炎武。至服虔一条，当由偶忘出典。栋注昭公二十九年"赋晋国一鼓铁"，证以王肃《家语注》，亦明冯时可之说未标时可之名也。是固不以掠美论矣。

今按：此节抄自《四库全书总目》卷二十九《左传杜解补正》提要。

65.《三传各有所长》：《三传》之中，左氏亲观国史，事迹为真，而褒贬则多参俗议；公羊、穀梁二家得自传闻，记载颇谬，而义例则多有师承。《朱子语录》谓左氏史学，事详而理差；公、穀经学，理精而事谬。盖笃论也。

今按：此节抄自《四库全书总目》卷二十九《左传事纬》提要。《左传事纬》，清马骕撰。

66.《诸儒以深文论〈春秋〉之过》：自《穀梁》发常事不书之例，孙复衍有贬无褒之文。后代承流，转相摹仿，务以刻酷为经义。二百四十二年之中，上至天王，下至列国，无一人得免于弹刺，遂使游、夏赞之而不能者，申、韩为之而有余。流弊所极，乃有贬及天道者（吕柟《春秋说志》谓书季孙意如卒，所以见天道之左）。《春秋》于是乎乱矣。

今按：此节抄自《四库全书总目》卷二十九《春秋阙如编》提要。《春秋阙如编》，清焦袁熹撰。

67.《春秋类之后序》：案：《春秋》、《三传》，互有短长，世以范宁所论为允，宁实未究其所以然也。《左氏》说经所谓“君子曰”者，往往不甚得经意。然其失也，不过肤浅而已。《公羊》、《穀梁》二家，钩棘月日以为例，辨别名字以为褒贬，乃或至穿凿而难通。三家皆源出圣门，何其所见之异哉？左氏亲见国史，古人之始末具存，故据事而言，即其识有不逮者，亦不至大有所出入。《公羊》、《穀梁》则前后经师，递相附益，推寻于字句之间，故凭心而断，各徇其意见之所偏也。然则征实迹者其失小，骋虚论者其失大矣。后来诸家之是非，均持此断之可也。至于左氏文章，号为富艳，残膏剩馥，沾溉无穷。章冲联合其始终，徐晋卿排比其对偶，后人接踵，编纂日多，而概乎无预于经义，则又非所贵焉。

今按：此节抄自《四库全书总目》卷二十九《春秋类之后序》。

68.《春秋家说》：国朝王夫之撰。夫之有《周易稗疏》，已著录。是书前有自序，称大义受于其父，故以“家说”为名。其攻驳《胡传》之失，往往中理，而亦好为高论，不顾其安，其弊乃与《胡传》等。如文姜之与于弑，夫之谓不讨则不免于忘父，讨之则不免于杀母。为庄公者，惟有一死而别立桓公之庶子，庶子可以申文姜之诛。不知子固无杀母之理，即桓之庶子亦岂有杀嫡母之理？视生母为母而视嫡母为非母，此末俗至薄之见，可引以断经义乎？闵公之弑，夫之谓当归狱于庆父，不当归狱于哀姜。哀姜以母戕子，与文姜不同，不得以人爵压天伦。此亦牵于俗情，以常人立论。不知作乱于国家，即为得罪于宗庙。唐武后以母废中宗，天下哗然而思讨，君子不以为非。彼独非母子乎？首止之会定王世子，所以消乱端于未萌。世子非不当立，则不得谓之谋位。诸侯非奉所不当奉，则不得谓之要挟。夫之必责以伯夷、叔齐之事，则张良之羽翼惠帝，何以君子不罪之乎？如此之类，皆以私情害大义。其他亦多词胜于意。全如论体，非说经之正轨。至于桓公元年，无端而论及人君改元宜建年号之类，连篇累牍，横生枝节，于《春秋》更无关矣。

今按：此节抄自《四库全书总目》卷三十一《春秋家说》提要。《春秋家说》，清王夫之撰。

69.《舍传求经立说谬》：考古者左史记言，右史记事。《尚书》者，左史类也。《春秋》者，右史类也。刘知幾作《史通》，叙述源流，至为明晰。心敬乃援《尚书》为例，谓事迹之可存者圣人必存，如典、谟、训、诰是也。事迹之不可存者，圣人必删，如《左传》所载是也。因而尽废诸传，惟以经解经。不思经文简质，非传难明。即如“郑伯克段于鄢”一条，设无传文，则段于郑为何人，郑伯克之为何故，经文既未明言，但据此六字之文，抱遗经而究终始，虽圣人复生，沉思毕世，无由知其为郑伯之弟，以武姜内应作乱也。是开卷数行，已窒碍不行，无论其余矣。

今按：此节抄自《四库全书总目》卷三十一《春秋原经》提要。《春秋原经》，清王心敬撰。

70.《〈胡传〉行而〈春秋〉之经荒》：案：明科举之例，诸经传注皆因元制，用宋儒。然程子作《春秋传》未成，朱子又未注《春秋》，以胡安国学出程子、张洽学出朱子，《春秋》遂定用二家。盖重其所出之渊源，非真有见于二人之书果胜诸家也。后张传以文繁渐废，《胡传》竟得孤行，则又考官举子共趋简易之故，非律令所定矣。且他经虽限以一说立言，犹主经文。《春秋》一经，则惟主发挥传义。其以经文命题，不过传文之标识，知为某公某年某事而已。观张朝瑞《贡举考》，备列明一代试题。他经皆具经文首尾，惟《春秋》仅列题中两三字，如盟密、夹谷之类，其视经文不为轻重可知矣。是《春秋》虽列在学官，实以《胡传》当一经，孔子特拥其虚名而已。经义之荒，又何足怪乎？钦定《春秋传说汇纂》，总括众说，折中圣言，凡安国迂谬之谈，悉一一驳正。此足见是非之公，终有不能强掩者矣。今检校遗书，于明代说《春秋》家多所刊削。庶不以科举俗学，蚀圣经之本旨云尔。

今按：此节抄自《四库全书总目》卷三十一《春秋类存目之后案》。

71.《孝经类总叙》：蔡邕《明堂论》引魏文侯《孝经传》，《吕览·审微篇》亦引《孝经·诸侯章》，则其来古矣。然授受无绪，故陈骙、汪应辰皆疑其伪。今观其文，去二戴所录为近，要为七十子徒之遗书。使河间献王采入一百三十一篇中，则亦《礼记》之一篇，与《儒行》、《缁衣》转从其类。惟其各出别行，称孔子所作，传录者又分章标目，自名一经。后儒遂以不类《系辞》、《论语》绳之，亦有由矣。中间孔、郑两本，互相胜负。始以开元《御注》用今文，遵制者从郑；后以朱子《刊误》用古文，讲学者又转而从孔。要其文句小异，义理不殊，当以黄震之言为定论（语见黄氏《日钞》）。故今之所录，惟取其词达理明，有裨来学，不复以今文、古文区分门户，徒酿水火之争。盖注经者明道之事，非分朋角胜之事也。

今按：此节抄自《四库全书总目》之《孝经类总叙》。

72.《孝经正义》：唐元宗明皇帝御注，宋邢昺疏。案：《唐会要》："开元十年六月，上注《孝经》，颁天下及国子学。天宝二年二月，上重注，亦颁天下。"《旧唐书·经籍志》、《孝经》一卷，玄宗注。《唐书·艺文志》"今上《孝经制旨》一卷"，注曰"玄宗"。其称"制旨"者，犹梁武帝《中庸义》之称"制旨"，实一书也。赵明诚《金石录》载《明皇注孝经》四卷。陈振孙《书录解题》亦称家有此刻，为四大轴。盖天宝四载九月，以《御注》刻石于太学，谓之《石台孝经》。今尚存西安府学中，为碑凡四，故拓本称四卷耳。玄宗《御制序》末称："一章之中凡有数句，一句之内义有兼明，具载则文繁，略之则义阙。今存于疏，用广发挥。"《唐书·元行冲传》称："玄宗自注《孝经》，诏行冲为疏，立于学官。"《唐会要》又载："天宝五载诏，《孝经书疏》虽粗发明，未能该备，今更敷畅以广阙文，令集贤院写颁中外。是注凡再修，疏亦再修。"其疏《唐志》作二卷，宋《志》则作三卷，殆续增一卷欤？宋咸平中，邢昺所修之疏，即据行冲书为蓝本。然孰为旧文，孰为新说，今已不可辨别矣。《孝经》有今文、古文二本。今文称郑玄注，其说传自荀昶，而《郑志》不载其名。古文称孔安国注，其书出自刘炫，而《隋书》已言其伪。

至唐开元七年三月，诏令群儒质定。右庶子刘知幾主古文，立十二验以驳郑。国子祭酒司马贞主今文，摘《闺门章》文句凡鄙，《庶人章》割裂旧文，妄加“子曰”字及注中“脱衣就功”诸语以驳孔。其文具载《唐会要》中。厥后今文行而古文废。元熊禾作董鼎《孝经大义序》，遂谓贞去《闺门》一章，卒启玄宗无礼无度之祸。明孙本作《孝经辨疑》，并谓唐宫闱不肃，贞削《闺门》一章乃为国讳。夫削《闺门》一章，遂启幸蜀之衅，使当时行用古文，果无天宝之乱乎？唐宫闱不肃诚有之，至于《闺门章》二十四字，则绝与武、韦不相涉。指为避讳，不知所避何讳也？况知几与贞两议并上，《会要》载当时之诏，乃郑依旧行用。孔注传习者稀，亦存继绝之典。是未因知几而废郑，亦未因贞而废孔。迨时阅三年，乃有御注太学刻石，署名者三十六人，贞不预列。《御注》既行，孔、郑两家遂并废，亦未闻贞更建议废孔也。禾等徒以朱子《刊误》偶用古文，遂以不用古文为大罪。又不能知唐时典故，徒闻《中兴书目》有“议者排毁，古文遂废”之语，遂沿其误说，愦愦然归罪于贞。不知以注而论，则孔佚郑亦佚。孔佚罪贞，郑佚又罪谁乎？以经而论，则郑存孔亦存，古文并未因贞一议亡也，贞又何罪焉？今详考源流，明今文之立，自玄宗此注始。玄宗此注之立，自宋诏邢昺等修此疏始。众说喧呶，皆揣摩影响之谈，置之不论不议可矣。

今按：此节抄自《四库全书总目》卷三十二《孝经正义》提要。

73.《〈孝经〉今古文无大异》：《孝经》今文、古文，自《隋志》所载王劭、刘炫以来，即纷纷聚讼。至唐而刘知幾主古文，司马贞主今文。其彼此驳议，《唐会要》具载其词，至今说经之家亦多递相左右，然所争者不过字句之间。观光从古文，而句下乃备载唐玄宗今文之注。使二本南辕北辙，可移今文之注以注古文乎？

今按：此节抄自《四库全书总目》卷三十二《古文孝经指解》提要。《古文孝经指解》，不著编辑者名氏，以宋司马光、范祖禹之说合为一书。

74.《〈孝经〉古今文异处》：其谓汉初诸儒始见此书，盖未考魏文侯尝为作传，见于蔡邕《明堂论》中。至其据许氏《说文》所引古文《孝经》“仲尼居”无“闲”字，知古文之“仲尼闲居”为刘炫所妄增。又据桓谭《新论》称古文千八百七十二字，与今文异者四百余字。今刘炫本止有千八百七十字，多于今文八字。除增《闺门》一章二十四字外，与今文异字仅二十余字。则较司马贞之攻古文但泛称文句鄙俗者，特有根据。

今按：此节抄自《四库全书总目》卷三十二《孝经定本》提要。《孝经定本》，元吴澄撰。

75.《汉儒宋儒说经之分》：汉儒说经以师传，师所不言，则一字不敢更。宋儒说经以理断，理有可据，则《六经》亦可改。然守师传者其弊不过失之拘，凭理断者其弊或至于横决而不可制。王柏诸人点窜《尚书》，删削二《南》，悍然欲出孔子上，其所由来者渐矣。

今按：此节抄自《四库全书总目》卷三十二《孝经问》提要。《孝经问》，清毛奇龄撰。

76.《五经总义类总叙》：汉代经师如韩婴治《诗》兼治《易》者，其训故皆各自为书。宣帝时，始有《石渠五经杂义》十八篇。《汉志》无类可隶，遂杂置之《孝经》中。《隋志》录许慎《五经异义》以下诸家，亦附《论语》之末。《旧唐书志》始别名“经解”，诸家著录因之，然不见兼括诸经之义。朱彝尊作《经义考》，别目曰“群经”。盖觉其未安而采刘勰《正纬》之语以改之，又不见为训诂之文。徐乾学刻《九经解》，顾湄兼采总集经解之义，名曰《总经解》，何焯复斥其不通（语见沈廷芳所刻何焯《点校经解目录》中），盖正名若是之难也。考《隋志》于统说诸经者虽不别为部分，然《论语类》末称《孔丛》、《家语》、《尔雅》诸书，并“五经总义”附于此篇，则固称“五经总义”矣。今准以立名，庶犹近古，《论语》、《孝经》、《孟子》虽自为书，实均《五经》之流别，亦足以统该之矣。其校正文字及传经诸图并约略附焉，从其类也。

今按：此节抄自《四库全书总目》之《五经总义类总叙》。

77.《古人音字》：古者漆书竹简，传写为艰，师弟相传，多由口授，往往同音异字，辗转多歧。又六体孳生，形声渐备，毫厘辨别，后世乃详。古人字数无多，多相假借。沿流承袭，遂开通用一门。谈经者不考其源，每以近代之形声究古书之义旨，穿凿附会，多起于斯。故士生唐宋以后，而操管摛文，动作奇字，则生今反古，是曰乱常。至于读古人之书，则当先通古人之字，庶明其文句而义理可以渐求。

今按：此节抄自《四库全书总目》卷三十三《九经古义》提要。《九经古义》，清惠栋撰。

78.《论考证之学》：汉代传经，专门授受，自师承以外，罕肯旁征。故治此经者，不通诸别经。即一经之中，此师之训故，亦不通诸别师之训故。专而不杂，故得精通。自郑玄淹贯六艺，参互钩稽，旁及纬书，亦多采摭。言考证之学者自是始。宋代诸儒，惟朱子穷究典籍，其余研求经义者，大抵断之以理，不甚观书。故其时博学之徒，多从而探索旧文，网罗遗佚，举古义以补其阙。于是汉儒考证之学，遂散见杂家笔记之内。宋洪迈、王应麟诸人，明杨慎、焦竑诸人，国朝顾炎武、阎若璩诸人，其尤著者也。夫穷经之要在于讲明大义，得立教之精意，原不以搜求奇秘为长。然有时名物训诂之不明，事迹时地之不考，遂有凭臆空谈，乖圣人之本旨者。诸人于汉学放失之余，捃摭而存一线，亦未始非饩羊之遗也。

今按：此节抄自《四库全书总目》卷三十三《经稗》提要。《经稗》，清郑方坤撰。

79.《经字异同》：然籀改而篆，篆改而八分，而隶书，偏旁点画，或因或革，不能限以许慎之所述。又经师口授，各据专门。《春秋》则《三传》异文，《诗》则四家殊字。而假借通用，又复错出于其间。故“曰若”、“越若”，《书》自不同；“桑葚”、“桑椹”，《诗》亦各体：此一经自不相同者也。《周礼》之“簭”，不可通乎《周易》之“筮”；《仪礼》之“庿”，不可通于《礼记》之“庙”：此诸经各不相谋者也。郑康成之屡称旧书，陆德明之多引别本，更不论矣。

今按：此节抄自《四库全书总目》卷三十三《十三经注疏正字》提要。《十三经注疏正字》，清沈廷芳撰。

80.《详考纬书》：考刘向《七略》，不著纬书。然民间私相传习，则自秦以来有之。非惟卢生所上见《史记·秦本纪》，即吕不韦《十二月纪》称某令失则某灾至，伏生《洪范五行传》称某事失则某徵见，皆谶纬之说也。《汉书·儒林传》称孟喜得《易》家候阴阳灾变书，尤其明证。荀爽谓起自哀、平，据其盛行之日言之耳。《隋志》著录八十一篇。燔烧之后，湮灭者多。至今仅有传本者，朱彝尊《经义考》称《易乾凿度》、《乾坤凿度》、《礼含文嘉》犹存，顾炎武《日知录》又称见《孝经援神契》。然《含文嘉》乃宋张师禹所撰，非其旧文。《援神契》则自宋以来不著于录，殆炎武一时笔误，实无此书。则传于世者，仅《乾凿度》、《乾坤凿度》二书耳。皇上光崇文治，四库宏开；二酉秘藏，罔弗津逮。又于《永乐大典》之中搜得《易纬稽览图》、《通卦验》、《坤灵图》、《是类谋》、《辨终备》、《乾元序制记》六书，为数百年通儒所未见，其余则仍不可稽。盖遗编残图，十不存其一矣，瑴尝杂采旧文，分为四部，总谓之《微书》：一曰《焚微》，辑秦以前逸书。一曰《线微》，辑汉、晋间笺疏。一曰《阙微》，徵皇古七十二代之文。一曰《删微》，即此书。今三书皆不传，惟此编在，遂独被《微书》之名。实其中之一种也。所采凡《尚书》十一种、《春秋》十六种、《易》八种、《礼》三种、《乐》三种、《诗》三种、《论语》四种、《孝经》九种、《河图》十种、《洛书》五种。以今所得完本校之，瑴不过粗存梗概。又唐瞿昙悉达《开元占经》，去隋未远，所引诸纬，如《河图圣洽符》、《孝经雌雄图》之类，多者百余条，少者数十条。瑴亦未睹其书，故多所遗漏。又摘伏胜《尚书大传》中《洪范五行传》一篇，指为神禹所作，尤属杜撰。然其采摭编缀，使学者生于千百年后，犹见东京以上之遗文，以资考证，其功亦不可没。《经义考·毖纬》一门其所引据，出瑴书者十之八九，则用力亦可谓勤矣。纬与经，名虽相辅，实各自为书。卦气之说，孟喜始据以诂《易》，何休、郑玄援引尤多。宋欧阳修《乞校正五经劄子》欲于注疏中全削其文，而说不果用。魏了翁作《九经正义》，始尽削除。此实说经家谨严之旨，与孙复说《春秋》而废传，郑樵说《诗》而废序，深文巧诋，务排汉学者不同。然义理则当尊正轨，考证则不废旁稽。如郑玄注《礼》，五天帝具有姓名，此与道家符箓何异？宋儒辟之是也。至于蔡沈《书集传》所称“昆仑周天三百六十五度四分度之一”，实《洛书甄耀度》、《尚书考灵耀》之文。“黑道二去黄道北，赤道二去黄道南，白道二去黄道西，青道二去黄道东”，实《河图帝览嬉》之文。朱子注《楚词》“昆仑者地之中也，地下有八柱，互相牵制，名山大川，孔穴相通”，实《河图括地象》之文。“三足乌，阳精也”，实《春秋元命包》之文(案：此四条皆朱彝尊《经义考》之说)。以至“七日来复”，自王弼以来承用；六日七分之说，朱子作《易本义》亦弗能易，实《易稽览图》之文。《洛书》四十五点，邵子以来传为秘钥，其法出于太乙九宫，实《易乾凿度》之文。是宋儒亦未能尽废之。

今按：此节抄自《四库全书总目》卷三十三《古微书》提要。《古微书》，明孙瑴编。

81.《五经总义类后叙》：案：汉儒《五经》之学，惟《易》先变且尽变，惟《书》与《礼》不变，《诗》与《春秋》则屡变而不能尽变。盖《易》包万汇，随举一义，皆有说可通。数惟人所推，象惟人所取，理惟人所说，故一变再变而不已。《书》纪政事，《礼》具器数，具有实徵，非空谈所能眩乱，故虽欲变之而不能。《诗》则其美其刺，可以意解，其名物训诂，则不可意解也。《春秋》则其褒其贬，可以词夺，其事迹始末，则不可以词夺也：故二经虽屡变而不尽变。刘勰有言：“意翻空而易奇，词征实而难巧。”此虽论文，可例之于说经矣。今所甄录，征实者多，不欲以浮谈无根启天下之捷径也。盖自王柏诸人以下，逞小辨而汩圣籍者，其覆辙可一一数矣。

今按：此节抄自《四库全书总目》卷三十三《五经总义类后叙》。

82.《论尊经》：案：先儒授受，大抵专治一经。其兼通诸经，各有论说者，郑康成以下旷代数人耳。宋以后著作渐多，明以来撰述弥众。非后人学问远过前修，精研之则见难，涉猎之则见易；求实据则议论少，务空谈则卷轴富也。孙承泽抄撮经解诸序，寥寥数卷，亦命之曰《五经翼》，则孰非兼通《五经》者哉？略存其目而不录其书，古今人巧拙之异，华实之分，亦大概可睹矣。

今按：此节抄自《四库全书总目》卷三十四《五经总义类存目后叙》。

83.《四书类总叙》：《论语》、《孟子》，旧各为帙。《大学》、《中庸》，旧《礼记》之二篇。其编为《四书》，自宋淳熙始。其悬为令甲，则自元延祐复科举始。古来无是名也。然二戴所录《曲礼》、

《檀弓》诸篇，非一人之书，追立名曰《礼记》，《礼记》遂为一家。即王逸所录屈原、宋玉诸篇，《汉志》均谓之赋，追立名曰《楚词》，《楚词》亦遂为一家。元邱葵《周礼补亡序》称圣朝以“六经”取士，则当时固以《四书》为一经。前创后因，久则为律，是固难以一说拘矣。今从《明史·艺文志》例，别立《四书》一门，亦所谓礼以义起也。朱彝尊《经义考》于《四书》之前仍立《论语》、《孟子》二类；黄虞稷《千顷堂书目》，凡说《大学》、《中庸》者，皆附于礼类：盖欲以不去饩羊略存古义。然朱子书行五百载矣，赵岐、何晏以下，古籍存者寥寥；梁武帝《义疏》以下，且散佚并尽；元、明以来之所解，皆自《四书》分出者耳。《明史》并入《四书》，盖循其实。今亦不复强析其名焉。

今按：此节抄自《四库全书总目》之《四书类总叙》。

84.《训诂名义理言各有当》：汉儒注经，多明训诂名物，惟此注笺释文句，乃似后世之口义，与古学稍殊。然孔安国、马融、郑玄之注《论语》，今载于何晏《集解》者，体亦如是。盖《易》、《书》文皆最古，非通其训诂则不明。《诗》、《礼》语皆证实，非明其名物亦不解。《论语》、《孟子》词旨显明，惟阐其义理而止，所谓言各有当也。

今按：此节抄自《四库全书总目》卷三十五《孟子正义》提要。

85.《论语笔记》：以意推之，疑愈注《论语》时，或先于简端有所记录，翱亦间相讨论，附书其间。追书成之后，后人得其稿本，采注中所未载者，别录为二卷行之。如程子有《易传》，而《遗书》之中又别有论《易》诸条；朱子有《诗传》，而朱鉴又为《诗传遗说》之例。题曰《笔解》，明非所自编也。

今按：此节抄自《四库全书总目》卷三十五《论语笔解》提要。《论语笔解》，旧本由唐韩愈、李翱同注。

86.《论孟子之列人经》：案：宋《礼部韵略》所附条式，自元祐中即以《论语》、《孟子》试士。是当时已尊为经。而晁氏《读书志》，《孟子》仍列儒家。至陈氏《书录解题》，始与《论语》同入经部。盖宋尊《孟子》，始王安石。元祐诸人务与作难，故司马光《疑孟》、晁说之《诋孟》作焉。非攻《孟子》，攻安石也。白珽《湛渊静语》所记，言之颇详。晁公武不列于经，犹说之之家学耳。陈振孙虽改晁氏之例，列之于经，然其立说乃以程子为词，则亦非尊《孟子》，仍尊程子而已矣。考赵岐《孟子题词》，汉文帝时已以《论语》、《孝经》、《孟子》同置博士。而孙奭是编，实大中祥符间奉敕校刊《孟子》所修。然则表章之功，在汉为文帝，在宋为真宗。训释之功，在汉为赵岐，在宋为孙奭，固不始于王安石，亦不始于程子。纷纷门户之爱憎，皆逐其末也。

今按：此节抄自《四库全书总目》卷三十五《孟子音义》提要之案语。

87.《四书章句集注》：案：《论语》自汉文帝时立博士。《孟子》据赵岐《题词》，文帝时亦尝立博士。以其旋罢，故史不载。《中庸说》二篇见《汉书·艺文志》。戴颙《中庸传》二卷，梁武帝《中庸讲疏》一卷，见《隋书·经籍志》。惟《大学》自唐以前无别行之本。然《书录解题》载司马光有《大学广义》一卷、《中庸广义》一卷，已在二程以前，均不自洛闽诸儒始为表章。特其论说之详，自二程始；定著"四书"之名，则自朱子始耳。原本首《大学》，次《论语》，次《孟子》，次《中庸》。书肆刊本以《大学》、《中庸》篇页无多，并为一册，遂移《中庸》于《论语》前。明代科举命题，又以作者先后，移《中庸》于《孟子》前。然非宏旨所关，不必定复其旧也。《大学》古本为一篇。朱子则分别经传，颠倒其旧次，补缀其阙文。《中庸》亦不从郑注分节。故均谓之"章句"。《论语》、《孟子》融会诸家之说，故谓之"集注"。犹何晏注《论语》，裒八家之说称《集解》也。惟晏注皆标其姓，朱子则或标或不标，例稍殊焉。《大学》章句，诸儒颇有异同，然"所谓诚其意者"以下并用旧文，所特创者不过补传一章，要非增于八条目外。既于理无害，又于学者不为无裨，何必分门角逐欤？《中庸》虽不从郑注，而实较郑注为精密。盖考证之学，宋儒不及汉儒；义理之学，汉儒亦不及宋儒。言岂一端，要各有当，况郑注之善者，如"戒慎乎其所不睹"四句，未尝不采用其意；"虽有其位"一节，又未尝不全袭其文。观其去取，具有鉴裁，尤不必定执古义以相争也。《论语》、《孟子》亦颇取古注。如《论语》"瑚琏"一条与《明堂位》不合，《孟子》"曹交"一注与

《春秋传》不合，论者或以为疑。不知“瑚琏”用包咸注，“曹交”用赵岐注，非朱子杜撰也。又如“夫子之墙数仞”注“七尺曰仞”，“掘井九仞”注“八尺曰仞”，论者尤以为矛盾。不知“七尺”亦包咸注，“八尺”亦赵岐注也。是知镕铸群言，非出私见。苟不详考所出，固未可概目以师心矣。大抵朱子平生精力，殚于《四书》。其剖析疑似，辨别毫厘，实远在《易本义》、《诗集传》上。读其书者要当于大义微言求其根本。明以来攻朱子者务摭其名物度数之疏，尊朱子者又并此末节而回护之，是均门户之见，乌识朱子著书之意乎？

今按：此节抄自《四库全书总目》卷三十五《大学章句·论语集注·孟子集注·中庸章句》提要。

88.《四书或问》：宋朱子撰。朱子既作《四书章句集注》，复以诸家之说纷错不一，因设为问答，明所以去取之意，以成此书。凡《大学》二卷、《中庸》三卷、《论语》二十卷、《孟子》十四卷。其书非一时所著。《中庸或问》原与《辑略》俱附《章句》之末。《论语》、《孟子》则各自为书。其合为一帙，盖后来坊贾所并也。中间《大学或问》用力最久。故朱子答潘恭叔问，尝自称诸书修得一过，《大学》所改尤多，比旧已极详密。《中庸或问》则朱子平日颇不自惬。《语类》载游某问：“《中庸》编集如何？”曰：“缘前辈诸公说得多了，其间尽有差舛处，又不欲尽驳难他底，所以难下手。不比《大学》，都未曾有人说。”又载朱子以《中庸或问》授黄云“亦未有满意处。如评论程子诸子说处尚多粗”云云。是其意犹以为未尽安也。至《论孟或问》，则与《集注》及《语类》之说往往多所牴牾，后人或遂执《或问》以疑《集注》。不知《集注》屡经修改，至老未已，而《或问》则无暇重编。故《年谱》称《或问》之书，未尝出以示人。书肆有窃刊行者，亟请于县官，追索其版。又《晦菴集》中有《与潘端叔书》曰“《论语或问》，此书久无工夫修得。只《集注》屡更不定，却与《或问》前后不相应”云云，可见异同之迹，即朱子亦不讳言。并录存之，其与《集注》合者，可晓然于折中众说之由；其于《集注》不合者，亦可知朱子当日原多未定之论，未可于《语录》、《文集》偶摘数语，即为不刊之典矣。

今按：此节抄自《四库全书总目》卷三十五《四书或问》提要。

89.《议论多晚年始定》：考《朱子大全集》中备载与栻商订此书之语，抉摘瑕疵多至一百一十八条，又订其误字二条。以今所行本校之，从朱子改正者仅二十三条，余则悉仍旧稿，似乎断断不合。然“父在观其志”一章，朱子谓旧有两说，当从前说为顺。反复辨论，至于二百余言。而后作《论语集注》，乃竟用何晏《集解》所引孔安国义，仍与栻说相同。盖讲学之家，于一字一句之异同，务必极言辨难，断不肯附和依违。中间笔舌相攻，或不免于激而求胜。迨学问渐粹，意气渐平，乃是是非非，坦然共白，不复回护其前说。此造诣之浅深，月异而岁不同者也。

今按：此节抄自《四库全书总目》卷三十五《癸巳论语解》提要。《癸巳论语解》，宋张栻撰。其书成于乾道九年(1173年)，是年岁在癸巳，故名曰《癸巳论语解》。

90.《读书须有别白岂能一一尊信》：考朱子著述最多，辨说亦最多。其间有偶然问答未及审核者，有后来考正未及追改者，亦有门人各自记录，润色增减，或失其本真者。故《文集》、《语录》之内，异同矛盾，不一而足。即《四书章句集注》与《或问》亦时有牴牾。原书具在，可一一覆按也。当时门人编次，既不敢有所别择，后来读朱子书者，遂一字一句奉为经典，不复究其传述之真伪与年月之先后。但执所见一条，即据以诋排众论，纷纭四出，而朱子之本旨转为尊信者所淆矣。夫载宝而朝，论南宫者有故；越境乃免，惜赵盾者原诬。述孔子之言者，尚不免于舛异，况于朱门弟子断不及七十二贤，又安能据其所传，漫无厘正？伯璿此书，大旨与刘因《四书集义精要》同。而因但为之刊除，伯璿更加以别白。昔朱子尝憾孔门诸子留《家语》作病痛，如伯璿者，可不谓深得朱子之心欤？

今按：此节抄自《四库全书总目》卷三十六《四书管窥》提要。《四书管窥》，元史伯璿撰。

91.《四书为帝王枢要》：自朱子定著《四书》，由元、明以至国朝，悬为程试之令甲，家弦户诵，几以为习见无奇。实则内圣外王之道备于孔子，孔子之心法寓于《六经》，《六经》之精要括于《论语》，而曾子、子思、孟子递衍其绪。故《论语》始于言学，终于尧舜汤武之政、尊美屏恶之训；《大学》始于格物致知，终于治国平天下；《中庸》始于中和、位育，终于笃恭而天下平；《孟子》始于义利之辨，终于尧舜以来之道统。圣贤立言之大旨，灼然可见。盖千古帝王之枢要，不仅经生章句之业也。

今按：此节抄自《四库全书总目》卷三十六《日讲四书解义》提要。《日讲四书解义》二十六卷，康熙十六年(1677年)圣祖仁皇帝御定。

92.《论学字》：如古人有所师法皆谓之学，即至鲔诸学炙、秦青学讴，亦无异训。朱子注学为效，原无疵病。奇龄必谓学者业道之名，泛训作效，与工师授受何别？不知学道与学艺，所学之事异，而学字不能别释，亦犹喻义喻利，所喻之事异，而喻字不能两解。以此发难，未见其然。

今按：此节抄自《四库全书总目》卷三十六《论语稽求篇》提要。《论语稽求篇》，清毛奇龄撰。

93.《论变乱古经》：汉以来专门之学，各承师说，但有字句训诂之异，无人敢窜乱古经。郑玄称好改字，特注某当作某耳，不敢遽变其字也。费直始移《周易》，杜预始移《左传》，但析传附经耳，亦未敢颠倒经文也。自刘敞考定《武成》，列之《七经小传》，儒者视为故事，遂寖以成风。《大学》一篇，移掇尤甚。譬如增减古方，以治今病，不可谓无裨于医疗，而亦不可谓即扁鹊、仓公之旧剂也。

今按：此节抄自《四库全书总目》卷三十六《大学证文》提要。《大学证文》，清毛奇龄撰。

94.《四书类后叙》：案：《四书》定于朱子《章句集注》，积平生之力为之，至垂没之日，犹改定《大学》“诚意”章注，凡以明圣学也。至元延祐中用以取士，而阐明理道之书遂渐为弋取功名之路。然其时经义、经疑并用，故学者犹有研究古义之功。今所传袁俊翁《四书疑节》、王充耘《四书经疑贯通》、詹道传《四书纂笺》之类，犹可见其梗概。至明永乐中，《大全》出而捷径开，八比盛而俗学炽。科举之文，名为发挥经义，实则发挥注意，不问经义何如也。且所谓注意者，又不甚究其理，而惟揣测其虚字语气以备临文之摹拟，并不问注意何如也。盖自高头讲章一行，非惟孔、曾、思、孟之本旨亡，并朱子之《四书》亦亡矣。今所采录，惟取先儒发明经义之言，其为揣摩举业而作者则概从删汰。惟胡广《大全》既为前代之功令，又为经义明晦、学术升降之大关，亦特存之，以著明二百余年士习文风之所以弊。盖示戒，非示法也。

今按：此节抄自《四库全书总目》卷三十六《四书类后叙》。

95.《乐类总叙》：沈约称《乐经》亡于秦。考诸古籍，惟《礼记经解》有"《乐》教"之文。伏生《尚书大传》引"辟雝舟张"四语，亦谓之《乐》。然他书均不云有《乐经》（隋志《乐经》四卷，盖王莽元始三年所立，贾公彦《考工记·磬氏疏》所称"《乐》曰"，当即莽书，非古《乐经》也）。大抵《乐》之纲目具于《礼》，其歌词具于《诗》，其铿锵鼓舞则传在伶官。汉初制氏所记，盖其遗谱，非别有一经为圣人手定也。特以宣豫导和，感神人而通天地，厥用至大，厥义至精，故尊其教得配于经。而后代钟律之书亦遂得著录于《经部》，不与《艺术》同科。顾自汉氏以来，兼陈雅俗，艳歌侧调，并隶云韶。于是诸史所登，虽细至筝琶，亦附于经末。循是以往，将小说稗官未尝不记言记事，亦附之《书》与《春秋》乎？悖理伤教，于斯为甚。今区别诸书，惟以辨律吕、明雅乐者仍列于经，其讴歌末技，弦管繁声，均退列《杂艺》、《词曲》两类中。用以见大乐元音，道侔天地，非郑声所得而奸也。

今按：此节抄自《四库全书总目》之《乐类总叙》。

96.《乐类后叙》：案：天文、乐律，皆积数之学也。天文渐推渐密，前不及后。乐律则愈久愈失，后终不得及前。盖天文有象可测，乐律无器可凭也。宋儒不得其器，因遁辞于言乐理，又遁辞于言乐本。夫乐生于人心之和而根于君德之盛，此乐理、乐本也。备是二者，莫过尧舜，而后夔所典，尚规规于声音、器数何哉？无声音、器数则乐本、乐理无所附。使十二律之长短不按阴阳，八音之宫调不分抗坠，虽奏诸唐、虞之廷，知其不能成声也。泛谈乐本、乐理，岂非大言寡当欤？今所采录，多以发明律吕者为主，盖制作之精，以征诸实用为贵焉耳。

今按：此节抄自《四库全书总目》卷三十八《乐类后叙》。

案：乐为古制，宜遵古法。阮咸、荀勖之争不过尺之长短，房庶、范镇之争不过黍之纵横耳。宋魏汉津以徽宗指节定尺，明李文利以黄钟为长三寸九分，尽改古法，皆世衰而邪说作也。今于诡词新论悉斥不录，庶不失依永和声之本旨焉。

今按：此节抄自《四库全书总目》卷三十九《乐类存目后叙》。

97.《小学类总叙》：古小学所教，不过六书之类。故《汉志》以《弟子职》附《孝经》，而《史籀》等十家四十五篇列为小学。《隋志》增以金石刻文，《唐志》增以书法、书品，已非初旨。自朱子作《小学》以配《大学》，赵希弁《读书附志》遂以《弟子职》之类并入小学，又以蒙求之类相参并列，而小学益多歧矣。考订源流，惟《汉志》根据经义，要为近古。今以论幼仪者别入儒家，以论笔法者别入杂艺，以蒙求之属隶故事，以便记诵者别入类书，惟以《尔雅》以下编为训诂，《说文》以下编为字书，《广韵》以下编为韵书。庶体例谨严，不失古义。其有兼举两家者，则各以所重为主（如李焘《说文五音韵谱》实字书，袁子让《字学元元》实论等韵之类）。悉条其得失，具于本篇。

今按：此节抄自《四库全书总目》卷六《小学类总叙》。

98.《论尔雅》：大抵小学家缀缉旧文，递相增益，周公、孔子皆依托之词。观《释地》有鹣鹣，《释鸟》又有鹣鹣，同文复出，知非纂自一手也。其书欧阳修《诗本义》以为学《诗》者纂集博士解诂。高承《事物纪原》亦以为大抵解诂诗人之旨。然释《诗》者不及十之一，非专为《诗》作。扬雄《方言》以为孔子门徒解释六艺，王充《论衡》亦以为《五经》之训故，然释《五经》者不及十之三四，更非专为《五经》作。今观其文，大抵采诸书训诂名物之同异，以广见闻，实自为一书，不附经义。如《释天》云："暴雨谓之涷。"《释草》云："卷施草，拔心不死。"此取《楚辞》之文也。《释天》云："扶摇谓之猋。"《释虫》云："蒺藜，蝍蛆。"此取《庄子》之文也。《释诂》云："嫁，往也。"《释水》云："瀵，大出尾下。"此取《列子》之文也。《释地·四极》云："西王母。"《释畜》云："小领，盗骊。"此取《穆天子传》之文也。《释地》云："东方有比目鱼焉，不比不行，其名谓之鲽。南方有比翼鸟焉，不比不飞，其名谓之鹣鹣。"此取《管子》之文也。又云："邛邛岠虚负而走，其名谓之蟨。"此取《吕氏春秋》之文也。又云："北方有比肩民焉，迭食而迭望。"《释地》云："河出昆仑虚。"此取《山海经》之文也。《释诂》云："天、帝、皇、王、后、辟、公、侯。"又云："洪、廓、宏、溥、介、纯、夏、幠。"《释天》云"春为青阳"至"谓之醴泉"，此取《尸子》之文也。《释鸟》曰："爰居，杂县。"此取《国语》之文也。如是之类，不可殚数。盖亦《方言》、《急就》之流，特说经之家多资以证古义，故从其所重，列之经部耳。璞时去汉未远，如"遂幠大东"称《诗》，"钊我周王"称《逸书》，所见尚多古本，故所注多可据。后人虽迭为补正，然宏纲大旨，终不出其范围。昺疏亦多能引证，如《尸子》、《广泽篇》、《仁意篇》，皆非今人所及睹。其犍为文学、樊光、李巡之注，见于陆氏《释文》者，虽多所遗漏，然疏家之体，惟明本注。注所未及，不复旁搜。此亦唐以来之通弊，不能独责于昺。惟既列注文，而疏中时复述其文，但曰郭注云云，不异一字，亦更不别下一语，殆不可解。岂其初疏与注别行欤？今未见原刻，不可复考矣。

今按：此节抄自《四库全书总目》卷四十《尔雅注疏》提要。

99.《刘昭辨释名误处》：韦昭尝作《辨释名》一卷，纠熙之误，其书不传。然如《经典释文》引其一条曰：《释名》云：古者车音如居，所以居人也。今曰车，音尺遮反，舍也（案《释名》本作"古者曰车声如居，言行所以居人也。今曰车。车，舍也，行者所处若居舍也"。此盖陆德明约举其文，又取文义显明增入"音尺遮反"四字耳）。韦昭云："车古皆音尺奢反，后汉以来，始有居音。"案：《何彼襛矣》之诗，以"车"韵"华"。《桃夭》之诗，以"华"韵"家"。家古音姑，华古音敷，则车古音居，更无疑义。熙所说者不讹，昭之所辨亦未必尽中其失也。

今按：此节抄自《四库全书总目》卷四十《释名》提要。

100.《说文解字》：汉许慎撰。慎字叔重，汝南人。官至太尉南阁祭酒。是书成于和帝永元十二年。凡十四篇，合《目录》一篇为十五篇。分五百四十部，为文九千三百五十三，重文一千一百六十三，注十三万三千四百四十字。推究六书之义，分部类从，至为精密。而训诂简质，猝不易通。又音韵改移，古今异读，谐声诸字，亦每难明。故传本往往讹异。宋雍熙三年，诏徐铉、葛湍、王惟恭、句中正等重加刊定。凡字为《说文》注义、序例所载，而诸部不见者，悉为补录。又有经典相承，时俗要用，而《说文》不载者，亦皆增加，别题之曰“新附字”。其本有正体，而俗书讹变者，则辨于注中。其违戾六书者，则别列卷末。或注义未备，更为补释，亦题“臣铉等案”以别之。音切则一以孙愐《唐韵》为定。以篇帙繁重，每卷各分上、下，即今所行毛晋刊本是也。明万历中，宫氏刻李焘《说文五音韵谱》，陈大科序之，误以为即铉校本。陈启源作《毛诗稽古编》，顾炎武作《日知录》，并沿其谬。岂毛氏所刊，国初犹未盛行欤？书中古文、籀文，李焘据唐林罕之说，以为晋〈巾弦〉令吕忱所增。考慎自序云“今序篆文，合以古、籀”，其语甚明。所记重文之数，亦复相应。又《法书要录》载后魏江式《论书表》曰：“晋世义阳王典祠令任城吕忱，表上《字林》六卷。寻其况趣，附托许慎《说文》，而按偶章句，隐别古籀奇惑之字。文得正隶，不差篆意。”则忱书并不用古籀，亦有显证，如罕之所云“吕忱《字林》，多补许慎遗阙者，特广《说文》未收字耳”。其书今虽不传，然如《广韵·一东部》“峒”字、“箈字，《四江部》“哝”字之类，云出《字林》者，皆《说文》所无，亦大略可见。焘以《说文》古籀为忱所增，误之甚矣。自魏晋以来言小学者，皆祖慎。至李阳冰始曲相排斥，未协至公。然慎书以小篆为宗，至于隶书、行书、草书则各为一体，孳生转变，时有异同，不悉以小篆相律。故颜元孙《干禄字书》曰：“自改篆行隶，渐失其真。若总据《说文》，便下笔多碍。当去泰去甚，使轻重各宜。”徐铉《进说文表》亦曰：“高文大册，则宜以篆籀著之金石。至于常行简牍，则草隶足矣。”二人皆精通小学，而持论如是。明黄谏作《从古正文》，一切以篆改隶，岂识六书之旨哉？至其所引《五经》文字，与今本多不相同，或往往自相违异。顾炎武《日知录》尝摭其“汜”下作“江有汜”、“洍”下又作“江有洍”，“巹”下作“赤舄己己”，“掔”下又作“赤舄掔掔”。是所云《诗》用毛氏者，亦与今本不同。盖虽一家之学，而宗派既别，亦各不相合。好奇者或据之以改经，则谬戾殊甚。能通其意而又能不泥其迹，庶乎为善读《说文》矣。

今按：此节抄自《四库全书总目》卷四十一《说文解字》提要。

101.《说文解字后论》：案：慎序自称："《易》孟氏、《书》孔氏、《诗》毛氏、《礼》、《周官》、《春秋左传》、《论语》、《孝经》，皆古文。"考刘知幾《史通》，称："《古文尚书》得之壁中，博士孔安国以校伏生所诵，增多二十五篇（案：此亦据梅赜古文而言，实则孔氏原本仅增多十六篇）。更以隶古字写之，编为四十六卷。司马迁屡采其事，故迁多有古说。至于后汉，孔氏之本遂绝。其有见于经典者，诸儒皆谓之逸书。"是孔氏壁中之书，慎不得见。《说文》末载慎子冲上书，称慎古学受之贾逵。而《后汉书·儒林传》又称扶风杜林传《古文尚书》，林同郡贾逵为之作训，马融作传，郑玄注解。由是《古文尚书》遂显于世。是慎所谓孔氏书者，即杜林之本。顾《隋志》称杜林《古文尚书》所传仅二十九篇，又杂以今文，非孔旧本（案古文除去无师说者六篇，正得伏生二十九篇之数，非杂以今文。《隋志》此文，亦据梅赜古文，未及与《汉书》互校）。自余绝无师说。陆德明《经典释文》采马融注甚多，皆今文《尚书》，无古文一语。即《说文》注中所引，亦皆在今文二十八篇之中。朱彝尊《经义考》辨之甚明（案：彝尊又谓惟"若药不瞑眩"一句，出古文《说命》，殆因《孟子》所引而及之。然此句乃徐锴《说文系传》之语，非许慎之原注，彝尊偶尔误记，移甲为乙，故今不取其说）。则慎所谓孔氏本者，非今五十八篇本矣。以意推求，《汉书·艺文志》称"刘向以中古文校欧阳、大小夏侯三家经文，《酒诰》脱简一，《召诰》脱简二，文字异者七百有余，脱字数十"云云，所谓"中古文"，即孔氏所上之古文存于中秘者。是三家之本立在博士者，皆经刘向以古文勘定，改其讹脱，其书已皆与古文同。儒者据其训诂言之，则曰大小夏侯、欧阳尚书。据其经文言之，则亦可曰孔氏《古文尚书》。第三家解说，只有伏生二十八篇递相授受，余所增十六篇不能诠释，遂置不言。故马融《书序》称逸十六篇绝无师说也（案《融序》今不传，此语见孔颖达《尚书正义》中）。使贾逵所传杜林之本即今五十八篇之本，则融尝因之作传矣。安有是语哉？又《后汉书·杜林传》，称"林前于西州得漆书《古文尚书》，尝宝爱之，虽遭艰困，握持不离身”云云，是林所传者乃古文字体，故谓之“漆书”。是必刘向校正三家之时，随二十八篇传出。以字非隶古，世不行用。林偶得之以授逵，逵得之以授慎，故慎称为孔氏本，而亦止二十八篇，非真见安国旧本也。论《尚书》者，惟《说文》此句，最为疑窦。阎若璩《尚书古文疏证》牵于此句，遂误以马郑所注为孔氏原本，亦千虑之一失，故附考其源流于此。

今按：此节抄自《四库全书总目》卷四十一《说文解字》提要。

102.《说文系传》：南唐徐锴撰。锴字楚金，广陵人。官至右内史舍人。宋兵下江南，卒于围城之中。事迹具《南唐书》本传。是书凡八篇。首《通释》三十卷，以许慎《说文解字》十五篇，篇析为二。凡锴所发明及征引经传者，悉加“臣锴曰”及“臣锴案”字以别之。继以《部叙》二卷，《通论》三卷，《祛妄》、《类聚》、《错综》、《疑义》、《系述》各一卷。《祛妄》斥李阳冰臆说。《疑义》举《说文》偏旁所有而阙其字及篆体笔画相承小异者。《部叙》拟《易序卦》传，以明《说文》五百四十部先后之次。《类聚》则举字之相比为义者，如一、二、三、四之类。《错综》则旁推六书之旨，通诸人事，以尽其意。终以《系述》，则犹《史记》之《自叙》也。锴尝别作《说文篆韵谱》五卷，宋孝宗时李焘因之作《说文解字五音谱》。焘自序有曰：“《韵谱》当与《系传》并行。今《韵谱》或刻诸学官，而《系传》迄莫光显。余搜访岁久，仅得其七八阙卷。误字无所是正，每用太息。”则《系传》在宋时已残阙不完矣。今相传仅有抄本，钱曾《读书敏求记》至诧为“惊人秘笈”，然脱误特甚。卷末有熙宁中苏颂记云：“旧阙二十五、三十共二卷，俟别求补写。”此本卷三十不阙，或续得之以补入。卷二十五则直录其兄铉所校之本，而去其新附之字。殆后人求其原书不获，因摭铉书以足之。犹之《魏书》佚《天文志》，以张太素书补之也。其余各部阙文，亦多取铉书窜入。考铉书用孙愐《唐韵》，而锴书则朝散大夫行秘书省校书郎朱翱别为反切。铉书称“某某切”，而锴书称“反”。今书内音切与铉书无异者，其训释亦必无异。其移掇之迹，显然可见。至《示部》窜入铉新附之“祧、祆、祚”三字，尤凿凿可证者。《错综》篇末其文亦似未完，无可采补，则竟阙之矣。此书成于铉书之前，故铉书多引其说，然亦时有同异。如铉本“福，祐也”，此作“备也”。铉本“莱，耕多草”，此作“耕名”。铉本“迎，前颉也”，此作“前顿也”。铉本“鹨，大雏也”。此从《尔雅》作“天鷚也”，又铉本“禜”字下引《礼记》、“裯”字下引《诗》之类，此作“臣锴按《礼记》曰”，“臣锴按《诗》曰”，则锴所引，而铉本淆入许氏者甚多。臣锴案，疑许慎子许冲所言也，是铉直删去“家本无注”四字，改用一“阙”字矣。其凭臆删改，非赖此书之存，何以证之哉？此书本出苏颂所传篆文，为监察王圣美，翰林祗候刘允恭所书。卷末题“子容”者，即颂字也。乾道癸巳，尤袤得于叶梦得家，写以与李焘。详见袤跋。书中有称“臣次立案”者，张次立也。次立官至殿中丞，尝与写《嘉祐二字石经》，陶宗仪《书史会要》载其始末云。

今按：此节抄自《四库全书总目》卷四十一《说文系传》提要。又删去文末案语：“案：是书在徐铉校《说文》之前，而列其后者，铉校许慎之原本，以慎为主，而铉附之。此书锴所论著，以锴为主，故不得而先慎也。”

103.《复古编》：宋张有撰。有字谦中，湖州人，张先之孙。出家为道士。是书根据《说文解字》，以辨俗体之讹。以四声分隶诸字，于正体用篆书，而别体、俗体则附载注中，犹颜元孙《干禄字书》分正、俗、通三体之例。下卷入声之后附录《辨证》六篇：一曰联绵字，二曰形声相类，三曰形相类，四曰声相类，五曰笔迹小异，六曰上正下讹，皆剖析毫厘，至为精密。然惟以《说文》正小篆，而不以小篆改隶书，故小篆之不可通于隶者，则曰“隶作某”。亦颜元孙所谓“总据《说文》，则下笔多碍，当去泰去甚，使轻重合宜”者也。《楼钥集》有此书序，称其尝篆杨时踵《息菴记》，以小篆无“菴”字，竟作隶体书之。知其第不以俗体入篆尔，作隶则未尝不谐俗。钥序又记其为林摅母撰墓碑，书“魏”字作“巍”，终不肯去“山”字。陈振孙所记亦同。然考此书“巍”字下注曰：“今人省山以为魏国之魏。”不以为俗体别字。是其说复古而不戾今，所以为通人之论。祝魏校等之诡僻盗名，强以篆籀入隶者，其识趣相去远矣。此本为明万历中黎民表所刊，字画颇为清晰，惟不载钥序。然钥所云陈瓘、程俱前后序，则皆相符，盖犹从旧本传刻者也。

今按：此节抄自《四库全书总目》卷四十一《复古编》提要。

104.《奇字韵》：明杨慎撰。慎有《檀弓丛训》，已著录。是编标字体之稍异者，类以四声，故曰“奇字”。考六书以《说文》所载小篆为正，若卫宏、扬雄所学则别有古文奇字，以非六书偏旁所可推也。此书以“奇字”标名，而若《说文》引经，“寷其屋”，“丰”作“寷”；“克岐克嶷”，“嶷”作“啜”。“静女其姝”，“姝”作“袾”；“庶草繁庑”，“庑”作“无”；“天地絪缊”，作“壹”；“营营青蝇，止于樊”，“樊”作“棥”；“故源源而来”，“源源”作“謜謜”；“泣血涟如”，“涟”作“连”之类：虽与今经文小异，而皆有六书偏旁可求，则正体而非奇字。且此类甚多，不胜载。如《说文》引《尚书》“嵎夷”作“堣夷”。引《论语》“友便佞”，“便”作“谝”。引《诗》“赫兮喧兮”，“喧”作“愃”。引《周礼》“膳膏臊”，“臊”作“鱢”。“孤乘夏巡”，“巡”作“䡼”。引《易》“包荒用冯河”，“荒”作“巟”。引《诗》“在河之洲”，“洲”作“州”。引《易》“服牛乘马”，“服”作“犕”。引《书》“濬畎浍，距川”，“畎浍”作“巜”。引《春秋传》“翫岁而愒日”，“翫”作“忨”、“愒”作“潒”。引《易》“夫乾確然”，“確”作“隺”。引《春秋传》“执玉惰”，“惰”作“憜”。引《诗》“纳于凌阴，”“凌”作“縢”。又引《诗》“白圭之玷”，“玷”作“刮”。异同之处，不可殚数。此书所载，殊不及十之二三。至于“岷”之作“汶”、“祷”之作“禂”，皆假借字，而亦概列为奇字，尤属不伦。又如“蔷”字下但注一“灾”字，而不云本《盐铁论》“罕被寇蔷”，“蔷”音“灾”；“廧”字下但注一“墙”字，而不云本《管子·地员篇》“行廧落”，房玄龄注为“行廧及蓠落”；“闿”字下但注一“开”字，而不云本《汉书·匈奴传》“乃遣闿陵侯将兵别围车师”及“今欲与汉闿大关”颜师古注“闿与开同”；“茬”字下但注一“槎”字，而不云本《汉书·货殖传》“然犹云山不茬蘖”师古注“茬，古槎字”。“闉”字下但注一“闻”字，而不云本《汉书·扬雄传》“东邻昆仑，西驰闉阖”师古注“闉与闻同”：则全迷其所出。“萁”字下注“音该”，但引曹植诗，而不知《淮南子》“爨萁燧火”，高诱注“萁，音该”；“汓”字下注“音流”，但引《贾谊传》“朝廷之视端汓平衡”，而不知考《荀子·荣辱篇》“其汓长矣”杨倞注“汓，古流字”：则不溯其所始。又如《冬韵》载“窼”字，引《说文》而不知《汉书·地理志》“苍”师古曰：“枀，古松字”，与“窼”同一古今字。“贲”字下注云“古文班”，而不知《荀子·强国篇》曰“如此下比周，贲溃以离上矣”杨倞注“贲读如坟”，《汉书·翟方进传》“贲丽善为星”师古曰“贲音肥”。“蝯”字下注“与猨同”，而不知《汉书·李广传》又作“爰臂”，如淳曰“臂如猿臂”。其阙佚又不可枚举。盖慎充于腹笥，特就所记忆者录之，故于诸书不暇详考。然于秦汉载籍，亦已十得三、四。讲六书者去其疵而录其醇，或亦不无所助焉。

今按：此节抄自《四库全书总目》卷四十一《奇字韵》提要。

105.《论字体》：盖拘泥古义者，自《说文》九千字外，皆斥为伪体。遂至音韵必作音均，衣裳必作衣常，韩愈书为韩瘉，诸葛亮书为诸葛谅。动生滞碍，于事理难通，固为不可。若夫孙休之所自造，王起之所未识，傅奕之称䢷人，段成式之作䆉字，皆考之古而无征，用之今而多骇。存而并列，则通儒病其荒唐；削之不登，则浅儒疑其挂漏。别为附录，等诸外篇，尤所谓去取得中、权衡尽善者矣。

今按：此节抄自《四库全书总目》卷四十一《康熙字典》提要。

106.《字体之多后胜于前》：盖字者，孳也。许慎《说文》九千余字，李登《声类》已增至一万一千五百二十字（案：《声类》今无其书，此据《封演闻见记》）。陆法言《切韵》一万二千五十六字，陈彭年等《重修广韵》已增至二万六千一百九十四字。吕忱《字林》、丁度《集韵》以下，更莫能殚记。是由名物日繁，记载遂不能不备。圣人制作，亦因乎势之自然，为事之当然而已。

今按：此节抄自《四库全书总目》卷四十一《御制清文鉴》提要。《御制清文鉴》，乾隆三十六年（1771年）奉敕撰。

107.《字书三体互列实本古义》：然则三体互通，使彼此共喻，实本古义。许慎作《说文》，小篆之下兼列籀文、古文，以互证其字。扬雄作《方言》，每一语一物，亦具载某地谓之某，以互证其语。则三体汇为一编，使彼此相释，亦因古例，用达书名于四方。

今按：此节抄自《四库全书总目》卷四十一《御定满洲蒙古汉字三合切音清文鉴》提要。《御定满洲蒙古汉字三合切音清文鉴》，乾隆四十四年(1779年)奉敕撰。

108.《西域同文志》:《钦定西域同文志》二十四卷，乾隆二十八年奉敕撰。先是，乾隆二十年威弧遥指，戡定伊犁。续又削平诸回部。昆仑月窟，咸隶黄图。琛赆旅来，狄鞮重译。乃命考校诸番文字，定著是编。其部族之别，曰天山北路，曰天山南路，曰青海，曰西番。其门目之别，曰地，曰山，曰水，曰人。其文字之别，首列国书以为枢纽，次以汉书详注其名义，次以三合切音曲取其音声，次列蒙古字、西番字、托忒字、回字，排比连缀。各注其译语、对音，使纲举目张，丝连珠贯。考译语之法，其来已久。然《国语》谓之舌人，特通其音声而已，不能究其文字。《左传》称楚人谓乳为穀，谓虎为于菟;《穀梁传》称吴人谓善为伊，谓稻为缓:亦于附近中国者通其声音之异，非于遐荒绝域识其书体，辨其音读也。惟《隋志》载有《蕃尔雅》，其书不传。度其所载，亦不过天曰撑犁、子曰孤涂之类，未必能知旁行右引之文。且书止一卷，疏略尤可想见。又《辍耕录》载元杜本编《五声韵》，自大小篆、分隶、真、草以至外蕃书、蒙古新字，靡不收录，题曰《华夏同音》。然统以五声，则但能载其单字，不能联贯以成文。且外国之音多中国所不具，而本以中国之字领韵，乖舛必多。盖前代帝王，声教未能远播。山川绵邈，辗转传闻，自不免于讹漏。有元虽混一舆图，而未遑考证其文字。杜本以山林之士区区掇拾，亦未能通其语言。我国家重熙累洽，含识知归。我皇上又神武奋扬，濛汜以东，皆为属国。雁臣星使，来往骈阗，既一一谙其字形，悉其文义;迨编摩奏进，又一一亲御丹毫，指示改正，故能同条共贯，和会诸方，一展卷而异俗殊音皆如面语。非惟功烈之盛为千古帝王所未有，即此一编，亦千古帝王所不能作矣。

今按:此节抄自《四库全书总目》卷四十一《西域同文志》提要。

109.《娄机汉隶字源所列碑目存于今者仅二十余种》:且汉碑之出于机后者，仅《鲁孝王刻石》、《太室》、《少室》、《开母》诸石阙及《尹宙》、《孔褒》、《曹全》、《张迁》、《韩仁》数种。视机书所列，不过百分之一二。机所见三百九种，其存于今者不过《景君》、《孔和》、《史晨》、《韩敕》、《孔谦》、《孔宏》、《鲁峻》、《郑固》、

《孔宙》、《苍颉》、《衡方》、《张寿》、《孔彪》、《潘乾》、《武荣》、《王涣》、《郑季宣》、《白石神君》、《西狭颂》、《郙阁颂》二十余种。较其碑目所列，已不及十分之一。此二十余种之外，纵旧拓流传，亦断璧零玑，偶然一遇，决不能如是之多。蔼吉何由得见原碑，一一手摹其字，则所云不备之字，始求之《字源》，殆不足凭。

今按：此节抄自《四库全书总目》卷四十一《隶辨》提要。《隶辨》，清顾蔼吉撰。

110.《字体与世递变》：字体与世为变迁，古文、籀文不可以绳小篆，小篆不可以绳八分，八分不可以绳隶(隶即今之楷书)。然其相承而变，则源流一也。故古今字书，统入此门。至《急就章》之类，但有文字而不讲六书，然《汉志》列之《小学家》。观陆羽《茶经》所引司马相如《凡将篇》，亦以韵语成句，知古小学之书，其体如是，《说文解字》犹其后起者也。故仍与是书并列焉。

今按：此节抄自《四库全书总目》卷四十一《小学类字书之属案语》。

111.《论洪武正韵》：大旨斥沈约为吴音，一以中原之韵更正其失。并平、上、去三声各为二十二部，入声为十部。于是古来相传之二百六部，并为七十有六。其注释一以毛晃《增韵》为稿本，而稍以他书损益之。盖历代韵书，自是而一大变。考《隋志》载沈约《四声》一卷，《新》、《旧唐书》皆不著录，是其书至唐已佚。陆法言《切韵序》作于隋文帝仁寿元年，而其著书则在开皇初。所述韵书，惟有吕静、夏侯该、阳休之、周思言、李季节、杜台卿六家，绝不及约。是其书隋时已不行于北方。今以约集诗赋考之上、下平五十七部之中，以东、冬、钟三部通，鱼、虞、模三部通，庚、耕、清、青四部通，蒸部、登部各独用，与今韵分合皆殊。此十二部之仄韵，亦皆相应。他如《八咏》诗押“苇”字入微韵，与《经典释文》陈谢峤读合。《梁大壮舞歌》押“震”字入真韵，与《汉书·叙传》合。《早发定山》诗押“山”字入先韵，《君子有所思行》押“轩”字入先韵，与梁武帝、江淹诗合。《冠子祝文》押“化”字入麻韵，与《后汉书·冯衍传》合。与今韵收字亦颇异。濂序乃以陆法言以来之韵指为沈约，其谬殊甚。法言《切韵序》又曰：“昔开皇初，有仪同刘臻等八人，同诣法言门宿，论及音韵。以今声调既自有别，诸家取舍亦复不同。吴楚则时伤轻浅，燕赵则多伤重浊。秦陇则去声为入，梁益则平声似去。江东取韵，与河北复殊。因论南北是非，古今通塞，欲更捃选精切，除削疏缓，萧、颜多所决定。魏著作谓法言曰：'向来论难，疑处悉尽，我辈数人，定则定矣。'法言即烛下握笔略记纲记。"今《广韵》之首，列同定八人姓名，曰刘臻、颜之推、魏渊、卢思道、李若、萧该、辛德源、薛道衡，则非惟韵不定于吴人，且序中"江左取韵"诸语，已深斥吴音之失，安得复指为吴音？至唐李涪，不加深考，所作《刊误》，横肆讥评，其诬实甚。濂在明初，号为宿学，不应沿讹踵谬至此。盖明太祖既欲重造此书，以更古法，如不诬古人以罪，则改之无名。濂亦曲学阿世，强为舞文耳。然源流本末，古籍昭然，天下后世何可尽掩其目乎？观《广韵》平声三钟部"恭"字下注曰："陆以恭、蜙、纵等入冬韵，非也。"盖一纽之失，古人业已改定。又上声二肿部"湩"字下注曰："冬字上声。"盖冬部上声惟此一字，不能立部，附入肿部之中，亦必注明，不使相乱。古人分析不苟，至于如此。濂乃以私臆妄改，悍然不顾，不亦偵乎！李东阳《怀麓堂诗话》曰："国初顾禄为宫词，有以为言者，朝廷欲治之。及观其诗集，乃用《洪武正韵》，遂释之。"此书初出，亟欲行之故也。然终明之世，竟不能行于天下，则是非之心，终有所不可夺也。

今按：此节抄自《四库全书总目》卷四十二《洪武正韵》提要。

112.《论明陈第毛诗古音考》：大旨以为古人之音，原与今异。凡今所称叶韵，皆即古人之本音，非随意改读，辗转迁就。如"母"必读"米"，"马"必读"姥"，"京"必读"疆"，"福"必读"偪"之类，历考诸篇，悉截然不紊。又《左》、《国》、《易象》、《离骚》、《楚词》、秦碑、汉赋以至上古歌谣、箴铭、颂赞，往往多与《诗》合，可以互证。于是排比经文，参以群籍，定为本证、旁证二条。本证者，《诗》自相证，以探古音之源。旁证者，他经所载以及秦汉以下去风雅未远者，以竟古音之委。钩稽参验，本末秩然。其用力可谓笃至。虽其中如"素"音为苏之类，不知古无四声，不必又分平仄；"家"又音歌，"华"又音和之类，不知为汉魏以下之转韵，不可以通《三百篇》：皆为未密。然所列四百四十四字，言必有征，典必探本。视他家执今韵部分，妄以通转古音者，相去盖万万矣。

今按：此节抄自《四库全书总目》卷四十二《毛诗古音考》提要。《毛诗古音考》，明陈第撰。

113.《论切韵》：自汉明帝时，西域切韵之学与佛经同入中国，所谓以十四音贯一切字是也。然其书不行于世。至汉、魏之间，孙炎创为翻切。齐、梁之际，王融乃赋双声。等韵渐萌，实暗合其遗法。迨神珙以后，其学大行。传于今者有司马光《指掌图》、郑樵《七音略》、无名氏《四声等子》、刘鉴《切韵指南》。条例日密，而格碍亦日多。惟我图书十二字头，用合声相切，缓读则为二字，急读则为一音，悉本乎人声之自然。证以《左传》之丁宁为钲、句渎为穀，《国语》之勃鞮为披，《战国策》之勃苏为胥，于三代古法亦复相协。

今按：此节抄自《四库全书总目》卷四十二《钦定音韵阐微》提要。《钦定音韵阐微》，康熙五十四年(1715年)奉敕撰，雍正四年(1726年)告成。世宗宪皇帝御制序文，具述圣祖仁皇帝指授编纂之旨，刊刻颁行。

114.《论声韵》：考声韵之学，肇于西域，自汉明帝时与佛书同入中国。以文字互异，故中国不行。其缘起仅见诸《隋书·经籍志》。所谓十四声贯一切字者，其法已不可详。晋太始初，沙门竺昙摩罗察译《光赞般若经》，始传四十一字母。其后诸僧所译，互有异同，然皆自行于彼教。唐贞观中，吐蕃宰相阿努始以西番字译天竺五十字母，亦自行于彼土。自沙门神珙作《四声五音九弄反纽图》，收于《大广益会玉篇》之末，始流入儒书。自郑樵得西域僧《七音韵鉴》，始大行于中国。然西域之音无穷，而中国之字有数，其有音而无字者十之六七。等韵诸图或记以虚圈，或竟为空格，使人自其上下左右连类排比而求之，非心悟者弗能得也。故郑樵《六书略》谓华有二合之音，无二合之字。梵有二合、三合、四合之音，亦有其字。因举娑缚之二合、啰驮曩之三合、悉底哩野之四合为证。沈括《梦溪笔谈》亦谓梵语萨嚩诃三字，合言之即《楚词》之

“些”字。然括无成书，樵所作《七音略》，于无字之音仍为空格，岂非知其法而不充其类哉？

今按：此节抄自《四库全书总目》卷四十二《钦定同文韵统》提要。

115.《古今声韵递变不可强泥》：夫古今声音之递变，亦如大小篆、隶、八分之递变，或相因，或迥不相近。以迥不相近之音施于歌咏，于古虽有征，而于今不能悉协。唐人古诗，大抵皆相近之音。故东、冬、江古音虽同，而此书东、冬自为部，江自为部。支、微、齐、佳、灰古音虽同，而此书支、微、齐自为部，佳、灰自为部。皆取不戾于古而可行于今也。至于叶韵之说，宋以来纠纷弥甚。谓庚收穿鼻，真收舐腭，两不相叶，然“嘉名”、“灵均”，乃见于屈原之《骚》。谓江本通东，阳本通庚，两不相叶，然“成双”、“鸳鸯”，乃见于徐陵之赋。此异而彼同，此通而彼碍，各执一理，胜负互形，所谓愈治而愈棼也。此书所录，惟据古书注有是音者，使以类相从。明前有所承，即后有所本，不复旁牵博辨，致枝蔓横生。解结释纷，尤为得要。于数百年讲古韵者，诚为独酌其中矣。

今按：此节抄自《四库全书总目》卷四十二《钦定叶韵汇辑》提要。

116.《论字义不能以古法拘》：至于旧韵所无而今所恒用者，如“阿”字旧惟作“陵阿”之义，收入歌韵。今为国书十二字头之首，则收入麻韵。“铊”字旧训为酒器，收入庚韵。今则酒器无此名，而军器有此字，则增入阳韵。又如“查”本浮木，而今训察核。“参”本稽考，而今训纠弹。“炮”本飞石，而今训火器。“埽”本氾除，而今训楗茭。既已万口同音，即属势不可废。此如麻韵之字古音皆与鱼、虞相从，自字母入中国，始有麻韵一呼，遂不能不增此一韵。姬本周姓，自战国以后始以为妾御之名，亦遂不能不增此一解。盖从宜从俗，义各有当，又不可以古法拘也。

今按：此节抄自《四库全书总目》卷四十二《钦定音韵述微》提要。

117.《论易韵》：考《春秋传》所载繇词，无不有韵，说者以为

《连山》、《归藏》之文。然汉儒所传，不过《周易》，而《史记》载大横之兆，其繇亦然。意卜筮家别有其书，如焦赣《易林》之类，非《易》之本书。而《易》之本书则如周、秦诸子之书，或韵或不韵，本无定体。其韵或杂方音，亦不能尽求其读。故《彖辞》、《爻辞》不韵者多，韵者亦间有。《十翼》则韵者固多，而不韵者亦错出其间。非如《诗》三百篇协咏歌，被管弦，非韵不可以成章也。

今按：此节抄自《四库全书总目》卷四十二《易音》提要。《易音》，顾炎武撰。

118.《论纪容舒唐韵考》：初，隋陆法言作《切韵》，唐礼部用以试士。天宝中，孙愐增定其书，名曰《唐韵》。后宋陈彭年等重修《广韵》，丁度等又作《礼部韵略》，为一代场屋程式，而孙氏之书渐佚。唐代旧韵，遂无复完帙。惟雍熙三年徐铉校定许慎《说文》，在大中祥符重修《广韵》以前。所用翻切，一从《唐韵》，见于铉等《进书表》。容舒以为翻切之法，其上字必同母，其下字必同部，谓之音和。间有用类隔法者，亦仅假借其上字而不假借其下字。因其翻切下一字，参互钩稽，辗转相证，犹可以得其部分。乃取《说文》所载《唐韵》翻切，排比分析，各归其类，以成此书。始知《广韵》部分，仍如《唐韵》，但所收之字不同。有《唐韵》收而《广韵》不收者。如《东部》“詷”字、“冟”字、“烘”字之类是也。有《唐韵》在此部而《广韵》在彼部者。如“賨”字《广韵》作“藏宗切”，在冬部。《唐韵》作“徂红切”，则在东部。“珑”字《广韵》作“卢红切”，在《东部》。《唐韵》作“力钟切”，则在钟部之类是也。有《唐韵》两部兼收，而《广韵》止存其一者。如虞部“苴”字，《广韵》注又“子余切”，与《唐韵》合。而鱼部“子余切”乃不收“苴”字之类是也。有《广韵》移其部分而失于改其翻切。如谆部“麕、菌、囷、頵”四字移入真部，而仍用《唐韵》谆部翻切。删部“鳏”字移入山部，仍用删部翻切之类是也。有《唐韵》本有重音而徐铉只取其一者。如“规”字作“居追切”，宜在脂部。而证以“隓”字作“许规切”、“窥”字作“去隓切”，知“规”字当有“居随”一切，兼入《支韵》之类是也。其推寻考校，具有条理。《唐韵》分合之例与宋韵改并之迹，均可由是得其大凡。亦小学家所当参证者矣。

今按：此节抄自《四库全书总目》卷四十二《唐韵考》提要。四库本纪容舒撰。纪容舒乃纪昀之父，经学者考证，此书实为纪昀所撰，托其父之名混入《四库全书》。

119.《论大篆》：考书有古文，有大篆，有小篆。三代以下，得以考见六书大略者，惟赖小篆之存。得以考见小篆本旨者，惟赖《说文》“始一终亥”之目。州居部次，不相凌乱。是以上通古、籀，下贯隶、楷，犹可知其异同因革之由。若大篆则见于《说文》者不及二百字，即岐阳石鼓传为籀书，尚不能尽目为大篆。况古文见于《说文》与出于钟鼎者已自不同，必欲并合论之，名为复古，实则凿空。遂至杜撰字体，臆造偏傍，竟于千百世后，重出一制字之仓颉，不亦异乎？且既不信《说文》矣，而于《说文》引述诸经文句互异者，乃反据以驳正经文。不知汉代经师，多由口授，被诸竹帛，往往异文。马、郑以来诸儒，商榷折中，乃定为今本。慎书所据，如《易》用孟喜之类，其序本有明文，不过当时一家之学。应电乃执为古经，拘泥殊甚。

今按：此节抄自《四库全书总目》卷四十三《同文备考》提要。《同文备考》，明王应电撰。

120.《攻沈约四声韵谱》：案：《梁书》、《南史》、《沈约传》，并载约撰《四声谱》。《隋志》载其书一卷，而《唐志》已不著录。观陆法言《切韵序》，历述吕静、夏侯该、阳休之、周思言、李季节、杜台卿六家之韵，独不及约书，是隋开皇时其书已不显。唐李涪作《刊误》，但诋陆韵而不及沈书，则僖宗时已佚矣。正域何由于数百年后得其故本？且沈韵虽不可见，而其集犹存。今以所用之韵一一排比钩稽之，惟东、冬、钟三韵同用，鱼、虞、模三韵同用，庚、耕、清、青四韵同用，而蒸、登两韵各独用，与《广韵》异。余则四声并同。

今按：此节抄自《四库全书总目》卷四十四《韵经》提要。《韵经》，旧本为梁吴兴沈约撰类，宋会稽夏竦集古，明弘农杨慎转注，江夏郭正域校。

121.《论孙愐韵及唐人韵》：夫沈约四声久佚，不必言矣（语详《韵经》条下）。孙愐《唐韵》惟《广韵》之首仅存其序。徐铉校正《说文》，仅存其反切。书则久佚，又安得以宋人韵目为司法本书。且二百六部之分，据其末则陈彭年等之书，有《广韵》可考。原其初则沈约之旧，有约集诸诗赋可考。孙愐但增加其字，补缀其注，并无分部之说。忽举而归之于愐，古无典记也。至其同用、独用之注，在唐则许敬宗所定，见封演《闻见记》。在宋则贾昌朝移并窄韵十三部，见《东斋记事》，亦见《玉海》。自昌朝以前，无一百七部之说也。又唐人程试则用官韵，自为咏歌则多用私韵。如东与冬、钟为二部，官韵也。其他如孟浩然《田家元日》诗、杜甫《雨晴》诗、魏兼恕《送张兵曹赴营田》诗之类，皆近体律诗，以东、冬、钟通押，则私韵也。萧、宵、肴、豪为三部，官韵也。李商隐《送从翁赴东川尚书幕》诗之类，亦五言长律，以萧、宵、肴、豪通押，则私韵也。“画”字在卦部，官韵也，李商隐《无题》诗与“衩”同押；“妇”字在有部，官韵也，白居易《琵琶行》与“故”同押：亦皆私韵也。是其时自程试以外，韵原不一，安有所谓遍考唐人无不合于一百七部者哉？

今按：此节抄自《四库全书总目》卷四十四《韵学通指》提要。《韵学通指》，清毛先舒撰。《里堂书品》又删去提要末段：“尤可异者，上、下平声五十七部，有入者三十四，无入者二十三，自唐以来，绝无异说，至明叶秉敬作《韵表》，始以后世方音割裂分配，使部部有入。先舒祖其说而小损益之，乃标曰《唐人韵入声表》，则不但考之不详，并依托古人，如郭正域之沈约《韵经》矣。”

122.《论谐声等韵》：是书所论，大抵以《说文》谐声为古音之原，以后世方言为古音之转，而以等韵经纬于其间。言之似乎成理，而其实不然。夫韵始谐声，其来古矣。然许慎《说文》主于解字，不主于辨声。所谓某字某声，不过约略近似。如“邾”今音“奴颠切”，而云“读若宁”，宁、年双声之转也。“虔”今音“渠焉切”，而云“读若矜”，矜、鳏古字之通也。此本不可据以定韵。且以今韵、古韵互相参考，其间有可解者，有不可解者。如“江、杠”，工声，此谐声之字已变，而所谐之字未变者也。“阄”，龟声，“波”，皮声：此谐声之字未变，而所谐之字已变者也（龟古音邱，皮古音婆）。仪、议，义声，此谐声之字与所谐之字俱变者也（义、仪、议古并音俄)。祖，且声，姐，亦且声：此谐声之字与所谐之字俱半变半不变者也(且字入虞韵，又入马韵)。“诸、渚”，者声，“奢”，亦者声：此所谐之字全变，而谐声之字半变半不变者也(者古音主，今韵诸、渚谐此声，而奢字则入麻韵)。风、凤，凡声，泛，亦凡声：此所谐之字不变，而谐声之字半变半不变者也。皆与今说古韵者绝不相异。又如“樒”，咎声，读若皓，此萧、肴、豪、尤之通用也。“魔”，麻声。此歌、麻之通用也。“哇”，圭声，读若医，此支、佳、齐之通用也。“魂”，云声，此文、元之通用也。“茜”，西声，“移”，多声：此古今音别、一字之通用者也(西古音先、多古音夷)。“槐”，鬼声，“遗”，贵声：此古无平仄、三声之通用者也。亦与今说古韵者绝不相异。凡此可以解者，何必待《说文》谐声而后知。若夫“衮”，公声；“辂、赂、路”，各声；“讦”，干声；“莙”，君声，而云读若威；“挚”，执声，而云读若晋：此已难解。至于“熊”为炎省声，“訇”为匀省声，“杏”为可省声，更茫不知其所云。甚至如“萆、椑”，卑声，“卑”又甲声，则“萆、椑”皆当读若甲。“魗”，需声，“需”又而声，则“魗”当读若而(魗奴豆切，去而音绝远)，更辗转至于不可通。凡此不可解者，或为传写讹误，或为汉时方音，均不可知，又岂可据以定古音哉？况经典初皆古文，许慎所说乃小篆，字体转变，或相同或不相同。如“慎”，真声，而古文作昚；“津”，声，而古文作䨿；“续”，卖声，而古文作赓；“虹”，工声，而古文作蚺；“囿”，有声，而古文作：皆无可谐之声。即《说文》所载，已不可枚举，而欲据小篆偏旁以究三代之音，其亦左矣。至方言则唇吻之间，随时渐变，亦随地顿殊。其时同者其地未必同。刘熙《释名》所载天坦、天显之别，五方异呼之证也。其地同者其时又未必同。《左传》称楚谓乳“彀”、谓虎曰“于菟”，《穀梁传》称吴谓善“伊”、谓稻曰“缓”，狄谓贲泉曰“失台”。今验诸士俗，皆无一合。是古今异语之证也。偶执其一字、二字援以为证，则曾慥《类说》载真宗时闽人作赋，以“何”、“高”相叶，岭南人作诗，以先、添并押者，亦将曰宋韵如是乎？若夫等韵之辨，尤似是而非。考《隋书·经籍志》曰：“自后汉佛法行于中国，又得西域书，能以十四字贯一切音。文省而义广，谓之婆罗门书，与八体六字之义殊别。”是等韵久入中国，而审音者弗之用，唐以前无取以定韵者。自宋以后，其说渐行，乃以字母人韵书。实因韵而分等，非因等而定韵。古书所载，源委甚明。以等韵核今韵，已言人人殊。至以等韵定古韵，益本末倒置，全迷端绪矣。乃诋陈第《古音考》不知等韵，是犹怪断汉狱者不能引唐律也。大抵三代去今数千年，当日音声，但可以据经典有韵之文约其大略，犹之考地理者，可以据名山大川知某省当为古冀州、某省当为古扬州耳。必以今之州、县、村、堡犬牙相错之处定古某州之疆界，则万无是事矣。

今按：此节抄自《四库全书总目》卷四十四《古音正义》提要。《古音正义》，清熊士伯撰。《里堂书品》又删去提要末段：“故士伯此书，引证愈博，辨驳愈巧，而不合于古法乃愈甚。总由于不揣其本故也。至谓经典皆北人所作，即屈、宋亦北学于中国，是以古无人声，如周德清之《中原音韵》摊人三声，则益为臆断之谈矣。”

123.《本韵一得》：国朝龙为霖撰。为霖字雨苍，成都人。由拔贡生官至潮州府知府。是书为所定新韵。卷首载《答赵国麟论韵书》，有“此道自汉以后，如漆室长夜，千数百年于兹”之语，其自命甚高，故历代相传之旧法无一不遭诋斥，亦无一不遭变乱。大抵以十二律分平声，以七音分入声，又以四声不备五音分阳平、阴平为二，以合五声之数。骤而观之，以乐律定声音，以声音定部分，端绪井然，言之成理，似乎得声气之自然。其附会不能遽见，亦不能遽攻。然探其本而论之，律之作也，应阴阳之气而写之以音，此出乎天者也。至于文字之作，其始用以记载，别而为形，因而宜诸语言，别而为声，其声由点画而起，不由律吕而起，此定于人者也。故古人律吕之妙，穷析毫芒，而音则并无平仄。此韵不与律俱生之明证矣。颜之推《家训·音辞篇》曰：“郑玄注《六经》，高诱解《吕览》、《淮南》，许慎造《说文》，刘熙制《释名》，始有譬况假借以证音字，而古语与今殊别，其间轻重清浊，犹未可晓。孙叔然创《尔雅音义》，是汉末人独知反语。”此韵之始萌，不言配律也。封演《闻见记》曰：“魏时有李登者，撰《声类》十卷，凡一万一千五百二十字，以五声命字。”此乃渐配五声，然每声之中，尚未析平仄也。《南齐书·陆厥传》曰："沈约等文皆用宫商。以平、上、去、入为四声，以此制韵。"《梁书·沈约传》曰："撰《四声谱》，自谓入神之作。"此今韵平仄之始，亦不言叶乐也。自释神珙始作等韵，其图今载宋本《玉篇》之末，相传为北魏人，而其自序中乃称昔梁沈约创纽字之图。又有南阳释处忠撰《元和韵谱》。元和为唐宪宗年号，则当为晚唐时人。故唐一代诗人未言字母，至宋而其说乃大行。以韵配律，渐起于是矣。然沈括《梦溪笔谈》曰："乐家所用，随律命之，本无定音。常以浊者为宫，稍清为商，最清为角，清浊不常为徵、羽。切韵家则定唇、齿、牙、舌、喉为宫、商、角、徵、羽，其间又有半徵、半商者，如来、日二字是也。"是盛谈等韵之时，尚以韵与乐律截然分为两事。今为霖乃因字母有七音之例，遂更广其例，以十二律为断。举隋陆法言以来上、下平声五十七部并为十二部。夫乐之有十二律，不犹天之有十二宫乎？古圣人画地分州，建侯树国，各因其山川之势，初不取象于天。迨其后测验之术兴，乃以列宿分野隶十二宫之次。声韵之始，随呼吸取读，亦犹分州建国也。及其配以音律，亦犹列宿分野也。其理不必不相通，而其势不能以彼改此。今以韵通于律，遂并为一十二部以应律，亦将以地理通于星野，而合并天下之千百郡县，割裂天下之疆界，合为十二州以应天乎？况自汉以来，有韵之书不一，有韵之文亦不一，一旦尽举而废之，独标一为霖之书为千古韵学之圣，即其说果通，亦断断难行于天下。况倒置本末，并其理亦牵合乎？

今按：此节抄自《四库全书总目》卷四十四《本韵一得》提要。《里堂书品》又删去末段："至于入声并十二为七，尤为乖理。声生于口，一呼皆备四声。字生于六书，非有所取义，则无其字。故二百六部之中无入声者二十七。此二十七部无平、上二声者又四。非无其声，无其字也。为霖必一一配合，使无入者皆有入，亦误以字生于声，而不知声生于字，复倒置其本末也。今撮其大概，略为驳正如右，庶讲韵学者不至以新说改古法焉。"

三、结　论

经过详细比勘，小心求证，完全证实了最初的大胆假设——《里堂书品》中的123篇完全袭自《四库全书总目》！刘建臻先生花费了很大的工夫，证明它不是焦循之作，功不可没。经过笔者的考证，此书又由伪书变成了真书。《里堂书品》的这一部分原是《四库全书总目》的早期节抄本，其最大的特点就是改变了原书的体例，由提要体变成了随笔体。即使它不是真出焦循之手，其时代也比较早，因而其价值也不能完全否定。

至于《里堂书品》的另外一部分内容的真实性如何，且听下回分解。

（作者单位：武汉大学中国传统文化研究中心、国学院）

文化创新

学鉴

生命心理学导论(修订版)

◎师 领

【摘　要】作者站在比较的立场，站在人类文明的高度，以纵贯宗教、哲学和科学，横跨中、西的认知架构，综合西方心理学、中国古代心理学和印度古代心理学尤其是佛教和禅宗心理学，提出了“生命心理学”，其核心理念是人的心灵不是一架机器而是有生命的。作者对生命心理学主要从以下三个大的方面进行了简要论述：一、心理学的学科内容：心理学定义、目的、悖论、研究方法、研究内容、心理学实验室实验和心理学诠释系统等；二、心理学专科研究：生命冲突与困惑、心灵发育与发展、心灵测量和人的评价、心理健康及其标准、宗教心理学、社会心理学、文化心理学、人格心理学、进化心理学、创造心理学、变态心理学、心理治疗和健康心理学等；三、心理学专题研究：人的意识状态、人的心灵、心灵特质、心灵定律、性和爱情心理学、自我心理学、心身关系和心理学中永恒问题等。作者也讨论了生命心理学可能存在的问题、生命心理学的范式、认识论、本体论、基本概念和生命心理学的意义。

【关键词】生命心理学、西方心理学、佛教心理学、禅宗心理学、中国古代心理学

西方心理学的困境及其可能的出路

西方心理学自创立以来，独步天下，舍我其谁，似乎没有它解决不了的心理问题。然而表面的喧闹和浮华终究掩盖不了落到实处的悲凉和无奈。在临床上，面对人类无数而又复杂的心理疾患和人格障碍，各式各样的西方心理疗法，几乎束手无策，至多是心理安慰和症状的缓解。①（原文：西方心理疗法是否和能否彻底根治哪怕是最轻的一种心理障碍，甚至是否和能否彻底根治哪怕是患最轻的一种心理障碍的最轻的一个患者，都是值得怀疑的。）"保险和照管争论引发了一个问题，令精神病学家和临床心理学家感到为难，这个问题是：心理治疗有用吗？私人的和公众的健康方案不愿为庸医的医术支付费用，所以治疗必须是安全的和有效的。真正对心理治疗的成效进行调查的第一人是英国心理学家艾森克。他在1952年从事过一项调查，得出的结论是：接受治疗并不比在同一阶段内等待治疗好——自发性缓解的'治疗'速率和心理治疗一样好。这暗示着心理治疗是骗人的。从那时起，心理治疗者向艾森克的结论发起了挑战，数以百计的有关治疗成效的研究已被完成。当然，主流的临床心理学家急于宣称心理治疗（或至少他们所实施的心理治疗）成效不错，但证据即使再好也是毁誉参半。有一种共识认为，心理治疗可能要比'无为'更能解决一种心理问题，虽然效果不大。然而许多研究显示，由一个受过训练的治疗者实施的专业治疗并不比业余的治疗或自行调适更有益。"②

西方心理学是从实验室里发展出来的，本质上是一种实验室的心理学，但是人生活在社会中而不是生活在实验室里，人的生活既不能被重复，更不可能在实验室里被重复，因而西方心理学面对人

---

① B. E. Wampold. *The Basics of Psychotherapy*. Washington, DC: American Psychological Association, 2011.

② T. H. 黎黑著，李维译：《心理学史》，浙江教育出版社1998年版，第810~811页。

类无限社会生活中无限的心灵问题，不仅仅是无能为力，而是压根就熟视无睹和漠不关心。“一味强调雅致、完善，强调技术和设备，往往造成这样的后果，减弱一个问题和一般创造性的意义、生命力以及重要性。几乎每一个攻读心理学博士学位的学生都会懂得这在实践中意味着什么。无论一个实验实际上多么无足轻重，只要在方法上令人满意，它就很少受到批评。而一个大胆的、向理论基础挑战的问题，由于可能会遭到失败，常常尚未开始被检验就被批评所扼杀。的确，科学文献中的批评似乎通常只是对于方法、技术、逻辑性等的批评。在我熟悉的文献中，想不起曾看过哪一篇论文批评另一篇论文无关紧要、过分琐碎或者意义不大。因此，逐渐增强的倾向是，学术论文的主题本身无关紧要，只要表达得好就可以。一句话，论文无需再是对人类知识的新贡献。只要求博士研究生了解其研究领域的技术手段以及现成的积累资料。对于好的研究计划的重要性通常并不予以强调。结果，显然完全没有创造力的人也可能会成为‘科学家’。”①马斯洛的批评切中要害，但他不明白的是，这虽然是人类学术和科学的通病，但喜好在实验室里折腾实验设备并以此代替真实的生活和生命却是西方科学和心理学固有的缺陷。

西方心理学肇始于法国哲学家笛卡儿。笛卡儿不但提出了著名的身心二元交感论，而且把灵变成了心：灵只能进行形而上学的思考，而心则可以进行科学研究，这为心理学的创立奠定了理论基础。② 英国经验主义者洛克进一步把心变成了经验，而经验是可以以实证的方式研究的。从洛克到贝克莱再到休谟，最后到詹姆斯·密尔，他们均斩钉截铁地说：心灵也是一架机器！③ 心灵是一架机器就是整个现代西方心理学的理论基础。后来西方心理学发展的各

① A. 马斯洛著，许金声等译：《动机与人格》，华夏出版社 1987 年版，第 14～15 页。

② R. I. Watson. *Basic Writings in the History of Psychology*. Oxford University Press, 1979: 13.

③ D. Schultz. *A History of Modern Psychology*. 3cd. Academic Press, 1981: 35.

个流派，从结构主义、功能主义、格式塔心理学、行为主义到今天的认知心理学，从精神分析到新精神分析再到人本主义心理学，无论其表现形态如何变化，但其心灵是一架机器的基本原则是不变的。

就学科发展而言，西方心理学的第一个流派结构主义随着铁钦拿的去世而坍塌了。在德国对它的反叛形成了格式塔心理学，结构主义移植到美国变成了机能主义。机能主义的进一步发展则是行为主义，行为主义的进一步发展就是认知心理学。这是西方心理学发展的主线。起于临床的精神分析，发展成新精神分析，一直难以被主流心理学所接受。人本主义者反对行为主义和精神分析，同时吸收格式塔心理学，形成人本主义心理学。这是西方心理学发展的整体框架，西方心理学一直没有形成统一的范式，也没有产生自己的牛顿，至今仍处于所谓的“前范式”阶段。① 学科内部分化成众多甚至无数几乎互不相关的分支，整个心理学呈现琐碎化和细碎化趋势，给人分崩离析的感觉。

科学是由导源于文明预设的形而上学原理推演出来的关于自然、人和社会的经验事实的知识诠释系统。② 关于科学的性质，③④ 有几点需要强调和申论。其一，科学的本质是知识，知识是经验上

---

① T. H. 黧黑著，李维译：《心理学史》，浙江教育出版社 1998 年版，中文版译序第 6 ~ 7 页。

② 英国科学史家丹皮尔把科学定义为“自然现象有条理的知识和表达这些现象概念关系的理性研究”，虽然是自然现象知识，但不同文明有不同的条理，丹皮尔的这个科学定义显然没有意识到这一点。这是本文作者的理解。这里牵扯到一个问题，也就是所谓的李约瑟难题，即现代科学何以没有在中国发生。这是一个假问题。所谓现代科学，就是西方科学，西方科学只能来自西方文明。真正的问题是，何以西方科学能代表现代科学？另一方面，中国古代文明当然有自己的科学，真正的问题是，何以中国传统文化没有自己的科学理念（注意是科学理念而不是科学）。所谓科学理念，就是把科学上升到理念高度来研究而不仅仅是作为一种技术来应用。

③ 参见王贵友：《科学技术哲学导论》，人民出版社 2005 年版。

④ 参见孙思：《理性之魂——当代科学哲学中心问题》，人民出版社 2005 年版。

被证实的和逻辑上一致的对规律的陈述，也就是经验事实的诠释系统。经验事实并不是客观事实，而是对现实自然对象的感性知觉和对这种感性知觉的认定和语言描述。因此，科学也许有某种真理性，或更确切地说科学是对真理的一种追求，但科学本身不是真理。换句话说，科学是真的，但不是真理。真的是事实判断和有条件的，而真理是价值判断和无条件的。其二，科学是知识的诠释系统，但是这种诠释并不是个体随心所欲的解释，而是基于甚至决定于个体生活的社会及其文化环境。换言之，一种文化的科学是由这种文化的文明预设和形而上学所决定的。不同的文化则有不同的科学形态，因此科学并不就只有一种表现形态。就现实而言，尤其要指出的是并非只有西方才有科学。其三，科学也许是有效的，但不是万能的。一方面，任何一门科学和作为一个整体的科学都是有限度的；另一方面，人类追求真理的途径也并非只有科学，哲学、艺术甚至宗教都可能是人类认识世界的方式。因此，科学不能解决人类和人生面临的所有问题。

西方心理学是由西方文明的文明预设和形而上学原理推演出来的关于人的心灵的知识诠释系统，因而西方心理学的困境是其文明预设和形而上学原理在心理学的表现，是心理学的理念和整体认知结构的问题。西方心理学"强调研究对象的可观察性、笃信客观普适性真理、坚持以方法为中心、采取价值中立立场、固守人为机器的模型"所导致的"原子论、还原论、客观论、决定论和量化研究"①是其难以逾越的障碍。这种困境不可能靠修修补补的方式，即所谓后现代心理学思想的"整体论对原子论、建构论对还原论、去客观化对客观论、或然论对决定论、质化研究对量化研究"②③来解决。任何文明都是有阻抗和盲点的，文明的盲点是由其文明特

---

① 高峰强：《现代心理范式的困境和出路》，人民出版社 2001 年版，第 46～75 页。

② 高峰强：《现代心理范式的困境和出路》，人民出版社 2001 年版，第 108～124 页。

③ 叶浩生：《超越现代主义与后现代主义：走向释义学的心理学》，载《心理学》2009 年第 8 期，第 3～9 页。

质决定的，因而是文明本身无法意识到，也是无法克服和超越的。西方心理学为了应对自身的危机虽然演变出了认知心理学、积极心理学、进化心理学和超个人心理学等流派，但始终无法跳出西方心理学固有的藩篱和局限性。① 西方心理学已经完成了自己的历史使命，走到了自己生命的终点。因此西方心理学只能进行理念和整体认知结构的转变，即重构和创造，而且这种理念和认知结构的转变只能借助于另一种文明的心理学才能实现。

“不管怎样，我们可以得出一个可靠的结论。大部分西方心理学家至今还没有认识到阿特曼这一蕴涵于人之中的神性存在，他们自然也不会试着帮助病人臻达完美瑜伽的和谐。这些心理学家——现在他们的数量非常之多——对瑜伽怀有浓厚的兴趣，其中有许多人会坦然承认：‘我们能够在一定程度上帮助病人——能给他们的心理以适当的调整。但超出这一层面，我们还未做好走下去的准备。我们承认有可能达到一种更高层次的精神的融合，但我们并不会将之纳入自己的理论当中，因为我们相信这两者应当分离。如果一个病人想获得精神上的融合，我们只能将他交给瑜伽师或牧师。我们止步的地方，正是瑜伽起步的地方。’这样，问题暂时被束之高阁。”②

西方人是没有准备好吗？他们当然没有准备好！他们能准备好吗?！他们什么时候能准备好呢?！甚至他们可能压根就没有打算去准备！但是我们东方人和中国人准备好了。事实是我们时刻都在准备着，因为这是我们的传统，我们生于斯长于斯，因此我们毅然决然而又义不容辞地起程了！难道非要等到西方人准备好了中国人才能行动?！该是结束人云亦云、亦步亦趋的时候了，该是自己走路的时候了！

---

① J. H. Bray. *The Future of Psychology Practice and Science.* American Psychologist, 2010: 355-369.

② 斯瓦米·帕拉瓦南达、克里斯多夫·伊舍伍德著，王志成、杨柳译：《现在开始讲解瑜伽：〈瑜伽经〉权威阐释》，四川人民出版社 2006 年版，第 5～6 页。

西方心理学虽然在学科建设即心理学成为一门独立的学科方面领先于中国传统文明和印度文明(含佛教文明)，但这并不意味着西方文明对人类心灵和意识的研究领先于中国传统文明和印度文明，并不意味着西方心理学就是标准和真理，甚至并不意味着中国古代心理学和印度心理学尤其是佛教心理学不是科学。每一种文明即使没有独立的心理学学科，也必有系统的心理学思想；每一种文明的心理学或心理学思想既有其优点，也必有其缺点。不同文明的心理学或心理学思想由于起源于特定的文明预设和形而上学原理，在理念和认知结构上是相互内在冲突的，因而不同文明的心理学或心理学思想是不可能无原则地合在一起。因此要破解西方心理学和人类心理学面临的困境，构建全人的和全人类的心理学，只能是以现存所有心理学或心理学思想为基础，入乎其内又出乎其外，也就是学习、批判、超越和重建，一言以蔽之，曰创造。西方心理学不可能被否定，也不可以被跨越，但可以被超越，也应该被超越，这是之所以提出生命心理学的理由。

西格蒙·弗洛伊德说过："任何热爱心理学的人都必须任劳任怨，不辞艰苦。"①这种任劳任怨和不辞艰苦，并不仅仅表现在勤奋和刻苦上，更表现在敢于突破前人成见的眼光、胆略和魄力上，表现在敢为天下先的道德上的勇迈。对事物的认识，并不取决于事物本身，而是取决于认识者的心灵和认知结构。由于认知结构局限，人们尤其是以西方心理学为真理的人们，对生命心理学必有心理阻抗，这是可以理解的。英国散文学家卡莱尔说过：每一种创见初创时，确实没有任何人支持，只是存在于一个人的头脑里，整个世界只有他一个人相信，一个人同所有的人对抗。物理学家普朗克说过，"新的科学真理并不是因为说服它的反对者而使其改变信仰而胜利，而是因为它的反对者最终消亡而胜利"。② 对此生命心理学

① 弗洛伊德著，高觉敷译：《精神分析引论新编》，商务印书馆 1987 年版，第 2 页。

② D. Schultz. *A History of Modern Psychology*. third edition. NY：Academic Press Inc.，1983：13.

有充分的心理准备。套用德国哲学家伊曼努尔·康德的话：我的确巴望早受欢迎，但宁愿等待虽晚然而持久的称赞，这需要长远的眼光，坚韧的毅力和巨大的牺牲精神的。实在说来，生命心理学“注定不是为了学生用的，而是为了未来教师用的。即使未来的教师也不应该指望用它来系统地阐述一门现成的科学，而应该纯粹用来挖掘这门科学本身”。①

研究路径

时代精神是一个时代的文化氛围，是一个时代的主导性思潮。它无形中引导着甚至规定着人们该做什么和不该做什么，能做什么和不能做什么。时代精神相当于中国传统文化的时势，也相当于佛教的缘。就个体相对于时代精神而言，根本不是心理学上的行为主义所谓的刺激—反应模式，而是占绝对优势力量的裹挟，所谓顺我者昌，逆我者亡。在秦末刘项对决中，刘邦之所以成功，项羽之所以失败，并非自古以来人们所认为的，项羽在鸿门宴上显得心慈手软和妇人之仁；也不是太史公所谓的“自矜功伐，奋其私智而不师古，谓霸王之业，欲以力征经营天下”。② 而是项羽“乃分天下，立诸将为侯王”,③ 违背了天下统一的时代精神。人类文明是宇宙能量在人类社会的表现形式，可以称之为文化能量或社会势能，它的发生发展是由其内在逻辑决定的，历史是历史意志的结果，不是任何个人或群体创造的。人类历史上的一切事件，都是社会势能在某一发展阶段的表现；人类历史上的一切伟大人物，无论是伟大的政治家或科学家，还是伟大的宗教领袖或文学家，都是那个时代的时代精神的代言人。

时代精神是由文明特质及其发展过程决定的，也就是说，不同的文明有不同的时代精神，同一文明在不同的发展阶段也表现出不

---

① I. Kant, P. Carus(tran.). *Prolegomena to Any Future Metaphysics That Can Qualify as a Science*. Chicago: Open Court, 1902: 1.

② 司马迁：《史记·项羽本纪》(第 2 版)，中华书局 1982 年版，第 1 册第 339 页。

③ 司马迁：《史记·项羽本纪》(第 2 版)，中华书局 1982 年版，第 1 册第 316 页。

同的时代精神。美国政治学家亨廷顿说，现在是文明冲突的时代，新世界的冲突根源，“将不再侧重于意识形态或经济，而文化将是截然分隔人类和引起冲突的主要根源。在世界事务中，民族国家仍会举足轻重，但全球政治的主要冲突将发生在不同文化的族群之间。文明的冲突将左右全球政治，文明之间的断层将成为未来的战斗线”。① 杜维明先生则认为现在是文明对话的时代，其学术理据是“全球社群的出现”：“由于科学技术的发展，世界各地不论东西南北都已成为有信息、交通、贸易、电讯和财经各种关系网络所编织而成的生命共同体。从生态环境及能量资源等超越国界的宏观视野来检视当今人类的存在条件，不同种族、地域、语言、文化、阶级和宗教的社群必须谋求共生之道，已成为知识界不言而喻的真理。如果我们把核战争的问题、生态系统遭到破坏、环境被污染、能源枯竭或人口膨胀而造成的种种祸害也列入考虑，人类必须同舟共济，一起来创建和平共存的生命形态，更是显而易见的道理。”②

两种观点其实各执一端，亨廷顿站在政治的立场强调的是文明的冲突而忽视了冲突的目的，杜维明先生站在文化的立场强调文明的对话而忽视了文明内在的差异性所导致的不可调和性。应该说现在是人类一体化背景下的文明冲突的时代。这个时代精神有两个要素，一是文明的冲突，二是人类的一体化。如果说冲突是手段和过程，一体化则是目的和结果。没有文明的冲突，就不可能有人类的一体化，因为人类不可能无原则地一体化；反之，只有经过文明冲突的血与火的洗礼，人类才能真正实现一体化。应该指出的一点是，人类的一体化是一个漫长的过程，在这个漫长的过程中，既有冲突也必有对话（正因为有冲突才会有对话，其实冲突也是一种对话），但是就今天而言，冲突往往是主导性的局面。

人类一体化背景下的文明冲突这一时代精神，决定了当今中国

---

① 吴根友：《亨廷顿“文明冲突论”与杜维明“文明对话论”的政治哲学检视》，载《明清哲学与中国现代化诸问题》，中华书局 2008 年版，第 231 ~ 242 页。

② 吴根友：《亨廷顿“文明冲突论”与杜维明“文明对话论”的政治哲学检视》，载《明清哲学与中国现代化诸问题》，中华书局 2008 年版，第 231 ~ 242 页。

人面临的主要问题是中国传统文化的现代化，其目的是解决人的问题；其核心则是相互关联的三个问题：其一是中西文化的地位，即中西文化能否真正平等地交流和对话，这不但取决于中西文化的现实地位，更取决于对决定人类命运的重大问题的回答。如果不但在现实实力，而且尤其是在决定人类命运的重大问题上，中国传统文化没有资格和西方文明平等地对话和交流，那么中国传统文化就只能是西方文化的附庸。其二是中西文化的特质，西方文化既已完成现代化，其完成现代化的特质是什么？中国传统文化是否有内在的文化因子来完成其现代化？中国传统文化又将如何完成现代化？其三是中西文化关系，在中国传统文化现代化和人类一体化的过程中，中西两种文化本体又将如何相处？对于一个民族而言，现代化是一个整体，包括社会现代化、人的现代化和文化现代化。社会现代化只是行为的现代化，而人的现代化可以是人的行为的现代化，也可以是人格的现代化。只有人格的现代化才是真正意义上的现代化，而人格现代化的基础是理念和文化的现代化，因此现代化的根本是文化和理念的现代化。一个民族的现代化有内因和外缘，内因是其自为性，外缘是人类的一体化，中国的现代化是外引内发。现代化的三个方面是一个整体，文化和理念的现代化必须表现在社会行为，不存在纯粹的文化和理念现代化。虽然表现为社会和人的行为，但其作为一个整体的核心和灵魂是其自觉意识，是文化和理念的现代化。没有文化和理念的现代化，社会和人的行为也可以现代化，但是一种没有灵魂的现代化，即伪现代化。

在中国传统文化面临几千年未遇的文化震荡中，对待传统文化出现了判教、① 卫道和比较三种态度，而这三种态度恰恰是人们在文化冲突中进行文化思考的基点。所谓判教，是以一种文化为标准和真理来衡量另一种文化的优劣，凡是以这种“标准和真理”能够解释的，就认为是合理的，否则就被否定或淘汰。文化固然欢迎批

① 吴根友：《判教与比较——关于比较哲学与比较文化研究的理论探索》，载《比较哲学与比较文化论丛》(第3辑)，武汉大学出版社2011年版，第10～27页。

判但不欢迎批判主义。所谓卫道，是顽固地恪守某种文化的原则为神圣的真理，抱残守缺。文化固然需要保守但不需要保守主义。判教和卫道貌似对立，实则都是站在自我的立场对他者的评判。但是“他者”的立场其实是不可能的，他者无非是自我的镜像。只有站在“第三者”的立场，既站在自我和他者的立场，又超越自我和他者的立场，也就是比较的立场，才能实现自我和他者视域的融合。必须强调的是，中国的现代化是文化和理念的现代化，而不仅仅是人和社会行为的现代化，更不是西化。在中国传统文化现代化的过程中，西化是一个特别易犯、危害极大因而需要高度警惕的问题，理念上的判教、实践中的生搬硬套和急功近利，都是西化的表现。

“没有一个真实的人是全知全能的，而且能从全方位的角度把整个宇宙的问题看清楚。西方文化中的上帝，佛教文化中的如来佛，中国文化的圣人，都是这种理想化的人的观念形象。由这样有缺陷的人而组成的群体，进而国家、民族的文化也都是在漫长的历史过程中发展出了一种主流的看问题的系统方式。出于各种现实利益的驱使，这些有缺陷的看问题方式总想借助于一种现实的权力而成为一统天下的精神统治者。比较哲学与比较文化的研究工作则在于消除这种文化与精神王国里的文化专制神话，试图以文化联邦的形式形成世界哲学的视野。”①

套用蔡元培和毛泽东的话：囊括大典，含吞百家，比较会通，推陈创造。套用已故武汉大学哲学家萧萐父先生的话：从容含化儒、释、耶，汗漫通观印、中、西，可谓纵贯宗、哲、科，横跨印、中、西，求索文、史、艺。生命心理学正是站在比较的立场，以现存所有的人类心理学（主要是中、西、印心理学或心理学思想）为基础，构建全人的和全人类的心理学。

人类文明从发端经过千百万年漫长的发展，今天已经到了这样一个阶段——人类必须连接为一个整体——这一点在它发端的那一刻已经决定了，而且人类本身就是一个整体——这一点只是到今天

① 吴根友：《比较哲学与比较文化论丛》（第1辑），武汉大学出版社2009年版，序言第5~6页。

才显现出来而已。人类文明在其千百万年漫长的发展过程中，造就了古希腊、中国春秋战国和佛教等辉煌的文明，当西方文明登上人类历史舞台的时候，它负有而且完成了把较先进的西方文明推向全世界的历史使命。

“在它的全球发展中，确实充满了殖民主义、帝国主义，充满了血腥和对人类价值的摧残。但这是它自己的错误。这一过程不只是殖民过程，它还有人类文明进步意义，它把它的文明，这个相对于古典期文明无疑是进步得多的文明推到还停留在古典文明期、前文明期和文明预备期的各个地区，正如法国人把英国的力学、数学和哲学变为全欧洲的文化一样。”①

人类会一体化而且必须一体化，人类一体化的过程已经开始，而且也一定能完成。

“它将出现一种新的文明观念，它以西方文明范式为基础，将西方文明和新的文明的一切形式内在化在它之中。它将使科学一体化发展，达到互相内在的绝对程度，从而使人对自然和社会的知识成为一个整体并得到升华，使人的能力提高到现在无法想象的程度……它将使人类成为一个整体，从而具有地球统一和人类统一意识，并把目光转向宇宙。它不再以人类中、地球上的问题为重心，而更多地把自己考虑为宇宙的一员。它的精神状态将达到雄浑的程度，具有征服宇宙的信心和意识。它将使人类在制度、行业、职能上成为一个体系，而民族问题不再是问题。它需要的是一个作用于自身，使自身升华并内在化其它一切对象的文明形态和精神状态。”②

人类只有完成了自身的现代化、人类的一体化和地球的宇宙化，才能走向广袤的宇宙，走向无限的未来——这才是人类终极命运之所在。对于当今的中国人而言，传统文化的现代化和人类文化的一体化是一个问题。中国人能完成传统文化的现代化，就能完成人类文化的一体化；中国人不能完成传统文化的现代化，就只能被

---

① 郑刚：《中国人的命运》，广东旅游出版社1995年版，第546页。

② 郑刚：《中国人的命运》，广东旅游出版社1995年版，第548～549页。

一体化。因此，对于当今的中国人而言，他或她不但是一个坚定不移的民族主义者，而且必须是一个坚定不移的人类主义者。

对于中国传统文化的现代化问题，出现了文化批判主义、文化保守主义和文化建设主义三种主要思潮。但是，无论是文化批判主义或是文化保守主义还是文化建设主义，既没有诠释清楚中西文化的特质，更没有解决中西文化的关系问题。所谓综合创新，其实质就是中体西用，只是由于强调的面不一样，"中体"表现为文化保守主义，"西用"表现为文化批判主义，"体用结合"则表现为文化建设主义。中体只能产生中用，西用只能来自西体，中体西用的结局是男体女用和女体男用的同性恋文化。现实的情况是，西用进来的同时，西体也来到了中国，体用结合的模式无法解决中体和西体之间内在的冲突，但是现实又把中体和西体纠缠在一个文化本体内，结局只能是阴阳人文化。对于中国传统文化而言，这是一条不归路。同性恋文化和阴阳人文化是将一种文明嫁接于另一种文明之上并以其为母基和养料，可以开放出绚烂的文明之花，但是这绚烂的开放是以消耗母基文明的内在生命力为代价的。结果是当母基文明的内在生命力被耗尽时，也就是绚烂的文明之花衰败之时，更是母基文明彻底灭亡之日。

"嫁接文明没有一个是有好结果的。嫁接文明使波斯不能成为一个重要的古典文明，使拜占庭和唐失去了进入文明定型的资格。因为它使得文明失去对内在的、彼岸的、未知世界的兴趣，失去理论能力，它还在装饰和外在化中消耗掉对内在生活的能力，消耗掉将来的生命力。"①"实利的、外在的商业和技术加上腐败庸俗的生活作风就是嫁接文明的本质。它不可能真正关心哲学、宗教和科学。"②

人类文明的未来不在中、西、印文明之内，也不在中、西、印文明之间，而在中、西、印文明之外。人类文明的未来在基于中、西、印文明而又超越中、西、印文明的创造（姑且称之为文化创造

---

① 郑刚：《中国人的命运》，广东旅游出版社1995年版，第550~551页。

② 郑刚：《中国人的命运》，广东旅游出版社1995年版，第553页。

论）。创造是一种建设，虽然有破坏，但其本质是生成。这种生成不是体用结合式的生成，即所谓的创新，而是全新的生成，全新意味着从来未有，生成意味着从无到有。这种全新的生成是一种根本性的生成，而根本性的生成不仅仅是物的生成，而是人的生成。人的生成即是人的创造，即让人成为人，让我成为我。一言以蔽之，重新塑造民族之性格，缔造民族之新精神，造就一代新中国人。

心理学的定义

西方心理学不同流派对心理学有不同的理解，但现在西方心理学界普遍地把心理学定义为研究心理过程和行为的科学，而生命心理学认为心理学是人的心灵的科学。这个定义强调了两点，其一它是以人为研究对象的，但不排斥对动物的研究；其二它不但研究心理过程及其行为，更研究灵。至于人是否有灵，灵的性质和内容是什么，能否以经验的方式研究灵，正是生命心理学要回答的问题。

心理学的目的

西方心理学不同的流派对于心理学的目的有不同的答案。结构主义是意识的分析，功能主义是心理的功能，行为主义是行为的控制和预测，精神分析是精神疾病的治疗，而人本主义是自我实现。生命心理学认为心理学的目的是心灵健康，也就是解决人生活中各种心理困惑和问题，把人的心和灵的潜能完完全全地拓展发挥出来。这其实就是禅宗的开悟和佛教的涅槃。

心理学的悖论

西方心理学的悖论是心身关系，“我们所了解的心理学是从笛卡儿开始的。无论好坏与否，笛卡儿构建了一个思考心—身的框架。在这个框架内，实际上所有的哲学家和心理学家都是从这个问题开始进行研究的，甚至当他们忙于对笛卡儿思想予以抨击时，仍然脱离不了笛卡儿制定的框架”。① 而生命心理学认为心理学的悖论是生活和心灵健康之间的关系。人必须生活，但只要生活就必然导致对心灵的污染，反过来心灵的污染又必然损坏人的生活。既要

① T.H. 黧黑著，李维译：《心理学史》，浙江教育出版社 1998 年版，第191 页。

生活，又要保持心灵的纯洁，正是每个生命必须面对的难题。

心理学的研究方法

西方心理学的研究方法始于内省，但无论是在实验室、临床还是社会生活，最终落脚于行为观察和实验，而生命心理学认为，心理学的研究方法不仅仅是行为观察和实验，也是而且主要是心灵内省。所谓心灵内省，也就是佛教的以心观心。西方心理学的研究方法是实验者—被试模式，西方心理学认为，人的心不但不能自我观察，而且自我观察根本不可能保证客观性，只有这种二元对立才能保证客观性。

“心理可以观察所有的现象，但就是不能观察它自己……观察和被观察的器官在这里是同一个，它的行动不可能是纯粹和自然的。为了观察，你的心智必须停止活动；而这个活动恰恰又是你要观察的。如果你不能停止那个活动，你不能观察；如果你停止了那个活动，又没有什么可观察。这种方法的结果和它的荒谬性是成正比的。经过两千年的心理学的追索，没有一个理论得以建立从而满足它的追求者。”①

心灵内省就是心灵的自我观察。生命心理学认为，人的心不但能够自我观察，而且能够客观地自我观察。心灵内省虽然不能直接实证，但可以间接实证，因为心灵的改变，必然会有行为的相应变化。心灵内省是生命心理学独特的研究方法，而且生命心理学认为，心灵内省是心理学最基本和最根本的研究方法。但是心灵内省并不是心理学唯一的研究方法，西方心理学所发展和应用的一切研究方法，都会为生命心理学所接受。只不过生命心理学认为，就人的心灵研究而言，心灵内省最直接最根本，其他一切方法，只有在心灵内省这一方法的前提下，才有意义和价值。

心理学的研究内容

西方心理学的研究对象始于人的意识，最后落脚于人的行为和心理过程。生命心理学不仅仅研究人的行为和心理，也研究而且主

---

① D. Schultz. *A History of Modern Psychology*. third edition. NY: Academic Press Inc., 1983: 107.

要研究人的灵魂。西方心理学研究灵魂被屏蔽的原因，一是将灵归于纯粹的宗教问题,① 二是认为经验方法不可能认识灵。② 生命心理学研究的问题，并不仅仅是只能在实验室里重复的问题，也不仅仅是只能以量化才能研究的问题，而是一个生命个体、群体和整个人类在生存和生活中出现和遇到的任何问题。生命心理学的一个基本前提是，人的生命和生活是不能重复的，人类历史和文明也是不能重复的。

心理学实验和实验室③

西方心理学以实验室的实验为基础，并将实验研究延展和引申到生活。结构主义、格式塔心理学、行为主义、认知心理学都有自己的实验基础，甚至精神分析也是以心理治疗室也即临床心理实验室为基础建立起来的。生命心理学认为，人的生命不可能重复，更不可能在实验室里重复。生活就是天然的实验室，研究人的心灵只能在大跨度的时空即生活中完成。但这不排斥对具体问题的实验室研究，实验室研究只是生活研究的一个部分，而不是生活研究的全部，也不是生活研究的标准。生活实践虽然不能在实验室里重复，但可以在实验室里检验。禅宗的开悟和佛教的涅槃，就是典型的生命心理学实验，它们可以经受住实验室的任何检验。生命心理学当然坚持科学心理学的发展道路，但同时并不排斥和排除人文心理学的发展路径。因为生命心理学明白，人的心灵某些层面可能可以被

---

① R. Swinburne. *Is There a God?*. revised edition. Oxford University Press, 2010.

② M. C. Baker, S. Goetz (ed.). *The Soul of Hypothesis——Investigations Into the Existence of the Soul.* NY: Continuum International Publishing Group, 2011.

③ 本节原标题是“心理学实验室”，因为受到中国心理学协会副会长、华东师范大学教授李其维先生的启发而改为“心理学实验和实验室”。2011 年 11 月 20 日，李先生来武汉大学哲学院作了题为《感想与困惑：心理学研究的若干思考》的学术报告，分为：一、热学与显学；二、科学与浅科学；三、乌云与挤压；四、内容与形式；五、表征与心理资源；六、科学主义和人文主义等部分。虽然许多方面作者和李先生持不同观点，但必须承认，这是这么多年来听到的最有水平和最有启发的一场报告。

实证和量化，某些层面可能永远不能被实证和量化。真正的心理学是科学和人文完美结合的典范，这是由人心特质和心理学学科性质决定的。在生命心理学的框架内，科学心理学和人文心理学是合一的。

心理学的实验，一是知识的作用，二是操作的训练，三是理论的实证。即使西方心理学特别强调实验的重要性，但是西方心理学史上伟大的观念和学说，也不是单靠实验“做”出来的，而是而且首先是西方心理学家意识的跃变和突破，实验至多是基础条件而已。事实是，西方心理学中的结构主义和功能主义的创始人冯特和詹姆斯都是哲学家，都不做和几乎不做实验。格式塔心理学的创立，是因为魏特海默在旅途中的“顿悟”，而后在实验室验证的结果。生命心理学，既不像结构主义心理学和行为主义心理学，是冯特及其信徒、华生及其追随者在实验室里“创造”出来；也不像功能主义心理学，是詹姆斯从纯粹知识推演出来；当然也不像精神分析，是弗洛伊德从临床病人身上总结出来的，而是自我活生生的生命在活生生的生活中实践的结果。一言以蔽之，生命心理学是实验的，但不是实验主义的。

心理学诠释系统

西方心理学是行为—心理诠释系统，也就是根据人的行为来推测人的心理。生命心理学是心灵—行为群诠释系统，也就是根据人的心灵来解释人的行为，而且这种行为是作为一个整体来表现的。必须指出的是，这种心灵—行为群诠释系统强调的是心灵和行为之间自变量和因变量的关系，并不排除实际生活中以行为来推测心灵。

生命心理学原理

生命心理学的提出，基于以下三个基本原理：一、生命原理：人的心灵是有生命的，人是身、心和灵的格式塔，其核心是灵；二、生活原理：人所追求的不仅仅是知识或能力，而且是整个人身心的体验和变化，人必须面对和解决生活中的一切可能的问题；三、涅槃原理：人不但追求社会自我实现，也追求身体和心智自我实现，更追求灵的自我实现，并由此探寻生命的真谛和意义。

生命心理学的学科群及和其他心理学的关系

生命心理学并不是西方心理学的一个分支，而是心理学的未来或未来的心理学。生命心理学并不仅仅涉及心理学的一个或几个学科，而是涉及心理学的所有学科和所有问题。生命心理学不仅仅是知识，也是一种视角，一种观点，一种哲学。现代西方心理学的一切分支学科，都可以站在生命心理学的视角和高度重新审视，而且可以审视出完全不同的意蕴和更加丰富的意义。生命心理学来自以往所有的心理学，但又超越了所有的心理学。它和以往所有的心理学，尤其是西方心理学，是批判、继承和超越的关系。西方心理学最大的优点是其客观性，最大的贡献是心理学因此成为一门独立的学科登上历史舞台，但其问题和悖论恰恰在这里：一个机械的心灵能对自己进行客观的研究吗?！生命心理学继承了西方心理学的客观性，借助佛教心理学和中国古代心理学抛弃了它的机械论，从而将心理学义无反顾地向前推进。从心理学的精神和使命而言，生命心理学无愧于西方心理学的真正传人。

生命心理学不但包含西方心理学一切学科、一切问题和一切学派，而且研究一切西方心理学忽视和无能为力的领域和问题。从原则上讲，生命心理学研究人类生活的一切方面和一切问题，生命心理学就是生活心理学。

生命的冲突与困惑

生命发展的动力，也就是心理学上的动机，西方心理学有弗洛伊德的本能论，尤其是性本能论，新行为主义的内驱力理论和人本主义的自我实现理论，而生命心理学认为生命发展内在动力是人的生物性和神性的冲突所决定的。每一个生命都是一个生物存在，而且更重要的是每一个生命都意识到了这个生物存在，正是生命的生物存在和生物存在的意识构成了生命生物性和神性的内在冲突，这种内在冲突可以具体表现为生命有限性和无限性、生与死、孤独与社会性和性与爱四种冲突。

心灵的发育和发展

西方心理学家例如弗洛伊德、皮亚杰、埃里克森以及行为主义者是从行为—现象学立场来理解人一生生命的发展过程，心灵的发展似乎是一个预定的程序，平稳而从头到尾的一个技术过程。生命心理学心灵发育发展的原则是自为、蜕变和投射。所谓自为，是指生命和心灵的发育发展是一个有意识和自我意识的、整体的和有生命的过程；所谓蜕变，是指生命和心灵的发育发展不仅仅是一个连续的量的变化，也是而且更是质的跃变和醒悟的过程；所谓投射，是指心灵只能投射于外在的客体或目标并以其为支撑才能发育发展。根据生命心理学心灵发育发展的原则，生命心理学心灵发育发展的分期是：一、自然期：受精——说话；二、启蒙期：说话——青春期；三、冲突期：青春期——自立；四、蜕变期：自立——知天命(退隐现象)；五、平和期：知天命——随心所欲；六、回归期：随心所欲——死亡。

人的意识状态

西方心理学认为人只有清醒和睡眠两种意识状态(白日梦是介于清醒和睡眠的一种意识状态)，而生命心理学认为人有清醒、睡眠和禅定三种意识状态。在生命心理学看来，清醒和睡眠只是禅定的特殊表现而已，正如静止是一种速度为零的特殊运动。生命心理学认为，梦不仅仅是人的生理和心理活动，也不仅仅是如弗洛伊德所说是愿望的满足，而是人的灵在睡眠状态下有意识的生命活动，在一定的条件下可以超越时空。

人的心灵

阿赖耶识

末那识

感知觉—客体—意象—直接经验——直观活动

学习记忆—意象—联想—识知——科学活动

思维语言—联想—反省—概念——哲学活动

情绪—意象—移情—美感——艺术活动

直觉—意象—止观—统觉——禅定活动

人类意识是宇宙最复杂最不可捉摸的现象，西方心理学除了弗洛伊德的意识结构外，基本上没有什么建树性的理论，生命心理学提出了自己的心灵结构模型，并以此为基础探讨心灵发生机制和作用机理。从纵的方面讲，阿赖耶识—末那识—感知觉—学习记忆—

思维语言—情感—直觉；从横的方面讲，认知活动—心理活动—意识活动—社会活动。由于将立体的模型转换成平面图形，再加上作者电脑绘图水平限制，读者不必计较这个图形的细节。整体上来理解可以分为三部分，一是阿赖耶识和末那识，相当于西方心理学的潜意识；二是感知觉、学习记忆和思维语言，相当于西方心理学的心理；三是情感和直觉。生命心理学的意识观不同于西方心理学意识观之处，一是认为人有灵，并把灵理解为阿赖耶识。西方文明只能对灵进行存在或不存在的形而上学思考，西方心理学对灵不但保持沉默，而且唯恐避之不及。似乎只有宗教心理学勇敢地直面了人的灵魂，但也只是涉及灵性(spirituality)而非灵。① 二是认为禅定活动是人类意识正常的活动，将禅定活动纳入心理学的研究范围。禅定既非超自然的神通，也非什么特异功能，而是每一个人与生俱来的心灵潜能。三是意识是一个整体，思维是而且仅仅是其中的一个部分，从原则上讲，它并不比其他任何一个组成部分具有任何优势。

心灵的测量和人的评价

西方心理学对人的评价主要建立在智商(IQ)和情商(EQ)上。生命心理学认为，人还有灵商(spirit quotient，SQ)：表现为信仰、理念、胆略、气象、眼光和统商(apperception quotient，AQ)：生命的直觉能力和统摄能力。只有将智商、灵商和统商三者结合，才能对人做全面深刻的评价。每一个人都有自己的天赋，做每一件事都需要天赋。心理学上关于先天的和后天的常争论不休，但可以肯定的是，人的成长和成才，是先天和后天交互作用的产物，其中先天因素作用可能更关键。情商只是情绪稳定与否的一个指标，但是它并没有包括直觉，也就没有包括禅修对人的情绪的积极主动的改造和提升能力。不过为了约定俗成的缘故，使用情商也未尝不可，只不过其概念的内涵要重新界定。

现代心理测量对人的评价主要是建立在IQ上的，少了一个变

---

① B. Spilka. *The Psychology of Religion——An Empirical Approach.* 3rd. The Guilford Press, 2003.

量 SQ。就对人的评价而言，SQ 不仅仅是一个变量，而且是比 IQ 更为关键的变量。一两的遗传胜过一顿的教育，大师固然需要培养，但大师不是培养出来的。人是有能级差别的，可以分为干才、将才和帅才。一个健康的社会，不但能够深刻意识到，只有成为人，才能成为才；越是成为人，越能成为才；是人就是才；而且有切实可行的社会机制把每一个人的生命潜能最大程度发挥出来，客观地甄别出不同能级不同特质的人和公正地保证其各适其位。这正是美国哲学家罗尔斯所谓正义的两个原则：

"其一，每一个人都享有最广泛的基本自由，而且这种自由必须和其他人同样的自由相容。其二，社会和经济的差异得以合理安排，从而不但期望它们有益于每一个人，而且保证它们所系属的职位和工作对所有的人开放。"①

心理健康及其标准

西方心理学心理健康评判，一是标准不统一；二是标准没法实行；三是只涉及心，没有涉及灵；四是身心分离。人本主义心理学家马斯洛认为自我实现的人的心理特质是："对现实客观的知觉；自己本性的完全接受；执着和献身于某种工作；行为的简单和自然；自主、隐私和独立的需要；高峰体验；对人类的同情和爱；对习俗的抵抗；民主的人格结构；创造的态度。"②这种标准什么都说了，又似乎什么也没有说。任何一个头脑健全的人，也许会为这种标准着迷和激动，但他或她难于领会这些标准的真正意义和内在关系，更不知道如何实践和实现。生命心理学希望在对人的心灵深刻研究的基础上，科学有效地界定心理健康及其标准。

心灵特质

如果肯定阿赖耶识为人的灵，并且认为可以以经验的方式即以心观心的方式认识灵，那么下一个问题就是灵的本质是什么，它具

---

① W. Ebenstein, A. O. Ebenstein. *Great Political Thinkers Plato to the Present.* fifth edition. Fort Worth, TX: Harcourt Brace College Publishers, 1991: 934.

② D. Schultz. *A History of Modern Psychology.* third edition. NY: Academic Press Inc., 1983: 388.

有什么特质。生命心理学认为，人的意识和心灵是人的大脑和神经系统作为一个整体的功能状态，是一种能量的表现形式，是一种心灵波（注意，这只是一个假设）。西方心灵哲学提出了意识的感受性、意向性和表征性；美国心理学家和哲学家威廉·詹姆斯把意识特质概括为自我性、连续性、变化性、选择性、目的性和累积性；格式塔心理学内含着整体性和恒定性；进化心理学意味着差异性和适应性；行为主义心理学指出了反应性、黑箱性、自发性和可塑性；变态心理学研究变异性；认知心理学表明认知性；宗教心理学内含着投射性；中国古代心理学尤其是中医心理学指出了生命性、心身合一性和功能性；佛教心理学指出了攀缘性、弹性、超越性、观照性、反观性、圆满性、转世性和投胎性。对人的心灵和意识这样一个宇宙中最不可思议的现象特质，不同的文明，同一文明中不同的学科，甚至同一学科中不同的流派有不同的理解，这很正常。生命心理学希望能站在现代神经科学和心理学的基础之上，纵贯宗教、哲学和科学，横跨中、西、印，进行详备深刻的研究。

心灵定律

正如物理学家发现了物理世界的普遍规律，心理学家也孜孜以求心灵世界的普遍规律，这似乎成了西方心理学家梦寐以求的理想。休谟提出了相似联想律和时空相近联想律，费希纳提出了量化身心关系的费希纳公式：$S = K \log R$（其中 R 是刺激量，S 是感觉量，K 是常量），但似乎都没有经受住实践和时间的检验。这里有个问题需要澄清，心灵世界有无普遍规律是一回事，西方心理学家站在西方心理学立场能否发现又是一回事。虽然生命心理学一向反对心理学模仿物理学，但为了表述的方便，更为了比较物理世界和心灵世界的本质差异，也以牛顿三大运动定律为原型提出了生命心理学的三大定律。一、自因自果律：每一个心灵并不都始终维持其静息或平静的心灵状态，并不仅仅受到外来刺激才改变这种状态，而且心灵自身就可以改变并且愿意改变这种状态；二、质性定律：心灵状态的改变和刺激的大小不存在量化关系，但存在质化关系：

有因必有果，因灭则果灭；三、非对称律：① 心灵对刺激的反应，未必大小相等，也未必方向相反，并且刺激和反应之间存在着交互作用和往复作用。如果以牛顿第二运动定律的数学表达 $F=ma$ 来理解，则心灵世界和物理世界的最大区别是，物理世界有一个常量 a，而心灵世界则不存在这样的常量：不但不同的人这个“常量”不同，而且即使同一个人在不同的时间和地点，这个“常量”也不同。这就意味着，物理世界的规律不适应于心灵世界，而西方心理学恰恰是物理世界的原则应用到心灵世界的产物。只不过将自变量质量（m）和因变量力（f）的函数关系转变成了自变量行为（behavior）和因变量心理（mind）的函数关系。这是西方心理学从一开始就犯的一个原则性的致命错误，也是西方心理学所有困局的根本原因。

性心理学和爱情心理学

西方主流派心理学家把性心理看成是和感知觉一样没有任何特质和重要性的心理，而且其研究只是停留在行为层面。行为主义者华生的性行为研究，以及其后马斯特斯和约翰森性学研究、金赛性学报告、霭理士的性心理学，都只是性行为的描述。西方性心理学大师当首推精神分析创立者弗洛伊德，他对人类性心理的把握可谓切中要害。但是由于受到文明视野和知识结构的局限，弗洛伊德对性心理的论述臆测和感想成分太多。生命心理学认为，性是生命能量的主要存在形式，性活动是生命能量的主要表现形式，人类一切活动，都是性能量直接或间接的表现：转化、投射、升华和泛化。人类性的根本不在生殖器官，而在人的灵。因此，一个人对性的态

---

① 武汉大学哲学学院吴根友教授在和本文作者的多次讨论中都谈到心灵和刺激在量和方向的非对称性，与作者的观点不谋而合，并且多有启发。本世纪初，吴根友和历史学院的杨华分别从美国的哈佛和伊利诺伊大学访学归来，倡议成立一个读书小组，这就是后来的珞珈七子读书小组，予也有幸位列其中。在每周一次对《说文解字注》的研读和讨论中，我触摸到了中国传统文化的底蕴，感受到了她那令人心颤且回肠荡气的神韵。显然，对于博大精深的中国传统文化，这只是一个初阶，但是对我而言已经足够了。从这个台阶出发，我有信心领略她的全部奥妙。尤其感谢桯水金君和杨逢彬君，是他们把我带进了中国传统文化的大门，这是要永远铭记在心的。

度和由这种态度决定的性行为，不但是一个人人格的表现，更是其道德是否勇迈的根本标志。性能量的释放途径：一、正常的性生活；二、变态性生活；三、事业、工作和生活的投射；四、升华：男女的心理特征及其成为人的精神气质，所谓男人，就是以“男”的形式将人表现出来，例如坚韧、深沉和大气；所谓女人，就是以“女”的形式将人表现出来，例如温柔、纯情和灵秀；五、内化：性能量升华超越男女心理特征进而达到生理和心灵最高健康。生命心理学认为，人类的性心理也并非如马斯洛所说的只是一种生理需要，而是决定人的生活、人格和健康的原动力，是人和人类文明创造的原动力。性心理不但是心理学的一个核心内容，而且从某种意义上讲，心理学就是性心理学。在这一点上，生命心理学是弗洛伊德精神分析的继承者和超越者。

性既不是卵子、阴道和卵巢，也不是精子、阴茎和睾丸，而是一种功能状态，是功能—形态的实体，包括神经系统、内分泌系统、生殖系统、运动系统和感觉系统，可以说人的全身都是性。性是生命的存在形式，是生命固有的特质，毋宁说是生命本身，而食物、水和空气只是生命存在的条件。弗洛伊德虽然强调性，但把性当成了一种本能，这样又和食物、水和空气处于同一范畴，而马斯洛完全将性与食物、水和空气等同。性是可以被超越的，而且可以完全彻底地被超越，而食物、水和空气则不可以。一个达到涅槃状态的人可以放下任何意义上的性，而无论如何放不下食物、水和空气。显然，爱情虽然源于性但又超越了性。弗洛伊德精神分析的爱情是由性决定的。生命生理学认为，人是性和爱的统一体和矛盾体。爱是一种投射，我爱就是爱我。这种投射是全方位的、整体的和动态的，其核心是灵的投射。爱意味着劳作，也意味着创造。爱意味着两个相爱的生命经过劳作而蜕变成全新的自我。

“真正的爱根植于创造，所以可以被恰当地称为‘创造性的爱’。无论是母亲对孩子的爱，人与人之间的爱，还是两个个体之间的性爱，其实质是一样的。虽然爱的对象不同，爱本身的强度和特质因而不同，但某些基本元素，可以说为所有形式的创造性的爱所共有，那就是：关怀、责任、尊重和知识。”①

自我心理学

生命心理学认为，人有社会自我、身体自我、认知自我、内省自我和灵魂自我五种自我。其中的核心是灵魂自我，其余四种自我，都是灵魂自我在不同方面和层面的投射和反映。西方心理学主流对自我的研究主要集中于心身关系的研究，相当于对认知自我和身体自我的研究。弗洛伊德提出了本我、自我和超我三种我，马斯洛的自我实现其实只是社会自我的自我实现。生命心理学认为，人的自我实现，不但有社会的自我实现，也有而且更有身体自我实现、心智(认知)自我实现和灵魂自我实现，其中灵魂的自我实现是最根本的自我实现。

社会心理学

人的社会行为和社会关系是人的灵的投射，因此改变个人社会行为和社会关系的基础是改变人的灵，也就是净化人的灵。生命心理学认为，人的道德基础是人的心，尤其是人的灵。因此要改变人的行为，必须首先改变他或她的人格，而这只有通过改变他或她的灵才能完成。但是生命心理学并不否认社会公平和正义的作用，也不排斥和排除社会行为对人的心和灵的作用。

人格心理学

西方心理学的人格理论，无论是行为主义的学习理论，精神分析的人格理论，或是人本主义人格理论和特质论，其总的特点是没有以心尤其是灵为基础，因此是静态的和描述性的，也不能解决生活中的实际问题。虽然精神分析和人本主义心理学，以及当今的人格理论研究特别强调人格的动态性，但是因为没有作为动态的心尤其是灵为基础，因此也只是强调而已，其实质仍然是静态的。生命心理学的人格，以人的活生生的灵即阿赖耶识为基础，因此生命心理学的人格，不但是整体的、动态的，更是生命的。生命心理学的人格具有自我改造、自我完善的能力，因而能够积极地应对和解决

---

① E. Fromm. *Man for Himself——An Inquiry into the Psychology of Ethics*. Fawcett Publications Inc., 1947: 104.

生活中出现的任何问题。

进化心理学

达尔文的进化论虽然解释了人类起源的过程，但是并没有解释人类起源的实质和目的，没有解释人类何以和为什么起源。人起源于动物，并不能得出人就是动物的结论，因为进化就意味着人和动物之间已经发生了质的变化。达尔文的进化论，就是牛顿力学在生物学上的应用和表现，不过这里的 $F=ma$，a 变成了自然选择，m 变成了生物体，F 就成了生物进化。生命心理学认为，生命和心灵的进化是自为的，并不是外在自然选择的结果，虽然现象上表现为自然选择，但那只是外在的条件，相当于佛教所谓的缘，其因和内在条件是其自为性。生命的进化是跳跃的，是质的突破，虽然必有量的积累。人的进化和动物已有本质的差异，人类意识的出现和形成是生命进化质变的结果，进化心理学的核心任务就是解释这种突变和本质差异是如何形成的。意识的本源，连同生命的本源和宇宙的本源，是人类面临的而且必须回答的三个根本问题，因为对这三个问题的回答，决定着人类的命运。

心身关系

心身关系，既是西方心理学发展的悖论，也是西方心理学发展的框架。西方心理学至今发展的任何一个流派，甚至是深受中国传统文化和印度传统文化影响形成的心理学流派，都在这个框架内挣扎和徘徊。心身关系，之所以会成为西方心理学的核心问题，这是由其文明预设决定的。《旧约·创世记》中上帝创造了宇宙，就形成了一个精神和实体的二元对立，也决定了西方文明的人格结构。这种精神和实体二元对立的结构，在《新约》中统一在耶稣身上，转换成灵与肉的二元对立，笛卡儿则明确地表达为心身关系。中国传统文化，尤其是中医认为，心身一体。而佛教则认为心身关系是一个配置的假问题：心身是一、或二；心身非一、非二。现代第二代认知心理学提出了具身性，强调：

“一、人的身体的物理条件在认知中占据首要地位；二、认知是具体的、局域性的、情境依赖的；三、认知是嵌入社会的，是在富含人类文化和知识的技术和社会中产生的。”①

生命心理学不但认为心身一体，心身交互作用和相互作用，而且认为心身关系是阴阳关系，是以阴阳原则交互作用和相互作用的。

宗教心理学

宗教的基础是人的心理，宗教归根结底是一种心理现象。任何一个文化或文明的宗教心理，都是一个民族及其文化生发的原点和基石。对人类宗教心理的研究，一种是评论性的，这主要是对信仰者因信仰及其实践而发生的心灵现象的描述和评论；一种是经验科学的，也就是以实证的方法研究宗教心理，这是西方宗教心理学的路径。由宗教起源的心理学理论，有认知理论、情绪理论、意动理论和人性理论，② 生命心理学认为，宗教是人的心灵投射的结果，人之所以需要宗教，是因为人本身有局限性，而且人意识到了这种局限性，希望超越这种局限性。这可以称为宗教起源的超越说。生命心理学不排斥评论性和实证的研究途径，但是要真正探索人的宗教心灵，就必须进行心灵内省。

文化心理学

文化是人类生活的诠释系统，这种诠释系统包括文明预设、形而上学原理、逻辑范式和知识诠释系统。文明是自为的，蕴含着巨大的能量，可以说是生命能量在文化的体现。文化心理学的任务就是研究不同文化和不同文明的心理特征，研究其文明预设、形而上学原理、逻辑范式和知识诠释系统，研究文化和文明孕育、发生、发展、成熟、衰落和转归的过程，这只有站在人类文明的高度，以广阔的空间和深远的历史为背景，将文化和文明看成一种自为的生命过程，才有可能实现。迄今为止，人类文明史上有九大文化人格对人类文明产生了深远的影响，它们是中国的儒家人格和道家人

---

① 刘晓力：《延展认知与延展心灵辨析》，载《中国社会科学》2010年第1期，第48~57页。

② M. J. 梅多、R. D. 卡霍著，陈麟书等译：《宗教心理学》，四川人民出版社1990年版，第6~13页。

格，古希腊的苏格拉底人格，犹太教的摩西人格和西方的基督人格，印度的婆罗门人格和佛陀人格，伊斯兰教的穆罕默德人格和马克思的共产主义人格。生命心理学主要以这九大文化人格为基础，建构全新的世界和人类人格。

创造心理学

西方心理学把创造定义为问题解决的过程，其特质为合适（appropriateness）、实用（usefulness）、新颖（ingenuity）、广阔（breadth）和独特（novelty），并把思维区分为发散性思维和汇聚性思维。这样创造变成了纯粹的思维活动。格式塔心理学把创造理解为知觉场的重建，是一个顿悟的过程。生命心理学认为，生命的本质在于创造，创造是生命自为性的体现和过程，真正的创造是在人的灵里进行的，也就是波兰尼在《个人知识》所说的默会知识（tacit knowledge）。真正的创造都是在黑暗中进行的，是自己的心意识不到的，当这种灵的活动在黑暗中的能量集聚到一定程度时，人的意识就会发生石破天惊的炸裂和突破，也就是禅宗所谓的"灵光独耀"，只有在这种情况下才会发生认知场的重建，其后才是思维层面的工作。因为人在生活中只有通过对各种刺激的反应，不断在尝试和错误中反复摸索，能量才能在灵里逐渐积累。所谓灵在黑暗中能量积累的过程，就是不断尝试、错误和修正的过程。即使是从认知层面研究创造过程，也发现了孕育（incubation）和内隐（implicit）的作用。① 在人类历史上，任何伟大的创造都是人类意识爆发和突破的结果，虽然需要生活一点一滴的积累，但积累本身并不一定导致伟大的创造。创造者内在心理要素为孤独性、闲散状态、幻想、自由思维、准备捕捉相似性的状态、易受欺骗性、对以往创伤的回忆和内心重现、内心冲突和自我表现的欲望、警觉和训练。② 顺便

---

① S. Helie. *Sun. Incubation*, *Insight*, *and Creative Problem Solving*: *A Unified Theory and a Connectionist Model.* Psychological Review, 2010, 117(3): 994-1024.

② S. 阿瑞提著，钱岗南译：《创造的秘密》，辽宁人民出版社 1987 年版，第 478～487 页。

强调一句，西方心理学不同流派对于学习和创造的观点相互抵触，但在生命心理学的理念下完全相容和完整地统合了，事实上任何其他问题在西方心理学的体系内争论不休，但在生命心理学的理念下一以贯之，这就是生命心理学的魅力，也正是它的价值。如果说宇宙是在黑暗中创造的，生命，无论是个体生命还是种族的生命，也是在黑暗中孕育的，人类文明是在黑暗中孕育的，意识的创造也是在黑暗中发生的。① 人类喜欢并追求光明，但不应该忘记，黑暗是光明之母。

变态心理学原理

西方文明对人的变态心理和行为的研究是沿着两条途径展开的。一是生理的，即精神病学，一是心理的，即变态心理学。总的来说，西方心理学对人的精神和心灵疾病机理的研究是从行为—生理层面展开的，也就是探讨变态行为的神经机制。人的精神和心灵疾病是否一定有神经基础，是神经病变导致心灵变异还是心灵变异导致神经病变，这些都是有待讨论的问题。生命心理学认为，人所有的变态心理和行为，都是人的灵魂变异的表现，灵魂变异的原因可能是生命能量的功能状态发生了紊乱。至于是什么功能状态发生紊乱，什么原因导致紊乱，发生紊乱的机制是什么，这正是生命心理学未来研究的问题。

心理治疗原则和方法

西方心理学不同的流派都有自己独特的心理疗法，但是总而言之，西方心理学所有的心理疗法，至少其主导性的心理疗法，都是一种行为疗法，至多是行为疗法的变种。对于行为治疗无能为力的患者，则只好进行药物控制。生命心理学心理治疗原则一是自为原则，任何一个心理患者，虽然需要心理治疗师的指导，但只能通过

---

① 2010 年 8 月左右，武汉大学哲学学院吴根友教授在和本文作者的一次谈话中，提到当前的黑暗说，和作者的观点惊人相似。就作者的理解而言，宇宙、生物、人和人类文明，有几个共同点：一、都是在黑暗中孕育的，这可以称为黑暗论；二、都是自为的，这可以称作自为论；三、都是功能—形态的实体和表现，这可以称为功能论。所有这一切，都可以归结到一点，那就是能量！

自我作为，即自我努力、自我行动和自我成就才能见效；二是生活原则，心理疾患是在生活中形成的，只能在生活中面对和解决，要求治疗过程和生活一体化；三是重建原则，治疗的核心不在行为和心理，而是灵魂的重塑和人格的重建，而且不只是从患者到正常人，而是到心灵潜能的完全实现。生命心理学的治疗方法有：一、止观疗法；二、太极拳疗法；三、中医心理学治疗；四、中药治疗；五、瑜伽疗法；六、道教养生法；七、行为疗法；八、西医药疗。

心理学中的永恒问题——一个简短的回答

美国心理学家赫根汉提出了几个心理学中的永恒问题，① 对这些问题，生命心理学有的已经给了明确回答，有的答案已内含在相关问题的阐述中。为了系统和明确，现将赫根汉提出的和其他相关心理学问题简短回答如下。一、人性的善与恶：人性是本善的，而且是纯善的，恶来自善的遮蔽和人性的潜能没有完全发挥出来。需要指出的是，人性本善并不意味着人是善的，更不能保证每一个人都是善的。自利并非自私，利己并不意味着损他。现象界的恶是人性不完善的表现，只有终极人性完全显现，生命善的本质才能得以表达。没有现象的恶，也就没有终极的善，只有克服了现象的恶，才能臻达终极的善。二、人的意志自由：虽然人的存在是有条件的，但人的灵能够超越这些条件，至少在一定条件下和一定程度上可以超越，因此人是有意志自由的，至少有相对的意志自由。三、心身关系：心身一体，心身交互作用和相互作用，而且心身关系是阴阳关系，是以阴阳原则交互作用和相互作用的。四、机械论和生命论：人及其心灵是动态的生命体，不可能还原为简单的物理化学物质或元素。生命和心灵有其独特的运行规律，这种运行规律和物理世界的机械定律有本质性差异。五、理性和非理性：人是理性和非理性的统一体，但非理性起着决定性作用，理性无非是非理性的外在表现。非理性的并非情绪化的和无规则的，是人的理性无法把

---

① B. R. 赫根汉著，郭本禹等译：《心理学史导论》(第 4 版)(上册)，华东师大出版社 2004 年版，第 24～32 页。

握的巨大存在。六、发育的量变和质变：生命和心灵的发育和成熟，虽然需要量的积累，但本质上是一个质变的过程。七、自我：人不但有社会自我，身体自我，认知自我，内省自我，更有灵魂自我，而且灵魂自我才是真正自我。八、先天论和后天论：生命和心灵的发育和发展，虽然是先天和后天相互作用的结果，但其中先天起着更为重要的作用，至少先天作用大于后天作用。需要指出的是，先天的并非本质的，也并非不能改变的。九、灵魂问题：人不但有心，也有灵，灵就是阿赖耶识。灵魂是一种功能状态，是能量的存在形式。十、人和动物的关系：人是从动物进化来的，但人和动物之间有本质性的区别。

生命心理学存在的问题

生命心理学的基本预设：第一，人的心是有生命的；第二，人不但有心也有灵；第三，人的灵是佛教所说的阿赖耶识。生命心理学面临的问题，是能否经受住科学的检验，即人是否有灵，灵是否为阿赖耶识的问题。如果这两道防线被突破，斗争的焦点就会集中在人的心理是有生命的这一关键点上——这既是生命心理学的理论硬核，也是它的底线。如果最终确证，正如现代西方心理学所断言的，人的心理就是一架机器，生命心理学将因此没有任何意义。阿赖耶识的经验证明，需要两个条件，一是禅定的涅槃状态，二是精密灵敏的仪器设备。间接的检验，例如涅槃状态下的脑电图、脑血流图比较容易，但是直接的检验，科学技术只有达到非常高的程度才有可能。

生命心理学的本体论

生命心理学之所以重视宇宙的本源，是因为如果宇宙的本源真如牛顿力学、康德哲学所宣称的是没有任何生命的物质，生命心理学也就失去了存在的理据。生命心理学认为，宇宙本源是能量，宇宙是自为的，是有生命的功能—形态实体。相对于设计论和偶然论，这可以称为宇宙起源的自为论。运动是能量的交换，时间是能量交换的过程，空间是能量交换的场所，物质是能量存在和表现形式。物质的存在形式可以是物理的、生物的和心灵的，分别形成了物理世界、生物世界和心灵世界。能量的三种物质存在形式，虽然都是能量的表现形式，但是其内在逻辑和机理存在本质差异。人是物理、生物和心灵的格式塔，因而形成了独特的人的世界。所有作为人的个体组成人类世界。如果宇宙的本源是能量，那么能量存在的基本单位就是能子，从能量到物质转化的关键是能质子，由能质子形成物质存在的基本单位就是质子(不同于现代物理学的质子)。这种自为的功能—形态实体，可能是能量闭合箱中的风叶反复鼓动以阴阳交互作用的方式而产生的。相对于目前物理学界比较认同的宇宙起源的弦理论,① 即宇宙可能是一个能量的闭合圈(弦)所产生的振动而形成的，这可以称作宇宙起源的风箱论。②

从牛顿定律 $F=ma$ 和爱因斯坦的质能公式 $E=mC^2$ 可以看出，西方文明是以质量 m 为自变量，而能量 E 为因变量(力 F 是宏观的能量或其表现)，这是由其文明预设和形而上学决定的，以至于现代物理学分析到最后找不到物质的基本单位时许多学者不得不把能量当成一种特殊的物质。如果根据中国传统文化的观点反过来理解，问题就迎刃而解了。中国传统文化虽然演变并表现为道论和德论，但其根本是生命观，其逻辑范式是组合变换,③ 其知识诠释系统是功能—形态的诠释系统。现代物理学所谓的暗能量和暗物质，

---

① L. 斯莫林著，李新洲等译:《宇宙的本源——通向量子引力的三条途径》，上海世纪出版集团 2009 年版。

② 风箱论是我的太极拳老师杨洪安先生于 2011 年 2 月在和我的一次谈话讨论中最先提到并由我加以概括的。生命心理学有三个来源，一是禅宗和佛教心理学，二是中医心理学，三是道教和太极拳。我的禅是跟四祖寺的上净下慧老和尚学的，中医理论是跟湖北中医学院的邱幸凡先生学的，太极拳则是跟杨洪安先生学的。杨先生不但打得一手上乘的好太极，而且为人敦厚，诲人不倦。经过长时间耐心细致的教授和勤苦的锻炼，我对太极拳才有了真切的体悟。说出来都可笑，长这么大了，走了几十年路，学了太极拳才知道怎么走路！原来即使是走路这样简单的动作，中西两种文化的诠释都可能不同，甚至完全相反。太极拳是中国传统文化在身体修炼的表现，通过太极拳的修炼，我深切地体悟到中国传统文化的生命观和组合变换范式，因而对中国传统文化的认识达到了西方心理学所谓具身认知的程度。

③ 郑刚:《中国人的命运》，广东旅游出版社 1995 年版，第 248 ~ 258 页。

就是中国传统文化的“气”，“气是物质、精神、能量和信息的统合”。① 老子的“无”应该是暗能量和暗物质的哲学表达。西方文明（指基督教文明）演变并表现为科学和形而上学，但其根本是机械论，其逻辑范式是线性论，其诠释系统是实体—功能诠释系统。②历史的发展有意思的是，西方文明从机械实体论出发，其终点却是生命功能观，这样中西两种文明似乎殊途同归了。

生命心理学的认识论

如果说本体论关注“是”本身的本质特性，那么认识论则阐明知识的性质和范围。认识论往往表现为诠释原则。为了明确起见，现将生命心理学和西方心理学的诠释原则对比如下。一、生命原则和机械原则：虽然都是动态的，但是生命心理学认为人的心灵是有生命的，而西方心理学认为人的心灵是一架机器。二、功能原则和实体原则：生命心理学的基础是功能状态，西方心理学的基点是实体。三、整体原则和还原原则：生命心理学认为人的心灵是一个整体，而西方心理学认为人的心灵可以分析还原为基本单位。四、一元原则和二元原则：生命心理学不但认为心身一体，而且认知者和认知对象相互作用和主客合一；西方心理学不但认为心身二元，而且认知者和认知对象主客对立。五、组合变换原则和线性原则：生命心理学认为人的心灵可以组合变换的范式发挥作用，而西方心理学是以线性范式处理心灵作用。六、阴阳原则和辩证法：生命心理学推崇阴阳原则，西方心理学遵循辩证法。大体上讲，生命心理学和西方心理学认识论的差异就是中国传统文化和西方文明认识论的差异。不过有一点必须强调，生命心理学的认识论并不完全就是中国传统文化的认识论，而是从中国传统文化和西方文明认识论抽绎出来的，是中国传统文化和西方文明认识论的格式塔，它本身就包

---

① 郭齐勇：《中国哲学智慧的探索》，中华书局 2008 年版，第 109 页。

② 中国传统文化和西方文明的特质是一百多年来中西比较研究的一个核心问题，当然也是一个仁者见仁、智者见智的问题。这是本文作者的理解。就作者的理解而言，郑刚先生的《中国人的命运》是对中西印和古希腊等人类文明的理解和把握最为详备、最为深刻、高屋建瓴而又气势磅礴的一部大作。

含着西方心理学的认识论。这一点的意义需要反复申明，并且希望读者尤其是那些捍卫西方心理学的人们牢记在心，生命心理学也许在某些观点上和西方心理学针锋相对，但总体而言，生命心理学和西方心理学并不是针尖对麦芒，生命心理学来自西方心理学但又超越了西方心理学。

生命心理学的范式

“在特定时间对特定专业进行仔细的历史研究，就会发现一套各种理论在其概念、观察和操作应用中反复出现、准标准的例式，这就是其共同体的范式，表现在其教科书、讲座和实验室操作中。通过学习它们和通过它们来实践，相应共同体成员就学会了这个专业的工作。”①美国科学哲学家托马斯·库恩如是说。心理学是否是一门科学和能否成为一门科学，心理学能否有自己的范式和具有什么样的范式，这是一个可以讨论的问题。但是认为西方心理学仍然处于前范式阶段，这是对历史的无知！西方心理学从创立到如今，所有的学派都已出现，所有学科都已建立，所有问题都已涉及，如果还处于前范式阶段，这不是个笑话吗？还在为心理学有无范式和有一个或几个范式的问题争论不休，这说明了西方心理学的无能，还能说明什么呢？

西方心理学的范式问题，并非心理学本身的问题，而是西方心理学本身的问题，是西方心理学将物理学范式应用到心灵世界产生的必然结果。生命心理学认为，人的心灵和意识是自然界存在的事物，和存在于自然中的原子一样，是可以用科学方法来研究的。心理学可以成为一门科学，也有自己的范式。心理学的生命范式，也可以称为全人范式，其理论基础是人的心灵是有生命的，其研究方法是心灵内省，其诠释系统是心灵—行为群的诠释系统。人类文明史上，古希腊欧几里得的几何学范式，西方文明牛顿的物理学范式，印度文明佛陀的心灵科学范式，中国文化《黄帝内经》的医学范式，都是不同文明科学范式的典范。生命心理学不过是整合几何

---

① T. S. Kuhn. *The Structure of Scientific Revolutions*. Second Edition. Chicago: The University of Chicago Press, 1970: 43.

学范式、物理学范式、心灵科学范式和医学范式而成的全新的生命科学范式在心理学上的一个应用和范例而已。

健康心理学

健康心理学探究的是生理疾病的心理原因和心理机制。西方医学探究的发病原因和机理是物理—生理的，西方健康心理学的病因病理的研究主要是思维和行为层面的。生命心理学认为，人有灵魂—心理、功能—形态和解剖—生理三道防卫机制，但其根本是灵魂—心理的健康机制。万病从心起，治病须治心，只有依靠心才能治疗心。不但精神和心灵疾病，就是生理疾病，都是自我心灵和人格问题所致。心灵的紊乱，导致神经系统和内分泌系统功能失调，进而导致免疫系统功能下降，最终表现为身心疾病状态。任何一种症状，无论是生理还是心理的，并不仅仅是一个症状，而是自我生理、心理和社会生活的综合反映，是人的身心对社会和自然的反应。

生命心理学基本概念

生命心理学的基本概念是能量、心灵和健康。能量是本体和本源，心灵是能量功能—形态的存在和体现，健康是心灵的目的。健康是人在生理上保持平衡，心灵上达到宁静，并与社会保持和谐，与自然保持合一的完整良好的生活状态，以便最大限度地发挥任何一个作为人的个体和无限度地拓展作为一个整体的人类的潜能，而不仅仅是免于身体的疾患和残弱，也不仅仅是免于物质的匮乏和缺失。当上帝赋予我灵魂，自然赋予我肉体，并且在一定的时间、一定的地点、一定的因缘条件下通过我的父亲和母亲把我塑造出来的时候，我就是我了！我是我的肉体，我是我的灵魂，我是我的肉体和灵魂的结合体，我是我的生命，我是我的未来，我是我的一切，我是我的上帝，我是我的最高主宰。我过而且只能过我自己的生活，我创造了并且继续创造着我，我为我负责，我为我活着！必须强调的是，生命心理学是个人的，但不是个人主义的。

生命心理学的意义

生命心理学是心理学发展史上的里程碑。自冯特创立心理学以来，以分析还原的方法在实验室里研究人的心理，其后西方心理学各流派虽然以这样或那样的方式反对冯特的心理学，但都没有跳出冯特心理学的框架。

“几乎所有的新学派都是以反对冯特心理学这一或那一种特征而建立的，我们可以欢迎这些学派但不能原谅其不满。在任何一个时代，科学仅仅是它的研究的产物，而研究无非是有效的方法为其所创立和时代准备好的一些问题而已。”①

生命心理学第一次站在西方心理学之外而超越了这个框架，作为一个学科的心理学可能有大的突破和实质进步。心理学将结束其学科内纷争失控的局面，结束其对自然科学尤其是物理学的依赖和模仿，走上自己独立的发展之路，有自己独特的学科范式，整个心理学将被整合成一个有机的整体。同时，学科的心理学将成为生活心理学，不但面向生活和生活中存在的一切问题，而且有能力承担和解决生活中存在的一切问题。

生命心理学是佛教和禅宗发展史上的一个突破。宗教本质上讲是一种心理现象，至少相对于任何一个其他学科，宗教更多的是心理学，或者说心理学是宗教研究的基石。这一点对于以人的意识和心灵为中心的佛教和禅宗尤其如此。佛教和禅宗的现代研究主要局限在哲学、思想和文献考据上。② 心理学的研究零散不成系统，即使是零散的研究，也以应用、感悟和材料收集为主，没有抽绎出佛教和禅宗的心理学特质，形成佛教和禅宗的心理学体系。③ 另外一方面，禅不仅能开发人的潜能，也能治疗人的心理疾患和人格障碍。以禅治疗心理疾患和人格障碍的报道，屡见于东西方心理学期

---

① E. G. Boring. *A History of Experimental Psychology*. the second edition. New York：Appleton-Century-Crofts，Inc.，1950：343.

② 龚隽，陈继东：《中国禅学研究入门》，复旦大学出版社 2009 年版。

③ 陈兵：《佛教心理学》，南方日报出版社 2007 年版。

刊和论著，但是并没有形成稳定和有效的治疗理论和实践。① 美国

---

① 在创立生命心理学的过程中，将突破口放在什么地方始终困扰着作者。最终选定从心理治疗突破，是受了武汉大学哲学学院心理学系2007级本科生林瑶的毕业论文《近现代正念研究综述》的启发，这篇论文的指导老师正是作者。我的研究该做什么不该做什么，什么时候做什么都是从时代精神凝练出来的人生理念以及由这个理念为基础建立的认知框架来推定的。作者不欣赏这样的研究态度：自己喜欢什么就研究什么，什么时髦就研究什么，什么得利就研究什么。学问就是学问，学者就是学者，谄媚官僚和迎合大众是中国文人历来的软骨病。任何一个现代学者，尤其是一个中国学者，在他或她开始研究以前，必须严肃思考和回答研究什么；以什么理念指导研究；以什么知识结构进行研究等问题。研究不是野地里的苹果，喜欢什么就研究什么；研究不是路边的野花，碰到什么就研究什么；研究不是遗产，接受什么就研究什么；研究不是迎合，想投机什么就研究什么；研究不是工具，想怎么摆布就怎么研究；研究不是文人的骚情，想怎么感叹就怎么研究。所谓攻书如克名城，在半年左右的时间里，盘马弯弓，反反复复从生命心理学的整个理论体系来推演未来可能的突破口，最终从几个备选方案中选择了心理治疗。生命心理学首先(而不仅仅)把临床治疗作为它实践和实证的手段，这既不同于从实验室里衍生出来的行为主义，也不同于先有临床实践再建立理论的精神分析。顺便说一句，林瑶是保送研究生，当其他同学忙于保送北大和中科院时，她却选择了中国地质大学(武汉)，跟随中国最早进行精神分析治疗也是武汉心理治疗开创者的吴和鸣先生学习心理治疗。这不但显示了她的智慧、胆略和眼光，也显示了她的人格和对学问的虔诚与献身精神。

一个心理学家也许没有必要完成一个体系的建构，甚至没有必要自己建构一个体系，但一个心理学家一定要进行具体的心理学问题研究，而这种具体的研究一定是以某个心理学体系为依据而进行的——无论他或她是否意识到。学问的研究，以小见大，但也必先以大贯小；只有以大贯小，才能以小见大。在当今中西印三种心理学或心理学思想纠缠不清的情况下，正需要一种整合和超越中西印心理学或心理学思想的新的心理学研究路径，否则心理学家在具体的心理学研究时会手足无措。生命心理学正是这样一种新的研究路径，它不仅仅是一种心理学，更是心理学研究的视角、理念和框架。我之研究心理治疗是从生命心理学这个大的框架和体系推演出来的，而要进行心理治疗的研究，又必须依据生命心理学这个大的框架。没有生命心理学这个框架，心理治疗无法动手。不明白西方心理治疗为什么没有效果？是理念问题还是技术问题？或者压根就没有产生任何疑问，只是"跟着走"！

大和小是相对的，大并不排斥小，倒是小往往失之于大。退一万步讲，即使只做心理治疗，不考虑任何心理学理论问题，也必须有生命心理学的框架。或者说不是为了生命心理学而创立生命心理学，而是为了解决现实问题而创立生命心理学。顺便说一句，许多学者担心我这一生是否能完成生命心理学的建立，这是杞人忧天了！我没有必要完成整个生命心理学的建构，也没有人强求我做到这一点。西方心理学的各流派创立者，面对的只是西方文明的心理学，而且没有必要处理所有的心理学问题。生命心理学的历史地位决定了它必须面对中西印三种心理学，而且必须处理所有的心理学问题。生命心理学不是一个人能完成的，也不是一代人能完成的，生命心理学必须和任何一个个体分开，这是它不同于西方心理学各个流派的地方。作为一个生命个体，能够提出生命心理学的理念和框架，并且在这个理念和框架下进行生命心理治疗的工作，而且也只是其中一部分工作，就聊以自慰了！

心理学家卡巴金将佛教和禅宗引入心理治疗，创立了正念心理疗法，① 而且得到心理学界基本认同。② 但是正念心理疗法只是将佛教和禅宗当成一种技术应用于心理治疗而忽略甚至抛弃了其理论内核，③ 结果导致治疗的不彻底。生命心理学将禅作为人的生命潜能，第一次将佛教和禅宗原理以科学即心理学的方式阐述出来，以科学方式成体系地开发和利用人固有的生命潜能，并将其应用于生命和生活的方方面面，也应用于人的心理疾患和人格障碍的治疗。

生命心理学是精神病患者、心理疾病患者和人格障碍者的福音。千百年来，无数精神病患者、心理疾病患者和人格障碍者生活在水深火热之中。但现实情况是，一方面，以真理自居的西方精神病学和变态心理学蛮横地把持着人类精神和心理疾患的诠释权、治疗权和话语权，但是西方的精神病学疗法和心理治疗除了症状的缓解和控制外，其实没有任何实质疗效。至于西方的精神病学疗法和心理治疗所描绘的未来蓝图，那是天堂里的神话。另一方面，中国传统文化和印度文明（包括佛教）中许多行之有效的精神病学疗法和心理治疗，由于西方科学无法解释而被排斥，甚至污蔑为巫术和迷信。生命心理学第一次打破了似乎坚不可摧的“科学”壁垒，以生命心理学将人类一切行之有效的精神病学疗法和心理治疗整合为一个整体，拯救那些在病痛中呻吟的心灵。人是生理和心灵的格式塔，如果说人类的生理疾患的治疗已经有了实质性的进步，生命心理学希望在人类心灵和精神疾患的治疗上也取得实质性的突破。

---

① J. Kabat-Zinn. *Mindfulness-Based Intervention in Context: Past, Present, and Future.* Clinical Psychology: Science and Practice, 2003, 10: 144-156.

② R. A. Baer. *Mindfulness Training as a Clinical Intervention: A Conceptual and Empirical Review.* Clinical Psychology: Science and Practice, 2003, 10: 125-143.

③ 熊韦锐：《正念疗法产生与发展的历史根由及其理论缺失》，载《医学与哲学》2010年第10期，第49～50页。

人类意识是整个宇宙最不可思议的现象，也是人类未来必须面对和解决的难题。西方心理学尤其是其主流学派，对人类意识的研究盘桓于心和行为层面，没有也不可能深入到深度意识。① 西方神经科学往往把人类意识还原为物理化学过程。② 生命心理学以生命观、整体观和功能观为基础，整合西方心理学和生理学、佛教和中国古代生理学和心理学，期望人类心灵和意识研究的突破，甚至可能是革命性的突破。

现代西方科学，是以牛顿力学为基础建立起来的，其哲学代表正是康德哲学。牛顿力学、康德哲学正是现代人类认识人自身、人类社会和自然的基本框架。这个认知图示在物理世界取得了令人满意的成就，但在生命世界和心灵世界差强人意，甚至令人绝望。如果宇宙的本源真如牛顿力学所宣称的是没有生命的惰性物质，不但中医的十二经脉和佛教的涅槃成了胡言乱语，而且人类自身都成了无法理解的怪物：一个无生命的宇宙怎么可能演化出生命，尤其是人这样有意识和自我意识的高级生命呢？这是一个机械论者和自然主义者不得不面对但又无法面对的难题。因此有必要重新审视人性，审视人类科学，审视人类对自然的理解。量子力学已经从根基上动摇了牛顿力学，个人知识也一再挑战客观知识的权威。如果说量子力学和个人知识论是西方文明内部的重新审视，那么生命心理学则是既包含了西方心理学又超越了西方心理学的审视，而且是第一次成体系的审视。这是第一次，但不是最后一次。

生命心理学意味着人的心灵和人格现实的改造途径。西方文化中道德和人格是分开的，对于道德的基础是什么，至今还是一个争

---

① B. Beakley, P. Ludlow (ed.). *The Philosophy of Mind.* 2nd. Cambridge: MIT Press, 2006.

② D. L. Hull, M. Ruse (ed.). *The Philosophy of Biology.* Cambridge University Press, 2007.

论不休的问题。即使将道德和人格勉强结合在一起，静态的人格对于人的道德也无能为力。生命心理学认为，道德的基础就是人格，而人格是有生命的，可以自我改造和自我完善。这就意味着，人能够通过心灵内省，改变自己的人格，从而提升自己的道德。这种道德改造和提升并非一般意义上的道德修养，而是人格和道德内在结构的改变和质的突破。所谓江山易改，本性难移，生命心理学“移”的就是这个难移的本性。

中国心理学的发展，既不只是本土化的问题，即创造性的应用和结合，也不仅仅是国际化的问题，即创造性转化，而是一体化的问题，即创造。生命心理学不只是创造性的应用和发展，不只是创造性的转化，而是完全的创造。近现代以来，中国传统文化由于受到西方文明的血与火的猛烈冲击而产生了令人无法承受的文化震荡，中国人对自己的民族文化似乎失去了信心，而且似乎丧失了创造力，较少创造性建树，至多是创新而已。生命心理学就是近现代以来中国人第一次完全独立创立的理论体系，而且是站在中国传统文化的立场创立的，是一百多年来中国人在苦难中反复探索、艰难地完成文化调整后的第一个合乎常理的反应。中国文化虽然演变并主要表现为道论和德论，但其根是生命观。① 生命心理学把自己的根稳稳地和牢牢地扎在了中国传统文化丰沃的土壤里，但又借助于西方心理学超越了传统文化内在的局限性。这意味着中国人将安然度过几千年未遇的深度文化认同危机和被西方文明肢解的文化危险，结束一百多年来亦步亦趋西方文明的文化屈辱，宣告中国人创造时代的全面到来：该是走自己路的时候了！华夏文明一千年的黑暗和华夏民族一百多年来的苦难所蕴含的生命能量，终将升华为一

① 参见郭齐勇：《中国哲学智慧的探索》，中华书局 2008 年版。这是本文作者的概括，“生命”二字，最准确地把握了中国传统文化的精髓，最传神地概括了中国传统文化的神韵。

种崭新而伟大的文明。① 伴随着中国经济高速增长，中国文化也将进入全新和全盛的创造期，文学、艺术、哲学、科学等一切人类文明的领域将有实质性的突破，华夏文明将引领世界文明的新方向，为人类新生活开辟未来的道路，中国人也将寻回久违了的文化自信。

人类注定要一体化，人类一体化的前提是文化一体化，一体化的文化不可能是诸如西方文明、中国文明等任何一个区域性文化，而只能是基于现存所有人类文明基础之上再创造的全球性文明。生命心理学是人类一体化背景下文明冲突这一时代精神中，中西文化冲突、整合的第一个体系性成果。

生命心理学的创立，并不仅仅是一个学科的创立，更意味着一种新的理念、新的范式、新的人格和新的文明的出现。面对中国和世界要解决目前面临的困境难题，生命心理学认为：这些难题不是单纯的政治、经济问题，不是简单的社会行为层面的民主和自由问题，而是文化和文明问题；不是革命，更不是破坏，而是建设；不是体用式创新，而是完全的创造。要言之，人类目前面临的困境，只有人类的一体化才能解决；人类一体化的基础是文化一体化；文化一体化的途径只能是创造。一言以蔽之，重新塑造人类之人格，缔造人类之新精神，造就一代新人类。

结　语

感谢武汉大学哲学学院心理学系 2008 级本科全体同学，他们不但见证了一个伟大生命呱呱坠地的全过程，谛听了一个新生儿落地时第一声嘹亮的啼哭，而且事实上还以他们的真诚参

---

① 郑刚：《中国人的命运》，广东旅游出版社 1995 年版，第 559 ~ 562 页。

与了这个过程。① 这样的人生际遇，一生中也许只有一次。感谢武汉大学哲学学院十多年来对我的“无所事事”的理解和宽容，事实上也只有像武汉大学这样的大学，像哲学学院这样的学院才能具有这样的理解和宽容。尤其感谢吴根友教授十多年来兄长般的理解、支持和关怀，其中的许多观点得自和他多次深度的交流和讨论。

无知是无知者的陷阱，有知是有知者的障碍，而且有知对于有知者的障碍远远大于无知对于无知者的陷阱。一个人完成或基本完成学校的教育任务以后，他或她的认知结构和图示基本定型。人最难超越的是自己，正是在这样的情况下，净慧老和尚提倡的生活禅

① 生命心理学的孕育是一个长期的过程，至少也有 15 年的时间，但是它的提出是在 2008 级心理学系本科生《西方心理学史》的课堂上。地点在 1 区教 5 楼的 105 教室，时间是 2010 年 12 月 3 日星期五 9 点 50 分到 12 点 15 分(大概是在我的第一节课)。当时的情况是，我笑着对学生们说，“外国人总在创立学派，我也创立一个学派，就叫生命心理学”，然后转身在黑板上写了“Vital Psychology”几个字。就在我转身的一刹那，我发现一个以英文写成的纲要挂在黑板上，像一幕水帘成体系地呈现在我的眼前，我的心猛然一震，又暗暗叫绝！只是由于当时的课堂态势，我没有再说什么。回到家后，我又把那一幕水帘重现出来，而且诉诸文字，确信这就是一个完整的体系，就是一个学派。不过当时的体系只有十二三节，现在的格局是以后逐渐扩展的，而且可能会继续扩展下去。2010 年 12 月 17 日，我在给 2008 级本科生完整地讲了一遍“生命心理学”后，石含笑同学问了一个问题：“生命心理学有没有问题?”其时我正处于创造的高峰体验期，压根就没有想到这个问题。因为石含笑的当头一问，特意加了一章“生命心理学存在的问题”。

顺便说一句，对于目前许多教师把上课视为负担且随意敷衍学生的做法，我深不以为然，而且百思不得其解。教师上课就是最有效的学习，也是最有效的研究，教授的思想和学问正是在一门又一门、一节又一节课的讲授中一点一滴积累发展而来。认真讲好一门课胜读十年书，一点也不夸张，而且教师和学生双赢。生命心理学在《西方心理学史》课堂上的提出，是我勤勤苦苦、扎扎实实、认认真真地用双语和全英语讲了十年至少二十遍《西方心理学史》的回报。某也不敏，只有下笨工夫，而且是最笨的工夫，英文版的《西方心理学史》教科书抄了两遍，有的时候实在讲不出来，只好整段整段背下来。可以说整本书里的每一句话甚至每一个字都反复咀嚼过。这么多年来反复研读和讲授的结果，不但大幅度提高了英语水平，透彻地把握了西方心理学发展的前因后果和脉络，而且学到了严谨的思维方式，懂得了学术品格和做人的道理，正所谓教学相长。那个时候，每一次上课都是一次表演，都是一次生命的舞动，都是一次全身心的投人和创造。思想之流像源源不断的泉水，更像喷薄而出的火山爆发。弗洛伊德在《释梦》英文第三(修订)版序言中说：“本书以其对于心理学的新贡献，在其出版之时(1900)曾使全世界为之震惊，其内容至今基本保持不变。甚至依据我目前的眼光来判断，它也包括了我有幸能发现的全部内容中的最有价值的部分。一个人有运气碰到这一类领悟，一生中仅只有一次。”一个人有运气碰到这一类领悟一生中未必只有一次，但是一个人一生中火山似爆发的创造高潮，一生只有一次。

走进了我的生活，引领着我一次又一次地超越过去。从他身上，我真正懂得了什么是智慧和慈悲，什么是勇猛精进！懂得了中国古人为什么一再强调厚德载物以及如何才能厚德载物。古人云，经师易得，人师难求。我不得不承认，老和尚是我的人生导师——生活禅，那是我的浴火重生之路啊！生命心理学不仅仅直接来自禅宗心理学对西方心理学的超越，更是而且首先是个体生命在真实而又活生生的生活中践行的结果，这一点值得反复强调。

生命心理学是珞珈山孕育的，纵然母亲分娩的阵痛犹在，它身上仍滴着未净的母血；纵然它本身仍带着出生时的丑陋，但并不妨碍它未可限量的未来。虽然走向世界的路山重水复，但什么也阻挡不了它向前迈进的脚步——这是历史的命定！生命心理学即使失败，也是人类文明史上一次壮烈的失败，因为它所开创的事业，前无古人，后必有来者。① 然而无论成功还是失败，也无论走到哪

---

① 学者对生命心理学的反应，一是怀疑，二是嫉妒。这是一种可以理解的正常的心理防卫机制。对于今天仍处于负生存状态和深度文化焦虑和文化自卑的中国人而言，尤其如此。人们可以不同意我的观点，但不能怀疑我的水平，更不能侮辱我的人格。生命心理学当然有一个社会化的过程，但是生命心理学有没有生命和未来，是否经受住实践和时间的检验，不是由某个人决定的，而是由其内在品格和时代精神决定的。当今中国学术界尤其是思想界和哲学界的一个绝症，就是没有思想，更没有体系的建构和创造。台湾著名哲学家林安梧先生说："忽略中国哲学之创作，而徒作中国哲学史，尤其古代学术史之概括，这是当前中国哲学界的大体状况，其所来亦数十年矣。"学者不恃一味强调学术性，而且似乎轻视甚至鄙视体系的建构。既然人们缩手缩脚不敢扛这个大旗，那我来！我说三点：一、生命心理学不仅仅是我十五年严格正规的医学、神经科学和心理学的学术训练，不仅仅是勤勤苦苦、扎扎实实、认认真真地用双语和全英语讲了十年至少二十遍《西方心理学史》的回报，也是我十多年来学习、研究和讲授中国的《说文解字》、《周易》和《黄帝内经》，印度的《奥义书》、《阿含经》和《大乘百法明门论》，西方的《圣经》、心灵哲学（主要是笛卡儿的《第一哲学的沉思》）、生物学哲学（主要是达尔文《物种起源》）和詹姆斯的《心理学原理》、弗洛伊德的《释梦》的结果。因此生命心理学仅仅靠西方心理学的知识是难以理解的。二、在我的终极理念和灵魂追求中，从来没有想过创宗立派，生命心理学是生命苦难和苦难生命上求下索的自然回报，是用眼泪、鲜血和生命铸就的，是以灵为根以生命为营养用血液浇灌而成的。不但我的同辈，而且我的学生都已经是教授，而我还是一个副教授，除了苦笑、自嘲和放下，我还能说什么呢?! 在一个喧嚣浮躁的社会，能够坚守心中的理想，那是灵魂伟大的标志！三、弗洛伊德说，精神分析是我的，而且仅仅是我的。生命心理学是我的，但不仅仅是我的，而且是你的和他的，是每一个人的，是属于全人类的。生命心理学不但是人类文明的时代精神在心理学的体现，而且生命心埋学如此庞大的理论体系建构、全方位的社会生活实践和精深的实验室实证，需要全人类的共同努力才能完成。

里，它都会深情地回望那曾经孕育它的摇篮——珞珈山!①

An Introduction to the Vital Psychology (enlarged edition)

Shi Ling
Department of Psychology
School of Philosophy
Wuhan University

In terms of comparison and on the height of human civilization, the author proposed a new psychological school , i. e. , Vital Psychology on the basis of Western psychology, traditional Chinese psychology and traditional Indian psychology(particularly Buddhism psychology) in the cognitive framework well versed in religious studies, philosophy and sciences, broadly transmitted in traditional Chinese, Western and Indian civilizations. The central idea of the vital psychology is that human mind is vital but not a machine. The author comprehensively introduced vital psychology from the three general fields as follows: 1. the contents of psychology: psychology's definition, aims, dilemma, research methods,

---

① 感谢辅仁大学心理学系和翁开诚教授的邀请，2011年10月我得以到台湾进行为期三周的讲学和交流。不但分别在辅仁大学、慈济大学、法鼓大学(筹备处)和东吴大学讲授了生命心理学，而且在辅仁大学开了一门课《佛教心理学》，系统讲解了《大乘百法明门论》。这是学术界对生命心理学的第一个反应，也是一次肯定的反应。由于限于“导论”，具体的思想和论述没有细致地展开，具体参考文献没有列举，只是在具体引用和非常重要的地方列举了参考文献，这是要向读者交代，也希望读者原谅的。但作者可以说的是，本文的思想，要么是作者深思熟虑的产物，要么是有切实出处和来源的。这一点希望读者不必怀疑。

subject matter, experiments and laboratory, and interpretational system etc. 2. subdisciplines of psychology: vital motivation, mental development, mental measurements and human assessments, mental health and its standards, religious psychology, social psychology, cultural psychology, personality psychology, evolutionary psychology, creation psychology, abnormal psychology, psychotherapy and health psychology etc. 3. subtopics of psychology: human consciousness, human mind and spirit, the characteristics of human mind and spirit, mental laws, sex and love psychology, ego psychology, mind-body relationship, and the constant problems in psychology etc. The author also discussed possible problems for vital psychology, and the paradigm, epistemology, ontology, basic concepts and significances of vital psychology.

Keywords: vital psychology, psychology, Zen Buddhism, traditional Chinese psychology

（作者单位：武汉大学哲学学院心理学系）

后赞

辛卯之冬，奉命编次《学鉴》第五辑，得珞珈诸子之助，越半年而成焉。本辑篇幅稍减于前，然胜义纷呈——师领辨章“命”理，根友考镜“通”道；豳风辨析“人”“民”，二行“管”中窥豹；华章以史证礼，四新因诗明道。诸兄与时俱进，皆如高僧得正法眼藏，症结开示，截断众流，渐臻胜境矣。惟不佞不才，马齿徒长，学无寸进。虽绩学有年，辨伪求真，终不出“识小”之科，未免虚抛心力，枉费精神矣。古人云：“学者先以识为主，禅家所谓正法眼，直须具此眼目，方可入道。”虽见山非山，见水非水，往来蹇蹇，迷途知返，本欲“反清复明”（由朴学返理学——自注），至今变法未成，结习尚未尽除。年逾不惑，何时可无大过？处困而亨，敢不夕惕若厉！因仿彦和“后赞”之体，戏成三赞，聊以纪事抒怀云尔。

一

世人逐物，吾侪凭性。
傲岸泉石，咀嚼七经。
会讲林下，培育精英。
殊途同归，不谬蹊径。

二

洪钟万钧，夔旷所定。
宝书盈箧，学鉴乃订。
庸妄巨子，混淆视听。
既守故辙，且辟新径。

三

辛苦遭逢，博综群经。
朝宗于海，浊眼复明。
道通为一，神往化境。
嗣守洪业，共续慧命。

司马朝军

壬辰四月初十于观衢轩